普通高等教育"十一五"国家级规划教材

教育部面向21世纪信息管理与信息系统系列教材

Modeling and Simulation of Complex Systems

复杂系统建模与仿真

（第二版）

方美琪 张树人／编著

中国人民大学出版社

·北京·

总　序

自1997年教育部调整专业目录以来，新组成的“信息管理与信息系统”专业得到了非常迅速的发展。据统计，设置这个专业的高等学校已经接近500所。随着信息化建设的进一步深化，社会各界对于信息管理人才的需求越来越多，要求越来越高。特别是电子商务和电子政务的兴起、物流管理的发展以及首席信息官（CIO）的出现，使得这种需求的增长趋势更为引人注目。这表明，“信息管理与信息系统”作为管理科学的一个重要分支，不但没有由于某些泡沫的破灭而销声匿迹，而且还健康地、稳步地、越来越快地向前发展。培养这方面的专业人才已经成为信息时代不可缺少的一个重要方面。

当初由5个分别来自工学、管理学等不同门类的学科，组成“信息管理与信息系统”这个新学科的时候，曾有不少同志对之表示过疑虑：这些背景不同、来源不同的学科能够形成一个有确定内涵、有统一培养目标和学科体系的新学科吗？几年来的事实已经给出了肯定的回答。信息化建设的实践已经表明，信息技术的巨大潜力只有同各行各业的具体业务紧密地、有机地结合在一起，才能充分地发挥出来。它与商业，特别是营销活动的有机结合，派生出了越来越广泛的电子商务；它与政府工作的具体实际相结合，引出了方兴未艾的电子政务，如此等等。现代信息技术这支“利箭”，必须切实瞄准各行各业的业务需求这个“的”，做到“有的放矢”，才能真正发挥作用。现代信息技术造就了“利箭”本身，但是并没有回答如何做到“有的放矢”的问题。正因为如此，近20年来，许多学校苦于没有合适的教材，而只是简单地用计算机专业的部分教材，加上管理专业的若干教材，形成了所谓“拼盘式”的教学方案，并没有实现交叉与融合的初衷。出现这种情况的原因，在于我们对信息管理的内涵与实质还没有深入理解。简单地把“矢”和“的”罗列出来，还没有达到“有的放矢”的高度。要做到“有的放矢”，必须认真地研究和认识人们做事的规律。这就是美国著名学者赫伯特·西蒙提倡的“关于人为事物的科学”，也正是我国著名学者许国志先生提倡的“事理学”。具体到教材来说，要求我们针对“有的放矢”的要求，编写具有本专业特色的，真正能够回答如何做到“有的放矢”的教材。这种教材的立足点在于如何在各行各业用好信息技术，而不是信息技术本身，与介绍“矢”本身的教材是有根本区别的。这就是我们组织编写这套教材的出发点。

从 20 多年的实践中，我们深深地体会到信息管理与信息系统这个新专业具有的特点：综合性、实践性、新颖性。从传统的学科分类体系看，这个专业确实有点“不三不四，非驴非马”，然而这正是它的特色与生命力所在。它在实践中的发展非常迅速，以致人们常常困惑于新名词、新概念的层出不穷，然而，这也正是它与社会实践相互促进、相互影响的具体表现。当今时代（包括技术与社会）确实变化太快，理论研究与学科建设不得不追着实践跑步前进。这也许可以为这 20 多年来一直困扰着这个专业的种种议论和非议，找到一点根源和缘由。

当然，这并不等于为理论研究的不足找借口，也不等于这个专业根本就没有理论，或者不需要理论思维。恰恰相反，实践的源头活水为人类深入认识和掌握“事理学”的规律提供了持续不断的推动力和取之不尽的营养和素材。我们相信，以信息化建设的伟大实践为背景和基础，信息管理与信息系统这个专业一定会继续迅速健康地成长，逐步走向成熟和完善，最终成为人类知识宝库中一个有机的、不可缺少的一部分。

基于上述认识，我们对于“信息管理与信息系统”专业教材的理解，就和一般的专业有所不同。在内容的选择上，我们把视野放得比较宽。作为综合性、交叉性、实践性非常突出的一个学科，开阔学生的眼界是非常重要的。我们的信条是：“不是给学生金条，而是给学生点金的手指；不是给学生将来要用的具体知识，而是为学生终身的主动学习打好基础。”具体地说，对于现代信息技术的各个领域，让学生对将来可能用到的“利箭”有广泛的了解；对于当今社会应用信息技术比较广泛的各个领域，让学生对于目标，即“的”有所了解和准备；对于科学的认识论和方法论，是为学生如何做到“有的放矢”做准备的。因此，我们考虑了从计算机、通信等基本技术到信息安全、数据挖掘等一系列课程。其次，我们考虑了企业的信息管理、电子商务、电子政务以及物流管理等方面的内容。再次，主要是系统科学的内容。简单地说，就是这三个方面构成了我们这个学科的三大支柱。

与此相关，本套教材的另一个特殊的地方就是它的使用方法。我们绝不是认为任何一个学校的“信息管理与信息系统”专业，包括我们自己学校的这一专业，都必须开设这里列出的所有课程。我们认为，各学校必须根据自己的具体情况和环境，有重点、有选择地设计符合自己学校的教学计划。教育是实事求是的、需要因势利导的艺术。教条和僵化与培养创新型人才是水火不相容的。我们希望尽可能地为各位老师，提供充分的选择余地，而不是设置新的条条框框。

另外，需要说明的是有关教学方法。从前面的说明很自然地引出，我们的教学方法必须简明扼要、突出实践。每门课程的时间短一些，开设的课程多一些，少讲一点，多练一点。所谓突出实践，包括两个方面，直接联系社会实践，充分利用实验条件。在有条件的课程和章节，尽可能地为学生创造直接接触和了解最新的社会实践的机会。同时，大力建设实验室，为学生动手提供现代技术（包括教育技术）支持的平台和环境。关于这方面，我们正在准备另外一套课程和教材。

总之，这个学科是相当年轻的，相当不成熟的。我们编写这套教材，并不是表明我们已经有了完全成熟的想法，而是为了总结已有的认识，与同行共勉和交流，共同推动这个学科的发展。因此，我们真诚地期待着同行和社会各界的批评意见，因为，只有通过集思广益、互相切磋，才能逐步形成比较成熟的、新的学科体系，这是人类认识发展的规律，也是任何新学科成长的必由之路。

中国人民大学　信息学院

陈禹

2005 年 5 月 29 日　于北京

前　言

在 15 世纪前的整个漫长的历史时期中，人类的认识思维基本上是一种无分析的整体性、综合性的模糊思维。当时，科学是综合性的学问，它把自然、社会、人自身的知识统统包容于哲学母体中，真正独立的自然科学还没有形成。伽利略和牛顿开创了近代科学，笛卡儿发展了一种从“自明性”的原理出发进行演绎的方法，以及把研究课题分得越来越细的分析方法，人类进入了科学发展史上的一个新时代——“还原论时代”。近代自然科学正是以追求精确、清晰、周密的“拆零实验”式的还原分析方法为基础的。这种还原分析方法大大提高了人类的认识水平，使人类对自然界的认识达到了空前的广度、深度和精度。

然而，随着科学的不断发展和科学研究的不断深入，人们的认识逐步向宇观、宏观、微观、渺观等各个领域迅速扩展，随着认识对象的日趋复杂化，这种还原分析方法就越来越暴露出其局限性。其一，这种“拆零实验”的分析方法固然可以使科学研究不断深化，但是，它把整体肢解为部分，忽略并割裂了事物之间的固有联系，使理论无法全面地、系统地反映事物的整体性。其二，在这种方法基础上形成的理论，基本上属于一种静态的理论，仅是对现有事物及其运动的说明，很难对事物未来的发展变化做出科学的预测和解释。其三，还原分析方法对精确的严格追求与认识对象的复杂性产生了难以调和的矛盾。认识研究对象的数量之大、层次之繁、结构之复杂、因素之众多日益呈现出前所未有的局面，同时认识对象还出现了大量的不确定性因素，如隶属的不确定性、外延的不清晰性、内部信息的不完全性、内涵的不确定性、关系的不明确性等。在以精确为目标的探索中，人们认为自己正在逼近客观世界时，实际上却越来越远地背离了客观世界。复杂性与精确性的矛盾日益尖锐，科学的发展面临着严重危机，人们亟须寻找新的认识方式。

到 20 世纪中叶，这种发展模式已达到了顶峰，出现了科学重新统一的历史需要。各分支学科在自己的对象领域的中心部分充分研究之后，必然要向与其他学科接壤的边缘地段拓展，导致边缘科学、交叉科学和横断科学纷纷出现。原本分明的学科界限模糊了，不同领域相互过渡的道路打通了，科学逐渐演变为一个在任何一处都没有鸿沟的整体。现代社会日趋大型化、复杂化，出现了大工业、大农业、大经济、大军事、大政治、大科学、大教育、大文化等。任何一个大型复杂问题的解决都不能由某一学科单独完成，必须综合应用多学科知识，进行跨学科研究。跨学科研究促使不同学科在更深层次上交叉和沟通，系统科学的分支学科几乎都是这种跨学科研究的产物。大型化、复杂化的突出后果是使社会生活的各方面都离不开大规模的规划、组织、协调，必须有相应的科学理论和技术方法。当然，应当明确的是，科学重新统一并非取消学科划分，回到古代科学的状况，而是分支化继续存在，新的学科继续产生；科学重新统一指的是各门类学科的知识表示形式上的规范化，能纳入统一的逻辑体系，根据哥德尔不完备性定理，一个逻辑体系不可能既是完备的，又是无矛盾的，科学应当追求的是一个无矛盾的、逻辑自恰的、非完备的统一体系，这个体系有着清晰规定的边界和开放的问题定义。

正是由于人类对于知识明晰性和完整性的渴望，目前不同学科的相互沟通、交叉、渗透和综合成为一种主要趋势，新学科大多是综合性科学。重新统一的科学作为一种系统，要求有一种能把现有纵向划分的学科沟通连缀起来的横断学科，提供不同学科都使用的概念、原理和方法，使科学在整体上具有纵横交错的网络结构。系统科学就是这种横断科学，它的科学使命是使新型科学成为一个按多维网络结构组织起来的复杂巨系统，是一种新型跨学科的学问。

同时，在人类文明已经跨入 21 世纪之际，全面提高民众的科学文化素质，培养兼通文理、善于综合掌握和创造性运用信息和知识的跨学科人才，也成为激烈的国际性竞争的焦点。正是在这样的时代背景下，中国人民大学经济科学实验室一直坚持交叉学科的综合研究，注重对国外研究前沿中出现的新思潮、新方法的跟踪与引介，特别关注系统科学与复杂理论在经济学和社会科学中的应用这一新兴领域的前沿研究。

在不断变化的科学世界里，新的研究手段常常导致重大的发现，从而戏剧性地转变我们的认识。20世纪最伟大的发明——计算机便是这样一种新手段。但是，在复杂自适应系统与基于复杂自适应系统的多主体仿真建模这门新学科之前，除工程管理领域外，计算机在社会科学中的应用大多还停留在作为一种记录文档、统计数字的辅助工具，而不能像在自然科学或工程技术领域内一样为社会科学提供一种新的研究手段。然而，随着复杂性科学的兴起，越来越多的社会科学研究者逐渐发现计算机仿真是理解复杂的社会—经济系统动态过程的优良手段。于是自20世纪90年代以来，国外社会科学界开展了复杂系统理论与计算机仿真建模相结合的广泛深入的研究，并明显呈现出越来越深远广泛的发展前景。然而，相应的研究在国内社会科学界却没有引起应有的重视。一些高等院校或机构虽然对国外的这场复杂性科学运动有所认识，但由于学科设置存在的问题以及缺乏基本的自然科学素养等原因，进行的一些相关研究多是概念描述性、综述介绍性的，真正能够自觉以复杂性理论为指导，用来解决现实社会问题的研究则比较薄弱。而且因为缺乏研究规范，相关的模拟实验的过程无法重现论证，缺乏共同沟通的基础，从而无法有效交流和获得更多社会科学界同仁的认可。此外，由于计算机仿真是一个相当新的研究领域，众多的社会科学界研究同仁们在试图进入时常面临着学科分割造成的技术鸿沟。在国内的学术交流中，我们作为最早引入计算机复杂性仿真研究的科研教学机构，经常接到一些兄弟院校科研机构的咨询；在国际交流中，我们发现一些国家主要以短期研讨班和教学培训的方式，推动不同学科的研究人员掌握这一全新的研究方法；正是这些发现促使我们撰写这样一本教材。因此，我们把本教材的宗旨定位于：面向国内有志于社会科学交叉研究的学生和教师们介绍复杂性科学在社会科学研究中的实际应用。本书先介绍复杂性科学的理念和背景，总结计算机模型研究方法在社会科学中的地位和作用；然后通过一些成功的典型案例，介绍用计算机仿真的方法进行社会科学复杂性研究的有效性；最后，结合本实验室的研究，分章节介绍一些通用的计算机模型方法和相应的模拟软件工具。

所有的研究都需要具备丰富的理论知识和复杂的方法技巧，对社会科学仿真研究来说尤其如此，因为这是一个相当新的研究领域，没有多少可资借鉴的经验，但存在很多的仿真方法要加以选择。此外，进入这个领域还需要一些额外的使用计算机的能力（现在所有的仿真都在计算机中运行）。本书的前半部分没有涉及编程方面的知识，后半部分和附录部分介绍了一些常见的建模仿真软件，要求读者具备入门级的编程水平，因此本书适合于有初步计算机应用基础和计算机程序概念的社科类高年级本科生或研究生，或对社会科学有兴趣、有志于从事交叉学科研究、有理工科背景的第二学位教育，或作为跨学科的研究生教育进行教学的基础课程教材，也可供勇于更新知识的社会科学研究者们自学与研究参考。在课程设置上，根据不同的学科，本课程的先行课程可以有高等数学或经济数学、数理统计、社会科学研究方法论、数学模型、运筹学以及计算机程序设计等。

本书的第一、五、七、八章由方美琪编写，第二、三、四、六章由张树人编写。书中内容综合了作者最近几年的教学讲义。在全书编写过程中，作者还参考了大量国内外相关的研究报告和实验室多年来的研究积累（包括已经发表的论文、作为学位论文或工作报告存档的资料等），这些都附在章后引文出处中。因为来源众多，这里不一一言谢，但没有前人的研究成果和集体的共同努力，是不可能形成这样一本教材的。我们编写这本教材的目的，也是为了传承薪火，引介新知。

对于这样一门新兴的交叉学科，其跨越的学科和应用是如此广泛，国内相关的资料又是如此稀少，因此，对我们而言，编写这样一本教材性质的书籍是很有挑战性的，但由于作者学识有限，疏漏不妥之处在所难免，恳请同行和广大读者不吝赐教。

方美琪

中国人民大学经济科学实验室

目　录

第一章 引论

复杂系统由若干元素组成，元素间互相作用从而产生了整个系统的行为特征，由于系统的行为特征不等价于组成元素个体行为特征线性叠加之和，所以无法用传统的数量方程或回归统计进行线性分析。随着计算机计算能力的提高，人们发现可以把复杂系统中各个因素之间的非线性关系转化为可执行的程序，以模型程序自动运行的方式推演模拟系统，从而能以简化换时间的方式对那些实际中需要长时间演化的系统进行动态仿真。这就是计算机建模方法。计算机建模方法目前成为研究动态复杂系统的有效手段，在越来越广泛的学科领域内获得应用。本书第一章的任务就是对计算机模型方法做一个整体的说明。

第一节 计算机建模方法导论

人类认识世界的过程，就是不断地建立世界模型的过程，所有的描述世界的知识，都是在对世界建模。随着人类文明的不断发展，人类对世界的视角也越来越朝着更广泛、更深入、更细致和更具体的方向演化，整体上增加了认识对象的复杂度。作为描述世界图像的模型，也由非常原始的静态抽象模型，发展为逻辑公理体系表征的理论模型，或高度抽象和形式化的数理模型，再到目前的各种计算机程序表征的动态模型。本节以模型和人类认识发展之间的关系为线索，简要回顾人类历史上的各种模型形态、建立模型的各种动机，最后重点介绍计算机建模方法，并介绍研究方法适合的研究领域和特点。

一、模型与认识

建立模型是人类认识世界的基本方法，模型是对认识对象所做的一种简化描述，是对原型进行模拟所形成的特定样态。我们可以为模型构造一个等式：

$$\text{模型}=\begin{matrix}\text{概念模式}\\(\text{含公共知识})\end{matrix}+\begin{matrix}\text{个体}\\\text{观察}\end{matrix}+\begin{matrix}\text{抽取}\\\text{和筛选}\end{matrix}+\text{架构}+\text{修订}$$

在上述等式中，所谓公共知识是构建模型时具有的预设知识，它确保模型可以在一定范围内进行讨论和传播，并给予模型一定的理论基础。个体观察是建模者根据公共知识以及个人的概念模式对模型对象操作的行为，强调信息收集。抽取和筛选是根据建模的目的、观测的数据、建模的手段等对信息进行分析的过程，强调寻找主要指标刻画模型以及建立可行的计划。架构是建模者具体化模型的过程，完成从现实观测到模型空间的选择性映射。修订是将模型运行提供的结果与实际系统进行比较，调整模型参数、结构、功能的过程，以使模型在建模者目的的指导下接近现实系统。

模型是对现实系统有关结构信息和行为的某种形式的描述。它是真实对象和真实关系中那些令人感兴趣的特性的抽象与简化。模型的建立不是“原型的重复”，而是按研究目的的实际需要和侧重面，寻找一个便于进行系统研究的“替身”。不同的人由于研究的目标不同，就会对某些方面做出不同的简化。人们之所以可以用模型来模仿原系统，是因为各种系统有一定的相似性、同形性。虽然很多系统的组成元素不同，其组成元素的微观结构不同，但通过一定的组织表现出几乎同样的行为。例如，细菌的繁殖、化学元素的衰变、人口的增长、科学书籍种类的增加、银行中本息总额的增加，都符合幂律，又称为齐普夫律（Zipf Law）。

在原型系统及模型之间存在着“反馈”的关系，根据对原型系统规律的认识，可以建立模型。而建立模型进行实验的过程又可发现一些新的规律，由此预测未来或丰富对原型系统的认识。图 1—1 表示模型与原型在认识过程中的关系。

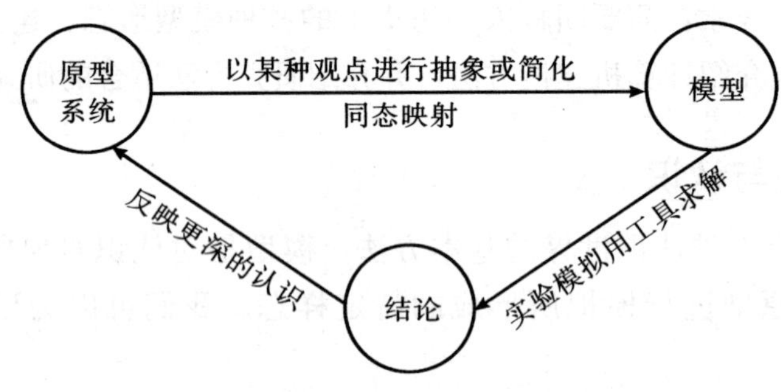

图 1—1　模型与原型

原型系统有时简称为系统。模型一般比原型系统要简单，建模的过程是对原型系统简化的过程。简化的初衷是，根据系统性质的重要性寻找典型性指标，降低观测、计算和分析成本，在可计算能力的范围内得到关于系统的近似逼近。

人类对世界的探索过程，就是建立各种模型表示的过程。人类知识积累的过程，也是修正和具体化各种形态的模型的过程。描述事物静态结构的模型称为静态模型，描述事物发生、发展、演化过程的模型称为动态模型。在远古时代，各种文明中就存在着许多不同的宇宙创生故事。如基督教的上帝七天创世说，印度的湿婆之舞，中国的道生一、一生二、二生三、三生万物说等，这些都是事物的动态模型表述。从地心学到日心学，从天圆地方的盖天说到张衡的浑天仪、地动仪，人类对于世界的认识也随着认知模型的革新而不断深化。历史地看，模型形态的变化也有一个逐渐从简单到复杂的发展过程。从最初原始的思维意象模型，发展到借用外在的工具搭建的各种模型，包括绘画模型、建筑雕塑模型、工具模型等，再到哲学和神学中发展出的各种理论模型。随着逻辑与数学的发展，近代以来模型已进入高度形式化阶段，在实验和工具论的基础上建立起了现代科学理论体系。科学理论体系也可看做一簇与经验同构的形式化理论模型。“同构”是指理论与客观对象之间的数学关系和物理关系。在科学体系中，模型可能是一种逻辑演算形式，或更抽象的数学公式。其中的命题不一定要看成真的，但在它们的集合中必须是可逻辑推论的。运用模型可以从原始观察陈述出发，推出尚未观察到的一些命题，而这些推论结果又可以成为新的初始命题，由此不断地去寻找越来越多的可观察的性质。在逻辑发展完善以后，由于一切正确的推理都可以看做同义反复，因此建立一个新模型被看做获取新知识的真正源泉。

按照模型存在的空间，模型可分为物质模型与思维模型两大类。物质模型是以某种速度、形式相似，人造或自然的模型实体去再现原型。物质模型是模拟实验赖以进行的物质手段。思维模型是人们在头脑中创造出来的，并且运用它在思维中进行逻辑推理、数学演算和“思想实验”，可分为形象的（唯象的）模型和符号的（标志性的）模型。前者是以理想的或想象的形态去近似地反映客体，后者是借助于专门的符号、线条，并按一定的形式组合去描述客体。

对同一事物来说，随着人类对该事物理解的逐渐深入，建立模型的动机也发生变化。不同动机下建立的模型显然也不相同。一般可以把人类建立模型的动机分为四个层次。（1）解释和理解的需要。解释和理解事物背后运行的机制，比如科学发现的本原动机就是理解自然背后的秩序法则，如血液循环模型、牛顿和爱因斯坦的时空观等。（2）预测的需要。为了趋利避害、生殖繁衍，人们希望能够在发现事物规律的基础上对事物的发展进行预测，并依据预测来安排生产，如古代尼罗河河水涨落的模型，现代的天气预报、地震和海啸等灾害预报，等等。（3）控制的需要。为了改造自然，人们需要在理解或预测的基础上对事物发展的过程进行干预和控制，如从植物嫁接到基因培育，人体穴位模型与针灸治疗等。（4）技术理性和工具的需要。人类在对事物机理深入理解和完全控制的基础上开始有意识地创造工具，仿照自然机理创造可供自主控制的物品，如车轮的发明是对滚木的模仿，锯的发明是对草齿的模仿。

以上这四个层次的动机所建立的模型是人们对事物认识和掌握逐渐加深和逼近的过程。解释和理解事物背后运行的机制，为事物发展的规律建立解释模型；在尝试建立的规律假设的解释模型基础上，人们将模型在时间轴上向未来延伸，希望能预测事物的发展，做出有利于自己的决策；在进一步深入理解之后，人们不再满足仅仅顺从事物本来的演化发展规律，而试图参与到事物演化中去，调整相关因子以改变事物的发展轨迹；有些系统，即便完全掌握其演化的机制，也无法进行可重复实验，对于这些无法进行实验的研究来说，创造一个仿真模型，进行可控实验来替代真实的实验；另外，在有些情况下，虽然可以进行真实的实验，但可能成本太高昂，或时间等客观条件不允许，也只能做仿真实验；最后，建立模型作为直接改造世界的工具，如建立机器人来替代人类进行危险作业等。

二、计算机模型

计算机模型是一种特殊的模型，有时也称为计算机仿真，一个计算机模型就是原型系统的一个同态像。为了有别于计算机三维立体模型或动画，我们这里所定义的计算机模型特指对一个系统演化过程进行动态仿真的可运算的计算机程序。

计算机建模方法是一门与数学、系统科学、人工智能等学科密切相关的综合性、实用性的技术学科，它不仅需要一般的计算机编程的知识，而且需要有关研究实体系统的专门知识。

计算机模型的特殊性在于，计算机本身就是对人类思维和创造过程模仿的产物。计算机的硬件相当于认知器官的模拟，而各种软件则是对人的思维和创造过程的模仿。人对事物的认识就是大脑对事物的建模，计算机对思维的仿真特性使得它从理论上可以表征所有的人类知识，包括外部环境和对人类自身的知识。①

---

① 基于计算机的这一点特性，人们自然希望在计算机中“完全地”构建一个真实世界的副本。一些有意思的探索正在进行，研究者们试图在计算机中表征物质世界的环境（人工宇宙）、生命的形态（人工生命 Alife、电子细胞 e-Cell），乃至人类社会（人工社会）。通过在计算机中重新创建硅世界以方便解释和了解真实的世界。关于这个硅世界发展的前景以及引发的哲学思考，甚至在文化领域的一些科幻电影中都有所体现，如《黑客帝国》（*The Matrix*）、《第十三层楼》（*The 13th Floor*）等。

正因为计算机可以表征人的思维和创造过程，计算机建模的过程就可以看做把人类的知识转化给计算机的过程。因此，用计算机建立模型，可以很方便地对实验环境和真实世界进行模拟。计算机仿真也因而成为应用广泛的横断学科，在工业控制、工业制造、经济社会建模、动态历史还原、人类认知模型、地理信息系统、微观和宇观的仿真实验、科学假说的论证等众多领域内，计算机仿真成为一种引发学科新发现的革命式研究手段。

表 1—1　　计算机在认知过程各环节中的作用

认知手段	原型	知识表示的规则	对应的模型
认知过程（对世界进行建模）	真实世界	同态模型	概念模型、知识模型
计算机（对人脑的模拟）	人脑	替代物	计算机
计算机模型（对人类知识的模拟）	概念模型	计算环境和语言	计算机中的仿真世界
科学实验	真实世界	代替物	实验室、培养皿
思维实验	真实世界	不完整的理论	思维模型
科学仿真实验	实验室、培养皿	计算环境和语言	计算机仿真实验环境
社会经济调查	真实社会经济	同态模型	抽样统计、样本空间
社会经济仿真实验	真实社会经济	计算环境和语言	仿真社会经济系统的统计

计算机建模的具体方法这里不做详细阐述，在以后各章中逐步介绍。下面我们介绍计算机模型的一般特点。

（1）计算机模型一般只输出一组离散的数值。它不像解微分方程组那样给出通解或一个函数。

（2）计算机模型无需深究其变动机理，只需从实际数据或直观感觉出发，进行模仿描述系统，然后通过逐步求精，最后达到正确地反映系统的目的。

（3）计算机建模用其程序模拟现象，计算机语言被证明是便于进行模拟的。计算机语言的丰富的数据结构可以方便地描述系统的状态。用计算机程序能灵活地描述各种复杂的进程。计算机程序只有很少的基本语句，但是可以进行数值计算，可以表示逻辑关系，可以表示变动、活动、时间、进程和过程，可以表示模糊量，可以表示随机量。因此常有人说，当一切方法都用尽，再也没办法解决问题时，不妨试试计算机模拟。在尽可能搞清楚问题以后，就可以用计算机程序直接模仿复杂现象了。

（4）计算机建模的应用很广泛，可用于工、农、商及军事等各行各业的规划、调度、设计和决策等。例如，做地区规划；进行交通运输调度；安排机械厂工人的作业；辅助计算机整体设计；提供港口泊位设计数；机场扩建方案的决策；从事作战模拟等。有人对美国1 000家最大的公司的计划系统应用定量分析方法的情况进行调查，得到不同方法应用的频数表，发现在各种定量分析方法中模拟方法所占的比重很大。如表1—2所示。

表1—2　应用定量分析方法的频数表

项　目	应用频数	所占百分比
模拟研究	60	29
线性规划	43	21
网络分析（包括PERT与CPM）	28	14
存储理论	24	12
非线性规划	16	8
动态规划	8	4
整数规划	7	3
排队论	7	3
其他	12	6
合计	205	100

（5）计算机模型可充分发挥人和计算机的优势。人具有直觉，其思维方式是很灵活的。在寻找复杂的因果关系时，可以根据直觉与经验暂时去掉一些枝节，比较敏锐地给出一个模型结构的框架。相反的，计算机比较机械、死板，要按一定的程式办事。如果关系复杂，有很多种可能的结果时，优化决策时需要尝试所有的可能。但人也有其缺点，如果复杂系统所涉及的方面很多，或者在运动变化着，那么人脑很难同时顾及这个复杂系统的方方面面，也很难考虑和跟踪系统变化的每一个细节。相反的，计算机有大的存储器，又有高速运算的能力，所以它可以同时顾及系统的各方面结构或易于展现系统动态变化的具体情节，例如，打印的表、勾画的图形、形象的三维动画、类似电视的片段等。计算机模型发挥了人机两方面的优势，通过人的直觉、思维和推理，一块一块地构筑模型，送入计算机，然后可迅速地逐步计算。由于计算机技术发展很快，计算机价格不断下降，同时人们处理的问题又日益复杂，所以计算机模拟技术得以迅速发展。

（6）计算机建模的实现方法灵活。一般来说，用解析式表示量之间的关系，明确、清晰、令人信服。然而，它只解决较简单而且有固定模式的问题。

对复杂而灵活的问题，就要用模拟的方法。但使用计算机模拟的方法建立的模型，模拟出的结果往往不够确定。模型可能因人而异。对于同一事物常常是仁者见仁，智者见智，观点很不一样。这是由于不同的模拟模型反映了同一原型的不同侧面，只要其结论不矛盾就可以接受。而模型正确性的最终衡量标准只能通过客观实践。

（7）智能化的发展方向。人工智能的原理就是从人脑处理问题的模式中抽象出来的。计算机模型把人机的优势结合，以解决传统数学方法不易解决的复杂系统的认识问题，所以必然利用人工智能所取得的成果。例如，把神经网络算法、遗传算法用于新的建模方法和建模语言中。目前，人们还在进一步研究怎样用计算机模型来模拟管理中的决策过程，以便用计算机支持决策。例如，将基于案例的推理方法用于管理决策。未来复杂的人机结合认知过程可能是这样的：各种不同的人把他所见到的、想到的关于某个对象的知识用语言告诉计算机；计算机把这些模模糊糊的、有真有假的知识，整理归纳发现新的知识，并剔除错误。

与传统的实验调查研究方法相比，计算机建模方法还具有以下几点优势。

（1）经济性。对于一个大型的系统，直接实验成本十分昂贵，使用计算机建模实验能大大降低实验成本，而且可以多次重复使用。

（2）安全性。对于某些系统，如载人宇宙飞行器、核电站控制，直接实验往往是危险的，也不被允许。

（3）预见性。对于经济、社会、生物、战争等非工程系统，直接实验几乎是不可能的。计算机模型可用于预测系统的特性和外部作用的影响，从而研究管理、控制的策略。

计算机建模的方法也有一定的局限性。首先，各种模型都是基于建模者的认知水平和观测能力的结果，从而模型模拟的可信度缺乏统一的测量尺度，因此结果很难被大众采纳而形成公共知识；其次，根据测不准定理，观测事实不过是一种近似结果，由于建模者的参与，观测事实的细节和观测指标的取舍都带有建模者预先设计的痕迹，得到的结果很难客观；第三，建模者本身就是有限信息和有限理性的主体，就是现实系统的参与者，因此不大可能实现超越系统、超越自身的理性。这些局限在通常的实验研究方法中也同样存在，但在计算机建模方法中更容易引起人们的质疑，因为相对于其他模型的简明易懂来说，虽然计算机模型的假设通常也非常直观，但模型运行推演的过程很难被直观地理解；而这一点又正好是计算机模型模拟复杂系统关系的关键。

三、本学科的研究对象

虽然计算机适合于各种动态过程的建模，在工程领域的系统仿真中计算机建模应用非常普遍（计算机仿真学作为一门专门的学科已经发展得比较完善），但本书主要面向的是社会科学和一些新兴的交叉学科领域，计算机建模的对象是具有一定复杂性的系统，或者说专门面向的是社会科学中的复杂系统建模。这类复杂性系统包括各类社会经济系统、城市系统、企业组织集群、军事指挥系统、技术网络系统、复杂的分子生物系统、各种自然生态、人工生态系统，等等。它们有以下共同特点。

（1）系统是由多个元素组成的。

（2）元素之间具有直接或间接的交互作用。

（3）元素间的交互作用是非线性的。这就是说，几个元素对一个元素的影响，不等于各个元素对该元素影响的代数和。也就是说元素间相互影响、相互作用不能简单地线性叠加。

（4）元素间的相互作用存在着反馈关系。也就是说，因果关系链是环形的，许多因素之间形成互为因果的关系。

（5）系统是动态而非静止的。系统的状态是随时间变化的，是动态演化的系统而非静态系统。

（6）系统是开放的。开放系统与系统外的环境存在着信息与能量的交换。环境的影响是随机的，系统内的元素受到系统状态的影响往往也是随机的。

（7）系统中关系的含义很广泛。系统中关系可以是数量之间的关系，也可以是逻辑关系。还可以抽象地认为系统由实体组成——实体具有多种属性，系统内还发生着一些进程、过程，存在着某些事件。

（8）复杂系统的构成元素具有主动适应性。这些具有主动适应性的元素被称为主体（agent）。

（9）复杂系统具有层次结构。层次之间是有联系的，当从某一层次跨越到另一层次时，原层次中的规律一般要发生分化。

四、计算机建模方法的意义

计算机虽然只是一种工具，但与以往取代或节省体力劳动的普通工具不同，计算机可以承载人类的各种经验知识和思维能力，因此在人类认识发展史上具有划时代的革命意义。人类文明因此进入了爆炸式发展的信息时代。随着计算机性能的提高、计算机软件和系统中对人类知识的累积，计算机作为认知世界的利器的地位和作用越来越突出。

在人类文明高速发展之后，人类的认识领域便朝更广博、更深远、更细致、更复杂的领域开拓。无论是以前历史遗留下来无法处理和解决的问题，还是新时代伴随社会经济高度发展带来的复杂化问题，现在都有了新的研究途径，这不能不归功于计算机。在复杂性科学兴起之后，有了对于复杂系统动态建模的理论指导，以往无法进行动态建模研究的非线性复杂系统，现在都可以在计算机中进行实验。随着复杂系统理论日益影响到社会科学领域的各个学科分支，统一的计算机建模方法发展成为一种新的横断学科，虽然不同的理论假设有不同的计算机建模工具与之对应，但计算机建模作为一种专门的研究方法，在实践和理论中都不可或缺。完善和发展计算机建模方法论，必然会大力促进社会科学研究的进步，加快社会科学之间的融合，加快自然科学与社会科学之间的统合，从而大大提高人类对于复杂现象的认识能力，拓宽人类文明的视野，提高人类解决和应对各种复杂事物关系的能力。这一点在人类社会日趋复杂、全球政治经济文明一体化的今天，显得尤为紧迫。

第二节 计算机建模兴起的时代背景

进入现代工业文明以来，人类社会和人类所生存的环境都日趋复杂。从社会发展的角度看，社会分工进一步细化，人与人之间的交互关系更加多种多样，联系也更加紧密，社会组织结构越来越复杂、越来越庞大，政治经济商贸呈现出错综复杂的关系。从生存环境来看，社会活动也越来越依赖于日趋复杂的人造自然，而这个人造自然随着科技的进步也越来越复杂和精细。科学长期以来一直追求对自然的简约化理解，但现在突然发现我们需要处理的实际事务越来越复杂，自然科学中简化的思维方式已完全无法理解和把握这样一个复杂的环境。因此，人们亟需一种新的思维方式、一种有效的辅助思维工具，帮助人类系统地理解和把握这个复杂的世界，帮助人类处理复杂的政治、经济、社会、环境等众多社会科学领域的问题。同时，在自然科学领域，随着认识的深入，科学研究的领域也朝着更广博、更深入的方向推进，人类希望研究的对象日益复杂，不再局限于简单的系统，从分子生物学、动物社会学、自然界的“湍流”现象到星云的形成机制，也同样构成一个个复杂的系统。总之，无论是社会科学领域，还是自然科学的微观或宇观领域，原来的基于还原论的简化思维方式，越来越不适应对复杂的系统问题的认识。所有这些直接导致了20世纪的科学革命——复杂性研究的兴起。复杂性研究一经提起，瞬间燃起众多的灵感，在广泛的科学谱系中旋起一场思维的革命，科学从了解结构和局部构件细节的还原时代，进入到研究复杂系统整体功能和演化的综合时代。计算机动态建模在研究复杂系统演化中日益兴起。

一、还原论与系统科学

19世纪末，恩格斯曾经这样说过：我们现在不仅能够指出自然界中各个领域内的过程之间的联系，而且总的说来也能够指出领域之间的联系了，这样，我们就能够依靠经验自然科学本身所提供的事实，以近乎系统的形式描绘出一幅自然界联系的清晰图画。或许令他欣慰的是，20世纪初期，科学的发展出现了整体化趋势，即各门科学一方面继续向纵深发展，另一方面进行横向沟通。同时，人类在工程技术、数学、物理学、化学、生物学、心理学、经济学、社会学、管理学等各个领域都面临研究复杂事物的任务，“系统”概念逐渐在科技文献中占据中心地位。

古代科学是整体论的，但又是直观的、经验性的。近代科学是由伽利略和牛顿开创的，从那时以来，在科学领域占统治地位的是机械论，所采用的方法是研究线性因果关系的方法。同培根归纳法相反，笛卡儿发明了一种从具有“自明性”的原理出发进行演绎的方法，以及把研究课题分得越来越细的分析方法。此后，随着原子—分子论的兴起，又出现了原子论—还原论的方法。经典的、传统的科学方法大致就是这样几种方法。这些方法引导科学向纵深发展，学科越来越多，专业划分越来越细，形成了许多沟壑和人为的屏障。科学家们把严谨精细的知识和能够运用传统的数学方法表达的知识看得高于一切，结果我们得到的外部世界的画面是支离破碎的，细节异常清晰，而整体却是模糊的。后人把这种状况称为科学陷入了还原论的误区。

1. 还原论的误区

所谓还原论是指这样一种观点：对任何事物，特别是复杂事物的认识和理解，可以通过分析组成结构来理解整体，而复杂事物、复杂系统的运动规律则可以从它的各个组成部分的运动规律中推导出来。简单地说，就是“整体等于局部之和”。使用还原论方法进行科学研究，一般是把事物分解成若干部分，抽象出最基础的因素，然后再以部分的性质去说明复杂事物，这也是笛卡儿奠定理论基础的分析方法。作为唯理论科学方法论的创始人、还原论的提出者，笛卡儿指出了指导人们理性的四个原则：（1）避免“急躁和偏见”，只接受清晰和独特的思想；（2）把正在思考的难题分成尽可能多和必要的部分，以便得到最好的解决；（3）要求从简单到复杂渐次进行；（4）要求进行无一遗漏的完整分析。笛卡儿的思想，标示了西方知识传统的特征：分析还原原理。在笛卡儿提出的思想之上，近代科学形成的是原子论的自然图景。近代科学认为，客观世界的真实性在于客观世界是由物质之砖堆砌起来的，只有认识了物质的构件才真正认识物质世界。相应的，高层次的现象可以归结到低层次的实体进行解释，整体的行为可以通过分析部分行为并把部分加和来解释。从而近代科学形成了以机械系统的自然观、机械决定论的规律观、还原论的科学方法观为代表的主流思想。

作为认识复杂事物的一种方法，通过分解系统了解其组成部分，无疑是必不可少的。通过这种方法，可以使我们在科学研究中面对复杂事物时不会手足无措，可以通过逐步地、部分地认识而逐渐对系统整体的状态、结构和功能形成一定的见解，虽然这种见解由于分解方法的局限性而天然地带有局限性，但它毕竟促进了我们对复杂事物的理解。正是还原论的普遍使用，使我们大大发展了对世界的认识，从宇宙到基本粒子，不论尺度还是深度都拓展到了前所未有的领域。比如，解剖学帮助人们认识了动物体以及人体的详细构造与各种器官的功能，我们可以将生命的组成分解为各种组织结构，分解为分子原子层次上的图景；对于原子结构的认识使化学建立到全新的、更为坚实的基础上；我们可以将经济系统分解为各种元素的总和，包括政府、公司和作为消费者的个人等。还原论的成功之处在于，在无法对系统进行总体层面的全方位分析时，通过解构系统，从系统组成成分的性质探究系统的基本规律。这也是近代科学以追求确定性、线性规律为崇高理想的表现。

虽然如此，随着科学的进步和发展，还原论也在诸多领域的研究中暴露了其弱点。还原论的假设是，若我们可以对系统组成的各个部分进行充分的研究，那么我们也可以得到对系统整体的理解。也就是说，从部分到整体仅仅是简单的叠加，组成元素之间的相互联系并没有为系统的整体特性添加新的内容。无疑这种观点是错误的。按照这样的假定，如同数学家和哲学家勒奈·笛卡儿以及物理学家克里斯蒂安·惠更斯所说，所有的自然系统，都是由分离的元素如同钟表的嵌齿轮构成的；自然的所有效应都被看做可以归结到线性的因果链上，如同钟表中的嵌齿轮序列一般。那么，世界完全可以被原子层面的规律所解释，只要原子层面的规律不曾发生变化，整个世界就不会变化，更不用说进化。所以，当我们认识到分解对于认识的作用，无形之中也盲目地极端化了这种研究方法的优点。由于解构的成功掩盖了解构对于系统认识的割裂作用，让我们在很多领域中都局限于部分而忽视了整体，一叶障目而不见森林。在分解的过程中逐渐丧失了对系统整体的认识，在得到系统组成答案的同时忘却了系统结构的力量，忘却了系统的活力在于系统各组成部分之间的交互和协作。正如解剖一条青蛙的大腿无法全部知晓青蛙跳跃的奥秘，还原论在解释世界的整体性、进化性、层次性方面存在巨大的缺陷，从而在面对从部分到整体过渡过程中产生的新性质时无法进行有效的解释。还原论的着眼点在于局部或要素，遵循的是单项因果决定论，虽然这是几百年来在特定范围内行之有效的、人们最熟悉的思维方法，但是它不能如实地说明事物的整体性，不能反映事物之间的联系和相互作用，它只适合认识较为简单的事物，而不胜任对复杂问题的研究。在现代科学的整体化和综合化发展的趋势下，在人类面临许多规模巨大、关系复杂、参数众多的复杂问题面前，还原论就显得无能为力了。

2. 系统科学

恩格斯在他著名的《自然辩证法》中提到了三个伟大的发现：能量转换守恒定律、作为生命基本组成部分的细胞的发现、达尔文关于物种进化的学说，并由此断言还原论的自然观已经死亡。面对还原论无法解决的复杂问题，系统的观点逐渐兴起。以相对论和量子力学的出现为萌芽，以贝塔朗菲一般系统论、维纳控制论和香农信息论“三论”为奠基的系统科学，为现代科学研究提供了新的思路和方法，从而也揭示了从还原论时代以来被人们广泛忽视的系统性的重大意义。贝塔朗菲的一般系统论明确地重新提出了整体观，重新提起了亚里士多德的著名论断“整体大于部分之和”，猛烈地抨击了“只见树木，不见森林”的还原论观点，反复地强调对于生物，对于任何复杂的事物，都必须从整体上去把握它。进一步地，维纳的控制论和香农的信息论弥补了一般系统论缺乏定量分析的不足，为复杂系统研究提供了具体的可操作的数学依据。

“系统”一词，在古希腊语中是由部分构成整体的意思。一般系统论试图给出一个能描述各种系统共同特征的一般的系统定义，即由若干要素以一定结构形式联结构成的具有某种功能的有机整体。在这个定义中，包括了系统、要素、结构、功能四个概念，表明了要素与要素、要素与系统、系统与环境三方面的关系。系统论认为，整体性、关联性、等级结构性、动态平衡性、时序性等是所有系统共同的基本特征。这些既是系统论所具有的基本思想观点，也是系统方法的基本原则；这表现了系统论这门科学的特点：不仅是反映客观规律的科学理论，还具有科学方法论的含义。

系统科学的核心思想是系统的整体观念。贝塔朗菲强调，任何系统都是一个有机的整体，它不是各个部分的机械组合或简单相加，系统的整体功能是各要素在孤立状态下所没有的。他用亚里士多德的“整体大于部分之和”的名言来说明系统的整体性，反对那种认为要素性能好，整体性能一定好，以局部说明整体的机械论的观点。同时认为，系统中各要素不是孤立存在着的，每个要素在系统中都处于一定的位置上，起着特定的作用。要素之间相互关联，构成了一个不可分割的整体。要素是整体中的要素，如果将要素从系统整体中割离出来，它将失去要素的作用。正像人手在人体中是劳动的器官，一旦将手从人体中砍下来，那时它将不再是劳动的器官了一样。

系统科学的出现，使人类的思维方式发生了深刻的变化。正当传统的还原论分析方法束手无策的时候，系统分析方法却能站在时代前列，高屋建瓴，综观全局，别开生面地为现代复杂问题提供了有效的思维方式。所以，一般系统论，连同控制论、信息论等其他横断科学一起所提供的新思路和新方法，为人类的思维开拓新路。它们作为现代科学的新潮流，促进了各门科学的发展，从20世纪中期起，在短短二三十年内形成了一个金字塔形的系统科学体系。其底部是实际应用的系统技术、系统分析和系统方法，向上第二层次是解决复杂大系统课题的系统工程，第三层次是系统理论的分论，如控制论、信息论、大系统理论等，第四层次是一般系统论，顶端第五层次是系统哲学。系统科学兴起的第一个特点是这五个层次的新技术、新方法、新学科和新观念先后很快出现，几乎是齐头并进；第二个特点是跨学科研究，哲学家、自然科学家、社会科学家和工程技术人员通力合作；第三个特点是美国、苏联先后出现“系统运动”或“系统热”，在短短20年内各自都在系统科学方面出版了上千种出版物，并且它们在这个领域内进行了一些有效的合作；第四个特点是应用的范围非常广泛，尤其是在社会科学和人文科学方面的应用引人注目。从一直缺少有效的科学方法，难以应用数学的社会学、行为科学、心理学、语言学、政治学、管理学，到史学和文学等方面，都出现了运用系统科学取得出色成绩的著作。

“忽如一夜春风来，千树万树梨花开”，若从整个科学史的长河来看，系统科学的全面兴起仿佛是在一夜之间完成的。人类科学的整体图景改观了，甚至有的外国学者惊呼“系统科学的兴起可能导致传统科学的解体”[①]。这种情形在人类历史上是从未出现过的。

系统论反映了现代科学发展的趋势，反映了现代社会化大生产的特点，反映了现代社会生活的复杂性，所以它的理论和方法能够得到广泛的应用。系统论不仅为现代科学的发展提供了理论和方法，而且也为解决现代社会中的政治、经济、军事、科学、文化等方面的各种复杂问题提供了方法论的基础，系统观念正渗透到每个领域。

3. 系统科学与还原论

系统科学的兴起，并不一味否定还原论的历史研究成果；相反，任何科学研究都是建立在前人成就的基础上向前发展的，系统科学同样如此。系统科学承认从解构系统的角度认识系统基本性质的必要性，认可分解的方法在一定范畴、一定研究阶段的重要作用，并继承了很多还原论分析的方法和成

① K. 萨尔森：《作为一种跨界学科的一般系统化、控制论和信息论》，载《自然科学哲学问题丛刊》，1979（2）。

果。同时，系统科学也针对还原论的不足之处，强调从整体、系统结构和系统发展的角度重新认识我们通过还原和分解得到的研究结果；强调个体或元素对于系统整体的基本作用，同时强调将个体放在整体的环境里（而不是分离地）进行考察，研究个体之间的交互作用；强调系统的发展和演化。系统科学对还原论，是一种批判继承而非全面颠覆的关系。从还原论到系统论，反映了从机械的、分析的、线性的、被组织的世界观，到有机的、综合的、非线性的、自组织的世界观的发展过程。正如曾国屏在《自组织的自然观》一书中所言，“从认识存在深入到认识演化，从认识相对静止的东西发展到认识运动变化的东西，并进而去认识存在和演化、相对静止和绝对运动的统一性，正是人们认识发展的自然过程”①，从还原论到系统论的发展也是人们认识发展的自然过程。

二、复杂性研究

对于现代系统科学而言，它也经历了三个发展阶段：以控制为主要考虑对象的“老三论”阶段，以自组织现象为主要研究对象的“新三论”阶段，以复杂性研究为主流的当前的新的发展阶段。

“老三论”（贝塔朗菲的一般系统论、维纳的控制论和香农的信息论）的出现建立了现代系统科学的起点。同时期的哥德尔不完全性定理再次确认了世界在质的方面的无限性，标志了还原论思想的破产；现代数字式电子计算机的出现则为系统科学研究提供了新的手段和方法。“新三论”（耗散结构论、协同学和突变理论）的出现使得系统科学不再只是在近代科学忽视的交叉领域进行，而是深入到传统学科的核心去攻坚。随后出现的混沌和分形打破了传统科学中把确定性和不确定性截然分割开的思想障碍，引起了数学上的重大变革。这些都对系统科学的发展提供了重要的启发。

1. 系统科学发展的新阶段——复杂性研究

对自组织现象的研究使得人们对“系统”的研究从外来的、被动的控制和管理，转向了系统“自己”的演化与发展，从系统内部寻找复杂性的来源。然而，研究的对象系统尽管元素众多，但是元素种类还是比较单纯的，而且元素是“死”的，没有主动性的。如普利高津的耗散结构理论讨论的是热力

① 曾国屏：《自组织的自然观》，81页，北京，北京大学出版社，1996。

学系统，哈肯虽然一再试图把协同学应用于生物、社会等更为复杂的系统，但是其基本背景仍然是激光等物理学范围中的比较简单的系统。这就使得这一阶段的理论与方法，难以应用到生物、生态、经济、社会等领域。

而生物界的系统，包括生物体的个体以及群体，都具有一个明显的特点，它们的元素是“活”的，能够主动地按照一定的目标与原则行动，并且改变自身的行为方式甚至形状和构造，类似地，社会经济系统也具有这样的特征。这样的复杂系统区别于以机械装置为原型的系统，也区别于热力学规律支配的系统。它的丰富多彩的变化、它的难以预测的发展向人们展示了新的未知的知识领域。对于这些新知识，简单地称之为系统的运动规律，已经不足以表明其目的和对象了。对于复杂性的研究又有了新的挑战和内容，这就是以复杂性研究为主流的当前的系统科学的新的发展阶段。

2. 复杂系统与复杂性

关于什么是复杂系统与复杂性的问题，不同学科的学者有不同的理解，至今复杂系统和复杂性还没有统一的确切的定义。钱学森等国内学者在1990年的文章①中，把开放的复杂巨系统这一概念定义为：若构成系统的子系统（元素）数量非常大，则称为巨系统。如果子系统种类很多并且有层次结构，它们之间的联系又很复杂，这就是复杂巨系统。如果这个系统同时又是开放的，就称为开放的复杂巨系统。例如，生物体系统、人脑系统、人体系统、生态系统、社会系统、星系系统等。开放性是指系统与外界有能量、信息或物质的交换。

复杂巨系统的复杂性可以概括为以下四点：

（1）系统的子系统间可以有各种方式的通信；

（2）子系统的种类多，各有其定性模型；

（3）各子系统中的知识表达不同，以各种方式获取知识；

（4）系统中子系统的结构随着系统的演化会有变化，所以系统的结构是不断改变的。

综合起来，钱学森等学者把复杂性描述为以下几个方面：

（1）有较大的规模。

（2）子系统、元素或个体具有主动性，不但能够与外界（包括系统内和

① 钱学森，于景元，戴汝为：《一个科学新领域——开放的复杂巨系统及其方法论》，载《自然杂志》，1990（1）。

系统外）进行信息、能量、物质的交流，而且会根据经验改变自身。简言之，子系统是“活”的。

（3）系统是动态的，随着时间前进，系统在宏观和微观尺度上都在不断变革。

（4）系统的功能与行为复杂，难以预测。

可以看出，这里的复杂性并不是通常概念上的复杂度，飞机、钟表的构成也很复杂，但不属于复杂系统的范畴。在英文中用 complexity 表示系统组成关系的复杂性，用 complicated 表示构成上的复杂度。因此，系统的复杂性是有一定涵指的，不是笼统地只要规模大、子系统数量多就是复杂系统。

第三节 计算机建模方法的基础理论

上一节已经提到，面临日趋复杂的生存环境，科学研究要面向越来越复杂的系统，以往简化的线性模型已无法刻画与描述普遍存在的非线性的事务关系，因此，计算机模型便越来越受到复杂性研究的青睐。任何一种模型都是基于某种理论假设之上，复杂适应系统理论（简称 CAS 理论）是目前计算机模型在研究复杂性系统时最常用的一种理论。本书后续的模型方法也都是基于 CAS 理论之上的，掌握这一理论是学习和理解后续内容所必需的，所以本节我们先系统地介绍一下 CAS 理论。

一、CAS 理论的基本思想

CAS 理论的提出，是由对系统演化规律的思考引起的。复杂性研究的一个重要方面，是对复杂性产生机制的研究。CAS 理论就是对于这个问题的一种回答。简单地说，其基本思想可以用一句话概括：“适应性造就复杂性。”当然，这是产生复杂性的机制之一，而不是复杂性的唯一来源。CAS 理论完全不排除还可能会有其他的产生复杂性的机制与渠道。然而，大量事实表明由适应性产生的复杂性，即所谓复杂适应系统确实是一大类十分重要的、非常常见的复杂系统。它从一个侧面概括了生物、生态、经济、社会等一大批重要系统的共同特点。关于复杂适应系统的理论，无疑是现代系统科学的一个富有启发性的、值得重视的领域。

霍兰在《隐秩序》一书的序言中写道①：

> 本书讨论的中心议题，是近来备受关注的一个领域：复杂性……在写这本书的过程中，我把重点放在复杂性的一个侧面——围绕“适应性”的复杂性上，这一领域现在被称为“复杂适应系统”……我认为，由适应性产生的复杂性极大地阻碍了我们去解决当今世界存在的一些重大问题。

CAS 理论的最基本的思想可以概述如下：“系统中的成员称为具有适应性的主体（adaptive agent），简称主体。所谓具有适应性，就是指它能够与环境以及其他主体进行交流，在这种交流的过程中‘学习’或‘积累经验’，并且根据学到的经验改变自身的结构和行为方式。整个系统的演变或进化，包括新层次的产生、分化和多样性的出现，新的、聚合而成的、更大的主体的出现等等，都是在这个基础上出现的。”②

CAS 理论把系统中的成员——主体，看成是具有自身目的、主动性的、积极的“活的”实体。更为重要的是 CAS 理论认为正是主体的这种主动性以及它与环境间反复的、相互的作用，才是系统发展和演化的基本动因。宏观的变化和主体分化都可以从主体的行为规律中找到根源。

二、CAS 理论的基本概念

具有适应性的主体是 CAS 理论的基本概念，但单独用主体这个概念无法完全表达出 CAS 理论的丰富内容，所以围绕主体这个核心概念，霍兰进一步提出了研究适应和演化过程中特别要注意的 7 个有关概念：聚集、非线性、流、多样性、标识、内部模型和积木块。在这 7 个概念中，前 4 个是个体的某种特性，它们将在适应和进化中发挥作用，而后 3 个则是个体与环境进行交流时的机制。

1. 聚集（aggregation）

在 CAS 中，聚集有两个含义。聚集的第一个含义是简化复杂系统的一个

① 霍兰：《隐秩序》，序言，上海，上海科技教育出版社，2000。

② 徐国志等：《系统科学》，252 页，上海，上海科技教育出版社，2000。

标准方法，即把相似的事物聚合成类，例如树、汽车、银行等。

聚集的第二个含义是指主体通过“粘合”形成较大的更高一级的主体——介主体（meta-agent）。而且，介主体能够进行再聚集，产生“介介主体”，这个过程重复几次之后，可以产生CAS非常典型的层次组织。此外，由于主体具有这样的属性，它们可以在一定条件下，在双方彼此接受时，组成一个新的个体——聚集体（aggregation agent），在系统中像一个单独的主体那样行动。可以看出，聚集的第二个含义不是简单的合并，也不是消灭个体的吞并，而是新类型的、更高层次的主体的出现。

聚集涉及较为简单的主体通过聚集的相互作用涌现出的复杂的大尺度行为。例如，单个蚂蚁的适应性很差，环境一变，就只有死路一条，但蚂蚁的聚集——蚁巢表现出极高的适应性；产业集群中每一个中小企业的适应性很差，不能很好地应对市场中的变化，但产业集群本身却表现出了对市场的极好的适应性。

CAS理论认为，在复杂系统的演变过程中，较小的、较低层次的个体通过某种特定的方式结合起来，形成较大的、较高层次的个体，这是一个十分重要的关键步骤，这往往是宏观形态发生变化的转折点。

事实上，第二种含义下的聚集是所有CAS的一个基本特征，且由此所产生的涌现现象，正是CAS最激动人心同时也是最令人捉摸不透的一面。对CAS的研究就是要识别出能使简单体形成具有高度适应性的聚集体的机制。此外，是什么“边界”区分这些适应的聚合类的？主体的相互作用在这些“边界”内是如何被引导和协调的？这些相互作用产生的行为是如何超越单个主体的行为的？这些问题都是CAS研究要回答的。

2. 标识（tag）

在聚集体的形成过程中，标识机制在起作用。商标、企业图标甚至品牌形象代言人都是标识。标识的作用在于区别主体。聚集体的形成或者说主体的聚集都是有选择的，并非任意个体都会聚集。标识的作用在于促进主体选择性的相互作用。例如，经济生活中厂商之间的交互是建立在标识基础上的、有选择的相互作用。因此，为了相互识别和选择，个体的标识在个体与个体、个体与环境的相互作用中是十分重要的。

标识是CAS系统普遍存在的特性，它让主体在一些主体或目标中去选择，良好的基于标识的相互作用为筛选和合作提供了合理的依据。标识是隐含在CAS中具有共性的层次组织机构背后的机制。

3. 非线性（non-linearity）

非线性是指个体自身属性的变化以及个体之间的相互作用并非遵从简单的线性关系。特别是在和系统或环境的反复交互作用中，这一点更为明显。CAS理论认为个体之间、个体与环境之间的相互影响不是简单的、被动的、单向的因果关系，而是主动的“适应”、互动的甚至是互为因果的关系，其中各种反馈作用（包括负反馈和正反馈）交互影响、互相缠绕。也正因为这样，复杂系统的行为才会如此难以预测；也正因为这样，复杂系统才会经历曲折的进化过程，呈现出丰富多彩的性质和状态。

CAS理论把非线性的产生归之于内因，归之于个体的主动性和适应性，这进一步把非线性理解为系统行为的必然的、内在的要素，从而大大丰富和加深了对于非线性的理解。正因为如此，霍兰在提出具有适应性的主体这一概念时，特别强调其行为的非线性特征，并且认为这是复杂性产生的内在根源。

4. 流（flow）

在个体与环境之间存在着物质流、能量流和信息流。CAS理论认为这些流的渠道是否通畅、周转迅速到什么程度，都直接影响系统的演化过程。

{节点，连接者，资源}的三合一组合是流的一种典型的表示方法。如中枢神经系统的{神经细胞，神经细胞的相互连接，脉动}；生态系统的{物种，食物网，生化作用}；互联网络的{计算机站，光缆，消息}等。一般来说，节点是处理者，即“主体”，而连接者则表明可能的相互作用。在CAS中，节点和连接会随着主体的适应或不适应而出现或消失。因此，无论是流，还是网络，都在随时间的流逝和经验的积累而反映出其不断变化的适应性模式。

流在经济学中有两个重要特性，对所有CAS都很重要。一个是乘数效应。乘数效应是网络和流的主要特性，无论资源的特质是什么，货物、货币或消息，都是如此。当我们要估算一些新的资源的效应时，乘数效应都是相关的。另一个是再循环作用。相同的原材料输入，由于再循环在每个节点会产生更多的资源，因而增加输出。

5. 多样性（diversity）

CAS理论认为，在CAS系统中，多样性既非偶然也非随机。因为系统中任何单个主体的维持和生存都依赖于其他主体提供的环境。从生态学的观点看，每个主体都安顿在由以该主体与其他主体相互作用所限定的小生境（niche，或译为生态位）上。主体的持存要求一个完善协调的生态环境。如果我们从系统中移走一种主体，产生一个“空位”，CAS 系统就会做出一系列的适应性反应，产生一个新的主体来填补空位，通常新的主体会代替原主体的小生境。原主体与系统其他部分之间的相互作用，也会大部分由新主体所接替弥补。

CAS 理论认为，多样性产生的原因在于适应过程中，是一种动态模式，具有持续性和内聚性。例如，当主体的蔓延开辟了一个新的小生境（如一个新物种到达一片它从未到过的处女地，再如集团企业在某地创立分部等），产生了可以被其他主体通过调整加以利用的新的相互作用的机会时，多样性也就产生了。再如，由于部分主体的绝种而引起主体间相互作用模式变动以后，CAS 常常会按以前的方式重塑自己，但是新的主体很可能在细节上与老的有所不同，由此，CAS 中看到的多样性是不断适应的结果，而每一次新的适应都为系统内进一步的相互作用和新的位置开辟了可能性，由此，多样性是一种动态模式，具有持续性和内聚性。

CAS 系统与其他系统最重要的区别在于组成 CAS 系统的主体的多样性。CAS 系统的多样性的形成与“流”有密切关系。具体而言，参与循环流的主体使得系统能够保留资源，这样保留的资源可以被进一步利用，它们将提供新的小生境以便被新的主体所使用。在 CAS 中，能够开发利用这些（新的小生境）可能性的部分，特别是能进一步增强再循环的部分，将会繁荣，做不到这一点的，将会渐渐丧失它们的资源。这是自然选择，它是一个通过增加再循环，导致增加多样性的过程。

6. 内部模型（internal model）

主体复杂的内部模型是主体适应性的内部机制和精髓，主体的内部模型是主体在适应过程中逐步建立的。主体在适应过程中接受外部刺激，做出反应，合理调整自身的内部结构。最终，结构的变化，即内部模型，必须使主体能够预知再次遇到该情形（或类似的情形）时会随之发生的后果，主体由此来适应环境。内部模型承担的预知，无论是含蓄的还是明确的，都对主体的进化起着重要的作用。能够实现有效预知的是有效的内部模型。有效的内部模型在进化的优胜劣汰法则中更容易得到继承与保持。

内部模型对企业来说是企业在实践过程中不断积累的各方面知识和做法，与演化经济学中的企业的惯例概念含义基本相同。

CAS 用 IF-THEN 规则模型或称刺激—反应规则描述主体的内部模型：IF 刺激 s 发生，THEN 给出反应 r。简单列举如下：IF 市场行情下跌，THEN 售出；IF 是企业 A，THEN 拒绝交易；IF 与 B 合作，THEN 可以提高效率；IF 车胎撒气，THEN 拿千斤顶……

7. 积木块（building blocks）

让我们通过孩子们玩的积木来认识 CAS 理论中积木块的含义。

【例】 如图 1—2 所示，孩子们玩的积木块的种类是一定数量的（图中为 7 种），但通过改变组合方式可以产生多种多样的系统。

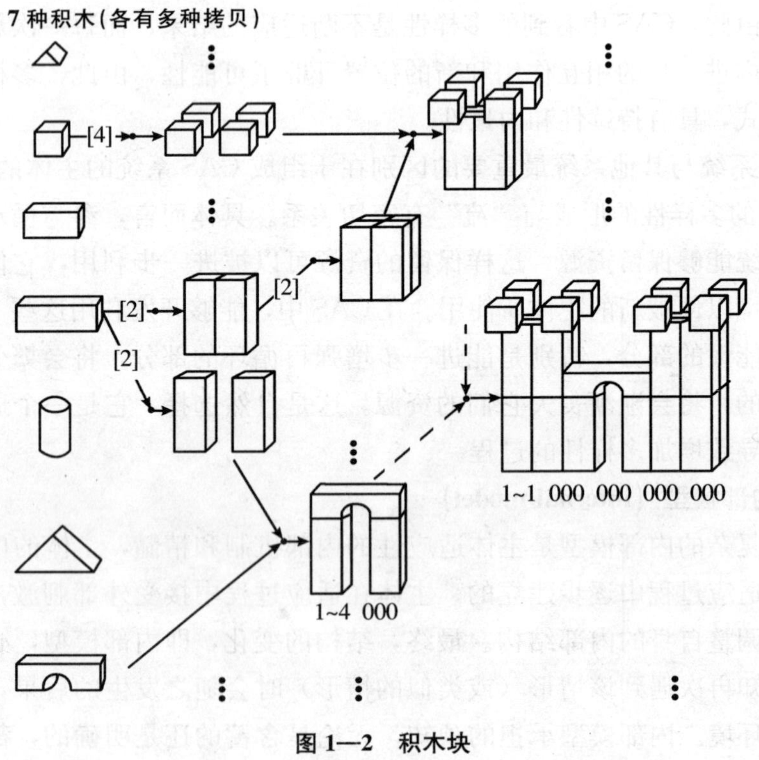

图 1—2 积木块

就像人往往通过将复杂问题分解成若干简单部分进行理解一样，CAS内部模型用搭积木的方法对已测试过的规则进行组合，产生新问题的处理规则，已有的规则被形象化地称为积木块，它们是新规则产生的基础。

如图1—3所示，有个人不走运，“在高速公路上驾驶的一辆红色的奔驰车的车胎漏气了”。大多数人没有驾驶过奔驰车，更不用说开着奔驰车的时候轮胎漏气了，但人们都会做出适当的反应，这个反应就是人们可以把情况分解为熟悉的部分，然后进行组合，产生适当的反应。

IF	THEN
驾驶着一辆红色奔驰车在高速公路上车胎漏气了	减速，拖入故障道 换备用轮胎

与用积木作为规则的情形比较

IF 标识	特性				THEN 行动
⋮					
	进行	条件	运动	…	
汽车	#	#	刹车		刹车
汽车	#	车胎漏气	移动	#	减速
汽车		油量不足	停车		熄火
	#			#	
⋮					
	道路类型	汽车条件	路标		
道路	#	好	无		以限速继续行驶
道路	#	停车信号	#	#	准备停车
道路	X路	漏气	#	#	拖入故障道
⋮					
	大小	膨胀情况	…		
轮胎	#	漏气	#	#	换备用轮胎
轮胎	小	不足	#	#	用打气泵
⋮					

图1—3 新规则的产生

CAS 理论认为主体的适应性由（组成主体内部模型的）规则发现产生。当主体（如企业）遇到情况时，主体总会使用经过检验的规则（如知识、经验）产生新的“貌似正确”的、即将接受检验的规则。

三、CAS 理论的特点

CAS 理论的核心思想——“适应性造就复杂性”，具有十分重要的认识论意义。可以说，这是人们在系统运动和演化规律认识方面的一个飞跃。关于 CAS 理论，有四个特点需要强调说明。

(1) CAS 理论强调主体是主动的、“活”的实体。这个特点是 CAS 能有效地应用于经济、社会、生态等复杂系统的研究的保障。

从元素到主体，并不是一个简单的名称的改变。对于系统的组成部分，以前一般称为元素、单元、部件或者子系统。作为与系统、全局、整体相对而言的概念，元素、单元、部件都是作为一个被动的、局部的概念提出的。主体的概念把个体的主动性提高到了系统进化的基本动因的位置，从而成为研究与考察宏观行为的出发点。这一思路具有十分明显的突破性。整个系统的复杂性正是在个体与环境之间、个体与其他个体之间主动交往、相互作用的过程中形成和产生的。在这里既没有脱离整体、脱离环境的个体，也没有抽象的、凌驾于个体之上的整体。个体的主动性是这里的关键。个体主动的程度决定了整个系统行为的复杂程度。

这里所说的主动性或适应性是一个十分广泛的、抽象的概念，它并不一定就是生物学意义上的“活”的意思，只要是个体能够在与其他个体的交互中，表现出随着得到的信息不同，而对自身的结构和行为方式进行不同的变更，就可以认为它具有主动性或适应性，而适应的目的是生存或发展。

(2) CAS 理论认为个体与环境、个体与其他个体之间的相互影响、相互作用，是系统演变和进化的主要动力。

系统内个体的相互作用是系统整体涌现性的基础，当我们说“整体大于部分之和”的时候，指的正是这种相互作用带来的“增值”。整体的发展和演化也是个体之间的相互作用带来的，复杂系统的丰富多彩正是来源于这种相互作用带来的“增值”。这种相互作用越强，系统的进化过程就越复杂多变。

另外，这里的相互作用主要是指个体与其他个体之间的相互作用。因为任何给定的适应性主体所处环境的主要部分都由其他适应性主体组成，任何主体在适应上所做的努力实际上是要去适应别的适应性主体。强调这点有两方面的意义：①这里并没有一个凌驾于所有个体之上的整体的“代表”，对于每一个个体而言，整体的作用正是通过其他个体表现出来的，同样，每一个个体对于别的个体也起着“环境”的作用；②在这些相互作用中，个体之间的关系存在着从“平等”到“分化”的发展过程，这就是说，在系统演化的早期，个体的潜力，或者说潜在的能力是差不多的。原则上，每一个个体都有多种发展前途的可能性。在相互作用的过程中，由于各种因素（包括随机因素）的作用，有的个体向这个方向发展，有的个体向那个方向发展，产生了结构，对称性被打破，这样，整个系统就变得比较复杂了。这就是从简单到复杂的演化。也就是说，相互作用是“可记忆”的，它表现为进化过程中每个个体的结构和行为方式的变化以不同的方式“存储”在个体内部。由此，CAS 理论发展了系统科学中历来强调的相互作用的思想，使得进化的观念具体化了。

（3）CAS 理论把宏观和微观有机地联系起来，CAS 通过主体的相互作用，使得微观的主体变化成为整个系统宏观变化的基础。

关于微观和宏观的关系，极端的还原论的观点是把宏观现象的原因简单地归结为微观，否认从微观到宏观存在着质的增加。另一种比较普遍的观念是，把统计方法当做从微观向宏观跨越的唯一途径或唯一手段。应当承认，基于概率论的统计方法确实是从微观到宏观的重要桥梁之一。宏观系统的某些属性可以理解为微观个体的某些属性的统计量。然而，如果个体是“活”的，有主动性和适应性，以前的经历会“固化”到它的内部，那么，它的运动和变化，就不再是一般的统计方法所能描述的，如前面讲到的分化过程，显然不是只靠统计方法所能加以说明的。所以，在微观和宏观的相互关系问题上，CAS 理论提供了区别于单纯的统计方法的新的理解。如果把这种想法加以推广，把宏观和微观看做是相对的层次的话，那么，它为我们认识、理解、跨越层次提供了十分有益的思路，而这又是系统科学的一个重要的基本课题。

（4）CAS 理论引进了随机因素的作用，使 CAS 理论具有更强的描述和表达能力。

考虑随机因素并不是CAS理论所独有的特征，然而CAS理论处理随机因素的方法是很特别的。简单地说，它从生物界的许多现象中吸取了有益的启示，其集中表现为遗传算法（genetic algorithm）。常见的考虑随机因素的方法是引入随机变量，即在某一环节中引入外来的随机因素，按照一定的分布影响演变的过程。在这种方式中，随机因素的作用是“暂时的”，只在一个特定的步骤上起作用，它只是暂时对系统状态的某些指标产生影响，导致事物只是在状态参数上有所变化，事物运作的规律、内部的机制并没有发生质的变化。形象地说，系统不会因此而“进化”。显然，这正是前面所说的，把系统的元素看做是“死”的对象所导致的局限性的表现。而遗传算法的基本思想则在于，随机因素的影响不仅影响状态，而且影响组织结构和行为方式。“活”的、具有主动性的个体会接受教训，总结经验，并且以某种方式把“经历”记住，使之“固化”在自己以后的行为方式中。CAS理论提供了明显超越以往的随机方法。

由于以上这些特点，CAS理论具有了与其他方法不同的、具有特色的新的功能和特点，特别适用于对生物、生态、经济、社会等复杂系统的研究。

四、辨识复杂适应系统

虽然复杂适应系统理论是近年来才提出来的，但复杂适应系统早已广泛存在于自然界（如人脑、免疫系统、生态系统等）和人类社会中（人类的经济、社会系统）。我们可以通过它们的共性来辨识复杂适应系统。

（1）每一个这样的系统都是一个由许多平行发生作用的“作用者”组成的网络。

在人脑中，作用者是神经细胞；在生态系统中，作用者是物种；在经济中，如果你观察商业圈，作用者是个人、家庭和公司，如果你观察国际贸易，作用者就是整个国家。但不管你怎样界定，每一个作用者都会发现自己处于一个由自己和其他作用者相互作用而形成的一个系统环境中。每一个作用者不断地根据其他作用者的动向采取行动和改变行动。正因为如此，在这个系统环境中基本上没有任何事情是固定不变的。更进一步地说，一个复杂适应系统的控制力是相当分散的。比如说，在人脑中并没有一个主要的神经元，在一个发展的胚胎中也没有一个主要的细胞。这个系统所产生的连续一致的行为结果，是产生于作用体之间的相互竞争与合作。经济领域也是这种情形，虽然有政府干预的因素，经济的总体效果仍然是千万个人的无数日常经济决策的结果。

（2）每一个复杂适应系统都具有多层次组织。

每一个层次的作用者对更高层次的作用者来说都起着积木块的作用。比如一组蛋白、液体和氨基酸会组成一个细胞，一组细胞会组成生理组织，一组生理组织会形成一个器官，器官的组合会形成一个完整的生物体，一群不同的生物体会形成一个生态环境。在人脑中，一组神经元会形成语言控制中心，另一组神经元会形成行动皮层，还有一组神经元会形成视觉皮层。一组劳动者会以完全相同的方式形成一个部门，很多部门又会形成更高一级的部门，然后又形成公司、经济分支、国民经济，最后形成全球经济。

（3）复杂适应系统内的主体能够吸取经验，从而经常改善和重新安排它们的积木块。

下一代的生物体会在进化的过程中改善和重新安排自己的生理组织；人在与世界的接触中不断学习，人脑随之不断加强或减弱神经元之间无数的相互关联；一个公司会提升工作卓有成效的个人，为提高效率而重新安排组织计划；国家会签订新的贸易合同，或为进入全新的联盟而重新结盟。在某种深刻而根本的层面上，所有这些学习、进化和适应的过程都是相同的。在任何一个系统中，最根本的适应机制之一就是改善和重组自己的积木块。

（4）所有复杂适应系统内的主体都会根据其内部模型做出预期。

比如在经济领域，对一个持续已久的经济衰退的预期会使个人放弃买一辆新车或放弃一个奢侈的度假计划。同样，对石油短缺的预期会导致石油市场的抢购。这种预期和预测的能力和意识并非只是人类才具有。从微小的细菌到所有有生命的物体，其基因中都隐含了“预测密码”（“在ABC情况下，可能要采取XYZ行动”），可以在特定的情况下被激活，进入运行状态，在系统中产生行为效果。

（5）复杂适应系统总是会有许多小生境，每一个这样的小生境都可以被一个能够使自己适应在其间发展的作用者所利用。

每一个作用者填入一个小生境的同时又打开了更多的小生境，这就为新的寄生物、新的掠夺者、新的捕食者和新的共生者打开了更多的生存空间。而这又意味着，讨论一个复杂适应系统的均衡根本就是毫无意义的，这种系统永远也不可能达到均衡状态，它总是处于不断展开、不断转变之中。事实上，如果这个系统确实达到了均衡状态，达到了稳定状态，它就变成了一个“死”的系统。同理，在这样的系统中，根本无法想象作用者会永远把自己的适存性或功用性发挥到极限。因为可能的空间实在是太大了，作用者无法找到接近最大化的现实渠道，它们能做的最多只是根据其他作用者的行为来改变和改善自己。因此，复杂适应系统的状态具有永恒的新奇性。

一般来说，总可以通过上述五个复杂适应系统所共有的特性辨识出复杂适应系统，一旦掌握了以这些特征为判据的方法，就会发现复杂适应系统几乎无处不在。

五、总结

社会科学家常常倾向于演绎（松散地进行假设和因果序列的测试）和归纳（通过观察抽象出一般规律），这为计算机建模提供了第三种可能性。通过计算机建模，人们可以设定一个假设集合，然后运行模型，让模型自行演绎，产生一些数据，再用归纳的方式去分析，计算机模型能有效地把演绎和归纳方法融为一体。随着科学从还原主义到注重系统思维的转变，以及复杂性研究的兴起，以前社会经济中大量存在的那些单纯的演绎或归纳都难解决的非线性复杂问题，都开始转向计算机建模，复杂适应系统理论是计算机建模的基础理论。

关键词

模型　　计算机模型　　还原论　　系统科学　　复杂系统
复杂适应系统

习题与思考

1. 试述模型在认识方法论中的地位与作用。
2. 试述计算机模型与普通模型的异同。
3. 什么是还原论？还原论有哪些局限？

4. 试述系统科学的基本观点与理论。

5. 什么是复杂适应系统？复杂适应系统有哪些特征？如何识别一个复杂适应系统？

6. 如何理解社会经济系统是一个复杂适应系统？

延伸阅读

圣塔菲研究所与复杂适应系统理论（CAS）

复杂性科学的诞生，美国圣塔菲研究所（Santa Fe Institute，SFI）功不可没。该研究所是在美国洛斯·阿拉莫斯（Los Alamos）国家实验室资深物理学家乔治·考温（George Cowan）的创导下，在三位诺贝尔奖获得者——夸克理论创建者盖尔曼（M. Gell-Mann）、凝聚态物理学家安德森（P. W. Anderson）、数理经济学家肯尼斯·阿罗（K. J. Arrow）的支持下于1984年建立的。

圣塔菲研究所的发起者即第一任所长乔治·考温是一位具有广阔视野和远见卓识的科学家。考温在几十年的科学生涯中，深深地体会到近代科学中普遍存在的片面强调还原论思想的弊病以及由此带来的种种问题，如学科分隔造成的隔膜，综合的整体观念的缺乏，"只见树木，不见森林"的短视和偏见，以及在丰富的实践面前的僵化和无能。在他的领导下，圣塔菲研究所自成立起便一直坚持跨学科、跨领域的多学科交叉的研究方法，并吸引了一大批富有创新精神的、勇于探索这个新开辟的领域的、来自各个领域的不同学科的科学家。

圣塔菲研究所是一个独立的非营利研究所，靠申请各种基金来支持跨学科的研究工作。2000年，圣塔菲研究所被评为全美最优秀的5个研究所之一，与具有上百年历史的贝尔实验室等相并列。

1994年圣塔菲研究所成立十周年时，研究所开始举办一年一度的乌拉姆讲座，以展示复杂性研究取得的最新成果。取名乌拉姆是为了纪念对圣塔菲研究所有巨大影响的波兰著名数学家斯坦尼斯拉夫·乌拉姆。在圣塔菲研究所的首次乌拉姆系列讲座上，早就因提出遗传算法（genetic algorithm）而享有盛名的约翰·霍兰（John Holland）教授以"隐秩序"（hidden order）为题作了演讲。在这个演讲报告中，霍兰在多年研究复杂系统的基础上，提出了关于复杂适应系统的比较完整的理论。

复杂适应系统（complex adaptive system，CAS）理论对人们认识、理解、管理复杂系统提供了新的思路，已经在许多领域得到了应用。在经济、生物、生态与环境以及其他一些社会科学与自然科学中，CAS 理论的概念与方法都得到了不同程度的应用和验证。CAS 理论对于人们的思维方法具有不少启发，它的影响正在逐步传播到各个领域，推动着人们对于复杂系统的行为规律进行进一步的研究。

第二章

基于多主体系统的计算机模型

多主体系统的发展源自人工智能领域的一个分支学科——分布式人工智能（distributed artificial intelligence，DAI）。多主体系统解决问题的方法是把问题分解为多个程序片段或主体，每个程序片段或主体拥有各自独立的知识或专业经验，通过联合或群集的方式，一群主体能够找到比单个主体更优的解决策略。由于多主体系统中的程序片段主体可以非常好地表征一个独立的经济主体（人或组织），而社会科学界研究的目标恰恰是由大量个体或组织构成的集合行为，所以多主体系统很快被引用到社会经济系统的模型研究中。基于多主体系统的计算机模型，简称为多主体模型，随着复杂性和复杂系统研究的深入，在社会科学研究中的应用越来越普遍。

本章介绍了多主体模型的基本概念，并以多主体计算机建模为主，介绍了社会科学中计算机建模研究的历史和逻辑，社会科学计算机建模的基本思路、方法、一般流程和注意事项等，为后续篇幅中具体领域的应用提供一个理论框架和研究规范。

第一节　多主体系统及建模

应用多主体系统的原理和方法，把社会经济系统看做一个由多主体交互协作组成的复杂适应系统，从而把对社会经济系统的建模分解为对行为主体的建模，这样建立起的计算机模型，就是所谓的多主体模型。本节先介绍一下主体的概念和特性、多主体系统的概念、多主体系统研究方法的发展历史，然后通过简单比较这种建模方法与传统建模方法的异同，来了解多主体系统建模方法的特点。

一、基本概念

1. 主体

主体（agent）这个词在不同学科背景中有不同的含义。在智能商务领域，agent 通常被认为是智能代理，如在搜索引擎上帮助人们搜集信息的 agent 工具软件，在办公自动化系统中辅助人们办公的 wizard 智能精灵，在电子商务中帮助人们自动收集信息、分析信息乃至进行事物安排的代理等。在多主体系统模型中，主体是一个软件实现的对象，存在于一个可执行的环境中，具有主动学习和适应环境的能力。主体有以下几个特征：反应性（能够感受外在环境的变化，并做出相应的行动反应）、自治性（自主控制自己的行为）、前摄性（事先有目的有计划驱动）、时间上的连续性（能持续地行动），此外，可能具备下面一些互不相干的特征：交互性（能够与其他主体交互）、移动性（能够从一个地方迁移到另外一个地方）、学习能力（能够从以前的经验中学习调节行为准则）、可信性（对终端用户看起来是可信的），等等。根据主体功能的复杂度可分为四类，从简单到复杂有：刺激反应类（对刺激立即反应，没有记忆）；状态反应类（能够保留对状态的记忆，与当前刺激综合后反应）；目的驱动类（又称为前摄反应类，能够对下一步的行为进行计划与决策）；效用主体（在这个层次上，主体具备人类的一些特征，效用是微观经济学中的一个经济学术语，与幸福度和个人偏好相关，目前的 AI 水平还无法实现这个层次）。

2. 多主体系统

多主体系统是由多个主体组成的集合，主体们一般都有一个或多个特征值，并能够修改自身的特征值；主体之间能够进行交互，通过与其他主体的交互，使得系统整体演进、演化并涌现出宏观的规律。这种从底层构件的设计架构出的系统，其中的活动主体具备主动交互和适应环境的能力，被称为多主体系统。如果主体都是静止的，那么多主体系统就退化为元胞自动机（cellular automaton，CA）。通常在一个多主体系统中，既有能够活动的主体，代表现实中的经济行为主体或社会行为主体；也有不能活动的主体，代表环境或资源。

3. 多主体模型

应用多主体系统对生物、生态和社会、经济等复杂系统的动态模型研究方法，被称为基于多主体系统的建模方法（multi-agent based modeling），所建立的系统模型即为多主体模型（multi-agent model）。社会经济系统作为由类型多样与数量巨大的经济个体组成的复杂系统，其结构的不断组合、分解与演进，正是各个经济主体无意识的、自私的行为的客观结果。这正体现了多主体系统的特征：系统中各主体复杂的相互作用表现出了单个主体所不具备的特征（系统整体产生新特征的过程称为“涌现”，将在下一节中专门讲述），从而使整体表现优于个体的简单加总。作为一种新的研究方法，基于多主体系统的建模方法在社会科学模型研究中的影响越来越广泛。下面我们来回顾一下社会科学计算机建模研究的历史和多主体模型形成的渊源。

多主体模型有以下四个鲜明的特点：（1）主体是主动的、活的实体。这点是多主体模型和其他建模方法的关键性的区别。正是这个特点，使得它能够用于经济、社会、生态等其他方法难于应用的复杂系统。（2）在这个模型中，主体与环境（包括主体之间）间的相互影响、相互作用，是系统演变和进化的主要动力。以往的建模方法往往把个体本身的内部属性放在主要位置，而没有对主体之间，以及主体与环境之间的相互作用给予足够的重视。这个特点使得多主体建模方法能够运用于个体本身属性极不相同，但是相互关系却有许多共同点的不同领域。（3）这种建模方法不像许多其他方法那样，把宏观和微观截然分开，而是把它们有机地联系起来。它通过主体和环境的相互作用，使得个体的变化成为整个系统变化的基础，统一地加以考察。

(4) 这种建模方法还引进了随机因素的作用，使它具有更强的描述和表达能力。正是以上这些特点使得多主体建模成为复杂系统研究者们倚重和偏爱的研究方法。

二、计算机建模的历史

20 世纪 60 年代早期，随着计算机在大学研究中开始应用，出现过一些在社会科学中使用计算机建模的实例。这一时期主要包括离散事件模型和系统动力学模型，主要研究如顾客平均等待时间、城市中警车到达紧急现场的平均时间、世界经济模型等内容。当时罗马俱乐部的世界仿真模型就预测了全球环境大灾难，在世界上产生了很大的影响。下面我们对社会科学的各种计算机模型进行简要回顾。

1. 系统动力学

系统动力学以反馈控制理论为基础，能方便地处理非线性和时变现象，能做长期的、动态的战略性的仿真分析与研究。用微分方程对系统演化轨迹的时间序列进行拟合，通过调节各种参数的值从唯象的方式先进行拟合，然后试图对参数的变化调节给出一个合理的解释，比如罗马俱乐部（现在的布达佩斯俱乐部，主要研究可持续发展和世界和谐发展）对世界经济未来的研究等。但是其预测精度不高，较适用于分析研究系统的结构与动态的行为。主要用于较大的方程系统，系统中的方程类似于微分方程，但可能包括一些不连续或不可微的函数（这些函数也可以以表格的方式给出）。这种方式使用非常粗糙的算法找到结果或计算轨迹。

2. 微观仿真模型

微观仿真建构在个体、家庭或企业的大随机样本的基础上。每个组成单元随着时间格的推进按照一个给定的随机范围决定是否改变状态（比如，在一个特定的年龄范围内，一个妇女产婴的概率）。主要受到政策研究方面的推动，微观仿真研究方法曾经繁荣一时。这是一个很特别的方法，也是唯一在社会科学中一直被广泛认同的计算机模型形式。微观仿真模型从微观层次对系统进行建模，研究系统的微观个体与宏观变量（如政策变化等）之间的相互作用，大多数微观仿真模型都是用于评价社会经济政策可能产生的效果。微观仿真在某些国家和地区已经形成了较大的市场，在许多国家人口的研究中表现得很好，特别是在德国、澳大利亚和加拿大，这些国家的养老金制度、累进税制等方面的政策的制定都受到微观仿真结果的很大影响。

与其他模型方法相比，微观仿真有许多有利的特性。首先，它无需解释，仅仅是用来预测财政分布的一个工具。其次，仿真过程独立地处理每个单元（个人、家庭、企业实体等），这里没有尝试去模拟单元之间的交互。再次，不考虑单元的动机或目的性，每个单元的演化仅仅由一个生成的随机数决定。

3. 元胞自动机

物理学家在试图理解聚合物质现象时发明了元胞自动机的技术。元胞自动机在解释磁性材料、涡流、晶体的增长、沙化等科学领域取得了显著的成功，在所有这些领域的研究中，物资材料的属性作为一个整体，通过对它的组成成分和组成成分之间的交互进行模拟。元胞自动机由一个规则排列的格子组成，每个单元格可以在有限几个状态内变化，一个时间步长内所有的单元格的状态并行推进，其中每个单元格的状态都由上一个时间步长时所有的单元格状态和变化规则决定如何变化，与本次时间步长内别的单元格状态的改变无关。

元胞自动机提供了一个很好的社会交互模型框架，比如流言的传播、不同种族聚居区的自发形成等。元胞自动机（cellular automaton）的理论最早由冯·诺依曼创立，他用这种工具研究机器人自我复制的可能性。在他之后元胞自动机冷落了一段时间，直到1970年康威（J. H. Conway）提出了一种叫“生命”的游戏，揭开了元胞自动机研究热潮的先声。元胞自动机是空间、时间和状态取值均为离散的，并且其演化的运算规则是局域的复杂系统。强大的计算速度和复杂的动力学行为使它们被广泛应用于社会经济系统、生态经济学现象和自然现象的模拟中。一般元胞自动机可由两个方面来描述：构造和规则。不同的规则将会产生不同的演变方式。Wolfram对演化半径$r=1$，状态数$k=2$的所有一维线性元胞自动机（共256种）的演化做了全面研究，发现按照它们的长期行为可以将它们定性地归纳为四类：（1）演化到全部是0或全部是1的均匀状态；（2）演化到不随时间变化的定态或周期性的循环状态；（3）演化到混沌状态；（4）演化到更复杂的结构。J. A. Sales等发现线性元胞自动机空间和时间上的构造的Hurst指数可以检测到在第四类和第二类子集的演化方式中存在长程相关性。元胞自动机可以是二维的，大多数线性元胞自动机可以用来模拟一维的生长和流动，但实际的生长和流动过程经常是发生在二维或三维空间。这里提出一种圆周的元胞自动机模型，它的规则极其简单，但是生长在二维晶格上。这种圆周元胞自动机十分敏感于生长次序和初始条件，并能产生如著名的 Sierpinski 分形三角地毯一类的分形图。分形维数可以用来表征这种元胞自动机的图案和它们表现出的混沌行为。

4. 多层模拟

多层模拟（multi-level modelling）也是一种受到物理学中的思想影响的模型方法，其理论基础是协同学，而协同学最早是从凝聚态物理学中发展出来的。多层模拟适合于研究类似社会这样的多层次系统。

在过去的十几年中，很多人一直致力于“机器学习”方面的研究，不管是仿真个体的认识过程，还是仿真整个社会适应新环境的过程，具有学习能力的仿真模型都是非常有用的。近些年，模型学习方法、人工神经网络、遗传算法等社会仿真的应用也在不断增长。

5. 神经网络

神经网络是一种模仿和延伸人脑认知功能的信息处理系统，是计算机科学人工智能研究的一个分支。由大量的简单处理单元（即神经元）所构成的非线性动力学系统，具有巨量并行性、存储分布性、结构可变性、高度非线性、自学习与自组织的特征，能够解决常规信息处理难以解决或无法解决的问题，尤其那些属于思维（形象思维）和推理意识方面的问题。

6. 遗传算法

遗传算法是一类借鉴生物界自然选择和自然遗传机制的随机搜索算法，其主要特点是群体搜索策略和群体个体之间的信息交换，它尤其适用于处理传统搜索方法难于解决的复杂和非线性问题，可广泛用于组合优化、机器学习、自适应控制、规划设计和人工生命等领域。由于遗传算法中的演化思想与复杂系统的性质如此相似，遗传算法普遍应用在复杂系统的模拟当中。例如，在经济系统中，随着交易的进行，厂商可以用两种不同的形式重新评估它们的行为规则：（1）向以前被证明有盈利的规则分配一个更高的触发概率；（2）将成功的规则重组成可以在市场中接受检验的规则。后一种处理可以通过遗传算法的交叉和变异算子来完成。

这些早期的建模研究也因为专注于模型的预测而颇受争议，由于社会科学家一般倾向于解释和理解，对社会科学建模研究的预测能力人们多持怀疑的态度：一方面因为预测本身的困难，另一方面因为社会科学和经济学的预测本身也会对结果产生干扰。

7. 多主体模型

到了20世纪90年代，多主体建模开始兴起，人们开始对自治主体及它们之间的交互作用进行自底向上的研究。多主体模型已经很好地解释了诸如合作、协调、组织行为、社会动态、联合与集团、习俗和道德的演化等社会现象，被证明很适合于对这些现象进行建模。对社会组织的形成与优化、文化道德和社会制度的形成、危机的产生等研究领域，也已成为多主体建模研究的主要领域。多主体模型的主要特征是，即便主体的设计只遵循一些非常简单的规则，集体的行为也会由于主体并发引起的非线性关系而呈现出非常复杂的模式。而早期的模型大多都只能假设变量之间是简单的线性关系，线性关系是指一个依赖变量对效果的影响是所有依赖变量对效果影响的一个百分比，而与实际情形更接近的是大量存在的非线性关系。因此随着解决非线性系统发展而来的复杂性研究的兴起，适合于对非线性交互、并发行为的协作、无中央控制的自组织的真实情景建模的多主体建模越来越被研究人员所钟爱。

三、多主体模型发展的历史

现实世界是复杂的，而反映复杂现实世界的模型却大可不必也复杂。在多主体建模方法中，模型所呈现出来的复杂的结果，是由按照一定行为模式相互作用的主体、共同作用和集体三者交互产生的，模型的结果虽然反映了复杂的现实世界，但模型的本身并不复杂。

虽然多主体模型看上去很简单，但人们认识到这点却费了许多周折。人们长期以来一直普遍应用复杂的数学模型，虽然建立简单的类多主体模型发端于20世纪40年代，但直到计算机相关技术成熟以后，这一研究方法借助信息技术的普及才开始快速发展起来。下面让我们回顾一下多主体模型的历史。

1. 冯·诺依曼机

虽然每当谈起多主体模型建模的历史时，都会谈到冯·诺依曼机，但是冯·诺依曼机并不是多主体模型。事实上，它根本不是任何一种模型，而只是一种理论上的构架。然而，它体现了一个范例，为后来人工生命和自底向上建模的研究和构架奠定了一定的基础。因此，可以看做是多主体模型的理论渊源。

20 世纪 40 年代末期，数学家冯·诺依曼提出了构建一种可以自我复制的机器的构想。这种机器可以精确地依照详细指令来形成它自身的一个拷贝，并给这个自身的拷贝一套指令的拷贝，这样就产生了一个可以繁殖的后代。为了避免当时电子管计算机技术的限制，他提出了一个简单的模式：把一个长方形平面分成若干个网格，每一个格点表示一个细胞或系统的基元，它们的状态赋值为 0 或 1，在网格中用空格或实格表示，在事先设定的规则下，细胞或基元的演化就用网格中的空格与实格的变动来描述。这样的模型就是元胞自动机。由于这类简单的模型能十分方便地复制出复杂的现象或动态演化过程中的吸引子、自组织和混沌现象，从而引起了物理学家、计算机科学家的广泛兴趣。

虽然冯·诺依曼没有完成他的数学证明，但是他的工作体现了信息是生命的基本要素。生命可以作为信息的一种存在方式导致了一些有趣的研究。康威的“生命游戏”就是其中之一。

2. 康威的“生命游戏”

与冯·诺依曼机不同，生命游戏是由极简单的规则驱动的。

生命生存在一个虚拟的西洋跳棋盘上，称棋格为单元。它们有两种状态：活的或死的。每个单元有 8 个可能的邻居，它们就是紧邻此单元的边或角的单元。

如果棋盘上的一个单元是活的，那么当它周围有 2～3 个邻居活着，它就会在下一步（或下一代）继续生存；如果它有多于 3 个的邻居活着，它就会因为过于拥挤而死去；如果活着的邻居少于 2 个，它会由于孤独而死。

如果棋盘上的一个单元是死的，那么除非它周围有 2～3 个活的邻居，它才会在下一代中“出生”，否则它将一直保持死的状态。

将这个游戏写成计算机程序是第一个使用电子计算机来创建人工生命的范例。

生命游戏仍有众多爱好者，互联网上有很多关于它的网页。[①] 生命游戏的模拟是一个热点讨论话题，它对基于主体建模的发展有很深远的影响。

3. 最早的基于多主体系统的伯德模型

在康威的生命游戏中，“生命”是纯粹的信息，规则简单得出乎人们意料，但是其涌现出的复杂的类生命现象却引人深思，人们不由得思考，如果类似生命这样的复杂现象都可以由如此简单的规则所演绎，真实世界中的种种看上去很复杂的现象背后是否蕴涵着极为简单的规则呢?

于是人们开始尝试着用人工生命来建立自底向上地搭建一些社会现象的模型，开始是从动物社会开始。1986 年克雷格·雷诺兹（Craig Reynolds）设计出一个能很好地模拟出鸟类聚集飞行行为的模型，这就是经常被引用的伯德模型。伯德（Boid）在英文单词中是鸟（Bird）的一个变体，意思是人工鸟的意思，所以该模型也被称为人工鸟群模型。

在这个模型中，每只鸟的行为只和它周围邻近的鸟的行为有关，每只鸟只需遵循以下 3 条规则：

（1）避免碰撞（collision avoidance）：避免和邻近的鸟相碰撞；

（2）速度一致（velocity matching）：和邻近的鸟的平均速度保持一致；

（3）向中心聚集（flock centering）：向邻近个体的平均位置移动。

鸟群中的每只鸟在初始状态下是处于随机位置向各个随机方向飞行的，但是随着时间的推移，这些初始处于随机状态的鸟通过自组织（self-organization）逐步聚集成一个个小的群落，并且以相同速度朝着相同方向飞行，然后几个小的群落又聚集成大的群落，大的群落可能又分散为一个个小的群落。这些行为和现实中的鸟类飞行的特性是一致的。

这个模型的特别之处在于，鸟群的同步飞行——这个整体的行为只是建立在每只鸟对周围的局部感知上面，并不存在一个集中的控制者。虽然并没有一个最高组织者和协调者，但整个群体组织得非常有效，群体之间相互协调地非常好。由于这一仿真非常适合研究社会经济现象中宏观层面与微观层面之间的互动关系，很快吸引了许多研究者对它进行研究。伯德模型运行图例，见图 2—1。

---

① 还有许多生命游戏的在线版本，如 http://www.tech.org/～stuart/life/life.html，提供了可在线设置初始状态的生命游戏。

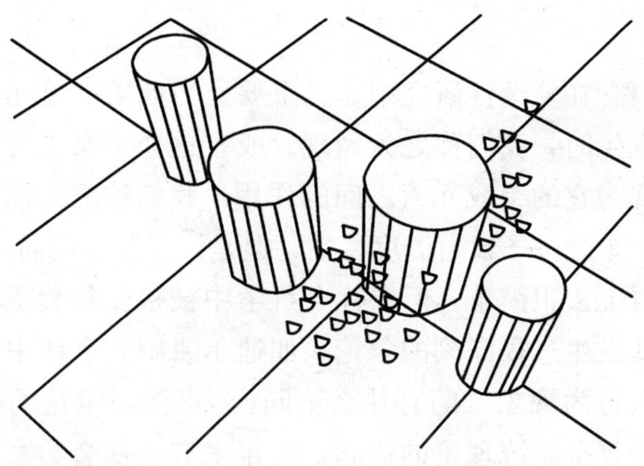

图 2—1　伯德（Boid）模型

可以在网页 http://www.red3d.com/cwr/boids/applet/中直接运行 3 维的伯德（Boid）模型（Java Applet）。

第二节　作为方法论的多主体建模

社会科学所研究的主要社会过程都相当复杂，而且经济、人口、社会、科技、文化、空间等问题都是密切不可分的一个整体。那种把社会划分为各个子过程（如经济问题、人口问题等）进行分析，然后又要把它们整合为统一的理论的想法是不现实的，因为各个子过程的分析汇总并不能形成对社会系统的整体分析。社会科学研究的另外一个困难在于，很难进行特定的可控试验，尤其在测试个体行为与宏观规则之间关系时，个体行为的改变如何形成宏观上的社会行为现象。

多主体建模为思考社会经济现象提供了一种新的途径，有望统一社会科学研究的对象、统合社会科学理论，并以计算机仿真实验的方式克服上述的两个困难。多主体建模的理论基础是涌现（局部简单的行为交互导致整体复杂行为的涌现）。下面我们便从多主体建模的基础理论——涌现开始讲起。

一、涌现

涌现这个概念在复杂性研究中非常重要。当低层次单元间交互导致高一层次新的现象发生时，我们称之为**涌现**。或者这样定义也许更精确，一种现象不能还原解释为它的组成元素之间的作用，我们称之为涌现。如温度是分子运动的涌现，单个分子没有温度特性，但是许多分子就涌现出温度。

这个概念看上去很简单，但在社会科学中被接受却费了很大的周折。社会科学界曾因此发生过很深刻的争论。如迪尔凯姆和个体主义方法论等都不承认社会与个人行为现象之间有什么不同。[①] 但当时争论的双方都没有很好地理解涌现这一复杂系统理论的概念，近年来有些社会学家开始重新审视这一理念，试图给涌现以更多的研究意义。多主体计算机模型能够为这种理论研究提供更强有力的支持。

此外，在应用复杂理论解释社会现象时必须要注意的一点是，人类组织或机构在原则上与其他个体行为导致的集体涌现现象（比如蚁群等动物社会或者沙堆等）是有区别的。因为在其他集体行为涌现现象中，个体一般都被假设为没有理性，仅仅在本能驱动下从事个体的行为，个体对集体中涌现出的现象没有分析能力，也就是说新涌现出的现象与个体行为之间没有双向交叉的反馈影响（或者说涌现的现象没有反身影响效应，如果把个体行为看做原因变量输入，涌现作为结果现象输出，涌现的现象不会再通过个体的认知连接回去成为自身的一种输入）；而在人类社会中，个体是有理性的人，他们像社会科学家一样可以认知社会现象中的模式，而且能够对此反思、推理和预测。在社会组织（比如政府、社区、商业机构、民间组织）这一层次上，个体并不仅仅是无辜的、自发的涌现，也有从涌现出的效果中反馈到个体的信息，这些信息又影响了个体（比如政治家、经济学家、革命者等）的行为。例如，不仅仅是“时势造英雄”，有时候也是“英雄造时势”；再例如，我们对涌现的研究行为，这也是我们试图跳出个体的层面站在社会层面上把握我们产生的“涌现”，再指导政策规划引导个人的行为。这种个体能够把握整体（涌现出的）模式和抽象的涌现或者所有反身效应的涌现，均被称为**二阶涌现**

① 迪尔凯姆曾经就个体人格特征与社会现象之间的关系进行了论述，当个体主义方法论者认为社会这种概念压根子虚乌有时，迪尔凯姆也曾草率地声称社会现象不过是个体行为现象的一种延伸。

(second order emergence)。这也是社会学与动物行为学之间的差异。

除涌现外，源自生物学的自组织理论对社会仿真的影响也越来越大。自组织关注的是一个机体或组织自产生、自维持的现象。在社会科学领域，社会经济系统中也同样存在大量的自组织聚集的现象，如城市、供应链、企业集群、专业市场等。如何设计一个基于多主体系统的模型，能让主体通过简单的交互行为自发地形成某种已知的宏观自组织现象，这个问题在多主体建模中非常关键。

二、计算机建模的逻辑

建模研究的前提是存在一些“真实世界”的现象令研究者感兴趣，这个真实世界中的现象称为**实相**，也就是所仿真的目标。实相可以理解为世界的本源真相，存在于认知的彼岸，人们对这个世界的所有认识活动都是对真相的临摹和接近。从这个意义上来说，人们的世界观和人类一切知识的总和，都是一种建构的认知模型。

研究的目的是创建一个**实相**的**模型**。模型是可以拿来进行实验研究的，由于二者之间存在可能的同构关系，有充分的相似之处，因此对模型做实验研究得出的结果，应该能应用到实相中去，也就是用模型研究的结果指导社会实践。

社会科学中的研究对象具备一定的结构和行为特征，且通常随着时间和环境不断地变化，因此模型也必须是动态的。模型的描述可以是一些方程式、一些逻辑论断或者一个计算机程序。为了验证模型的有效性，需要观察模型在一个时间段内的运行，检查模型的行为方式或结构上发生的变化。可以用分析的方法对模型的输出进行分析，这样必须通过推演把握模型的未来结构。如果模型是用方程描述的，那么这个动态推演就必须用数学或逻辑演算来完成，如在一个由一系列方程组成的经济仿真模型中，我们改变某一个输入变量，观察输出参数的变化等；而计算机模型则依靠计算机程序的运行，让计算机中模拟出实相世界中并发的事件。因此，计算机模型与数学模型或逻辑模型在逻辑上是同一的。

几乎所有的社会科学研究都是一个对复杂的社会现象进行抽象，建立简单的表征的过程。通常这些表征是纯粹语言上的。例如，在传统的历史研究工作中，以年代为顺序把过去发生的事件进行排列，仅仅抽象和简化出一些特殊的事件以及内部之间的联系，进行强调而忽略了其他的细节。这种语言上的表征存在的最大问题是对于研究者或读者来说很难准确地把握希望表达出的理念的线索。例如，不同的概念和关系之间是否存在不一致性？能否抽象出一般性规律？如果可以，能够得出什么样的推论？在其他的领域，例如，一些经济学领域，抽象的表征更为形式化，常常用数理统计或一些方程式来表示。这样做的确为客观评价一致性和通用性带来了方便。在这些领域，人们通常能够接受社会科学中的模型研究方法。然而统计和数学模型也有许多不利之处。许多用来表征社会现象的方程太复杂，很难进行有效的分析，尤其牵涉到非线性关系时，而非线性关系在社会现象中是普遍存在的。解决这个问题的常用方法是对方程进行简化，直到这个方程可解。然而不幸的是，这些过度的简化通常是难以置信的，这样得出的理论也可能带来严重的误导。如经济学上的完美信息和完全理性的假设，经济学家并非真的相信在现实的经济世界中具备类似的特征，而是若不如此假设，他们的模型就无法分析。

计算机程序语言是除语义符号和数学符号之外的第三种符号系统①，它不仅综合了语义符号的丰富性和数学符号的精确性，还具备了自主演绎的动态特性。因此，计算机程序既可用来建立定量分析模型，也可建立进行定性分析的模型，而且还特别适合用于为动态的过程建立模型。尽管非线性关系会带来一些方法论方面的问题，但在一个计算机程序里面描述非线性关系并没有困难。

计算机建模与统计模型都有一些与之相匹配的社会现象和研究问题，目的都是为了能更容易地理解和把握这些现象。通过理论上对这些社会现象的抽象，建立一个模型，这个模型可能是一系列数学方程、一个统计回归方程或计算机程序，然后比较观察这个模型和实际社会现象之间的行为，如果模型的输出与现实世界的数据收集足够相似，就可以作为模型有效性的证明。数学模型可能通过一个数学推理来判定其行为；如果是统计模型则可能使用SPSS一类的统计软件进行分析；如果是计算机程序，则可以改变参数，重复运行多次，然后比较不同输入的效果，从而对模型的有效性进行评价。在不

① 社会学家奥斯特罗姆在总结社会学家可用的符号系统时指出，除了普遍为人们所熟悉的语义符号和数学符号外，还有第三种符号——计算机模型，即计算机程序。

同的情况下我们都需要有研究对象的实际数据。举个例子，假如我们对一个社区的观点的扩散感兴趣。在对这个问题建立模型研究时我们可以先做一个调查，这个调查可能分时间段进行，以测试社区成员们的观点（作为独立变量或输出变量），以及一些假设认为可能影响他们观点的因素（作为依赖变量或输入变量），这样模型便可以运行了。如果模型是一个回归方程，运行模型相当于对给定的输入向量（调查测试的统计值）推出一个独立变量的期望输出。如果模型是一个计算机程序，则相当于输入给定的系列参数，观察程序运行的结果输出。最后需要做的工作就是把模型输出与对应情形下的调查统计数据进行比较。

对于统计模型来说，模型和模拟的对象之间的关系很容易理解。比如研究者通过假定的社会过程的抽象设计了一个数学方程模型，模型中的方程有一些输入参数（比如，β系数），经过拟合的调整来确定这些参数的值（这一步通常需要统计软件包的辅助）。同样在计算机仿真模型设计中，研究者同样需要搜集数据用来确定一些参数（比如，调用参数中用到的一些数据）。接下来的分析过程可分为两步：（1）观察经过模型运算产生的输出是否与实际调查中收集的数据相似或吻合（这要用到统计学假设检验的方法）；（2）研究者估计和调整参数变化的幅度（可能是相对幅度），标识出最重要的参数。

在计算机建模研究中，研究者基于假定的社会过程建立一个动态模型，与统计模型的不同仅仅在于这个模型是计算机程序而不是统计方程。通过运行仿真模型，收集和测量模型运行产生的输出数据，然后把计算机模型中的数据关系与其所表征的真实社会现象中的数据关系进行比照研究（真实社会现象的数据同样是调查统计得来的）。

计算机模型与统计模型在社会科学研究中目的也是一致的，都是用来对复杂的社会经济系统过程进行解释和预测。最初应用模型方法的动机是为了理解一些难以解释的特殊社会现象。例如，为什么会发生分享具有相同观点的聚集？我们可能对一个群体中有多少人感兴趣，但从理论上预测这样一个数字是不可能的，而基于统计或仿真的模型则有可能形成对于这样一个数字的估计。

此外，由于现实世界各种事件的发生不仅仅有时间先后关系，而且还有时间同步关系（称为同步律或同时性现象），传统的研究方法只注重分析事件之间的线性因果关系，而因果关系必须有时间上的先后接续，因此传统的研究方法或模型只能描述非同步事件之间的关系，无法描述同步发生的事件之间的关系，而同步关系是复杂非线性现象产生的重要机制。从逻辑上来说，线性一维的思维方式与多维并发的世界之间可能更难以建立对应的同构关系，而计算机模型，特别是并发的多主体计算机模型，更能比较完整地描述复杂的真实世界中各种事件之间的关系，包括因果关系和并发的同步关系。

前面对计算机模型与传统模型的原理进行了类比，但在实际研究中，通常采用多种研究方法来辅助计算机建模方法的研究。如在建立模型确定参数时，可能需要参照实际的调查统计数据；在设计模型中各主体之间交互方式或形态时，需要可观察的证据和背景理论来支持；在模型运行后需要采集数据并使用统计方法进行处理；为了加强模型的效用，还可以进行平行实验，在与模型中假设的参数对照的类似条件下，做真实的实验，从而加强验证的力度，等等。

三、多主体建模在社会科学研究中的作用

计算机建模方法在社会科学中的作用与在自然科学或工程技术领域中的作用不同。在自然科学或工程技术领域中，作为方法论，计算机仿真学发展得很完善，应用也十分普遍。工程领域建立系统模型的目的通常为了预测和设计，在已知事务的当前状态下预测将来系统可能的演化，或者是在计算机内完成系统功能的设计。由于以前社会科学领域掌握计算机程序设计的人很少，所以在社会科学领域中计算机建模方法的应用才刚刚起步，还没有形成标准化和很完善的理论。

计算机建模在社会科学研究中的作用可总结为以下几点：

1. 更好地理解现象，发现现象背后的机制

在社会科学中，研究发展一个理论的目的通常是为了解释而不是预测，过去的社会科学类预测研究多是图解性质的，如用所谓微仿真（microsimulation）的建模方法，预测一个人口结构中的性别、年龄、结构，工作人口的比例下降和老龄人口的上升在未来人口结构中的影响等。多主体建模在社会科学研究中的主要作用也是希望能对现象做出有说服力的解释。如市场锁定现象就可以用多主体模型很好地进行解释。可以通过设计主体间影响购买行

为的交互方式，来揭示出人群最终的购买偏好是如何在短时间内被锁定的（如 VHS 和 Betamax 两种视频格式之争）。除了有助于解释现象以外，多主体模型也能带来新的发现。比如，通过多主体建模我们发现，在一个群体中，如果个体之间对某个事物的偏好（比如在啤酒与白酒之间更喜欢喝哪种）的影响是一个非线性关系（除了是非线性关系外，不需要明确定义具体的关系），这个群体中就会自发地形成一个团体，团体内的成员都具有接近相同的态度与偏好；但在这个团体之外，也还会始终保留一个具有不同偏好的少数群体。再比如，对寻求婚姻伴侣这一社会学研究问题，人们虽然能直接观察到各种约会现象，但无法直接观察到人们在约会选择上的策略，通过计算机建模方法，可以先假设一些人们用于约会选择的策略，应用到多主体模型中让大家交互，再对模型运行的结果和观察到的约会现象统计进行的对照来验证这些假设。这样就可能发掘出宏观现象产生的微观机制。在上述的例子中，虽然我们都不可能进行预测（模型不会告诉我们哪种视频格式会最终胜出，模型也不会告诉我们人们更喜欢喝啤酒还是白酒），但模型能够指出这种锁定现象的存在，并演示这种现象产生的机制。

在认知科学中，对人类认知过程和一些智力思维过程的仿真，还有助于了解人类在进行决策和类推时的思维机制，了解人类的记忆和思维之间的关系等。计算机建模还能帮助我们观察和记录到那些通常隐藏着的规划、决策和估价过程的背景。用计算机建模方法把这些过程的心理因素孤立出来进行研究，比在真实世界中用回顾的方式研究更为可行。

2. 预测和辅助决策

虽然社会科学的研究主要是为了解释，但建立计算机模型也可以为了预测。如果一个模型能够很好地对各种现象进行解释，那么我们完全可以在这个模型基础之上进行实验，来代替现实中的政策实验（关于这方面的内容在下一章中将专门介绍）。理论上，只要模型能够忠诚地复制真实系统的动态行为特征，就可以通过让模型拟合系统过去的状态（状态空间图的时间序列），然后让模型继续运行以洞察未来。

这方面一个很著名的例子是人口统计上的预测研究：研究者想知道一个国家在未来几十年内人口数量和结构的变化情况，于是就做了一个动力学模型，把人口的年龄结构、性别结构、出生率、死亡率等因素包括进去，考察这些因素对人口的影响。这个模型就能够很成功地（精确地）对未来的人口状况与结构进行预测。

在预测的基础上，管理或政策制定者可以依据仿真进行信息管理和政策分析，辅助他们决策；在仿真预测的基础上做出的决策和政策建议更有说服力。

计算机模型还可以用来对虚拟情景中的决策行为进行测试，以发现人的思维缺陷，从而避免在真实情景下，人的决策会带来不可恢复的过错（通过在虚拟情景中的决策行为导致的不同后果来规划现实中的决策，而不要把现实作为缺陷思维的试验田）。德国心理学教授迪特里希·德尔纳①在班贝格大学以计算机模拟对决策思维过程进行研究，发现人类思维模式中的某些倾向——诸如一次只做一件事、因果关系、线性思维——它们只适合于简单的世界、简单的情形，对于我们实际生存的复杂世界却有着灾难性的影响（参见［18］）。他用计算机设计了许多生动的、可参与决策的情景游戏，让人们能够亲身体验到这种思维的缺陷是人类已经发生的种种决策失误的根本原因，并强有力地证明了单凭良好的愿望和充足的信息以及慎重的考虑并不能避免这种灾难。所以，有理由相信，计算机模拟是试图对不确定性或复杂性系统进行规划或决策时，人类线性思维的一个必要的补充，是避免决策失误的有效辅助手段。

3. 发展新的工具来扩展人的能力

比如专家系统，就是对人的认知系统的建模，模拟专家们对专业问题的分析解决和思维过程，这方面也已经成功地建立了诸如医生专家系统、化学专家系统和地理专家系统等。这些系统可以让非专业人士胜任一些以前只有专家才能制定的相关的诊断工作。

计算机模型还被用于训练，如浙江大学工程心理学实验室研发的飞机座舱模拟系统，模拟驾驶培训飞行员；又如中国人民大学经济科学实验室研发的 SIMEC 电子商务环境的模拟系统，有助于培训电子商务人才等。

此外计算机模型还被广泛应用于娱乐游戏业，如 FIFA 游戏是对足球比赛的交互式模拟，《命令与征服》是对文明演化的交互式模拟等。

---

① 1986 年德国最高科学奖莱布尼兹奖获得者。

4. 统合社会科学理论，为社会科学提供一个可验证的范式和跨学科交流的平台

除了解释现象和发现新的事实外，计算机模型有助于促进学术交流和协作，因为理论转化为计算机模型是一个更加形式化的过程。而社会科学家对计算机建模兴趣的日益增长，主要原因在于它在科学发现与形式化中的巨大潜力。以前程序本身很少以文字的方式公开发表，而只提供一份高层次的算法描述或伪代码（pseudo code)。这是由于程序代码在调试排错之后的格式很乱，难以阅读和分享，还由于程序大多与平台有关、难以移植。但随着通用建模软件工具的出现，不仅大大降低了社会科学仿真研究的模型设计难度，还统一了模型编程规范，并提供了与平台无关的特性——这大大方便了各项研究之间的交流，不仅方便了同一研究课题不同研究人员之间的交流，还促进了跨学科之间的交流。

社会科学家可以只从社会的某些很少的特定侧面来建构一些简单的模型，然后在建构的人工社会中实施他们的理念。如在中国的经济改革研究中，不得不采取摸着石头过河的方式在局部地区进行真实的改革实验，然后逐步扩大。如果通过动态模型仿真研究，可以在同一个人工社会的不同副本中，实施不同的经济改革理念，通过这些理论转化为政策实施的后果来验证这些理论。为了做到这点，需要对相关的理论（已经很好地用文本方式进行描述的理论）做更严格的形式化处理，以适合在计算机中的程序化表达。这一严格形式化的过程推动了理论本身的精确化，一个可形式化建模的理论一定是完整的和一致的，没有考虑不周或内部矛盾的地方；一个可形式化建模的理论必须可完整地实施，而不能是只考虑某些方面的正面效果，而忽视另外一些方面可能带来严重灾难的、不完整的设想。这点对于社会科学来说很重要，因为社会科学研究的对象就是一个复杂的系统整体。一些社会科学理论也许不完整，但可以考虑用不同的可补充的理论进行补充（这个过程称为**理论的统合**①），这里可补充的理论是指与该理论没有矛盾、专注于不同角度的其他问题的理论，可能对同一个理论来说，可以有多个彼此相互矛盾的补充理论，

① 理论的统合是把对同一个研究对象从各种侧面研究的理论进行整合，通常只有那些互相之间没有矛盾和假设冲突的理论才可以进行统合。这对于社会科学仿真研究来说非常关键，从另外一个角度说社会科学仿真研究对理论完整性的要求促使了各种孤立分割的理论进行统一的发展。

这样可构成多个完整理论。如在一个研究人口、教育和经济政策的仿真中，A 理论关注的是人口与教育，B 与 C 理论关注的是经济政策，B 与 C 理论可能是两种相斥的观点，但它们中都没有与 A 理论相悖的地方。那么就可以组合成为 A+B 与 A+C 两种完整的理论（对这个仿真模型的人工社会来说），这个组合对于组合单元理论有多个时可能会很庞大。如 4 个方面的不完全理论，每个方面有 3 种互斥的理论选择，那么形成完整的理论就有 3^4 种可能的组合。

从理论上，每个理论都可以划分为元理论，一个元理论只有 3 种状态：肯定某一项、否定、不置可否（认为无关紧要）。

把一个理论转化为元理论可以避免一些表面上的分歧，而正是这些表面上的分歧增加了理论组合的复杂度，因为许多情况下，所谓不同的理论可能只是其中少数一些元理论之间的分歧，通过把理论分解为元理论，然后进行整合，更容易清晰地检验和发现适合的可用的新理论，因为很可能大家的理论都不完善（不完全对，又不完全不对）。

从这种观点来看，计算机模型对于社会科学研究来说相当于数学在物理学中的地位，有助于明晰化、形式化、统一协调、统一社会科学理论。

数学有时被用作社会科学形式化的一个工具（比如在传统计量经济学中），但从来没有得到广泛的接受。与数学相比，计算机模型有以下优势使得它更适合用作社会科学形式化的工具：

（1）计算机程序语言表达力更强，更接近人类语言与思维表征，与大多数数学方程相比更少抽象。

（2）程序更容易处理并行事务过程（多事件的并行发生）或者与秩序无关的多事件过程。

（3）程序很容易做到模块化，这样很容易做到只改变一个部分而不影响其他部分，因此不需要更改其他部分。在一个多变量方程组中，参数之间的相互关系则是很难调节的，对数学来说，这种模块化很难实现，因此，用数学方式也很难进行社会科学理论上的统合。

（4）架构一个由大量不同单元组成的系统模型时，用计算机更方便。比如模拟具备不同社会背景、不同教育水平、不同能力的大量人口，数学方程模拟则很难做到这点。在后面的篇幅中，我们将针对同一个问题比较数学建模与计算机建模之间的差异。

第三节　多主体建模的一般流程

在理解计算机建模的基本逻辑之后，就很容易勾画出在社会科学中应用计算机建模研究的一般流程（参见［1］）。

第一步：问题的**提出**。研究所希望解答什么样的一个未知问题，比如我们对公元900—1300年在墨西哥形成的Puebloan沉降模式的原因感到好奇（参见［2］）。这样就可以**定义**模型要仿真的实相（梅萨维德（Mesa Verde）地区的沉降动力学）。通常需要对实相进行一些**观察**，从而为模型提供一些初始参数。对于Kohler的研究来说，这些观察工作由Van West在1994年的细致考古研究所完成（参见［3］）。

下一步可以提出一些**假设**，并依据这些假设来**设计**出概念模型。

然后就是模型的实现，也称为模型的架构，选择合适的计算机语言或开发工具，把概念模型转化为计算机程序。

到这一步为止，所有必需的研究步骤都是相当明显的，然而剩下的工作就不那么显而易见，但非常关键。还必须保证这个模型实现的正确性，确保它依照预先的设想运行，这一步被称为**正确性校验**，在软件开发中相当于调试。对于复杂的模型，这一步通常会很困难，特别是人们很难确定是否已经消除了所有的错误（程序臭虫，BUG）。此外，由于社会科学建模研究多用随机数的方式模拟那些随机的效应或没有测量的变量（参见［4］），用多次运行来产生不同的结果，这更增加了程序调试的难度——没有一个确定的结果输出，很难通过运行调试判定程序的正确性。

再下一步，**效用检验**。这一步是为了检验模型的行为是否与其模拟的实相之间具备一致性。比如现在已经建好了一个梅萨维德地区的沉降模式模型，模型应该能够在某种程度上重现沉降的观察模式。除非这里存在着一些相关一致性，否则就不能说这个模型能够真正揭示沉降模式。

最后，还需要确定当模型的一些初始条件参数发生细微变化时，输出对参数的敏感性，这一步称为**敏感性分析**。

一个完整的研究流程可以用图 2—2 表示。下面我们将介绍这些步骤的细节。

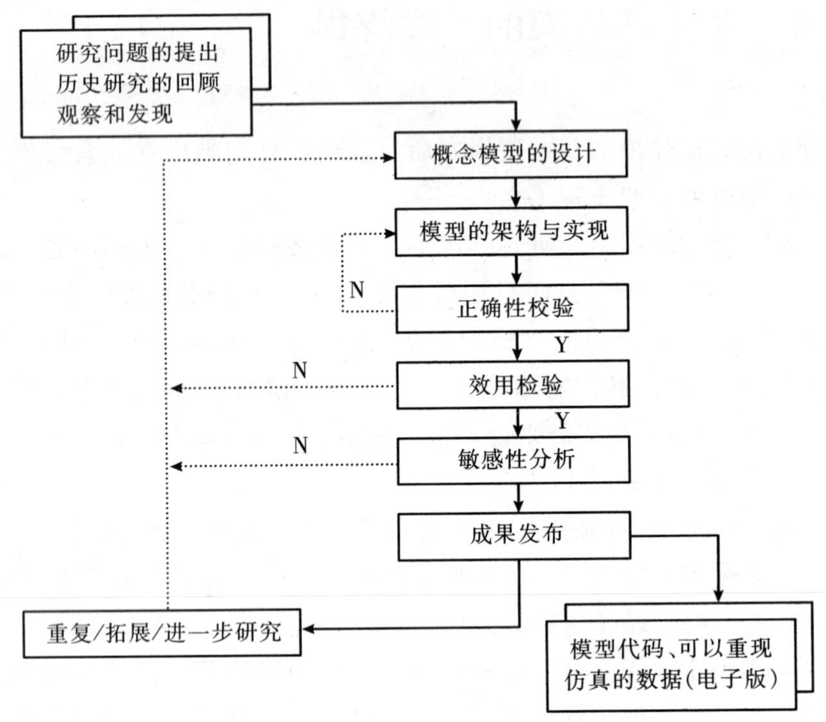

图 2—2　社会科学计算机建模研究的一般流程

一、概念模型的设计

每个模型都是**实相**的一种简化，有时是一种非常缩略的简化。设计模型的最大困难在于如何判定哪些特性该保留、哪些可剔除。抽象剔除得越多，在模型和实相之间的概念跨度越大，在解释时就会有些牵强附会；而保留得越多，就必须有更精确的参数测量和做出更精细的假设，这两者都会影响模型的有效性。我们希望模型是抽象的，只有最少量的人为假设，然而我们期望得到的理论越一般化，遭遇的困难就会越多。在抽象和保留真实特性之间的取舍很大程度取决于研究者的建模经验或研究风格，部分取决于能够获得多少实际数据来支撑，以及获得数据的难度等。一般来说，如果建立模型的目标是预测，则精确度（用模型中内含的数据项和假设的数量来衡量）更重要；如果是解释，则简明性更重要（参见［5］）。

这一步最常犯的错误是过多考虑不必要的细节。若过多关注细节，研究者就不得不为此收集大量的数据，这样会大大增加对数据可靠性控制和处理的难度，从而给模型的正确性校验和效用检验带来巨大的困难。换句话说，这也意味着很难从研究中得出有效的结论。正如与真实世界最相吻合的是真实世界本身一样，但这种逼真对科学认识来说毫无意义。

二、模型的架构与实现

一旦一个模型被设计出来，那么就可以着手去架构它。这一步可能需要自己动手编写一些程序，或利用一些方便开发的建模软件开发工具库或“模型机床”（已开发的方便模型架构的软件），甚至仅仅是在别人做好的测试框架中填充些自己的数据。使用一些第三方提供的开发工具通常比自己动手从零开始设计要容易得多，因为许多在开发工具中已经被考虑的问题都需要自己重新考虑。比如，数据统计和图表显示的功能，自己开发是一件很费时间的工作，而在大多数工具包中都已经提供了这些接口以方便变量的输出显示。至少这其中的一些可能错误在很多人的共同使用中被发现和更正（尽管我们无论什么时候都不应假定这里不再存在任何错误）。使用工具包不好的方面在于，每一种工具包都有自己内在的框架假设，这限制了它的功能特性，从而也限制了程序设计的自由度和它适用的范围。这里有不同的软件，每一种有各自适合的应用条件，但没有哪一种可以包容或完全取代其他工具，本书的第四章将对不同的软件工具及其特性进行比较详细的介绍。

三、正确性校验

在形成一个可运行的仿真后，下一步就是检验模型是否真的按照我们的期望在运行（参见［11］）。对复杂的模型来说，刚开始能运行的模型，输出的更可能是一个错误的结果。因此需要准备很多测试案例，进行各种各样的边界测试。模型中随机数的应用增加了排错和正确性验证的难度。比如，在一个人工社会的仿真研究中，如果有一个参数控制社会的规模（比如人口数），那么可以从最小规模的社会入手开始检验；如果还有一个参数控制的是社会的复杂度（比如年龄差异、种族类别等），可以先从最小的复杂度开始调试。在一个多参数的仿真中，用逐级构建的方式调试是一个不错的选择。所谓逐级构建，就是分步骤地增加假设条件和模型的复杂度，在有多个变量都是随机数的情况下，可通过先固定别的参数，单独调试一种参数随机变化的情况，然后再从两个组合开始直到完整模型所需要的假设条件全部正确运行，在后面的具体实例介绍中我们将根据实例具体说明。

四、效用检验

当正确性校验通过后，剩下来的工作就是效用检验。

效用检验即模型的有效性检验，这一步所关心的问题是，在研究者关注的输入输出行为关系表现上，这个模型是否与实相吻合。如果一个模型能够反映出实相的行为，那么就可被认为是可靠的、有效的。效用检验可通过比较计算机的输出和实际调查研究的统计结果来进行。

然而有以下几点需要特别注意。

(1) 模型和真实现象在统计分布上都是有随机噪声的（如部分依靠随机参数），不可能期望完全相关。模拟与实验数据之间的偏差是否大得令人怀疑部分取决于输出测量值的期望统计分布。不幸的是，对于仿真来说，很难确定和估计这个偏差。

(2) 许多仿真都是路径依赖的，输出依赖于初始条件的精确选择，每次仿真的历史对输出都有影响。换句话说，输出对这个模型的某些假设输入参数非常敏感 。

(3) 即便仿真的运行结果与实际数据很匹配，还存在另外一种可能，就是实际现象中的另外一些特征仿真并不能重现。比如，曾经有一个世界人口模型，尽管对世界人口未来 50 年的预测看上去是可信的，但在试图用这个模型重现过去 20 年人口变化时却失败了，尽管用的是同样的模型，设置的是同样的参数。

(4) 必须考虑另外一种可能，即模型正确，而搜集的真实数据却可能不可靠，或者研究者的假设和估计有误。如一个为理解法国两万年前社会复杂度上升而开发的计算模型，该模型采用的数据都来自于考古学的线索，这些经过很多次解释的数据本身是否有效是很值得怀疑的。

(5) 版本控制的重要性。不同参数或假设的细微调整可能会带来运行结果上的极大不同，但并非只有最符合建模者期望的才是有价值的，一些表面上背离常识的运行结果也许蕴藏着更深层次的发现，且每一次参数的调整与假设的修正都应该给出理由，并给出调整或修正前后仿真运行变化的合理解释。这样每一次对模型进行细微的调整或者只改变一些参数的多次重复运行的中间状态或最终结果都被称为仿真的一个版本，在研究中应该完整地记录下来。一些专门的建模平台和软件已经很好地为研究者考虑了这点，可以很方便地保存不同的仿真版本（例如，在 StarLogo 中就有另外保存时自动增加版本序号的功能，参见附录 B)。

当模型设计得过于抽象时会导致另外一种困难，即很难把模型中得出的结论与某个具体的实相数据进行比较和对照。如 Schelling 在 1971 年做的一个解释人种居住自动隔离过程的模型（参见［12］)，由于模型非常抽象简单，从而很难直接用现实的数据去验证它的效用。① 这个问题在人工社会研究中同样存在，实相或者与模型相差甚远，或者压根就不存在，对于这样的模型来说，就很难说正确性校验和效用检验之间有什么区别。

一旦有了一个效用模型，至少在一些特殊的初始条件和参数输入下模型可以运行了。研究者们接下来希望考虑的问题很可能就是敏感性分析。

五、敏感性分析

敏感性分析就是分析模型的行为对假设的敏感程度。比如在一个税收和福利系统的模型中，政府的福利财政总支出对社会福利率的细微调整是否敏感？很可能存在这样一种情况：当福利率降低时，一些对贫穷人口的扶助支撑项目必须得启动，于是这个政策对政府的支出缩减的影响将会因此比预计中少许多。另外，敏感性分析的使用通常还与考察模型程序的稳健性（robustness，鲁棒性）有关。如果模型的行为对某两个参数的微小变化十分敏感，我们必须怀疑模型是否只能适合某些特例情况，而仿真结果的吻合仅仅是一种偶然的巧合，或者这些参数的特别限制是否符合实际情形。

---

① 在这个模型中，Schelling 发现，尽管人们对邻居中的非族群有一定的包容度，但只要遵循简单的判定规则（比如当邻居中有 2/3 以上是外族群时，就会考虑搬家），也会自发形成不同族群居住区的隔离现象。

敏感性分析的基本原则就是细小调整初始参数、重复运行模型、观察输出的变化。这个参数调整的过程应该有系统的组织和安排，考虑不同参数可能变化的排列组合，有时虽然只有几个参数，但参数之间变化组合的数目也会非常大（例如，3 个参数，每个参数有 5 种变化，那么需要重复的仿真安排就达 5×5×5=125 次），这意味着需要重复运行的次数非常多，这也导致对所有运行结果进行分析的工作量加大。在实践中，模型建立者一般有自己的直觉，从而能够选择部分最重要的参数组合去检验仿真。

接下来介绍进行敏感性分析的一种具体的方法，即用随机数作为参数输入模型，可以限定随机数作为一个输入向量空间，通过在输入向量空间内多次运行模型，得到相应的输出指标的分布，然后分析输入向量空间与输出指标分布之间的关系，从而判断一个小的输入参数的调整是否会带来较大的输出变化。从效果上来说，在一个输入参数的样本空间内重复运行模型相当于改变模型运行的条件，得到模型在不同条件下的行为全景图像。

获得随机样本空间只是随机数应用的一种方式，在建模中，还可在下列几种情形下应用随机数。

（1）引入建模中来自外部环境而没有考虑的过程因素（外部因素），比如，在家庭收入模型中工作市场的影响等。这里随机数代替了一些没有测量的参数（也可能根本就无法测量），等价于建模者对不能精确获得的信息的估计。

（2）作为主体某些特性的随机分配，比如，个人的偏好、情感、地理分布等。

（3）在一些元胞自动机或多主体建模中作为一种仿真的方法。比如，同样条件下主体动作规则执行的秩序的输出不同，这样随机安排动作秩序，可避免得到依赖于特定动作规则秩序的结果。

无论因为什么样的原因采用随机数，重复运行模型、观察不同条件下的输出都是必须的。仿真的结果可能用一个输出的分布函数，或用多次运行的结果平均值的方式来表示。一旦引入了随机因素，就必须应用在实验研究中所用到的统计方法进行分析处理（可参考社会科学统计课程的相关教材或统计软件手册）。通过对变化幅度的分析来评价定性的改变（比如是否已经形成一个群体），用回归分析评价定量的数值变量。

因为多数模型都运用了随机数因素，因此，一次孤立的仿真运行结果并不可靠，必须确定模型在任何一种预定的随机范围内都是稳定的。此外，严格意义上计算机提供的仅仅是伪随机数，而不是真实的随机数，但如果使用一个好的随机数生成器，这二者之间并没有明显的区别。由于大多数仿真都采用了大量的随机数并且依赖这些随机数的分布，因此检查采用的计算机系统是否有一个比较好的随机数生成器是很有必要的。总之，对于计算机建模研究来说，做敏感度分析是非常重要的，这有助于考察模型是否对一些假设的初始条件和参数敏感。

六、模型的迭代与重构

在为社会经济系统建立多主体模型时，除遵循前面介绍的一般流程外，还应当注意上述流程中的迭代性。实际研究中，很难做到完成一次流程就达到了研究的目标，许多时候我们都需要在原始模型的基础上反复重构，不断修正，才能设计出一个好的模型。因此，在设计模型的各阶段中，我们可以遵循以下原则。

（1）尽可能简化真实世界的问题，只保留那些对解答问题必不可少的内容。

（2）设计主体时，重点放在主体行为与交互作用的规则上，其次考虑可能需要的各种随机因素。

（3）应用随机数时，应尝试着换用不同的随机数产生方式或随机数种子，多次运行模型，并从各个运行中收集数据进行统计。

（4）模型结果出来后，要尝试去理解主体的行为简单的规则是如何导致观测到的系统总体的行为现象的，特别是模型运行结果反常时，这一点更为重要。

（5）调节系统的参数，确定影响系统行为的关键因素以及不同参数的变化对系统整体行为影响的程度与方式。

（6）如果可能的话，进一步简化模型，或必要时添加新的考虑因素。

（7）如果在研究过程中发现严重的假设错误，则需要对模型全部重构。

七、成果发布

任何研究的最后一步就是公开发布研究的结论，对于应用计算机建模方法的研究来说，撰写公开发布的材料有些特殊的困难和要求。因为，发布的目的是与大家分享发现，最理想的效果是读者能够从发布中抓住其中与社会科学研究相关的要点，而不被模型的技术细节所牵累；同时，有兴趣的读者或同行又能根据发布的文档，对模型进行重复验证，这样既可以更精确地理解模型工作的细节，也可以在此基础上进行拓展研究。这两个目标之间存在着非此即彼的矛盾。因为要让读者能够重复仿真，必须描述模型的细节，而传统的刊物一般都不能提供足够的篇幅空间。解决这个问题的办法是，另外在互联网上公布模型的程序代码和相关的使用指导和说明书，或者干脆通过电子期刊发布，因为电子期刊并不限制纸张和空间，不仅可以包括传统的论文格式，还可以包括代码、样本运行的其他材料，结果输出的大量统计图片，甚至动画和别的多媒体资料等。

国外有些电子期刊鼓励研究者发布论文时，把有关的计算机模型作为附件一起发布。

第四节　多主体建模的设计准则和适用范围

在上一节的概念模型设计小节中，曾简单提及在设计模型时研究者常遇到的一些误区以及需要考虑的一些问题，如主体设计的粒度问题、模型的抽象与细节之间的权衡问题以及模型的层次确定等。本节我们进一步探讨了这个问题，提出一个可参考的准则。每一种研究方法都有其适用的范围和领域，为了防止这种研究方法被滥用，在本节的最后，我们还对基于主体建模这一研究方法的使用边界进行了讨论。

一、主体的粒度和抽象的层次

模型是应该尽量抽象还是尽量接近真实？人们在处理这个问题时常常会走两个极端。一种人认为，我们必须有精确的个体模型，只有对组成复杂系统的单元有清晰完整的理解，才能够从个体出发获得系统整体的性能。另外一种人认为，要把握一个复杂系统的整体行为，必须从整体出发进行研究，研究构成系统的基本单元是徒劳无益、于事无补的行为。前者从自然科学研究中得到佐证，如粒子物理学、分子生物学等；后者则引证经典热力学、经典流体力学和心理学的研究状况予以反驳。这其实仍然是还原论与整体论之间的分歧。如果研究的目标只是为了增加对事物的理解，用计算机模型去发展某种理论，大可不必用精确复杂的模型。因为即便是复杂的模型也不大可能完全真实地重现社会现象。精确模型很难建立，即便建立成功，指数增长的复杂度也会给发现新规则和理论带来非常大的困难。

因此需要仔细权衡划分主体的粒度（即主体模型的精细程度和抽象程度）。对于一个复杂系统来说，常常不是简单的双层系统，抽象到哪一个层次对模型设计来说很关键。比如人工经济系统的模拟，其主体是从单个的经济人开始，还是从一个抽象的经济组织开始？

在具体研究中，应该根据具体问题确定复杂系统的层次性。首先应该明确这是处于什么层次的问题，同时我们不应该期望为系统建立一个简洁干净的模型，而是从构造系统的基本单元出发获得对系统的整体认识。单元的构造又要与所解决的问题密切相关，其实也就是与系统的层次密切相关，一个完全真实的单元模型可能对我们毫无用处。就像在构建一个经济系统时，复杂的个体模型并不比简单的个体模型说明更多的问题，甚至恰恰相反，从复杂的个体模型得到的是荒谬的结论。比如有人尝试从量子力学的角度解释人的精神现象，因为跨越了太多的层次，就很难用多层次建立模型的方式去完成。因此首先要明确需要解决的问题所处的层次，然后决定采取什么样层次的基本单元。这两个问题是相辅相成的。

确定主体的粒度和模型的抽象层次，人们总结出一个所谓的“KISS”原则（keep it simple，stupid 简称 KISS），即尽量简明的原则。这一原则非常重要，因为研究者或实验者的认知能力有限，当模拟的结果出人意料时，应该确保实验者能够充分理解模型内部的运行机制。此外，简单的模型也容易让别的研究者将模型扩展到新的研究领域和研究方向上。因此，尽管被研究的主体可能非常复杂，但是对主体建模所依据的规则应尽量简单，**复杂性应该是多主体建模的结果而不是它的前提**。

此外，有时即便是完全的抽象模型（没有对应真实物的纯假想模型）也具有研究意义。在数学领域，存在着一些数学分支的发展超前于自然科学发展的现象。从自然科学发展历史上看，数学发展一定程度上的超前是有必要的，因为科学未来发展的开放性，人们甚至很难确定哪些数学是迫切需要的，哪些数学是无用的。在社会科学建模研究中，是否也可以对一些并不真实存在的社会现象进行“无意义”的研究？这些社会现象也许代表未来的社会形态，也许代表一种曾经的可能。大量关于人工社会方面的研究对这作出肯定的答复。研究者们设计出各种假想的人工社会集合，其中大部分都没有现实世界的参照物相对应，我们赖以栖居的真实社会可能只是其中的一种（参见[6]）。正如 Epstein 与 Axtell 所描述的：

> 我们把人工社会看做是一个实验室的产物，在那里我们试图让这个社会在计算机世界（或硅世界）中演化出特定的社会结构，研究的目标是发现局部微观的个体行为是怎样产生宏观的社会结构和有趣的集体行为的机制。(参见[7])

人工社会研究的意义在于所寻求的理论不仅仅适合于真实存在的人类社会或动物社会，而且适合于所有具备交互式主体集合的虚拟社会，比如外星文明或硅生命的社会形态、未来可能存在的机器人社会等。比如在一个研究限制信息交流的买卖市场模型中（参见[8]），市场中的买卖主体就可能不是人，而是抽象的软件智能代理，它们代替人或机构进行交易，它们的行为既受所代理的人或机构的意图影响，更与它们的学习能力、智能、交互能力和行为规则有关，这个研究是专门针对赛伯社会而非真实社会的研究。再比如，Doran 对先知现象的研究（参见[9]）。所谓先知现象，就是主体拥有关于未来事实或事件的知识。Doran 设计了这样一个人工社会，其中部分主体能预先知道未来事件的发生。虽然我们可以不相信人们能够有先知的能力，也可以不相信在一个人工社会的实验中，随着人工社会的演化，其中的主体必然会产生先知的能力。但 Doran 的研究并不回答这些问题，而是考察在这样一个人工社会里，拥有先知能力的人是否还可以有行动选择的自由（相对于悲观主义的决定论，既然一切都可以预见，也就没有在最优、次优之间彷徨选择的必要了）。他的模型对此作出了肯定的回答：在人工社会中，除非主体的先知能力是完全的全知全觉，否则那些拥有部分先知能力的主体仍然有自由意志存在的空间，只不过他们的选择受他们先知能力对未来事件的预见所限制。通过这项研究，他也可以考察诸如“在这个人工社会中拥有预见能力对生存是否更有利”之类的问题（参见[10]）。

因此，虽然多数模型都有一个现实世界中的实相作为模拟的目标对象，但像人工社会这样并不存在实相目标（或者与我们栖居的社会相差甚远）的研究也是可以的，可以用来研究一种可能的社会形态，这种类型的研究也可以是发展社会理论的一种方法。

二、多主体建模与传统建模方法的比较

如何根据研究者的研究领域来选择合适的研究方法对于研究的成败有着重要的意义。下面我们先对多主体模型和数学方程模型进行比较，然后再比较多主体模型与社会科学中传统的计算机模型，最后介绍一些针对多主体建模方法的质疑。通过本小节的介绍，可以大体上确定多主体建模的适用范围。

1. 多主体模型与数学方程模型的比较

所谓基于数学方程的建模方法，指的是用数学方程来描述元素之间、子系统之间、层次之间的相互作用以及系统与环境的相互作用。数学模型由两种量构成，一种是反映系统本身变化的量，如输入变量、输出变量、状态变量等，它们可以反映系统的行为、特性、未来发展趋势等。另一种是控制参量，它们一般反映系统与环境的相互依存制约关系，不能由系统本身获得，在数学模型中以常数形式存在。由状态参量和控制参量构成的某种数学方程式称为状态方程，是最常用的数学模型。代数方程不含时间变量，用作静态系统的数学模型。动力学方程，主要是微分方程和差分方程，是动态系统的数学模型。状态方程的功能主要是描述系统状态转移的规律（参见［14］）。多主体模型与数学方程模型的区别主要有以下几点。

（1）从模型的形式和模型的运行方式上来看，在多主体建模方法中，模型由一组主体构成，这些主体仿效了组成被模拟的系统的那些适应性主体，主体中封装了行为规则，而且模型的运行就是由这些主体的行为组成的。在基于数学方程的建模方法中，模型由一系列方程式组成，而模型的运行就是计算这些方程的过程。

（2）从模拟的实体间的基本关系来看，这两种方法都认为进行模拟时需要考察被模拟系统中的个体以及各种可观察的属性，同时这些个体和可观察的属性都处于不断的变化之中。多主体建模方法比较关注的是系统中的个体，而基于数学方程的建模方法更关注各种可观察的属性。

基于数学方程的建模方法以一组数学方程作为起点，这些方程代表了可观察属性之间的关系。伴随着方程的计算过程，这些可观察属性也在不断演化。这些方程可以是一般的代数方程、常微分方程（就如在系统动力学中所用到的）或者偏微分方程。建模者可能意识到了这些方程所代表的关系是由于系统内部个体间的连锁行为所导致的，但是这些行为没有在这种建模方法中清楚地表现出来。

多主体建模方法的起点是系统中发生个体间的交互行为，而不是可观察属性之间的关系。这些行为可能是不同主体之间的直接关系（如消费者从生产者手中购买消费品），也可能是多个主体在同一环境下的间接关系（生产者之间靠生产营销策略发生市场竞争）。建模者首先在模型中模拟所有个体的行为，让它们发生松散的交互关系。在模型的运行过程中，建模者会仔细关注那些可观察属性，并且谨慎地衡量这些可观察属性之间的关系。在多主体模型中，这些可观察属性之间的关系是模型运行的结果而不是建模的起点，是模型的输出而不是输入。

（3）从模型所关注的层面来看，这两种建模方法是从不同的层次水平关注模型的。一个系统是由相互交互的个体组成的。某些可观察属性是定义在系统一级的；另外一些可观察属性可能是定义在个体一级的。基于数学方程的建模方法趋向于大量使用系统级的可观察属性，因为通常易于用闭合的方程公式化这些可观察属性的关系。与之相反，多主体建模方法会定义与获取这些可观察属性值相关的个体行为，而不依赖于系统级的信息来获取这些可观察属性的值。换句话说，系统一级的可观察属性的演化过程是从多主体模型中涌现出来的，多主体建模者一般不会像基于数学方程的建模者那样将这些系统级的可观察属性作为模型的驱动力量。在这个意义上，可以认为多主体建模方法是自底向上的，而基于数学方程的建模方法是自顶向下的。

（4）从实际应用角度来看，多主体模型更容易构造。基于数学方程的模型，要分析的过程是用一组流量变量和水平变量描述的，用数学方程组来定义的传统模型，其处理和求解往往需用复杂艰深的理论和技巧，有时可行性不是太好，而且所得结果有时无法用实验检验。当某些行为无法表达成流速和水平变量的形式时，转用多主体模型则可以将这一过程描述为一系列主体的行为，只要定义出主体的行为规则、学习策略和相关属性，计算机程序的运行结果就是模型的解，因此多主体模型的设计也更加直观，也更容易被理解，因此也很容易用来指导实践。在模型的建立和应用过程中，如果在模型中对主体的行为编码做了相应的修改后，模型的输出取得了较好的结果，在实践中只需要将现实系统中该主体所对应的个体的行为做相应的修改就可以了。而基于数学方程的模型对于实践——尤其是个体的行为实践——的指导作用很难如此直观。此外，多主体建模方法具有可重复性，结果可以得到检验。

多主体建模方法是一种相对来说较新的建模和模拟方法。与较为传统的基于数学方程的建模方法相比，二者各有其特点和适用领域。总的来说，多主体建模方法更适用于具有高度局部性和分布式处理特征的领域，支配其运行的基本规则是一些离散化的决策过程；而基于数学方程的建模方法更加适用于具有集中处理特征的领域，支配其运行的规则是一些物理定律而不是信息处理的过程。当然，这两种建模方法不是截然对立的，它们有可以互相借鉴之处。如多主体建模方法中主体行为规则的定义也可以是一个数学方程模型，或其学习算法与行为决策是某个可观察属性的数学方程表示的函数。在实际研究中，这两种建模方法常常配合使用。此外，多主体建模者也可以专门建立一个观察主体，来收集汇总系统级的可观察属性信息，并适当地将信息发布给其他主体，在这种情况下，多主体模型主体之间的交互行为也类似于数学方程中的因素之间的关系。

2.　多主体模型与传统计算机模型的比较

传统计算机建模通常是面向一个层次，宏观和微观现象之间是截然分开的。模型是在建模者对系统全局掌握的基础上，对系统各抽象的要素之间的关系进行刻画。而基于多主体系统的模型建模过程是“自下而上”的，这种“自下而上”的模型反映了局部性、内部元素相互作用的分散性等复杂系统的典型特点。主体间的交互是分散的，即任何一个主体的行动都与其他一些主体的行动相关。对于整个系统来说，宏观上的表现是由这些主体共同产生的，在系统中没有集中的控制者，没有一个凌驾于所有个体之上的整体的“代表”，因此，整体与个体之间是辩证统一的。此外，在这些相互作用中，个体之间的关系存在着从“平等”到“分化”的发展过程；在相互作用的过程中，由于各种因素（包括随机因素）的作用，有的个体向这个方向发展，有的个体向那个方向发展，对称性破缺，产生了结构，这样，整个系统就开始变得复杂。从受精卵的分化形成复杂的胚胎，到社会结构随着分工的细化日趋复杂等，都是这样一个从简单到复杂的演化过程。所以，在多主体建模中，宏观和微观不像许多其他的方法那样是截然分开的，而是有机地联系为一体的。多主体建模不假设外部的环境是固定的，允许主体本身来生成环境，通过主体和环境的相互作用，让个体的变化成为整个系统变化的基础。

与传统的建模思想不同，传统的模型中总是假设行为者大多是同质或近似同质的，而多主体模型中通常包含了大量的异质的主体。在基于数学方程的计算机模型中，往往对组成系统的个体做同质性假设。比如，对许多关键变量按时间或空间进行平均化处理等。然而，在现实系统中个体之间往往是高度异质的，尤其是在非线性系统中，这种平均化处理会导致模型与真实系统在总体行为上严重背离。在典型的商业应用中，驱动个体的行为规则在代码上常常表现为大量的"if-then"语句，这样的系统是非线性的。在多主体模型中，不用做时间和空间上的平均化处理，可以很自然地让每个主体监测自身的可观察属性，这样就不会丢失对系统整体行为有决定作用的局部特性了。对于多主体模型来说，只要一个个体的信息是可以获得的，就可以将其作为一个主体处理。因此，多主体模型能够更为逼真地模拟现实世界中的各类系统。

多主体建模与传统建模的方法关注的焦点不一致。传统的建模方法通常研究均衡状态及最优化，而多主体建模更加关注的是均衡以外的动态变化规律。在一个不断创新的环境中，由于"最优"很难定义，所以系统整体均衡一般不可能达到，更常见的情形是系统会出现有规律的改善，并总是处于不断变化和远离均衡的状态。

传统模型与多主体模型的比较对照可参见表 2—1。

表 2—1　　传统计算机模型仿真和多主体模型的比较

研究方法	传统模型	多主体模型
是否决定性	确定性的	随机的
系统分析构造方式	自顶向下	自底向上
模型系统基本元素	基于方程	适应性主体
模拟结果对目标系统的意义	很难解释	有解释能力

系统参数数目	参数很少	参数很多
环境的角色	给定环境	产生环境
建模者与模型的关系	你可以对它们做出反应	你可以从中学习

社会系统中存在着复杂的非线性关系，而大部分非线性关系很难进行定量的分析，即很难找到一组合适的方程来表示系统的非线性特征。对非线性系统来说，唯一普适有效的研究方法是建立仿真模型，然后观察模型的运行。即使人们能够对非线性系统工作的机制有一定的理解，它们未来的行为也仍然是不可预测的（如股市或沙堆的崩落，其何时崩落依然不可能预测）。

从这里我们还可以得到一些对社会科学研究有益的教训。比如，在传统社会科学的研究哲学中，从解释和预测间的过渡来看，太随意而缺乏严谨性——因为对一个社会现象的正确解释并不意味着必然能够对这个现象的未来进行预测，特别当内在机制中有非线性关系时，这种从解释到预测之间的思维延伸几乎百分之百是不可能的。复杂理论告诉我们，即便我们能够很清楚地界定和完全掌握影响个体行为的所有因素，对组织或机构行为的预测仍然是非常不充分的。

任何有用的方法总有其适用范围，多主体建模方法也是如此。不过至少在以下情况采用多主体建模方法是合适的，不能认为多主体建模方法适用于任何复杂系统的研究。当设计一个涉及具有不同甚至矛盾的目的的不同主体所组成的系统时，多主体建模有助于处理它们间的相互作用。即使在非分布式的系统中，这种方法依然有用武之地，这种方法通过提供一种并行运算的机制可以加速系统的运行。除了并行性，多主体模型提供的多个主体还具有很好的稳健性。这是因为，系统的控制和责任是由足够多的主体共享的，所以系统能够承受一个或更多的主体的错误。多主体模型的另外一个优点是可伸缩性，由于这种模型是模块化的，因此向系统中添加新的主体将是一件较为容易的事。从程序员的角度来说，多主体建模的编程不用处理中心控制者，他们可以把任务划分成一些子任务，并把这些子任务的控制安排给不同的主体。最后，当试图描述智能问题时，多主体建模方式是很有用的，事实上，社会生物学认为，灵长类就是由于社会交互的需要才得到智能进化的，因此有人说，智能是不可避免地、根深蒂固地伴随着相互作用的。

三、作为方法论的多主体建模

虽然多主体建模在社会科学研究实践中取得了许多显著的成功，但作为一种新的方法论，还存在一些可质疑之处，研究者们通常质疑以下几点：

（1）系统整体表现出的各种复杂现象并不一定都是简单行为的涌现，也可能主体的行为本来就很复杂。

（2）真实系统中人的行为如此复杂，几乎不可能在一个仿真系统中完整地表征出来。

（3）即便简单的规则产生类似社会的群体行为，也不能保证真实的社会经济系统中个体也的确遵循这些简单的规则。

（4）多主体系统最初是从人工智能研究领域发展的，而多主体建模最初是在物理学领域内得到发展的。由于社会科学研究对象与自然科学存在着差异，且各自研究强调的重点也不同，尽管对物理离散对象的仿真来说，这些科学与工程技术在研究的应用方面已经被证明非常有效，但在研究方法从自然科学向社会科学迁移过程中，必须注意社会科学研究仿真的目的是为了更好地理解人类社会，因此，在模型设计时，社会科学研究者们需要更加仔细和严谨一些。

这些质疑有助于我们在应用多主体建模研究时，对研究过程和研究结论进行更严格的审视。没有人会认为多主体建模是万能的，但至少用多主体建模方法可以尝试以前别的方法根本无法涉及的非线性领域。因为世界上的事件是并发的，同时并发事件之间不能用因果关系来刻画，以往基于线性思维方式的认识方法都是以线性因果来解释这个并发的世界的，对非线性现象无能为力，而多主体建模是以并行的演绎推理来模仿这个并发的世界，这是一个巨大的突破。基于这一点考虑，我们认为，尽管还存在以上的几点质疑，多主体建模依然是社会科学研究方法论上的一大突破，是一种不同于演绎和归纳的认识方法论，而不应该仅仅视为一种工具或手段。而上述的质疑并不能从根本上否认多主体建模方法在解释一些复杂现象上的有效性。

关键词

主体　CAS　涌现　模型的正确性校验　模型的效用检验　KISS 原则

习题与思考

1. 简述多主体系统模型的思想。

2. 试比较多主体模型与数学模型。

3. 结合一个具体的社会科学研究领域，解释为什么多主体系统模型适合于社会科学的研究。

4. 简述模型研究方法在社会科学研究中的地位和意义。

5. 结合建模实习和多主体建模研究的一般流程，总结出多主体建模研究应该特别注意的事项。

参考文献

[1] Doran, J. E., "From Computer Simulation to Artificial Societies", *Transactions of the Society for Computer Simulation International*, 14: 69-78, 1997

[2] Kohler, T. A., Van West, C. R., Carr, E. P., and Langton, C. G., "Agent-Based Modelling of Prehistoric Settlement Systems in the Northern American Aouthwest", In: *Third International Conference Integrating GIS and Environmental Modelling*, Santa Fe. Santa Barbara: National Center for Geographic Information and Analysis, 1996（参见网址：http://www.ncgia.ucsb.edu/conf/SANTA_FE_CD_ROM/sf_papers/kohler_tim/koh ler.html）

[3] Van West, C. R., "Modeling Prehistoric Agricultural Productivity", In: *Southwestern Colorado: A GIS Approach*. Ph. D. thesis, Washington State University, Pullman, 1994

[4] Gilbert, G. N., "Simulation As A Research Strategy", In: K. G. Tro-itzsch, U. Mueller, G. N. Gilbert, and J. E. Doran (eds.), *Social Sci-*

ence Microsimulation，pp. 448－454. Berlin：Springer，1996

[5] Axelrod，R.，“Advancing the Art of Simulation in the Social Sciences”，In：R. Conte，R. Hegselmann，and P. Terna（eds.），*Simulating Social Phenomena*，pp. 21－40. Berlin：Springer，1997

[6] Conte，R. and Gilbert，G. N.，“Introduction”，In：G. N. Gilbert and R. Conte（eds.），*Artificial Societies：The Computer Simulation of Social Life*. London：UCL，1995

[7] Epstein，J. M. and Axtell，R.，*Growing Artificial Societies—Social Science from the Bottom Up*. Cambridge：MIT Press，MA，1996

[8] Alvin，P. and Foley，D.，“Decentralized，Dispersed Exchange without an Auctioneer，*Journal of Economic Behaviour and Organization*，18：27－51. 1992

[9] Doran，J. E.，“Foreknowledge in Artificial Societies”，In：R. Conte，R. Hegselmann，and P. Terna（eds.），*Simulating Social Phenomena*，pp. 457－470. Berlin：Springer，1997

[10] Doran，J. E.，“Simulating Collective Mis-belief”，*Journal of Artificial Societies and Social Simulation*，1，1998（参见网址：http://www.soc. surrey. ac. uk/JASSS/1/1/3. html）

[11] Balci，O. *Validation*，“Verification，and Testing Techniques Throughout the Life Cycle of a Simulation Study”，*Annals of Operations Research*，53：121－173，1994

[12] Schelling，T. C.，“Dynamic Models of Segregation”，*Journal of Mathematical Sociology*，1：143－186，1971

[13] Axelrod，R.，“Advancing the Art of Simulation in the Social Sciences”，In：R. Conte，R. Hegselmann，and P. Terna（eds.），*Simulating Social Phenomena*，pp. 21－40. Berlin：Springer，1997

[14] 许国志，顾基发，车宏安，陈禹等. 系统科学. 上海：上海科技教育出版社，2000

[15] Ferber，J.，*Multi-agent Systems*，*Reading*，MA：Addison-Wesley. 1998

[16] Epstein, J. M. and R. Axtell, *Growing Artificial Societies: Social Science from the Bottom Up Cambridge*, MA: MIT Press, 1996

（说明：这本书简洁明了地演示了通过相当简单的多主体模型能够成功地进行什么样的研究。书中虽然没有提供模型例子的源代码，但算法描述很清晰，完全能够根据这些算法用一个多主体仿真平台或工具重建出模型来。有些例子是用Swarm实现的，可在Swarm项目主页中找到源代码。其中"增长的社会网络"模型被移植到Repast中，作为一个随软件包一起免费发行的例子"JingGirlModleII"。）

[17] Minar, N., R. Burkhart, C. Langton, et al., *The Swarm Simulation System: A Toolkit for Building Multi-agent Simulations*, Santa Fe Institute, 1996（参见网址：http://www.santefe.edu/projects/swarm/）

[18] 迪特里希·德尔纳著，王志刚译. 失败的逻辑——事情因何出错，世间有无妙策. 上海：上海科技教育出版社，2000

延伸阅读

CAS数据的组织

——摘自《隐秩序》① 第三章

有时候数据的组织非常简单，比如布丰仅仅需要记录每个行星的时间和位置。然而当要记录的数据增多时，数据的组织就变得困难起来。现代实验物理学家长期苦苦地思考，在什么条件下应该使用什么仪器和什么测量方法。理论推导的需要以及目前理论的漏洞都会促进这些方面的进一步发展。如果实验者受到重要的启示，这种实验就可以称为关键性实验，这种实验将表明某些假定的规律或机制是否足以产生预期的数据。在实验设计过程中，研究者需要决定包括什么，不包括什么，以及什么需要保持不变（如果是可以支配的话）。在这种情况下，实验者只不过是通过组织实验条件来组织数据。

然而，在这种数据的抽取和组织方面，CAS遇到了一些根本性的困难。比如，在天文学中，实验者是无法让实际系统停下来，在不同的条件下再运

① 约翰·霍兰著，周晓牧，韩晖译：《隐秩序——适应性造就复杂性》，上海，上海科技教育出版社，2000。

行一遍的，他们甚至在从哪个角度观测系统方面都要受到一些限制。经济学家可能确信高利率会妨碍长期（long-horizon）投资，但是这个论断是无法用受控条件下的实验来证实的，即使经济学家有足够的实验能力也不能这样做。几乎所有的CAS都遵守所谓“第三哈佛生物学定律”——只要有认真的研究计划、一定的控制条件、使用经过挑选的主体，复杂适应系统就能够按照人们的要求，产生出种种预期的表现。

在本书的开篇都已经强调过：在建立模型的时候，我们应该从各种特性中抽象出它们的普遍特征。开发适用于所有CAS模型时，这种抽象既至关重要，也异常困难。因为特定的特征本身，就是一个令人迷惑的、多样性的问题；而要想获得一般性的认识，就必须抛开这些多样性的特征，对具体的特征进行过滤，从而建立出一种更简单的模型，为研究所有的CAS提供指导。

计算机模型的方便在于能够被随心所欲地设计、启动、终止和操纵。但这种灵活性也是产生困难的根源，人们不知道这种高度自由的模型是否反映问题的实质，是否真的有价值。因为，即便在很高程度上仿真某个特定系统的计算机模型，实际上也已经是对数据的一种抽象，而这种抽象很难保证都是正确的，换句话说，很难保证抽象过程舍弃的不重要的具体细节特征真的不重要。当然，物理实验也一样，虽然直接操纵的是物理对象，但精心设计的物理实验，事实上都是经过认真考虑以后、抑制或除去了许多影响因素的简单抽象。然而，由于计算机模型在这方面走得更远，它不受制于任何实际的物理环境和条件，实验者可以随意安排任何怪异的或者偶然设立的计算规则。因此，要想使计算机模型真正有用，应该在设计安排规则时要更加谨慎和仔细，而不能没有节制地随心所欲。

即使是思维实验的模型，也必须注意依据数据以及从数据中引申出来的规律。设计者必须认真选择条件和环境的设置，如同做物理实验那样。但还要加一个限制条件，就是这种设置必须在物理上是可行的，这个问题在物理实验中会自然而然地被解决，但是对于计算机模型则必须由设计者认真思考。模型的确是用于组织数据的，在这一点上它类似于布丰使用的表格。但是计算机模型所做的工作还不止这些，当模型运行起来，它就会准确地展示出设计的实现结果（就好像布丰的表格活动起来了），这就使计算机模型处在实验和理论之间的地位：回头看看数据，我们就能够判断结果是否合理，往前看看理论，我们可以知道能否推导出一般规律。

在主体的适应过程中，由于背景和活动都在不停地变化，因此寻找一个杠杆作用点或其他的CAS现象就很困难。甚至，在许多时候，我们难以确定某一特定行为的实际效应，因为一个特定主体的各种行为的效用，在很大程度上依赖于其他主体提供的、不断变化的背景。在拟态、共生和其他许多情况中，主体的“福利状况”往往主要依赖于其他主体的行为。在这些实际情形中，适应度（报酬，收益）的定义是隐含的。不论适应度如何定义都必须依赖于背景，而背景却在不断地变化，因此在使用基因算法进行适应度改进时，无法给染色体的适应度赋予一个固定的值。这个问题对于CAS来说是普遍存在的。对于这个问题的处理，是让模型中的每一个适应主体的“福利状况”都来自于与其他主体的交互作用，而不是一些预先定义好的适应度的数值。

这样一来，我们就进入了一个新的领域。现存的模型，即使在最简单的情况下，都极少反映这样的调整适应度的隐含方法。亚当·斯密（Adam Smith）1776年在他的《国富论》一书中讨论的所谓PIN工厂的产生仍是一个谜。这个工厂的例子是关于生产线的最早的例子中的一个：一个工匠取出金属丝，另一个把它修剪成一定的尺寸，下一个人则把头削尖，等等。结果生产效率是单个工匠独立工作的10倍。斯密和后来的评论家对相关因素进行了许多讨论，比如专业化、更高效率的学习、批量购买等等。但我们没有任何模型能演示各个独立的技能工匠组织成为一个工厂的**转变过程**。是什么活动和主体之间的交互作用导致了组织聚集？促进聚集产生的适应机制是什么？给PIN工厂的适应度赋予一个高分并没有太大意义，也不能增进我们的理解。适应度必须产生于具体的背景之中。

第三章

基于主体的计算经济学

基于多主体系统的计算机建模研究在经济学中的应用领域非常广泛。这种以复杂性科学系统观为理论依据、以多主体计算为建模方法的经济学研究，有一个专门的名称：基于主体的计算经济学（agent-based computational economy，ACE）。

ACE是计算机模拟在具体学科中的运用。本章主要讲述ACE的历史渊源、理论基础、学科的构成基础，ACE研究的一般特点和一般过程，ACE的首要研究内容和主要研究领域等内容。最后还分析ACE的发展优势和使用局限，以方便准备进入或刚刚进入这一研究领域的人员参考。

第一节　超越新古典经济学

传统经济学家信奉复杂现象背后必然存在着简单的规律，他们把经济主体行为的完全理性假设和经济系统的均衡假设作为理论基础。由于经济主体行为和经济结构的过分简化，经济学家应用数学模型即可派生出经济分析的结果。然而，由于现实经济是复杂多变的，这些数学模型仅能勾画出现实经济的大概轮廓，对现实经济中复杂的动态特征很少能把握，很多复杂的现象也无法解释。可以说经济学理论非常简洁完美，但距离在复杂的经济现实中指导实践这一目标还十分遥远。

本节将首先介绍新古典经济学的理论基础；然后描述现实经济的特征，应用新古典经济理论分析现实经济所遇到的困难，并引入复杂适应系统理论；最后论述经济主体行为的有限理性和经济系统的进化理论。

一、新古典经济学的理论基础分析

新古典经济学有两个理论基础：经济主体行为的完全理性假设和经济系统的均衡假设。在这两个理论基础之上，经济学家应用数学工具推导出一系列经济结论，用于分析经济理论和经济现实——长期以来，这种新古典经济学研究在经济研究中占主流地位。[①] 下面让我们先来回顾一下这两个基础假设。

1. 完全理性假设

经济主体行为的完全理性（perfect rationality）假设有以下两层含义。

（1）经济主体行动的完全理性。所有经济主体愿意并能够最大化他们的预期效用或预期收益；经济主体行为的完全理性在这一层意义上又称收益最大化假设。

（2）经济主体知识的完全理性。所有经济主体具有理性预期，意味着所有经济主体都是理性的，因此，在判断别的主体如何行动时都按照这一假定

① 在本文中，新古典经济学专指理性预期学派经济学。

去推理，大家都拥有同样的信息和正确的推理。

2. 系统的均衡假设

经济系统的均衡假设是指经济主体在进行经济交易时都是完全理性的，因而相互博弈最终形成的经济状态通常是均衡的，均衡是经济系统的调整原理。广义的均衡是一种状态，对立的双方在一个系统下的作用正好相互抵消，其作用的结果等于零。在这一特殊状态下，如果没有外部的作用，内部因素不会改变系统的均衡状态。狭义的均衡表示通过价格等变量的自动调整，商品的供给数量等于需求数量。西方经济理论模型大多建立在均衡分析基础上，在这种理论指导下，经济学家的一个重要任务就是应用比较静态分析方法，分析当系统的参数发生变化时，系统均衡状态如何改变。

下面我们用一个简单的竞争市场的静态模型来阐述经济主体行为完全理性假设的应用。

假设某行业中存在 n 个同质企业（n 很大），每个企业选择其产量 x 以使其利润 R 达到最大化，

$$R(x,p)=px-c(x), \tag{3—1}$$

其中 p 为价格，$c(x)$ 为一个递增的成本函数。

存在一个下降的需求函数 $p=p(nX)$，表示价格是行业总产量 nX 的反函数，其中 X 是行业中的“平均”企业（典型个体）的产量。每个企业的价格 p 给定，选择 x 以使其利润最大化，这意味着设置 x 以满足“价格等于边际成本（$p=c'(x)$）”条件。通过求解

$$x^{*}=\text{argmax}\, R(x,p)=g(p) \tag{3—2}$$

来得到该问题的解，其中 argmax 意味着 x 的最大值。由于 $p=p(nX)$依据市场需求函数，故我们可以表示 x 如下：

$$x=g(p(nX))=h(X)。 \tag{3—3}$$

因而，经济主体利润最大化假设能从给定的平均企业归纳出一个个体（企业）的优化选择。理性预期假设要求个体选择的一致性。因为所有的企业是同质的，一致性 $X=h(X)$，每个企业最终选择平均企业的选择 X。由于 $x=X=h(X)$，我们可以断定每个企业都没有偏离平均企业产量的统计。这

一例子说明，完全理性假设可以用于分析竞争性市场。

经济主体行为收益最大化假设和经济系统均衡假设最初源于亚当·斯密的《国富论》。在那里，追求个体利益最大化的行为在市场机制的作用下，能导致整个社会福利的最大化，资源达到最有效的配置。19世纪70年代，瓦尔拉斯从边际效用价值论出发，论证了经济总量均衡解的存在问题。进入20世纪，阿罗（Arrow）和德布勒（Debreu）给出了静态均衡理论的形式化描述，通过竞争均衡和帕累托效率公理化克服了瓦尔拉斯论述的模糊性。最后，经卢卡斯（Lucas）和萨金特（Sargent）将Muth的理性预期引入经济主体的理性结构中，公共知识的应用使得经济主体行为更加一致。西蒙认为这些内容构成了新古典经济学的基本框架。

古典经济学家一直追求的是建立一个综合和统一的经济学理论。这个理论从经济主体的完全理性行为假设出发，构造消费理论、投资理论和生产理论，进而形成完整的经济理论体系。然而，随着数学工具的不断引入，理论发展越来越精密、越来越机械，离经济现实也越来越远。

二、超越古典经济学

1. 古典经济学的局限

虽然大多数经济学家都认可经济主体行为收益最大化假设，但对于理性预期的假设却很有争议。理性预期假设要求经济模型中的主体达到了超人的能力，这显然与实际情形相差很远。但经济学家为何还要接受如此苛刻的理性预期假设呢？萨金特认为有两个理由：（1）如果放弃理性预期假设，在经济模型中考虑环境的认知能力（包括对其他主体行为的认识），则模型中主体的行动会依赖他的认知能力，这样模型就会产生很多可能的结果，而其中的大多数结果对于经济分析和预测可能都是无用的。相反，如果接受主体收益最大化和理性预期，就可以对结果进行有效的约束，可以去掉大多数无用的结果。(2）完全理性假设相当于有一个公开的全局共识，这可以看做是主体优化选择的最终结果。如果没有全局的共识，则意味着系统中还存在潜在的可产生效用和收益的可能（也就是说还有投机的可能）。

总而言之，完全理性假设用一个典型个体代替群体，这个典型个体依据选定的学习规则修正他的判断和策略，并通过采取行动来确定系统下一期的状态。因此，在新古典经济模型中所有个体都是相同的，从不改变他们的状态和行为；个体相互不通信或仅以随机的方式相互作用；系统经常处于均衡状态，宏观经济模型极少从微观模型基础上自然建立。

新古典的简单假设，虽然使得经济模型易于理解和处理，但与现实经济存在较大差异。经济学家用这样的模型分析经济系统，虽然能得到某些收敛和稳定的结果，然而，由于它高度倾向于模型化一群完全相同的个体，这些个体对同一参数有同样的行动，典型个体的应用仅能通过观察到的系统变量（如价格和群体策略）来进行学习，因此不可能对个体之间的相互作用进行模型化研究，无法反映实际经济系统中信息的局部化差异和非均衡状态长期存在的事实。

2. 现代经济学的理论基础

与古典经济学相对，现代经济理论认为经济是一个复杂适应系统。与完全理性假设和系统均衡假设对应，现代经济学的理论基础是经济主体行为的有限理性假设和经济系统的进化假设。

经济是复杂适应系统，系统的复杂性导致经济主体行为的有限理性。主体为了自身的利益适应不断变化的环境，就必须不断完善自己，因此形成了经济系统中的主体协同进化。放弃新古典经济学的经济主体行为的完全理性假设和均衡假设后，现代经济学研究更贴近经济现实。下面分别介绍这两个假设的内容。

(1) 经济主体行为的有限理性假设。

经济主体行为的有限理性（bounded rationality）理论是西蒙提出的。西蒙认为，必须从实验室和现实社会具体情况中，详细和系统地对经济主体决策过程进行经验性研究，才能建立经济主体的理性模式。关于这点，一些经济学家已经通过试验观察证明经济主体的行为方式与新古典的预期相违背。

对于经济主体行为的有限理性假设可以从决策、心理、计算能力等角度出发进行理解。

从决策的角度出发，我们可以发现，首先是经济主体的不同偏好导致选择决策方案的标准存在差异；其次，由于大多数决策问题都存在众多备选求解方案，而经济主体的认识和能力是有限的，不可能探查所有方案，因此不可能都选择最优方案；再次，现实世界存在大量的随机因素，它们会干扰决策的执行过程，并导致结果的不确定性；最后，在整个决策过程中，经济主体本身也处于不断摸索、实践和学习的动态变化中。

从心理的角度出发，我们会发现，人类只是擅长比较一般的演绎推理(应用完美的逻辑过程从明确的前提推导出结论)，并且只能适当地使用它。在复杂的情景中，人们通常会使用归纳推理，归纳出许多待选的假设，并按最可信的假设采取行动。当这些假设失效时，则用新的假设来代替。当我们不能进行完全推理或缺乏对问题的完全理解时，我们只能使用简单的模型来填补理解上的欠缺。也就是说，人不可能是全知全觉的。

下面以阿瑟（Arthur）的“酒吧”模型为例，阐述有限理性和归纳推理在经济主体行为中的作用。

酒吧模型　在圣菲有一个叫 EL Farol 的酒吧，每周有 $N(N=100)$ 个人都在考虑某晚是否去该酒吧。因为酒吧的座位是有限的，只有当客人不足60位时，客人们才感觉到舒适。每个人都不知道某天晚上具体会有多少人去。一个人会在其预期小于60个人时去酒吧；否则，就留在家里。假设主体之间没有事先的沟通，唯一可用的信息是近几周去酒吧的人数。

本例用完全理性的假设无法解决问题。首先，如果存在一个所有主体都能用来预测去酒吧的人数并在此基础上做出决策的模型，则进行演绎推理是可行的。但通过历史数据分析，会得出大量合理的预期模型。由于不知道其他主体会选择哪个模型，也就无法确定自己应该选择的模型。因而，没有“正确”的预期模型，就不存在演绎推理解。其次，公共预期的假设失效了，如果所有的主体都预期许多人要去，则他们谁也不会去；反之，如果所有的主体都预期只有很少人要去，则他们全都去。因而，要有效地解决该问题，个体的预期一定是有差异的。

如果假设主体的理性是有限的，假设他们能以函数形式分别形成自己的预期，这些函数根据前几周到酒吧的人数计算得出下一周将去的人数，每个主体拥有 K 个预测器，每次主体应用归纳推理，选择一个他认为最准确的预测器进行预测，并根据实际数据更新预测器的准确度。结果表明，根据有限理性和归纳推理，可以很好地解决酒吧问题。

从计算能力的角度出发，我们发现，人类的问题求解经常受计算能力的限制。如果问题计算量基本达到或超过人类计算能力的极限，决策者将不得不偏离最优解，而寻求“满意解”。当放弃最优解时，可以很快很省力地得到一个满意解。例如在象棋里，理论上存在最优策略，但找到它需要花费的时间可能是天文数字，所以我们不得不采用满意的策略。在经济学领域，超过人类正常计算能力的情况非常多，因此经济学家应该降低他们的期望，不要试图预测他们不能达到的东西。

综上所述，现实经济中的不确定性，经济主体知识、信息、能力和决策动机的差异性，经济主体的相互作用，决定了现实社会是丰富多彩的，同时也是复杂的。在复杂的经济系统面前，经济主体的理性是有限的。因而在思考经济理论和经济现实问题时，抛弃古典经济学的完全理性假设的限制，把经济主体行为的有限理性作为所研究的基本假设和出发点就成为必须了。

目前，对于如何放松完全理性假设以形成有限理性假设，经济学界尚未达成共识。大多数经济学家解释有限理性时认为，经济主体有追求最优化的趋势，但由于他们受行动理性的限制，追求最优化的过程是渐进的；受知识理性的限制，主体的预期是有差异的。在模型研究中，主体的行为模式通常是基于一些实证基础，即人工主体的行为模式的获得是通过对现实经济主体行为的观察或对统计数据的分析。例如，ASPEN 模型（Pryor，Basu and Quint，1996）、阿瑟的酒吧模型都属于这种情况。西蒙认为不存在一个一致的正确的人类行为模型；相反，存在一系列人类行为模型，这些模型依赖于信息、智能和成本等因素。因此，尽管有限理性的介入导致经济学中确定性的消失，给经济学的研究带来一定的困难，但经济学家只有从经济主体行为的自身属性出发，充分认识到经济主体行为的有限理性，才能对现实经济进行科学的分析和预测。同时，有限理性的难点在于其分析和计算上的限制，随着计算技术的进步，这些限制正在被清除，使得应用经验化原则实现一般理论的经济计算研究更加容易。

(2) 经济系统的进化假设。

经济是一个复杂适应系统。经济系统的复杂性导致经济主体行为的有限理性，经济主体的行为通常偏离最优，因而存在不断创新或改进的可能。经济系统中的新市场、新技术、新组织和新行为不断创立新的经济环境。经济主体为了追求自身的利益，必须依赖积累的经验，不断调整自己的行为、策略、技术、结构和产品以适应环境。

经济进化（economic evolution）理论是在借用了达尔文生物进化论的基本思想，充分吸收了众多西方经济学流派的观点，特别是熊彼特的创新理论和西蒙的有限理性思想，并借助现代计算工具和数学工具的基础上逐渐形成的。进化经济理论在20世纪80年代的兴起与新古典经济学自20世纪70年代以来开始陷入持久的理论危机有直接的关系，同时它也进一步动摇了新古典经济学的主导地位。

达尔文的生物进化论的基本思想是“自然选择”，即在自然界物种竞争中优胜劣汰、适者生存。进化经济学家认为经济中也存在自然选择。企业在市场中相互竞争，盈利的企业增长扩大，亏损的企业收缩衰弱，直至被淘汰出局。企业要在激烈的竞争中立于不败之地，必须不断创新和不断适应，以保持持久的竞争优势。经济变迁是由于产品需求或要素供给的情况发生变化，或由于企业方面的创新等因素导致的。

由于经济是一个复杂的适应系统，因此，复杂适应系统理论可以帮助我们理解微观个体行为的进化，以及他们相互作用产生的宏观经济运行模式。下面我们用复杂适应系统理论来分析经济系统的复杂适应性。

3. 经济系统的复杂适应性

新古典经济学信奉复杂现象背后隐藏着简单的规律性。存在这一简单规律应该是确定的，从这一简单的规律出发，经济学能解释所有的经济现象。这意味着经济是一个机器，从局部可以预测整体。而根据阿瑟的观点，这种简单（确定）性根本就不存在，经济学永远不会有自然科学所拥有的确定性，经济的自然属性有复杂性和适应性，而新古典经济理论的过分简化，导致其与经济现实的严重背离。阿瑟等人总结出现实经济系统具有6个让新古典经济理论面临分析的困难和挑战的特征。

（1）分散的相互作用。全局现象是由许多分散的异质主体的相互作用产生的，任意给定主体的行动依赖于有限个邻近的主体的行动，以及所有主体状态组成的全局状态表。主体间的差异决定了全局状态表的千变万化。

（2）没有全局控制者。没有全局性实体进行中央控制，控制产生于主体间的竞争和协作。经济行为通过法律制度、设定的角色和波动的联系来调节。没有一个全局的竞争对手能运用经济中的所有机会。

（3）层次交叉的组织。经济中具有许多层次和相互作用。任何给定层次的单元（行为、动作、策略和产品）都作为构建较高层次的单元基本块。整个组织不仅具有层次性，层次间还存在许多相互作用。

（4）连续的适应性。依据积累的经验，主体的行为、动作、策略和产品不断调整，导致系统不断适应。

（5）系统的状态永远是新的，处在动态发展变化中。新行为和新结构可能刺激更新的行为和更新的结构的创立，形成一个持续创新的过程。经济中的新市场、新技术、新行为和新组织不断创立新的环境，填充新环境的行动将产生更新的环境。静态被动态代替。

（6）偏离均衡的动态。由于新的环境、新的潜在力量、新的可能性不断产生，经济运行远离任何最优或全局的均衡。均衡是暂时的，非均衡是常态，这意味着改进通常是可能的，并且确实是按一定规律发生的。

具有以上这些特征的系统被霍兰和米勒（Holland and Miller，1991）称为复杂适应系统（complex adaptive systems）。因此，经济是一个复杂适应系统。

经济系统的复杂性意味着：

- 系统由一系列相互作用的主体（过程、元素）构成一个网络；
- 这些主体的活动自然形成了系统全局的动态变化；
- 系统全局的行为描述可以与单个主体的状态无关。

经济系统的适应性意味着：

- 环境中主体的活动可以被赋予一个值（如效用、偿付或适应）；
- 随着时间的推移，主体的行为趋向于使该值增加；
- 复杂适应系统就是包含适应性主体的复杂系统。

复杂适应系统的核心在于经济主体的行动不是根据刺激做出反应，而是主动参与。在系统中，不存在全局控制者（或计划者），每个主体仅追求自身的利益，他们按照自己的行为模式行动。主体的行为不必是最优的，也不必是相容或一致的。

总之，用复杂适应系统的观点看经济，经济由无数个别经济主体（微观个体）组成；这些主体的状态和行为存在重要的差异；主体在各种市场环境下相互作用；主体为适应环境必须从实践中学习，或在再生中实现自然选择；主体的状态随时间而变化，经济很少处于长期的均衡状态；这些变化通常是主体行为反馈的结果；主体被组织成若干个层次结构，结构影响主体行为如何随时间变化；宏观层次的现象是主体行为和相互作用自然累积。

经济是一个复杂适应系统的观念，对新经济理论的建立有很大的影响，为解决经济问题提供新的方法论和思路。在新古典经济理论中，经济主体的行为是完全理性的，他们能考虑所有获得的信息，对未来能准确估计，并能选择使他们效用（或利润）达到最大化的行为。这种具有超人能力的经济主体在现实经济中是不存在的。相反，复杂适应系统的观点是多元的，经济主体没有一致的认知过程。由于世界是复杂的，经济主体不得不使用有限的信息资源去解决问题，他们的认知能力存在差异，认知差异导致认知结论也不同，因而不能简单认为"公共预期"是存在的。在均衡分析中，经济主体个体之间不直接相互作用，而是通过非人性化的市场。因此，经济主体之间相互作用结构非常简单，简化为个体对群体或群体对群体的关系，经济主体内在的结构也被抽象掉了。复杂适应系统理论认为结构非常重要。所有经济行为都涉及经济主体之间的相互作用，经济行为具有社会属性。经济主体相互作用的方式决定了经济网络的结构，经济功能受经济网络的制约，社会角色和社会制度决定经济行为的结构化。经济实体具有递归结构，实体可包含实体。经济实体结构及其相互作用不是绝对层次化的，组成部分和相互作用可以在不同层次交叉。在新古典经济理论中，经济主体的行动依赖于价值观和可获得信息，而价值观和信息被认为是外生的。在现实经济中，经济主体之间是相互影响和相互学习的，主体的价值观受其他主体的价值观和行为影响并且不断变化。这些相互作用均通过经济网络进行。

最后，复杂性理论认为微观个体的行为通常只遵循一些简单的规则，但系统的整体行为却显得十分复杂，系统的行为还常常对初始条件非常敏感，表现出"路径依赖"的特性。复杂性系统的动态通常是非线性的，因变量不是自变量的线性函数。此外，复杂性是一个相对的概念，通常我们只能说"A 比 B 复杂，B 比 C 复杂"；在模型中，复杂性是相对经济主体的知识和计算能力而言的，是相对所建模型的框架而言的。在新古典经济模型中的主体面前，基本不存在复杂性，因为他们的行动和知识是完全理性的。复杂性反映了放松完全理性假设的限制后引起的分析难度。

下面以 Per Bak 的沙堆试验为例，更直观更形象地向读者阐述复杂性系统。

从一个固定的空间点持续坠落的沙流会积聚成为金字塔状的沙堆，在沙堆金字塔形成后，如果沙流继续灌入（落到金字塔顶端），金字塔四周的一些沙子将会崩落。沙崩在金字塔表面角度达到什么时候发生是可以推算的，这个角度与持续下落的沙流流量有关，但具体的沙崩时间、位置和规模则无法预测。沙崩块中沙粒之间的作用力关系是非线性的，一旦一个沙粒开始滑落，它将会沿着滑落的方向推动它下方的沙粒，正反馈会导致大量沙子崩塌。一般认为在股市的涨落中也有类似的非线性过程。

刚开始在桌面上建立沙堆时，沙堆中的沙子之间是弱交互式的，沙子从上面细细地落到沙堆的顶部，对沙堆边缘的沙子作用很小。这样持续缓慢地在顶端增加沙粒，沙堆会到达一个不能再继续增长的临界状态，在这个状态下再增加沙粒，就会发生各种可能规模的沙崩。

Bak 称这种临界状态为系统的自组织临界态（self-organized criticality，SOC）。在这个状态中，增加沙粒的结果就是“沙崩”或者沙子滑下，即沙流从沙堆边缘滑下。沙崩的规模可能是一个沙粒，也可能延展到大面积的滑坡。崩塌的沙粒数的统计分布在指定时间段 T 上有很强的规律性：一个定量的沙崩平均发生次数与它的量成反比，即大沙崩要比小的沙崩发生的次数少。

例如，在 24 个小时内，我们可能观察到一个有 1 000 粒沙的大沙崩、10 个有 100 粒沙的中等规模的沙崩或 100 个只有 10 粒沙的小沙崩。这样就和下面公式所表达的相一致：

$$\log(N)=\log(K)-s\log(c), \tag{3—4}$$

其中 N=沙崩的数量，K=1 000，c=沙崩中沙粒的数量，s=1。

经济系统的许多行为——如股市崩盘——与沙堆非常类似。对于这类非线性系统通常无法用传统的数学求得解析解，因为很难用一组等式来描述非线性系统特征量之间的联系。

三、小结

20 年前还很少有人研究进化经济理论和有限理性，而现在，由于它们自身的优势以及计算技术的发展，已经有越来越多的经济学家投身到了这一领域。这方面的研究对于增强经济学模型的现实性的作用是明显的，正如萨金特所说："当我们模型中主体的有限理性越多，关于环境的理解越丰富，我们就变得越聪明。因为我们的模型变得更加强大，与真实情景也更加接近了。"

第二节　ACE 的理论框架

经济系统是一个由大量有自适应能力的主体组成的复杂适应系统。其中的主体可以是人，也可以是机构、政府或其他各种经济实体对象；主体之间的交互关系是并行的、局部的（非完全信息）、无中央控制的，这些局部的、微观的交互在宏观上涌现出种种规则，比如市场准则与行为规范等；这些涌现出来的宏观规则反过来又影响和限制了主体间的交互行为方式。正是由于主体的行为、交互网络与规则涌现互为因果、共同作用，才使得经济系统成为一个复杂适应系统。

这种微观与宏观间的双向反馈过程虽然很早就已经被发现，但由于缺乏量化建模的方法，在很长一段时间里经济学家并不能对它进行形式化分析。传统研究的方法是建立有微观基础支持的计算经济学模型，这种模型最突出的特征是其自顶向下的结构，这种结构使得模型过分依赖于外在的协调机制（具体地，这些协调机制可以是固定的决策规则、共同知识的假设、代表性的主体或强加的市场均衡约束等）；此外，这种模型一般都具有严格约束的对策格局，因此一般也不会考虑底层单对单的个人交互。总之，在模型中根本没有主体特性的位置。

一、基本概念

1. ACE 的定义

多主体建模方法的成熟和专门的多主体建模工具的出现，拓宽了经济学的研究领域，以前那些与分布式市场经济相关的复杂现象，如诱导学习、不完美竞争、内生贸易网络的形成以及开放的个人行为和经济组织的共同进化等，曾经被认为无法定量研究，现在则可以采用多主体建模的方法去定量化。这种用多主体建模方法，对相互影响的自治主体（agent）形成的演化系统进行定量化建模，以计算机为实验室，在可控实验条件下研究分布式市场经济的演化过程的经济学，称为基于主体的计算经济学（ACE）。参照最早明确提出 ACE 概念的经济学家 Tesfatsion 的定义，基于主体的计算经济学是经济学的一个计算研究途径，它把经济模型转化为一系列相互作用的主体构成的演化系统。基于主体的计算经济学是把经济作为复杂适应系统范式的具体体现。

2. ACE 的研究动机

ACE 研究一般有两类动机：一类动机是具体的（描述性的），重点关注于对涌现出的全局化行为作建设性的解释。比如，为什么在没有自上而下的计划和控制的情况下，在现实世界的条块分割的分布式市场经济中，某些特定的全球性规则能够演化出来，并得以持续存在？或者更进一步，如果说这些全球性的规则是主体间的相互影响和局部的反复作用的涌现，那它们是如何自底向上地产生出来的？为什么产生出来的是这些规则而不是别的规则？另一类动机是一般性的，重点关注于机制设计。比如，给定某一个经济实体，无论它是实际存在的还是纯粹的人工假想物，该实体对于其整体经济状况意味着什么？例如，一个特定的市场协议或政府规章将如何影响经济的效率？

3. ACE 研究的目标

ACE 研究使用计算模型作为描述工具来理解已经存在的现象，同时也将计算模型作为标准化的工具来设计和验证不同的可能性。ACE 研究的目标，就是希望通过自治的主体间局部交互作用的反复进行，建设性地论证全局性的规则是如何自底向上形成的。在以往的经济学研究中由于陈旧的学科分支或学派的限制，只能发展出一系列彼此独立的无法统一的离散的理论集合，ACE 的最终目标是提供一个可进行一致性验证的统一框架，从而建立一个包容广泛的、互相无矛盾的统一经济学理论，为构成更宏观的统一整体社会科学理论框架打下基础。

4. 人工经济系统

建立一个 ACE 模型就是在计算机内构架出一个人工经济系统。在这个人工经济系统中，用适应性主体模拟现实生活中的经济行为主体，这个模拟可以有很大的自由度和很细的粒度。通过对人工适应主体的状态和行为进行研究和测试，可能会发掘出现实中许多经济现象的内在发生机制。基于主体经济模型可以充当现实经济的一个“显微镜”和“望远镜”，从而使得大规模的经济模拟实验可以在低成本下完成。人工经济系统有时也被称为虚拟经济世界或模型经济体。人工经济群体由大量微观个体组成，如家庭、企业和政府等，这些个体的状态、行为和社会准则存在重要差异。与传统经济模型中的典型个体相比，他们具有更丰富的内部认知结构和更多的行为自主性。在人工经济中，将会出现广泛的微观个体行为及其相互作用。由于价格和数量的关系，个体之间的竞争和合作时刻发生。个体为了自身利益，依据个体与个体间或个体与环境间的相互作用，不断调整自己的行为。在这种交互作用中，个体行为被环境所制约，呈现出自组织性。进化过程可以被描述成自然选择压力直接作用于个体行为的过程，而不是被描述成群体的运动规律。自然选择的压力导致个体不断进行行为模仿和创新以适应环境，人工经济中的所有个体协同进化。一旦所有个体的初始状态和行为模式以及个体—个体和个体—环境相互作用的市场协议被确定，经济系统中不存在集中控制，人工经济沿着时间路径自动发展。人工经济的发展是内生的，在一段时期内，它通常只能被观察，而不能被干涉。这些人工经济可以在计算机上深入地研究和测试，经济学家可以借助于这个存在于计算机中的人工经济世界，间接对现实经济进行各种实验研究。

以“文化盘”实验为例。ACE 建模首先构造一个由初始主体人口组成的经济体，这些主体包括经济主体（如贸易者、金融机构）和代表各种其他社会和环境因素的主体（如政府、土地、气候）；通过赋予主体初始值而定义一个经济体的初始状态，这些初始状态可能包括类型特征、内在化的行为规范、内在的行为模式（包括沟通和学习模式）以及关于它自己或其他主体的内部状态值的聚合统计信息等。在完成这些初始状态的设置后，模型可以不用干预，独立运行——完全由主体间的自主交互来自行演进。当然，有些模型允许真实的人作为被试参与到实验中去，模型运行时被试参与模型的交互，但在这种情形下被试充当与模型中的智能主体相当的角色，因此，被试与模型的交互仍然可以看做是不需要建模者干预而自发的行为。最后，通过对模型运行结果的数据进行统计分析，结合真实经济领域中对应的指标体系予以解释。

这样一个研究与以往的实际调查研究最大的不同在于：（1）比较经济；（2）通过抽象，可以勾画出问题的本质；（3）可重复的可控实验，通过对参数进行修改，重复运行，而真实经济领域中进行这样的实验则不大现实，尤其是政策的后效不明确时，虚拟经济上的实验可以规避政策造成的不可复原的现实风险。

5. ACE 在学科中的位置及构成基础

从跨学科的角度来看，基于主体的计算经济学是基于演化经济学、认知科学和计算机科学（特别是人工智能）的交叉科学，其构成基础如图 3—1 所示。

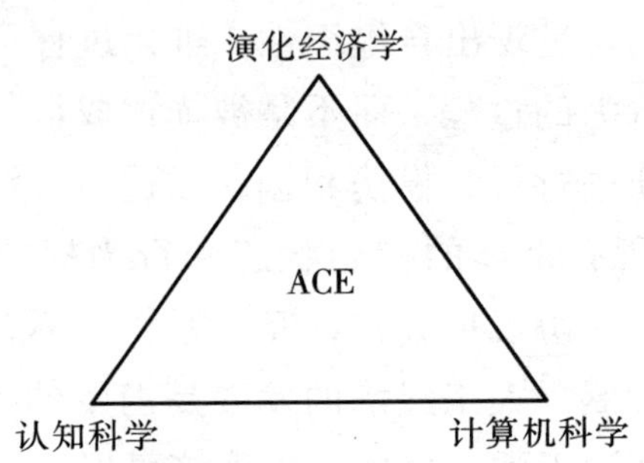

图 3—1 ACE 的构成基础

需要再次强调的是，在这里，主体是具有有限理性的异质主体，每个主体的认知过程都是渐进的，经济系统是不断演化的，这与主流经济学存在根本不同；主流经济学的两个基本假设是“完全理性”和“均衡”，因此假设的经济主体是同质主体。ACE 通过人工智能技术模拟主体的渐进的认知过程，通过程序模拟异质主体间在一定环境下的相互作用，以及主体间相互作用下系统的演化，整个系统的演化是由下而上涌现出来的。作为一门学科，ACE 的主要研究内容是经济系统的自组织和演化性，以及经济的模拟实验。

下面分小节对构成基于主体的计算经济学的三个学科的有关内容做简要介绍。

二、演化经济学

演化经济学是一门借鉴生物进化思想研究经济现象和行为演变规律的学科。它将技术变迁看做是众多经济现象背后的根本力量，以技术变迁和制度创新为研究对象，以动态的、演化的理念来分析和理解经济系统的运行与发展。

ACE 以经济演化思想作为基本点，基于主体的建模是演化经济学研究的重要方法。下面简单介绍经济演化思想的起源和演化经济学的发展。

1. 经济演化思想的起源及理论发展

经济演化思想受达尔文生物进化论的影响，其最早见于非主流制度学派经济学家凡勃仑（T. B. Veblen）在1898年《经济学季刊》（*Quarterly Journal of Economics*）中发表的《为何经济学不是一种演化科学?》一文。

其后，熊彼特（Joseph Schumpeter，1934）在对创新过程的研究中进一步发展了经济演化思想。熊彼特的《经济发展理论》（1934）把创新看做是经济变化过程的实质，强调了非均衡和质变，认为资本主义在本质上是一种动态演进的过程。

演化经济理论的真正形成应归功于理查德·R·纳尔逊（Richard R. Nelson）和悉尼·G·温特（Sidney G. Winter）。纳尔逊和温特合作的由美国哈佛大学出版社1982年出版的经典著作《经济变迁的演化理论》是演化经济学形成的一个重要标志。

自从《经济变迁的演化理论》出版以来，大量的经济学家致力于演化经济理论的研究，形成了大量关于演化理论的论文和专著。

20世纪90年代以来，演化经济学理论在有关技术创新的研究领域得到了广泛应用。学者们针对学习、模仿等技术扩散过程，经验的渐进积累过程以及学习模式等问题构建了演化模型，并由此建立了从微观范畴到宏观领域的技术创新理论。此外，演化经济理论在社会规则和制度的起源与变化、经济演化过程中的路径依赖现象、技术的变化及其对人口和社会福利的影响、经济行为主体的行为动机及其理解等几个方面的研究也从不同层次上展开。同时，一些诸如自组织理论、演化博弈论、实验经济学、混沌理论和非线性动力学等分析工具也在演化经济模型中不断涌现，使得研究对象的复杂性与分析工具之间有了很好的协调。

近几年的发展趋势表明，演化经济学理论已经成为分析和描述复杂经济现象的重要方法，对现代经济学的发展产生了深远影响，以动态演化的眼光理解社会经济过程的思想已得到越来越多的经济学家的承认，演化经济学已成为20世纪末在社会科学中最重要、最激动人心并取得重大进展的学术领域之一。

2. 熊彼特的经济演化思想

熊彼特在其《经济发展理论》中把创新看做经济变化过程的实质，认为资本主义在本质上是一种动态演进的过程。

熊彼特在《经济发展理论》中写道，我们应当"仅仅把经济生活中不是外部强加给它的而是内部自发的变化"理解为"发展"。他认为，主要的发展过程就是"实现新的组合"，而且在竞争的经济中，"新的组合意味着竞争性地消灭旧的组合"，实现新组合的是企业家。所谓企业家，并不是一种职业或工作，而是创造性地运用资源组合的独特能力。企业家的活动就是一系列创造性行为，正是它们造成了不间断的竞争性经济重组活动和经济增长。

熊彼特在其著作《资本主义、社会主义和民主》（1976）中提出内生技术进步理论，他指出技术演化过程内生于人类演化过程中。在对经济周期的解释中，他提出了基于"循环流转"的渐变过程和基于集群创新的突变过程的演化机制。这一机制以及基于创新的扩散过程的"熊彼特竞争模式"为后来演化经济思想的发展奠定了基础。

3. 纳尔逊和温特的演化经济理论

纳尔逊和温特批判地继承了熊彼特的创新理论和西蒙关于人类行为和组织行为的理论，他们提出了一个吸收了自然选择理论和企业组织行为的综合分析框架。借用达尔文生物进化论的基本思想——"自然选择"思想，他们认为不仅在自然界中存在"物种竞争、优胜劣汰、适者生存"的法则，在经济中，也存在"自然选择"。企业在市场中互相竞争，盈利的企业增长扩大，不盈利的企业收缩衰弱，直至被淘汰出局。企业要在竞争中立于不败之地，需要不断创新，扩大自己的优势和在行业中所占的份额，因此创新是经济发展的根本动力。

纳尔逊和温特在其著作中花费了相当多的笔墨对新古典经济学理论的两大支柱——利润最大化和经济均衡进行了批判，认为这两个概念妨碍了新古典理论充分认识经济变迁的特点。新古典经济学理论认为，企业在经济中必须取得最大限度利润，否则就不能在竞争中生存，所以企业的目标是利润最大化。纳尔逊和温特的演化理论则认为，经济主体（特别是企业）的目标是追求利润，但不是利润最大化。他们接受西蒙等人的行为主义理论，认为人的理性是有限的，有限理性使得企业的决策不可能是最优的，企业对自己选定的方案感到满意即可，而这个方案不一定是最优方案。

纳尔逊和温特的演化理论还认为，经济均衡只能是暂时的，而不能是长期的。经济处于均衡状态是指企业都按各自的生产容量进行生产，既不扩大，也不缩小。但通过竞争这种情况会发生变化。演化理论认为，企业行为和市场情况都随着时间推移而由动态过程决定。经济发展过程中还会有随机因素，如重大技术进步、社会骚乱、经济危机和其他不确定因素，所以经济发展前景不可能完全预测到，而只能知道在一定情况下的变化概率和范围。

纳尔逊和温特基于有限理性和知识的分散性提出了“惯例”（routine）概念。企业是以日常惯例为基础的，因而，诸如生产计划、价格确定、研究与开发资金的分配等都遵循以惯例为基础的行为方式，而不是随时计算最优的解决方案。每个企业的惯例可以被看成是企业知识和经验的载体，这些惯例之间存在一定的差异性，它们构成企业之间相互区别的特征。企业的惯例在一段时间内将保持一定的稳定性，但有时需要为适应业已改变的市场情况修改惯例。

企业惯例也可以“遗传”。一家企业为扩大规模而在老厂以外再建一个新厂，新厂的惯例与老厂一样，新厂就“继承”了老厂的惯例。老厂修改过的惯例也可以“遗传”给新厂。

如果企业按照惯例运转能够获得满意的收益，那么这些惯例往往不会发生变化。但是，如果企业的运转出现异常而使收益低于某一个限度时，企业将有可能对惯例进行调整。企业努力调整惯例的行为称为“搜寻”，企业的研究开发活动以及市场开拓活动都属于这种探索性行为。搜寻是在已知的技术和惯例中寻找适合自己需要的；创新则是通过研究和开发去寻找原来没有的技术和惯例。创新意味着改变原有的惯例，创新使创新者对非创新者有较大的优势，从而获得较多的利润。但这种情况只能是暂时的，非创新者也可以进行创新或模仿，后来者可逐渐赶上先进者，先进者会逐渐失去自己的优势。

在有几种方案可供选择时，企业的选择受选择环境的影响。选择的环境包括外部环境（市场环境，如产品需求、要素供给、价格等因素）和内部环境（企业内的环境，如资金、技术、人力资源）。选择环境的变化对企业的成败兴衰有很大影响。

纳尔逊和温特强调“惯例”、“搜寻”、“创新”和“选择环境”。经济的演化过程是一个“惯例”的学习过程，“惯例”是一种序列平滑的协调一致的行为能力。“惯例”是程序化的；在很大程度上，是一种说不出来的知识，并且往往是自动进行的选择，它控制、复制和模仿着经济演化的路径和范围。基于“惯例”、“搜寻”、“创新”和“选择环境”等概念，纳尔逊和温特对整个经济理论研究的基础进行重构，提出了经济演化理论，为演化经济学的进一步发展打下了理论基础。

三、认知科学

认知科学兴起于 20 世纪 70 年代，主要研究人脑的认知过程和机制，包括意识、感情、思维这样的高级神经活动。认知科学的目标是揭示人脑认知过程的机制，用计算机程序实现这一机制并加以验证。认知科学从“人是善于学习的机器”这一前提出发，进行关于意识的科学的研究。

认知科学解决的是“人是什么”的问题，这里所说的“人”不是指人的生物学特征，而是指与人文社会科学有关的部分，即人的精神世界，或者说是人的“意识”，也就是人之所以认为自己是个人的那种功能。

认知科学是一门交叉科学，涉及哲学（认识论）、心理学、人类学、脑神经科学、语言学和计算机科学（人工智能），以及进化生物学和动物行为学。

认知科学在 ACE 中的角色是什么呢？这要从什么是主体（agent）说起。agent 是具有多重含义的概念。一般来说，首先，agent 往往是自主的和智能的（autonomy and intelligent）；agent 往往具有社会能力（如合作）；agent 具有很好的反应能力（如适应性）；除此之外，在某些领域 agent 还被赋予了人的智力和精神上、情感上的因素（如知识、信念、意图、拒绝、承诺等）。可以看出，agent 隐含着类似人类的某些行为与心理特征的思想。科学地表达以及用计算机模拟这些人类大脑的认知过程和精神情感就是认知科学在 ACE 中的角色。

认知科学解决上述问题的途径是机器学习，也就是把人脑看成机器。一般的机器没有“责任”可言，但如果机器具备了学习能力，同样存在赏罚问题。所有的学习算法都离不开评价与赏罚的机制，当机器具有多个可学习部分时，要为不同部分分别建立评价与赏罚机制，学习算法就存在责任局部化问题。更复杂的学习机器不仅能修改自己的行为方式，还能自行修改评价体系，此时机器也要处理价值观的问题。多台这样的机器以非集权的分布方式进行合作时，就需要处理群体中个体间的评价，即广义的伦理问题。“价值观”、“责任”、“伦理”在学习的前提下得到了一定程度的解决。

四、计算机科学

1. 人工智能主体

人工智能技术使在计算机上模拟智能经济主体的行为成为可能，计算机科学也因而成为 ACE 构成“三角”中的“一角”。我们把模拟一个现实智能主体的计算机程序称为一个人工智能主体（artificially intelligent agent）。人工智能主体分为人工主体和人工适应主体。

人工主体（artificial agent）是一个自控程序，能够通过与其他人工主体和环境的相互作用来完成给定的任务，但人工主体不具有适应性。传统的多专家系统（指的是系统解决同一问题时使用多个专家的差异知识的情况）可以算是人工主体技术的一个例子。

人工适应主体（artificial adaptive agent）是一个具有学习能力的人工主体，学习能力使得它能不断地优化自己的行为，更好地完成给定的任务。人工神经网络算法、遗传算法和分类器系统是人工适应主体常采用的算法。

2. 计算机在经济研究中的作用

在经济理论研究中，计算机的作用有两层含义：一层是标准经济理论研究的补充；另一层是标准经济理论研究的替代。传统经济理论的基础是经济主体行为的完全理性假设和经济系统的均衡假设。由于经济主体行为和经济结构的过分简化，经济学家应用数学模型，如回归分析和数理分析等，得出经济分析的结果。基于主体的计算经济学则是把经济作为复杂适应系统的具体体现，把经济模型化成由一系列相互作用主体构成的进化的复杂适应系统，经济复杂适应系统的动态通常是非线性的，有时甚至是混沌的，对于这类复杂系统的研究最有效的途径是计算机建模，而不是数学分析，因为应用传统的演绎、线性和定点的方法很难得到精确的分析结果。

五、ACE 与实验经济学

ACE 是在计算机应用中的实验经济学。实验经济学是经济学的一个分支，它在研究某一经济现象时，通过设计一个可控的实验环境，在控制某些条件下，观察决策者的行为，通过分析实验的结果以检验、比较和完善经济学理论，在可能的情形下提供政策决策的依据。

实验经济学的出现与博弈论息息相关。[①] 20世纪50年代初，兰德公司的一些数学家和心理学家开始对尚处于雏形的决策论和博弈论进行实验。西蒙就是通过研究一些博弈论的实验结果，对实体理性（substantive rationality）与程序性理性（procedural rationality）进行了区分。因为通常情形下，被试对其所要采取行动的环境了解是很不完整的，对被试来说什么是理性的行为可能与实验者的认识很不相同。西蒙后来因为对经济组织中决策过程的研究而获得1978年诺贝尔经济学奖。

早期有关博弈论的实验，如伯努利选择（Bernoulli choice）的实验结果很不稳定，甚至出现一些反常的错误。斯坦福大学的心理学家西德尼·西格尔（Sidney Siegel）根据西蒙关于实体理性与程序性理性区分的观点，对那些博弈论的实验结果进行重新分析，发现不稳定现象的原因是由于被试对实验中的重复行为产生了厌烦感。因此他提出操纵与预测工作有关的货币奖励或惩罚，以及在预测工作中引进认知变量，以提高或降低实际行为与理性预测的差距。西格尔（1959）通过一些市场实验证实了其推测，即相关收益和信息条件作用重大。此外，西格尔坚持采用仔细斟酌的实验指南并将这些指南附加在研究报告之后。

虽然20世纪50年代实验经济学在博弈论的研究方面首次引起人们的注意，事实上，20世纪40年代末哈佛大学的爱德华·张伯伦（Edward Chamberlin，1948）就曾在课堂上通过对被试（学生）指定价值和成本参数，建立需求和供给曲线，进行旨在检验市场理论的实验。虽然这些实验没有用相关收益做诱因，只是把实验当成帮助学生了解经济学的手段，但它们却成为需求和供给原理研究上的重大突破。这些实验启发了当时的被试——弗农·史密斯（Vernon L. Smith），几年后他在普渡大学任教时，意识到将经济学理论的某些命题进行实验是可行的。于是他将张伯伦的程序做了两大改进，以便对竞争均衡理论进行更贴切的检验。首先，把所有的出价（bid）和要价（ask）公开化，以便模拟完全信息的理论假设。这种被称为双向式拍卖（double auction）的集中式市场机制较好地模拟了用于现代金融和商品市场

① 连鹏：《从非实验走向实验的经济学》，见汤敏、茅于轼主编：《现代经济学前沿专题》，北京，商务印书馆，1999。

的交易体制。其次，史密斯并不期望竞争均衡可以在任何时候都一蹴而就，他依据了马歇尔（Alfred Marshall）的假设——当需求和供给保持不变时，市场逐渐趋于均衡。因此他采用了后来被称之为“静态重复”的程序，即指定被试以单位计的需求和供给，并在几个连续的实验时段的开始补充交易者的初始资源，以便让被试有机会熟悉交易的环境。

史密斯的第一篇实验经济学论文（1962）一鸣惊人，发表在著名的《政治经济学杂志》上。该文根据长达 6 年在 11 个班级所做的实验，发现当出价、要价和交易价格被公开后，交易价格和数量收敛于竞争均衡水平。此外，他还发现了两个意外的现象：（1）竞争均衡的收敛可能还取决于需求和供给曲线以及它们的交点，因此瓦尔拉斯关于市场上短暂的供求平衡模型并不是一个合适的解释；（2）交易体制的规则（例如单向或双向拍卖）可能影响市场的结果。史密斯（1982）总结其发现，有关被试的价值和成本的绝对隐私加上市场体制的交易规则，足以达到或接近百分之百效率的竞争市场结果。

到 20 世纪 60 年代末，实验经济学经过 20 年的发展，逐渐科学化和规范化，成为一个有自己特色的经济学分支。西格尔的相关收益方法反映了所谓的“价值诱导理论”（induced-value theory），即实验者可以用奖励媒介诱导被试在实验中发挥被指定角色的特性，使其个人先天的特性尽可能与实验无关。具体而言，以下三个条件足以诱导被试与实验有关的特性：（1）单调性。被试必须偏好较多的奖励媒介，而不会厌腻。使用本国货币作为奖励媒介可容易实现这一条件。（2）相关性。被试所得到的奖励取决于他（或她）所理解的体制规则所定义的行为以及其他人的行为。例如，付给每个被试相同的 20 元实验参加费并不取决于被试在实验室的行为选择，因此是不相关的。相反的，被试在市场实验中赚取的利润所换算成的货币收入，就取决于被试在实验室的行为，因此是相关的。（3）支配性。被试效用的变化主要来自于奖励媒介，其他影响则可忽略不计。譬如，被试常常在乎其他人赚多少钱。如果实验程序使得被试无法知道或估计其他人的收入（即史密斯所称的稳私），则这一来自非奖励媒介的影响就可避免。不过，隐私并非对任何实验都合适，比如对那些完全信息博弈理论模型的实验就不太合适。

虽然相关收益并不总是极大地改变实验结果，但有些学者发现相关收益的使用，一般会提高结果的可信性和可重复性。另外，相关收益的使用也是经济学和心理学实验的重要区别之一。对实验经济学家而言，相关性是必需的和显见的概念。为了使实验与相关理论相联系，实验经济学家想方设法在体制的框架内建立一个清晰的诱因结构。而心理学家则对在实验任务中定义被试的诱因抱随意的态度。特别地，因为心理学家不需要被试"尽力做好"，因此没有必要给予被试相关的收益。

实验经济学的发展并非一帆风顺。20 世纪 50 年代和 60 年代人们对实验经济学作用的两个理解成为其发展的羁绊，也使其有效性和可信性受到了质疑。当时流行的一种看法认为，值得研究的经济是那些真实存在的经济，实验的唯一有效的方法是尽可能地反映细节，也就是模拟经济运行的自然过程。结果，经济学实验因为作为模拟实验无法完全考虑所有细节，或者因为太过拘泥于细节而难以控制，从而遭到排挤。换句话说，实验因为没有反映某些自然过程，或者因为反映了这些过程而遭到排挤。

另一种看法则与检验理论的适当方法有关。一般的，理论具有"如果甲则乙"的形式。从这一观点出发，检验理论的适当方法是创造使理论的所有假设都满足的状况，即上述形式中的"甲"部分，然后进行实验看结果是否为"乙"，如果没有观察到乙，理论就将被否定。这一方法论的问题并不是它有错误，而是因为经济理论的假设很少被表述成适合操作的形式，而且理论本身可能过于含糊以致无法做上述检验。例如，经常作为竞争模型"假设"的一个命题是行为者"相信"他（或她）的行为对价格没有影响。如果理论被表述成这种形式，则在实验室检验理论实际上是不可能的。

以上两种看法限制了实验经济学探讨许多经济问题的可能性，使之在相当长一段时期内徘徊局限在对博弈论和一些市场均衡研究的小圈子里。实验经济学只有澄清这两种看法，才能突破发展的瓶颈。

20 世纪 60 年代末，史密斯在普渡大学的同事普洛特（Charles Plott）从事政治经济学理论研究，并已在社会选择理论方面崭露头角。他将实验的方法用于公共选择理论、公共经济学（public economics）以及政治学的许多方面，使得经济学实验方法开始从传统的市场和博弈论领域扩展到政治经济学、公共选择和其他社会科学领域。

普洛特（1982）认为，实验经济学并不因为简单的实验没有完全模拟现实经济而影响其效力。他认为，经济学实验可以"发现不能解释实验室简单情形的理论，缩小适用的理论范围。此外还可通过探讨如何改变模型，使之更好地解释简单情形而改进模型。一般模型，诸如那些被用于现实中的非常复杂的经济系统的模型，必然适用于简单的特殊情形。不能适用于简单的特殊情形的模型并非一般，因此不能被当成一般性模型。其中的奥妙在于实验室建立的经济与现实经济相比可能特别简单，但是却一样地真实。真实的人被真实的金钱所驱动，因为真实的天赋和真实的局限，做出真实的决策和真实的错误，并为其行为后果而真实地悲喜。不应该简单地将简单性混同于非现实性。因为真实，经济学文献中的一般性原理和模型在这些实验室经济的应用应该与它们在那些现实经济的应用具有同等的效力。实验室是简单的，但这种简单性使得模型失败的原因可以被分离出来甚至有时可被测度出来。因此，'简单性'恰恰是经济学实验的长处"。在实验室中预测能力相对差的理论应该被扬弃或者改进。而那些经受了实验室检验的模型和原理则可以被用于解释现实经济问题。判别实验的好坏应视其是否有助于对理论的了解，而非其与现实经济相比所显示的简单性。

总之，实验经济学在 20 世纪 70 年代末在方法论上有了根本性的突破，澄清了其主要作用。首先，当存在多种理论时，通过简单的实验可以比较和评估各种相互竞争的理论；其次，当仅存在一种理论时，找出此理论可以解释实验数据的条件，并（可能的话）检验理论的效力；再次，当不存在任何理论时，发现某些实际规律；第四，实验方法可以被应用到现实现象和政策问题上。譬如，有些实验被用于取得数据，以影响政府、消费者、选民以及管理者的决策。经济学家和政策制定者还发现新体制被实际应用之前先在实验室研究，颇有助益。随着计算机和复杂性理论的发展，实验经济学从真实的被试转向在计算机中构造虚拟人工经济模型成为一种趋势。ACE 就是这种特殊的实验经济学。

第三节 ACE 的研究范畴

ACE 研究可分两个层面，一是发现社会经济中各种宏观现象和规则产生的机制，二是在前者的基础上建立人工经济模型，然后进行经济政策的实验。

第一层面研究的目标是解释。解释在没有自上而下的计划和控制的情况下，特定的宏观现象和规则秩序产生的机制，所以研究涵盖贸易网络、社会公认货币、市场协议、经济循环以及技术创新的共同采用等领域。ACE研究所面临的挑战就是如何建设性地论证、演示这些规则仅仅通过底层主体间的反复交互，自下而上地自发涌现出来。相关的研究范畴有模型中主体的学习与认知算法、主体行为规范的演化、市场规律形成的机制、社会网络分析等。

第二层面研究的目标是控制和决策。把ACE框架作为一个计算实验室，对宏观的社会经济结构或政策如何影响微观的个体行为进行实验研究，从而能提出一些可供决策选择的其他可替代的社会经济结构或政策建议。第二层面的研究往往通过寻找更深层次的可能的解释（不但解释为什么特定的规则会出现，同时解释为什么其他的规则没有出现），作为描述性研究的重要补充。相关的研究范畴主要是企业与组织模型、宏观经济模型以及各类类型的计算实验室等。

下面介绍前述两个层面研究的具体范畴。

一、学习与认知算法

主体的学习与认知算法是各种基于主体的模型研究都需要关注的问题。在ACE研究中，经济人如何在经济活动中有效地学习，包括总结过去经验和模仿策略等，对模型的精细化来说非常关键，因此成为一个研究的热点。

主体的学习与认知算法包括增强型学习算法（reinforcement learning algorithms）、神经网络（neural networks）、遗传算法（genetic algorithms）、遗传规划（genetic programming）以及其他试图“捕捉”个体学习过程的演化算法。

ACE在这个领域面临的主要问题是，如何在模型中考虑计算主体的学习能力和适应性；如何在不同的学习算法中选择；学习算法的选择对模型实验结果会造成什么样的影响；这些影响是否是研究所期望的。或者换句话说，学习算法的选择以及其中参数的决定是否是任意的、不会影响模型实验研究的结论等。另外一个非常值得探讨的问题是，如何对ACE框架中可计算主体的思想建模。是应该像传统的人工智能观点那样把主体的思想看做具有不断存储经验数据的逻辑机器呢，还是应该像进化心理学者所提倡的那样，把它看做具体活动的控制者?

许多研究都倾向使用以固定参数表示的、相对简单的、矫正方程形式的学习算法。然而,有足够多的证据表明,这些算法中没有一种能够在所有环境下都表现得最好,也没有一种算法能够匹配所有情形下人类的决策行为。而且由于遗传算法等学习型算法在最初提出时,一般都只考虑所设想的最佳情况,在推广到社会科学进程中运用时,必须要注意现实情形中是否满足这些算法的条件限制。举个例子来说,那些需要对行为结果进行评价的激励学习算法,在真实的经济过程中就不可能满足,因为在真实的经济活动中,人们无法预先知道最终结果,模型中也难以确定一个标准,对发展中的演化策略的优劣进行仲裁。只有存在一个客观的优劣标准,才能保证给予学习型算法正确的激励。在这种情况下,实验的观察者或许可以充当仲裁,或许可以在一些适当的外界标准(如市场效率)的基础上,综合评价各个计算性主体的现有策略。

此外,Dawid(参见[4])在对大量多主体经济模型进行系统研究后发现,如果在模型中应用了遗传算法,那么只要细微地调整遗传算法的某些参数,如环境参数的精确程度,就可能会对潜在的长期结果造成巨大的影响。由于许多ACE研究都把遗传算法用于模型中经济学主体的学习能力的实现,这一研究结果对ACE研究造成了很大的冲击——如果遗传算法的细微调节足以改变原来研究的结论,那么这些模型研究的有效性理应得到更审慎地重新验证。关于这个问题,Rust等人所做的学习研究也值得思考(参见[6])。他们对1990—1991年在圣塔菲研究院举行的一场双向拍卖会所做的30种计算性交易算法进行比较分析。这些所提交的算法包括了从最简单的反复运算到综合了人工智能和认知科学的学习型算法。而这场拍卖会最终的赢家被证实是采用了报告中所列举的最简单的算法——最后时刻出价策略,这个“小把戏”可大致描述如下:在别人竞价阶段静观其变,直到拍卖的最终阶段——拍卖人即将停止喊价的时候,以略高于这一价格的终价拿下交易。有趣的是,在目前的网上拍卖中,比如eBay的交易终止时间固定的竞拍中,“小把戏”已成为日益流行的竞价策略,为此拍卖的组织者采取了很多强制性措施来杜绝这种做法。甚至现在有一家叫做eSnipe的网络公司为eBay的参与者们自动进行这种竞价以获取中间费用。

因此，有些人甚至对是否有必要为主体提供智力和学习能力提出怀疑。在一项基于计算性主体的连续的双向拍卖①的模型实验报告中，研究者发现连续双向拍卖的分配效率与其组织结构相关，与学习的效果却没有什么关系。而且当市场中的交易者们智力为零时，市场的效率水平接近100%！

关于计算性主体学习水平的重要性方面的研究，Vriend的研究结论也值得注意（参见[7]）。Vriend在一个求过于供的市场条件下进行ACE实验，顾名思义，大量的卖方企业依据各自所确定的产品质量水平标准来进行竞争，这些不同标准又返回来共同决定这些产品的市场价格。这里有两种不同的遗传算法标准可供考虑：（1）个别标准——每个企业在其各自经验的基础上独立学习；（2）总体标准——每个企业在结合其他企业经验的基础上进行学习。Vriend发现，基于总体标准的系统学习能够产生一个接近社会期望竞争水平的综合结果，而基于个别标准的学习则不会达到。他在分析时，把这种现象产生的原因，归结为所谓的“恶意效应”，即在基于个体标准学习时，个体们倾向于选择那些虽然损害了自己，但更多地损害竞争对手的策略。基于总体标准的学习中，恶意效应会驱使总的输出结果接近社会竞争水平，但它在个别标准的学习中是不成立的。这一研究的意义在于发现了“在选择不同标准学习时，主体的行为会表现出很大的差异”这一现象。

目前，另外一些ACE研究者们正尝试根据经验决策的数据来调整学习型算法。下面以一个有趣的例子来略微介绍一下这方面的研究。这是Marks发起的一项研究，他着手于两个很重要也非常有挑战性的问题：在市场进程中，市场参与者们的感觉和对信息的使用是否变化？如果是，那么是如何变化的呢？Marks首先形式化地确立了一个分析的市场框架（参见[8]），使这些问题能够在此得到严格地阐述和验证。在这个市场中，参与者们能够随时间的变化逐步改变处理信息的能力，更精确地说，他们能够调整对个体空间的分辨率——把个体空间划分为可区分的小的区域以达到决定状态调节行为的目的。例如，粗略的划分可能意味着一个卖方只关注其对手的两个可能的价格行为（低价和高价），而精确的划分则意味着买方关注其对手的三个可能的价格行为（低价、中间价格和高价）。其后，Marks把重点放在那些将对手价

① 所谓连续的双向拍卖，是指对一项等待卖出和买进的物件进行连续地展示与匹配的拍卖。在真实世界中，连续的双向拍卖是很多交易机构普遍采用的方式。

格作为唯一可用的状态信息的特例上。他为粗略划分价格空间所带来的信息损失设计了两种不同的衡量标准：感知到的信息数量和 Claude Shannon 的著名的熵衡量标准。然后，他把对价格空间的划分与一个零售咖啡市场的 ACE 模型结合起来进行综合考虑。他利用历史数据来调节这一计算模型使之与历史的市场环境相近，并提出以下具体问题：随着时间的变化，实际的咖啡品牌经销商们会在他们重复的交互作用中选用多少信息？为调查这一问题，Marks 进行了一系列的实验，在其中，他对价格空间进行了多种指定的划分：价格二分法（高价/低价）、价格变化二分法（提价/降价）等。他分别查阅了两个不同的超市连锁店的历史数据，在一系列被测试的划分模型的基础上，Marks 确立了他的关键结论，即“价格变化二分法”为所检验的历史数据提供了最为匹配的信息。这暗示着实际的咖啡品牌经销商们应该集中关注着其对手价格策略的一个特定方面，即这些对手在最近一个阶段是否会改变他们的价格。

二、行为规范的演化

“行为规范”在不同的研究者中有不同的定义。Axelrod 对行为规范的定义是，规范存在于特定的社会环境中，社会中的个体通常按照这一方式活动，如果违反则会受到惩罚。规范在某种程度上可以作为一种实体而存在，这样人们就可以把规范的成长和消亡作为一种演变进程来研究（参见［5］）。Axelrod 用 MAS 仿真实验演示了相互协作的形成过程：在都持利己主义的群体博弈中，开始是部分群体无意识的随机行为，后来逐渐被社会选择所锁定，演变为具有明确预先期望的、有益的互惠行为，演化成为群体共同遵守的行为规范。这一重要成果在经济学家和博弈理论家中都产生了非比寻常的影响，由于这项研究还结合了人的边界理性和演化动力学，因此也极大地扩大了非合作博弈论的传统研究范围。

Schelling 在研究日常生活中的行为规范现象时发现，当主体按照简单的行为规范进行重复的局部交互活动时，形式化的社会行为能够从这些无意识的个体活动中涌现出来。例如，如果某些主体倾向于选择同种族的人做邻居，那么就会自发地形成种族居住地的隔离现象。这个发现被许多研究人员移植到 ACE 模型中。

人们对行为规范的演变也颇为关注，因为行为规范也是一个慢慢形成的过程。研究者想知道在行为规范演变的过程中个体的行为。比如说个体考虑某一行为所花费的时间是否与这一行为相关的行为规范的成熟度（规范业已存在的历史长度）有关？即是否某一规范一旦在社会中确立，个体就会不假思索地遵从该规范？还是需要一个规范扩散的过程？针对这一问题，Epstein引用ACE的研究方法进行尝试性回答。Epstein提出一个新颖的模型，在模型中主体可以学习如何行动，即采用怎样的行为规范，同时主体在学习规范时也可以参考规范的成熟度，即这个规范已经形成的历史长度。这种模型化研究无疑为上述问题提供了崭新的思路（参见［9］）。

三、市场规律形成的机制

ACE主要研究市场中的一些自组织现象和涌现出的宏观规律，如股票市场中的波动、企业集群的形成、专业商品市场（比如汉正街或中关村）的形成、经济活动中行业垄断和价格共谋现象的形成等，ACE都可以进行自底向上的研究，这些研究对政府进行政策决策（比如培育开发区、引导专业市场、反垄断等）有非常现实的意义。

下面以财经市场研究为例，介绍ACE在这方面研究的一般思路。

传统的财经市场模型基于完全理性和完全市场效率的假设，由于这个假设过于苛刻，所以在以往的研究中，没有一个传统模型能很好地解释在真实财经市场中观察到的一些基本的经验性特征，如回报丰厚（fat-tailed）的资产利润分配、高额的贸易量在资产利润中持续和群发的扩散效应以及在资产利润、贸易量和挥发性之间的互相交叉的关系等。在传统模型方法面临巨大困难的情形下，财经市场的ACE模型研究却取得了显著的成效。LeBaron对这方面的研究案例做过的综述研究（参见［10］）表明，在已经开展的许多研究中，财政数据中大量可观测的规律都可以通过ACE财经市场模型来解释（参见［11］～［14］）。在著名的阿瑟“人工股票市场”研究（参见［15］）中，阿瑟发展了一个关于财产定价的动态理论，它基于不同股票的交易者通过分类系统独立地归纳出新的价格期望。Tay和Linn提出，可以对ACE财经模型做一些改进，使模型中的计算主体像现实生活中交易者一样形成新的期望，这样计算主体在归纳推理时也处于有限理性和不完全信息的情景下，其归纳推理过程应该是模糊的（参见［17］）。为了测试这一猜想，他们修正了阿瑟的“人工股票市场”模型，把模糊遗传分类系统引入计算主体的行为实现。模型允许交易者使用模糊遗传分类系统，并让交易者在做需求决定时以选择信赖哪一个预期规则的方式归纳形成新的期望。根据他们的实验报告提供的模拟的资产价格、回报表以及对峰值的测量等，这些模拟的数据与真实数据非常相似。

社会学习过程的模仿策略在股票市场中的作用很重要，然而以往股市模型研究中并没有考虑这个现实存在且还很重要的作用机制。Chen 和 Yeh 基于 ACE 建立了一个包含社会学习机制的人工股市模型（参见［18］）：在模型中增加了普通交易者以外的股评专家，比如说某商业学院的财经教授，这些教授们彼此独立地向公众提交自己预测股票走势的模型，因此在他们之间存在着竞争，教授成败的判断标准是他们提供的预测模型的预测精确度；同时，普通交易者的成功仍然以其实际收益为判断标准。每个贸易者都不停地持续选择交易，并选择参考某一个教授提出的预测模型，与自己以前的参考模型对照，决定是否更换更合适的模型。教授的预测模型与贸易者的策略一起协同进化、形成复杂的回馈。Chen 和 Yeh 的模型实验包含 14 000 次连续的贸易。他们的一个很重要的发现是，市场行为从来不会稳定下来，每一个开始成功的预测模型随着跟随的人增多，都会很快失去预测效应而被抛弃。

四、社会网络分析

人们在经济活动中建立起各种社会关系网络，比如贸易网络、供应链网络、组织结构网络等。不同的行为策略，形成不同形态的社会网络。过去人们常用交易成本分析交易网络，而很少注意经济主体在学习、适应和革新的动态过程中彼此信任机制的发展。

这一点随着社会网络分析研究热潮的兴起而正在发生变化，随着小世界网络①和六度分割等社会网络理论的成熟，人们对经济活动中各种社会网络的研究也逐渐热起来。

---

①　小世界（small-world）是一个连通的网络，它具有两种属性：（1）每个节点都连接到部分优化选择的邻居节点；（2）节点之间的一些快捷联结使得节点间平均最小路径长度很小。网络总体具有局部连通性和总体可达性。

ACE在社会网络分析方面的研究集中在以下几个方面的问题：（1）市场或组织的网络形态是什么样的？即对现有的各种经济网络的拓扑结构和形态的考察；（2）这些不同形态的网络形成的机制是什么？与哪些因素有关？（3）不同形态的网络对于各种经济活动的影响，可否利用人们关于社会网络形成机制的知识，有意识地改良这些网络？这种改良在宏观上可通过政策上的引导，改变社会行为规范，从而改变经济人的经济活动；在微观上，比如组织层次上，可以通过改变公司治理，引导员工的行为交互方式，推动公司的组织形态变革等。

下面介绍一个小世界交易网络对交易的影响的ACE研究案例（参见[19]）。

这个研究是为了考察在双边贸易中，不同的交易网络对市场效率和交易成本的影响。在ACE模型中，设计了四种类型的交易网络：（1）完全连通的交易网络（每个商人都能与其他任何商人进行交易）；（2）由分离的商人群体组成的局部断开的交易网络；（3）由环状排列的交易群体组成的局部连通网络，其中每个汇合点都有一个重叠的单个商人；（4）由局部连通的网络通过在不相邻的交易群体间的1～5个随机指定的快捷交易链构成的小世界交易网络。对每一种特定的交易网络，赋予两种货物库存的商人搜寻可行的交易伙伴，彼此讨价还价，然后与那些提供最优契约的商人交易。通过对这四种交易网络的比较研究，研究人员发现：小世界交易网络既保持了完全连通交易网的市场效率优势，又保留了所有局部连通交易网的低交易成本优势。他还证明存在一种微弱的激励机制可以刺激小世界交易网络的形成，因为与别的网络类型相比，在小世界交易网络中的商人们往往做得更好。

这项研究还可以继续扩展，比如可以在上面四种固定的交易网络形态基础上，考虑交易伙伴间网络的初始形成与随后的演变。让交易网络具有某种内在生成机制，比如让交易主体根据以往的合作经验选择交易伙伴，从而自下而上地生成交易网络等。或者通过局部择优连接和主体陆续加入交易，会形成无标度的交易网络（scale free network）等。

在对喀麦隆北部游牧人的季节性迁徙的研究中，Rouchier研究了多方交易网络形成的机制（参见[20]）。在这个研究中比较了“成本优先”和“朋友优先”原则对经济效率的影响。这项研究的最初目的是探索牧人对放牧土地选取的条件。因为现实观察到的重要发现是，在牧人、村落的首领和农夫间建立的放牧的形式和个体的关系往往非常规则。为了更好地理解和解释这些规律，Rouchier 用 ACE 的建模方法来模拟这三种主体类型关系的动态过程：游牧牧人需要水和草来喂养牲畜，他们从村落首领和农夫那里寻求这些资源，并付相应的费用作为报酬；村落的首领按照牧人到达的顺序提供给他们不同的对水的使用权；村落的农夫拥有牧场的土地，他们决定是否允许牧人使用。在这些基础上，Rouchier 测试了两种不同动机主体的模型：一种是基于交易成本经济学观点的"成本优先"模型，其中，主体只关心成本的最小化；另一种是基于制度理论观点的"朋友优先"模型，其中，主体还直接关心他们关系的稳定性。实验进行时，由于短期的放牧，一些村庄的土地随机地成为不可用的，因此，在这一时期内，村庄的农夫不再接受任何牧人使用的要求。模型比较结果显示了由主体引起的成本优先和朋友优先模型导致的截然不同的结果：成本优先模型与朋友优先模型相比，总效率竟是惊人地低，导致一些情形下牧群的消亡。对这个实验结果，Rouchier 解释说，成本优先模型往往使得主体灵活性下降，从而导致土地破坏冲击过强以及牧场的过度放牧。在现实经验中，游牧牧人也特别注意通过重复地交往形成扩展到多个村庄的朋友网络，在模拟中，只有朋友优先模型才能产生这一交易网络形式。

五、建立 ACE 计算实验主体

虽然 ACE 研究获得越来越广泛的认可，许多经济学家们都开始提倡要系统地使用可计算模型研究经济理论，然而对大多数经济学家来说，建立基于主体的计算模型存在一个很大的障碍，就是经济学研究者一般都缺乏较强的编程技巧。即便是像 AgentSheets、Ascape、Repast 和 Swarm 这样的专门建模工具（第四章专门介绍这些工具），它们都为构建基于主体的经济模型提供了有用的软件知识库，也要求使用者是有经验的程序员。

因此，有人提出建立计算实验室（computational laboratory，CL）的设想，来帮助经济学家跨越这一障碍。CL 是指提供一个计算框架作为公共的模型平台，能够支持若干相互作用主体的系统进行可控制和可重复的实验。CL 应该具有清晰和简单的图形用户操作界面，这使得即便研究者只有最一般的编程技巧，也可以进行严谨的计算研究。最好是研究者不需要进行任何代码编程，就能够使用 CL 去测试一个系统对广泛而变化多样的关键参数的敏感变化。另外，一个 CL 应该具备可扩展的标准，研究者可以有充分多的可选择的执行模块来建立模型实验，并能够扩展系统的应用范围。总之，一个 CL 实验平台应该可以充分起到促进 ACE 研究的标准化，促进 ACE 研究的经验积累和公共知识沉淀，促进交叉学科之间的合作的作用——让经济学家专注于经济问题，让计算机科学家提供更容易使用的模型实现。这一设想得到很多人的响应，比如 Lane 曾明确提倡利用目前先进而有力的计算工具，建立一个可重用的基于主体的计算经济实验室。他曾提到“假想一个人工经济，作为一个实验的环境，在这个环境中，使用者能够很容易去适应为他们设计的适合自己特殊研究项目的模型。可以使用面向对象的程序设计来建立这样一个环境，它包括不同种类的模拟的公共机构和主体类型库以及一个界面，用户们应该可以非常方便地从库中重用不同的模块，从而组织满足特定需要的经济实验”。然而，由于现实中合作的困难，成功完成 CL 设想的组织和机构还比较少，虽然有些软件工具也称为 CL，但离理想的公共实验平台还相差很远。有些在专门某一个狭窄领域内的 CL 可能更为现实，比如 Trade Network Game（TNG）Lab（参见本书附录 A）就是一个特别为研究商业网络的形成而设计的 CL。

许多研究和模型的实现都证明了建模平台和 CL 的实际能力和有效性，然而，在 CL 中，由于设置了实验的最初条件，随着时间的流逝，计算主体共同发展他们的行为规则、行为规范，模型有可能尝试去追踪这一问题产生的背景和根源。但同样也存在的一个问题是，模型中主体学习进化的机制是否与真实世界相符？为了增强 CL 的说服力，人们提出采用进行平行田野实验的方式来对 CL 中 ACE 模型进行补充验证，通过平行实验的方式协调两种实验研究方法，用真实被试的行为指导计算主体的具体学习过程，同时从计算主体的行为观察上，去了解现实经济中人类主体的行为现象产生的机制。在经济学里，平行实验最早是由米勒（Miller）和 Andreoni 提出的，另外 Andreoni 和 Miller，Arifovic、Arthur 和 Chan 等人，也对这种综合研究方法作出了贡献。如果在平行的真实田野实验中能符合基于主体的计算实验室中进行的可控实验所做的预测，那么这个计算实验室就具有了比较好的可信度。

六、结语

本节对 ACE 研究做了一个大致的分类，这个分类很不全面，因为新的应用领域和研究论题还在不断地拓展。2001 年，国际著名经济学刊物 *Journal of Economic Dynamics and Control*、*Computation Economics* 和计算机刊物 *IEEE Transaction on Evolutionary Computation* 都分别出版了一期基于主体的计算经济学专刊，说明 ACE 已经成为当前经济学研究的一个重要分支和研究热点。因此，学好本科目，掌握计算机建模的基本研究方法和工具，在社会经济领域中必然会大有用武之地。

第四节 ACE 研究的共性与一般过程

ACE 研究都需要在计算机上建立一个人工经济，人工经济中的人工适应主体可以在很大的自由度和很细的粒度上被模拟，通过对人工适应主体状态和行为的研究和测试，深入地探查广泛的现实经济现象。因而，基于主体的计算经济学提供了一个新的经济学研究方法论，使得经济学家可以在更深的层次上和更广的范围内研究经济问题。

一、ACE 研究的共性特征

ACE 研究具有鲜明的共性特征。

首先，基于主体的计算技术是在计算机上建立一个人工经济（model economy）。人工经济（群体）由大量微观主体组成（如家庭、企业和政府等），这些主体的状态、行为和社会规范存在重要差异。与传统经济模型中的典型个体相比，他们有更丰富的内部认知结构和更多的行为自主性。

其次，在这个人工经济中，允许出现大量的微观主体行为及其相互作用。主体之间的竞争和合作时刻发生。依据主体—主体和主体—环境的相互作用，主体为了自身利益，不断调整自己的行为。主体行为被环境所制约，人工经济呈现出自组织性。

再次，在这一人工经济中，进化过程可以被描述成自然选择压力直接作用于主体的过程，而不是被描述成群体的运动规律。自然选择的压力导致主体不断进行行为模仿和创新以适应环境，人工经济中的所有主体协同进化。

此外，在ACE模型中，一旦所有主体的初始状态和行为模式以及主体—主体和主体—环境相互作用的市场协议被确定，经济系统中不存在集中控制，人工经济沿时间路径自动发展。人工经济的发展是内生的，在一段时期内，它通常只能被观察，而不能被干涉。有些模型中涉及真实被试与人工经济系统的交互，严格地说，这种经济学的仿真研究，虽然也构建了一个多主体组成的复杂的人工经济系统，但并不属于ACE的范畴。比如德国班贝格大学理论心理研究所Dietrich Döner教授开发的一些以探讨人们在复杂的经济环境下，决策心理为目的的计算机实验，虽然实验软件中仿真了大量现实的经济系统，但主要是考察参与试验的被试的心理，而不是经济现象，所以不属于ACE。之所以提到这个例子，是因为这个领域也属于复杂系统理论与计算机仿真建模在社会科学中的应用，考虑到本书面向的对象并不限于经济学研究者，班贝格大学的研究思路也是很值得借鉴的。更多关于他们的研究，可参考Dietrich Dörner教授的《失败的逻辑》（参见［21］）。

最后，在对模拟试验结果进行分析时，ACE模型还有一些需要特别值得注意的内容。与田野实验或经济学调查不同，一个仅仅在现象解释上取得成功的ACE研究模型也只能说提供了从初始环境到最终结果的充分条件，而非充要条件。换句话说，这样一个模型的结论还不能证明模型假设的成立，只能说给出所研究现象的一个可能的解释。只有当模型能够预测，并能给出可控实验的成功案例时（比如根据模型中的假设在现实中控制一些参数，能够得到与在模型中改变参数一致的效应时），才可以说模型是有效的。成功案例越多，模型的效度越高。

二、ACE建模的一般过程

ACE研究除遵循第二章给出的社会科学仿真的研究步骤外，在模型设计实现和分析方面还有一些普遍的一般过程，即系统的划分、建立模型的框架、模型的设计、平行实验的设计等过程。

1. 系统的划分

首先，要划分研究系统的边界，确定哪些属于系统内部的要素，哪些属于系统外部的环境。然后，需要划分系统的层次，确定研究的粒度。由于复杂度的关系，一般都是单层体系，两层体系可以先分层建立模型、并行实验。先考虑层次之间的稳定性，再考虑层次之间的互动。最后，层次确定后，需要划分层次内部的主要因素和次要因素。对次要因素进行抽象，组成要素的类别（主体的类型）不能太多，抓住问题的关键特征即可。统一组成要素的差异化指标也不宜过多，避免结果数据分析上的困难。

2. 建立模型的框架

建立模型的框架包括主体的类型和属性的设计。首先，确定主体的类型和分类，确定每一类主体的属性、状态和行为模式。主体的状态决定其行为，主体的行为改变其状态，甚至改变行为模式本身（行为进化），一些不能确定的主体行为可能需要结合真实实验中的实际人类行为规律进行设计。然后，要确定主体间交互作用的方式。最后，模型的框架还需要确定人工经济进化过程中的事件发生的次序和模型中经济总量的统计方式等。

3. 模型的设计

选择一种合适的公共的开放式仿真平台，比如 Swarm、Repast、Ascape 等（在下一章中将分别予以介绍）；选择一种合适的主体学习算法（如遗传算法、分类器系统或神经网络算法等）；模拟主体行为模式和经济运行模式；确定每一类主体的数目，并采用合适的方法为所有主体状态赋初值。

4. 平行实验的设计

如果研究需要进行对照的平行实验，那么在设计模型的主体时，就需要考虑结合真实实验中的人类被试的行为规律去设计主体的行为和状态，然后在这一步考虑设计一个人作为被试的经济学田野实验。设计平行实验主要注意的是，两个实验的理论假设是否一致，交互行为方式是否匹配等。

5. 结果分析

观察模型运行的结果，并应用经济学理论给予解释。

三、ACE 模型的复杂性

由于复杂性是经济系统的一个重要属性，并且与经济推理的实际应用密切相关，因此在建立 ACE 模型时应该充分考虑到这一点。根据 Edmonds 的划分，基于 ACE 建立模型时应该考虑 3 个层次的复杂性。

1. 环境复杂性

给定计算资源和信息，一个主体用最好的模型对其环境做出正确预测（用平均出错率度量）的难度。

2. 模型复杂性

给定语言限制和数据，建立和测试一个模型的计算难度。

3. 行为复杂性

给定组织的集体表现行为、每个主体的算法和结构，发现群体中所有主体行为模型的难度。

这些复杂性是相互关联的，较高的环境复杂性导致了较高的模型复杂性和行为复杂性；反之亦然。由于经济环境非常复杂，因而发现和评估经济主体的行为模型也比较困难。

此外，考虑到经济系统是复杂的，经济主体的认知能力是有限的。为了适应环境，经济主体应该具备学习和进化的能力，通过不断进化其行为，不断提高对经济系统的认识能力。与此同时，经济主体行为的进化导致经济系统发生新的变化。整个经济系统呈现出“复杂性——适应——新的复杂性——新的适应”的不断循环。因此遗传算法、演化计算以及人工生命、人工神经网络等学习型算法，在主体的建模设计中尤其重要。

四、ACE 的优势与局限

在过去的 50 多年里，经济理论家和其他社会科学家之间出现了巨大的分歧，经济理论家越来越多地借助于数学方法，利用方程式建立经济过程模型。目前，这些数学方法一般都包括随机非线性差分或微分方程，而许多社会科学家认为方程式在描述社会现实方面是难以接受或不可置信的。而以 ACE 方法建立的经济模型则具有可解释的基础，该基础源于自治的具有适应性的广泛（包括了经济、社会和环境）的主体间的交互作用。当然，ACE 的主体由建模者给定必要的初始约束条件，然而，继起的经济过程的动态由主体与主体之间的交互作用控制，而不是由外在强加的方程组控制，而且经济体在任何一个时点上的状态都是由当时组成该经济体的独立主体的内在属性所决定。这种动态描述对于经济学家和其他社会科学家都具有直接的意义，因为它增加了建模过程的透明度，增加了模型的直观性。

越来越多的证据表明，简单的个体行为可能会产生复杂的宏观规则，如果这些机制在一定程度上能够得到经验证实，就可以进一步增加 ACE 建模的透明度。

利用 ACE 经济模型，还可以促进统一社会科学理论框架的建立，利用多种不同社会科学领域的理论和数据，建立起综合的统一的理论。比如，ACE 的框架可以鼓励经济学家在研究增长、分配和福利问题时，能够以一种更全面的涵盖各种经济、社会、政治和心理因素的方式进行，从而恢复早期政治经济学家所具有的广阔的视野。

此外，正如萨金特所言（参见［22］），ACE 经济模型可以用来检验经济理论，对于以前使用标准的数学建立的模型，经济主体确实能够按照由这些理论确定的均衡去学习相互协调吗？如果是，它们是如何学习协调的？如果存在多个均衡，哪一个均衡（如果有的话）将成为占优势的吸引者？为什么？

ACE 经济模型还可以通过放松其标准假设，如共同知识、理性预期以及完美资本市场等，从而检验这些理论的鲁棒性。在这一方面一个关键的问题是，进化与学习能够在多大程度上代替标准经济理论中高度的个人理性假定？最后，ACE 经济模型可以用来检验可观察到的等价关系，例如，多个显著不同的微观结构是否有可能支持同一个给定的宏观规则？

当然，要发挥出 ACE 经济模型的这些潜力，ACE 研究者需要构建涵盖经济学家和其他社会科学家公认的重要问题的计算实验室；需要利用这些计算实验室，以可控制和可重复实验来检验表述清晰的假设；需要报告其发现的统计结果，以便将这些结果的重要性以一种透明和严谨的方式传递出来；需要通过将这些统计报告与其他研究者利用其他方法收集来的数据进行系统的比较，增强对这些统计报告的信心；而且需要保证重大的发现能够随时间而积累，以便每一个研究者的工作可以建立在前人相应的工作基础之上。当然，要求某一个人达到所有这些要求决非易事，一个可能的办法是开展各学科间的合作。然而经验显示，如果参与合作的个人很少或没有受过交叉学科训练，那么跨越学科界限的交流将会很困难。因此，对于经济学和社会科学研究者来说，掌握基本的计算和统计技能是非常重要的。

关键词

ACE　　实验经济学　　演化经济学　　计算实验室　　平行实验

习题与思考

1. 古典经济学与现代经济学的理论假设有哪些不同？
2. 什么是 ACE？ACE 有哪些研究领域？
3. ACE 研究有哪些特征？
4. 试述 ACE 研究的一般过程。
5. 试结合现实中的经济现象，用 ACE 的研究方法建立概念模型。
6. 试述计算实验室 CL 对于社会科学研究的意义和启发。

参考文献

[1] 盛昭瀚，蒋德鹏．演化经济学．上海：三联书店，2002

[2] 熊彼特．经济发展原理．北京：商务印书馆，1990

[3] Leigh. Tesfatsion. *Agent-Based Computational Economics：Growing Economies from the Bottom Up*（参见网址：http://www. econ. iastate. edu/tesfatsi/）

[4] Dawid，H. *Adaptive Learning by Genetic Algorithms：Analytical Results and Applications to Economic Models*，Revised Second Edition，Berlin：Springer Verlag，1999

[5] Axelrod，R. *The Complexity of Cooperation：Agent-based Models of Conflict and Cooperation*. Princeton，N. J. The Princeton University Press，1997

[6] Rust，J.，Miller，J. H.，Palmer，R.，"Characterizing Elective Trading Strategies：Insights from a Computerized Double Auction Tournament"，*Journal of Economic Dynamics and Control* 18，61 {96}，1994

[7] Vriend，N. J.，"An Illustration of the Essential Difference between Individual and Social Learning，and Its Consequences for Computational Analysis"，*Journal of Economic Dynamics and Control* 24，1 {19}，2000

[8] Marks, R. E., "Evolved Perception and Behavior in Oligopolies", *Journal of Economic Dynamics and Control* 22, 1209 {1233}, 1998

[9] Epstein, J. M., "Learning to Be Thoughtless: Social Norms and Individual Computation", *Computational Economics* 18, to appear, 2001

[10] LeBaron, B., "Agent-based Computational Finance: Suggested Readings and Early Research", *Journal of Economic Dynamics and Control* 24, 679 {702}, 2000

[11] Farmer, J. D., Lo, A. W., "Frontiers of Finance: Evolution and Efficient Markets", *Proceedings of the National Academy of Sciences* 96, 9991 {9992}, 1999

[12] Hommes, C. H., "Modeling the Stylized Facts in Finance Through Simple Nonlinear Adaptive Systems", *Proceedings of the National Academy of Sciences*, to appear, 2001

[13] Lux, T., "The Socio-economic Dynamics of Speculative Markets: Interacting Agents, Chaos, and the Fat Tails of Return Distributions", *Journal of Economic Behavior and Organization* 33, 143 {165}, 1998

[14] Lux, T., Marchesi, M., "Volatility Clustering in Financial Markets: A Micro-simulation of Interacting Agents", *International Journal of Theoretical and Applied Finance* 3, 675 {702}, 2000

[15] Arthur, W. B., Holland, J., LeBaron, B., Palmer, R., and Tayler, P., "Asset Pricing Under Endogenous Expectations in an Artificial Stock Market Model", In Arthur, W. B., Durlauf, S. N., and Lane, D. A., eds., *The Economy as an Evolving Complex System* Ⅱ (pp. 15 {44}). Proceedings Vol. XXVII, SFI Studies in the Sciences of Complexity. Reading, MA: Addison Wesley, Reading, MA, 1997

[16] Arifovic, J., Eaton, C., "Coordination via Genetic Learning", *Computational Economics* 8, 181 {203}, 1995

[17] Tay, N. S. P., and Linn, S. C., "Fuzzy Inductive Reasoning, Expectation Formation, and the Behavior of Security Prices", *Journal of Economic Dynamics and Control* 25, 321 {361}, 2001

[18] Chen, S.-H., and Yeh, C.-H., "Evolving Traders and the Business School with Genetic Programming: A New Architecture of the Agent-based Artificial Stock Market", *Journal of Economic Dynamics and Control* 25, 363-393, 2001

[19] Wilhite, A., "Bilateral Trade and 'Small-world' Networks", *Computational Economics* 18, to appear, 2001

[20] Rouchier, J., Bousquet, F., Requier, Desjardins, M., Antona, M., "A multi-agent Model for Describing Transhumance in North Cameroon", *Journal of Economic Dynamics and Control* 25, 527 {559}, 2001

[21] 迪特里希·德尔纳著，王志刚译. 失败的逻辑. 上海：上海科技教育出版社，1999（参见网址：http://www.uni-bamberg.de/ppp/insttheopsy/projekte）

[22] Sargent, T., *Bounded Rationality in Macroeconomics. The Arne Ryde Memorial Lectures*. Oxford, UK: Clarendon Press, 1993

延伸阅读

复杂经济系统的演化分析①

方福康

在21世纪的科学发展趋势中，复杂系统的研究将占据重要的位置。这不仅是因为在许多传统上用数理方法处理的学科领域中，诸如物理、化学、天文、地理等，复杂性的研究都涉及其学科发展的前沿问题，而且在一些原先采用数理方法不是十分普遍或完善的领域，例如生物和经济，复杂性的研究和分析，也给这些学科带来了崭新的思路和概念。在复杂系统中所涉及的一些基本特征，如非线性、非平衡、突变、分岔、混沌、路径依赖等，有其非常强的普适性，即在某一特定研究对象上所获得的某些概念和规律，常常可以在一些其他的研究领域中再次实现。非线性现象的一些基本特征，可以在各种具体的复杂系统中以各自的方式展现出来，非洲白蚁做窝过程的非线性生态行为，竟与单模激光的基本模式是一致的。这种非线性现象的普适性，

① 方福康，《21世纪100个科学难题》，881～883页，长春，吉林出版社，1998。略有改动。

是学科交叉可以获得实质性进展的重要基础。不少科学工作者已经取得这样的认识，到21世纪，各门类科学、各层次的分类学科将不断地交叉，同时又加速综合，自然科学与社会科学进一步结合并定量化，而科学理论也将高度数学化。

20世纪80年代末90年代初，几位诺贝尔奖的得主和数学大师，对经济的分析提出了一个崭新的思路，即经济可以看做一个演化的复杂系统。1985年，耗散结构理论的创始人，诺贝尔化学奖获得者，I. Prigogine 提出了社会经济复杂系统中的自组织（self-organization）问题。这个群体也对经济演化的数学框架和实际应用做过许多工作。1988年，诺贝尔物理学奖获得者 P. Anderson 和诺贝尔经济学奖获得者 K. J. Arrow 组织了一个专题讨论会，主题就是经济可以看做一个演化着的复杂系统。参加讨论的有数学、物理、经济、生命科学、计算机等多方面的专家。P. Anderson 和 K. J. Arrow 还给出了一个对演化的经济进行描述的基本思路，他们设想经济系统可能存在内在的核心动力机制。并且，这种机制可以由少维变量和参量的子系统表示并且支配整个经济的发展演化行为。1991年，在加州大学伯克利分校工作的数学大师 S. Smale 也提出了对经济系统分析的看法。S. Smale 是动力系统领域的权威，他已经到了可以提大问题（great problem）的阶段，1991年他提出了动力系统的10个大问题。他认为前8个问题已多少有些看法，第9个问题就是经济，如何把经济中的一般均衡理论发展成为一个动态的理论，并指出这个问题将是经济理论研究的主要问题（main problem）。除了这几位学者的集中论述之外，其他的一些著名学者，例如德国的 H. Haken 群体等，也有过很多支持这种观点的论述。经济作为一个演化着的复杂系统必将作为一个重大的命题进入21世纪。

此命题的形成和展开有着深刻的科学上的背景和经济方面的背景。近20多年以来，非线性科学、非平衡系统的研究得到巨大的进展，人们开始了解了许多非线性、非平衡的概念，诸如突变、分支、自组织、混沌、分形等。处理这些非线性系统的数学手段也大大增多了，除了决定论性的非线性常微分方程、差分方程外，在随机层次上处理的方法，如随机微分方程、随机方程（包括 Fokker-Planck 方程，Master 方程）也大量地应用和计算了许多具体的问题，一批有典型意义的方程的深入讨论，丰富了对非线性系统的具体认识。如 Lorentz 方程、Duffing 方程、Lotka-Volterra 方程、Brusselators 三分子模型等研究虽然一开始是在其特定领域中进行分析和讨论，但所揭示的基本非线性动力学行为都对复杂系统提供了更多广泛而深入的认识。在这种学科发展的背景下，从事经济分析的研究工作者自然要考虑，将这些非线性系统的新的工具运用到经济系统的分析中将会起什么样的作用，20 世纪 80 年代的混沌热更促进了这一结合。1988 年的经济作为一个演化的复杂系统专题讨论会就是在这一背景下召开的。

从经济分析理论的角度来看，将动态分析和非线性技术引进到经济中来的想法早就有了。1947 年，在 P. Samuelson 著名的著作《经济分析基础》一书中的第二部分，即已明确地提出动态非线性研究的方向，但在当时对非线性系统分析方法不是掌握很多的情况下，这种想法也仅仅只是一种愿望，难以予以展开。后来到了 20 世纪 50 年代、60 年代，由于一般均衡理论（general equilibrium theory）的成功，均衡分析——本质上是一种静态分析的方法——在西方经济学中形成了主流，并且影响到经济学定量研究的各个方面。一般均衡理论认为各经济行为主体（厂商、消费者等）为实现自身目标最优化而相互作用，最终达到供求等各方面力量平衡的特殊状态——均衡。通过均衡存在、唯一与稳定的性质，大致地确定经济发展变化的整体趋势。系统的演化模式被描述为逐渐趋近并达到均衡状态。在外界扰动下，在均衡附近波动，或准静态地转移到新条件下的稳定均衡。这一理论框架较好地解决了系统在均衡附近的演化行为问题，并形成了公理化、形式化的严格逻辑体系。但是它的分析方法是静态的，它无法描述和解释系统达到均衡以及远离均衡的复杂非平衡动态过程。在经济的现实中，早已超出了一般均衡的范围，迫切需要经济分析理论上的革新。近半个世纪以来世界经济的巨大变化，特别是东亚经济快速起飞等现实都迫切要求新的理论来解释和说明这种非均衡演化的经济现象。这就促使经济是一个演化着的复杂系统的命题得以展开。这里值得提到的是 K. J. Arrow，他是一般均衡理论的奠基者，并为此获得 1972 年的诺贝尔经济学奖，正是他本人与其他学科的理论工作者一起，提出了经济的动态理论的构想，而不拘泥于自身的学术成就，这种敢于创造的勇气和学术上的胆识是令人敬佩的。

从一般均衡理论发展到经济系统的演化分析命题的思路已相当清晰，背景也非常明确，在数学的工具和方法上也提供了相当多的有建设性的建议，并且已经展开了实际的研究工作。但是达到命题的解决，还有相当长的距离，其中的困难大致来自四个方面。首先是经济系统的一个准确的动态行为抽象有相当的难度。经济是一个复杂的演化系统，其中包含了上千个变量和参量，它们之间相互联系，相互作用，构成了一幅非线性的图像，这是一个高维的系统。要对这么多的变量和参量进行分析和计算，不仅在实际上行不通，而且其计算的结果也很难检验。所以一个好的经济理论或模型通常是将实际的经济投影到一个恰当的子空间上去，这个子空间具有较低的维数，但反映了所讨论的经济问题的本质特征。一般均衡理论之所以成功，就是找到了一个恰当的投影子空间。在这里，各个经济行为的主体，都可以达到一个均衡状态。而这个均衡状态是子空间中的一个点，其背景是不动点定理。静态分析这些成功的理论，直接推广到动态分析中去是不行的。能不能在经济的动态演化行为中，也能找到一个恰当的抽象，这是对人类智慧的一个挑战。P. Anderson 和 K. J. Arrow 已经预言了这种少维空间动力学抽象的可能性，在其他领域中很多非线性动力模型也已对各种具体的复杂对象找到了其动力学的规律，可以作为参考，但经济系统本身的动态抽象还有待去揭示。难度的另一方面来自经济系统层次结构。看来经济是这样一个系统，它有很多的层次，每一个层次都有其自身的结构，例如整体的经济，各部门经济以及所属的企业、工厂等。每一个经济单位，不论是整体的、部门的或是小到一个企业、工厂单位，都按其经济结构的性质实现它自身的功能。在这些经济结构中最基本的一项功能就是实现其利益的最大化。但是对于一个多层次的经济结构，各个层次的经济利益通常并不是一致的，这种层次之间的利益协调就成为经济系统复杂性本质问题之一。宏观经济学与微观经济学的联系和协调，是当前经济学理论发展的一个重点问题。在一般均衡理论的框架下，通常是作了很理想化的近似的，假设宏观经济和微观经济都取得了均衡。但是对于动态的理论，所考虑的情况要复杂得多，宏观经济与微观经济之间的发展不均衡必须予以考虑。例如讨论经济增长，一个重要的基本事实是，组成宏观经济的各个子部门的增长速度是不一样的，每一个子部门对整体的宏观经济将会有不同增长速度的贡献，并且将引起各个子部门之间的物质财富和人力资源的重新分配，从而使得宏观经济达到一个新的状态。这样一幅经济图像是一般均衡理论所不能描绘的，它必须要考虑动态过程。挪威的Oslo学派曾经对此问题做过处理，但离问题的解决还很远。经济分析的困难还来自信息的不完备与不确定性。与传统的那些有确切实验数据的经典学科不同，经济由于其复杂性以及外界环境的变化，经济系统时刻存在各种随机的和不确定的因素。完全掌握系统的全部信息不仅由于系统的复杂而变得不可能，同时，也因为获得信息需要成本而变得不可行。于是，在不完备信息和不确定性的条件下寻找经济规律便成为经济分析的特殊困难。这种情况在均衡分析中原已存在，但动态的分析要求数据有一个时间序列，对经济数据的质和量的要求更高，增加了困难的程度。最后，经济的分析中需要考虑各种政策因素，包括政府的政策措施，或各级经济当事人对经济发展所采取的各种对策等。已经有一些理论在讨论这些问题中取得了进展，如理性预期（rational expectation），它讨论经济当事人使用所有可以利用的信息，形成预期，并由此给出对未来发展的决策判断。但是这些理论讨论，仍然是初步的，一个完整的动态理论的形成还需要很多努力。虽然面对着众多的难点，经济的演化规律探索仍然在发展，并已成为当前研究的热点，这个问题的重要性是不言而喻的。经济实在与人类社会关系太密切了，不仅密切联系着人们的生活，而且关系到决策者的行为。对经济规律的把握与政策考虑，是各层次经济管理人员关注的焦点。对于研究工作来说，把经济建立在科学分析的基础上是多个学科的学者们的愿望。解决系统的演化规律不仅使人们对经济系统的性质有本质上的突破和认识提高，而且对于其相关的学科，如数学、物理、系统科学、计算机科学等也是实质上的促进。因为在这些学科中，非线性问题的处理一直是前沿问题。经济为各学科提供了一个极好的非线性系统研究对象。这个问题的突破和解决，不论是对于非线性数学本身，或非线性系统的概念，以及大型的复杂非线性问题的计算过程和数据处理，都会提供特定的启示和结果，这是其他系统所不能替代的。经济系统的演化规律的研究，目前已经在世界范围内展开，已经有很多专题性的文章和书籍出版，但都是只有阶段性的结果，离问题的突破性进展还有一段路要走。如何走好这段路程没有现成的处方，需要的是科学的探索。在这一场国际性的角逐之中，中国的学者是可以有所作为的。亚洲地区和中国的经济腾飞为非均衡的经济演化现象提供了一个良好的背景。一个成功的经济呼唤着理论，这是中国学者的机遇。另外，经过将近20年的积累，中国的学者们对于非线性方程、对称性分析、混沌现象和随机方程等非线性领域都已相当熟悉，在工具的应用上不会逊色，可以在同一个台阶上与国际进行竞争。而且中国的传统思维方法比较强调整体的思考，处理分析与综合的关系也比较恰当，这些思维特点，对于复杂系统的研究是有利的。我们的薄弱之处在于经济数据的系统性和准确性。只要我们适当组织，联合经济学、数学、物理学、系统科学、计算机科学等各方面的力量，发挥各个学科的优势，合作进行突破，在这个难题面前，各发挥所长，循序渐进，多做工作，积累经验，完善数据系统，经过一段时间的探索，一定会取得成效，从而取得良好的进展。

第四章

多主体建模的软件工具

在统一的形式化理论和研究框架下，多主体模型都需要实现并发控制、主体设计、多主体交互、涌现、显示、统计等功能特征，于是人们便希望能借助软件来自动化地完成一些建模设计工作。自1995年第一个专门的多主体建模软件开发出来以后，现在已经出现了数十个不同的多主体建模工具软件。本章选择其中的Swarm、Repast和Ascape进行介绍，它们应用比较广泛，设计思想很接近，也很典型，且模型开发使用Java语言，因此学习起来比较方便。在本书的附录中，还介绍了另外两种工具：TNG Lab和StarLogo。

本章介绍的3种多主体建模工具软件都提供了用于多主体建模的基本类库，把那些适合于所有多主体模型的共同的底层机制和功能封装起来，建模设计相当于在固定的框架基础上的二次开发。

“工欲善其事，必先利其器”，熟练掌握一种合适的多主体建模工具，往往会为复杂系统的研究带来事半功倍的效果。

第一节　多主体建模软件综述

对待多主体建模工具有两种相反的态度：一是一些有计算机或工科背景的人，认为额外学习这些辅助库形式的工具是不必要的，甚至认为这些库是自由设计模型的一种限制；二是一些没有程序设计背景的人，希望寻找一个全能的工具，不需要自己编程就能设计好一个多主体模型。这两种态度都不可取，首先工具不仅是为了方便建模，降低建模难度，而且还基于多主体建模研究的标准化的考虑，为了方便研究者之间交流；同样，建模工具一般都考虑跨学科的通用性，而要求一个计算机程序能理解不同学科领域的知识，是不可能的。因此了解多主体建模开发的原初动机，了解多主体建模工具演变的历史和现状，有助于在研究中理性对待工具。此外，面向对象的思想对于建模者（无论是概念建模者还是具体的模型架构者）来说，是至关重要的。因而本节先介绍一下多主体建模软件的缘起，然后结合 Java 的一些基本概念，对面向对象的程序设计思想进行简单的介绍。

一、多主体建模软件的缘起与发展

在多主体方法应用于社会科学研究的初期，建立一个基于多主体系统的计算模型还只是一些特定领域内专家的专利，只有那些有丰富的程序设计经验，并具备相关专业知识背景的人，才能够建立这样的模型。对于不了解程序设计的研究者来说，很难理解这些早期建立的模型，也很难就模型的有效性进行进一步研究。即便是同一领域，不同的模型研究者之间也很难交流和协作，不能对一个专门的研究论题进行广泛深入的探讨和接力棒式的持续研究，更不必说希望通过复杂性研究，达成不同学科间知识范式的迁移了（知识迁移指一门学科的知识模式借鉴到另外一门学科中去的过程）。这种局面大大妨碍了复杂研究的发展，因为复杂研究的一个目标就是为了发现不同系统之间的普适性（系统普适性是指在众多不相关的系统中发现共同的特征，比如共同的拓扑模式特征或相似的动力学机制等）。这个问题在社会科学复杂性研究中更突出。由于专业计算机编程能力的限制，许多社会科学研究者虽然对复杂性理论感兴趣，或认同社会经济系统的复杂性的观点，但很难进入这一领域；甚至由于缺乏规范，过去研究设计的模型也非常难以阅读和理解，传统的社会科学家们对这种跨学科的研究抱有轻视或抵制的态度。在科学共识足以影响一个学术方向的命运的现实情形下，如何让复杂性研究——这一具备普适性的研究，从原始的、孤立的、只有天才洞见的专业人士才能参与和理解的研究，扩展为一种被广泛认可的学科规范呢?

在这样的背景下，人们希望构造一个多主体建模的标准平台，来方便研究之间的交流，增加建模研究的透明度，增强人们对多主体模型研究的理解，最终形成学科规范并获得科学共同体的认可。最初一个具体而现实的目标是减少研究者设计多主体模型的工作量，为模型的调试、运行和结果分析提供一个标准化的工具包，这样，人们就不再需要考虑特定领域里的特定空间环境、物理现象、个体表现或者交互模式的实现过程，只需要在提供的软件工具集基础上，进行简单的编程，就可应用到各自的领域研究中。

复杂系统研究的发起重镇——圣塔菲研究所率先进行了尝试。1995 年，圣塔菲研究所启动了 Swarm 项目，他们以建立一套标准的程序库为目的，用来分析社会科学和自然科学领域的复杂系统。通过为建立模型的研究者提供统一的模型框架，一方面能够减轻模型设计的技术负担，让建模者能集中精力专攻自己的专业领域，而不必从最底层代码开始编写模型，把精力耗费在编写软件上面；另一方面，统一的框架能够规范模型的设计，从而便于模型的理解和交流。目前 Swarm 库提供了大量多主体模型设计中都需要考虑的共同要素，特别设计了那些非专业程序员难以胜任且烦琐的部分，包括图形输出的算法和用户界面的管理等。Swarm 作为开放源码项目公开发布，在社会科学复杂性研究应用领域获得了巨大的成功；在世界范围内，在广泛的学科领域中，有许多科研机构、高等院校都在开展 Swarm 的应用研究或教学；在经济学、人类学、政治科学、生态学、考古学，甚至信息技术、化学、物理学等领域，都有应用 Swarm 的研究群体。

随着越来越多的研究组织开始应用多主体建模研究复杂性系统，在 Swarm 之后，又陆续出现许多专用或通用的多主体建模工具。据统计，目前已经有近 50 种多主体建模工具，它们各有特色，在易用性、移植方便性或结合特殊的领域方面各有所长。对于社会科学研究者来说，选择合适的工具，是研究能否事半功倍的关键，因此，后面几节我们将就Swarm、Ascape、Repast——三种应用最广泛的建模工具进行介绍。这三个软件不仅在实际研究中有比较多的成功案例，且事实上形成了一种工具规范。当然，限于篇幅，本书不可能为每一种软件提供一本详尽的教材，给出的介绍也只能是概要的和初步的，但尽量能让学习者在面临选择时可以参考了解。后面还专门用一节的篇幅对这三种软件的功能特征、适用范围进行了比较分析。学习者进一步学习这些工具软件时，可以参照每节后面给出的资源链接或参考图书。为了提供更多的选择，在附录里我们还选编了StarLogo和TNG Lab两种软件的使用说明。

二、面向对象的程序设计基础

面向对象的程序设计（OOP）与多主体建模的基本思想非常吻合。理解面向对象的程序设计思想，有助于加深对多主体建模方法的理解，而掌握一门面向对象的程序设计语言，是学习多主体建模工具的必要条件，因为在设计一个有创新意义的模型时，不可避免地需要模型设计者编写一些代码。以前，由于专业背景不同，计算机专业的学生往往善于编程，但却很难从本质上发现和领会社会经济过程中的核心动力学机制，而社会经济领域的学者却难以把自己的发现通过动态模型方式直观地表达出来。目前，这种局面正在发生变化，越来越多的社科类学生开始被要求修一门或多门计算机程序设计的课程，一些著名的国际高校科研机构也开始专门设置社会科学的计算研究中心，鼓励跨学科的研究和人才培养。在圣塔菲每年举办的青年学生国际交流中，不同学科背景的人熟练地掌握一种或多种编程技巧和软件工具成为一个普遍现象。

本章接下来介绍的三个软件都要求一些基本的面向对象的知识，如果对面向对象的概念不熟悉，将会在学习过程中遇到困难。由于这三个软件都可以用Java语言完成最后的用户编程工作，下面我们以Java为例，简单介绍一下面向对象的基本概念和必备的Java知识。从国外一些教授的教学经验来看，对于没有计算机背景的学生来说，掌握这些概念和基本知识，一步一步动手学习编程，并不像人们想象中那么困难。

1．对象：object

Java中所有事物都是一个对象（object）。一个对象是由数据和动作组成的程序实体。比如一个轿车对象 car，可能有一些数据（如速度、方向、灯光状态、油量等）和一些动作（如左转、右转、开灯、加速等）。对使用者来说，对象隐藏了动作实现的细节，使用对象时不需要修改对象的内部结构，这使得程序设计可以是自底向上的，人们可以互相协作，构造出更大更复杂更灵活的对象组件，方便了程序的设计。宛如建筑或集成电路，人们所使用的零部件越大，越容易架构出功能强大的最终成品，人们在使用这些零部件的时候，不会去改变它们内部的设计。而且在程序设计中，面向对象的思想使得编写代码和使用自然语言更为接近，人们就像使用名词一样使用对象，就像使用动词一样使用对象的动作，编写程序就好像设计一个由一些对象组成的剧本。

在程序语言中，对象的形式化定义称为类，类在使用时的具体化（设置其中变量的值）称为实例化，实例化的类称为对象、类实例或对象实例。

2. 语法

一个轿车的代码可能是下面这个样子的：

```
public class Car {
  double speed;
  double direction;
  boolean lightsOn;
  double currentFuel;
  public void turnRight(){
     -code here to turn right -
  }
  public void turnLightsOn(){
     - code here to turn lights on -
  }
  public void accelerate(double rate){
     -some code here to accelerate-
  }
}
```

这段代码定义了一个对象，在定义对象结构时称为类（class），定义的格式是“public class”，后面是用户自定义的类的名称，然后把类的具体定义

（数据和动作）用大括号包起来。

前面四行定义一些变量，格式是类型名、空格、用户自定义变量名。类型名可以是Java语言提供的一些标准的类名，比如int、float、string等，也可以是用户已经定义的类名。这些变量构成这个car类的数据。接下来三行定义称为方法，也就是前文提到的动作；前面修饰词为"public"，意味着该方法可以在对象外面调用；然后跟的是方法函数的返回类型，这里都是"void"，表示无返回值；括号后面表示输入的参数，第三个方法中参数表示加速的步长，是一个浮点类型的参数，在使用方法的时候必须和参数定义的类型一致。

在名称定义上，类的名称首字母大写，如果是多个单词，则后面的单词首字母也大写，类中的数据和方法则首字母小写。名称定义必须以字母开始，后面可以跟数字、下划线，但不能有别的特殊字符。此外，自定义名不能与关键字、系统保留字同名，也不能与同类已定义的名字同名。在同一个名称有效范围内，名称有效是指定义的使用范围，有时在一个文件内，有时在一个类的内部，有时跨越多个文件。关键字和系统保留字是Java语言用做专门识别特殊语法规范的单词，如public、class等。

另外，每一行代码都以分号结束。计算机编译时严格地以这些固定的格式识别程序代码的语义。

3. 构造函数：constructors

对象object是类class的一个实例，就像Tom是cat类的一个实例一样，因此在设计好一个类后，使用类的时候必须创建类的实例，这个过程称为实例化。一个类可以有多个实例，不同的实例单独处理自己的数据和动作（特殊情况的类变量除外，类变量是类的所有实例共同使用的一类变量，用static的方式定义）。类的构造函数就是创建对象实例的方法，创建一个类实例时，构造函数自动被调用执行。一个类的构造函数的方法名与定义的类名相同，且都没有返回类型。

以car对象为例，它的构造函数如下：

```
public class Car {
  double speed;
  double direction;
```

```
  boolean lightsOn;
  double currentFuel;
  public car(){
    lightsOn = true;
  }
}
```

可以定义多个构造函数，每个构造函数有不同的输入参数：

```
public class Car {
  double speed;
  double direction;
  boolean lightsOn;
  double currentFuel;
  public car(){
    lightsOn=true;
  }
  public car(boolean lights){
    lightsOn=lights;
  }
}
```

4. 继承性：inheritance

在面向对象的程序设计中，继承性是一个很重要的概念，它让重用已经定义的类变得非常方便，人们可以直接从现有的类的定义中修改、扩展出新的类来，而不需要为每一种不同的对象设计一个完全的新类，这种类之间的延伸关系就称为继承。用继承关系描述真实世界各种对象关系时非常方便，在设计类时，可以先把现实世界中的对象划分为不同的类别，然后从抽象到具体进行设计。

比如，现在希望定义一个有车载电台的新的轿车类 fancyCar，我们可以如下编写代码：

```
public class fancyCar extends Car{
  double radioStation;
  public void tuneRadio(double newStation){
    -code here to tune the radio-
```

```
  }
}
```

以上代码创建了一个新类 fancyCar，它扩展了原来 Car 类的定义，因此可以像使用 Car 一样使用（可以用 Car 类的所有外用接口），同时增添了一个新的方法 tuneRadio。

5. 静态变量：static

前面简单提到类变量，以关键字 static 修饰定义，类变量意味着这个类的所有实例都共享这个变量，通常用来定义一个常量，如类的名称。类型变量不需要类的实例化就可以使用，直接用类名，加域号标示符“.”，加类变量的方式使用，如 Math. PI，表示数学类中的常量 PI。

由于所有的实例都可以访问类变量，因此常用类变量的方式进行类的实例计数。可以通过在构造函数中添加一个增量记录的类变量完成这一点。如：

```
public class Car {
  double speed;
  double direction;
  double currentFuel;
static int countCar=0;
public car(){
     lightsOn = true;
countCar++；实例计数
  }
}
```

6. 接口：interface

继承机制的一个特例是接口机制：interface。一个接口本质上是一个合同，一个 B 类的对象实现了接口 Y，是指类型 B 实现了接口 Y 所规定的功能。

【情景案例】 创建一个球类 Ball，球类有一些特定的属性，比如说直径，所有的球都有直径，因此作为球类的一个属性，可以通过继承这个类派生出更多特殊的球类，比如乒乓球或篮球。现在我们想创建另外一些对象，比如救生圈、皮玩具、充气垫等，这些对象有一个共同的特征：它们都可以

充气膨胀，一些球类也有这个特征。可膨胀的事物有一些特殊的属性：它们可以有一个恰当的气压，能够充气膨胀和放气萎缩。设计者可能希望编写一个程序查看一系列这类事物——充气垫或皮球——是否处于正常的充气状态。这时，接口的设计就显得非常方便，创建一个可膨胀的接口 Inflatable。

Inflatable 接口有以下方法：getCurrentAirPressure、getCorrectAirPressure、deflate、inflateToCorrectPressure、isInflatable 等。

为了让自定义的类拥有这些方法，只需继承该接口，如：

```
class ShotPut extends Ball {}
```

铅球不能膨胀，因此没有使用接口 Inflatable。

```
class Basketball extends Ball implements Inflatable {}
```

篮球可以膨胀，因此在继承球类的同时实现了 Inflatable 接口。

为了实现 Inflatable 接口，必须提供接口中规定的方法：

```
class Basketball extends Ball implements Inflatable {
  double currentAirPressure;
  double properAirPressure;
  public double getCurrentAirPressure(){
return currentAirPressure;  }
  public double getCorrectAirPressure(){
    return properAirPressure;
  }
  public void deflate(){
    currentAirPressure=0;
}
  public void inflateToCorrectPressure(){
    currentAirPressure=properAirPressure;
  }
  public boolean isInflatable(){
    return true;
  }
}
```

这种接口机制方便了程序员为许多不同的对象编写一些共同的抽象特征，一旦某个对象实现了某一个接口，都将拥有该接口约定的方法。

前面这 6 个概念是属于面向对象语言所共有的概念，下面再介绍一些 Java 程序中的概念，这些概念常常会令 Java 初学者迷惑。

7. 包和引用：packages & import

现在的程序设计中，并不是所有的代码都是从一张白纸开始编写。在面向对象的程序设计中，由于许多对象类具有通用的价值，于是一些机构专门编写了大量的类代码，供开发者直接使用。这些代码以编译好的包的方式使用。一个包通常包含一些相互协作的类的定义文件，这些类彼此之间互相可以使用，但不能直接从外面使用它们。只有通过 import 引入某个包以后，才能使用其中的类。不同的包提供不同用途的类，但由于是由不同的机构完成的，有可能出现同名的现象，Java 对这个问题的解决是要求包以全局域名的方式命名。如同样一个 ball 类，如果是 sun 公司定义的，放在 sports 库中，那么包的名称为 com. sun. sports。

具体格式是

```
import com. sun. sports;
```

这一行称为引用库，import 为 Java 关键字。必须在类定义之前列出所使用的所有相关类库引用。

我们也可以把自己的代码分装到各个包中去，一个包通常是同一个子目录下的所有类的源程序，然后每个程序文件的第一行注明包的名称：

```
package myPackage;
```

在 Eclipse 等开发环境中，用户可以很方便地在创建一个包的同时创建一个子目录，在这个包中创建的新类都自动放入该目录，而且生成的类的首行会自动添加上述的说明包名称的代码。

8. 程序函数：The "main" method

可执行的程序必须有一个执行入口，Java 与 C 语言程序的执行入口都是 main 函数。在完成编译后，程序从这个入口开始执行语句，然后根据调用的条件关系，执行程序其他部分的语句。

有时这个主程序函数在一些支持库中已经定义了，这时，支持库需要定义另外一个调用接口，以方便和终端用户编程的模块衔接。如果是这种情况，需要参考支持库的说明书，用户模块必须按照支持库的定义，实现这个衔接的接口函数。

有时，还可以设置多个类拥有主程序函数，在执行时，以命令行参数的方式，决定从哪一个入口开始执行。

9. 内部类：inner classes

一个内部类是在别的类的内部定义的类，其名称效用范围与类中的其他变量相似，只能通过包含它的类使用内部类。

10. 类路径：class path

当你满怀着希望安装好了 Java，然后兴冲冲地写了个“hello world”，然后编译运行，就等着那两个美好的单词出现在眼前，可是不幸的是，只看到了“Can’t find class HelloWorld”或者“Exception in thread ″main″ java. lang. NoSuchMethodError：main.”。为什么呢？编译好的 class 明明在呀。我们一起来看一看 Java 程序的运行过程。Java 是通过 Java 虚拟机来解释运行的，也就是通过 Java 命令，javac 编译生成的。class 文件就是虚拟机要执行的代码，称之为字节码（bytecode），虚拟机通过 classloader 来装载这些字节码，也就是通常意义上的类。这里就有一个问题，classloader 从哪里知道 Java 本身的类库及用户自己的类在什么地方呢？或者有着缺省值（当前路径），或者要有一个用户指定的变量来表明，这个变量就是类路径（Classpath），或者在运行的时候传参数给虚拟机。这也就是指明 classpath 的三个方法。编译的过程和运行的过程大同小异，只是一个是找出来编译，另一个是找出来装载。实际上 Java 虚拟机是由 Java Luncher 初始化的，也就是由 Java（或 java. exe）这个程序来做的。虚拟机按以下顺序搜索并装载所有需要的类：（1）引导类，组成 Java 平台的类，包含 rt. jar 和 i18n. jar 中的类；（2）扩展类，使用 Java 扩展机制的类，都是位于扩展目录（$JAVA_HOME/jre/lib/ext）中的 . jar 档案包；（3）用户类，开发者定义的类或者没有使用 Java 扩展机制的第三方产品。可以在命令行中使用-classpath 选项或者使用 CLASSPATH 环境变量来确定这些类的位置。我们在上面所说的用户自己的类就是特指这些类。

这样，一般来说，用户只需指定用户类的位置，引导类和扩展类是自动寻找的。而用户类路径就是一些包含类文件的目录，. jar，. zip 文件的列表，只要找到包含这个类的包（package）就算找到了这个类。多个路径之间以分隔符隔开，根据平台的不同分隔符略有不同，类 Unix 的系统基本上都是“:”，而 Windows 多是“;”。其可能的来源有：(1)″.″，即当前目录，这个是缺省值；（2）CLASSPATH 系统的环境变量，一旦设置将覆盖缺省值，在 Windows 中可以在控制面板中设定；（3）命令行参数-cp 或者-classpath，一旦指定，以上两者中的设定将被覆盖；（4）由-jar 参数指定的 .jar 档案包，就把所有其他的值覆盖，所有的类都来自这个指定的档案包中。

11. JAR 文档

JAR 文档是以类 zip 的方式打包压缩 Java 文件，可以是编译过的代码，也可以是源代码。一个 JAR 文档可以把几百个文件压缩为单独一个文件发布，这使得文件的发布和包路径的设置更为方便。

三、小结

在建模研究中，要求社会科学研究者都能掌握计算机程序设计是不现实的，也是不经济的，以往由于模型设计缺乏规范化，造成交流不便、难以理解等问题，人们希望最终能建立一个简单易用的通用多主体的平台，社会科学的研究学者能利用这个平台直接把自己的概念模型转化为可运行的模型程序。目前，这个目标虽然还远没有达到，但各种多主体建模软件的出现，让上述这些问题有了缓解，但在模型设计时，依然需要一些编程工作，理解和掌握一门面向对象的程序设计语言还是必须的。对完全没有计算机程序设计基础的人，要完全掌握面向对象的程序设计和 Java 编程，本节中的简单介绍当然远远不够，一般需要一门课程的学习或大致相当的学习时间才能掌握。对于这些学习者来说，这里的介绍只能是抛砖引玉。对于自学者，我们推荐使用 *Think in Java*（《Java 编程思想》，机械工业出版社出版，2007 年）一书，可以少走很多弯路。

第二节　Swarm

前一节已简要提到了 Swarm 项目的缘起。Swarm 是最早的多主体建模工具，在众多的建模工具中，它的声誉和影响力也最大，许多后来新设计出来的多主体建模工具都或多或少地受益于 Swarm 的设计思想。本节就专门对作为多主体建模工具的 Swarm 进行介绍。

一、建模思想

Swarm 中的基本组成部分或对象称为 Swarm 对象集合。一个 Swarm 包括一组主体，以及一个明确定义的必须处理的事件调度表。整个模型可以由一个 Swarm 表示，模型中的每一个主体又可以是一个 Swarm；这是一个可多层嵌套的过程。Swarm 的嵌套结构如图 4—1 所示。

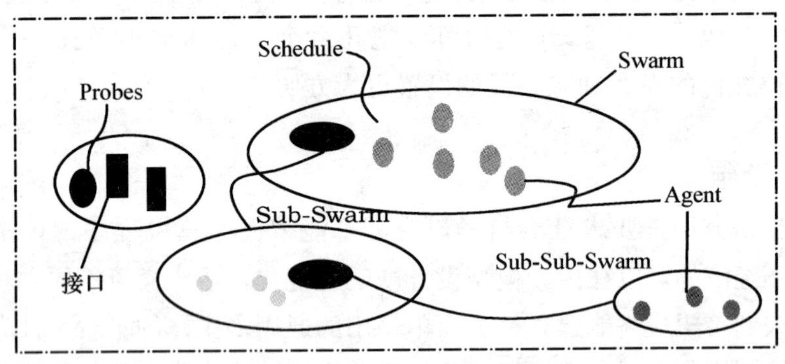

图 4—1　Swarm 的嵌套结构

Swarm 的建模思想可以概括为伪并发、自底向上、模型与观察分离。在 Swarm 模型中，每一个 Swarm 都可以包含一个主体集合及它们的行为时序表 (Schedule)，主体们各自独立地按照自己的时序表行动，从而通过时间片轮转的方式让主体之间的行为并发发生——理解这一点很关键，因为现实中大量的非线性现象都是同步和并发带来的，如交通堵塞的涌现是车辆的同步造成的，光到激光的相变是光子之间的同步造成的，市场博弈中的信息不完备性也是由于博弈中各方的行为是并发的，没有人能在知道所有其他人的决策之后再做英明的决策。然而，现行的计算机体系中程序指令本质上都是串行的，所以在串行的计算机程序中模仿现实世界中大量存在的同时性事件 (synchronicity) 都是采用伪并发来完成的。不同层次的所有 Swarm 对象都可以有自己独立的调度表，所以很容易实现异步管理，在让每个主体遵循自己的目标和调度表的同时，为主体间的交互或反馈等作用设置一定的时间，并且可以安排事件之间的先后依存关系——一个事件是另外一个事件发生的前提条件或结果。这样与现实世界的实际情景就很接近了。此外，与微仿真相比，Swarm 中的多主体也可以是异质的，比如一组计算机处理器中的成员、一组算法中的元素、人类免疫系统中的细胞、调节网络的基因、生态系统中的个体种类、经济系统中的消费者等，都可以是一个 Swarm 主体。

由于 Swarm 在模型中基本元素的相互作用模式和模型世界没有隐含的限制，故它可以模拟任何由相互独立的、异质的相互作用的主体组成的系统，包括物理过程和社会系统。实际上，应用 Swarm 编程已经广泛地涉及生物学、政治学、经济学、人类学、化学和生态学领域。

二、Swarm 模型的结构

Swarm 中最主要的四个部分（往往也是一个 Swarm 模拟程序经常包括的四个部分）是：模型 Swarm（Model Swarm）、观察员 Swarm（Observer Swarm）、模拟主体和环境。Swarm 是 Swarm 模型的基本构造块，一个 Swarm 是一系列对象以及对象行为时序表的组合。对象集合相当于实体，时序表相当于对象向前移动的时间指向。

1. 模型 Swarm

Swarm 就是许多个体（对象）组成的一个群体，这些个体共享一个行为时序表和内存池。显然 Swarm 有两个主要的组成部分：（1）一系列对象（object）；（2）这些对象的行为时序表（action）。时序表就像一个索引引导对象动作的顺序执行。模型 Swarm 中的每一项对应模型世界中的每一个对象（个体）。Swarm 中的个体就像系统中的演员，是能够产生动作并影响自身和其他个体的一个实体。模拟包括几组交互的个体。例如，在一个经济学模拟中，个体可能是公司、证券代理人、分红利者和中央银行。除了对象的集合，模型 Swarm 还包括模型中行为的时间表。时间表是一个数据结构，定义了各个对象的独立事件发生的流程，即各事件的执行顺序。通过确定合理的时间调度机制，可以使用户在没有并行环境的状况下也能进行研究工作，也就是说，在并行系统下 Agent 之间复杂的消息传送机制在该 Swarm 中通过行为表的方式可以在单机环境下实现。例如，在狼/兔子这个模拟系统中可能有三种行为：“兔子吃胡萝卜”、“兔子躲避狼的追踪”和“狼吃兔子”，每种行为是一个独立的动作。在时间表中，对这三种行为按照以下顺序排序："每天，兔子先吃胡萝卜，然后它们躲避狼的追踪，最后狼试图吃兔子"。模型按照这种安排好的事件的执行顺序向前发展，并尽量使这些事件看起来像同步发生的。模型 Swarm 还包括一系列输入和输出。输入是模型参数，如世界的大小、主体的个数等环境参数。输出是可观察的模型的运行结果，如个体的行为等。

2. 观察员 Swarm

模型 Swarm 只是定义了被模拟的世界。但是一个实验不应只包括实验对象，还应包括用来观察和测量的实验仪器。在 Swarm 计算机模拟中，这些观察对象放在一个观察员 Swarm 中。观察员 Swarm 中最重要的组件是模型 Swarm，它就像实验室中一个培养皿中的世界，是被观测的对象。观察员对象可以向模型 Swarm 输入数据（通过设置模拟参数），也可以从模型 Swarm 中读取数据（通过收集个体行为的统计数据）。

与模型 Swarm 的设置相同，一个观察员 Swarm 也由对象（即实验仪器）、行为的时间表和一系列输入输出组成。观察员行为的时间表主要是为了驱动数据收集，即从模型中将数据读出，并画出图表。观察员 Swarm 的输入是对观察工具的配置，例如生成哪类图表，输出的是观察结果。

在图形模式下运行时，观察员 Swarm 中的大部分对象被用来调节用户界面。这些对象可能是平面网格图、折线图或探测器，它们一方面与模型 Swarm 相连以读取数据，同时把数据输出到图形界面，为用户提供了很好的实验观察方式。实验结果的图形化有助于直觉地判断，但重要的实验都需要收集统计结果。这意味着要做更多的工作并存储用于分析的数据。作为图形观察员 Swarm 的另一种选择，你可以建立批处理 Swarm（batch Swarms）。它和用户之间没有交互操作。它从文件中读取控制模型的数据并将生成的数据写入另一个文件中用于分析。这只是观察方式不同罢了。

3. 模拟主体

Swarm 不仅是一个包含其他对象的容器，还可以是一个不包含其他对象的主体本身。这是最简单的 Swarm 情形，它包括一系列规则、刺激和反应。而一个主体自身也可以作为一个 Swarm：一个对象的集合和动作的时间表。在这种情况下，一个主体 Swarm 的行为可以由它包含的其他个体的表现来定义。层次模型就是这样由多个 Swarm 嵌套构成。例如，你可以为一个居住着单细胞动物的池塘建立模型。在最高层，生成包括个体的 Swarm：Swarm 代表池塘，而每个个体代表池塘里的一个动物。动物的细胞也可以看做是由多个个体（细胞质）组成的 Swarm。这时需要连接两个模型，池塘作为一个由细胞组成的 Swarm，细胞也作为一个可分解的 Swarm。

还由于 Swarm 可以在模拟运行过程中建立和释放，Swarm 可用来建立描述多层次的动态出现的模型。通过建造模型 Swarm 和观察员 Swarm，将模型和数据收集分离开，一个完整的实验仪器就建立起来了。就像一个玻璃下的模拟世界，不同的观察员 Swarm 可用来实现不同的数据收集和实现控制协议，但是模型本身没有发生变化。

4. 环境

在一些模型中，特别是在那些具有认知部件的个体模拟中，系统运动的一个重要因素在于一个主体对于自己所处环境的认识。Swarm 的一个特点就是不必设计一个特定类型的环境。环境自身就可以看做一个主体。在通常情况下，主体的环境就是主体自身。在一个 Swarm 模型中，最外一层次一般都是两个并列的 Swarm 对象：模型 Swarm 和观察员 Swarm，见图 4—2。模型 Swarm 与研究的对象系统相对应，观察员 Swarm 与实验者或统计人员相对应。实际上模型 Swarm 本身就构成一个完整的多主体模型，但没有观察员 Swarm，就无法把模型运行中产生的数据和状态信息披露出来。

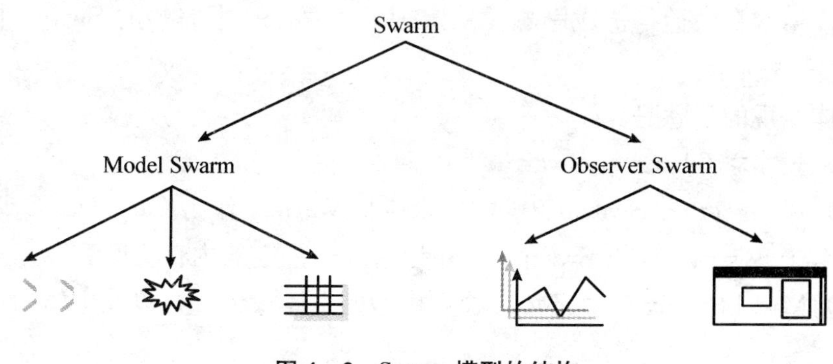

图 4—2　Swarm 模型的结构

模型 Swarm 中的对象对应于模拟世界中的主体。如在热虫模型①中，模

① 一个经典的多主体模型例子，在 Swarm 的例程中附有该例子的源代码，在其他的多主体建模工具中也多有实现。

型 Swarm 就包括一个热虫集合，一个 HeatSpace 空间类（用来表示这个世界的状态空间属性），一个 Grid2d（用来存储个体的位置）。当定义好全部主体对象并为它们建立起关系后，这些主体对象都要放到 Model Swarm 对象中。

除了作为对象的集合，Model Swarm 还包括模型中的行为时序表。时序表是由模型设计者编写的，用来规划主体的一系列具有特定顺序的行为，从而体现出模型中的时间。时序表用 activity 库中的 schedule 类来实现。比如在热虫模型的时序表中，每个时刻需要修改 HeatSpace 世界中的散发热量，每个"热虫"个体按指定的步长和方向自行移动，改变其当前所在的位置。

另外，Model Swarm 还包括一系列输入和输出。输入的是模型参数，如对象的个数初始值等；输出的是要观测的变量的值以及模型的运行结果。如热虫模型中，HeatbugModelSwarm 的输入是模型参数（模拟世界的大小、热虫的数量和热量的散发率等）；HeatbugModel-Swarm 的输出是可观察的模型的运行结果（如热虫的个体行为、热量在整个世界中的分布等）。

5. 完整的模型

把上面四个部件合并起来，就形成了一个完整的研究模型。这种分层设计的思想，分离了模型的数据收集部分和模型的实现部分，这样，模型 Swarm 就像一个玻璃罩中的模拟世界，不同的观察员 Swarm 可以实现不同的数据收集方式，使用不同的控制协议，相当于在玻璃罩外调节不同的视角，不会对模型本身的运行造成影响。从宏观上来看，一个完整的 Swarm 模型结构如图 4—3 所示。

具体实现的步骤是：

（1）先建立 Observer Swarm；

（2）在 Observer Swarm 中建立 Model Swarm，作为 Observer Swarm 自身的一个子 Swarm（Sub-Swarm），并为它分配一定的内存空间；

（3）Model Swarm 建立环境，建立模型的主体（agent）以及主体的行为。

三、Swarm 类库

为了建立一个模拟环境，建模者需要构造一系列对象，来表示现实生活中的主体，一般这些对象都可以从 Swarm 库中继承。Swarm 有七个核心库：Defobj，Collection，Random，Tkobjc，Swarmobject，Activity 和 Simtools。

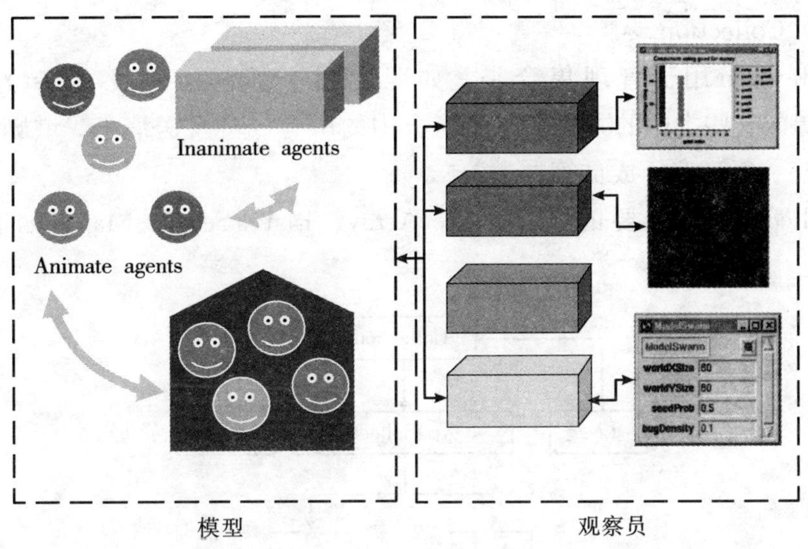

图 4—3　Swarm 模型的结构

其中，前四个是软件支持库，因此也可能被用在 Swarm 之外的领域；后三个则是 Swarm 模拟库。Swarm 库的基本框架结构如图 4—4 所示，这里只列了一部分 Swarm 类库。

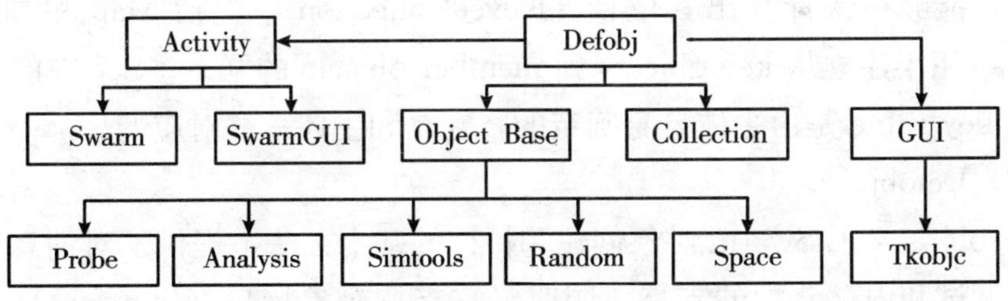

图 4—4　Swarm 库的结构

熟悉类库的结构和各个类的用途和接口是学习 Swarm 的主要内容，下面我们就分别讲述几个主要类库的内容。

1. 软件支持库

软件支持库包括 Collection、Defobj、Random 和 Tkobjc，这些类库是基本类库，主要封装了一些用来编写高效软件的基本工程性事务。这部分内容对于初级模型设计者来说可以跳过，对于有计算机软件专业背景的研究者来说，这部分内容与别的通用库也大同小异。

（1）Collection。

Collection用于管理集合类，如匹配图（Map）、列表（List）、集合（Set）等。这些类中的方法允许向集合中的所有成员发送消息、增删检索成员、排序、循环遍历成员等。

Collection 库主要的子类包括 Array、List、Set 和 Map，如图 4—5 所示。

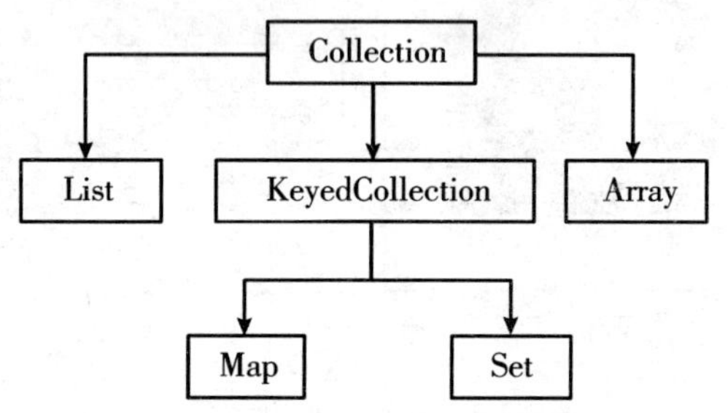

图 4—5　Collection 库的结构

其中，List 是根据建立主体成员的先后顺序建立的一个线性列表；Array 是 Collection 成员的集合，通过 Array 这个固定的数据结构，根据每一个成员偏移量，能够很快计算出其位置。KeyedCollection 中包括 Map 和 Set 两个类，Map 用于建立从 key objects 到 member objects 的联系；Set 中的每一个主体的 key value 是由主体自身确定的，它是和主体一一对应的。

（2）Defobj。

Defobj 定义了 Swarm 对象创建和析构的基本方法，提供了对消息、错误处理、调试和内存分配的支持。同时，它支持对象接口（Interface）和实现（Implementation）的分离，从而使 Swarm 模型程序的层次更加清晰，不同的对象实现以相同的接口调用访问，使得对象设计的高度抽象和重载定制更为方便。

（3）Random 随机数库。

Random 库提供一套随机数发生器和基于伪随机数流的统计分布。在计算机模型模拟中，随机数生成器的质量非常重要，如果生成的随机数有偏差或具有较高的相关性，就容易导致错误的结论。随机数库支持正态分布、均匀分布、高斯分布以及指数分布等多种随机分布。由于这个库本身就是面向对象的，因此可以简单地生成多种独立的随机数流，这有助于检验实验的可重复性。

Random 库主要包括 Generators 和 Distributions 两个子类，Generator 用来产生随机数序列的“种子”（Seed），Distribution 对象产生随机数的序列。这样，我们就可以从某种分布中获取随机数序列。具体过程是由 Generator 所提供的“种子”触发 Distribution，从而产生一个随机数序列，以供建立模型时使用。

（4）Tkobjc。

Tkobjc 库是一个基于 Tcl/Tk 的图形用户界面库，实际上是 Object C 调用 Tcl/Tk 的一个语言转换接口。同时它也是基于 X Window 的。Tkobjc 中的类封装了用于制作用户界面的基本对象：按钮、窗口、直方图、折线图、表单等。如果 Tkobjc 类的功能不能完全满足用户的需求，用户可以使用更底层的 Tcl/Tk 来编写用于特定目的的代码。

Tkobjc 库主要包括 Graph、Histogram 和 Zoom Raster 三个子类，如图 4—6 所示。其中，Graph 用来定义矢量图表；Zoom Raster 用来定义显示光栅图；Histogram 用来显示柱状图。

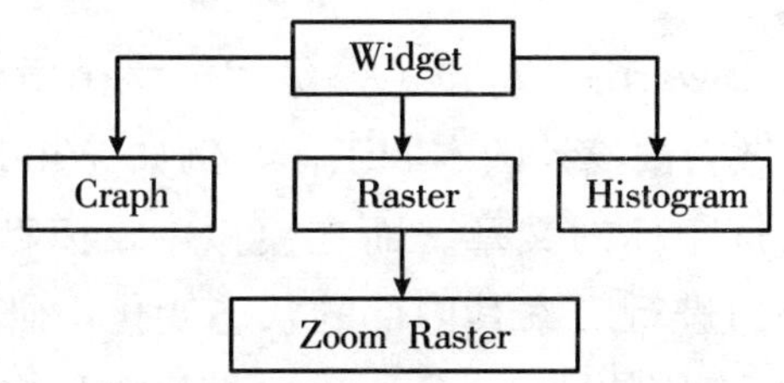

图 4—6　Tkbojc 库的结构

2. 模拟库

模拟库是 Swarm 类库中抽象程度最高的类库，也是最能体现 Swarm 建模思想的类。理解这个类库中概念和掌握其中所有类的用法是能否设计好一个 Swarm 模型的关键。模拟库包括 Swarmobject、Activity 和 Simtool 等。

（1）Swarmobject。

Swarmobject 库包括作为 Swarm 模型基础的核心类。这个库包括两个重要的类：Swarmobject 和 Swarm。Swarmobject 是所有模拟主体类的根类，所有主体类都要从这里继承行为，同时，Swarmobject 还定义了内存管理的基本接口和对探测器的支持。另外，Swarmobject 库中的 Swarm 类是 Model Swarm 和 Observer Swarm 的基类。

（2）Activity。

Activity 库包括 ActionGroup 和时序表 Schedule，在模型设计中它们充当模型心脏的构造者，为模型的动态运行提供动力机制。ActionGroup 相当于一系列动作的计划，由主体的一系列动作所构成，把在同一时间各个主体的不同行为集合在一起。时序表是模型运行的时序列表，用户可以将周期性执行的动作按顺序放入这个数据结构中，并指明运行间隔和触发条件，这样，模型就可以按照时序表中的约定运行，而不再需要人为的干预。

（3）Simtool。

Simtool 库中包括控制探测器（probe）运行的类，它支持两种操作模式，一种是交互探测的图形模式，另外一种是脱机数据收集的批处理模式。用户可以在模型运行的过程中观察或者修改变量。Simtool 还提供了数据分析和输出显示的支持，能够产生统计数据的汇总、时序图等。数据分析对象完全按它们的应用分类，用户可以通过在被观察的对象中建立探测器来指定收集哪些数据。

“探测器”技术是 Swarm 对标准 OO 编程的一个贡献。在大多数计算机程序中，程序只需去做它被设计的本职工作，例如 Windows 不会丢失你的文件，字处理软件能够打印你的文章。而在模拟中，模型不仅要能模拟真实，还要能够方便地从外面进行观察其内部的状态变化，研究者应该能方便地从正在运行的模型中取出有用的数据。Swarm 系统为模型中的每个对象定义了可被探测的能力。“探测器”允许用户显示或设置任一对象的状态，而不需要额外的用户代码去改变已有的程序。Swarm 所提供的探测器技术如图 4—7 所示。

3. 建模专用库

除了提供软件支持库和模拟库以外，Swarm 还提供了一些用于专用建模领域的可选库，如对二维空间、遗传算法（genetic algorithm，GA）和神经网络（neuro）的支持等。GA 和 Neuro 是 Juan J. Merelo 在访问圣塔菲研究所时编写的。其中 GA 提供一系列基本遗传算法类，Neuro 实现一系列神经网络。同时，由于 Swarm 支持用户开发自己的专用库，因此还会不断地有一

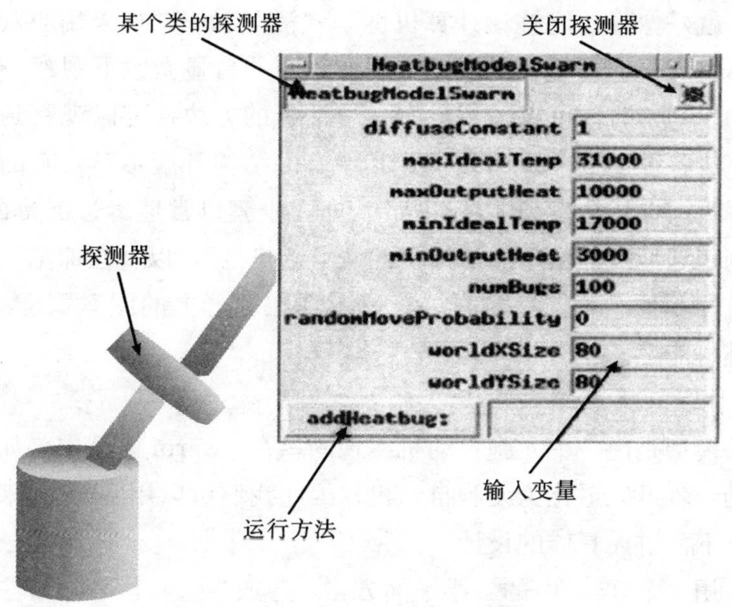

图 4—7　Swarm 提供的探测器技术

些第三方开发的专用库增加进来。

四、一个简单的例子

为了帮助进一步理解 Swarm，下面以一个简单的例子来说明 Swarm 的设计原理和运作机制。

1. 背景

本书第一章中介绍过康威的人工生命游戏：在一个二维平面方格中，布满着“活着的”的黑方块和“死了的”白方块，最初的图案可以由游戏者任意摆布，但一旦运作这个游戏后，这些方块就会根据很少几条简单规则活过来或死过去。每一代的每一个方块首先要环顾其四周的近邻，如果近邻中造就太多活着的方块，则这个方块的下一代就会因为太拥挤而死去；如果其近邻中存活者过少，则这个方块就会因为孤独而死去。但如果其近邻中存有两个或三个“活着的”方块，则比例恰到好处，这个方块的下一代就能存活下去。也就是说，要么是这一代已经活着，能够继续存活下去，否则，就会产生新的一代。规则就这么简单，这些规则只是一种漫画式的生物学。然而生命游戏模型的奇妙之处就在于此，当我们将这些简单的规则变成一个计算机程序之后，就好像真的能够让计算机屏幕“活”起来。如果用心观察，就可以看到计算机屏幕沸腾着各种活动，就像是在一台显微镜下观察一滴池塘水里的微生物。开始时你可以随意设置一些活着的方块，可以观察到它们如何很快自组织成各种连贯一致的结构。其中有的结构翻滚不已，有的结构振荡犹如野兽呼吸。你还会发现“滑翔机”，即一小簇以常速滑过屏幕的活细胞。你还会看到稳定地发射出新的滑翔机的“滑翔机枪”，以及在那里气定神闲地吞噬滑翔机的其他结构。每重玩一次，出现在屏幕上的图案都会有所不同，无法穷尽其可能性。

2. 设计

原来的模型是由一个元胞自动机实现的，在 Swarm 模型中，如果限制主体不能移动，就可以退化为元胞自动机。因此我们可以用 Swarm 来实现这个生命游戏。下面讲述具体的设计。

首先，用一个 32×32 的二维平面方格，存放 1 024 个 Swarm 主体，这些 Swarm 主体有“活着的”和“死去的”两种状态。在模型中，每一代“活着的”主体都要向其四周“探测”是否有别的存活的主体，统计四周活主体的数量，如果不等于 2 个或 3 个，则该主体就会死去。所以，在方位［x，y］的“生命”主体 L 在下一代是否能生存下去就要看其周围的“活着的”生命数：nFriends＋＝getActiveofX＄Y(x＋i，y＋j)，其中，i，j 在［－1，1］内取值，getActiveofX＄Y(x，y) 是取得［x，y］处“生命”状态的函数。

这样，除主体 L 本身外，共要探测其周围 8 处位置的状态（见图 4—8）。

1	2	3
4	L	5
6	7	8

图 4—8　生命主体 L 周围的 8 处位置

3. 实现

下面根据前面介绍的 Swarm 的逻辑结构来分析，在该模型中，各类主体包含了哪些类以及它们各自都起到了什么作用。

在模型实现中，主体行动的顺序为：(1) 每个主体探测周围的“活主体”

数；(2) 主体根据事先规定好的规则死亡或存活；(3) 所有的主体状态构成一个新的生命图案，进入下一轮回。

图 4—9 展示了模型中可调整的参数，这也就是模型的输入。

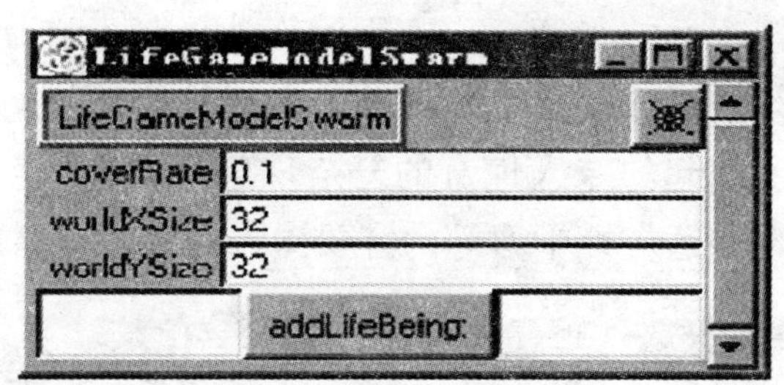

图 4—9　模型中可调整的参数

在这个模型中，观察员 Swarm 以图表方式显示每一时刻二维平面方格中的活主体数。这个数字从 Model Swarm 的 Lifebeinglist 中读取。该模型中模拟主体只有一个类，就是“生命”。该模型中环境是指示模型中的一个主体，即“生命”主体的生存空间，在本模型中，由于规则比较简单，没有涉及环境和“生命”主体之间的信息传递，“生命”主体从而也不用从环境主体中获取信息或积累经验，所以本模型中可以不用考虑环境主体。根据以上分析，我们可以了解各个对象之间的关系，如图 4—10 所示。

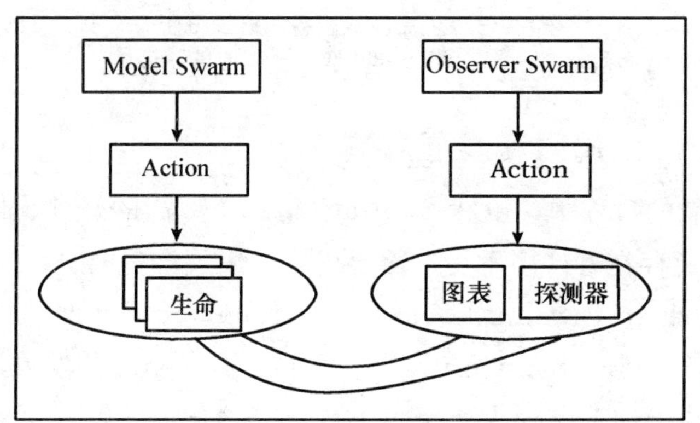

图 4—10　对象关系图

4. 运行结果

由图 4—11 我们可以看出，随着模型的运行，生命的总数逐渐上升，最后稳定在一个比较中性的水平上，稳定在一个较小的区间［375，450］中，但是我们同时也看到系统并没有处于一种静态的平衡状态中，而是处于一种动态的丝毫不能安顿下来的状态之中，似乎在这个系统中存在着一种永不静止的动力使“生命”图案能够不断生长、分裂和重组，生命似乎也确实是试图在混沌的边缘保持永远的平衡：一方面始终处于陷入过分的秩序的危险之中，另一方面又始终被过分的混乱所威胁。通过这个模型，我们可以领略到由几条简单的规则所引起的令人惊奇的复杂现象，而这一点正是我们对在复杂系统中的规则发现和适应性学习等内容要深入研究的。

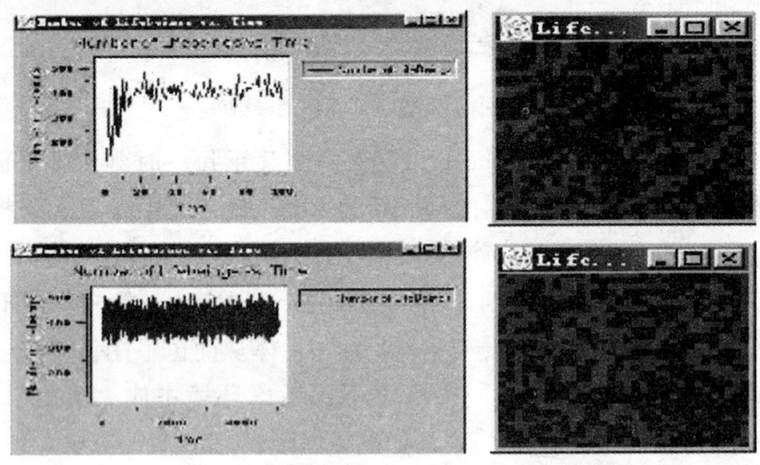

图 4—11　生命游戏运行 100 次（上）和 5 000 次（下）时的状态图

五、Swarm 的局限和发展展望

在不断发展的过程中，虽然 Swarm 已得到了广泛的好评，但就其自身而言，Swarm 也还存在着许多不足，需要进一步发展和完善。Swarm 的发展是由 Swarm 开发小组（swarm development group，SDG）推动的，在 Swarm 的项目主页上（www. swarm. org），SDG 列出了 Swarm 的发展计划，他们把网络化与集成建模体系作为主要努力方向。网络化指能够在网络平台上设计和建立多主体模型，且模型也能在网络上运行；集成是希望朝统一的建模平台进一步迈进。事实上，SDG 非常希望把目前所运用的 Swarm 开发工具和下一代的集成建模体系（integrating modeling architecture，IMA）整合起来，找到一条适合于两者相互结合的统一道路。基于这个原因，Swarm 开发小组的成员正在采取各种各样的措施，通过运用 COM 和 Java 等技术，让 Swarm 既能在网络中应用，也能在更大的模型框架（集成建模体系）下工作。这样，在已有工作的基础上，用户就可以继续开发和使用一些新的建模方法，从而能够更加灵活、方便地建立模型。下面将具体介绍这两个努力方向。

1. Swarm 和 COM

从软件模型角度考虑，一个很自然的想法就是把一个庞大的应用程序分成多个模块，每一个模块保持一定的功能独立性，在协同工作时，通过相互之间的接口完成实际的任务。其中每一个这样的模块称为组件，一个设计良好的应用系统往往被分成一些组件，这些组件可以单独开发、单独编译，甚至单独调试和测试。当所有的组件开发完成后，把它们组合在一起就得到了完整的应用系统。在系统的外界软硬件环境发生变化或者用户的需求有所更改时，并不需要对所有的组件进行修改，而只需对受影响的组件进行修改，然后重新组合得到新的升级软件。

目前，Swarm 也正在向着这个方向努力。现在，Swarm 模型能够在网络浏览器中运行，比如在 Netscape 6 上，Swarm 已经可以通过网络来运行基于 JavaScript 的 Swarm 模型。Swarm 模型可以通过网络来获取运行模型时所需要的各个部分（即组件），从而运行整个模型。比如，一个 Observer Swarm 位于 A 站点，它所建立的 Model Swarm 位于 B 站点。当运行模型的时候，这些组件都将在用户的浏览器内部建立并运行。

实现上述功能的关键在于模型的各个组成部分（即组件）之间的接口，因为接口是双方进行通信的基础。因此，软件组件应该遵循统一的标准，在同一个软件中组件必须使用同样的接口标准才能保证组件之间可以进行通信。从目前 Windows 系统上的软件使用情况来看，COM 就是这样一个为大家一致推崇的组件标准。

COM（Component Object Model，组件对象模型）是由 Microsoft 提出的组件标准，它不仅定义了组件程序之间交互的标准，也提供了组件程序运行所需的环境。在 COM 标准中，一个组件程序也被称为一个模块，它可以是一个动态链接库（DLL），也称进程内组件（in-process component）；也可以是一个可执行程序（即 EXE 程序），也称进程外组件（out-process component)。COM不仅仅提供了组件之间的接口标准，还引入了面向对象的思想。在COM标准中，对象是一个非常活跃的元素，即COM对象。组件模块为COM对象提供了活动空间，COM对象以接口的方式提供服务，这种接口即COM接口。

COM本身除规范说明之外，还包括实现部分，如一些核心的系统级代码，也正是这部分核心代码才使得对象和客户之间可以通过接口在二进制代码级进行交互。COM库可以保证所有的组件按照统一的方式进行交互操作，在编写COM应用时，可以直接利用COM库提供的API进行编程，从而大大加快了开发速度。

目前，这方面的具体目标就是研究如何将COM应用于Swarm，并制定相关的协议，从而在Swarm新版本中实现组件技术，让Swarm平台能够为建模者提供更加方便、灵活的建模方式。

2. Swarm与集成建模体系

在SwarmFest① 1999上，来自马里兰大学社会经济学院的Ferdinando Villa教授提出了一种建模过程中“模块化”的描述体系，即集成建模体系。在会上，Ferdinando作了一个关于建模所必需因素的调查报告，一些具体要求如下：

(1) 根据一个或多个参数系统产生并且检验某种假设和预测；

(2) 具有某种具体的语义，对假设所做的预测进行描述；

(3) 具有某种运用真实数据来模拟语义的技术；

(4) 具有一种建模工具，使上述三点可行。

关于上述第一个要求，Swarm时间序列表（scheduling）对该功能提供支持；关于第二个要求，Swarm中Swarm、Schedule、Action等类库实现了相应的技术。但是，Swarm并不能完全满足第三个和第四个要求。Swarm开发小组的成员希望Swarm能够具有更好的空间描述能力、更好的数据分析和可视化工具以及更好的对于主体数据继承的技术。

目前，Swarm开发小组不再继续开发Swarm现有的analysis、gui、simtoolsgui和space等类库，这是因为Swarm现有的GUI接口对于一般性的使

① SwarmFest是连续多年举行的Swarm用户和研究人员学术研讨会，到2005年已经举办了九届。

用并不是十分方便，它主要用来支持 Swarm 中存在的探测器（probe）及其自身的分析和建立空间的能力。因为 GUI 类库是用 Objective C 建立和实现的，在现有 space 和 analysis 类库基础上进行进一步的开发将十分困难。Swarm 中的 collection 类库也具有同样的问题。

IMA 解决了以上这些问题。在 IMA 中，所有主体都被封装在模块中。最底层的模块包括数据表、探测器以及包含具体类型、参数和方法的脚本。IMA 的所有组成部分是一个树或者链表。

与现在的 Swarm 建模方法相比，IMA 的第一个变化是一个所谓的“宏大图景”（big picture），它是利用模块节点的树形结构进行构造的。比如，不允许建模者在 Swarm 之外建立一个时间序列。当 Swarm 建模者说：“我建立了一个 Observer Swarm，它包括一个 Model Swarm，其中 Model Swarm 包括三个主体（agent），它们使用了 Schedule A、Action A 和 Action B。”在 IMA 中，这意味着一个固定的窗体结构，建模者需要做的只是加入描述 Action A 和 Action B 的一些细节代码。

IMA 通过可扩展性的设计满足了第三个和第四个要求。在 Swarm 现有的建模环境中加入一些新的模块类型相对来说是比较容易的；由于在 Swarm 的代码中已经存在着许多内部的协议，所以在 Swarm 已有的模块类型中加入某种新的操作和特征则比较困难。

目前，SDG 正在研究 Swarm IMT 模块，IMT 是集成建模体系结构 IMA 的引擎。现在 Swarm 已经能够支持 COM，通过 COM 调用 IMT 这个巨大的 C++引擎。同时，SDG 还致力于为 IMT 模型实现 COM 接口，从而可以让 IMT 的模型能加载到互联网上，这样就可以在 Netscape 6 等浏览器中运行 Swarm 模型。在一个带有 IMT 插件的 Netscape 6 浏览器的基础上，Swarm 开发小组将针对 IMT 实现一个基础的 Swarm 模块的语法设计，其中 Action 等部分将会参照 IMT 中的模块进行重新设计。关于 IMT 方面的具体资料可以参阅http://ima.umces.edu/imt。

六、Swarm 建模环境的架构

Swarm 建模环境的架构有多种选择。Swarm 库本身是在 Unix 系统中用 Object C 语言开发的，所以在 Unix/Linux 下用 Object C 设计模型是最为直接的一种方式，这样一个建模环境的架构最为简单。一般 Unix/Linux 的缺省安装都已经提供了 Object C 编译器，可以下载 Swarm 的源程序包，在自己的系统上编译生成库，然后用同样的方式设计模型程序。这种方式的优点在于可以深入了解 Swarm 的内核，必要时甚至可以修改库中的代码，由于模型与库之间的连接是无缝的，可以生成一个独立发布的可执行程序，模型执行效率高，模型的规模只受内存和 Unix/Linux 对进程的配额限制。大约每 128M 可支持 1 万个 Swarm 主体，可参考这个数字选择配置系统的内存。

对熟悉 Java 语言的模型设计者来说，如果仍然在 Unix/Linux 中设计模型，则情形稍有不同。Swarm 有一个为 Java 用户准备的 Java 本地化接口 (JNI)① 库 Swarm. jar，模型设计者只需要通过这个接口来调用 Swarm 库中的各种基本构件。由于最终还是用到了与平台有关的本地化库代码，所以采用 Java 设计模型并不能享有 Java 的各种优良特性，这种选择唯一的好处是对 Java 用户来说，掌握模型的设计更容易了。代价是模型的规模受 Java 虚拟机的内存限制，在设计一个主体数量非常多的大规模的模型时，如果没有超越机器的内存限制而受限于 Java 虚拟机，可以重新配制 Java 虚拟机以增加它的内存配额。

对于 Windows 下的用户来说，情形则更复杂一些，必须在 Windows 之上安装一个 Linux 模拟环境 Cygwin，才能调用原来在 Unix 下开发的 Swarm 库。在 Swarm 2. 1. 1 版中，提供了一个 Windows 下的安装包，其中集成了 Cygwin，因此用户就无需自己再安装 Cygwin 了。在程序组中有一个 Terminal 的选项，打开它就是一个 Cygwin 的 Bash 环境，可以使用 Linux 下的常用命令，还可以命令行的方式使用集成的 Object C 编译器。如果下载了没有集成 Cygwin 的版本，自行安装 Cygwin 时，需要注意的是除了 Cygwin 缺省安装外，还需要安装一些图形显示的库，如 Tcl/Tk 语言库和 Blt24 库等，这些库是 Swarm 图形界面所必需的。在 Windows 下开发模型时，模型的规模要受 Cygwin 的内存限制，因为 Cygwin 也相当于 Windows 中的虚拟机，缺省

① Java 本地化接口（JNI）是 Java 从虚拟机中调用其他语言实现的、与平台有关的本地化程序代码的接口。JNI 拓展了 Java 程序设计可重用资源的范围，但这种混合编程也丧失了 Java 的平台无关性和良好的移植性。

的内存配额只有 128M。可以在注册表中的下面查找主键“HKEY_CURRENT_USER\Software\Cygnus Solutions\Cygwin\”或“HKEY_LOCA-L_MACHINE\Software\Cygnus Solutions\Cygwin\”，在下面创建一个新键“heap_chunk_in_mb”，类型为 DWORD，然后就可以修改这个键值来设置 Cygwin 的内存配额。数值是 16 进制的内存大小，默认单位是 M，如 100 表示 256M。前面两个主键第一个修改只对 Windows 当前用户有效；后一个设置对本机所有用户有效。

从上面的分析可知，用 Java 语言和在 Winodws 之上用 Cygwin 设计模型都会对模型的规模造成一定的限制，而且由于 Java 和 Cygwin 都不是直接调用原来 Swarm 基本库的二进制代码，所以在模型效率上也会有很多损失。如果希望在 Windows 系统上用 Java 设计模型，从模型的角度来说，因为是在 Cygwin 虚拟机中的 Java 虚拟机内运行，所以应该是最坏的组合。但对模型设计者来说，容易学习更为重要，所以仍然是最常选择的模型设计环境。也因为这种两层嵌套机制，给模型设计者带来许多迷惑，很多初学者常常困扰于环境的配置而不能入门。最好的选择依然是 Swarm 2.1.1 的 Windows 安装包，事实上，这个安装包不仅仅集成了 Cygwin，也自带了一个 Cygwin 下的 Java：Kaffe Java①。模型设计者可以在这个 Cygwin 下直接用 Javacswarm 脚本编译模型，用 Javaswarm 脚本运行模型。

作为一个开源项目，在遵循 GNU 协议的基础上，所有人都可以分享 Swarm 的资料，这也意味着所有人都可以自由地奉献自己的智慧。因此，对 Swarm 感兴趣的研究人员可以结合自己的研究需要和建模经验，提出相关的设想，参与到 Swarm 的研究中去，本节后面的资源链接中列出了相关网址。

七、资源链接

1. Swarm 项目主页：

   http://www.swarm.org

---

① 参见安装路径的 bin 子目录下的内容，Jike.exe 相当于 SUN Java 的 Java.exe。使用方式命令行参数与 SUN Java 完全一样。

2. Swarm 常见问题集：
http://www.ku.edu/～pauljohn/SwarmFaq/SwarmOnlineFaq.html
3. 基于 Javaswarm 之上的企业仿真框架：
http://web.econ.unito.it/terna/jes
4. Swarm 生态经济学扩展库（Object C）：
http://www.humboldt.edu/ecomodel
5. 可以生成 Swarm 模型代码（Object C）的脚本语言MAML：
http://www.syslab.ceu.hu/maml/

第三节 Repast

Repast（Recursive Porous Agent Simulation Toolkit）是芝加哥大学社会科学计算研究中心研制的多主体建模工具，它提供了一系列用以生成、运行、显示和收集数据的类库，并能对运行中的模型进行“快照”，记录某一时刻模型的当前状态，还可以生成模型运行过程中状态动态演化的视频资料。Repast 从 Swarm 中借鉴了不少的设计结构和方法，所以常常称 Repast 为类 Swarm 的架构。

一、设计思想及目标

由于 Swarm 对建模者来说还是过于复杂，Repast 项目希望提供一系列简化 Swarm 模型开发的 Java 类库。然而，随着 Java Swarm① 版本的推出，这种仅仅希望作为 Swarm 的 Java 扩展的想法很快就被摈弃了。设计者们开始尝试使用 Java 语言设计一个完全独立的模型平台，而不再是从 Swarm 中做一些现成的提取和外围的包装。

Repast 项目拟订了三个设计目标：使用方便、容易学习和容易扩展。设计者通过让模拟软件的底层结构具备抽象性、可扩展性以及“良好”的表现能力来实现这些目标。

① 一个由 Swarm 开发小组发布的运行在 Swarm 核心上的 Java 应用层。

1. 抽象性

Repast 的设计借鉴了很多别的主体建模软件，类库设计时充分应用了面向对象和设计模式的思想，因此 Repast 的整个类库的结构非常明晰优美。类库提供了普通常用的底层抽象库（如安排时序、显示、数据收集等类库），类库还提供了一些用以建立表层元素的常用类。这些类可直接使用，也可以根据需要继承和扩展。与 Swarm 一样，Repast 还设计了一些关键的抽象数据结构，其中一些结构直接模仿了 Swarm，如时序表等。

2. 可扩展性

关键数据结构的抽象设计让 Repast 具备了可扩展的能力。

为了充分从 Swarm 的抽象结构中获得方便，Repast 继承了 Swarm 时间测试的设计方法，这对于提高其扩展性十分有利。此外，Repast 还引入了设计模式中的一些经典抽象结构，使得其扩展性得到进一步的提高。如用设计模式中的综合模式实现时序的安排机制（时序表对象和各种行为类），由于这种综合模式允许终端用户在建模编程时，能够对单独行为和复合行为进行统一编码处理，因此模型中的时序安排机制便变得很清晰直观，且易于扩展。

3. “良好”的表现能力

表现能力是指应用平台建立模型时，能否有效地适用于实际应用领域；如能否有效地用平台的开发接口把问题表述成计算机模型，模型能否在可承受的效率开销下运行等。“良好”的表现能力是指：在不影响别的优越特性的前提下，可接受的表现能力。当表现能力的最优化不是设计的主要目标时，设计者的注意力应集中在如何减少对象的生成开销，以达到研究者能够接受的运行速度。Repast 可以算得上比较好地完成了这一目标，甚至有所超越，相比其他模拟软件平台，Repast 提供了更好的表现能力。此外，随着Java 虚拟机性能的提高，Repast 模型的速度也会得到改善。

虽然建模时仍然必须学习一门程序设计语言（Java 或 Python），但 Repast 仍然是一款相当方便易用的软件。用 Java 作为实现语言避免了内存泄漏的问题，且 Java 的跨平台特性使得在不同的平台上的安装和使用也很简便。从 Repast 3.0 版开始，模型的设计语言有了更多的选择。Repast 3.0

提供了 Java 版、Python 版和 DotNet 版三个版本让最终用户选择安装，除 Java 和 Python 外，还可以应用 DotNet 框架下的各种程序设计语言编制模型。

二、Repast 的体系结构

Repast 建模相当于设计一个状态机，状态机的核心状态是模型中所有成员的集体状态属性集合。成员则分为底层结构和表层结构。底层结构是各种各样用于运行模型、显示和收集数据等架构的机制；表层结构是设计者创立的模型。底层结构的状态就是模型的种种显示状态、数据收集对象的状态等等；表层结构的状态指模型的描述状态，比如所有主体变量的当前值，模拟环境空间的当前状态值，或它们运行的空间以及别的可能有的各种表层对象（例如聚合“协同”的对象统计值等）。在这种状态机模式下，所有对状态机的改变都通过同一对象界面接口来实现，这个对象界面接口是 SimModelImpl 类。这种设计为建模者减轻了学习负担，也简化了在工具包的功能不足时的扩展编程。

通过继承 SimModelImpl 来建模，在用户模型与 SimModelImpl 中间一般还会有一个 Template 结构。各部分间的路径和层次关系参见图 4—12 与图 4—13。图 4—12 的目录结构图显示了 Repast 自带文件、Template 及用户利用 Repast 建立的模型在计算机中存放的路径关系。图 4—13 层次关系图显示了一个典型的继承自 SimModelImpl 的模型和 Template 结构间的层次关系。

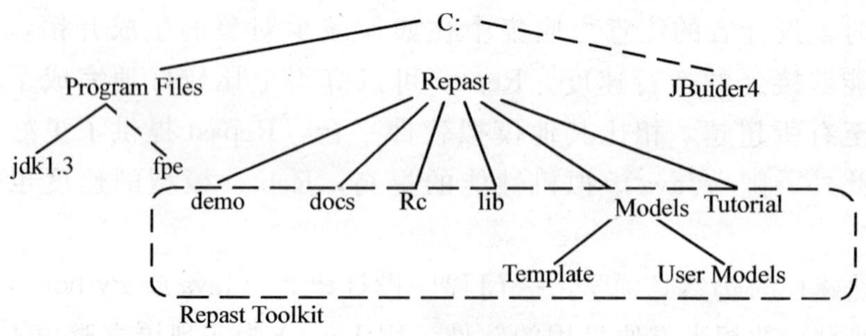

图 4—12　目录结构

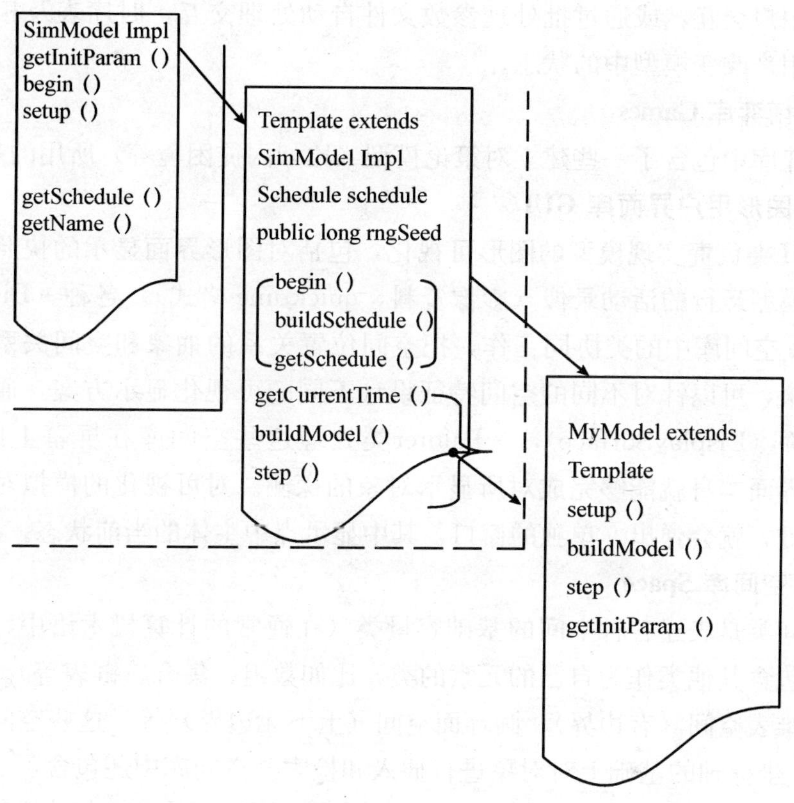

图 4—13　层次关系图

三、类库简介

Repast 共有近 130 个类，封装在 6 个库中，下面是 6 个类库的简要介绍。

1. 分析库 Analysis

分析库中的类用来聚集、记录数据以及建立数据表。通过使用 DataRecorder 类，建模者能将收集到的数据分类整理，并将这些数据以表格格式写入文件。

2. 引擎库 Engine

引擎库中的类负责建立、操纵和运行模型。SimModel 接口（Interface）是 Repast 中所有模型的超类（继承树状表示图中的根类）。作为 SimModel 一个子类，SimModelImpl 类可以作为绝大多数用 Repast 创立的模型的基类。控制类（BaseController，Controller，BatchController）负责通过图形用户界面处理用户交互，或通过批处理参数文件自动处理交互。时序表及相关行为类主要用来改变模型中的状态。

3. 博弈库 Games

博弈库中包含了一些建立对策论模型（比如囚徒困境等）所用的基本类。

4. 图形用户界面库 GUI

GUI 类负责实现模型的图形可视化，包括对图形界面显示的快照功能以及制作模型运行的活动录像（影像资料，quicktime 格式）。各种 * Display 类与 Space 空间库中的类协同工作，把空间位置关系的抽象和空间关系的显示分离开来，可以针对不同的空间特征设计不同的可视化显示方案。通过一个显示界面（DisplaySurface），*Painter类处理这些空间库在屏幕上的显示，而显示界面本身就能够完成对所显示对象的探测。对可视化的模拟对象点击鼠标左键，就会弹出一单独的窗口，其中显示点中主体的当前状态。

5. 空间库 Space

空间类是表述各种空间的基础容量类（在通常的计算机术语中，容量类是指以包含其他类作为自己的元素的类，比如数组、集合、链表等）。空间类包括二维表空间（有边界）、圆环面空间（上下无边界）等。这些空间类允许在 x，y 坐标轴的基础上对对象进行插入和检索。空间库中还包含了一些节点类和链接类，以方便建立基于网络的模型。空间类和在 GUI 库中的显示类协同操作，以实现空间和对象的可视化。

在 Repast 中，空间（spaces）的存在有两种目的：（1）作为空间型主体的基类，比如附带的示例模型 SugarScape and Life 中的 SugarSpace 或 InfiniteLifeSpace；（2）作为主体的容器，定义主体间的空间位置关系。

Repast 提供以下空间类：

Diffuse2D 二维散射的离散近似。空间本身是一个上下左右都闭合的圆环形的（toroidal）网格，格子都有两层。

Object2DGrid 离散的二维网格，单元格中有对象。

Object2DTorus 离散的二维圆环面，单元格中有对象。

Multi2DGrid 二维网格，单元格中可以包括一个以上的对象。每个单元格中的对象的顺序不确定。

OrderedMulti2DGrid 二维网格，单元格中可以包括一个以上的对象。

每个单元格中的对象的顺序都是先进先出。

Multi2DTorus 二维圆环面，单元格中可以包括一个以上的对象。每个单元格中的对象的顺序不确定。

OrderedMulti2DTorus 二维圆环面，单元格中可以包括一个以上的对象。每个单元格中对象的顺序都是先进先出。

Diffuse2DHexagonal 二维散射的离散近似。空间本身是一个 toroidal（甜甜圈形的）六边形网格，格子都有两层。

Object2DHexagonalGrid 离散的二维六边形网格，单元格中有对象。

Object2DHexagonalTorus 离散的二维六边形圆环面，单元格中有对象。

Multi2DHexagonalGrid 二维六边形网格。单元格中可以包括一个以上的对象，每个单元格中对象的顺序不确定。

OrderedMulti2DHexagonalGrid 二维六边形网格。单元格中可以包括一个以上的对象，每个单元格中对象的顺序都是先进先出。

Multi2DHexagonalTorus 二维六边形圆环面。单元格中可以包括一个以上的对象，每个单元格中对象的顺序不确定。

OrderedMulti2DHexagonalTorus 二维六边形圆环面。单元格中可以包括一个以上的对象，每个单元格中对象的顺序都是先进先出。

RasterSpace 表现地理数据的二维网格。每个单元格可以包含一个对象，在这个空间中移动可以用距离、坐标系或者离散的单元格位置来表示。

更多空间类信息可参见 Repast 的 API 文档。另外值得注意的是，网络空间与空间是完全不同的，将在后面的网络模型一节中介绍网络空间。此外，前面提到的六边形指的是单元格的形状，所以在六边形的网格或者圆环面中，每个单元格都是六边形的，因此有六个邻居。

这些空间类都有通过坐标系对 item 进行插入和删除的方法，还有能返回相邻单元格的 item 列表的方法，以及找出相邻单元格中最大或最小 item 的方法等。至于什么是最大、最小，可以由用户自己定义。

用空间类存放主体的坐标方便了增删主体和排序主体的操作，也方便针对一个主体的邻居空间进行查询。通常在一个特定空间中，所有的主体都由该空间的实例变量负责主体位置的部署。如在 buildModel 方法中，可能有下述代码：

```
Object2DGrid space=new Object2DGrid(spaceWidth,spaceHeight);
for(int i=0;i<numAgents;i++){
  int x,y;
  do {
    x=Random.uniform.nextIntFromTo(0,space.getSizeX()-1);
    y=Random.uniform.nextIntFromTo(0,space.getSizeY()-1);
  }while (space.getObjectAt(x,y) ! =null);

  MyAgent agent=new MyAgent(x,y,space);
  space.putObjectAt(x,y,agent);
  agentList.add(agent);
}
```

上边第一行代码创建了一个 Object2DGrid 空间，Do 循环返回随机的 x，y 坐标，如果这个坐标位置被占用则继续返回新的坐标位置，然后创建了主体，把主体的引用（reference）按这些坐标加入到空间。如果空间是可重空间（Multispaces），则不需要核查空间中的单元格是否被占用，可重空间中一个单元格可放置多个主体。

无论选择哪种空间类型，主体在空间中都有一个引用，并能获得自己的 x，y 坐标，能把自己从先前占用的单元格中移出，加入到一个新的单元格中去。如：

```
space.putObjectAt(x,y,null);
x=newX;
y=newY;
space.putObjectAt(x,y,this);
```

上述代码通过把单元格的占有者设为空（null）来移除一个主体。这段代码是针对这个主体发生的，所以用 this 来引用这个主体，把它放到新的单元格中去。newX 和 newY 在代码的外部就被设定好了，所以这里不再核查新的单元格是否已被占用。

6. Util 类库

Util 类库中只有一个类：SimUtilities。该类提供了一些产生无序表单、显示信息对话框等静态方法。

除了 Repast 自己提供的类，Repast 还充分利用了第三方提供的扩展类库，尤其是 Colt 库。Colt 库通过 Mersenne Twister 工具为 Repast 提供随机数据，而 Mersenne Twister 被认为是目前所知道的最好的假随机数生成器之一。Colt 库中还包含其他各种能在 Repast 中使用的随机数生成器和随机分布。

四、建模基本过程

Repast 模型有两种运行方式：批处理方式运行和非批处理方式（也可称图形交互方式）运行。批处理运行需要一个特殊格式的参数文件，在这个文件中要详细给出模型各个参数的起始值、终止值和增量值，以及运行的次数等；有了参数文件后，模型无需用户干预就可连续重复运行。

一个非批处理的运行则需要通过图形用户界面来交互地启动和终止模型，用户可以通过图形界面来设定初始参数值，可以在运行过程中图形化地监控主体和模型的各种状态。

下面介绍编写模型的一般步骤，需要特别注意以下问题：如何能用参数文件来设定初始参数？如何让用户能够图形化地设定起始参数？如何允许在运行时对模型进行图形化监控？为了让模型支持这些交互，需要在设计中做哪些准备？等等。

数据结构上，Repast 模型一般至少有两个由用户编写的类：主体类和模型类。主体类描述主体的行为（例如，在博弈中合作或者对立），模型类负责控制模型的创建和运行。主体类大多需要专门构造，尽管 Repast 已经通过 GameAgent 接口以及 Game 抽象类为合作类型的主体提供了最基本的支持。如果希望主体能够被图形化显示，主体类必须实现某一类型的 Drawable 接口，后面在介绍到 Repast 内部机制 GUI 时还会具体介绍 Drawable 接口类的使用。如果用户希望主体是可探测的，即主体状态的可视化和可运行时干预设置，则主体的属性必须用附属方法模式（Accessor）编写，即以 get 和 set 打头的固定格式的方法，用于属性的存取。

从过程的观点看，利用 Repast 建立一个基于主体的模型通常包括两步。第一步是设置模型，为模型的运行做准备；第二步是实际运行模型的动作规定。在 Repast 中，模型的运行按时间步（time steps）或标记（tick）来推进

（注：在本节中交替使用时间步和标记两种术语指谓这一概念）。在每一个标记上，各个主体发生一些行为或状态的变化，主体们在这个标记上的行为建立在之前行为的结果上。以“重复囚徒困境”（iterated prisoner's dilemma，IPD）模型为例，创建步骤中包括创建两个参与者，并且为他们每一个提供初始策略（例如：TIT _ FOR _ TAT)。在每一个标记上，每个参与者进行一次合作与否的决策，他们当前的决策取决于各自的策略，也可以综合考虑前一次决策的结果。对于模型设计者来说，设计一个 Repast 模型所必须做的全部工作就是，在前面提到的两个步骤中设置模型阶段需要准备哪些工作？在一个标记上各种主体会发生什么行为或状态变化？Repast 自带的 SimpleMoel 类提供分步实现模型的框架，接下来我们将首先介绍如何通过扩展该类建立自己的模型，接着再介绍如何在一个实用的模型中设置参数（parameter）使其可设置、可在运行时探测。

1. 继承 SimpleModel、创建主模型类

尽管不一定必须应用 SimModel 接口，但应用这个接口可将底层和表层的建立过程分到不同的方法组中，使得模型的结构与设计过程清晰明了。

用 SimModel 和 Template 类建模的典型的模型结构包括以下三个方法：

（1）private void buildModel()。

buildModel 负责创建代表模型的底层结构部分。主体对象、环境对象，还有一些可选的数据收集对象常在此创建。如，在糖域模型中，SugarModel 在 buildModel() 里构建了 SugarAgents 和 SugarSpace。

（2）private void buildDisplay()。

buildDisplay 建立了那些用于处理向用户显示模拟的表层结构部分，所以那些只以批处理方式运行的模型很可能不需要实现这个方法。SugarModel 通过它建立了显示主体和图的类。实际创建 DisplaySurface 对象则通常放在一个预定义的 setup()方法中，稍后再说明这个方法。

（3）private void buildSchedule()。

buildSchedule 建立负责改变模型状态的时间表——何时运用什么方法调用什么对象的时间表。

SimpleModel 作为模型类的基类，可根据需要继承扩展（特定化）。具体实现如下：

```
import uchicago. src. sim. engine. SimpleModel;
public class MyModel extends SimpleModel {…
}
```

第一行导入了 SimpleModel，第二行继承了 SimpleModel。

下面按建模过程的两步法建立完整的模型类。

第一步：设置模型

SimpleModel 提供了两个方法作为实现这一步方便填充的框架：setup()和 buildModel()。它们可以按如下方式使用（以 IPD 为例）：

```
import uchicago. src. sim. engine. SimpleModel;
public class MyModel extends SimpleModel {
  public static final int TIT _ FOR _ TA=0;
  public static final int ALWAYS _ DEFECT=1;
  private p1Strategy=TIT _ FOR _ TAT;
  private p2Strategy=ALWAYS _ DEFECT;
  …
  public void setup() {
    super. setup();
    p1Strategy=TIT _ FOR _ TAT;
    p2Strategy=ALWAYS _ DEFECT;
  }
  public void buildModel() {
    Player p1=new Player(p1Strategy,p2);
    Player p2=new Player(p2Strategy,p1);
    agentList. add(p1);
    agentList. add(p2);
  }
}
```

在 setup()中，首先调用 super. setup()使 SimpleModel 实现自身的创建，然后设定了行为者的策略。这里假设行为者的策略可以通过用户的干预，或者可能在先前的模型运行过程中从缺省值改变。setup()让模型的变量值重新回到缺省值。setup()在模型启动时或单击控制条中“setup”键时被调用。当 setup()启动一个模型时，调用 buildModel()来创建模型所需的对象，所以应在这里创建主体对象，并将其加入对象的列表 agentList 中。agentList 是由 SimpleModel 为此提供的一个 ArrayList。在 setup 时所有的参数都恢复到缺省值，所以在这里不能构造基于参数值的对象。在上面的例子中，两个参与者中一个根据其初始策略决策，另一个根据对手的策略决策。

模型的执行顺序是：setup()调用在先，buildModel()调用在后。如上所述 setup()在模型一被启动就被调用，当点击“setup”键时也会被调用。buildModel()在模型运行时（即“run”或“step”键按下时）被调用，这就为用户通过图形界面接口改变变量提供了机会。

第二步：实际运行模型的动作规定

完成模型的设置后，第二步考虑的就是要如何限定模型在每一个时间步上的行为。SimpleModel 为完成这一步提供了三种方法：preStep()、step()和 postStep()。在每一个“标记”（tick）上它们依照次序被执行：首先是 preStep()，然后是 step()，最后是 postStep()。要特别注意的是，区分 step()中的核心行为与必要的之前和之后的过程。由于下面的例子并不需要之前和之后的过程，所以只实现 step()一个方法。

```
import uchicago. src. sim. engine. SimpleModel;
public class MyModel extends SimpleModel {
  public static final int TIT_FOR_TAT=0;
  public static final int ALWAYS_DEFECT=1;

  private p1Strategy=TIT_FOR_TAT;
  private p2Strategy=ALWAYS_DEFECT;

  …
  public void setup() {
    super. setup();
    p1Strategy=TIT_FOR_TAT;
    p2Strategy=ALWAYS_DEFECT;
  }

  public void buildModel() {
```

```
        Player p1=new Player(p1Strategy);
        Player p2=new Player(p2Strategy);
        p1.setOtherPlayer(p2);
        p2.setOtherPlayer(p1);
        agentList.add(p1);
        agentList.add(p2);
    }

    public void step() {
        int size=agentList.size();
        for (int i = 0;i<size;i++) {
            Player p=(Player)agentList.get(i);
            p.play();
        }
    }
}
```

此处的 step()方法中，首先将每个参与者从对象列表 agentList 中调出，然后逐个调用 play()。此时的假设是，当调用 play()时，一个参与者与另一个参与者博弈。在 step()方法中，常常需要遍历所有的主体，并且调用任何有关它们之间交互的方法。当模型运行的时候，step()方法将会在每个时间步（标记）中被执行。

一个不同的决策可能需要一个 preSetp()或者 postStep()方法。例如，在一个有许多参与者的合作决策中，在每个参与者与它的邻居进行博弈并产生结果后，每个参与者选出邻居中最好的策略，并将自己的策略相应地进行调整。在这种情况下，实际的决策将在step()方法中决定，对邻居的选择和策略调整将在 postStep()方法中产生。

Repast 还可实现更为复杂的主体行为、模型事件等时间序列安排，甚至可实现动态的时间序列，而使用 SimpleModel 的目的是为了简化时间序列的设计。时间序列机制的相关内容，包括具体的使用方式，将在后文“典型内部机制”部分做更详细的介绍。

除上述骨架以外，为了完成 SimModel 接口，用户模型还必须定义以下方法（如果没有定义这些方法，模型将拒绝编译）。

（1）**public String [] getInitParam ()**　getInitParam()将返回一个用户希望显示和操作的模型初始化参数名序列，一个字符串数组。

（2）**public void begin ()**　begin() 启动模型的运行。在这个方法中要调用模板的三个方法（buildModel、buildDisplay、buildSchedule），把任何可显示的对象都显示出来。无论何时 start 被按下（或还没有开始运行时第一次按 step），begin()将被调用。任何需要基于参数值来创建的对象能够在这里创建（而不是在 setup 当中）。初始模型参数将被设置为任何缺省值（用户想要最先看到的），并且这里将要建立一个时间表（例如，schedule＝new Schedule (1);），如果模型是一个 GUI 模型，则这里也将建立一个 DisplaySurface（例如，displaySurface＝new DisplaySurface（this,"Heat Bugs Display");）。

（3）**public Schedule getSchedule ()**　返回与模型相关的时间表。常常返回的是模型的时间表变量。

（4）**public String getName ()**　返回模型的名字。这个名字显示为程序主窗口的标题。

各种工具条按钮和实际的代码运行之间的关系是：当 setup 按钮被点击时，setup()方法中的代码被执行；当初始化按钮被点击时，begin()中的代码被执行；当 step 按钮被点击时，begin()中的代码被执行，同时任何下一个标记预定发生的行为被执行；当 start 按钮被点击时，begin()被执行，同时模型进入循环，任何下一个标记预定发生的行为被执行，对标记的计数增加，并且执行下一个时间表中的行为等，直到用户点击了停止按钮或暂停按钮。

自定义动作标签

在设计图形用户界面的模型时，可以在窗口中使用自定义动作标签（Custom Actions Tab），来放置按钮、滑动杆和标记栏等。这样在模型运行时，就可以用这些自定义的按钮来改变模型、主体和环境等状态。

main 方法

模型可像普通程序一样有一个 main 方法，作为模型运行的入口；但 main 方法并非必需的，如果没有 main，模型可从 uchicago. src. sim. engine. SimInit 开始执行，SimInit 相当于为模型提供一个程序树桩（stub）。

如果使用 main 方法，需要在 main 方法中构造一个 SimInit 类型的实例，然后用 SimInit 实例来加载模型：

```
public static void main(String[]args) {
  SimInit init=new SimInit();
  MyModel model=new MyModel();
  init.load(model,null,false);
}
```

上面代码中加载了 Repast 模型 MyModel，null 表示没有参数文件，false 表示采用了 GUI 模式。在 init.load 中完全可以指定一个参数文件，不论是否是批处理模式。批处理和非批处理模型都将遵循这个常规的结构，尽管在批处理模型的情况下 buildDisplay 方法并不必要。

尽管本小节介绍了所有创建模型所必需的方法，但这样完成的模型还不是十分完善，改变模型的初始条件仍然不很方便。这个问题可以通过为模型创建参数来实现。下面我们将介绍如何为模型设置参数。

2. 为模型设置参数

一个模型参数可以被定义为附属的方法，所谓附属的方法就是由 get 和 set 开始的属性存取方法。例如，依旧以 IPD 为例，玩家 p1 策略的一个参数可表示如下：

```
import uchicago.src.sim.engine.SimpleModel;
public class MyModel extends SimpleModel {
  public static final int TIT_FOR_TAT=0;
  public static final int ALWAYS_DEFECT=1;
  private p1Strategy=TIT_FOR_TAT;
  private p2Strategy=ALWAYS_DEFECT;

  public void setp1Strategy(int val) {
    p1Strategy=val;
  }

  public int getp1Strategy() {
    return p1Strategy;
  }
  public void setup() {
```

```
    super. setup();
    p1Strategy=TIT_FOR_TAT;
    p2Strategy=ALWAYS_DEFECT;
  }
  public void buildModel() {
    Player p1=new Player(p1Strategy);
    Player p2=new Player(p2Strategy);
    p1. setOtherPlayer(p2);
    p2. setOtherPlayer(p1);
    agentList. add(p1);
    agentList. add(p2);
  }
  public void step() {
    int size=agentList. size();
    for (int i=0;i<size;i++) {
      Player p=(Player)agentList. get(i);
    p. play();
    }
  }
}
```

参数名是附属方法名去掉 get/set，所以，这里的参数名是 p1Strategy。

创建参数的下一步是让 Repast 模型树桩（指 Repast 执行模型的统一的基础框架，包括图形界面和全局结构等，在 siminit 中实现）知道这些参数，在构建模型时把参数名加到参变量列表来实现这点。例如：

```
import uchicago. src. sim. engine. SimpleModel;
public class MyModel extends SimpleModel {
  ...
  public MyModel() {
    params = new String[] {"P1Strategy"};
  }...
}
```

变量 params 是由 SimpleModel 提供的。它是一个包含参数名的队列，一旦创建了参数的附属方法并且把变量名写入了 params 队列，当模型运行时就可以从参数表窗格中看到这个参数。这个参数的值将由它的 get 附属方法返回。参数的设置通过在参数表文本框中输入一个新的值，通过单击“回车”或者当文本框失去焦点时，这个改变后的新值提交，然后这个新输入的值变成了参数的 set 的附属方法。在这里，应该注意到附属方法是很重要的，存储了参数的实际变量（例如 p1Strategy），在参数机制中规定为不可见的。

还有一些方法可以显示参数，例如标记栏（check boxes）、组合框（combo boxes）、按钮等。

批处理参数（Batch Parameters）

在批处理模型中，get 和 set 方法的用法与以往是不同的。非批处理模型的初始参数能够通过 get 和 set 方法来显示和操作，批处理模型使用相同的方法从参数文件中设置初始参数。

模型收集的数据通常是那些在运行期间不再受外界干扰的参数，但这并不排除通过用户接口或参数文件的方式来改变这些参数的初始值的可能，只是一旦模型开始实际运行，在运行期间保证它们不被外界改变。

参数文件

参数文件既可以在图形交互界面模型中使用，又可以被批处理模型使用。对于图形交互界面模型来说，参数文件设置部分或全部参数的初始值，就好像是用户手工输入这些值。对于批处理模型来说，参数文件定义参数空间，并描述模型如何在参数空间中选择不同的参数值域作为初始参数值的集合，以不同的初始条件重复运行模型。参数文件具有如下的形式：

```
runs:x
Parameter {
  value _ definition
}
```

x 是一个数字，Parameter 是可以通过 get 和 set 方法来访问的模型的参数。runs 指定了对于当前的参数值，执行 runs 次。"runs:"在非批处理模型中被忽视。value _ definition 由一个或更多的关键字相应的值组成。

多值关键字的定义如下：

″start:″参数的开始数值；

″end:″参数的最终数值；

″incr:″参数当前值的总计增量。

start、end 和 incr 这三个关键字合起来提供了值的完整定义，应用时一个也不能缺。对于批处理模型来说，它们定义了一个参数空间。start：参数初始值；end：参数变化的终止值；incr：每次运行的参数增量。对于 GUI 模型来说，start 采取了缺省参数值，另外两个关键字则被忽略。

单关键字 value _ definition 如下：

″set:″定义一个单精度数值作为常量，在批处理运行中全部收集；

″set _ list:″定义一个用空格来隔离的数值列表；

″set _ boolean:″定义一个布尔型数值作为整个批处理模型的常量，值可以是“true”，也可以是“false”；

″set _ string:″定义一个字符串值作为整个批处理模型的常量，字符串的值当中必须不能含有空格；

″set _ boolean _ list:″与″set _ list″相同，但是列表由布尔型的值（true 或 false）组成；

″set _ string _ list:″与″set _ list″相同，但是列表由字符串组成。

对于非批处理模型来说，上述的各种列表关键字与″set:″关键字等效，取列表中的第一个成员作为参数值。

看如下例子：

```
runs:10
Food{
  start:10
  end:30
  incr:10
}
```

这意味着，开始时参数 Food 的值是 10，并且使用这个值运行模型 10 次。把 Food 的值增加 10 并运行模型 10 次，此时 Food 的值是 20（start 10＋incr 10）。再将 Food 增加 10 再运行模型 10 次，此时 Food 的值是 30（start 10＋incr 10＋incr 10）。此时再增加当前值将使值大于 end 指定的值（30），于是模型运行结束。

也可以指定多个参数，例如，

```
runs:10
Food{
  start:10
  end:30
  incr:10
}

MaxAge{
  start:10
  end:30
  incr:10
}
```

这里 Food 和 MaxAge 都如上所述来增加。如果参数多于一个，则重要的是使它们同步。无论何时只要任何一个参数的当前值大于它的结束值，则模型结束。

参数也可以嵌套，例如

```
runs:1
Food{
      start:10
      end:30
      incr:10
      {
        runs:10
        MaxAge{
          start:0
          end:40
          incr:1
        }
      }
}
```

这个例子的意思是，开始时 Food 的值是 10，运行模型 10 次，此时 MaxAge 的值是 0。将 MaxAge 的值增加 1 再运行模型 10 次，如此继续下去直到 MaxAge 的值大于 40。这时，把 Food 增加 10，运行模型 10 次，此时 MaxAge 的值是 0。将 MaxAge 的值增加 1 再运行模型 10 次。如此继续下去直到 Food 的值大于 30。多层嵌套也是可以的。

设置常量：

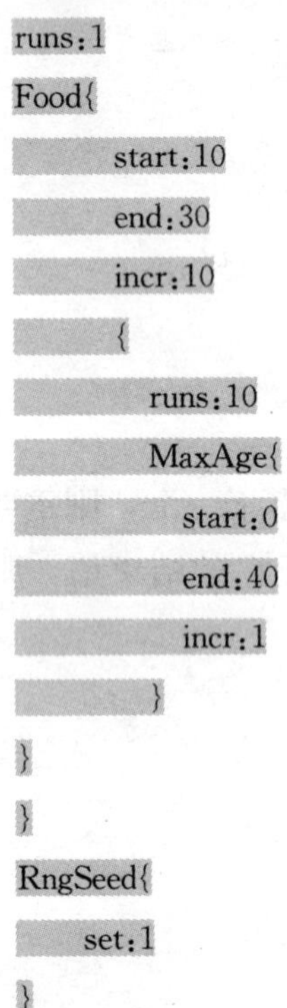

```
runs:1
Food{
        start:10
        end:30
        incr:10
        {
           runs:10
           MaxAge{
              start:0
              end:40
              incr:1
           }
}
}
RngSeed{
     set:1
}
```

RngSeed 是每个模型的一个参数，能够像其他参数一样被使用。这里它被设置为 1，并且这个值将在整个个体批处理运行中保持为常量。

列表参数：

```
runs:1
Food{
        start:10
        end:30
        incr:10
      {
```

```
            runs:10
            MaxAge{
                set_list:1.2 3 10 12 84
            }
        }
}
RngSeed{
    set:1
}
```

这与上述情况相同，除了 MaxAge 是经过列表来增加它的值。所以首先以 MaxAge 值为 1.2 来运行，运行 10 次。然后将 MaxAge 的值设置为 3，以这个值再运行 10 次。如此继续下去，直到走到列表的末尾，然后增加 Food 的值，MaxAge 的值再从列表的开端处开始，如此往复，直到 Food 的值大于 30。

布尔型和字符串型的关键字以同样的方式操作，只是在其中设置布尔型和字符串型的值而不是数值型的。

参数文件中可包含由标准 C、C＋＋或 Java 的注释标记“//”、“/∗…∗/”来区分开注释部分。

3. 为模型命名

可以通过名称实例变量为模型取个名字。在模型构建的时候给 name 变量指派合适的值。例如，

```
import uchicago.src.sim.engine.SimpleModel;
public class MyModel extends SimpleModel{
  …
  public MyModel(){
     name="Example Model";
  }
  …
}
```

名字（Example Model）将成为模型工具条窗口上的标题。

4. 另外一些方法和实例变量

SimpleModel 还拥有若干其他的方法和实例变量可以应用到用户模型类

当中。

（1）方法。

setStoppingTime(long time)　可以用来设置运行终止的时间步数，在这个时间步，当前模型运行结束。

setRngSeed（long seed）　可以用来设置缺省随机数值生成器的种子。种子的缺省值为1。

getNextIntFromTo（int from，int to）　返回在 from 和 to 之间的下一个随机整数，包括 from 和 to。

getNextDoubleFromTo（double from，double to）　返回在 from 和 to 之间的下一个随机双精度数，包括 from 和 to。

atPause()　无论模型何时被暂停，这个方法都将会执行，所以需要重载这个方法。

atEnd()　即使当模型结束时，这个方法将被执行。

（2）实例变量。

Schedule schedule　可以被用来在 Schedule 中加入用户定义的动作（action）。

boolean isGui　当模型是以 GUI 模式运行时，值为 true，以批处理模式运行时值为 false。

long startAt　开始执行 preStep()、step()、postStep() 动作的时间步。缺省值为1。

5. 加入显示机制（DisplaySurface）

DisplaySurface 和数据记录器等能够被合并到基于 SimpleModel 的模型中，如：

```
public class MyModel extends SimpleModel{
  private DisplaySurface dsurf;
  ...
  private void buildDisplay(){
     ...
  }
  public void buildModel(){
     ...
```

```
    buildDisplay();
```

```
  }
}
```

可以把建立显示的代码放到 buildDisplay()当中，并确保当模型开始运行时被调用。当然也可以将所有代码放到 buildModel()中，把建立显示的代码分离出来，结构更清晰。

显示屏是主体和所在环境的图形表示，在 Repast 中，它是通过三种类型的类来创建的：空间（Spaces，在 uchicago. src. sim. space 包中）、uchicago. src. sim. gui 包中对应于这些空间的显示屏（如 Object2DDisplay）和 DisplaySurface。另外，如果要显示主体对象或环境对象等，必须实现相关的与之适合的接口类。

在探讨 buildDisplay()方法之前，先介绍一下 Repast 建立并绘制显示屏的实现机制。Repast 显示绘图分为几个步骤。第一步是创建绘制的目标对象，一般是主体和环境状态。在 buildModel()中，创建主体等目标对象，并把主体加入到某一类型的空间（比如 Object2DTorus 空间）或列表中去。然后在 buildDisplay()中，创建近似于空间的显示屏，而且将空间加入到显示屏中。列表（如果存在的话）也被加入到显示屏中。显示屏本身作为可显示界面，或者是既可显示又可探测的界面（这取决于是否要针对空间中的对象进行探测）被加入到 DisplaySurface 中。而 DisplaySurface 本身是在模型的 setup() 方法中创建的。

准备好基本对象和数据结构后，显示绘图的次序如下。先是 DisplaySurface 对象调用 updateDisplay 方法。通常，这个调用会被加入到时间序列中去，由时间序列机制来调用它。收到这个调用后，DisplaySurface 对象就让所有的显示屏来显示。接到这个调用后，显示屏就得到空间包含的所有对象的列表，如果已经有了该对象列表，则直接使用。然后 Display 会请求一些绘制信息，让列表中的所有对象绘制自己，这些对象就会绘制自己。为了能够显示对象，Drawable 对象需要执行某些方法。这些方法因 Display 不同而不同，他们被封装在一个个 Drawable 接口中。空间和 Display 可用的对象如下。

Display 通常是在 buildDisplay() 方法中创建的。下面给出一个简单的 buildDisplay()：

```
public void buildDisplay(){
Object2DDisplay agentDisplay=new Object2DDisplay(world);
agentDisplay.setObjectList(agentList);
dsurf.addDisplayableProbeable(agentDisplay,"Agents");
addSimEventListener(dsurf);
}
```

其中，world 是空间，在一个 Object2DTorus 类型的空间上居住着主体，agentList 是主体的一个简单的列表，dsurf 是一个 DisplaySurface，这些是事先在 buildModel() 中或者像 dsurf() 一样在 setup() 中定义好的。这里创建了 display，并将空间 world 作为其构造的一部分加了进去，然后 agentList 也被加入到了 Display 中。这个 Display：agentDisplay，作为可视、可探测的 Display 被加入到 DisplaySurface dsurf 中。由于可视，dsurf 会用上面讲的方式来显示 agentDisplay；由于可探测，dsurf 会允许对空间所包含的主体进行探测。最后一个方法把 dsurf 作为一个监听终止和暂停的监听器加入到模型中。这使得 dsurf 可以知道模型什么时候停止，什么时候暂停，因而可以做出相应的动作。把 agentList 和 world 都加入到 agentDisplay 中看起来似乎是冗余的，但事实上是必要的，因为空间除了显示对象列表之外还要参与探测机制。

（1）文本显示。

TextDisplay 和别的显示类不同，在 TextDisplay 不需要显示 space。而且，它是在 DisplaySurface 之上显示文本。只要指定所要显示的文本，TextDisplay 就会显示相应的文本。

创建一个 TextDisplay 的方式如下：

```
td=new TextDisplay(20,20,Color.yellow);
dsurf.addDisplayableProbeable(td,"text");
```

这样就可以创建一个 TextDisplay，这个 TextDisplay 在坐标（x，y）=（20，20）的位置以黄色显示指定的文本。这种类型的代码一般放在 buildDisplay() 方法中。在这里，“td”是模型类中的一个实例变量（注意，这里的坐标代表像素而不是栅格的位置）。像其他 Display 类一样，之后 TextDisplay “td”被加到 DisplaySurface。默认情况下，文本被显示在一个与文本颜色一样的矩形中。这个矩形可以被鼠标拖动着在 Display 类中移动，也可以用 addLine（String Line）方法来指明要添加的文本，这样就可以添加新文本而不删除原有的文本。如果要删除所有先前添加的文本，可以使用 clearLines()方法。添加新的文本是一个时间序列中的典型动作，这是为了利用新的文本来反映模型新的状态。

例如：

```
td.clearLines();
td.addLine("tick count:"+getTickCount());
```

以上动作将在时间序列中的每个时间步上发生，因此就可以在每个时间步上显示模型在这个时间步上的值。addLine、clearLine 还有显示矩形与否的方法都存在多种变化，更详细的信息参见 API 文档。

（2）获取快照并且制作视频。

Repast 可以生成快照，即模型当前显示的 gif 图像；还可为运行时的动态显示变化制作影像短片，这些功能都是通过 DisplaySurface 来实现的；可以在模型程序中手工添加建立快照和制作影像的功能，或者利用 Repast Action 栏中的按钮实现。下面简单介绍几例程序实现方式。

建立快照显示界面，应在 buildDisplay() 中调用

```
dsurf.setSnapshotFileName(some_fileName);
```

DisplaySurface 将利用这个名字作为实际的 gif 文件的基础，然后在 buildSchedule（）方法中将 DisplaySurface 实际生成快照加入事件序列。例如 dsurf 是 DisplaySurface 类型，通过

```
schedule.scheduleActionAtInterval(100,dsurf,"takeSnapshot");
```

dsurf 将能够在模型运行的每 100 个时间步上创建显示的 gif 图像，最终 gif 文件名形式为 some _ fileName _ tick _ count. gif，例如 heatbugpic100. gif。

也可以用类似的方法为 Repast 的制图对象（OpenSequenceGraph 和 OpenHistogram）生成快照。只要简单地用制图对象的名称替换上面的 dsurf 即可。制作视频也是类似的。为了制作视频需要准备一个 DisplaySurface，需要通过

```
dsurf.setMovieName(movie_name,DisplaySurface.QUICK_TIME);
```

为了真正将某一时间步的模拟显示导入视频的帧，需要将 addMovieFrame 加入 DisplaySurface 的时间序列，通过

```
schedule.scheduleActionAtInterval(10,dsurf,"addMovieFrame");
```

可以每隔 10 个时间步提取显示图像作为视频的帧，目前只支持 QuickTime 格式的视频。生成的视频结果文件可以是在 setMovieName 方法中指定的任意名称后面加上相应视频格式的后缀名，比如"heatBugMovie. mov"。这点必须显式声明，发送 closeMovie 信息给 DisplaySurface。例如：

```
schedule. scheduleActionAtEnd(dsurf,"closeMovie");
```

这样就会在模拟结束时发送 closeMovie 信息。当视频已经停止向一个文件写入数据时，会弹出一个提示对话框。在看到并且点击了这个对话框之前不要结束模拟。

Repast Action tab 可以用来为 DisplaySurface 和制图对象自动制作快照和视频。点击 Repast Action tab 相应的按钮将会给出自己有解释的一系列选择。为了实现这点，需要注意这些对象在 setup() 方法中是如何创建的。通常的做法是在 setup 方法中创建这些对象，并将它们注册为 DisplaySurface 或者 MediaProducer。DisplaySurface 需要被注册为 DisplaySurface，而统计图对象需要被注册为 MediaProducer。例如：

```
private void setup(){
  …
  dsurf=new DisplaySurface(this,"Sugar Scape");
  registerDisplaySurface("Sugar Scape",dsurf);
  bar=new OpenHistogram("Agent Wealth Distribution",10,0,this);
  graph=new OpenSequenceGraph("Agent Attributes",this,"./
graph_data. txt",Statistics. CSV);

  registerMediaProducer("Hist",bar);
  registerMediaProducer("Plot",graph);
  …
}
```

注册一个对象或 DisplaySurface 可以使它能够作为一个可以显示的变量来代表快照或视频的来源。通过点击 Repast Action tab 上的"take Snapshot"按钮，可以选择这些已经注册过的对象作为快照的来源。在上面的例子中，已经可以选择一个或者所有的"Sugar Scape"、"Hist"或者"Plot"。要注意的是，虽然预留了注册接口（如上述代码的倒数第一、二行），但 Repast 目前还不支持各种统计图表对象的时间序列的视频制作。

使用下面的表格来确定主体在使用特定的 space 和 display 时，需要实现什么接口。比如，如果主体继承了 Object2DTorus，就要用 Object2DDisplay，而且主体类还要实现 Drawable 接口。

表 4—1　　空间类与相应显示接口类对应关系

空间类	显示类	接口类
Object2DGrid	Object2DDisplay	Drawable
Object2DTorus	Object2DDisplay	Drawable
Object2DGrid	Network2DGridDisplay	节点：Drawable2DNode 边：DrawableEdge
Object2DTorus	Network2DGridDisplay	节点：Drawable2DGridNode 边：DrawableEdge
Diffuse2D	Value2DDisplay	N/A. 与 ColorMap 匹配
Multi2DGrid	MultiObject2DDisplay	Drawable
Multi2DTorus	MultiObject2DDisplay	Drawable
OrderedMulti2DGrid	MultiObject2DDisplay	Drawable
OrderedMulti2DTorus	MultiObject2DDisplay	Drawable
Object2DHexagonalGrid	Object2DHexaDisplay	Drawable
Object2DHexagonalTorus	Object2DHexaDisplay	Drawable
DiffuseHexagonal2D	Value2DHexaDisplay	N/A. 与 ColorMap 匹配
RasterSpace	Object2DDisplay	Drawable

6. 收集模型运行产生的数据

数据收集主要是通过 DataRecorder 对象实现的，这个对象可以记录多种类型数据源的数据，并且可以以表格的形式向文件写入数据。软件附带的例子模型 Enn（Endogenous Neighborhood）介绍了如何使用 DataRecorder，可以作为本节学习的实践参考。除了 DataRecorder 类，本节在最后还介绍了一些其他的数据收集方法。

应用 DataRecorder 之前要先创建，然后为它添加数据源，最后为它安排记录和写文件的时间序列。下面是一个创建 DataRecorder 变量 recorder 的例子：

```
recorder=new DataRecorder("./data.txt",this);
```

还可以向输出文件添加头部注释：

```
recorder=new DataRecorder("./data.txt",this,"A Comment");
```

第一个变量是写出数据的文件名，第二个是与这个 recorder 关联的模型名，“this”意味着这个 recorder 是在模型内部被创建的。在例子的第二个式子中，最后一个参数是可选的头部注释。一旦建立了，DataRecorder 就询问模型及模拟是否在批处理模式下进行。如果是，那么 DataRecorder 将把所有的数据写入一个单独的文件，同时保持对运行次数的跟踪，一直这样下去。创建并为 DataRecorder 添加数据源是为了告诉 DataRecorder 从哪里找到数据并记录。DataRecorder 将在这些数据源发送 record() 信息的时候记录数据，通常都是通过时间序列机制。DataRecorder 典型的数据源是一些对象的方法调用或者实例变量的值。实际的数据源可以是两种类型：数字（int，float，long，double）和对象（String 等）。

为了让 DataRecorder 知道如何处理如此广泛的数据源类型，这些方法调用和实例变量必须预先包装在两个接口中：NumericDataSource 或 DataSource。NumericDataSource 用于数值类的数据源，DataSource 用于其他的类型。NumericDataSource 接口只有一个方法：public double execute()，DataSource 接口也只有一个方法：public Object execute()。将数据源用其中的一个接口包装起来，使得能够创建一个实现了以上某个接口的类，这个类可以用 execute 方法向 record 返回希望返回的数据类型。就像 BasicActions，可以手动创建这些类，也可以让 Repast 动态创建。下面是一个例子：

```
public class MyModel extends SimModelImpl{
  private int numAgents;
  private Space space;
  private DataRecorder recorder;

  ...

  class NumDataSource implements NumericDataSource{
    public double execute(){
      return numAgents;
    }
```

```
    }

    class ObjDataSource implements DataSource{
        public Object execute(){
            return space. getData();
        }
    }

    private void buildModel(){
        recorder=new DataRecorder("./data. txt",this);
        recorder. addNumericDataSource("numAgents",new Num-
DataSource());
        recorder. addObjectDataSource("SpaceData",new ObjData-
Source());
        …
    }
}
```

这里以创建内隐类的方法实现了两个数据源：第一个是 NumDataSource，仅仅返回了 numAgents 的值；第二个是 ObjDataSource，调用了一个假设的 space 类的方法并返回了一个对象用于记录数据。在 buildModel() 方法中把这些数据源加到了 recorder 上。然后，无论什么时候只要调用 DataRecorder. record() 方法，这些数据源的 execute () 方法就会执行。也可以使用匿名的内隐类的方法替代显式生命内隐类 ObjDataSource 和 NumDataSource。以自动创建实现上述某种接口的类为例，代码如下：

```
public class MyModel extends SimModelImpl{

    private int numAgents;
    private Space space;
    private DataRecorder recorder;
    …

    public int getNumAgents(){
```

```
        return numAgents;
    }

    public String getSpaceData(){
        return space. getData();
    }
    private void buildModel() {
        recorder=new DataRecorder(". /data. txt",this);
        recorder. createNumericDataSource("numAgents",this,"get-
NumAgents");
        recorder. createObjectDataSource("SpaceData",this," getSp-
aceData");
        ...
    }
}
```

上面是先创建数据源，并以方法调用的形式将它们加到 DataRecorder 类中。DataRecorder 的 create 方法将识别引用对象的标签和用于返回数据的调用方法的名称。所以，在以上的代码中，Repast 就创建了 NumericDataSource 对象，它的 execute 方法调用 getNumAgents()。createObjectDataSource 方法也以相类似的方式工作。无论是手工还是自动，创建数据源方法的结果都是可比较的。但是，在自动创建的方式中，类似于拼写错了调用方法参数名字的错误将不会在执行期之前被发现。对于 NumericDataSource 对象，可以显示声明小数点前后的记录的数字的位数，如：

```
recorder. createNumericDataSource("numAgents",this,"getNumAgents",3,4);
```

将在小数点前记录 3 位，在小数点后记录 4 位。如果数据源产生的数据是 3 333. 222 222 22，那么记录下来的将是 333. 222 2。使用－1作为参数将记录所有的数字，所以 recorder. createNumericDataSource ("numAgents",this,"getNumAgents"，－1，4）将记录 3 333. 222 2。注意这里数字没有被削减，而是根据是否进位的标准来决定是否进位。在 API 文档中可以找到关于 DataRecorder 类的更多信息。

用 record() 方法收集数据，然后用 writeToFile() 方法把数据写入到文件，像别的方法一样，这两个操作也被设定在时间序列中。例如：

```
schedule.scheduleActionBeginning(0,new BasicAction(){
public void execute(){
    dRecorder.record();
  }
});
schedule.scheduleActionAtEnd(dRecorder,"writeToFile");
```

这段代码展示了一个时间序列的机制，在这个时间序列中，在每个时间步开始的0秒后，调用DataRecorder变量dRecorder的record()方法。就像以上提到的，dRecorder按照以上描述的方法询问数据源，并且记录数据结果。以上代码也告诉时间序列机制调用dRecorder的writeToFile方法。当dRecorder被创建后，dRecorder将收集的数据写入指定的文件，如果数据在这次运行中已经被写入了，那么就添加新的数据。输出文件以标志这次运行模型参数的头部开始，接着是以表格形式给出的数据。例如：

```
RngSeed:948816295132
numAgents:100
maxAge:120

"tick","Avg. Age"
0.0,33
1.0,33
2.0,32
3.0,40
...
```

批处理运行中的输出文件有少许不同，在批处理运行开始时，所有的常量参数就被记录在头部。所有在批处理参数文件中定义的动态参数都被记录在表格体内。

可以用setDelimiter(String val)方法改变记录数据的分隔符号。缺省的分隔符号是“,”所以缺省的数据记录是上面所展示的样子。如果改变分隔符号为“:”，将变为：

```
RngSeed:948816295132
```

```
numAgents:100
maxAge:120

"tick":"Avg. Age"
0.0:33
1.0:33
2.0:32
3.0:40
...
```

注意：数据是被存储在内存中的，当 writeToFile 方法被调用时，数据会被写入文件，内存中的数据会被冲掉。这时如果可能会发生内存方面的问题，设计者可以考虑提高数据写入文件的频度。

另外还有一些收集数据的方法从一个 Repast 模拟中收集数据，除 DataRecorder 之外，还有很多别的选择。如果要记录网络数据，可参考 Network Models。通过 ObjectDataRecorder 记录数据的方法如下所述。

ObjectDataRecorder 以 String 和附加注释的形式向文件中记录任意的对象。比较典型的注释是时间步统计，但也可以是用户自定义的别的注释。ObjectDataRecorder 创建时就像是一个有关联文件名和模型的 DataRecorder 对象。和 DataRecorder 对象不同，ObjectDataRecorder 没有数据源，可通过 record() 方法记录任意的对象。

在非批处理模式下，文件头将会包括所有的模型属性和这些属性的值。这些值是第一次调用 write 方法时的值，允许用户在模型构建之后运行之前修改模型参数。所以，初始化模型的参数只能通过用户或者参数文件修改。如果不是，那么文件头可能会不准确。实际数据将会以块的形式写入文件，这个块也包括在文件头中可选的参数，之后就是代表对象的 String 标志。这个 String 标志通过对象的 toString() 方法获得。在批处理模式下，所有的常量参数都被记录在头部。数据块包括所有的动态参数的值、运行值、可选的注释（典型的注释还是时间步统计）和被记录的对象的 String 标志。

五、典型内部机制

通过上一节的较为具体的介绍，我们从一个较为微观的角度，从具体到一个模型如何建立的角度上对 Repast 这个工具有了一定的了解。在这一节中，让我们再次在一个较高的层次上，来看一下这个工具的两个比较典型的内部机制：时间序列机制和图形用户界面（graphic user interface，GUI）机制。最后介绍侧重于网络拓扑特征的模型设计。

1. 时序表：时间序列机制

在 Repast 模拟环境下，时间序列机制负责所有用户定义的状态的变化。其设计基础是 Swarm 的观察员结构（Observer Swarm）中的时间序列机制。作为核心机制，时间序列机制由已建立好的一些方法调用组成，这些现成的方法调用在一些特定的时间激活一些主体。Repast 表现为对独立事件的模拟，它的时间单位就是前面已经提到的时钟步（tick）。时钟步的存在类似于一个钩子可把事件的执行按顺序挂上。例如，如果事件 x 在时间序列中标记为 3，事件 y 标记为 4，事件 z 标记为 5，则表示 y 在 x 之后 z 之前被执行。特别的是时钟步只是排列事件执行相对先后顺序的一种方式，如果事件序列中某一个时钟步上不存在事件，则这个时钟步本身就不存在。

典型的 Repast 模型可能包含一系列异质的主体，这些主体可能排列成特定的结构（如一个公司和它的雇员）。但无论其构成如何，每个主体都具有一定的行为，建模者所关心的是这些行为间的相互作用关系。时间序列本身是基于时钟步的，这使得事件行为以一定的时间顺序在特定的时钟步上发生，并且只在特定的时钟步上或特定的间隔内发生。这种基于时钟步的时间序列机制很灵活，可适合于不同的动态模型，无论是连锁反应型还是离散的独立事件型。此外，时间序列还能相互嵌套，允许以不同的时间粒度与不同的环境或对象结合起来使用。因此建模者可以专注于模型的动态特征和相互间的作用，方便了从概念模型到计算机模型的转化。设计模式的共享意味着完成概念模型后就能建立起相同模式的计算机模型。

Repast 在设计实现时间序列机制系列方法时，设计一个 BasicAction 类把这些方法与对象的其他部分分开。BasicAction 由一些被 Scheduler 类直接使用的变量和一些抽象的（abstract）公共（public）方法组成。所有 BasicAction 的子类都要具体实现这些抽象的方法。时间序列机制的设计还参考了设计模式，所有的时间序列对象的继承关系构成一个树型结构。其中 BasicAction 类是根类，然后是 SimAction 和 SimListAction 类，或用户自定义的从

BasicAction 中继承的类，或容器类（时序表和 ActionGroup）。作为容器，时序表对象储存了 BasicAction 以及在何时执行这些 BasicAction 的相关信息；ActionGroup 允许将 BasicAction 按照概念相似的原则分为不同的组，并且提供了规定这些放在 ActionGroup 中的 BasicAction 的执行顺序的方法。

所有这些对象共享的操作是那些根类中定义好格式的抽象方法——"execute()"。根据面向对象的继承原理，重载的方法具有多态性，可以用迟后编译决定实际调用的方法。Action 类成员使用"execute()"调用实际的方法操作模拟对象，而容器类使用 execute() 调用其成员的方法。除了"execute()"外，时序表对象还含有另外一些方法，用以将 BasicAction 和与之相关的时间序列信息增加到自身类中。BasicActions 能够被安排在特定的时间执行，以特定的时间间隔执行，或者以特定的时间迭代执行。BasicAction 自身能够通过调用 ActionGroup 或者时序表对象创建激活，也可以通过其子类直接激活生成。通过容器对象建立和激活 BasicAction 的方式更合理，虽然比与由 BasicAction 的子类直接建立激活的执行方式慢些，因为它使用了Java 映像机制。一个属于 BasicAction 的类，如果被以一种内部类的形式创建激活，那么这个内部类将会被添加到其中的一个容器类中。

对于所有模型，所有子类的主时序表都会在实现 SimModel 接口时创建，可以通过 SimModel 自身创建，也可以通过扩展的 SimModelImpl 来创建。BasicAction 随之也被创建激活，并和与之相关的时序安排信息一起加入到时序表对象中。上面所提到的控制类随后开始循环调用执行这些时序表对象。最初时，时钟步或者记录变量初值为零。随后，时序表对象基于时间序列信息，结合考虑每一个基础行为，建立及时的执行序列，如果合适的话，还可以将它的子 BasicActions 加入到该序列中。之后，它（时序表对象）反复调用队列中的 Basic Actions 执行。这样一来，源 BasicActions 或叶 BasicActions 将调用一些实际模拟对象来改变模拟模型的状态。当时序表对象完成了对执行队列的反复调用之后，记录变量值随之增加。记录变量记录了执行的被排入时间序列的 BasicActions。

这种设计和实现工具为用户提供了一种清晰且具有良好扩展性的时序安排机制。许多复杂的执行方案，通过综合使用 BasicActions、ActionGroups 和 Schedule 得以创建实现。

举个例子：假设要把对主体调用 step() 的方法排入时间序列，则可以写一个 BasicAction 的子类并在 execute() 方法中调用 agent. step()，或让 Repast 自动建立 BasicAction。在前一种情况下，类的定义如下：

```
class MyAction extends BasicAction {
        public void execute () {
    agent. step ();
  }
}
```

这个可执行方法在预定的时间被 Scheduler 调用。建立一个时间表包括建立 BasicAction(s) 和将 BasicAction(s) 排入时间表来执行。

下面再以一个实际的例子比较实现时序的两种方法。

手工编码 BasicAction 的子类常常被作为模型类之中的内部类（参考 Java 指南或任何好的 Java 教材中的内部类部分）。例如，热虫模型的 buildSchedule() 方法是这样编码的：

```
private void buildSchedule() {
    class HeatBugsRunner extends BasicAction{
      public void execute(){
        space. diffuse();
      for (int i=0;i<heatBugList. size(); i++){
        HeatBug bug=(HeatBug)heatBugList. get(i);
        bug. step();
      }
  space. update();
  dsurf. updateDisplay();
      }
    };
    class SnapshotRunner extends BasicAction{
      public void execute(){
        dsurf. takeSnapshot();
      }
    };
    HeatBugsRunner run=new HeatBugsRunner();
```

```
    schedule.scheduleActionBeginning(1,run);
    schedule.scheduleActionAtInterval(100,new SnapshotRunner(),
Schedule.LAST);
  }
```

这里有两个内部类：HeatBugsRunner 和 SnapshotRunner，它们都扩展了 BasicAction。在这两个例子中“execute()”都执行了适当的调用。事实上，把这些执行加入时间序列只是实例化 BasicActions（HeatBugsRunner 和 SnapshotRunner），然后把这些实例化的类的执行加入时间序列。如上面的最后两行（对 schedule.scheduleActionBeginning 和 schedule.scheduleActionAtInterval 的调用）。所有这些都可以由任一内部类来完成。这里提到的规定两个 BasicAction 类的执行的时间序列是一个时间序列对象，该对象在模型的 setup() 中被创建。对 Schedule.LAST 这个参数以后会再解释。如果是由时间序列本身创建 BasicActions，则上面的代码可以写成：

```
public void step(){
  space.diffuse();
  for (int i=0;i<heatBugList.size();i++){
    HeatBug bug=(HeatBug)heatBugList.get(i);
    bug.step();
  }
  space.update();
  dsurf.updateDisplay();
}
private void buildSchedule(){
    schedule.scheduleActionBeginning(1,this,"step");
    schedule.scheduleActionAtInterval(100,dsurf,"takeSnap-
shot",Schedule.LAST);
  }
```

buildSchedule() 中的第一行将当前对象的 step 方法加入了时间序列，在这里就是指模型从第一个时间步开始每个时间步都执行（越往后执行得越多）。如果需要在一个像上面的 step() 方法一样的特定的命令中执行几个方法调用，或者进一步地在 HeatBugsRunner 类中，把它们放在同一个方法中比将每一个都单独地加入时间序列要方便。

通过时间表对象建立 BasicActions，允许在一个方法调用中排时间序列和建立 BasicActions。从 Repast v. 1.3 起，由时间表建立的 BasicActions 不再比手工建立的执行慢。对使用时间表建立的 BasicActions 的权衡省略了编译器检查。然而，任何错误将会在模型运行时被捕捉。举个例子，如果希望将一个 step() 方法排入时间表，同时自己写 BasicAction 子类，但是把 step() 误写为 stwp()。编译器将在模型的实际运行前捕捉到这个错误。而如果是让时间表对象建立 BasicAction，则这个拼写错误将直到模型实际运行时才能发现。

将 BasicActions 加入时间序列中

将 BasicActions 的执行加入时间序列是通过 schedule 对象来完成的。它允许定义从某个特定的时间步开始每个时间步都执行某种动作，或者在某些特殊的时间步执行一次，或者每隔一定的间隔执行，或者在模型暂停的时候执行，或者在模型结束的时候执行。时间步就是所有加入时间序列要执行的 BasicActions 的一次单循环。但时间步本身是将各种相关的动作加入时间序列的一种方法；并不是一个离散的实体。时间序列规定要在时间步 3 执行的动作会在规定要在时间步 10 执行的动作开始前就完成。但是如果时间序列在时间步 3 到时间步 10 之间没有指定执行任何动作，那么时间步 10 的动作会在时间步 3 的动作完成后马上开始执行。这样的话，时间步 4 到时间步 9 就根本不存在了。时间步也可能取小数值，可以规定一个动作在时间步 1.25 时执行。

在时间序列中一般规定每个主体的"step"方法和 DisplaySurface 的 updateDisplay 方法。上述例子中将 HeatBugsRunner 的 public void execute() 方法加入时间序列，规定从第一个时间步开始每个时间步都执行，SnapshotRunner 的 public void execute() 方法每隔 100 个时间步执行。

在将 BasicActions 加入时间序列时采用 Schedule. LAST 这个参数可以确保某个 BasicActions 发生在其他时间序列中的 BasicActions 之后。接受这个参数的方法有：schedule. scheduleActionAt 和 schedule. scheduleActionAtInterval。例如：

```
schedule.scheduleActionAtInterval(100,dsurf,"takeSnapshot",
```

```
Schedule.LAST);
```

在时间序列中规定 takeSnapshot 方法每隔 100 个时间步执行一次，而且确保了它会在所有没有加入 Schedule.LAST 参数的动作都完成后执行。这点是非常有用的，能使数据收集、snapshot 和电影画面等的创建在 BasicActions 之后发生，因为 BasicActions 的执行过程可能会改变数据或图像源。

没有用 Schedule.LAST 这个参数的 BasicActions 会以随机的顺序在所有用了 Schedule.LAST 参数的 BasicActions 之前执行。如果希望这些没有采用 Schedule.LAST 的 BasicActions 以有序的方式执行，可以把 BasicActions 分解，每一个都放在一个单独的方法中，或者创建一个有序类型的 ActionGroup，并把 BasicActions 加入这个 ActionGroup 中。最后再把这个 ActionGroup 通过时间序列对象加入时间序列中。例如：

```
class Runner2 extends BasicAction{
        public void execute(){
            doSomethingElse();
        }
};


schedule.scheduleActionBeginning(1,obj1,"doSomething");
schedule.scheduleActionBeginning(1,new Runner2());
schedule.scheduleActionAtInterval(3,obj3,"takePicture");
```

这三个 BasicActions 在它们要执行的时间步里是以随机顺序执行的。假设 doSomething() 打印出"doSomething"，doSomethingElse() 和 takePicture() 也如此，则六个循环后的输出可能是：

```
tick1:doSomething,doSomethingElse
tick2:doSomethingElse,doSomething
tick3:takePicture,doSomethingElse,doSomething
tick4:doSomethingElse,doSomething
tick5:doSomething,doSomethingElse
tick6:doSomethingElse,takePicture,doSomething
```

如果我们把

```
schedule.scheduleActionAtInterval(3,obj3,"takePicture");
```

改成：

```
schedule.scheduleActionAtInterval(3,obj3,"takePicture",Sche-
dule.LAST);
```

那么"takePicture"在时间步 3 和时间步 6 中就会调到最后发生。为了让 doSomething() 和 doSomethingElse() 有序地执行，我们可以在另外一个方法中调用这两个方法

```
public void doIt(){
    doSomething();
    doSomethingElse();
}
```

其中，doIt 是 obj1 对象的一个方法。

```
class Runner3 extends BasicAction{
    public void execute(){
        takePicture();
    }
};
schedule.scheduleActionBeginning(1,obj1,doIt);
schedule.scheduleActionAtInterval(3,new Runner3());
```

或者我们可以创建一个有序的 ActionGroup，把 Runner1 和 Runner2 都加入其中，然后把 ActionGroup 的执行加入时间序列中。

```
class Runner1 extends BasicAction{
  public void execute(){
    doSomething();
  }
};
class Runner2 extends BasicAction{
public void execute(){
      doSomethingElse();
  }
};
class Runner3 extends BasicAction {
  public void execute(){
```

```
        takePicture();
    }
};

ActionGroup group=new ActionGroup(ActionGroup.SEQUENTIAL);
group.addAction(new Runner1());
group.addAction(new Runner2());

schedule.scheduleActionBeginning(1,group);
schedule.scheduleActionAtInterval(3,new Runner3());
```

BasicAction（Runner1 和 Runner2）会按照它们被加入到 ActionGroup 中的次序来执行。注意我们也可以直接用 ActionGroup 的 createAction 方法来创建并添加 BasicAction。

时间序列机制也支持线程后台动作的执行。要创建一个这样的动作，BasicAction 的执行被加入时间序列中，就像之前一样，要有一个规定动作持续时间的参数。这个持续时间指定这个动作要在后台执行多久。例如，如果动作 A 被指定要在时间步 3 开始，持续时间是 4，那么它会在时间步 3 开始执行，直到其他动作的执行占用 4 个时间步为止。一旦过了 4 个时间步，执行引擎就会等待动作 A 的结束。要注意，这里动作 A 并不是在那些时间步中重复执行。执行机制调用动作 A 的 execute 方法，然后它马上执行下一个时间序列中的行为而不是像往常那样等待它完成，这时 A 的 execute 方法继续在后台执行。只有当时间步累计达到“持续时间”时，执行机制才会停下来等待动作 A 的完成。例如：

```
schedule.scheduleActionAt(3,new LongRunningAction(),4);
```

这里这个新的 LongRunningAction() 是某个用户定义的 BasicAction，它可能要用很长的时间才能结束，不依赖于其他任何动作的结果。这个动作会在时间步 3 开始执行，一直到时间步 7（3+4）才结束。

这里要注意，用线程编程是需要技巧的。动作本身应当是准独立的花费时间比较多的过程，而且它不影响模型的其他部分。它本身一点都不能更新显示屏或者任何可视的东西，至少在它结束以前不可以。这样的线程动作的使用在批处理环境下要容易一些，但也可在图形交互的方式下应用。

也可不把 BasicActions 放在 Schedules 和 ActionGroups 中。有关时间序列的更多信息可参见这些对象的 API 文档。

2. 图形用户界面机制

显示机制用来实现正在运行的模型的实时显示。这一机制包括 space 类库中的 space 类、space 相关的绘图类（SimGraphics 类）、各种可绘制对象与 display 类和 space 类相关的可绘制接口（如 Drawable、Drawable2DNode 等）以及来自 GUI 类库的 Local Painter 和 DisplaySurface 等。

其中 spaces 是描述模拟对象拓扑关系的容器。如 space 类的 Object2DTorus 描述显示一种二维曲面栅格，该曲面栅格的每一个单元都能容纳一个对象。SimGraphics 类封装了 java. awt. Graphics2D，简化了绘制圆圈、矩形、正文、色彩等的工序。Display 类包含一个 space，并且提供了显示该 space 中对象的接口及实现工具。如果 space 中的对象要能显示，那么该对象必须构成一定的形式状态。各种可绘制接口（Drawable）定义了这些形式状态，这些接口能够通过任何对象来解释执行。

显示机制还能实现 Probeable（可探测）接口，指定屏幕坐标的定位，可将这些坐标转化成相应的拓扑坐标，并可返回坐标所在的对象列表等。

LocalPainter 是存放绘图类的容器，它能处理实际绘制描述这些绘图类，处理双缓冲和 Graphics2D 的操纵控制。DisplaySurface 处理探测任务，它还是绘制描述机制（drawing mechanism）的公用接口，但 LocalPainter 是个例外（一个模型将会把绘图类添加到 DisplaySurface，之后 DisplaySurface 再把它们添加到 LocalPainter)。这样一来，建立一个 Repast 模型的显示程序，实际上就是决定在一个空间（a space）上还是很多空间（spaces）上建立在这些空间所包含的对象中实现适于这些空间的可图形化接口，把这些空间添加到合适的显示机制中，之后将这些显示机制添加到 DisplaySurface 中去。

在看具体的 buildDisplay() 方法之前，让我们先了解一下Repast实际上是如何建立图形显示的。Repast 显示图形分以下几个步骤：首先，创建希望被绘制的对象，通常是主体和环境。如前文在建模基本方法中讲的，主体等都是在 buildModel( ) 中创建，创建后加入到一定的空间中去，如 Object2DTorus，有时是一个列表。其次，在 buildDisplay() 中选择创建一个适合于空间的显示对象（如 Object2DDisplay），空间被加入到显示中。如果有列表的话也将被加入显示中。然后，显示本身被加入 DisplaySurface（DisplaySurface 本身应在模型的 setup() 中被创建）。简单地说，在 buildDisplay() 之后，就有了一个可显示的 DisplaySurface，它包含了含有要被显示的对象的空间。

在这样的结构下，实际的绘制描述过程是，时序表在 DisplaySurface 对象中调用 updateDisplay 方法；当接到这一调用后，DisplaySurface 对象通知 LocalPainter 进行自我描述；之后 LocalPainter 从一个 off-screen BufferedImage 生成一个 java. awt. Graphics2D 对象，并且在此 Graphics2D 对象外包裹上一个 SimGraphics 类；接着，在它所包含的每一个显示中调用 DrawDisplay (SimGraphics) 方法，而将 SimGraphics 作为一个参变量传递。显示机制或者从它所包含的空间中得到所有对象的列表，或者如果一个对象列表已经添加到这一显示类中，则直接使用该列表。显示机制则通过这个列表反复调用，通过合适的可绘制的接口（Drawable），从列表的每一个对象中请求一些绘制描述信息（坐标、大小等），用这些信息来为 pass-in SimGraphics 做准备。列表中每一个可绘制的对象被告知使用 pass-in SimGraphics 对象进行自我绘制描述。当绘制机制已通过所有的显示机制完成了反复调用，它就把离屏绘制的图像传输给屏幕，那一记录的绘制描述过程也就结束了。

下面是一个简单的例子。在实际的建模中，创建显示部分是在 buildDisplay() 方法中实现的。一个非常简单的 buildDisplay() 结构如下所示：

```
public void buildDisplay(){
  Object2DDisplay agentDisplay=new Object2DDisplay(world);
  agentDisplay. setObjectList(agentList);
  dsurf. addDisplayableProbeable(agentDisplay,"Agents");
  addSimEventListener(dsurf);
}
```

其中，world 是一个空间，主体处于 Object2DTorus 之中，agentList 是一个简单的主体列表，dsurf 是一个 DisplaySurface，这些都在之前的 buildModel() 或 setup() 中创建完成。在这里，显示被建立并且作为它的一部分的空间“world”被加入其中。然后，要显示的 agentList 也被加入。agentDisplay 加入到 DisplaySurface dsurf 以后既可被显示也可被探测。作为可被显示的 dsruf 将以前文中所述方式显示 agentDisplay，作为可被探测的 dsurf 将允许探测

agentDisplay 所包含的空间（本例中为 world）中包括的主体。最后加入模型的 dsurf 中的方法作为一个接受停止和暂停事件的监听器。这允许 dsurf 能够知道模型被停止或是暂停了并做相应的反映。

显示机制的结构应该说是一个合成装置。在这里，对它们的子对象来说，每一个容器都代表了实际的绘制描述的责任。这样就提供了灵活性和可扩展性，尽管在空间显示和可绘制的接口上还存在严格的概念上的耦合性，而且这意味着可扩展性需要许多类和接口的配合支持。

有了这种内部显示机制，就可以直接通过图形化的界面观察或控制模型的运行。一个一般的图形化模型显示界面可参见下文中给出的具体 Sugarscape 模型的显示输出。下面详细介绍其中两个窗口。

一个用户可以通过图形用户界面（GUI）与非批处理方式的 Repast 模型进行交互，GUI 允许用户通过工具栏初始化、运行、停止、暂停、建立和退出一个模型。

另外，如果一个模型使用了 get/set 方法的方式（可参见前文参数设置部分），用户将能看到和设定模型的初始参数。初始参数出现在设定窗口（setting window，见图 4—14），用户可以从中看到缺省的初始参数值，并可向其中加入新的参数。在设定窗口中，还有两个标题栏，分别是 Custom Actions 和 Repast Actions。Custom Actions 一栏中包括了滑动杆（slider）、按钮（button）或标记栏（checkbox），这些都可由模型设计者来设定。在模型运行时可通过这些控键与模型交互。Repast Actions 栏还可以制作模型运行影像（movie）或快照（snapshot）。可通过点击相应的按钮弹出对话框以获取进一步的信息或选项。此外，在这一栏中可设定模型的当前参数作为缺省参数并把模型当前参数写入一个文件。

用户还可以探测可探测的对象：先暂停模型的运行，单击显示的对象，则所有对象的可探测的状态将在一个类似于“Parameters”栏的窗口中显示，并且相应参数值可以相同的方法设定（如改变当前值后按回车）。

显示模型是一个模型中最慢的一部分。Repast 允许动态的更新显示（当然，这种更新可通过时间序列明确地设定），但当显示窗口最小化时，Repast 不会更新显示。

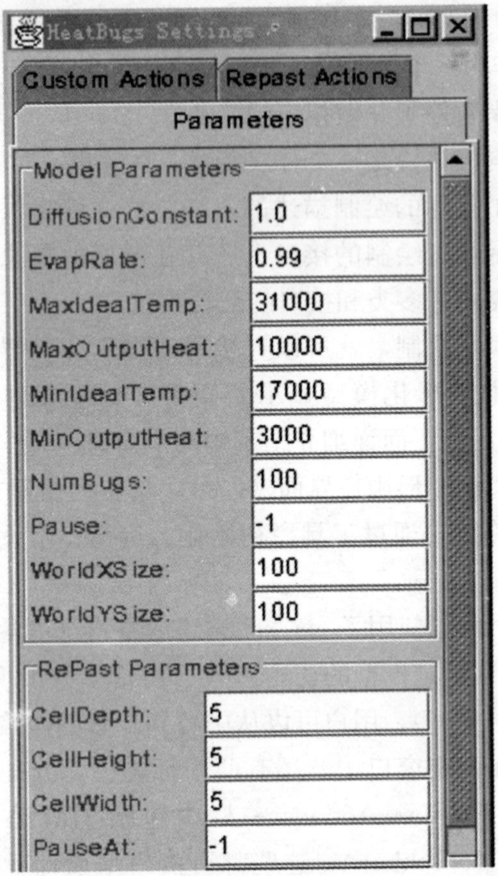

图 4—14　Repast 热虫模型参数设置

可生成快照（snapshots）及模型运行的影像（movies），也是 Repast 显示机制中支持的功能，下面仅以如何在程序中实现快照功能为例，简单介绍显示机制对此类功能的支持。

Repast 可以生成快照，是指当前显示的 gif 图像，还可为运行的显示变化制作影像短片。这些功能都是通过 DisplaySurface 来实现的。可以在模型的程序中手工添加建立快照和制作影像的功能，或者利用 Repast Action 栏中的按钮实现。下面简单介绍程序实现方式。

建立快照显示界面，应在 buildDisplay() 中调用

```
dsurf.setSnapshotFileName(some_fileName)
```

DisplaySurface 将利用这个名字作为实际 gif 文件的基础；然后在 build-

Schedule() 方法中将 DisplaySurface 实际生成快照加入时间序列。例如，dsurf 是 DisplaySurface 类型，通过

```
schedule.scheduleActionAtInterval(100,dsurf,"takeSnapshot");
```

dsurf 将能够在模型运行的每 100 个标记上创建显示的 gif 图像，最终 gif 文件名形式为 some _ fileName _ tick _ count. gif，例如 heatbugpic100. gif。

六、社会网络模型

第三章在讲述 ACE 的研究领域时，曾提及交易网络拓扑结构对于市场形态的影响，由于社会网络模型着重考察不同主体之间形成的错综复杂的关系网络，以及这些网络所表现出的统计性质和拓扑性质，与普通的多主体模型相比，有其特殊性。Repast 的一个典型应用范例就是一个增长的社会关系网络模型（Repast 安装时会附带安装这个案例），Repast 对这类网络多主体模型提供了一些专门的基础类库支持。本节将对此进行介绍。

1. 建立网络模型

Repast 中的网络模型是围绕两个基本的接口建立的：节点和边。所有的显示、输出和输入网络的机制都使用这两个接口，同时它们是网络模型的基础。Repast 提供了两个接口的缺省的类实现 DefaultNode 和 DefaultEdge 作为网络节点类和边类的基类。

节点和边的接口类都提供了许多方便网络操作的方法。节点类有能获得链入的边和链出的边的方法，边类能获得它的两个节点，有向边还可区分头节点和尾节点。边类还能获取和设置网络的强度（或称为权值，缺省值为 1），以及一个可选择的名称和类型。边的类型是指边所定义的网络的类型（例如，血缘关系、生意关系，等等）。

在两个节点之间建立一个连接（一条边）可以采用两种方式。

第一种方式：

```
//建立节点。
DefaultNode nodeA=new DefaultNode("A");
DefaultNode nodeB=new DefaultNode("B");

//从节点 A 到节点 B 建立一个缺省的边,缺省强度为 1。
DefaultEdge edge=new DefaultEdge(nodeA,nodeB);
```

```
nodeA. addOutEdge(edge);
nodeB. addInEdge(edge);
```

在这里建立了两个节点，同时从 A 指向 B 的边也被建立了。这个边作为从节点 A 指出的边和指向节点 B 的边。

第二种方式：使用 EdgeFactory 类来自动生成边和连接是更好的一个方法。例如，

```
//建立节点。
DefaultNode nodeA=new DefaultNode("A");
DefaultNode nodeB=new DefaultNode("B");
//建立一个从节点 A 到节点 B 的 DefaultEdge。
EdgeFactory. createEdge(nodeA,nodeB);
```

在这里 EdgeFactory 建立了一个缺省的边和节点 A、节点 B 之间的连接。EdgeFactory 也作为在边的建立阶段设置边的强度名称等方法。另外，也可以提供用户边的应用类，并且 EdgeFactory 也可以使用这个类。例如，

```
//建立节点。
DefaultNode nodeA=new DefaultNode("A");
DefaultNode nodeB=new DefaultNode("B");
//建立一个从节点 A 指向节点 B 的 DefaultEdge。
EdgeFactory. linkNodes(nodeA,nodeB,new MyEdge());
```

这里，EdgeFactory 将使用 MyEdge 来连接节点 A 和节点 B。参考 API 文档中的 EdgeFactory 部分。

一个节点可以通过链接它们的边来与另一个节点相关联。例如，

```
//建立节点。
DefaultNode nodeA=new DefaultNode("A");
DefaultNode nodeB=new DefaultNode("B");
EdgeFactory. createEdge(nodeA,nodeB);
//建立完成了。以下显示了如何仅仅根据节点 A 来访问节点 B。
ArrayList outEdges=nodeA. getOutEdges();
//因为知道只添加了一条边,所以从节点 A 出发只存在一条边。
//通常可能的情形是基于一些标准来选择一条特定的边。
DefaultEdge someEdge=(DefaultEdge)outEdges. get(0);
//getToNode()方法返回了一个节点,所以需要给一个 DefaultNode 赋值。
```

```
//这个节点其实是 B。
DefaultNode someNode=(DefaultNode)someEdge.getToNode();
//label="B"
String label=someNode.getLabel();
```

DefaultNode 也提供一些便捷的方法来实现像上述例子中那样进一步缩短功能的编码。详情可参考 DefaultNode 的 API 文档。例如，

```
//建立节点。
DefaultNode nodeA=new DefaultNode("A");
DefaultNode nodeB=new DefaultNode("B");
//构造一个从节点 A 到节点 B 的 DefaultEdge,缺省强度为 1。
DefaultEdge edge=new DefaultEdge(nodeA,nodeB);
nodeA.addOutEdge(edge);
nodeB.addInEdge(edge);
//建立完成了。下面显示如何仅仅根据节点 A 来访问到节点 B。
//因为知道只添加了一条边,所以从节点 A 出发只存在一条边。
//所以只有一个 ToNode。
DefaultNode someNode=(DefaultNode)nodeA.getToNodes().
get(0);
// label ="B"。
String label=someNode.getLabel();
```

这里，getToNodes() 方法允许我们从第一个例子中除去一些代码，DefaultNode 包含很多这样的方法。

DefaultNode 提供了很多建立网络模型需要的功能，因此，可以用 DefaultNode 来组成用户网络主体，用继承或合成的方法来实现。

一个典型的网络模型把网络节点作为主体，并且将建立节点和边作为 buildModel() 的模板方法的一部分。例如，

```
public class MyModel extends SimModelImpl{
    ArrayList agentList=new ArrayList();
    ...
    private void buildModel(){
        //建立 DefaultNodes 并将它们加入到列表当中。
        for (int i=0;i<numAgents;i++){
```

```
            DefaultNode node=new DefaultNode(String.valueOf(i));
            agentList.add(node);
        }
    //访问 agentList 来建立当前节点和先前节点之间的边。
        for(int i=0;i<agentList.size();i++){
            Node node=(Node)agentList.get(i);
            Node prevNode=null;
            if(i==0){
              //当前节点是列表中的第一个节点，
              //所以建立它和列表中最后一个节点之间的边。
              prevNode=(Node)agentList.get(agentList.size()
              -1);
            } else {
              prevNode=(Node)agentList.get(i-1);
            }
              EdgeFactory.createEdge(node,prevNode);
        }
    }
}
```

以上建立了一个简单的初级网络结构（给先前的节点加上边）。真实网络模型使用相同类型的代码来建立和加入边，但是加入边的规范不同。节点和它们的边共同组成了网络，并且所有的节点都被放在 ArrayList 当中。因此，ArrayList 代表了全部网络。许多 NetUtilities 类中的方法对整个网络进行操作并希望获得这样的 NetUtilities。

2. 显示网络

Repast 为网络可视化提供了一些非常有用的工具。但这些工具仅仅给出一些网络的感性认识，而不能对网络进行分析。真实网络可视化和分析可使用第三方工具，如 Pajek 或 UCINet 等。

网络是使用 Network2DDisplay 类来显示的，Network2DDisplay 类希望画出由 DrawableNonGridNodes 和 DrawableEdges 组成的网络。正如上面所提到的，这个网络被压缩成节点的列表，在这种情况下，DrawableNonGrid-

Nodes 的边是 DrawableEdges 类型的。一般来说，这个列表并不是直接转到 Network2DDisplay 来画图的，而是先变成某种 GraphLayout。GraphLayout 通过一些算法来设置 DrawableNonGridNodes 的 x 和 y 坐标，然后 Network2DDisplay 显示在这些坐标上的节点。Repast 具有四类 GraphLayout：CircularGraphLayout、RandomGraphLayout、FruchGraphLayout（通过执行一个改良的 Fruchmen-Reingold 图形布局算法来布局节点）和 KamadaGraphLayout（通过执行一个改良的 Kamada Kawai 图形布局算法来布局节点）。

所有的这些意味着，如果希望显示节点，必须让节点类实现 DrawableNonGridNode 接口，且边类也必须实现 DrawableEdge 接口。与其实现 DrawableNonGridNode 接口，不如直接用 Repast 提供的 DefaultDrawableNode 类。这个类继承了 DefaultNode，所以包含了所有上述的网络功能，它是一个 DefaultNode。同时，它执行了 DrawableNonGridNode，所以能够用网络二维显示（Network2DDisplay）来画图。DefaultDrawableNode 类的实际的图（像长方形、椭圆形或任何其他的图形）可以由 NetworkDrawable 来处理。Repast 提供了两类 NetworkDrawable：一个 OvalNetworkItem 和一个 RectNetworkItem。这些将分别把 DefaultDrawableNode 画成椭圆形或长方形。

DefaultNode、DefaultDrawableNode 和 NetworkDrawable 混合使用看起来很复杂，实际上仅仅需要几行代码就可以建立能够由 Network2DDisplay 绘制并由 GraphLayout 来布局的节点。例如，

```
OvalNetworkItem item=new OvalNetworkItem(1,10);
DefaultDrawableNode node=new DefaultDrawableNode(item);
```

第一行建立了一个 OvalNetworkItem，x 和 y 坐标分别为 1 和 10。第二行建立了一个 DefaultDrawableNode，并将 OvalNetworkItem 作为构造函数的一部分。这意味着 DefaultDrawableNode 将被绘制成椭圆形。此外，一旦以这种方式通过了 OvalNetworkItem，就不必再去考虑它的图形。除了上面所述之外，也可以采用 DefaultDrawableNode 的 setDrawable 方法来设置 NetworkDrawable 为 DefaultDrawableNode。这允许在模型运行时非常简便地改变节点的形状等。

上面是一个关于 NetworkDrawable（OvalNetworkItems 等）和 DefaultDrawableNode 怎样一起操作的简单例子。一般可以继承DefaultDrawableNode的

主体类并设置 NetworkDrawable。示例网络模型 jiggle（Repast/demo/jiggle）和 jinGirNew（Repast/demo/jinGirNew）都以这种方式运转。

正如上面所提到的，边必须执行 DrawableEdge 接口。Repast 提供了一个缺省的实现。边的方向性由显示出来的边上的一个小正方形来给出。这个小正方形距离边所指向的节点更近一些，与指出边的节点远一些。当节点之间相互距离太近以至于不能决定方向性时，可用鼠标（点击或拖拽）把节点移得远一些。另外，EdgeFactory 具有使用 DefaultDrawableEdge 自动生成和连接节点的方法。

一旦构造了一个 Network2DDisplay，它的处理就与其他的显示一样。

Network2DDisplay 将通过 x、y 坐标来布局 DrawableNonGridNode，并且不是它自身来做任何种类的图形布局。正如上面所提到的，可以使用一种图形布局类来布局网络。例如，

```
layout=new CircularLayout(agentList,xSize,ySize);
Network2DDisplay display=new Network2DDisplay(layout);
surface.addDisplayableProbeable(display,"Network Display");
```

例子中构造了一个 CircularGraphLayout，通过将其放入主体列表（很可能是 DefaultDrawableNode 的列表）和设置显示的大小，然后显示设定为 Network2DDisplay，并且显示以通常方式来处理。如果所包含的图形布局并不足够，那么可以把 AbstractGraphLayout 作为基类来建立用户类。

图形布局并不是对每个标记都自动地更新，可能需要把关于图形布局的 updateLayout() 方法排入时间序列来更新布局。FruchGraphLayout 和 KamadaGraphLayout 基于边的连接来计算节点坐标，所以不论什么时候连接改变了，updateLayout() 都将建立一个新的布局。相反的，CircularGraphLayout 将建立同样的布局而不考虑网络的结构，并且，当模型自己改变了节点的坐标时，仅仅需要 updateLayout() 调用即可。

当布局大的网络时，FruchGraphLayout 和 KamadaGraphLayout 会相当慢，因此不能经常更新布局。这两个类在其内部也具有“钩”，来与 Repast 的工具条（具有开始、结束等按钮的杆）按钮的点击一起反应。这允许用户通过按下停滞、暂停或跳出按钮来中断布局。如果不是这样，即使按了暂停键，模型可能还继续完成网络布局。可以将布局加到工具条按钮上，如下

所示：

```
Controller c=(Controller)getController();
c.addStopListener(graphLayout);
c.addPauseListener(graphLayout);
c.addExitListener(graphLayout);
```

这段代码可以放到模型中的 buildDisplay() 方法中。

也可以用鼠标点击并拖拽节点来移动节点。当节点互相遮盖的时候这是非常有用的。对网络的某些部分放大也是可能的，通过按住“Ctrl”键并拖拽鼠标在所希望放大的区域画出一个矩形。在定义了放大的区域后，按“Z”键放大，按“R”键可以返回到正常状态。

3. 输入和输出网络数据

Repast 为输入和输出网络数据提供了便利。

（1）输入数据。

网络数据通过 NetworkFactory 类来输入。使用 NetworkFactory. getNetwork 方法，可以用两种文件格式输入网络。网络的文件描述被转换成某种用户定义类型的节点和边的列表。支持的文件格式有 UCINet 的 dl 格式和与 UCINet 格式兼容的 Excel 格式。

dl 格式和 Excel 格式中，矩阵都被假定为方阵。对于 Excel 来说，每个工作表被看做是一个矩阵，任何不包括矩阵的工作表将会引起错误。工作表的名称被看做是矩阵的标签，除非是以 Sheet 开头的名称（Excel 的一般的工作表名称）。Excel 文件的格式是由 UCINet 输入和输出的。第一个单元是空的，行节点标签从第 1 行第 2 列开始。列节点标签从第 1 列第 2 行开始。实际数据从（2，2）单元格开始，见表 4—2。

表 4—2　　数据文件示例

	A	B	C	D
Ⅰ	0	0	0	1
Ⅱ	0	1	0	1
Ⅲ	1	1	0	1
Ⅳ	1	0	1	1

如果矩阵没有节点标签，那么 Repast 将希望第 1 行第 1 列是空白的，数据从（2，2）单元格开始。

例：

```
List list=NetworkFactory. getNetwork(". /network. dl",Net-
workFactory. DL,
                              MyNode. class,MyEdge. class,
                              NetworkFactory. BINARY);
```

NetworkFactory 将解析 network. dl 文件，建立一个节点的列表，包含与其他节点相关联的边。在这种情况下，所有的节点将是 MyNode 类的，边是 MyEdge 类的。这假设已经定义了执行节点接口的 MyNode 类和执行边接口的 MyEdge 类。DefaultNode. class 和 DefaultEdge. class 在这里应该被取代。（“ClassName. class” 记录返回类的信息。）结果列表可以像手工创建网络一样来使用（就像前面的例子一样）。最终意见指定了矩阵单元（i、j 值）的大小。可以是 NetworkFactory. BINARY、NetworkFactory. SMALL 或 NetworkFactory. LARGE。如果 i、j 值是 0 或 1，则用 BINARY；如果值在－127～127，则用 SMALL；值为其余任何的数，则用 LARGE。BINARY 和 LARGE 方式占用的内存差别很大，在一个很大网络导入 Repast 时，必须考虑内存的限制。

（2）输出数据。

输出数据是通过 NetworkRecorder 类来完成的，NetworkRecorder 以适当的格式把网络记录成一个或几个矩阵，它采用节点列表的形式将相应的邻接矩阵写入文件。三种文件格式可以使用 UCINet 的 dl、Excel 和 ASCII。实际的网络矩阵是以这种格式写出的，尽管 Repast 也记录了相应的非矩阵信息：一个文件头（包含了模型和时间戳的常量参数）、一个程序段首部（包含与已记录的网络数据相关的头信息）。在网络被记录的时候，程序段首部会包含所有动态模型参数的值和所有用户注释（常常是当前标记的计数）。

文件的实际格式如下：

```
文件头

程序段首部_1
特定格式的网络数据

程序段首部_2
```

```
特定格式的网络数据
...
```

下面是为网络数据指定文件格式，剩余部分（文件头和程序段首部）将与所有格式保持一致。实际网络数据可以很容易地从文件中剪切和粘贴。

ASCⅡ格式是以逗点隔开的纯文本形式来记录矩阵和矩阵标号，Excel 格式是在 Excel 文件中以适合于输入成 UCINet 的格式来存储信息的。

注意：最好不要用 Excel 格式，因为它比较费时并且写入 Excel 文件时容易出错。改为使用纯文本格式的 ASCⅡ对于输入到 Excel 而言比较合适。

例：

```
NetworkRecorder recorder=new NetworkRecorder(NetworkRe-
corder.DL,"./myNetwork.dl",this);
...

recorder.record(nodeList,"tick:"+getTickCount(),NetworkRe-
corder.BINARY);
...
recorder.write();
```

第一行建立了一个 NetworkRecorder 来以 dl 格式将网络记录在 myNetwork.dl 当中，并且将它传递到模型当中。第二行做实际的记录，记录了由 nodeList 中的节点和边所描述的网络，并且在程序段首部添加了当前标记的计数值。最后一个参数是指 i、j 值的大小，并且与 NetworkFactory.getNetwork 起同样的作用（参见前面的叙述）。如果边存在的话，i、j 值边的强度默认值为 1，否则为 0。对于一些类型的重复动作，recorder.record() 作为 BasicAction 的一部分被排入时间序列。recorder.write() 通过 recorder.record() 把数据记录实际写入指定的文件中（如 myNetwork.dl）。写入磁盘比较费时，所以不宜频繁调用 recorder.write()。

4. 预先确定网络结构

除了从文件中输入网络之外，NetworkFactory 也可被用来建立一些普通的网络结构。它们是：方点阵网络、随机密度网络、著名的 Watts-Strogatz 小世界网络（ring substrate）。可以用 NetworkFactory 中适当的方法来建立这些网络，它们操作起来很像输入数据。或者提供节点和边的类以及一些网络参数，然后恢复具有节点类列表结构的网络。

近年来，大量的统计数据表明，社会网络模型应该是“小世界”模型。“小世界”概念是近年来复杂性科学研究的一个新成果，已经在许多应用领域得到应用。小世界网络模型是 Watts 和 Strogatz 在 1998 年提出的基于人类社会网络的网络模型，它通过调节一个参数可以从规则网络向随机网络过渡。这个模型的构造算法是：从一个环状的规则网络开始，网络含有 N 个节点，每个节点向与它最邻近的 K 个节点连出 K 条边，并满足 $N \gg K \gg \ln(N) \gg 1$。对每一条边，以概率 p 改变它的目的连接点来重新连接此边，并保证没有重复的边出现，这样就会产生 $pNK/2$ 条长程的边把一个节点和远处的节点联系起来。改变 p 值可以实现从规则网络（$p=0$）向随机网络($p=1$）的转变。图 4—15 展示了小世界网络的构造过程：

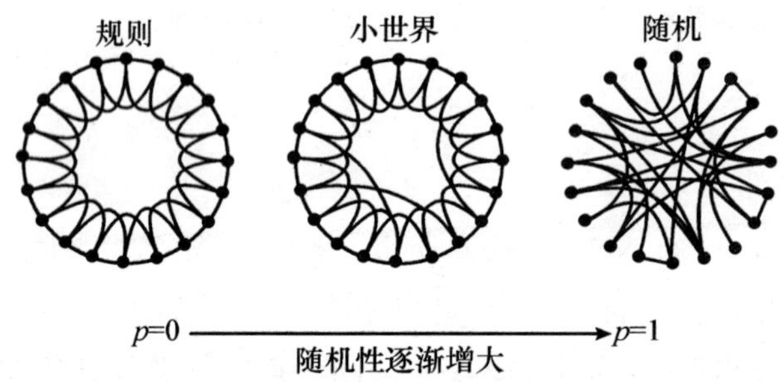

图 4—15　小世界网络构造过程以及从规则网络向随机网络的过渡（图中 $N=20$，$K=4$）

小世界网络模型的“小世界”主要特征之一是节点之间的平均距离随远程连接的个数增加而呈指数下降，对于规则网络，平均距离 L 可估计为 $L \sim \sqrt{N}$；而对于小世界网络模型，$L \sim \ln(N)/\ln(K)$。例如，对于一个千万人口的城市，人与人的平均接触距离是 6 左右。这使得社会人群之间的距离大大缩短。

七、资源链接

1. 美国亚利桑那大学 John T. Murphy 的 Repast 教程，还介绍了一些 Ja-

va 和 Eclipse（一种开放式多语言集成开发环境）知识，见网页：http://www.u.arizona.edu/~jtmurphy/H2R/main.htm

2. Repast 主页：http://Repast.sourceforge.net/

3. Repast 的 Howto 文档，Repast 安装完毕后在安装目录下，如，C:\Program Files\Repast-2.0\docs\how_to\how_to.html

4. 入门教程 1：http://complexityworkshop.com/tutorial/Repast/index.html

5. 入门教程 2：http://www.agent2003.anl.gov/tutorials/tutorials.html

第四节　Ascape

一、Ascape 概述

Ascape 是布鲁金斯研究所（The Brookings Institution）开发的基于主体的建模平台，主要支持社会经济系统的多主体模型。与 Repast 一样，Ascape 的实现语言也是 Java，因此也有 Java 程序的稳健性。Ascape 的主要设计目标有：抽象和概括的主体建模观念，简单适用，可配置，高性能，以及具备跨平台开发和移植能力等。与介绍其他软件时一样，为了便于学习研究人员快速判断是否应该选择这个工具软件，下面先介绍 Ascape 的一些设计目标，这些设计目标在 Ascape 实现后都得到基本完成。

Ascape 的设计目标

（1）描述能力强（expressive）。可以用尽可能少的描述来定义一个完整的模型，仔细的设计可以提供强大的功能和可控制性，但由此可能出现把重要的细节遗漏的问题。

（2）通用性强（generalized）。可以用一种方式表达同样的基本建模思想，然后用不同的环境和配置来测试这些思想；同样适用于很多领域的问题；拥有尽可能常用的特征：图表、模型视图、参数控制工具等，以及大量的常用结构和行为的类库等。

（3）功能强大（powerful）。向导设计让终端用户不用编程就可进行模型交互，同时也提供了能对不同的复杂系统建模的可编程环境。

（4）高度抽象（abstract）。以尽可能高的抽象水平封装了建模思想和方法论。能够在不影响模型其他方面的情形下，对模型的某一方面进行重大的改动，比如改变维数、拓扑结构、规则、结构以及规则的执行命令等；还可以促进探索和试验，允许模型的设计和工具的简单应用混合搭配。

（5）易于使用（easy to use）。不需要很深的专业知识，普通用户就可以掌握。

（6）稳健性高（robust）。有不同的使用方式，但所有的中断错误在编译时就能得到提示，而不至于在运行时中断。

（7）开发速度快（fast）。为更广泛地发挥 MAS 仿真方法在社会科学中的应用以及促进 MAS 建模技术的进一步发展和完善，开发适合终端用户编程的建模工具很有必要。以前虽然有诸如 Agent-Sheets、StarLogo 等简单易用的工具能满足一些简单模型的快速开发，但对更复杂的模型，这些工具就难以胜任了。Ascape 希望能填补这方面的空缺。现在的 Ascape 已经为实际的建模任务提供了一套灵活、强大的工具。此外，Ascape 还提供了开放式的开发框架，供实际建模者或第三方能够开发插件以扩展这些工具库。未来 Ascape 改进的主要目标是让 Ascape 具备终端用户编程的能力以及更具有集成性。

二、框架机制与建模分析

学习 Ascape，必须从其核心概念出发，了解 Ascape 框架的设计思路、框架结构、基本机制、Ascape 类的层次关系以及模型的结构等。下面就分别从这些方面介绍 Ascape。

1. 核心概念 Scapes

Scapes 本质上是功能强大的主体的集合，不仅知道它们自己所包含的内容，还知道怎样遍历所包含的内容，知道所含拓扑结构的细节、适当的表示方法等。更重要的是，Scapes 本身也是一个主体类，只要模型中可以使用主体就能使用 Scapes。这样就可以构建出多级层次的 Scapes，模型之间也可以嵌套，一个模型的根 Scapes 作为主体安置在另外一个模型的某类 Scapes 空间中。这样模型架构就有了一个很自然的方式：Ascape 模型都是由 Scapes 和主体逐层构建起来的。如图 4—16 所示的囚徒困境统计模型中囚徒运动、博弈、复制时的网格图，其中还包含囚徒人数的向量（可以把囚徒的位置映射到网格上去），局中人和网格都属于根 Scapes。此外，Scapes 空间不是互斥的，一个主体可以同时属于多个 Scapes，如 4—16 图中的 Player 同时属于 Players 和 Location 两个 Scapes。

图 4—16 的例子可以进一步说明复杂系统的模型怎样用一个层次结构展开。图 4—17 中的这个结构用于解释美国亚利桑那州的印第安原住民的居住模式和资源利用的模型。

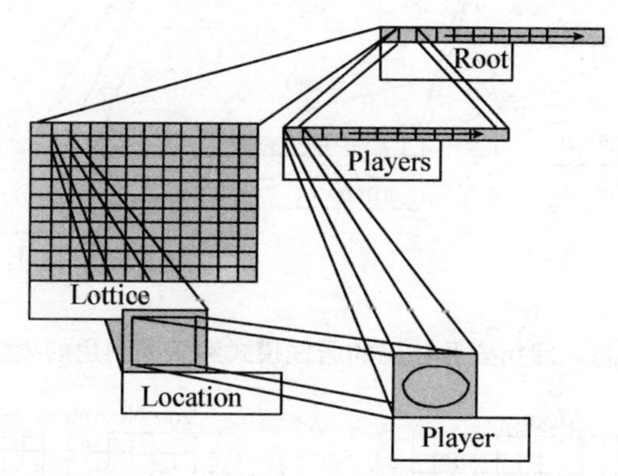

图 4—16　囚徒两难模型网格图

抽象机制 1：主体行为与所在的 Scape 结构无关。

主体行为与所在的 Scape 结构无关，是因为对某一层次的主体来说，其所在的 Scape 的结构是隐藏的，因此，主体的查找和交互行为就不能依赖于特定的拓扑结构或活动区域。

这样设计所带来的方便是，Ascape 模型可以在只进行少量改写，甚至不需任何改写的情况下，换用不同的拓扑结构或活动区域。图 4—17 演示了在一个具体的 Scape 拓扑结构上的查找过程。

MyCell. getCellsNear(2) 语句表示某个元胞寻找距离在 2 以内的邻居。这条语句的执行结果会自动根据该元胞所在域不同的拓扑结构返回不同的结果集合。图 4—18 是莫尔（Moore）二维图、冯·诺依曼二维平面、一维向量和图形拓扑结构下的查询结果：黑色的为执行搜索的元胞，灰色的是搜索到的邻居，白原点是满足某个搜索条件的邻居，这里是 MyCell. findMaximumWithin（Food，2），即距离 2 以内的范围内最大事物所在的单元。带条件限制的搜索在应用中更常见。

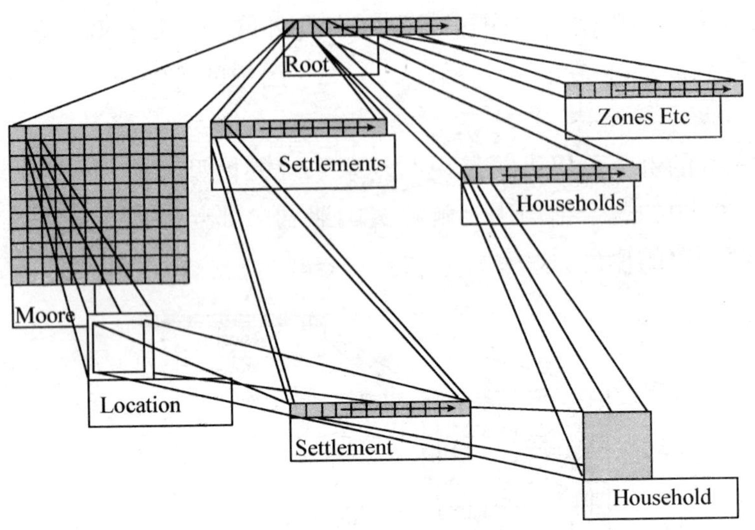

图 4—17　印第安原住民的居住模式和资源利用的模型结构

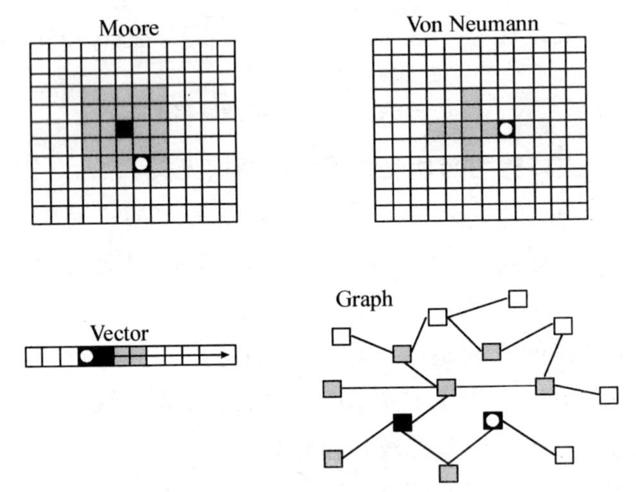

图 4—18　模型拓扑结构抽象

抽象机制 2：行为仅仅通过 Scapes 发生。

行为仅仅通过 Scapes 发生，不存在别的凌驾在主体之上的行为执行机制。这种抽象保证了在模型中的行为以特定的方式发生，给用户工具相应的行为提供了一个自然的层次结构、直截了当的说明和很容易陈述的设计步骤。Ascape 使用规则来控制命令的执行，进行模型统计，并且管理模型视图。

在一个给定时间步骤中执行了所有规则后，模型的统计就完成了。又因为统计是模型行为的一部分，所以没有必要为统计写任何代码。

Ascape使用模型视图控制来设计操作的视图，使用了Java的事件模型作为模型和视图的中介，视图明确属于Scapes。当然，视图不仅包含了Scape的可视化，还有许多不可视的模型输出，有数据和控制台输出。模型控制事务可以通过标准控制视图初始化，但可能也包含批处理控制，模型运行时改变参数设置以及成熟的（run-to-run）参数开发机制。

对于统计后的每一次迭代（时间操作），Scape被更新的情况都会通知所有的视图。一旦所有的视图有机会对模型的改变完全做出反应并且把这个变化反馈给模型，模型就可以免去再次迭代了。

2. 模型的结构

每个模型都具有一个根域对象（root Scape），通常是一个Scape向量（ScapeVector）实例，这个根域中至少有两个主体：一个域图形ScapeGraph表示主体的舞台或生存环境，另外一个放有实际主体的Scape向量（这些主体代表模型所模拟的各种社会经济主体）。域图形ScapeGraph通常是一种网格结构，网格中每个格子都必须先实现一个HostCell类的实例，然后，在这个对象里面才可以安置各种主体类。实际的主体类则都是CellOccupant的一个子类的实例。

3. 建模的基本步骤

下面进一步用一个具体的例子介绍如何使用Ascape建立模型，我们以康威的人工生命游戏为例，看用Ascape实现这个程序需要哪些代码。

首先要定义两个公开的类。

对于根域类，生命游戏可以扩展一个ScapeArray2D的类来实现。一个Scape定义了一组主体。在ScapeArray2D类型的域中，主体被安置在一个二维表格中。在这个程序中，我们专门定义一个Life类做主体，这个类继承了ScapeArray2DMoore类。ScapeArray2DMoore类与ScapeArray2D的区别在于最近的8个邻居的定义不同。

一个Life类申明一个实例变量“initialAliveDensity”，作为模型的参数。如果设计者为这个参数定义了标准的Java“get”和“set”方法，Ascape会自动在最终运行的模型程序中提供用户交互设置参数的图形界面或以命令行方式交互的界面接口。

模型执行的调用逻辑过程：一开始，启动 Ascape 框架，由 Ascape 框架调用 root Scape 的 createScape 和 createViews 方法。

createScape 方法中设置根域的范围尺寸（水平方向和垂直方向），通过设置根域 root Scape 的属性，设置要填充的主体类型（setProperties）。如果把根域理解为一个二维数组，那么实际上是在这里设置数组的两个最大下标和数据单元的对象类型。然后通过调用继承类的 createScape 方法，使域实例化（相当于为数组分配内存空间），并用所设置的主体克隆填充整个域。

接下来设置 scape 的执行顺序为“RULE_ORDER”，即按规则顺序执行，规定所有域中的主体执行与这个域相关联的第一条规则，所有的主体都执行完毕后，再全部执行第二条（如果有的话），以此类推。规则有一个图形化交互设置的界面，用户可以在执行过程中修改规则，观察模型运行的变化。在 createScape 中还可以清除所有以前设定的规则，增添模型设计更多希望的规则，在这个例子中增添的是“ITERATE_AND_UPDATE_RULE”。这个规则是让各个主体独立运算、并行更新状态，所有的主体基于自己或邻居的当前状态计算出将要更新的状态，全部计算完毕后，所有主体同时更新到新的状态（这样做到了类似并行的效果，主体不会因为在循环遍历中的次序不同而处在不同状态的环节中，循环遍历主体中所做的状态操作与遍历的顺序无关）。

文件 life. java：

```
package alife;

import edu. brook. ascape. model. * ;
import edu. brook. ascape. util. * ;
import edu. brook. ascape. view. * ;

public class Life extends ScapeArray2DMoore{
private double initialAliveDensity=0. 1;

public void createScape(){
Coordinate2DDiscrete coo=new Coordinate2DDiscrete(60,60);
```

```
setExtent(coo);
setPrototypeAgent(new LifeCell());
super.createScape();
setExecutionOrder(RULE_ORDER);
getRules().clear();
addRule(ITERATE_AND_UPDATE_RULE);
}

public void createViews(){
super.createViews();
StatCollectorCond aliveStat=new StatCollectorCond("Alive"){
  public boolean meetsCondition(Object o){
    return ((LifeCell) o).isAlive();
  }
};
addStatCollector(aliveStat);
addView(new Overhead2DView());
}
public double getInitialAliveDensity(){return initialAliveDensity;}
public void setInitialAliveDensity(double initialAliveDensity){
this.initialAliveDensity=initialAliveDensity;
}
}
```

因为人工生命本质上是一个元胞自动机，所以必须要求状态的并行更新，但有许多别的多主体模型可能会要求不同类型的序列更新。Ascape 的图形用户界面允许用户交互地更改状态更新方式：所有的主体能够在一次循环遍历中执行所有的规则或者限制只让某一部分主体在循环中执行它们的规则。用户还可以交互设置主体的激活机制，比如重复地、每次独立地、随机地选择部分主体运行，或对所有的主体全部遍历执行，这两种方式都可以保证主体分配的执行时间的均衡。和Repast 中一样，凡是以“get”或“set”开始的方法都是一个属性，Ascape 自动为这些属性提供用户交互的设置接口（图形界面方式）。

在这个例子中，定义了一个单独的“LifeCell”类文件，LifeCell 继承自 Cell 主体类，使它具备生命游戏元胞自动机的逻辑。

文件 LifeCell：

```
package alife;
import java.awt.Color;
import edu.brook.ascape.model.*;
import edu.brook.ascape.util.*;

public class LifeCell extends Cell{
 private boolean alive;
 private boolean nextAlive;
 public void initialize(){
 super.initialize();
 alive=getRandom().nextDouble()<
   ((Life) getRoot()).getInitialAliveDensity();
}
public void iterate(){
  int neighborsAlive=countNeighbors(new Conditional(){
  public boolean meetsCondition(Object o){
    return ((LifeCell) o).isAlive();
  }
 });
 nextAlive=neighborsAlive>3||
 (neighborsAlive<2 && alive);
}

public void update(){alive=nextAlive;}
public Color getColor(){
 return alive ? Color.white:Color.black;
}
public boolean isAlive() {return alive;}
}
```

一个 LifeCell 的状态是一个布尔值，表示“活”与“死”，变量 nextAlive 记录的是该元胞在下一次循环中是否是“活”的，有助于 Scape 整体状态的并行切换处理。初始化方法根据设置的存活密度参数，随机地设置元胞的初始状态。

Iterate 方法负责计算主体的下一个状态，元胞是否存活与其邻居的状态有关，为了计算有多少邻居存活，调用 Cell 的 countNeighbors 方法，传给他们一个条件对象（conditional object），条件对象的条件方法 meetsCondition 在传入的主体是“活”的时候为真（与上面提到的在 Life. Java 中用的匿名类一样）。

CountNeighbors 方法演示了 Ascape 的一个重要抽象机制，因为它允许元胞的代码与其所在的 Scape 的几何特性没有关系（因为不同的 Scape，一个元胞的邻居个数和组成都可能不同）。这样，主体设计的细节和主体生存空间的细节完全分开。在这个例子中，我们可以通过把 ScapeArray2DMoore 替换为 ScapeArray2DVonNeumann 或 ScapeArray2DSmallWorld 的方式改变域的拓扑结构，而不需要对 LifeCell 做任何改变。

统计邻居的存活数后，我们以下面的方式决定该元胞在下一轮刷新中是否存活：当这一轮的邻居中有三个是“活”的，或者有两个是“活”的且自己的状态也是“活”的时候，下一轮的状态就是“活”；别的情形下，状态都是“死”。

当所有的主体都执行完它们的 iterate 方法后，才调用 update 方法更新状态，这样造成一种平行运行或同步更新的效果。

像 IsAlive 以 is 打头的方法，在 Ascape 中会自动增添一个查看状态的接口，通常通过点鼠标或在 PC 机上按 Alt 键（苹果机上的 Option），就可以列出该元胞的参数列表（所有的“get”方法和“is”方法）。如果该元胞是一个属主元胞（安放实际主体的空壳元胞，属主元胞的设计是为了方便让主体能够在格子之间移动），属性状态查看窗口会显示其中所放置主体的属性列表。

一个生命游戏程序就这么简单。然而，一个典型的 Ascape 模型通常是多层结构的，而且主体通常是可以移动的（Alife 中主体是不动的）。如在多重囚徒悖论模型中，根域中有两个主体，但这两个主体本身又是域 Scape。一个是囚徒主体的集合，一个是二维格子对象 ScapeArray2D，他们的单位元素是属主元胞，能存放一个囚徒主体。每个囚徒都和碰巧是他邻居的囚徒一起玩这个策略对抗游戏。下一节我们以这个程序为例，进一步讲述 Ascape 建模的技巧。

三、例程分析

重复囚徒困境模型是 Ascape 开发者 Miles Parker 开发的，他在人工社会与仿真电子期刊上发表一篇论文专门介绍了这个模型（http://jasss. soc. surrey. ac. uk/JASSS/4/1/5. html），模型在网络上可以直接运行（http://www. brook. edu/es/dynamics/models/PD/NewPd. htm）。这里只给出模型的背景介绍、结果分析，并对其中的关键部分代码进行注释说明。

1. 背景介绍

“囚徒困境”说的是两个囚犯的故事。这两个囚徒一起做坏事，结果被警察发现抓了起来，分别关在两个独立的不能互通信息的牢房里进行审讯。在这种情形下，两个囚犯都可以做出自己的选择：或者供出他的同伙（即与警察合作，从而背叛他的同伙），或者保持沉默（也就是与他的同伙合作，而不是与警察合作）。这两个囚犯都知道，如果他俩都能保持沉默的话，就都会被释放，因为只要他们拒不承认，警方无法给他们定罪。但警方也明白这一点，所以他们就给了这两个囚犯一点儿刺激：如果他们中的一个人背叛，即告发他的同伙，那么他就可以被无罪释放，同时还可以得到一笔奖金。而他的同伙就会以最重的罪判决，并且为了加重惩罚，还要对他施以罚款，作为对告发者的奖赏。当然，如果这两个囚犯互相背叛的话，两个人都会以最重的罪判决，谁也不会得到奖赏。

为了进行关于合作的研究，美国密歇根大学一位叫做罗伯特·爱克斯罗德的政治科学家组织了一场计算机竞赛。这个竞赛的思路非常简单：任何想参加这个计算机竞赛的人都扮演囚徒困境案例中一个囚犯的角色。他们把自己的策略编入计算机程序，然后他们的程序会被成双成对地融入不同的组合。分好组后，参与者就开始玩囚徒困境的游戏。他们每个人都要在合作与背叛之间做出选择。

但这里与囚徒困境案例中有一个不同之处：他们不只玩一遍这个游戏，而是重复玩 200 次。这就是博弈论专家所谓的“重复囚徒困境”，它更逼真地反映了经常而长期性的人际关系。而且，这种重复的游戏允许程序在做出合作或背叛的抉择时参考对手前几次的选择。如果两个主体只有一次交手的机会，则背叛显然就是唯一理性的选择。但如果两个主体已经交手过多次，则双方就建立了各自的历史档案，用以记录与对手的交往情况。同时，它们各自也通过多次的交手树立了或好或差的声誉。虽然如此，对方下一步将会如何举动却仍然极难确定。实际上，这也是该竞赛的组织者爱克斯罗德希望从这个竞赛中了解的事情之一。一个主体可以不管对手作何种举动都采取合作的态度吗？或者，他能够总是采取背叛行动吗？他是否应该对对手的举动回之以更为复杂的举措？如果是，那会是怎么样的举措呢？

2. 结果分析

从表面上看，在传统的囚徒模型中，囚徒应该互相合作，保持沉默，因为这样他们俩都能得到最好的结果——自由，但他们不得不仔细考虑对方可能采取什么选择。A 犯不是个傻子，他马上意识到，他根本无法相信他的同伙不会向警方提供对他不利的证据，然后带着一笔丰厚的奖赏出狱而去，让他独自坐牢，这种想法的诱惑力实在太大了。但他也意识到，他的同伙也不是傻子，也会这样来设想他。所以 A 犯的结论是，唯一理性的选择就是背叛同伙、把一切都告诉警方，因为如果他的同伙笨得只会保持沉默，那么他就会是那个带奖出狱的幸运者了，而如果他的同伙也根据这个逻辑向警方交代了，那么，A 犯反正也得服刑，起码他不必在这之上再被罚款。所以其结果就是，这两个囚犯按照不顾一切的逻辑得到了最糟糕的报应——坐牢。

在重复囚徒困境模型中，使爱克斯罗德和其他人深为吃惊的是，竞赛的桂冠属于最简单的策略之一———报还一报（Tit For Tat）。这是多伦多大学心理学家阿纳托·拉帕波特提交上来的策略。一报还一报的策略是这样的：它总是以合作开局，但从此以后就采取“以其人之道，还治其人之身”的策略。也就是说，一报还一报的策略实行了胡萝卜加大棒的原则。它永远不先背叛对方，从这个意义上来说它是“善意的”。它会在下一轮中对对手的前一次合作给予回报（哪怕以前这个对手曾经背叛过它），从这个意义上来说它是“宽容的”。但它会采取背叛的行动来惩罚对手前一次的背叛，从这个意义上来说它又是“强硬的”。而且，它的策略极为简单，对手一看便知其用意何在，从这个意义来说，它又是“简单明了的”。

具备以下特点的人，将总会是赢家：善意的、宽容的、强硬的、简单明了的。

在现实世界里，信任与合作很少达到类似于传统囚徒模型这样如此两难的境地，谈判、人际关系、强制性的合同和其他许多因素左右了当事人的决定。但囚徒的两难境地确实抓住了不信任和需要相互防范背叛这种真实的一面，对于现实的生活有着非常重要的意义。

3. 核心代码注释

Ascape 模型都是 Scapes 的特定容器，所以，在 Ascape 中开发的大部分模型都以一个适当的 Scapes 作为基类。然后把主体合作和不合作的状态定义为一些标记，再定义一些参数。

下面是定义一个 Scape 向量类——ScapeVector：

```
public class PD2D extends ScapeVector{
public static final int COOPERATE=0;
public static final int DEFECT=1;
protected int payoff_C_C=2;
protected int payoff_D_C=6;
protected int payoff_C_D=-6;
protected int payoff_D_D=-5;
protected int fissionWealth=11;
protected int inheiritedWealth=6;
protected int initialWealth=6;
protected double mutationRate=0.1;
protected int deathAge=100;
}
```

利用 Java 中的 get 定义 getFissionWealth() 类：

```
public int getFissionWealth(){
return fissionWealth;
}
public void setFissionWealth(int fissionWealth){
this.fissionWealth=fissionWealth;
```

```
}
…
```

定义建立模型和它的视图的方法 createScape()，createViews()：

```
ScapeGraph lattice;
ScapeVector agents;
Overhead2DView overheadView;
ChartView chart;

public void createScape(){
…
}

public void createViews(){
…
}
```

同样使用 Java 的编程习语，可以通过定义“创建 Scape”方法来建立模型的结构：

```
public void createScape(){
super. createScape();
lattice=new ScapeArray2DVonNeumann();
lattice. setPrototypeAgent(new HostCell());
lattice. setExtent(latticeWidth,latticeHeight);
Player player=new Player();
player. setHostScape(lattice);
players=new ScapeVector();
players. setPrototypeAgent(player);
players. setExecutionOrder(Scape. RULE_ORDER);
addAgent(lattice);
addAgent(players);
}
```

四、资源链接

1. 布鲁金斯研究所网站中 Ascape 的主页网址：http://www.brook.edu/es/dynamics/models/ascape/default.htm

下载地址：http://www.brook.edu/es/dynamics/models/ascape/

在线教程：http://www.brook.edu/es/dynamics/models/ascape/UChicago/index.htm

2. 一个更容易入门的在线教程网址：http://www.ryerson.ca/～dgrimsha/courses/cps720/ascape/Ascape.html

第五节　软件的选取与比较

随着多主体技术在社会科学仿真应用中的广泛应用，不断有新的多主体仿真平台软件工具被研制开发出来。与以前每个模型都需要独自从最底层的代码设计开始相比，这些软件工具的出现无疑大大推进了社会科学仿真研究的规范化。然而，由于工具的纷杂众多，初入的研究者们往往无所适从，设计一个通用的统一平台，以方便不同研究之间的交流的目标，反而因为新工具的不断增多而变得更远。为了方便研究者参考选择，这一节将对本章前面三节介绍的 Swarm、Repast 和 Ascape 进行比较。目前，这三种软件平台在社会科学仿真研究中应用都比较广泛，都有望成为最流行的事实统一平台标准。而且它们在设计思想和应用领域上都有许多相同之处与重叠的地方，可以比较集中地反映出多主体仿真平台工具的一般特点和发展演进的方向。

下面分别从设计目标、建模思想、设计模型的表现能力、用户设计模型所需要的编码工作量等角度进行比较。

一、设计目标比较

Swarm 就是提供给科学家们一个标准的软件工具集，从而实现一个设备精良的软件实验室，帮助人们集中精力于研究工作而非制造工具。Swarm 实际上是一组用 Objective C 语言写成的类库，其中一部分图形界面，例如图表、按钮和窗口等是用TCL/TK来描述的。

Repast来自于芝加哥大学的研究学者对模拟软件使用的方便性的要求和对一个较短的学习周期的需求，以及作者对其可扩展性以及动力性的关注。其作者尝试着从以下几个设计目标来实现这些更为巨大的目标：模拟软件的底层结构的抽象性、可扩展性和“良好”的表现。

Ascape具有以下一些独特的设计目标：

（1）用尽可能简洁的描述来定义一个完整的模型；

（2）具有高度概括性，它能够通过某种方式描述基础的建模思想，并且可以在其他的环境和构架中进行检测；

（3）具有强大的建模功能，它可以为用户提供导向型工具（oriented tools），使其不需要编写代码就能够实现模型交互，同时它也提供了一个能对各种复杂系统建模的环境；

（4）具有高度的抽象性，它尽可能封装所有需要的建模思想和建模方法。

二、建模思想比较

Swarm的建模思想可以概括为“一系列独立的个体通过独立的事件进行交互”。与传统的建模方法不同的是，Swarm是一种支持“自下而上”（bottom-up）或者称“基于过程”（process-based）的建模工具。

Swarm的核心实现机制是使用一种面向对象（OO）的表达方式，建立多个主体的独立事件模拟，研究这些由多个主体所组成的网络的各种行为。这里所说的多个主体可以是同类的，也可以不是同类的，比如一组计算机处理器中的成员、一组算法中的元素、人类免疫系统中的细胞、调节网络的基因、生态系统中的个体种类、经济系统中的消费者，等等。用户可以使用Swarm提供的类库构建模拟系统，使系统中的主体和元素通过离散事件进行交互。

Swarm的建模思想是实现模拟的自然方法，一个Swarm简单地代表一个主体的集合以及它们的行为时序表（schedule）。Swarm中的“模块化”和“组件”的思想允许建立一个灵活的模型系统。此外，Swarm允许嵌套，以直接表示多层的模拟结构。

在用 Swarm 建立模型的过程中，我们始终坚持这样的原则：模拟的是简单的单位而不是巨大而复杂的单位；运用局部控制而非全局控制；使行为从低层突现而不是自上而下地作出规定。

Repast 中的设计思想即是常见的概念：建立一个类似状态机的模拟模型，这种核心状态由它所有的成员的集体性的状态属性组成。这些成员可以被划分为底层结构和表层结构。底层结构是各种各样的产生于那些运行模拟软件、显示和收集数据等的架构的机制。而表层结构是那些模拟模型设计者创立的模拟模型。底层结构的状态即是以后的模型所显示的状态、数据收集对象的状态等。表层结构的状态是那些被建立模型的状态，例如，所有主体变量的现值，模拟环境空间的现值，或者他们运行的空间，以及其他任何表层对象。在 Repast 里，对表层成员和底层成员的状态的变换只通过一个单一的对象。简言之，Repast 允许用户建立一种状态机形式的模拟实例，在这种状态机模式下，所有对状态机的改变都通过一个单一的对象界面接口来实现。

Ascape 的设计机制关键在于抽象 Abstractions 和 Scapes。Ascape 设计提供了大量关键抽象使基于主体的模型的开发变得容易。Scapes 本质上是功能强大的主体的集合：它们不仅知道它们所包含的内容，并且知道怎么样遍历所包含的内容，知道所含拓扑结构的细节、适当的表示方法等。更重要的是，Scapes 本身就是最好的主体。只要模型中可以使用主体就能使用 Scapes。这使模型的构成有了一个很自然的方式，也保证了在一个 Ascape 模型中出现的行为以定义明确的方式出现。

三、表现能力比较

1. 控制条比较

从模型运行所提供的视频资料角度来看，Repast 与 Swarm 基本相同，它们都提供了一些控制条。

Swarm 只提供如图 4—19 所示的五个基本的控键 Start、Stop、Next、Save 和 Quit，其功能分别为：开始运行一个新的模型、停止运行模型、以“步进”的方式运行模型、保存模型和退出模型。

图 4—19　五个基本控键

Repast 的控键从左向右依次为 Start、Step、Stop、Pause、Setup、Load Model、View Settings 和 Exit。其中 Start、Step、Stop、Pause 和 Exit 的功能与 Swarm 相同，与 Swarm 不同的是 Setup、Load Model 和 View Settings 这三个控键，其主要功能将在下面详细介绍。

模型的控制条能够控制模型的运行，Repast 所提供的控键比 Swarm 更有利于用户对模型运行情况的控制，这主要体现在以下几个方面。

在 Swarm 中，当一个模型开始运行之后，用户如果希望这个模型能够重新开始运行，则必须要用"Quit"控键退出当前的模型运行环境，再重新运行该模型对应的源程序才能达到这个目的；而在 Repast 中，用户可以通过点击它所提供的控制条上的一个具有重新开始功能的按钮（即 Setup 键），很方便地满足这个要求，而并不需要退出当前的模型运行环境而重新运行该模型。

在运行某一个 Swarm 模型时，用户并不能在该模型运行的界面下直接打开并运行另外一个模型，而必须打开其相应的源代码文件来运行相应的程序；但是在 Repast 中，通过点击"Load Model"控键，用户能够在其他模型运行的环境下直接打开并运行另外的模型（在打开新的模型之后，原来的模型自动退出），这给用户带来了很大的方便。

在运行 Swarm 的模型时，一旦关闭参数表就无法重新打开，除非重新运行此模型，参数表才会再次出现；但是在 Repast 中，"View Settings"控键能够让用户在关闭模型的参数表后随时打开它，使操作更加灵活。

与 Swarm 和 Repast 一样，Ascape 也提供一系列的模型控制工具条，而且 Ascape 所提供的工具的功能更加强大，更加有利于用户对模型运行的控制以及对模型运行结果的数据分析。Ascape 提供了一个控制模型运行参数的模型滑动栏（Model Slider Panel），如图 4—20 所示。

图 4—20　Ascape 控制条

标记滑动栏可以使用户更加直观地控制模型的各个参数和模型的运行进程，从图 4—20 中可以看出，用户能够通过调节滑动杆来设置参数的情况。与传统的参数设置不同的是，标记滑动栏与模型运行情况的交互是双向的（two-way）：用户调节滑动栏也能够改变模型的参数，同时模型内在的变化会影响滑动栏的状态。

Ascape 提供了一张规则表，它允许用户选择模型运行的各种规则。用户通过调节和设定规则表上的各个参数，可以直接地设置模型运行的规则，而并不需要修改源程序的代码部分。对于非计算机专业人士而言，这种方式是十分方便的。

Ascape 提供了强大的数据统计工具，譬如时序图、柱状图以及饼状图等，而且，这些统计工具的实现过程对于用户来说都是可视化的，建立过程非常容易，只需要在 Ascape 提供的标准表单中选择相应的参数即可，而并不需要像 Swarm 那样编写相应图像的代码，这使得用户减少了很多繁杂的事务性的工作。譬如，建立时序图的具体过程如图 4—21 所示。

如果用户需要建立一个时序图，可以在控制条上选择右边的代表时序图的图标，再设置相应的参数，Ascape 便能够自动生成关于总量、最大值、最小值、平均值、标准差等统计量的时序图。

与此类似，通过选择控制条上的表示柱状图和饼状图的图标，用户也可以方便地建立柱状图和饼状图。

2. 模型的图形表现比较

Swarm 在表现模型方面提供了光栅图、柱状图、曲线图，表现能力比较强大。Repast 运行结果中也同时提供了光栅图、柱状图、向量曲线图，与

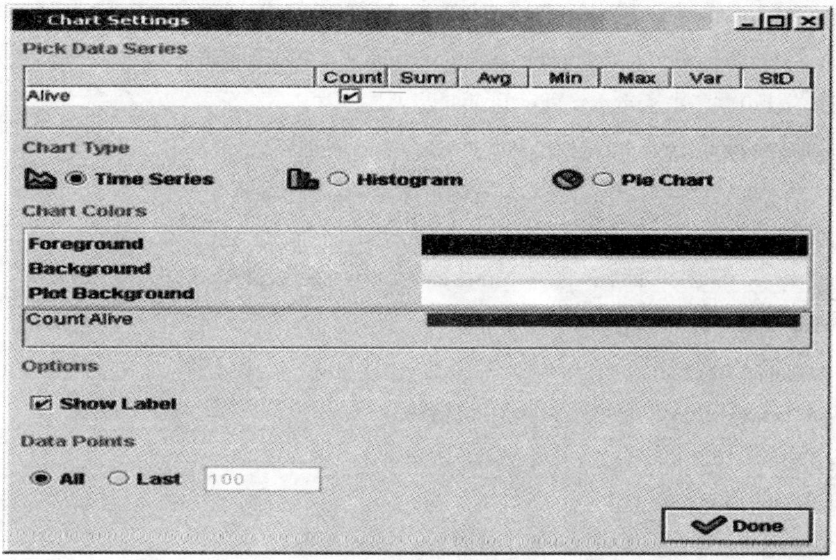

图 4—21　统计图形设置界面

Swarm 的表现形式大致相同。Ascape 上仅主体视图就有多种表现方式：关联的二维视图、一维滚动视图、向量表示法以及单一视图；另一种视图——图表视图（chartview）还有三种不同的表达形式：时间序列、柱状图、饼状图。通过上面的表现方式比较，可以看出 Ascape 对于模型的表达能力比较全面并且相对较强。

四、实现代码比较

下面是 Ascape、Swarm、Repast 三个软件平台在实现热虫（Heatbugs）模型中，主体寻找移动的最佳目的方位的部分代码的比较，可以看出 Ascape 在设计上尽量减少了代码长度。

Swarm

```
newX=x;
newY=y;
HeatCell heatCell=new HeatCell (newX,newY);
heat. findExtremeType$X$Y (((heatHere < idealTemperature) ? HeatSpace. hot:HeatSpace. cold),heatCell);
newX=heatCell. x;
```

```
newY=heatCell.y;
if ((Globals.env.uniformDblRand.getDoubleWithMin$withMax (0.0,1.0)) < randomMoveProbability){
//pick a random spot
newX= x+Globals.env.uniformIntRand.getIntegerWithMin$withMax(-1,1);
newY= y + Globals.env.uniformIntRand.getIntegerWithMin$withMax(-1,1);
//normalize coords
newX=(newX+worldXSize)% worldXSize;
newY=(newY+worldYSize)% worldYSize;}
if(unhappiness==0) {
//only update heat—don't move at all if no unhappiness
heat.addHeat$X$Y(outputHeat,x,y);}
else {
 tries=0;
 //only search if the current cell is neither the optimum
 //or randomly chosen location-else don't bother
 if((newX != x||newY != y)){
 while ((world.getObjectAtX$Y (newX,newY) != null)
 && (tries<10)){
 int location,xm1,xp1,ym1,yp1;
 //choose randomly from the nine possible
 //random locations to move to
 location=
Globals.env.uniformIntRand.getIntegerWithMin$withMax (1,8);
 xm1=(x+worldXSize-1)% worldXSize;
 xp1=(x+1) % worldXSize;
 ym1=(y+worldYSize-1) % worldYSize;
 yp1=(y+1)% worldYSize;
switch (location)
 {
```

```
case 1:
  newX=xm1;newY=ym1;   // NW
  break;
case 2:
  newX=x;newY=ym1;// N
  break;
case3:
  newX=xp1;newY=ym1;// NE
  break;
case4:
  newX=xm1;newY=y;//W
  break;
case 5:
  newX=xp1;newY=y;//E
  break;
case 6:
  newX=xm1;newY=yp1;// SW
  break;
case 7:
  newX=x;newY=yp1;//S
  break;
case 8:
  newX=xp1;newY=yp1;// SE
default:
  break;
}
  tries++;          //don't try too hard.
 }
 if (tries==10){
 //no nearby clear spot,so just don't move.
 newX=x;
 newY=y;
```

```
}
}
...
    world. putObject$atX$Y (null,x,y);
    x=newX;
    y=newY;
world. putObject$atX$Y (this,newX,newY);
```

Repast

```
Int type=(heatHere<idealTemp) ? space. HOT:space. COLD;
Point p=space. findExtreme(type,x,y);
If (Uniform. staticNextFloatFromTo(0. 0f,1. 0f) < randomMo-
veProb){
  p. x=x+Uniform. staticNextIntFromTo(-1,1);
  p. y=y+Uniform. staticNextIntFromTo(-1,1);
}
if (unhappiness==0){
  space. addHeat(x,y,outputHeat);
}else{
  int tries=0;
  if(p. x ! =x||p. y! = y){
while ((world. getObjectAt(p. x,p. y) ! = null) && tries<10){
  int location=Uniform. staticNextIntFromTo(1,8);
  //get the neighbors
  int prevX=(x+xSize-1) % xSize;
  int nextX=(x+1)% xSize;
  int prevY=(y+ySize-1) % ySize;
  int nextY=(y+1)%ySize;
  switch (location){
case 1:
  p. x=prevX;
  p. y=prevY;
  break;
```

```
case 2:
    p.x=x;
    p.y=prevY;
    break;
case 3:
    p.x=nextX;
    p.y=prevY;
    break;
case 4:
    p.x=nextX;
    p.y=y;
    break;
case 5:
    p.x=prevX;
    p.y=y;
    break;
case 6:
    p.x=prevX;
    p.y=nextY;
    break;
case 7:
    p.x=x;
    p.y=nextY;
    break;
case 8:
    p.x=nextX;
    p.y=nextY;
default:
    break;
    }
    tries++;
}
```

```
    if(tries==10){
      p.x=x;
      p.y=y;
    }
      }
      space.addHeat(x,y,outputHeat);
      world.putObjectAt(x,y,null);
      x=p.x;
      y=p.y;
      world.putObjectAt(x,y,this);
  }
```

Ascape

```
    DataPoint maximizeFor=(((HeatCell) getHostCell()).getHeat
()<idealTemperature)
      ? HeatCell.MAXIMUM_HEAT_POINT:HeatCell.MINIMU-
M_HEAT_POINT;
    Cell bestLocation=getHostCell().findMaximumWithin(maximi-
zeFor,1,true);
    if(!bestLocation.isAvailable() && bestLocation !=oldHost){
    randomWalkAvailable();
    }
    else if (bestLocation !=oldHost){
    moveTo((HostCell)bestLocation);
    }
    if          (getRandom().nextFloat()       <       ((HeatbugMo-
del)getRoot()).getRandomMoveProbability()){
    randomWalk();
  }
```

上面是分别在 Ascape、Swarm、Repast 三个软件平台中实现的热虫（Heatbugs）模型。下面我们来把它和糖域（Sugarscape）模型作个比较。

如对于热虫模型，Swarm 所需代码有 989 条；Repast 所需代码为 622 条，是 Swarm 使用数量的 63%；而 Ascape 仅需 395 条代码，是 Swarm 使用数量的 40%；其他的数据也说明在实现相同功能的基础上 Ascape 的编程任务量最轻。

表 4—3　　不同工具实现的各种模型比较

	Swarm	Repast		Ascape	
Heatbugs	989	622	63%	395	40%
Heatbugs（No Comments）	683	577	84%	304	45%
Sugarscape	1 050	815	78%	585	56%

五、小结

前面分别从设计目标、建模思想、设计模型的表现能力、用户设计模型所需要的编码工作量等角度比较了 Swarm、Repast 和 Ascape 三种软件工具。从易用性的角度看，Ascape 的概念框架比较简单统一，代码量也较少；而 Swarm 由于是在 unix 平台上开发的，一般用户在 Windows 平台上安装使用通常会遇到一些问题，且不容易直接应用第三方库。但选择时还要注意一些软件之外的事项，如软件的使用情况、软件背后的技术支持、软件发展的前景等。从软件的使用情况看，Swarm 由于是最早的统一仿真平台，在多主体仿真研究领域有很高的知名度，经过多年的应用研究经验的积累，在世界各地有非常广泛的应用。而且从 2002 年起，全世界 Swarm 应用研究者每年举行一次学术交流大会，为广大社会仿真研究人员提供了技术切磋交流提高的机会，在很多国家和地区内形成了联系较密切的实践社区，很多研究者还基于 Swarm 设计出第三方扩展的工具，具体可参考 Swarm 节后面的资源链接。Repast 的设计借鉴参考了 Swarm 的许多优点，作为 GNU 开源项目 Repast 项目放在 Sourceforge 网上，任何个人或机构都可以贡献自己的力量。项目组还维护一个很活跃的用户讨论邮件组，任何人都可以加入邮件组获得群体的支持。由于 Repast 是纯 Java 实现的，因此与别的软件的兼容性要比 Swarm 好，许多别的 Java 库都可以直接引入到 Repast 模型设计中。从最近的版本升级表现来看，目前 Repast 的技术支持力度很高，由此推测其未来发展前景应该更光明。而 Ascape 不是开放源码项目，目前的应用范围比较狭窄，没有专门的实践社区，寻求技术支持困难，而且已很久没有版本升级了。

对于国内研究者来说，Swarm 引入比较早，中国人民大学经济科学实验室自 1994 年就开始使用 Swarm 进行社会经济建模。近年来，国内越来越多的高校和科研机构纷纷开展了 Swarm 社会仿真的研究项目。也就是说，在国内 Swarm 已形成了一定的研究群体规模，获得了较广泛的认可。

学习者可综合参考本书的比较和自己的知识背景、研究目标与项目环境等选择最适当的工具软件，以最有利的方式开展自己的研究。

六、资源链接

1. Swarm 与 Repast 的比较：http://www.missouri.edu/～skhcf/FluBug/swarmvsRepast.htm

2. Swarm、Starlogo、AgentSheets、Ascape、MAML、Repast、SDML 等七种多主体仿真工具的评比：http://www.irit.fr/COSI/training/evaluationoftools/Evaluation-Of-Simulation-Tools.htm

3. Tesfatsi 收集的常用多主体建模软件工具列表：http://www.econ.iastate.edu/tesfatsi/acecode.htm

关键词

OO　　Swarm　　Repast　　Ascape

习题与思考

1. 安装 Swarm2.1 及其 Demo 例程。选择一个例程，对其源代码进行分析，画出程序的类关系图、逻辑图。在分析基础上，适当修改模型，给主体增加一些属性和方法，重新编译模型，完成改动模型的编译和运行。

2. 安装 Repast，安装 Eclipse 系统。尝试着选择一个 Demo 例程进行类分析、时序逻辑分析。在分析基础上，适当修改模型，编辑运行。

3. 安装 Ascape，安装 Eclipse 系统。尝试着选择一个 Demo 例程进行类分析、时序逻辑分析。在分析基础上，适当修改模型，编辑运行。

4. 多主体模型中主体们是以一种类并行的方式相互交互的，系统中各个主体的行为仿佛是同步发生的，不存在因为主体遍历的次序造成先后不一的问题。思考这样一个情景：上一个时间步中两个主体同时发现了同一个攫取的目标，它们中只有一个可以得到，请思考如何在模型中实现这点？

第五章

Swarm多主体模型实例

本章结合四个具体的研究实例，进一步讲解了计算机仿真方法在社会科学研究中的应用。这四个例子是经济学领域的，但这不代表这种研究方法只适合研究经济学，只是在选编教材时没能找到适合教学的其他社会科学研究的实例。

对于每个例子，我们主要介绍研究的理论背景及对应经济学上的含义，然后说明模型的基本框架，并对运行的结果进行理论上的分析。

第一节　阿克洛夫模型

阿克洛夫模型是信息经济学中的一个经典模型，它描述的是在非对称信息环境下的“逆向选择”问题，揭示了在某种特定的情况下，市场如何变得低效率的过程。

逆向选择是指在建立委托人—代理人关系以前，代理人已经掌握了某些委托人不了解的信息，而这些信息有可能对委托人不利；代理人利用这些信息签订对自己有利的合同，而委托人则由于信息劣势而处于不利的选择位置上。

目前有关逆向选择问题的研究基本上是从产品销售、保险和资本市场三个方面展开的。阿克洛夫模型以旧车市场上的旧车销售情况为例，来解释产品销售方面的逆向选择问题。

一、背景

在一般情况下，人们要想确切分辨出旧车市场上哪些是高质量汽车，哪些是低质量汽车是困难的，一辆外表全新的汽车也有可能是低质量汽车。由于买主无法了解汽车的质量，所有外表相同的汽车都将以同样的价格出售。这样，高质量的汽车在旧车市场上就无法以预期的高价格出售，这对于卖主是不利的。但另一方面由于高质量的车的确有可能在旧车市场上存在，顾客偶尔也能在这里以买卖双方都满意的价格买到高质量的车。这样就使得低质量汽车的卖主不愿意以较低价格卖出，直到旧汽车的低质量性质充分显示出来为止。从买卖双方的分析可以看出，从效用最大化的角度来讲，人们更愿意培养低质量汽车占大多数的旧车市场，因此，拥有高质量汽车的卖主往往将他们的汽车撤出市场。这样旧车市场上汽车的平均价格在下降。简单地说，那些低质量的汽车将高质量的汽车排挤到市场之外。这就是一个典型的逆向选择问题。

由此，阿克洛夫模型解释了为什么即使是只使用过一次的“新”汽车，在旧车市场上也难以卖高价。更为重要的是，这种现象与传统经济学概念——商品质量决定其市场价格——相悖。在非对称信息环境中，商品质量依赖于价格。这也是市场参加者以价格判断商品质量的信息经济学解释。当然，实际的经济环境比上面的分析更复杂，因为市场不仅仅是由高质量和低质量的车组成的，而且随着各种因素的变化，市场中旧汽车的质量也会发生变化。

综上所述，汽车的市场价格依赖于市场上所提供的汽车的平均质量，而市场上提供的汽车的平均质量又取决于汽车的市场价格。于是，开始在高价格水平上，许多汽车都被置于市场上出售，这样，市场上汽车的平均质量也就随之提高了。然而随着大量的汽车被置于市场上出售，市场逐渐出现供大于求的现象，从而导致市场价格的下降。当市场价格降到一定程度以后，那些高质量汽车就被撤出市场，从而导致市场中汽车的平均质量进一步下降。结果汽车的边际效用随之降低，而人们愿意支付的价格也就越来越低，如此循环。最后市场充斥着大量低质量汽车，这样产生的销售合同肯定是非常少的，这种市场最终由于人们对低质量汽车的需求丧失而消失。很明显这是一种低效率的市场。

我们从不利选择的理论上进一步总结这个汽车市场的例子。在一般商品销售市场上，产品质量的不确定性是不利选择的根本原因，而基于产品质量不确定性基础上的市场信息差别是不利选择的直接诱惑因素。当市场商品以不同质量交换时，买卖双方都将以同样方式按照产品质量将产品进行分类，但是，只有卖主能够观察到他们所销售的每个单位产品的质量，而买主在购买前最多只能观察到产品质量的分布，也就是说，买主在购买产品前并不能确切了解每个单位产品的具体质量，最多只能了解这类产品质量的平均分布。由于没有其他任何方式使买主确定每个单位产品的具体质量，这样，低质量产品往往随着高质量产品一起销售。从买方市场看，在这样的市场中进行选择是不利的。

二、阿克洛夫模型的 Swarm 实现①

如果采用前一章介绍的工具软件 Swarm 来建立阿克洛夫模型，不仅可以

① 该模型的 Swarm 实现由中国人民大学经济科学实验室的韩晖同学于 1999 年完成。

观察其运行变化的动态状况，还可以判断其运行结果是否与模型所预测的相符，同时还可以检验 Swarm 工具的可用性。这个模型所涉及的对象可分为以下几类。

（1）汽车：汽车是市场上被交易的对象。汽车的价格是由其质量决定的，为简便起见，认为该汽车市场上只有两种汽车，分别是高质量的和低质量的，其期望售价分别为 2 000 元和 4 000 元。每一辆进入市场的汽车都有相同的被询价的可能性。一辆汽车被询价之后，如果买方给出的价格高于期望售价，则交易成功，否则按照一个给定的较低概率成交。这与实际市场上的情况是一致的，即一辆汽车赔本卖出的可能性保持在很低的水平上。实际上模型中的一个汽车对象代表了汽车与其卖主的总和（汽车的属性和卖主的行为）。

（2）市场：市场是模型涉及的另一个对象。这里，市场被设计成容量固定的。市场能够记录当前高质量和低质量的汽车的数量，也能记录当前卖出的高质量和低质量的汽车数量。市场上的交易是一轮一轮进行的。市场上交易双方的信息是不对称的，对于卖方，汽车的信息是完全的，即卖方知道汽车是高质量的还是低质量的，但是买方并不知道汽车是高质量还是低质量的，只能根据上一轮的交易情况预测本轮交易中市场上高质量和低质量汽车的比例，并以此为基础给出买方购买汽车的期望价格。市场上发生交易后，需要有新的卖方进入市场，一辆汽车如果在多轮交易后还不能被卖掉，将自动退出市场。考虑实际市场的情况，新的卖方进入市场时，被卖车辆是高质量的还是低质量的也是由上一轮交易中卖出的高低质量的汽车的比例决定其概率的。

上述两个对象各自有自己的行为动作。对于卖方来说，每轮交易中每辆汽车根据给定的概率决定自身是否被询价，一旦被询价则判断卖方与买方各自的期望价格，如果买方出价高于卖方的价格则成交，否则按照一个较低的给定成交率决定是否成交。市场在本轮交易结束后的动作是统计本轮交易中成交的高低质量的汽车的各自数量，并且根据该数量计算下一轮交易的买方期望价格。对于交易完成的汽车和那些多轮交易后仍不能成交的汽车，则自动退出市场，由新的汽车补充进来。

根据上述模型建立起对应的 Swarm 模型，并实际运行，可以看到模拟的结果与该模型的理论预测①符合得很好。如图 5—1 中所示：控制面板控制模型运行的开始、结束和分步运行；观察员（CarsMarketObserverSwarm）设置其刷新频率；CarsMarketModelSwarm 设置参与汽车的数量和被询价的概率；阿克洛夫模型的窗口则显示随时间的变化所有汽车销售价格的总和的变化情况，这是主要部分。从图中可以看到市场上所有汽车销售的总价格逐渐下降，说明高质量的汽车被逐步挤出了市场。

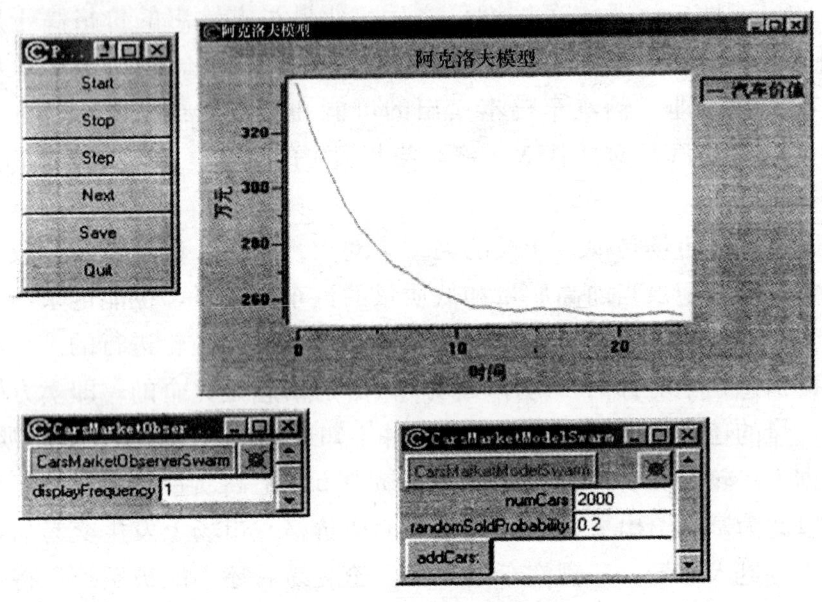

图 5—1　Swarm 阿克洛夫模型的运行结果

阿克洛夫模型的运行结果如图 5—1 所示。Swarm 在这里提供了四个窗口，分别显示参数及模型的运行结果。这就是 Swarm 典型的运行环境。研究者可以利用 CarsMarketModelSwarm 和CarsMarketObserverSwarm 两个窗口调整运行和观察的有关参数，用控制窗口反复运行和观察其结果。

三、阿克洛夫模型的进一步分析

根据阿克洛夫教授论文中的描述，在上述模型中，假设市场上仅仅存在

① 参见 George A. Akerlof，“The Market for ‘Lemons’: Quality Uncertainty and The Market Mechanism”，*Quarterly Journal of Economics*，1970。

两种品质的汽车：高质量的和低质量的（分别用价格 2 000 货币单位和价格 4 000 货币单位表示）。市场被作为信息发布的场所，根据前期交易的结果来预测本期交易的预期价格，同时市场容量保持不变，有汽车交易发生或在预期时间中没有实现时交易主体退出，则补充相同数量的卖方或买方进入市场；买方主体被容纳到市场当中，即买方被视为一个整体，所有买方的行为无差异，均按照市场预测的交易价格制定相同的购买策略。卖方主体则通过汽车体现，假定卖方对于汽车的质量高低具有完全知识，按照某种成交概率进行。在这样一个模型框架下，市场行为表现为低质量汽车的成交保持上升趋势，而高质量汽车则由于买方预期的价格低于卖方期望售价，从而无法成交，退出市场。这样在信息不对称的情况下，汽车市场确实表现出了高质量汽车被挤出的行为特征。

这里我们先对阿克洛夫模型在设计上存在的超现实的约束前提和机制进行分析，然后提出完善和增强设计的思路。

原阿克洛夫模型存在以下几点不足：

（1）买方行为被平均化。在模型中，通过市场收集前期交易的结果，然后根据高质量和低质量汽车的交易比例，确定下一期市场的平均价格，并以此作为下一轮交易中买方的预期价格。这种机制实际上是以典型主体替代了个体的差异，隐含了买方行为平均化的前提，即所有买方只愿意根据市场交易的结果支付平均价格购买汽车，并且所有买方对于购买汽车的质量预期是无差异的。实际情况中，买方由于知识和预期的差异性，在购买汽车的行为上存在区别，如乐意以合理价格购买高质量汽车，或者“错误地”买到了与价格不符的低质量汽车。问题的关键在于：对买方而言，不存在从质量到价格的可观测和验证的映射关系。在买方行为被平均化、典型化的机制设计下，当市场平均交易价格作为所有买方统一的、唯一的购买策略指导，且买方将价格作为汽车质量的区分方法时，该前提导致的必然结果就是将不会有人购买高质量汽车，高质量汽车无法进行交易从而退出市场。在现实中，市场是交易的场所而非交易主体，交易的进行由卖方和买方议价进行，因此有理由认为需要将买方作为独立的主体引入，以表现出不同买家的行为差异。

（2）指标单一。按照阿克洛夫模型的传统描述，对于汽车的信息不对称反映在汽车质量的无法观测上，即买方不能够通过汽车价格判定汽车质量，而卖方更愿意接受高于个人汽车质量对应价格的交易价格。这种矛盾是高质量汽车挤出效应的本因。为保护个人权益，迫使买方试图通过压价减少因质量无法观测而导致“错误交易”（即以较高价格购买了较低质量汽车）的可能性和损失。由此可知，对于汽车的指标应该至少存在于两个方面，即价格方面和质量方面。在模型中，仅仅具有价格信息，并以价格信息作为买卖双方对汽车质量的共同观测基础，将二维模型指标简化为一维，实际上存在指标单一的缺陷。

（3）价格分布单一。汽车价格在模型中服从 0—1 分布，即高质量汽车的价格恒等于 4 000 货币单位，低质量汽车价格恒等于 2 000 货币单位。不难看出，在价格恒定的情况下，市场交易活跃度降低，从而有导致卖方退出的倾向，这也影响了对于信息不对称情况下挤出效应的分析。在现实中，如果缺乏可信的评估机制而由卖方自行定义价格，则由于卖方理念的差异汽车价格将是离散的。此外，由于交易通过买卖双方议价进行，所以交易价格不一定以定价为准，而是双方妥协的结果。所以我们认为应该在模型中讨论交易价格离散的情况，并允许买卖双方议价机制的存在。

（4）信息匮乏。模型中市场交易的历史结果是通过总交易量中高价汽车和低价汽车的比例来反映，并以此作为公共知识发布给买方作为预期定价的指标，同时以此作为筛选新卖方进入市场的机制。这样，随着低价汽车交易的增加，买方将会降低预期定价，而高价汽车的新卖方也将会被市场筛选出局，随之市场逐渐低迷。也就是说，模型结果是被预先定义的，是这个负反馈的必然结果。实际上，公共知识的发布对于市场影响十分重大，选择什么样的市场信息供给，将会对整个市场的交易产生重大影响，而市场信息供给存在多种选择。此外，个人在消费过程中往往受到相似个体经验的影响，从而影响一个汽车市场的繁荣程度的另一个重要方面是，所有历史参与者的反馈和传递，比如“我确实以合理的价格买到了一款不错的汽车”。诸多历史交易者的反馈意见作为一种市场交易的评价体系，应该通过某种机制引入，从而影响市场后续交易的进行。这可以被认同为某种“口碑”或“品牌效应”。在品牌效应和反馈机制的作用下，评价较高的市场交易活跃程度将会高于评价较低的市场。

上面的不足基本上是阿克洛夫模型本身的缺陷。基于以上分析，这里我们建立了一个包含多种主体、引入反馈机制和市场竞争机制、商品指标多样化的经济模型，也以阿克洛夫教授关注的旧汽车市场为背景；其主要目的是通过对比不同的市场机制、不同的定价策略、存在信息发布时对于市场规模和交易质量的影响。

四、改进的阿克洛夫模型

1. 模型假设

与阿克洛夫的旧汽车市场模型不同，这里假设旧汽车的质量满足［0.1，1.0］区间上的均匀分布，这样可以避免 0—1 分布下价格单一、过于简单的假设；假设卖方对于汽车的评价不同，存在合理定价和不合理定价两种评价方法；假设市场容量不变，维持市场上存在等数量的买方和卖方；假设买方不存在对汽车质量进行观察的能力，并且买方不能够根据汽车质量的分布函数得到期望价格；假设买方的购买策略决定于买方的预算和市场的平均满意程度，而买方预算因人而异。

2. 模型主体及行为模式

模型中主要存在三类主体：市场、卖方和买方。

（1）市场。市场是为买卖双方提供交易的场所，并发布历史交易的相关信息。存在两种类型的市场。类型 1 的市场，合理定价的卖方比例高于不合理定价的卖方（模型中约定为 7：3）；类型 2 的市场恰恰相反，两者比例为 3：7。在模型中，假定买方和卖方处于相同的规模，数量都等于 100。市场通过提供交易的历史记录作为公共信息。交易的历史记录实际上是所有交易汽车的列表，并按照交易时买方对交易的评价将交易划分为 1～5 五种级别，分别对应着交易满意程度［0.0，0.2］，（0.2，0.4］，（0.4，0.6］，（0.6，0.8］，（0.8，1.0］五个区间，分别表示“很不满意”、“不满意”、“一般”、“满意”、“很满意”五种交易评价，保存某个满意程度下的交易数量，并根据各个区间的加权平均计算市场的平均满意程度。此外，市场提供交易的撮合机制，允许买方根据预算搜索一定数量的卖方作为备选卖主，并以市场的平均满意程度为概率成交。市场的平均满意程度、交易汽车的平均价格和平均质量、交易数量将作为模型的输出，以分析不同类型的市场机制对于交易的影响。

（2）卖方。卖方即旧汽车的拥有者。旧汽车的质量服从随机分布，在模型中通过［0.1，1.0］区间的随机数生成。卖方对于汽车的评价不同，具有合理定价和不合理定价两种模式。在合理定价模式下，汽车质量 Q 服从［0.1，1.0］区间上的均匀分布，假设汽车质量和价格之间存在线性函数关系 $P=6\,000*Q*$ ［1.0，1.2］，其中6 000表示基准价格，P 表示汽车价格，Q 表示汽车质量，［1.0，1.2］表示利润空间，即卖方随机决定获利数额。在不合理定价模式下，汽车质量服从［0.1，1.0］区间上的均匀分布，$P=6\,000*(Q+$ ［0.1，0.5］）；这表示卖方将按照质量较高的汽车决定自己的汽车价格，但欺诈概率空间为［0.1，0.5］上均匀分布的随机数。此外，不同卖方具有不同的期望交易时间，如果在交易时间内没有实现交易则退出市场。如果交易完成，则依照上述策略引入新的卖方。对于汽车，存在三个指标进行评价：交易价格、质量、交易后买方的满意程度。

(3) 买方。买方为汽车的持币待购者，其预算服从随机分布，在模型中通过［0.1，1.0］区间上的随机数乘以 6 000 生成。买方根据市场的平均满意程度决定询价交易的概率，并以“货比三家”的策略在市场上搜索价格在预算上下各 5%的目标卖主，加入“联系人列表”。询价完成后，如果不存在联系人，则根据预期交易时间决定等待还是退出；如果存在联系人，随机选择列表中的一个卖方进行交易。如果卖方定价小于预算，则按照卖方定价交易；否则交易价格将选定为预算到定价区间上的一个随机数，以此来实现讨价还价的过程。交易实现后，假定此时买方对于汽车的质量已经可以观测，买方将根据交易价格在市场历史交易中寻找“很满意”的交易所对应价格水平下的质量指标，并以自己汽车的质量和“很满意”质量比较，得到本次交易的满意程度，反馈给市场。图 5—2 展示了模型中主体相互作用的基本机制。

在上述模型设计下，基本解决了在前文中指出的四个问题：基于随机数的主体构造保证了买方和卖方具有行为和偏好的差异性，从而避免了行为典型化和平均化的问题；汽车指标由价格和质量共同构成，避免了指标单一化；汽车质量和价格均服从均匀分布，解决了价格单一和质量单一的问题，并与不同的定价策略一起，共同体现了卖方对汽车评价的差异性；引入了议价机制；市场历史交易记录的实现，表现了过往交易后买方对交易的评价，从而引入了反馈机制，体现了口碑的作用。这样的设计可以得到一个远比阿克洛夫旧汽车市场复杂的经济模型，而模型在假设条件上比原模型要宽泛得多，更加接近现实的状况。

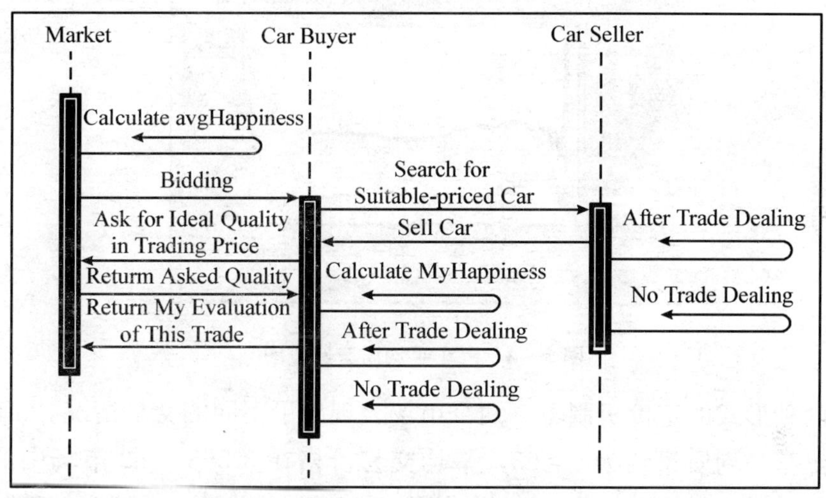

图 5—2　旧汽车市场模型的时序图

3. 模型结果分析

（1）图形分析。

模型的运行结果参见图 5—3 和图 5—4，其中 m1 表示合理定价者占大多数情况下的市场，相应指标用蓝线（深）表示；m2 表示不合理定价者占大多数情况下的市场，相应指标用黄线（浅）表示。图 5—3 至图 5—6 分别比较了在两种市场机制下交易的汽车平均价格、汽车平均质量、买方满意程度、交易数量四个方面的差异。

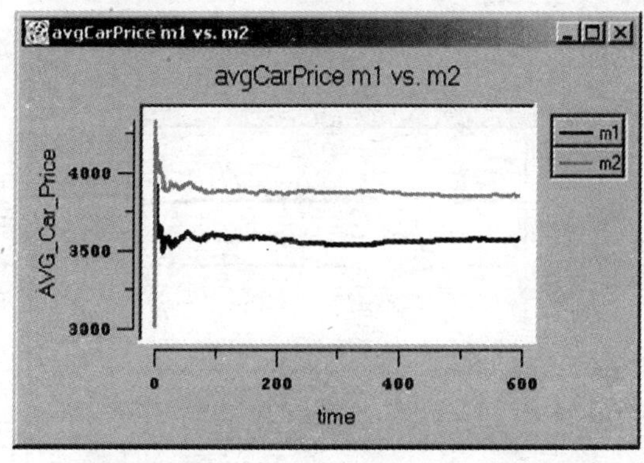

图 5—3　汽车平均价格比较图

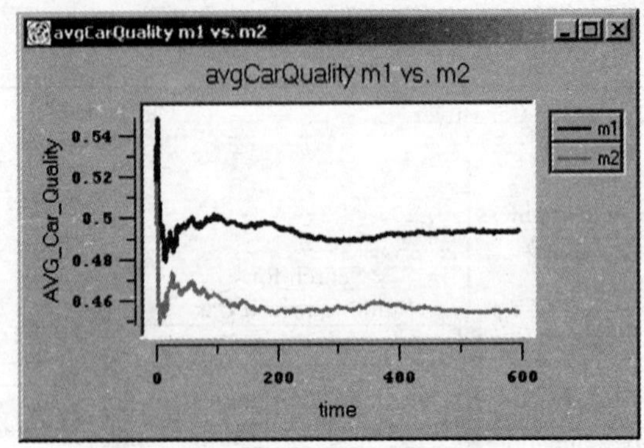

图 5—4　汽车平均质量比较图

在两种形式的定价机制下，两个市场表现出了不同的交易情况。m1 市场中交易汽车平均质量约为 0.493，平均交易价格在 3 568；m2 市场中的交易汽车平均质量为 0.453，平均交易价格在 3 850。这说明在诚信度较高的市场 m1 上交易的汽车质量要高于诚信度较低的市场 m2，并且 m1 交易价格低于 m2，m2 价格因为欺诈性定价而虚高。

对于这样的交易质量和价格差异，两个市场存在满意度的差异。合理定价情况下，m1 的买方平均满意程度达到了约 0.931，而 m2 的买方平均满意程度仅有约 0.857；这反映了买方对于市场机制的评价，从而合理定价的市场得到了较高的认同（见图 5—5）。最终，认同度比较高的市场在交易数量和交易数量的增长率上均高于认同度较低的市场，交易的活跃度更高（见图 5—6，交易数量的增长率用曲线的斜率表示）。

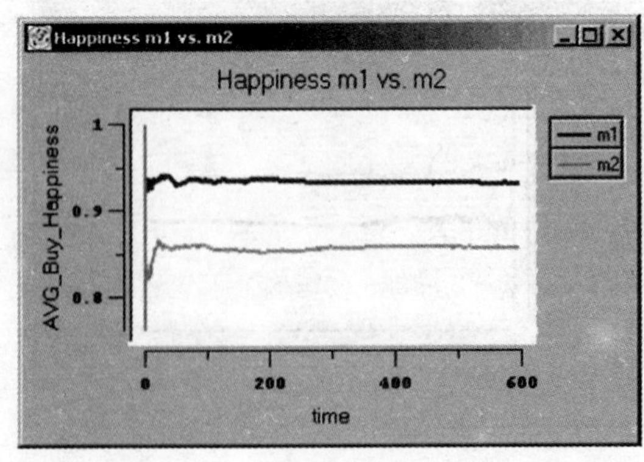

图 5—5　买方满意程度比较图

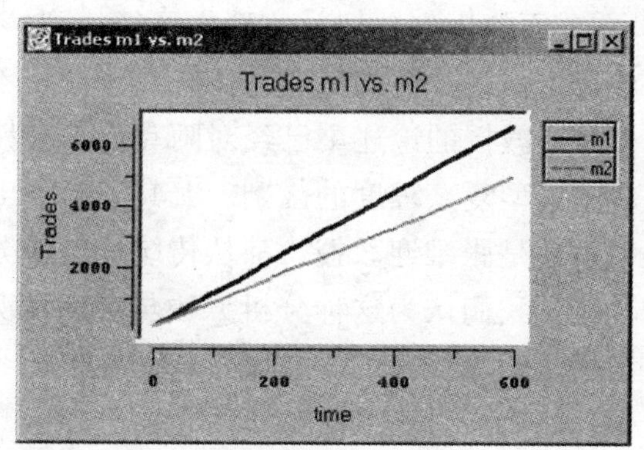

图 5—6 交易数量比较图

上述运行结果表明，对于存在合理的质量评价体系的市场，能够实现在平均交易质量、买方满意度、市场交易活跃度等各方面的较高效用；而欺诈性较强的市场则恰恰相反，在上面比较的三个指标中都处于下风。

（2）阿克洛夫模型与传统经济分析的比较。

按照阿克洛夫教授的分析，在买方按照市场平均质量给出交易价格的情况下，将会出现高质量汽车被低质量汽车挤出市场的现象（参见［7］）。张维迎教授在进一步分析阿克洛夫模型的基础上，分别从汽车质量满足 0—1 分布、均匀分布以及买卖双方对车的评价差异等角度进行考察，并得到结论："在非对称信息下，市场在多大程度上存在，依赖于质量的分布函数和买卖双方评价的差异程度"。模型的运行结果告诉我们，在质量不确定、信息不对称的情况下，如果卖方采用欺诈性定价策略，市场状态呈现出质量较低、满意度较低、活跃度较低的状态。而欺诈性的定价策略，与传统模型中"卖方更愿意以高价出售商品"的行为假设是一致的。模型的运行结果最终证明了传统经济分析的结论：在信息不对称的情况下，在卖方效用最大化的期望下，旧汽车市场将会低迷。质量的不确定性和买卖双方的差异，确实是旧汽车市场无法实现最优的关键因素。但是现实生活表明，二手商品的交易在这两种因素存在的前提下仍然交易得十分活跃；也就是说，市场未必需要达到最优仍可以存在。在我们所建立的模型当中，尽管 m2 存在大量的欺诈性定价，交易数量仍然持续增长，这是符合现实生活的实际情况的。张维迎教授在分析中也说明了这种情况，不过是通过概率方法得到的结论。上述计算机经济建模与传统经济分析相比，主要有以下几点不同。

1）假设差异。在前面的模型框架及实现中已经提到，在汽车质量分布、卖方评价、买方评价等方面，我们的模型与传统经济分析不同。汽车质量分布和卖方评价，在张维迎教授的论述中已经对阿克洛夫教授的模型进行了拓展，这两个方面至多是模型复杂程度的区别。尤其需要指出的是买方评价部分，不论阿克洛夫教授还是张维迎教授，都从传统的经济分析出发，采用期望均值作为买方的预期。我们认为这种分析方法与实际情况存在差异。期望均值的前提是知道市场上商品质量的分布函数，而在市场容量较大、卖方评价存在差异的情况下，其实买方不可能给出质量的分布函数；而且期望均值作为买方评价，实际上仍然对买方行为进行了典型化的简化处理，不能反映买方行为的差异。在本模型中买方不能得知汽车质量的分布函数，并假定买方作为持币待购者，唯一的交易约束是其预算，然后通过询价决定购买行为。基于主体建模在这种情形下比传统的统计平均方法更具有优势，也更能反映实际情形。

2）机制差异。在传统模型中，主要考察信息不对称情况下市场交易的状况。为避免可能的损失，当买方可以持续地以市场上汽车质量的期望均值作为定价的策略时，实际上通过这种典型化的方法，问题本身已经变成了一个多轮博弈问题。多轮博弈的结果与一轮博弈的结果将会相去甚远。对于旧汽车这样的生活耐用品，现实中买方应该是一轮博弈方，只是在博弈后往往会通过各种渠道散播自己对交易结果的看法，也就是说存在像蚂蚁激素一样的信息遗存。这种信息遗存可以通过市场公告板发布，也可能在和亲戚朋友聊天中传播。针对这种现象，在我们的模型中引入了信息的反馈机制，允许买方交易后向市场提供对交易的满意程度，也允许买方通过查询历史中满意度较高的交易对自己的交易进行评价。当然这种机制的设计合理与否还值得商榷，并在一定程度上降低了信息的不对称性，但这在一定程度上反映了现实，并为市场经济体制下诚信机制的建立提供了一定的分析角度。

由于在模型中卖方评价存在欺诈性和合理性两种策略，除了表现了传统模型经济分析中卖方效用最大化的行为模式，实际上还引入了诚信机制。现实生活中，既存在利欲熏心的卖方，也存在公平交易的卖方。在买方可以提供交易评价的机制设计下，两种定价行为也对市场交易产生了不同影响。在传统模型分析中，仅仅假设高质量卖方会被挤出，这是不够的。卖方之所以离开市场，首先是因为无法达成交易，那么高质量汽车可以被挤出，一般质量的汽车也可能因为无人问津而退出。在一个满意度较高的市场，表现出交易总量层次上的高认同度，高质量和低质量的汽车都有可能成交；满意度较低的市场，也只能表现总量指标，不论质量高低都有可能成交。

3）工具差异。阿克洛夫教授和张维迎教授都通过效用函数和概率统计的方法对模型进行了分析，使用的是传统经济理论中普遍使用的数学工具。基于对计算机经济建模的考察和应用的目的，我们的模型通过计算机程序按照面向对象的方法加以实现，并在模型中广泛使用了随机序列的数据。这两种方法的差异在前文中已经说明，数学工具严谨规范，但常常伴随着主体差异度的缺失；计算机建模在公式化程度上稍弱，但可以提供主体差异度的实现。

4）结论差异。阿克洛夫教授在论文中指出信息不对称可能会导致市场交易数量和质量都递减；张维迎教授在他的书中根据不同情况给出了不同的分析结果。在我们的模型中，不同市场机制（合理定价和欺诈定价）下交易质量不同，欺诈性定价的市场更加低迷。但是在交易数量上，并没有出现减少的情况，只是满意程度越高交易数量曲线的斜率越高，市场交易越活跃。满意程度低的市场也只是交易相对不够活跃，但交易数量并没有呈现出增量减缓的趋势。这种现象与实际生活是相符的。

此外，阿克洛夫教授在论文中进一步讨论了诚信的代价（原文中以“The Costs of Dishonesty”为小节题目），指出不诚实的代价不仅表现为被欺骗的买方的数量增加，还表现为将可能进行的高水平交易驱逐出市场。在我们的模型中，以平均满意程度作为交易的概率，体现了诚信的代价。另外，通过引入反馈机制，在模型中比较了两种市场机制下的市场状态。买方反馈的交易满意度信息，可以认为是对市场的评价，而这种信息提供机制反映了买方试图消除信息不对称的努力。如果存在公平的评价机制，那么市场将有序地、高效地运转。实际上，在二手车市场，已经渐渐地建立了评价机制，离散的买卖交易被大的商务机构代理。虽然在存在代理的情况下，增加了交易的环节，却保证了交易的效用，保证了最小的不诚实代价。阿克洛夫教授在论文中也提到了类似商人的出现，这类商人不但需要具有分辨汽车质量的能力，还必须能够计算什么样的价格水平能使得他们可以在收购旧车和卖出旧车的价格差异中获益。模型反馈机制的设计也正是出于这种考虑。模型的结果也表明，存在买方评价反馈时市场出现分化，如果改变市场容量不变的前提假设，而允许买方挑选诚信度较高的市场进入，那么很明显像 m2 那样存在大量欺诈的市场将会消失，整个二手车市场会更加有序和高效。

第二节　ASPEN 的 Swarm 模型

ASPEN 是由美国 Sandia 国家实验室开发完成的关于美国经济的模拟系统，国内媒体已经有多次报道，引起了学术界的关注。其建模的主要方法是所谓的多主体（multi-agent）方法，并且在 agent 的实现上采取了与 CAS 理论非常接近的方法——为 agent 赋予适应性。

以往的对国家的经济情况进行建模的方法主要是建立宏观模型，而 ASPEN 所采用的建模方法与以往的建模方法最基本的区别在于：ASPEN 模型中所观察或预测的各种经济指标拥有实在的微观基础，在 multi-agent 方法中，经济系统里的每一个决策者——家庭、企业、政府、银行等都在模拟系统中有所反映。而这些决策者在模拟系统中的决策行为是按照适应性学习的方法获得的，与现实生活中的决策机制是一致的。

一、ASPEN 模型框架

如图 5—7 所示，ASPEN 中包含了家庭、企业、政府、银行、联邦储备局、金融市场等多类 agent，这些 agent 在劳动力市场、产品市场、债券市场和贷款市场上分别发生雇用和被雇用、产品需求和提供、债券买卖和借款贷款等行为。而企业在制定产品价格，银行在决定贷款利率时都采用了遗传算法分类学习系统（GALCS），使得这些决策行为更加符合这些 agent 在现实生活中的原型。

ASPEN 运行于一个大规模的并行计算环境下，模型中的各个 agent 按照一定的原则分布在不同的主机上，通过高速的网络环境进行消息通讯。因此，ASPEN 中的 agent 的个数可以不受单机计算条件的限制。

中国人民大学经济科学实验室对 ASPEN 系统进行了分析和研究，并用

Swarm 对其进行重建。

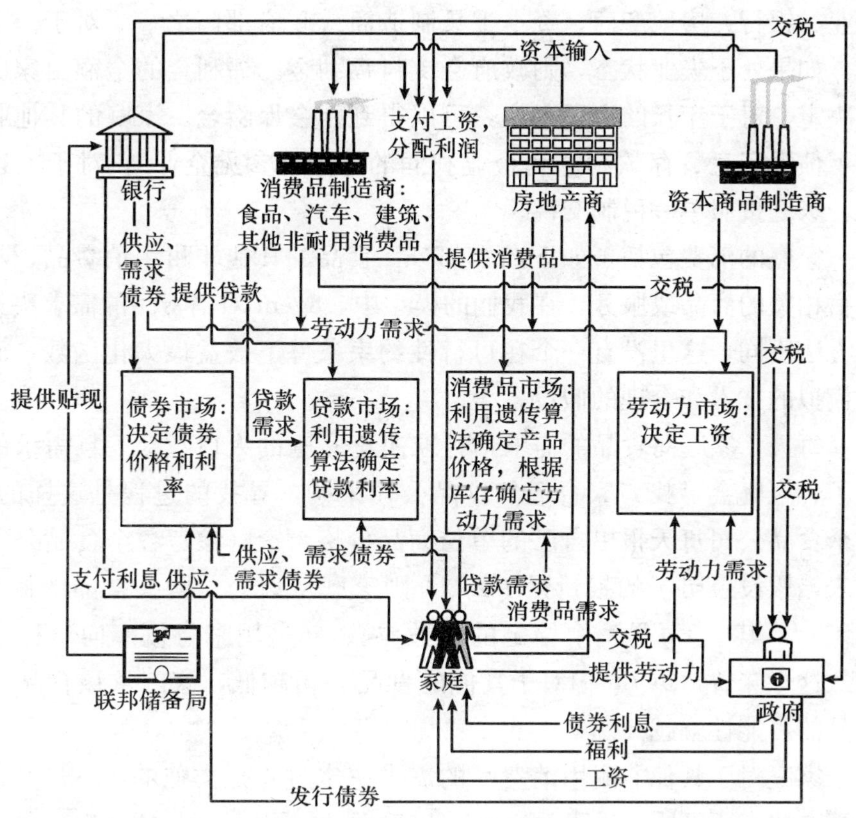

图 5—7　Agent 之间的交互关系

二、模型中的各类主体

经济环境类似，模型中的经济环境包括了如下成员：生产者——各类制造商，消费者——主要是家庭，政策决策者——政府，金融机构——银行，金融管理机构——联邦储备局。上述成员在模型中都有对应的 agent 加以模拟。具体来说，模型中描绘了上述经济成员在产品市场、劳动力市场、贷款市场和债券市场上的各种行为，如图 5—7 所示。

各个 agent 的具体说明如下：

1. 家庭

家庭是我们的模型中数量最多的一类 agent。对于一个家庭来说，其收入的主要来源是被雇用后得到的工资收入。雇主是前述五种企业：消费品制造企业、银行、房地产商、资本工具制造商或政府部门之一。对于一个家庭来说，如果处于失业状态，则政府会支付福利金。福利金的金额由家庭的人口数决定。对于年长的市民来说，可以得到社会保险金。家庭的其他收入还包括了债券利息、存款利息和企业利润的分配（参见企业）。对于上述各项收入，家庭按照单一税制交税。

家庭的消费包括了如下四个部分：食品、其他非耐用消费品、与交通和住宿相关的商品或服务。在我们的模型中，agent 对消费品的需求决策与常规的方法不同，这里没有一个在可行性约束条件下效益最大化函数，而是采用了模拟的技术和合理的假设。

每天，家庭对食品的需求估计取决于家庭的人口数。一旦需求的数量决定了，家庭会寻找一家合适的食品公司采购。寻找的过程是这样的：首先，各个食品公司每天报出自己的单位商品价格，家庭参考各个食品公司的价格列表，假设公司 f 的报价是 $p(f)$，则家庭从该公司购买食品的概率是 $k * p(f)^{-q}$，其中，q 是一个给定的指数参数，k是用来将概率向量标准化的常数。这意味着，$p(f)$ 相对于其他的食品公司越低，家庭从该食品公司购买食品的可能性就越高。

家庭对于其他非耐用消费品的需求决定过程是类似的，不过其需求量的计算方法有所不同：需求量$=r*$(家庭收入－用于食品的支出)/非耐用消费品的平均价格。这里 r 是一个给定的比例常数。

在通常情况下，家庭拥有汽车，因此没有交通方面的需求。但是，每天，按照一个给定的概率（来自于统计数字），家庭的汽车可能报废，在这种情况下，家庭将试图购买一辆新的汽车。与购买食品的方式相似，家庭是根据制造商的报价决定从哪一家公司购买汽车的。如果银行存款足够多，家庭可能会购买一辆豪华的汽车，其价格是普通汽车的两倍。否则，家庭会选择一家银行申请汽车贷款。同样的，贷款利率最低的银行最有可能被选中。贷款数额应该不超过家庭 5 年总计收入的 10%。贷款的数量决定了购买汽车的数量和类型。因此，家庭对汽车的需求是一个以家庭收入、存款和银行利率为参数的函数。

家庭对住房的需求同对汽车的需求类似。在初始状态下，每个家庭可能自己拥有住房，也可能从房地产商那里租住房屋。如果是租住房屋，房客每天将收入的一个给定比例作为房租上缴。同时，依据一个概率，这些房客每天可能产生购买住房的愿望。而已经拥有住房的家庭每天依据另一个概率（与债券价格相关）产生改善住房的愿望。这些房客或房主会选择一家建筑商建造住房，同时会选择一家银行申请抵押贷款。选择的方法依然是根据建筑商提供的价格和银行的贷款利率。

在消费上述四种消费品和服务之外，家庭收入的剩余部分分配方式有：（1）持有一部分现金；（2）存入银行；（3）投资——买卖债券。

每天，家庭都要保证手头持有固定数量的现金，多余的部分则按照比例存入银行和用于投资。

每 90 天，家庭可能将存款从一家银行转到另一家银行，存款利率高的银行可能吸引到更多的储户。

2. 公司

模型中的四种消费品制造公司都是利用资本和劳动力制造商品。公司的生产函数表达为

$$y=cK^aL^b$$

其中，y 表示公司一天的产量；K 表示公司拥有的机器数；L 表示公司的雇员数；a，b，c 是给定的常数，对于不同的产业有着不同的数值。

公司可以通过改变 K 和 L 的值来调整产量。每年，公司可以申请商业贷款用于购买一台新的机器（增加 K）。公司通过权衡增加的产量与购买机器的费用以及贷款费用来决定是否申请贷款。另外，每天公司都可能解雇雇员或雇用更多的雇员。公司比较最近的平均日需求量和当前的库存量，如果库存与需求的差额小于一个给定的常数，公司提供就业机会雇用雇员，如果该差额大于一个给定的常数，公司则裁员限产。

在现有的模型中，对工资的设置比较简单，所有的公司（不分产业）对所有的雇员（不分教育背景和职务）提供相同水平的工资。

我们的模型中利用 GALCS 模拟企业指定产品价格的过程。每天，企业对四个趋势量进行判断：（1）产品的价格最近是上升了还是下降了；（2）最近的销售量是上升了还是下降了；（3）最近的利润是增加了还是减少了；（4）本公司的价格是高于还是低于该产品的市场平均价格。显然，根据上述

四种趋势的判断，企业可能处于的状态共计 16 种。

GALCS 对于每一种状态赋予一个概率向量（P^D，P^I，P^C），其中，P^D 表示下一次企业处于该种状态时采取降价措施的概率；P^I 表示采取涨价措施的概率；P^C 表示保持价格不变措施的概率。注意每次降价或涨价的幅度是一个给定的常数。

公司每天判断自己所进入一种状态，根据对应的概率向量随机决定如何改变价格。然后，公司 agent 根据价格的改变对利润的影响决定如何调整概率向量。例如，在某一特定时间状态 2 所对应的概率向量为（0.1，0.6，0.3），假设公司此时进入状态 2，此时生成一个随机数表明采用涨价措施。如果后来的事实证明涨价导致了利润下降，概率向量将被调整为（0.15，0.5，0.35）。于是，模型就模拟了公司价格决策的学习过程。agent 学习到在状态 2 下涨价是错误的。作为对错误决定的一个反应，agent 减少在状态 2 下涨价的概率。当公司再次进入状态 2 时，采取涨价措施的可能性会变小。

最后，公司需要根据利润额向政府交利润税，根据工资总额交纳社会保险税。对于税后利润的分配，在模型里依据一般均衡模型（Varian，1978，p. 163）的思想，利润被平均分配到整个经济环境中的每个家庭。

3. 银行

模型中的银行 agent 完成四种功能：（1）管理家庭在银行的存款账户；（2）买卖政府发行的债券；（3）贷款；（4）雇用少量的雇员。

如前所述，家庭每 90 天可能会将存款从一个银行转移到另一个银行。每天银行将存款利率定为债券的收益率的 4/5。因此，在目前的模型里，所有银行的存款利率是一致的，因此每一个银行的存款客户数大致相同。

每天银行必须保证一定的存款准备金（大约是存款总额的 4%），如果存款准备金额度高于这个比例，银行将多余的部分用于购买债券。如果银行的现金资产达不到这个比例，银行不仅要卖出债券，而且要向联邦储备局 agent 申请贴现。

银行处理贷款业务时，贷款利率由两部分组成：一部分由债券价格和银行缺省的贷款利率决定；另一部分则由 GALCS 决定。银行决定贷款利率的 GALCS 算法与公司定价的算法是类似的，银行的贷款利率对应于公司的产品价格，银行的贷款总额对应于公司的销售总额。一旦接收到贷款申请，银行会考察：(1) 贷款数量相对于申请者的收入来说是否过高；(2) 最近贷款利率是否过高；(3) 申请者是否已经申请过一笔贷款并且尚未还清。如果上述一项条件满足，则银行拒绝该项贷款申请。

最后，银行雇用少量的雇员，雇员数与银行总资产成比例。

4. 政府

每天，模型中的政府 agent 从家庭、公司、银行那里征集各项税款（收入税、销售税、社会保险税），向失业者和年长者支付各种补助，对于以前发行的债券，政府需要支付利息。政府还要雇用人口总数的 25%作为国家公务人员，为他们支付工资。政府完成了这些日常工作后，会核算收入和支出的差额，如果出现赤字，政府就通过发行债券进行弥补。在这个模型里，债券没有到期日，每年政府为每单位的债券支付 0.05 元的利息。初始的债券价格定为 1 元，缺省收益率为 0.05。但是，债券的价格不是一成不变的，债券的价格在债券市场上随需求和供给的变化而浮动。通过调整税率和政府的花费情况，模型可以模拟政府执行扩张性的或紧缩性的货币政策。

5. 债券市场

如前所述，每天政府、家庭和银行都要决策各自要发行、购买、卖出多少债券。所有这些决策都被发送到一个特殊的 agent“债券市场”上。市场根据各个 agent 的决策计算债券卖方和买方的数额差距，并将结果发送到联邦储备局 agent，以供联邦储备局执行扩张性的、紧缩性的或稳健的货币政策时使用（参见联邦储备局）。联邦储备局会根据具体情况决定发行、购买或卖出债券。

当所有的债券决策都被发送到债券市场 agent 后（包括联邦储备局的债券决策），市场会根据需求和供给的差额调整债券价格。假设要求购买债券的数量多于要求卖出债券的数量，这意味着买方的货币值多于卖方的货币值。在这种情况下，市场满足所有的卖方请求，对于所有的买方请求满足一个相同的比例（即卖方总额/买方总额），同时债券价格上升。反之，如果要求卖出债券的数量多于要求购买债券的数量，这意味着卖方的货币值多于买方的货币值。在这种情况下，市场满足所有的买方请求，对于所有的卖方请求满足一个相同的比例（即买方总额/卖方总额），同时债券价格下降。

6. 联邦储备局

模型中的联邦储备局 agent 执行的许多功能就是现实生活中美联储完成的功能。首先，如果一家银行不能满足对存款准备金的需求，联邦储备局就根据给定的贴现率为银行提供贴现。其次，如果政府发行了债券而无人购买，则由联邦储备局统一收购这些债券。最后，联邦储备局可以根据债券市场提供的债券供需信息，实现扩张性的、紧缩性的或稳健的货币政策。如果联邦储备局执行的是扩张性货币政策，同时债券市场上卖方订单多于买方，此时，联邦储备局向债券市场提出购买请求；反之，如果联邦储备局执行的是紧缩性货币政策，同时债券市场上买方订单多于卖方，此时，联邦储备局向债券市场提出卖出请求；最后，如果联邦储备局执行的是稳健的货币政策，此时联邦储备局向债券市场提出购买或卖出请求，以保证债券价格的稳定。

模型的用户可以在开始时选择执行扩张性、紧缩性、稳健的货币政策，或者选择不执行任何货币政策。

7. 房地产商和资本商品制造商

房地产商 agent 从房客那里征收房租，为自己的雇员支付工资。房地产商的雇员数与房客总数成比例。资本商品制造商 agent 为消费品制造商生产机器（资本商品），也雇用一部分劳动力并支付工资；雇员的数量是由订单数决定的。上述两个 agent 都不是真正意义上的公司，因为其价格是固定的并且没有竞争者。但是，这两个 agent 都要盈利、交税，并且按照与其他公司 agent 相同的方式将税后利润分配到经济环境中的所有家庭。

三、模型的实现

下面用统一建模语言（UML）中的类图描述模型所涉及的 agent 之间的继承关系，如图 5—8 所示。其中，SWObject 是一个抽象类，作为所有对象的根类，仅仅封装了对象的标识及相关操作，余下各类见表 5—1。

表 5—1　　Agent 类的描述

类名	Agent	实例数	备注
SWHousehold	家庭	≥1 000	
SWGovernment	政府	1	
SWBank	银行	2	

续前表

类名	Agent	实例数	备注
SWFederalReserve	联邦储备局	1	
SWFinancialMarket	债券市场	1	
SWFirm	公司	0	封装了雇用、生产、销售和价格决策的方法
SWFirmFood	食品制造商	3	派生自 SWFirm
SWFirmAuto	汽车制造商	2	派生自 SWFirm
SWFirmOthers	其他非耐用消费品制造商	2	派生自 SWFirm
SWFirmConstruction	建筑商	2	派生自 SWFirm
SWFirmRealty	房地产商	1	派生自 SWFirm
SWFirmMachine	资本商品制造商	1	派生自 SWFirm

如前所述，Swarm 采用对 agent 的行为排列成行为表的方式实现对系统中并行交互的模拟过程。在模型的实现过程中我们将每一天分为13 个时间步骤，在每个步骤里分别实现如表 5—2 中所示的行为。

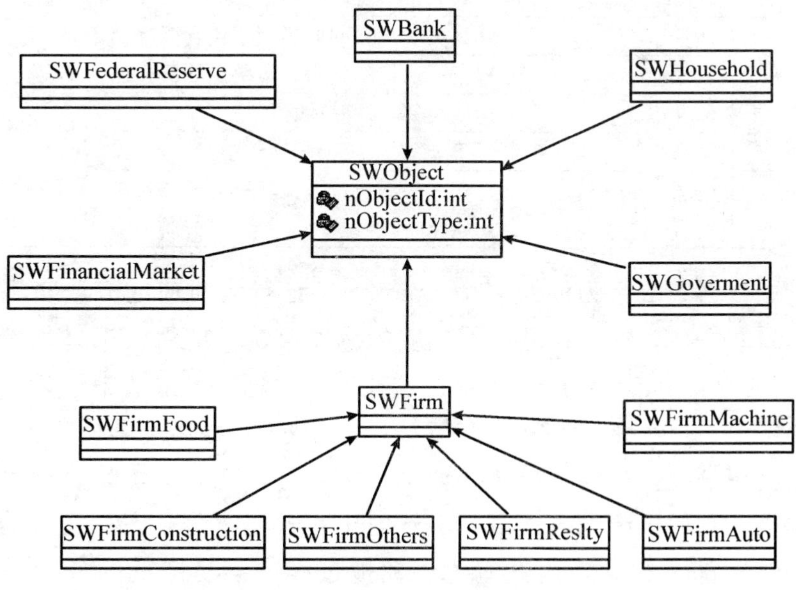

图 5—8 Agent 之间的继承关系

表 5—2　　Agent 行为的执行顺序

步骤	Agent	行为
1	政府	雇用或解雇雇员
	公司	
	银行	
2	政府	支付工资、保险和福利
	公司	支付工资
	银行	
3	公司	生产商品
4	公司	商品价格决策
	银行	贷款利率决策
5	家庭	家庭每日消费，获取消费贷款
6	家庭	交税
	银行	
	公司	
7	公司	税后利润的分配
	银行	每月初分配税后利润，日常投资，申请贴现
8	家庭	当日收入盈余的分配，投资
9	政府	计算赤字（发行债券）
10	债券市场	计算买卖双方的差异（不包含联邦储备局）
	联邦储备局	根据所执行的货币政策决定购买、出售或发行债券
	债券市场	达成交易，调整债券价格
11	家庭	每第 90 天选择新的存款银行
12	公司	每年第一天执行购买新机器的决策
13	所有	初始化每日参数

原则上，当一个行为涉及多个 agent 时，该行为对应的方法实现在提出行为的 agent 类中。Swarm 提供了相应的调度机制，使得模拟过程中上述步骤依次得到执行。为了更真实地模拟这些 agent 在现实生活中的行为，对于具有多个实例的 agent，Swarm 支持按照随机的序列方式调用它们。例如，对于食品公司来说，在模型中共有 3 个实例，每天这 3 个食品公司都会雇用或解雇雇员，在随机调度方式下，虽然雇用和解雇过程是串行实现的，但每次调度的顺序都不相同，这就避免了模拟过程中容易出现的各种极端情况（有的公司总能雇用到工人而有的公司总也雇用不到）。

Swarm 实现的模型与 ASPEN 原模型系统的对比，如表 5—3 所示。

表 5—3　与原系统的对比

对比	ASPEN	我们的模型
建模方法	multi-agent	multi-agent
运行环境	并行环境	单机环境
操作系统	并行操作系统	Solaris、Linux、AIX、Windows 9x/NT
开发工具	专用开发工具	自由软件 Swarm
决策手段	GALCS	GALCS
调度机制	网络消息传输机制	行为序列表

四、运行结果的初步分析

通过模型的运行，可以观察到经济生活中一些经济现象的产生，如图5—9所示，可以观察到消费的波动现象。

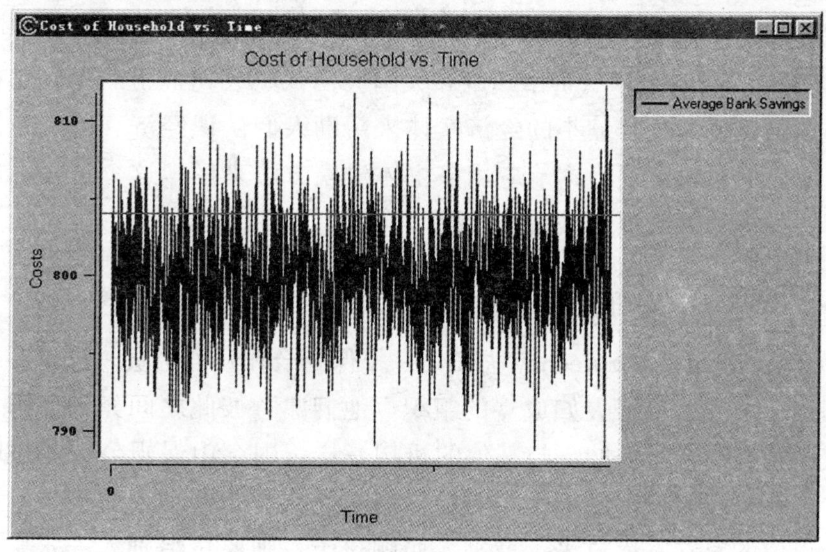

图 5—9　家庭的平均消费数额

家庭的平均消费数额是指模型中所有的家庭每日用于消费的平均金额，从图 5—9 中可以看到消费呈现出一定的周期性，这表明了家庭每日消费支出与市场供给的互动关系。

根据微观经济学的传统分析方法，假设在某一产业中有两个处于竞争地位的公司，在本模型中可以用两个非耐用消费品公司示例。其中公司A的期望收益可以表达为：$\prod_1=(p_1-C)\cdot(p_1^{-q}/(p_1^{-q}+p_2^{-q}))\cdot a$，其中，$p_1$，$p_2$表示两个公司的产品单价，$q$表示需求指数，$C$表示单位成本，$a$表示市场需求常量。

可以证明，在两人博弈的情况下，如果市场需求为固定量，当双方的定价为：$p_1=p_2=qc/(q-2)$时，达到一般均衡。实际上，在我们运行模型的过程中，公司的agent通过GALCS算法，逐渐演化得到的价格数值与上述公式相符合，从而得到了按照博弈论预期的结果。

第三节　国会山保姆公司模型

保罗·克鲁格曼（Paul Krugman）在其著作《萧条经济学的回归》中，以一个故事贯穿全书，这个故事出现在Jone Sweeney和Richard Sweeney在1978年发表的一篇文章《货币政策和大国会山保姆公司危机》中。克鲁格曼用国会山保姆公司这个缩小的经济实体来帮助人们认识经济衰退是如何产生的，以及如何对付衰退。本节应用多主体建模方法来模拟这个过程，从而为理解真实经济的兴衰提供关键的线索。

一、国会山保姆公司的困境

20世纪70年代，Sweeney夫妇是一家保姆合作社的会员。这是一些主要在美国国会工作的年轻夫妇成立的组织，他们愿意彼此之间充当保姆。这家公司较大，有150对夫妇，与其他的机构一样，国会山保姆公司通过印刷临时票券来解决问题：每做一个小时的保姆工作（即照顾别人的孩子）可以得到一个单位的票券，反过来，请别人照顾孩子，则要付给别人一张票券。这套制度设计得很科学，它可以自动保证每对夫妇照顾别人孩子的时间与别人照顾自己孩子的时间相等。

但事情并不那么简单，人们发现这个制度需要相当数量的票券来流通。连续几个晚上空闲又没有马上外出计划的夫妇，要打算为未来积蓄一些票券，这种积蓄行为意味着其他人储蓄的票券会相应减少。时间一长，每对夫妇都要积蓄足够的票券，以方便自己外出时可以利用。而国会山保姆公司印制票券的过程很复杂。这里面的具体细节不重要，关键是到一定时间以后，流通中的票券就不够了，少到无法满足会员需求的程度了。

这个结果很突然，那些觉得自己积蓄的票券不够的夫妇，都急于帮别人照顾孩子，自己不愿意外出。夫妇们不愿意外出则意味着保姆工作越来越少，这反过来又使得夫妇们因得不到足够的票券而更加不愿意外出，如此循环，保姆的工作则更少了。于是，保姆公司的活动进入了衰退。

如果将保姆公司这个缩小的经济体扩大到一个真实的社会，将票券比作货币，那么这个故事就有它很强的经济学含义。我们希望通过计算机模拟来理解这个故事最主要的两个含义：一是衰退是如何发生的；另一个是如何对付衰退。

二、模型实现

在模型中我们设计了 150 个家庭实体和 1 个保姆公司。每个保姆对未来预期的票数为：NumTicket＝p ∗ PredictDay（p 为出行概率因子）。

也就是说，当一个保姆手中掌握的票数大于他/她预期的票数时，出行的概率增加，找工作的概率下降；否则，找工作的概率上升，出行的概率下降。

图 5—10 是模型运行的统计。从图中可以看到，刚开始，找工作和出行的人数基本相等。经过一段时间后，找工作的人数逐渐上升，出行的人数急剧下降，最后稳定在一个较低的水平上。这是由于人们手中的平均票数低于预期的票数，因此造成人们找工作的概率上升和出行的概率下降。这样进一步造成劳动力市场的供大于求，使得失业率增加，找工作更难了，最终导致了整个市场的衰退。通过对参数的调整可以得到不同的结果，如图 5—11 所示，这样可以使出行人数和找工作的人数基本相等，并稳定在这个平均水平上。一种调整方式是增加每个保姆手中的初始票数，也就是增加整个市场的货币投放量。这样可以使得人们掌握的平均票数有可能大于预期票数，增加人们的消费需求。但同时会造成通货膨胀，导致难以预料的后果。另一种调整方式是减少人们的预期天数。我们知道，人们预期的天数越少，预期的票数也越少。通过完善和健全贷款制度、保险制度和社会保障金制度，使得人们不必由于对未来预期不理想而攒钱，也是扩大消费、避免衰

退的一种手段。

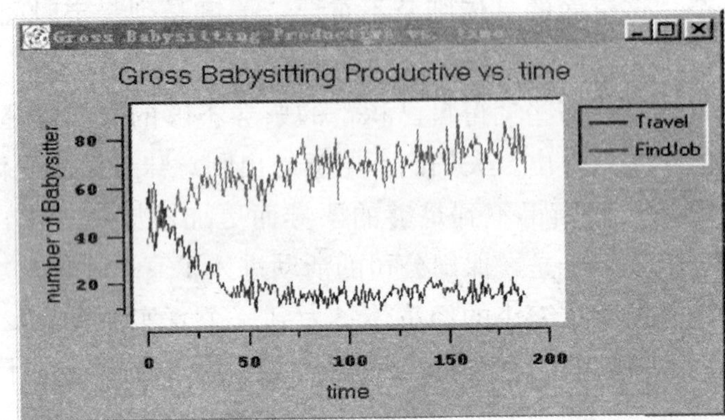

图 5—10　每天的出行人数和找工作人数

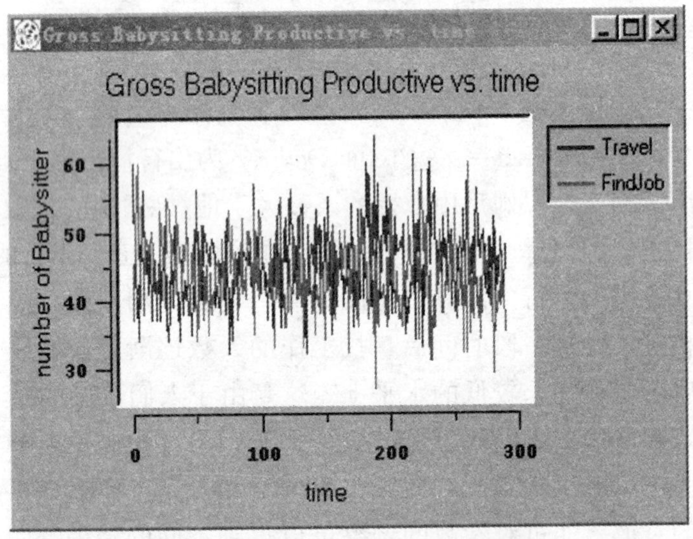

图 5—11　调整参数后的运行结果

通过这个模型，我们还意外地发现了贫富分化的现象。图 5—12 是相同参数下，两个不同“保姆”的观测结果。为了使模型更加真实，我们给每个“保姆”赋予一个不同的值来表示其竞争力。竞争力越强的越容易找到工作。图的上方是一个竞争力较强的“保姆”，其手中掌握的平均票数要大于下方的那个竞争力较弱的“保姆”。可见，如果不通过税收等调节手段，直接通过市场竞争的话，是很容易出现贫富分化的状况的。

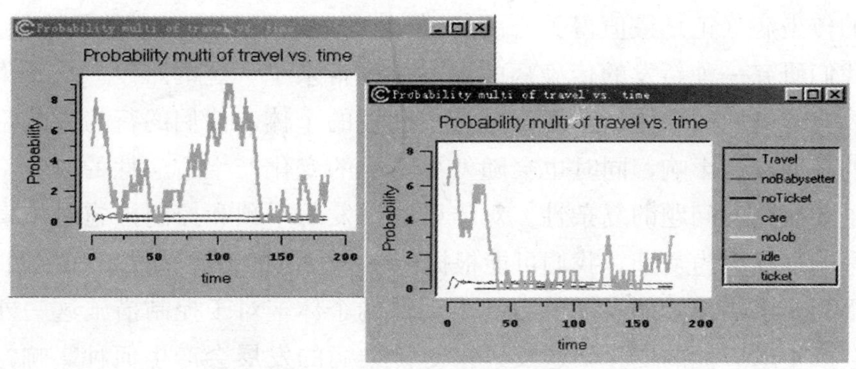

图 5—12 两个不同“保姆”的观测结果

第四节 SARS 的爆发和控制机制模拟①

2002 年底，中国广东省出现了非典型性肺炎（SARS）的病例，2003 年春，非典型性肺炎在香港、北京、山西等地以及加拿大、新加坡等国家出现了爆发性的流行。疫情的扩展对世界许多国家的经济和社会生活等方面造成了重大影响，引起了全世界范围的广泛关注，由此引发了许多组织对与此相关的诸多科学领域（如传染病学、传播学、社会心理学等）有关问题的研究和探索。本节正是用多主体建模方法对 SARS 在人群中感染的动力学机制进行研究和分析。

一、传染病的传染机制

一种传染病最初在人类中出现，在一部分人群中大规模传染进而产生爆发性流行，接着受到一些措施的抑制后传播速度趋缓，进而完全受到控制直到基本消亡。整个过程是一个非常复杂的过程，但其中包含了许多特别值得关注的问题。

一种传染病爆发有三个因素必不可少，即传染源、传播途径和易感人群，三者独特的结合也就构成了特定传染病的特点，但对于一种传染病，尤其是

① 注：本节改编自中国人民大学经济科学实验室刘颖博士的研究报告。

新发的传染病（正是最值得关心的），很难确切地了解这三者的严格的界定，这给我们研究一种新发的传染病的爆发过程带来了一定的难度。易感染、有接触、有传染性的个体，全部都是有主动性的个体，他们的行为方式，对于病情的发展具有影响，同时也会随外界情况的变化产生适应性的改变，这也增加了要研究的问题的复杂性。对传染病爆发的干预和控制措施对传染病发展的影响过程更为复杂。我们可能根据传染病发展的情况采取一些控制措施，前面提到了影响传染病发展的具有主动性的个体，对于控制措施这一外界因素，会产生适应性的变化，这反过来对传染病的发展会产生何种影响？针对不同的传染病不同措施的效果可能不同，对特定类型的传染病，采取哪种控制措施的效果最好？这些问题可能并不容易回答，但对我们来说却非常重要。解决了这些问题，有助于合理地制定决策——如何采取措施能够有效地控制传染病的爆发，或者具体在传染病发展的不同阶段采取哪些措施或措施的组合会比较有效。

二、模型的结构

因为采用基于主体的计算机模拟方法，模型中很重要的一部分就是主体的建立。此模型中考虑的主体是人，具体来说是与有传染能力的人有过接触的“接触者”（当然随着模型的运行，他的状态也会变化，可能最初是被感染继而转为发病，下文中将详细介绍），其中主要的属性和方法（这为后面介绍的运行机制提供了基础）有：

（1）**int infect _ state** 描述该主体状态，情况有四种：接触未被感染、接触被感染还未发病、确诊发病、经过治疗已经康复；

（2）**int touch _ num** 反映该主体具体每日平均能接触到的人数，由总体平均日接触人数与下面的活跃变量结合求出；

（3）**double activity _ degree** 反映该主体的活跃程度；

（4）**int separate _ flag** 隔离或就医标志，可能情况有未被隔离、被隔离、已就医。

主体类中主要的方法（函数）就是判断主体的状态，实现根据主体不同的状态在每个时间步（这里是 1 天）做出相应行动。在下面的运行机制里将详细介绍。

ModelSwarm 类中，主要设置了模型中系统级的参数，这些参数可以显示给用户，并可以被修改来实现对不同条件下模型运行结果的比较研究。这里还设置了每个时间步模型的动作序列。系统级的参数有：

（1）**int initInfected** 系统中最初的发病人数；

（2）**double infect _ probability** 被接触后可能发病的概率；

（3）**int touchPerson _ num** 整体上平均的日接触人数；

（4）**int infectDelay _ exp** 被感染到发病的平均时间延迟（潜伏期期望值）；

（5）**int hospitalChange** 描述了改变就医习惯的时机，即系统运行天数满足这个值后，人从发病到就医的时间间隔将减小；

（6）**int hospitalDelay** 主体从发病（具有传染能力）到就医的时间间隔；

（7）**double separatePower** 隔离力度，大于等于 0 且小于等于 100 的实数，表示被隔离人数的比重，若此值为 70，则 70%的人被隔离；

（8）**int separateDelay** 系统采取隔离措施的时间，描述运行多少天后采取隔离；

（9）**double becured _ probability** 接受治疗后的平均治愈率；

（10）**int recover _ delay** 从入院接受治疗到痊愈的平均时间延迟。

对于每个时间步模型的动作将在下面的模型运行机制里详细介绍。

ObserverSwarm 类中实现了对运行结果数据的采集以及显示的工作。在这个模型中主要显示了四组数据随时间变化的折线图：累计发病人数、每日新增发病人数、累计治愈人数、每日新增治愈人数。利用 Swarm 中的图形类库这些工作都比较方便，这里不详细介绍了。

三、模型运行机制

下面具体来介绍一下该模型是如何运行的。图 5—13 反映的是模型中几个重要变量间的相互转化关系。

在前一部分关于模型结构的介绍中，已经列出了系统运行所需要的参数，这反映了这个模型对于现实抽象的取舍。具体地说，目前的模型中所要观察和研究的主要是累计发病人数和每日新增病例数，认为系统中对这两个量有重要影响的因素包括：系统中最初具有的染病（即具备传染能力的）人数，

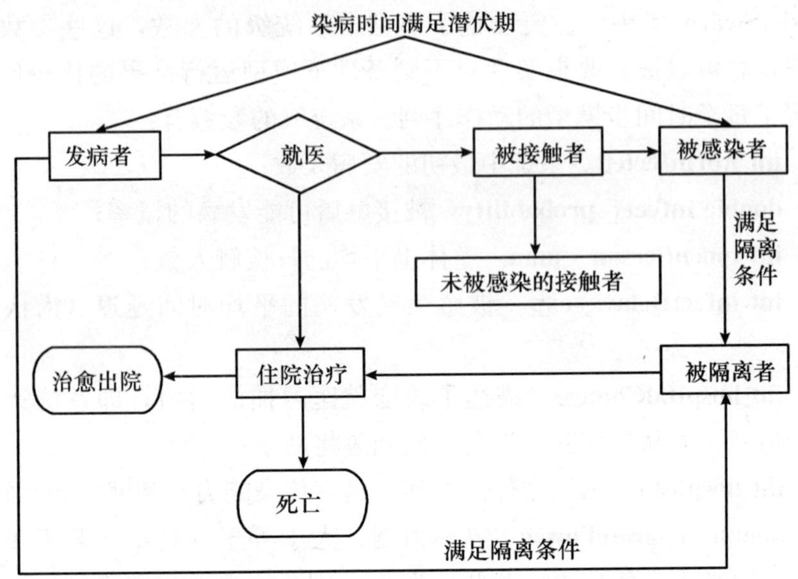

图 5—13 变量间关系图

每人平均每日接触的人数，被接触后可能会患病的概率，以及患病者从发病到就医之间的时间。考虑对病情的控制因素目前重点在于两方面，一是通过对传染病知识的宣传和采取一些对于患者有督促性的政策，来缩短患者发病到就医的间隔；另一方面就是适时采取一定程度的隔离措施。患者就医后以及接受隔离措施后都会影响每日接触的人数（这里设置为接触 0 人），从而控制了传播渠道，最终对疫情发展产生影响。这个模型中还考虑了主体两种自适应性的行为对疫情发展的影响，一种是通过了解到的前一天的新增病例数，来调节自己的活跃程度，即当前日的新增病例数超过一定范围时，主体会尽量减少外出活动，从而影响每日能接触到的平均人数；另一种是考虑到随着病情的发展，病毒的毒力可能有所下降，同时随着人们对病情的认识，可能会改变卫生习惯，采取一些防治措施，从而使接触后染病的概率随时间有所降低。

在 Swarm 中模型是在一个时间序列上运行的，即在每个时间点上执行程序规定的一系列动作，上一部分也已经提到，这部分具体是在 ModelSwarm 类中实现的。图 5—14 描述了每个时间点上模型的运行过程。

图中两个带下划线的动作比较复杂，也比较重要，所以下面要对此做详细介绍。

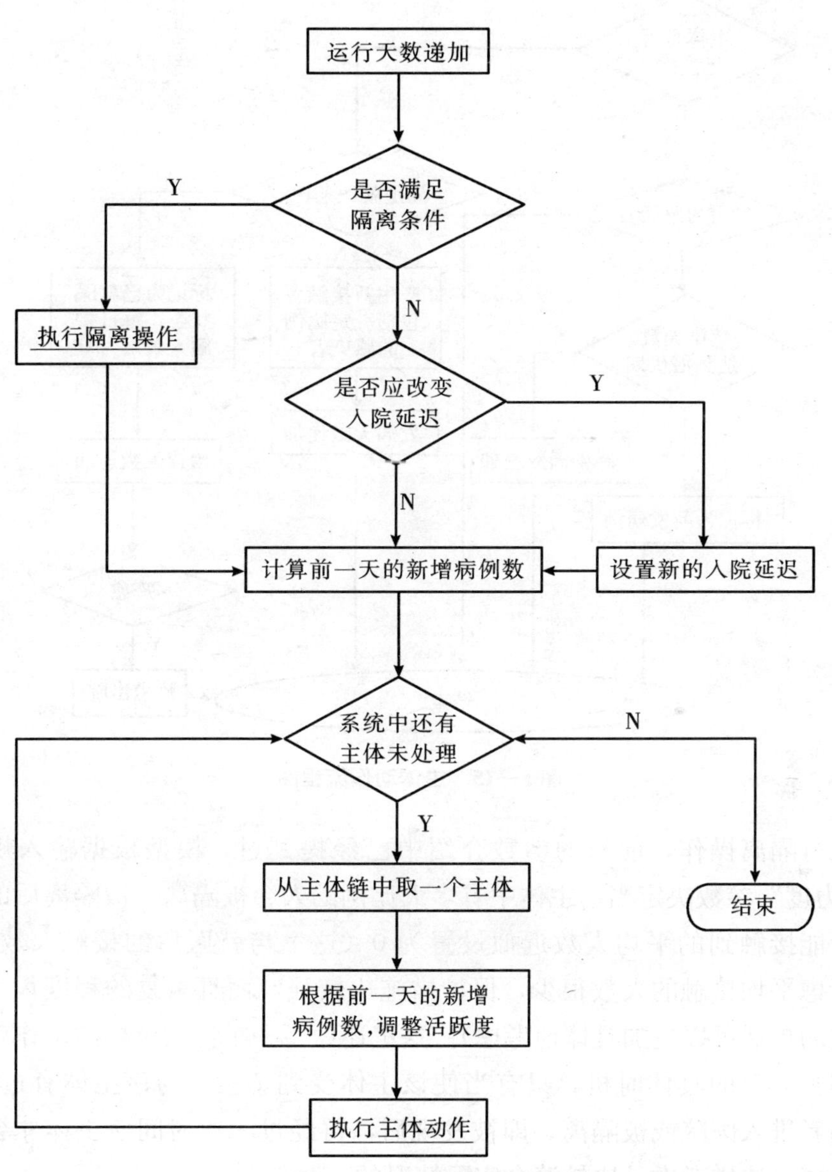

图 5—14　模型动作的流程图

执行主体动作的过程如图 5—15 所示。

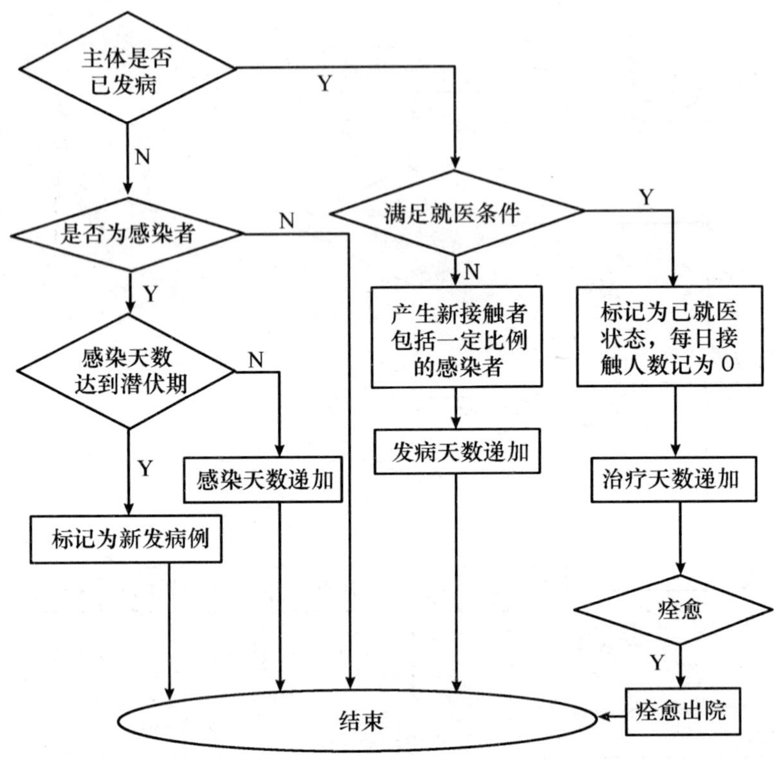

图 5—15　主体动作流程图

执行隔离操作，前面的参数介绍中已经提到过，模型根据输入规定的“隔离力度”参数决定当前主体中有多大比例的人会被隔离。被隔离后的主体每日所能接触到的平均人数近似设置为 0（这里与就医后的接触人数一样，主要考虑平均接触的人数很少，保护措施比较强，而且重复的程度很大，随着模型的扩展可以更加具体地考虑）。这里还做了一个比较重要的工作就是判断主体被隔离的具体时机，只有当使该主体受到感染（与该主体有过接触）的发病者进入医院或被隔离，即被发现后，再经过一段时间该主体才会被发现和隔离，这样考虑是比较符合实际情况的。

前面介绍了这个模型的运行，即模拟现实传染病发展过程的机制，以及一些可能的控制措施发挥作用的机制。在后面的模拟结果分析部分，我们将看到在这一机制下修改某些参数，对于模型运行情况即传染病发展情况的影响。

四、模拟结果及分析

建立模型后，要进行几组实验，并对实验结果进行分析。通过调整一些参数，观察对应的现实因素对于控制 SARS 的影响。这些因素是就医的及时性、最初的患者个数、隔离的力度等，下面分别介绍各次对照实验的结果。

1. 及时就医

先来看看及时就医对于控制病情的重要性。下面是我们的一组实验结果，此时先不考虑隔离因素，即假设没有采取隔离措施，其他机制如前文中介绍。

（1）系统中最初具有感染性（患者）的人数为 1；

（2）最初每人平均每日接触 10 人；

（3）发病潜伏期为 4 天；

（4）最初前 25 天从发病到就医间隔为 3 天，25 天后改为 2 天；

（5）接触后被传染的概率为 0.1。

图 5—16 和图 5—17 是其运行结果，即累计发病人数随时间变化折线图和每日新增病例随时间变化折线图。

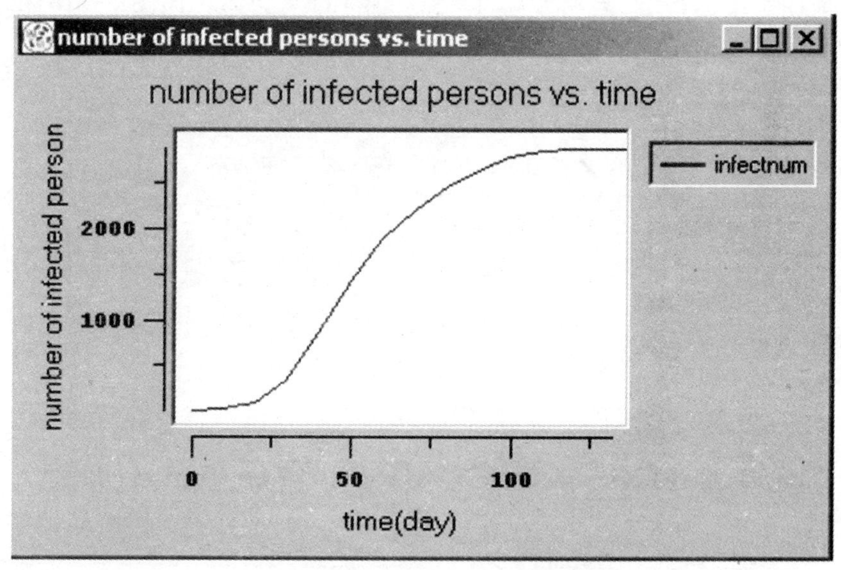

图 5—16 累计发病人数随时间变化曲线（25 天后变化）

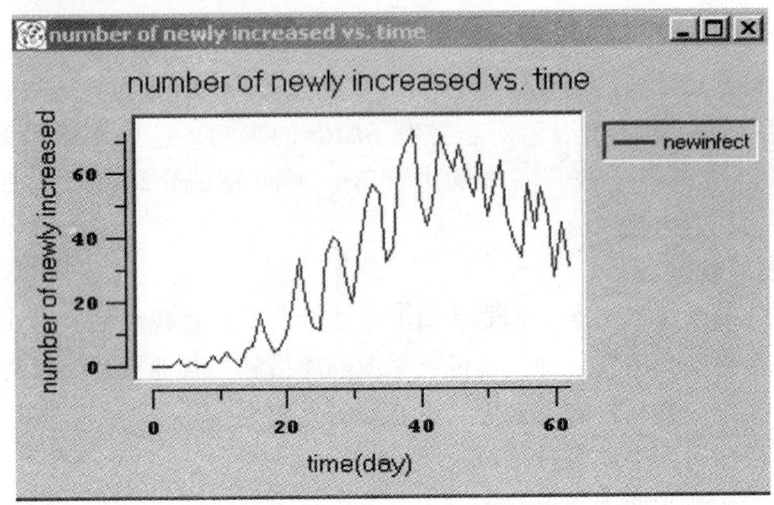

图 5—17　每日新增病例随时间变化曲线（25 天后变化）

可以看出在只采取了缩短发病到就医间的时间（仅减少了 1 天）的控制方式下，从每日新增病例的曲线中可以看到，虽然采取措施后效果有一定的滞后，但是在 40 天左右到达峰值后基保持振荡下降的趋势。图 5—16 和图 5—17 是在系统运行 25 天后发生了就医间隔的改变，对比图 5—18 和图 5—19 是在 35 天后发生这种改变（其他条件完全相同）的变化曲线。

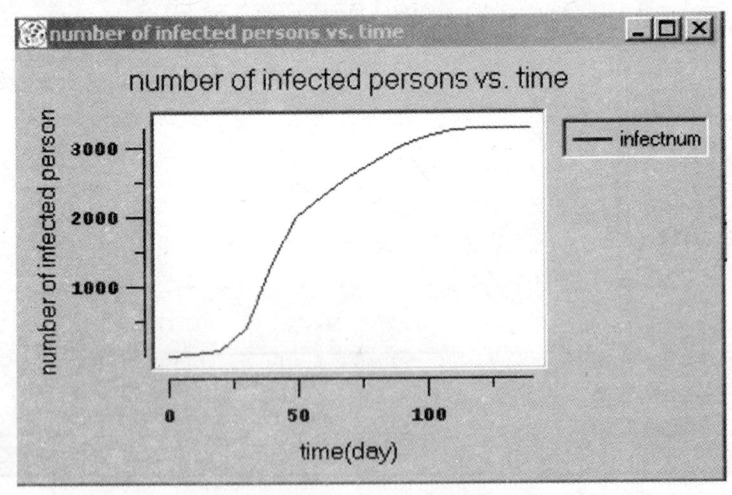

图 5—18　累计发病人数随时间变化曲线（35 天后变化）

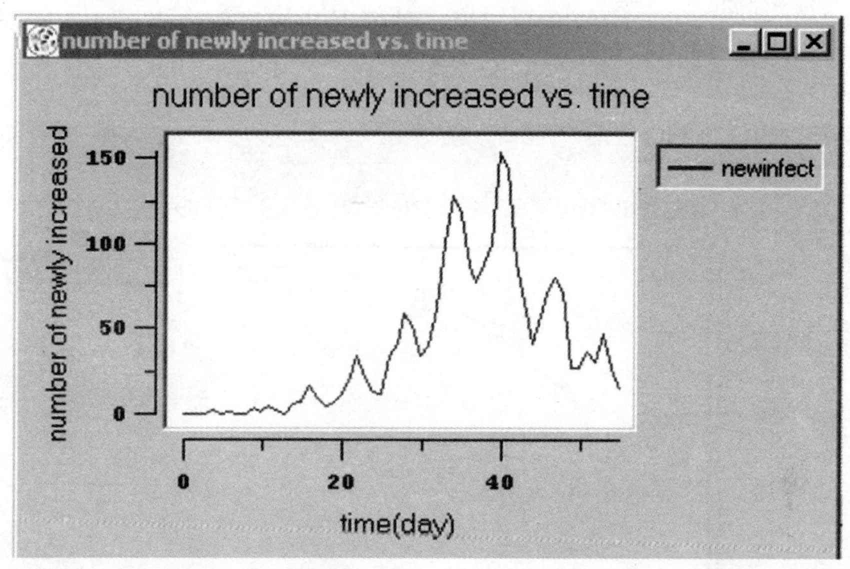

图 5—19　每日新增病例随时间变化曲线（35 天后变化）

可以看出尽管 35 天发生了这种改变，每日新增病例数也是在 40 天前后达到了稳定，可这个稳定的值是 100 人以上（前一种情况中这个值是 60）。对比累计病例数，第一种情况下（25 天后改变），120 天稳定在 2 700 人左右，第二种情况稳定的时间也是在 120 天左右，稳定在大约 3 200 人。延期 10 天控制人们从发病到就医的速度，使最终的稳定值增加了近 500 人。

这种对比情况，为我们应该采取及时的信息披露，以及及时宣传病情的政策提供了支持。如果能够采取有效的措施来督促有发病状况的人及时到医院接受治疗，同时加强与外界的隔离，会更快控制病情的发展。从现实经验来看，如果人们对发病症状比较了解，对病情严重性的认识比较充分，通常会更快地主动就医。当然有效地增加就医的方便性，对这方面也能起到比较好的效果。这样看来如果希望最终染病人数尽可能地减少，需要进行有效的宣传促使患者尽快就医。

2. 最初患者个数对病情发展的影响

了解一个系统中最初有几个具有感染性的发病者对于系统病情发展情况的影响有多大，这可能有助于认识需要以多大的力量来控制与外界接触的关卡（比如机场、火车站等）。假设考虑的传染源只是输入型病例，即系统中最初的发病人都是通过外界传入的。对比初始病例有 5 例，25 天后改变就医速度的情况（对比上一段中的介绍，第一种情况初始病例数多了 4 人，其他条件不变），这时系统在 150 天左右稳定在大约 3 800 人，如图 5—20 所示。

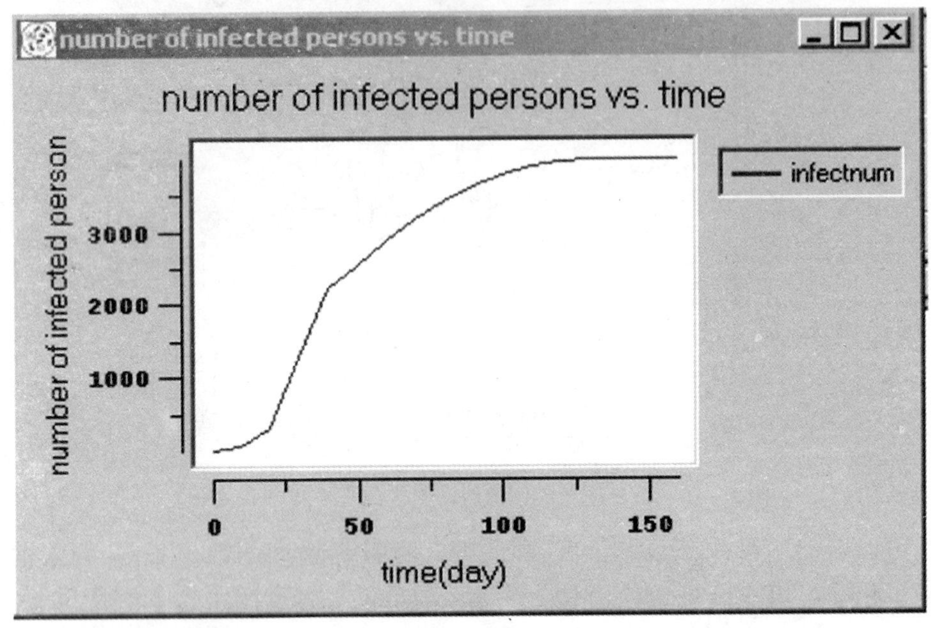

图 5—20 累计发病人数曲线（25 天后改变，初始 5 例）

可见系统中初始引入的有传染能力的人数对传染病延续的时间和总发病人数的影响都是非常大的。为了控制这个因素，我们应尽量减少患病者进入系统的可能，因而对一些关卡采取一系列比较严格的控制措施是非常必要的。

3. 隔离的效果

前面完全没有考虑隔离的因素，下面考察系统中引入前面介绍过的隔离机制后对病情的控制效果。首先，我们观察在不采取缩减就医间隔的措施下，隔离措施的效果（这样我们可以对比两种措施下模拟结果对两者效果的反应，而现实中是无法分离几种措施的效果的）。假设在运行 40 天后我们采取措施，使 60%有过接触的人接受隔离，而就医间隔始终为 3 天，其运行结果如图 5—21 所示。

从图 5—21 中可以看出在运行 110 天左右，累计发病人数稳定在 2 500 人左右。而从图 5—22 的每日新增病例变化曲线中，可以看出在第 40 天采取隔离措施后，下降的趋势比较明显，而不像前面那种减少就医间隔的措施采取

后，还要经过一段时间的滞后才能取得效果。

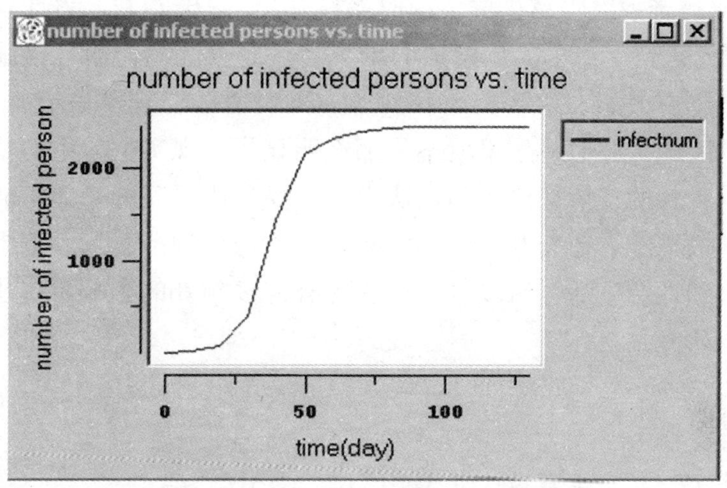

图 5—21　累计发病人数曲线（有隔离）

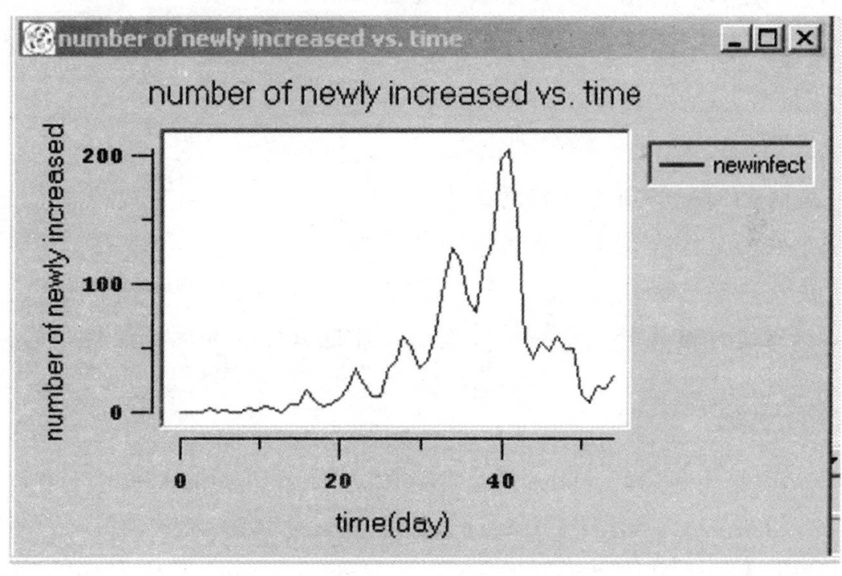

图 5—22　每日新增病例变化曲线（有隔离）

因为是在 40 天后采取隔离措施，发病人数已经有了一个很大的基数，尽管从每日新增病例来看下降趋势明显，可系统依旧在相当长的一段时间之后才趋于稳定，而且最后的累计发病人数也还是比较大的，那么隔离的效果是不是真的非常显著呢？在另一次模拟中，提前了隔离时间，在第 20 天时开始对 60%的接触者采取隔离措施，这时系统运行 80 天左右，累计发病人数在 420 人左右就达到了稳定。从模拟的结果看，越早隔离，而且措施越严格对控制病情会越有效果，但我们还看到了如果病情已经有了一定的传播范围，这时再采取隔离措施似乎效果就不是那么明显了。现实生活中的情况可能更为复杂，一种新的疫情从出现到被认识是需要一段时间的，如何能够迅速采取及时有效的措施，还需要有一套完善应急预警机制。而且大范围地采取隔离，对经济和社会生活等诸多方面可能还有许多额外的影响，这些还有待于进一步深入研究。

关键词

阿克洛夫　　旧车市场　　ASPEN　　SARS

习题与思考

实践题：2～3 位同学一组，结合现实经济中的问题，构思一个多主体经济模型，用 Swarm 实现模型，并设计相关实验。

要求：

1. 选择的问题必须有现实意义；
2. 参数的选择和设置要有对应的真实含义；
3. 提交可运行的模型；
4. 撰写实习报告时，要分析模型的程序逻辑结构和运行逻辑结构。

参考文献

[1] Wooldrige, N., Jennings, N. R., “Intelligent Agent: Theory and Practice”, *The Knowledge Engineering Review*, 1995

[2] Shoham, Y., “Agent-oriented Programming,” *Artificial Intelligence*, 1993

[3] Robert Axelrod, “Advancing the Art of Simulation in the Social Sciences., 21-40, In: *Simulating Social Phenomena*, Berlin: Springer, 1997

[4] Nelson Minar, Roger Burkhart, Chris Langton, Manor Askenazi,

A Top-Down Introduction To Implementing an Experiment Using Swarm, http://www.santafe.edu/projects/swarm

[5] Nelson Minar, Roger Burkhart, Chris Langton, Manor Askenaz, A Toolkit for Building Multi-agent Simulations, SFI working paper 96-04-2, 1996

[6] Benedikt Stefansson, Swarm: An Object Oriented Simulation Platform Applied to Markets and Organizations, Evolutionary Programming VI, Lecture Notes in Computer Science, Vol 1213, New York: Springer-Verlag, 1997

[7] George A. Akerlof, "The Market for 'Lemons': Quality Uncertainty and the Market Mechanism", *Quarterly Jounal of Economics*, Volumn 84, Issue 3 (Aug., 1970), 488-500

[8] 张维迎. 博弈论与信息经济学. 上海：上海人民出版社，1996

延伸阅读

CAS理论在其他方面的应用

——摘自《隐秩序》第二章

迄今为止，CAS理论主要还是在理论界流传。然而，如果因此就认为它只对理论工作者有意义，而没有直接的、实用的价值，那就不符合实际情况了。在现代科学的发展历史上，理论与实际的紧密结合是非常显著的。许多重大的理论突破往往是在实际的社会需求推动下实现的，而这些突破又往往很快地应用到实际工作的各个领域，在短期内产生巨大的实际效益。计算机科学、激光技术以及新材料方面的多种技术就是明显的例子。在这方面，系统科学也具有同样的特征。从系统工程的广泛应用，就可以看到系统科学的明显的实践性，尽管它涉及许多十分抽象的理论课题。CAS理论提出的时间很短，本身在理论上还有许多方面需要继续研究和发展，然而其具有新意的思想，已经开始在一系列实际的应用领域中产生影响。

经济科学可以说是CAS理论产生的最主要的背景之一，因此，它也是CAS理论最先得到应用的领域之一。圣塔菲研究所中人数最多的课题组就是经济组，它的负责人是布赖恩·阿瑟（Brian Arthur），他是一位以向传统的

"收益递减律"提出挑战而闻名的，具有传奇色彩的著名经济学家。他的经历在《复杂》一书中有生动的介绍。这个课题组先后发表了数十篇文章，并于1988年、1997年先后两次出版了以《作为演化中的复杂系统的经济》为题的论文集。在1997年出版的第二卷中收集了21篇论文。讨论的问题涉及经济学中的许多问题，包括股市价格、微观经济行为的模型、市场结构的演化、经济地理分布的变迁、通货膨胀问题、经济活动中的对策问题等。把参与经济活动的企业或个人，看做是完全被动的、行为方式几乎是固定的，这恰恰是传统的经济学偏离现实情况，无法正确反映实际的根源之一。上述论文集中的许多文章正是从扭转这种不符合实际的假说出发，从多方面探讨和研究经济生活中的各种现实问题，得出了许多新的、富有启发性的见解。近年来，经济的国际化、全球化表明人类生产的社会化程度达到了一个新的、前所未有的水平，信息经济、知识经济、网络经济等新的概念不断涌现，从跨国公司的迅速发展到东亚金融危机的突然爆发，都需要运用新的思想和观点去认识这些新现象，并且找出合理的对策。在这种情况下，CAS理论恰好提供了新的方法与思路。正如该论文集的题目所表明的，把经济系统看做一个由具有适应性的主体构成的、处于不断演化过程中的复杂系统。这种新的思路为经济科学开辟了一个更为广阔的新天地。加上对策论等新方法的应用，使得经济学的理论取得了一系列新的突破。例如，对于市场机制失灵的认识，对于分工产生及变化过程的认识，对于微观经济学和宏观经济学之间的内在联系的认识等。

类似地，生物科学也是一个CAS理论得到有效应用的重要领域。前面已经提到，CAS理论中染色体、适应等许多重要概念都是从生物学中引申而来的。CAS理论与生物系统的联系是十分明显的。生物体与人造的机器之间的根本区别就在于，生物体中各个层次都有自己的内在的活力，而不像机器中的零件那样，完全是僵死的、被动的。按照现代生物学的观点，人体中的许多细微部分，如血球、抗体、线粒体等都是以人体为环境的、活生生的、独立的生物体。它们各有自身的发展规律和行为模式，各有自身的发展规律与演化过程，而不是像机器零件那样，任何一举一动都必须听从总控部分的指令。关于这些思想和观点，读者可以参看刘易斯·托马斯《细胞生命的礼赞》、《水母和蜗牛》、《最年轻的科学》等书籍。目前人们正是用这样的新观点来研究免疫系统的规律、DNA 分子的形成、生物体对外界环境的适应机制等具有重大现实意义的课题。显然，在这些方面的进展，对于医疗技术的进步，对于许多疑难病症的治疗都有直接的影响。当然，在这方面的另一个十分引人注目的课题就是对生命起源的探索。这是人类几千年来一直在思索的基本问题。20 世纪 60 年代至 70 年代关于自组织现象的研究曾在这方面给人们希望。而 CAS 理论的提出则进一步使自组织的过程具体化，从而向更深入地理解生命现象的起源与进化又前进了一步。

生态系统也是由活的、具有主动性的个体组成的复杂系统。按照有的专家的意见，生态系统和生物体一样，也有自己的生长、发育以致生老病死的生命周期，甚至认为地球表面的生物圈就可以看做是一个巨大的生物体。由于关于生态系统的研究与环境保护有直接的联系，所以对它的研究在近年来得到了特别的关注。从 CAS 理论的角度来看，生态系统中整个物种的运动规律和行为规则，构成了整个生态系统演化规律的基础。生态系统宏观形态和状况的变化，常常可以从微观物种的变化中找到意想不到的缘由，从而为环境保护措施与政策的制定和选择提供依据。在圣塔菲研究所的工作中，关于环境和生态系统的研究也占有重要的位置。

在管理与控制方面，CAS 理论的思想也正在得到应用。例如，关于机器人的设计，人们正在从集中控制、功能齐全的大型机器人转向研制和开发较小的、基本功能比较简单，但是具有学习和适应功能的小型机器人。有人甚至提出这样的设想：在未来的家庭中，不再是由一部功能齐全的电脑按事先设定的程序完成各项工作，而由许多像蚂蚁一样的小型机器人，随机地在屋里走来走去，随时随地、按照它们所遇见的情况处理从打扫卫生到安全保卫的种种家务事。多年来形成的集中控制式的、一切都事先计划好的管理和控制模式，将被一种全新的、立足于分散的、具有主动精神的个体的集体行动所取代。这样的系统将具有比今天的机器更大的灵活性、更强的适应性、更多的主动性，简言之，更像具有智能的生物体（参看《宇宙波澜》、《沙滩上的图案》等书）。

如果把上面所说的思想应用到管理领域，那么这将是管理思想的一次根本性的变革。众所周知，一百多年来，管理科学的发展走过了曲折的道路。在泰罗制的观点下，被管理者不过是机器上的一个零件，他们没有也不需要有任何主动性，所要做的只是严格地执行指令。这种“非人性化”的管理思想已经被事实证明是不符合实际的，是不可能正确地处理管理领域中的各种实际问题的。20 世纪 30 年代以来，许多管理专家从人的本性、人的需求等方面研究和提出了种种解决方案。然而，总的来说，这些观点没有超出“我管你听”的框框。而 CAS 理论的提出，使得管理策略与被管理者的主动的适应过程相一致，从而正在形成一系列全新的管理思想与方法。

如果把范围再扩大一点，进入社会学的领域，我们可以看到：社会形态和文化形态的变迁，社会与个人利益的协调，各种层次上的局部与整体的冲突与协调，以至国际经济、国际政治中的许多实际问题（从民族冲突到贸易争端）都包含着与 CAS 理论思想类似的场景和情况。在圣塔菲研究所的课题组中，有一个组专门研究美国西南部各种文化的互相渗透、互相融合的过程。当然，这种研究无疑是需要十分慎重的和十分具体的，而不是套用几个新的名词术语就能奏效的。然而，这种思路的启发作用是十分明显的。

总之，CAS 理论并不只是单纯的理论研究，而是有非常广阔的应用前景的。在短短几年内，它已经引起了许多领域的研究人员的关注，它的应用前景是不可限量的。

第六章

Repast多主体模型实例

随着Repast工具的成熟，越来越多的研究工作者开始运用Repast替代Swarm进行社会经济等复杂系统的建模研究。本书第四章介绍多主体建模工具时，已经对Repast的特点、软件构成、机制和原理进行了介绍。本章进一步介绍几个具体的模型实例，其中第一个是模拟在二维空间上移动的主体模型，参考一步步学Repast实例模型，方便研究者从这个模型起步，其余三个实例则来自于中国人民大学经济科学实验室最近几年间的建模成果，包括行为金融学模型、企业间网络模型和网商生态系统模型。

与上一章类似，对每个模型我们分别介绍了研究的问题背景、模型设计的过程，并对模型实验结果进行了分析。模型的可执行程序以及原码附在本书光盘中的“\ ch6”目录下。

第一节　一步步学 Repast 实例模型

Repast 可以从 sourceforge 网站下载，以 Repast J 版本为例，下载后缀为 . exe的可执行程序，安装后，在安装目录下创建 api、lib、src、demos、how-to 等文件夹，Repast. exe 主程序和 repast. jar 包。

开发工具可以用 eclipse 集成开发环境，需要把 lib 文件夹里的包导入。classpath 如下：

```
<classpathentry kind="lib" path="lib/repast.jar"/>
<classpathentry kind="lib" path="lib/asm.jar"/>
<classpathentry kind="lib" path="lib/beanbowl.jar"/>
<classpathentry kind="lib" path="lib/colt.jar"/>
<classpathentry kind="lib" path="lib/commons-collections.jar"/>
<classpathentry kind="lib" path="lib/commons-logging.jar"/>
<classpathentry kind="lib" path="lib/geotools_repast.jar"/>
<classpathentry kind="lib" path="lib/ibis.jar"/>
<classpathentry kind="lib" path="lib/jakarta-poi.jar"/>
<classpathentry kind="lib" path="lib/jep-2.24.jar"/>
<classpathentry kind="lib" path="lib/jgap.jar"/>
<classpathentry kind="lib" path="lib/jh.jar"/>
<classpathentry kind="lib" path="lib/jmf.jar"/>
<classpathentry kind="lib" path="lib/jode-1.1.2-pre1.jar"/>
<classpathentry kind="lib" path="lib/joone.jar"/>
<classpathentry kind="lib" path="lib/JTS.jar"/>
<classpathentry kind="lib" path="lib/junit.jar"/>
<classpathentry kind="lib" path="lib/log4j-1.2.8.jar"/>
<classpathentry kind="lib" path="lib/OpenForecast-0.4.0.jar"/>
<classpathentry kind="lib" path="lib/openmap.jar"/>
<classpathentry kind="lib" path="lib/plot.jar"/>
<classpathentry kind="lib" path="lib/ProActive.jar"/>
<classpathentry kind="lib" path="lib/trove.jar"/>
```

```
    <classpathentry kind="lib" path="lib/violinstrings-1.0.2.jar"/>
```

接下来，让我们一步一步完成一个可执行的模拟程序。

(1) 新建一个包 demo。

(2) 在这个包下，新建一个类：CarryDropModel。

(3) 把下面代码拷贝进去。

```
package demo;
import uchicago.src.sim.engine.Schedule;
import uchicago.src.sim.engine.SimInit;
import uchicago.src.sim.engine.SimModelImpl;
public class CarryDropModel extends SimModelImpl{
  private int numAgents;
  private int worldXSize;
  private int worldYSize;
//上述 3 个值,是模型参数(Model Parameters),除模型参数外还有 Repast 参数(Repast Parameters)。
  private Schedule schedule;
  public String getName(){
    return "Carry And Drop";  }
  public void setup(){ }
  public void begin(){
    buildModel();
    buildSchedule();
    buildDisplay();  }
  public void buildModel(){ }
  public void buildSchedule(){ }
  public void buildDisplay(){ }
  public Schedule getSchedule(){
    return schedule;  }
  public String[] getInitParam(){
    String[] initParams ={ "NumAgents","WorldXSize","WorldYSize" };
    return initParams;  }
  public int getNumAgents(){
```

```
    return numAgents;  }
  public void setNumAgents(int na){
    numAgents=na;  }
  public int getWorldXSize(){
    return worldXSize;  }
  public void setWorldXSize(int wxs){
    worldXSize=wxs;  }
  public int getWorldYSize(){
    return worldYSize;  }
  public void setWorldYSize(int wys){
    worldYSize=wys;  }
  public static void main(String[] args){
    SimInit init=new SimInit();
    CarryDropModel model=new CarryDropModel();
    init.loadModel(model,"",false);  }
}
```

```
Component - addKeyListener(KeyListener)
Component - getPreferredSize()
Component - paint(Graphics)
Component - paintAll(Graphics)
Component - removeKeyListener(KeyListener)
Component - setBackground(Color)
Component - setLocation(int, int)
Component - update(Graphics)
Container - paintComponents(Graphics)
ComponentListener - componentHidden(ComponentEvent)
ComponentListener - componentMoved(ComponentEvent)
ComponentListener - componentResized(ComponentEvent)
ComponentListener - componentShown(ComponentEvent)
MediaProducer - addMovieFrame()
MediaProducer - closeMovie()
MediaProducer - setMovieName(String, String)
MediaProducer - setSnapshotFileName(String)
MediaProducer - takeSnapshot()
SimEventListener - simEventPerformed(SimEvent)
C DisplaySurface - DisplaySurface(Dimension, SimModel, String)
```

```
● C DisplaySurface - DisplaySurface(SimModel, String)
● C DisplaySurface - DisplaySurface(SimModel, String, Painter)
●   DisplaySurface - addDisplayable(Displayable, String)
●   DisplaySurface - addDisplayable(Displayable, String, int)
●   DisplaySurface - addDisplayableProbeable(Displayable, String)
●   DisplaySurface - addLegendLabel(String, int, Color, boolean)
●   DisplaySurface - addLegendLabel(String, int, Color, boolean, int, int)
●   DisplaySurface - addProbeable(Probeable)
●   DisplaySurface - addZoomable(Zoomable)
●   DisplaySurface - createLegend(String)
●   DisplaySurface - display()
●   DisplaySurface - dispose()
●   DisplaySurface - getDefaultSize()
●   DisplaySurface - getFrame()
●   DisplaySurface - getOptionsMenu()
●   DisplaySurface - isFrameVisible()
●   DisplaySurface - removeDisplayable(Displayable)
●   DisplaySurface - removeProbeable(Probeable)
●   DisplaySurface - removeProbeableDisplayable(Displayable)
●   DisplaySurface - updateDisplay()
●   DisplaySurface - updateDisplayDirect()
```

上面几个方法是在父类的一些接口中定义的，系统会自动调用。

```
● getNumAgents()
● setNumAgents(int)
● getWorldXSize()
● setWorldXSize(int)
● getWorldYSize()
● setWorldYSize(int)
```

上面 6 个是 setter 和 getter 方法，供模拟器调用。

上面设置完成后，就构成了 Repast 最简单的可执行模型。下面我们为这个模型建立一个可视化界面，先需要创建一个空间类，这里我们用二维格子空间存放模型中的主体对象，然后改写模型类，在模型类中创建空间类的一个实例，然后把空间实例应用到该模型中去，下面是相关的代码：

```
// CarryDropSpace.java   创建空间类
package demo;
import uchicago.src.sim.space.Object2DGrid;
//space包中最常见的类，存放object的非连续格状空间，以格子的x和y序数标识。
```

```
public class CarryDropSpace{
private Object2DGrid moneySpace;
  public CarryDropSpace(int xSize,int ySize){
    moneySpace=new Object2DGrid(xSize,ySize);
    for(int i=0;i<xSize;i++){
      for(int j=0;j<ySize;j++){
        moneySpace.putObjectAt(i,j,new Integer(0));
//把所有的格子都放满 Integer(0)这个对象。} } }
  public void spreadMoney(int money){
    // Randomly place money in moneySpace
    for(int i=0;i<money;i++){
      //Choose coordinates
      int x=(int)(Math.random() * (moneySpace.getSizeX()));
      int y=(int)(Math.random() * (moneySpace.getSizeY()));
      int currentValue=getMoneyAt(x,y);
      moneySpace.putObjectAt(x,y,new Integer(currentValue+1));
//随机改变 money 个格子里的对象为 Integer(1)  }  }
  public int getMoneyAt(int x,int y){
    int i;
    if(moneySpace.getObjectAt(x,y)!=null)
      i=((Integer)moneySpace.getObjectAt(x,y)).intValue();
    else  i=0;
    return i;  }
  public Object2DGrid getCurrentMoneySpace(){
    return moneySpace;  }
}
```

在模型类中创建空间类实例，应用到模型中去：

```
// CarryDropModel.java
package demo;
import java.awt.Color;
import uchicago.src.sim.engine.Schedule;
import uchicago.src.sim.engine.SimInit;
```

```
import uchicago. src. sim. engine. SimModelImpl;
import uchicago. src. sim. gui. DisplaySurface;
import uchicago. src. sim. gui. ColorMap;
import uchicago. src. sim. gui. Value2DDisplay;
public class CarryDropModel extends SimModelImpl{
  // Default Values
  private static final int NUMAGENTS=100;
  private static final int WORLDXSIZE=40;
  private static final int WORLDYSIZE=40;
  private static final int TOTALMONEY=1000;

  private int numAgents=NUMAGENTS;
  private int worldXSize=WORLDXSIZE;
  private int worldYSize=WORLDYSIZE;
  private int money=TOTALMONEY;
  private Schedule schedule;
  private CarryDropSpace cdSpace;
  private DisplaySurface displaySurf;
  public String getName(){
    return "Carry And Drop";  }
  public void setup(){
    System. out. println("Running setup");
    cdSpace=null;
    if (displaySurf ! =null){
      displaySurf. dispose();    }
    displaySurf=null;
    displaySurf=new DisplaySurface(this,"Carry Drop Model Window 1");
//创建一个 DisplaySurface 对象实例
    registerDisplaySurface("Carry Drop Model Window 1",displaySurf);
//把刚创建的 DisplaySurface 对象实例注册到 model
  }
  public void begin(){
```

```
        buildModel();
        buildSchedule();
        buildDisplay();
        displaySurf.display();   }
    public void buildModel(){
        System.out.println("Running BuildModel");
        cdSpace=new CarryDropSpace(worldXSize,worldYSize);
        cdSpace.spreadMoney(money);   }
    public void buildSchedule(){
        System.out.println("Running BuildSchedule");   }
    public void buildDisplay(){
        System.out.println("Running BuildDisplay");
        ColorMap map=new ColorMap();
        for(int i=1;i<16;i++){
            map.mapColor(i,new Color((int)(i*8+127),0,0));    }
        map.mapColor(0,Color.white);
        Value2DDisplay displayMoney=new
Value2DDisplay(cdSpace.getCurrentMoneySpace(),map);
    //创建一个Value2DDisplay,用来将Discrete2DSpace与ColorMap绑定。
        displaySurf.addDisplayable(displayMoney,"Money");   }
    public Schedule getSchedule(){
        return schedule;   }
    public String[] getInitParam(){
        String[] initParams={ "NumAgents" ,"WorldXSize","WorldYSize","Money" };
        return initParams;   }
    public int getNumAgents(){
        return numAgents;   }
    public void setNumAgents(int na){
        numAgents=na;   }
    public int getWorldXSize(){
        return worldXSize;   }
    public void setWorldXSize(int wxs){
```

```
    worldXSize=wxs;  }
  public int getWorldYSize(){
    return worldYSize;  }
  public void setWorldYSize(int wys){
    worldYSize=wys;  }
  public int getMoney(){
    return money;  }
  public void setMoney(int i){
    money=i;  }
  public static void main(String[] args){
    SimInit init=new SimInit();
    CarryDropModel model=new CarryDropModel();
    init.loadModel(model,"",false);  }
}
```

下面这些 DisplaySurface 调用的方法继承自 JComponent 类。

```
Component - addKeyListener(KeyListener)
Component - getPreferredSize()
Component - paint(Graphics)
Component - paintAll(Graphics)
Component - removeKeyListener(KeyListener)
Component - setBackground(Color)
Component - setLocation(int, int)
Component - update(Graphics)
Container - paintComponents(Graphics)
ComponentListener - componentHidden(ComponentEvent)
ComponentListener - componentMoved(ComponentEvent)
ComponentListener - componentResized(ComponentEvent)
ComponentListener - componentShown(ComponentEvent)
MediaProducer - addMovieFrame()
MediaProducer - closeMovie()
MediaProducer - setMovieName(String, String)
MediaProducer - setSnapshotFileName(String)
MediaProducer - takeSnapshot()
SimEventListener - simEventPerformed(SimEvent)
C DisplaySurface - DisplaySurface(Dimension, SimModel, String)
C DisplaySurface - DisplaySurface(SimModel, String)
```

```
● ᶜDisplaySurface - DisplaySurface(SimModel, String, Painter)
● DisplaySurface - addDisplayable(Displayable, String)
● DisplaySurface - addDisplayable(Displayable, String, int)
● DisplaySurface - addDisplayableProbeable(Displayable, String)
● DisplaySurface - addLegendLabel(String, int, Color, boolean)
● DisplaySurface - addLegendLabel(String, int, Color, boolean, int, int)
● DisplaySurface - addProbeable(Probeable)
● DisplaySurface - addZoomable(Zoomable)
● DisplaySurface - createLegend(String)
● DisplaySurface - display()
● DisplaySurface - dispose()
● DisplaySurface - getDefaultSize()
● DisplaySurface - getFrame()
● DisplaySurface - getOptionsMenu()
● DisplaySurface - isFrameVisible()
● DisplaySurface - removeDisplayable(Displayable)
● DisplaySurface - removeProbeable(Probeable)
● DisplaySurface - removeProbeableDisplayable(Displayable)
● DisplaySurface - updateDisplay()
● DisplaySurface - updateDisplayDirect()
```

我们重点分析一下 addDisplayable() 方法，该方法有个参数为 Displayable。该方法是一个接口，许多想要显示出来的类都必须实现该接口，由 DisplaySurface 显示出来。显示类除了文本显示类、二维显示类外，还有二维网络显示类和矢量显示类，分别适合于不同的模型数据表现。显示类关系图如下所示：

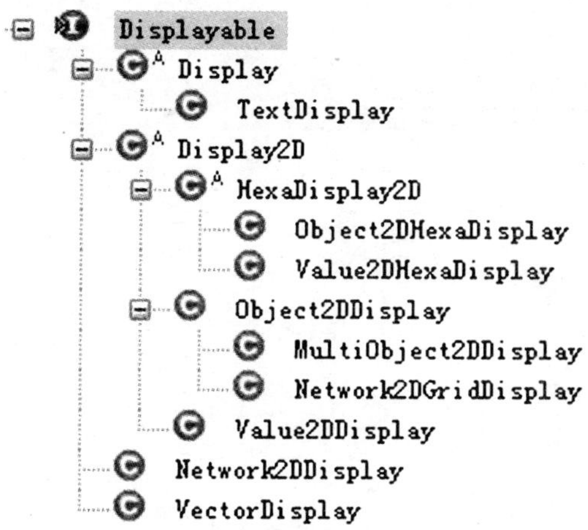

在前面的例子中，我们用了 Value2DDisplay 类来显示，Value2DDisplay 用 Discrete2DSpace 和 ColorMap 配合来进行显示。

我们也可以在界面里用文本显示类 TextDisplay 来显示一些文本：

```
TextDisplay displayText=new TextDisplay(10,20,Color. black);
displayText. addLine("this is some text");
displaySurf. addDisplayable(displayText,"TestText");
```

上述两个显示类显示的方法都不需要主体自身的显示方法，或直接用颜色图来表现主体的某属性值，或显示与主体类方法无关的文本。

在更多的情形下，我们希望主体有自己的表现形式，比如不同的主体显示为不同的图形。Repast 可以在模型的主体中自定义主体的表现形式，然后用 Object2DDisplay 显示类来显示模型中的所有的主体。

现在我们来写一个简单的 agent：

```
package wxy;
import java. awt. Color;
import uchicago. src. sim. gui. Drawable;
import uchicago. src. sim. gui. SimGraphics;
public class RoundAgent implements Drawable{
    private int x;
    private int y;
    public RoundAgent(int x,int y){
        this. x=x;
        this. y=y;      }
    @Override
    public void draw(SimGraphics G){ //主体类的显示方法。
        G. drawCircle(Color. WHITE);//画一个白色的圆      }
    @Override
    public int getX(){ //用来指定在哪里绘制这个圈
        return x;      }
    @Override
    public int getY(){
        return y;      }
}
```

Model 主程序如下：

```
package wxy;
import uchicago. src. sim. engine. Schedule;
import uchicago. src. sim. engine. SimInit;
import uchicago. src. sim. engine. SimModelImpl;
import uchicago. src. sim. engine. SimpleModel;
import uchicago. src. sim. gui. DisplaySurface;
import uchicago. src. sim. gui. Object2DDisplay;
import uchicago. src. sim. space. Object2DGrid;
public class DrawableModel extends SimpleModel{
  private int worldXSize=50;
  private int worldYSize=50;
  private DisplaySurface displaySurf;
  public void setup(){
       super. setup();
       if (displaySurf !=null){
            displaySurf. dispose();       }
       displaySurf=null;
       displaySurf=new DisplaySurface(this,"DrawableObject");
       registerDisplaySurface("DrawableObject",displaySurf);   }
  public void begin(){
    buildModel();
    buildSchedule();
    buildDisplay();
    displaySurf. display();   }
  public void buildModel(){
       agentList. add(new RoundAgent(15,15));   }
  public void buildSchedule(){
       super. buildSchedule();   }
  public void buildDisplay(){
       Object2DDisplay displayAgents=new Object2DDisplay(new
Object2DGrid(worldXSize,worldYSize));
```

```
        displayAgents.setObjectList(agentList);
        displaySurf.addDisplayable(displayAgents,"Round");
    }
    public String[] getInitParam(){
        String[] initParams ={"WorldXSize","WorldYSize" };
        return initParams;  }
    public int getWorldXSize(){
        return worldXSize;  }
    public void setWorldXSize(int wxs){
        worldXSize=wxs;  }
    public int getWorldYSize(){
        return worldYSize;  }
    public void setWorldYSize(int wys){
        worldYSize=wys;  }
    public static void main(String[] args){
        SimInit init=new SimInit();
        DrawableModel model=new DrawableModel();
        init.loadModel(model,"",false);  }
}
```

主体类表现时可用 SimGraphics 类的方法，下面是 SimGraphics 类的方法，基本上所有常见的绘图都可以表现。

- draw4ColorHollowRect(Color, Color, Color, Color)
- drawCircle(Color)
- drawDirectedLink(Color, int, int, int, int)
- drawFastCircle(Color)
- drawFastOval(Color)
- drawFastRect(Color)
- drawFastRoundRect(Color)
- drawHollowFastOval(Color)
- drawHollowFastRect(Color)
- drawHollowFastRoundRect(Color)
- drawHollowOval(Color)
- drawHollowRect(Color)
- drawHollowRoundRect(Color)
- drawImage(Image)

- drawImageScaled(Image)
- drawImageToFit(Image)
- drawLine(Color)
- drawLink(Color, int, int, int, int)
- drawMultiPolygon(Color, int[])
- drawOval(Color)
- drawOvalBorder(BasicStroke, Color)
- drawPolygon(Color)
- drawRect(Color)
- drawRectBorder(BasicStroke, Color)
- drawRoundRect(Color)
- drawString(String, Color)
- drawStringInHollowOval(Color, Color, String)
- drawStringInHollowRect(Color, Color, String)
- drawStringInHollowRoundRect(Color, Color, String)
- drawStringInOval(Color, Color, String)
- drawStringInRect(Color, Color, String)
- drawStringInRoundRect(Color, Color, String)
- fillPolygon(Color)

前面我们的 Model 都继承自 SimModelImpl，其实还有一个基类 SimpleModel 更好用，该类继承自 SimModelImpl，下面是该类的源代码。

```
import java.util.ArrayList;
import java.util.Date;
import cern.jet.random.Uniform;
import cern.jet.random.engine.MersenneTwister;
import uchicago.src.sim.engine.BasicAction;
import uchicago.src.sim.engine.Schedule;
import uchicago.src.sim.engine.SimModelImpl;
import uchicago.src.sim.engine.Stepable;
import uchicago.src.sim.util.Random;
import uchicago.src.sim.util.SimUtilities;
public class SimpleModel extends SimModelImpl{
  protected Schedule schedule;
  protected ArrayList agentList=new ArrayList();
  protected String name="A Repast Model";
  protected String[] params ={""};
```

```
private double stoppingTime=Double.POSITIVE_INFINITY;
private BasicAction stoppingAction;
protected boolean autoStep=false;
protected boolean shuffle=false;
protected long seed=1;
protected boolean isGui;
protected long startAt=1;
public void setStoppingTime(long time){
   setStoppingTime((double)time);  }
public void setStoppingTime(double time){
   stoppingTime=time;
   if (stoppingAction != null)schedule.removeAction(stoppingAction);
   if (schedule != null)setStopAction();  }
private void setStopAction(){
   stoppingAction=schedule.scheduleActionAt(stoppingTime,
                              this,"stop",Schedule.LAST);  }
public void setRngSeed(long seed){
      this.seed=seed;
      super.setRngSeed(seed);
      Random.createUniform();  }
//下面是产生随机数的函数，由于模拟对随机要求比较高，Repast 是用 colt 里的包来处理相关数学计算的
public int getNextIntFromTo(int from,int to){
      return Random.uniform.nextIntFromTo(from,to);  }
public double getNextDoubleFromTo(double from,double to){
      return Random.uniform.nextDoubleFromTo(from,to);}
public void setup(){
   isGui=!(getController().isBatch());
   stoppingTime=Double.POSITIVE_INFINITY;
   stoppingAction=null;
   schedule=new Schedule();
   agentList=new ArrayList();
```

```
    setRngSeed(seed);
    Random.createUniform();// 产生全局随机种子
  }
  public void begin(){
    buildModel();
    buildSchedule();  }
  public void buildModel(){}
  public void buildSchedule(){
    if(autoStep)
schedule.scheduleActionBeginning(startAt,this,"runAutoStep");
    else
schedule.scheduleActionBeginning(startAt,this,"run");
    schedule.scheduleActionAtEnd(this,"atEnd"),
    schedule.scheduleActionAtPause(this,"atPause");
    setStopAction();
  }
  public String getName(){
    return name;  }
  public Schedule getSchedule(){
    return schedule;  }
  public String[] getInitParam(){
    return params;  }
  public void atPause(){}
  public void atEnd(){}
  public void runAutoStep(){
    preStep();
    autoStep();
    postStep();  }
  public void run(){
    preStep();
    step();
    postStep();  }
```

```
  private void autoStep(){
    if (shuffle)SimUtilities. shuffle(agentList);
    int size=agentList. size();
    for (int i=0;i < size;i++){
      Stepable agent=(Stepable)agentList. get(i);
      agent. step();
    }
  }
  protected void preStep(){}
  protected void step(){}
  protected void postStep(){}
//继承这个父类后，主要在下面三个方法中设计自己的模型：
* (1)buildModel()
* (2)buildSchedule()
* (3)main 函数
}
```

下面我们继承该类来写一个模拟粒子运动的模型：

```
package wxy;
import uchicago. src. sim. engine. ActionGroup;
import uchicago. src. sim. engine. BasicAction;
import uchicago. src. sim. engine. SimInit;
import uchicago. src. sim. engine. SimpleModel;
import uchicago. src. sim. gui. DisplaySurface;
import uchicago. src. sim. gui. Object2DDisplay;
import uchicago. src. sim. space. Object2DTorus;
public class SimModel extends SimpleModel{
    private Object2DTorus mySpace;
    private DisplaySurface theDisplaySurface;
    public static void main(String[] args){
        SimModel model=new SimModel();
            SimInit init=new SimInit();
            init. loadModel(model,null,false);      }
```

```
    public void buildModel(){
        mySpace=new Object2DTorus(100,100);
        /*Object2DTorus 继承自 Object2DGrid,它模拟了一个球面,比如一个 agent 移动到了最下面的时候,会自动切换坐标到最上面        */
        theDisplaySurface=new DisplaySurface(this,"simulation Display!");
        theDisplaySurface.addDisplayable(new Object2DDisplay(mySpace),"Displayer");
        theDisplaySurface.display();
        for(int i=0;i<5;i++)agentList.add(new SimBug(mySpace,this));    }
    public void buildSchedule(){
        super.buildSchedule();
        ActionGroup agentActions=new ActionGroup();
        try {
            agentActions.createActionForEach(agentList,"move");    }
catch (NoSuchMethodException e){
                e.printStackTrace();
            }
        ActionGroup displayActions=new ActionGroup();
        displayActions.createActionFor(theDisplaySurface,"updateDisplay");
        ActionGroup allActions=new ActionGroup();
        allActions.addAction(agentActions);
        allActions.addAction(displayActions);
        schedule.scheduleActionAtInterval(1.0,allActions);
        /*上面每个方法的执行顺序首先是 agentList 里的 agent,按照 List 里的顺序依次执行它们各自的 move 方法,接着是 theDisplaySurface 执行它的 updateDisplay 方法    */    }
}
```

下面是 agent 代码:

```
package wxy;
import java.awt.Color;
import uchicago.src.sim.gui.Drawable;
import uchicago.src.sim.gui.SimGraphics;
import uchicago.src.sim.space.Object2DTorus;
import uchicago.src.sim.util.Random;
```

```
public class SimBug implements Drawable{
    private Object2DTorus mySpace;
    private SimModel myModel;
    private int myX;
    private int myY;
    private int id;
    private static int idNumber=1;
    public SimBug(Object2DTorus aSpace,SimModel model){
        //把 space 传给每个 agent,以便让 agent 知道自己在哪里,周围的环境如何
        myModel=model;
        mySpace=aSpace;
        do{
        myX=Random.uniform.nextIntFromTo(0,aSpace.getSizeX()-1);
        myY=Random.uniform.nextIntFromTo(0,aSpace.getSizeY()-1);
        } while(aSpace.getObjectAt(myX,myY)! =null);
        aSpace.putObjectAt(myX,myY,this);
        id=idNumber++;
    }
    /* 让该粒子随机向 X 方向前进和 Y 方向前进,取随机数 myModel.getNextIntFromTo
调用的是父类 SimpleModel 的方法,另外,跟踪了每个时钟步模型的动作及执行顺序。    */
    public void move(){
        int moveDistance=4;
        int newX,newY;
        do{
        newX=myX+myModel.getNextIntFromTo(-moveDistance,moveDistance);
        newX=mySpace.xnorm(newX);
        newY=myY+myModel.getNextIntFromTo(-moveDistance,moveDistance);
        newY=mySpace.ynorm(newY);
    } while(mySpace.getObjectAt(newX,newY)!=null);
        mySpace.putObjectAt(myX,myY,null);
        myX=newX;
        myY=newY;
```

```
        mySpace. putObjectAt(myX,myY,this);
        System. out. printf("now,time is %f",myModel. getSchedule(). getCurrentTime());
        System. out. printf("I am an agent %d,I am moving ",id);          }
    public void draw(SimGraphics g){
        g. setDrawingCoordinates(myX * g. getCurWidth(),myY * g. getCurHeight(),0);
        /* SimGraphics 绘制时用的坐标和 Repast 的坐标不一样,Repast 用格子坐标,把
界面划分为棋盘状,myX 和 myY 是格子的顺序,需要将之转化为屏幕坐标,用 g. getCurWidth()
获得格子尺寸,乘以格子的序数得到对应 X、Y 轴的屏幕坐标        */
        g. drawFastCircle(Color. red);       }
    public int getX(){
        return myX;}
    public int getY(){
        return myY;}
}
```

运行结果形如：

```
now,time is 1.000000I am an agent 1,I am moving
now,time is 1.000000I am an agent 2,I am moving
now,time is 1.000000I am an agent 3,I am moving
now,time is 1.000000I am an agent 4,I am moving
now,time is 1.000000I am an agent 5,I am moving
now,time is 2.000000I am an agent 1,I am moving
```

第二节　行为金融学模型

现代金融理论建立在理性市场的假说基础上，采用自上而下的研究方法，基于总体把握，忽视个体行为的具体分析，发展出了很多有意义的结论。但是近年来传统的现代金融理论也受到了越来越多的质疑，因为在解释很多金融现象的时候这个理论都出现了困难。与此同时，一种新的金融理论——行为金融理论诞生了，它从一个与以往不同的角度来探讨金融现象。它把研究的起点放在对投资者行为的研究和分析上，而不是像传统金融学那样放在市

场整体规律的把握上。行为金融学这种特殊的研究方式也造成了它的结论都是孤立的，并且也很难进行量化分析和系统证明，因此它的理论系统不像传统的现代金融学那样完美和系统化。即便如此，整个金融学的研究已经越来越朝着行为金融学的方向发展，并为我们提供了越来越多有意义的结论，帮助我们解释了很多以前比较模糊的问题。

行为金融学的研究常常借助其他学科的帮助，像心理学、社会学等都是研究行为金融学的一般起点。在系统科学中，复杂适应系统的多主体建模是用来研究一些复杂系统的常用方法。股票市场无疑是一个复杂的非线性系统，在其中交易的每个投资者做出自己的投资决策同时也影响着其他人的投资决策，股票市场系统又是一个天然的多主体建模的现实例子：每个投资者都作为系统中的一个主体来参与整个系统的运行。这样也就有了用建模的方法进行股票市场研究的可能性。通过建立模型模拟股市中投资者的行为，以模型显示出的数据为起点去研究和分析现实中的股票市场，并且结合模型验证行为金融学的某些结论。

一、行为金融学背景

20 世纪 50 年代，Markowitz（1952）的资产均值—方差模型的诞生标志着金融学的一项重大突破。接着在 Sharp（1964）、Lintner（1965）、Mossin（1965）等人的努力下，发展成价值均衡理论，即资本资产定价模型 CAPM。Ross（1976）的套利定价模型，Black & Scholes（1972）的期权定价模型等形成了金融学的理论框架。但是，这些理想的模型在越来越多的现实检验中出现了问题。1979 年，Roll 发现，统计数据与模型的冲突显示作为金融学基石的 CAPM 可能是无法验证的。之后很多学者发现这些模型在统计过程中出现很多异常现象。行为金融学就是在这种环境下发展起来的，形成了这门分析人的心理、行为以及情绪对人的金融决策、金融产品的价格以及金融市场发展趋势的影响的新兴的金融学分支。

行为金融学对于两大传统假设的挑战为我们研究商业银行公司治理问题提供了一个新的视角。

其一，挑战传统金融理论关于人的行为假设。传统金融理论认为人们的决策是建立在理性预期（rational expectation)、风险回避（risk aversion)、效用最大化以及相机抉择等假设基础之上的。但是大量的心理学研究表明，人们的实际投资决策并非如此。比如，人们总是过分相信自己的判断，人们往往根据自己对决策结果的盈亏状况的主观判断进行决策等。尤其值得指出的是，研究表明，这种对理性决策的偏离是系统性的，并不能因为统计平均而消除。

其二，质疑市场的有效性。传统金融理论认为，在市场竞争过程中，理性的投资者总是能抓住每一个由非理性投资者创造的套利机会。因此，能够在市场竞争中幸存下来的只有理性的投资者。但在现实世界中，市场并非像理论描述得那么完美，大量“反常现象”的出现使得传统金融理论无法应对。

传统理论为我们找到了一条最优化的道路，告诉人们“该怎么做”，让我们知道“应该发生什么”。可惜，并非每个市场参与者都能完全理性地按照理论中的模型去行动，人的非理性行为在经济系统中发挥着不容忽视的作用。因此，不能再将人的因素仅仅作为假设排斥在外，行为分析应纳入理论分析之中，理论研究应转向“实际发生了什么”，从而指导决策者们进行正确的决策。

行为金融学把人的心理和情绪引进金融分析过程当中。分析人的心理、行为以及情绪对人的金融决策、金融产品的价格以及金融市场发展趋势的影响。近年来，行为金融学的研究得出许多有价值的结果，引起金融学界的极大关注。2002 年度的诺贝尔经济学奖也投向了普林斯顿大学的 Kahneman 教授（预期理论（prospect theory）的创立者）。

金融学所研究的市场运行状况、投资者的市场活动、证券的价格其实都是建立在市场主体在市场中的决策行为上，因而，无论行为金融学，还是传统金融理论，都围绕着人的决策构建模型。传统金融理论当中，把投资者设定为了一个完全意义上的理性人，而且无论在何种情境下，都可以运用理性，根据成本和收益进行比较，从而做出使自己效用最大化的决策。而行为金融学是行为理论与金融分析相结合的研究方法与理论体系。它分析人的心理、行为以及情绪对人的金融决策、金融产品的价格以及金融市场发展趋势的影响。

行为金融学与传统金融理论的区别和联系主要表现在以下两点：

1. 人是否是理性的

传统的金融理论对人的行为假定是：理性预期、风险回避。认为人的行为是理性的。

首先，行为金融学不完全肯定人类理性的普遍性。认为人类行为当中，有其理性的一面，同时也存在着许多非理性的因素；认为人类的理性是有限的，认知的局限决定了人类存在着许多理性之外的情绪、冲动和决策。一个最常见的例子就是，在股票市场上，时常会发现市场的变化不是根据公司的运营情况，而往往是投资人的情绪、感受的变化。其次，行为金融学认为即使在有限理性的条件下，由于外在条件的限制，有时候未必能够实践理性行为。

虽然行为金融学和传统金融理论存在很大分歧，但需要指出的是，行为金融学并不是完全否定传统金融理论，而是在接受其人类行为具有效用最大化的前提下，对其理论进行修正和补充。在承认了人有理性的一面的时候，同时认为人也有非理性的一面，受到许多理性之外的情绪、冲动等的影响，在外界条件约束下人对自己理性行为的控制力是有限的。这些和传统理论是不同的，是对传统理论的修正和补充。

2. 市场有效性问题

有效市场假说（efficient market hypothesis，EMH）认为：市场是有效的，有关资产的信息都会反映到资产价格上，因此，其价格与其基本价值相符，任何投资者都不可能在市场上获得超额利润。Fama（1970）进一步将市场有效性理论细分为弱有效、次强有效和强有效。

(1) 弱有效是指过去的信息影响着过去的价格与回报。弱有效市场假设认为，基于对过去的价格与回报的了解，是不可能赢得超额风险利润的。在风险中性的假定下，市场有效假设就转化成随机游走假设。股票回报完全不可预测的说法就是基于过去的回报而言的。

(2) 次强有效是指过去的回报不仅仅是投资者所拥有的过去信息的影响结果。当证券的价格与回报是过去的信息与现在的公开信息的结果时，就称之为次强式有效市场。次强式有效市场假设认为，投资者不能利用任何公开的有用信息来获取超额利润。因为，只要信息一旦公开，马上就会反映到价格上去，那么，投资者就不可能用这些信息来预测收益，从而获得超额利润。

(3) 强有效是指市场上的内幕信息会很快扩散，迅速影响市场价格。一些人认为可以通过提前获得内部信息来赚取超额利润，而强式有效市场假设认为，由于在这样的市场上，内幕信息会迅速扩散，并反映在价格里，因此，投资人不能获得超额利润。

有效市场假说认为，理性的交易者能够正确评估证券的价格，而行为金融学认为套利的力量不可能不受条件限制，具体内容我们在行为金融学中的套利限制一节中展开分析。

二、行为金融学理论

1. 预期理论（prospect theory）

预期理论（prospect theory）是由 Kahneman 和 Tversky 在 1979 年共同提出来的，是一种研究人们在不确定的条件下如何做出决策的理论。该理论提出了几个与期望效用理论不一致的观点：与收入不确定的选择相比，人们更倾向于收入确定的选择，Kahneman 和 Tversky 称之为确定效应（certainty effect）；人们在考虑选择过程中忽视相同部分，着重于不同部分，这样导致个体偏好不一致，称之为隔离效应（isolation effect）；价值与得失有关而不是最终财富。

关于预期理论的观点主要体现在 Kahneman 和 Tversky（1979）年发表在 *Econometrica* 上的一篇文章。预期理论不断地被丰富和发展，形成了其他许多理论模型和实证研究。其中比较引人注目的有：Thaler 的“机会成本和原赋效果”，即认为人们常常会对机会成本低估而且会对已经拥有的物品的评价大大超过没有拥有之前；Thaler 的另一个重要概念是沉没成本（sunk cost），其描述的是如果人们已经为某种商品或服务支付过成本，那么便会增加该商品或服务的使用频率；Shefrin 和 Statman 还发现了投资中的处置效果（disposition effect），即投资人在手中的股票下跌的时候，更倾向于继续持有而不是卖出股票，以期待扳平的机会。

2. 套利限制（limits of arbitrage）

套利限制是行为金融学对传统金融理论提出质疑和修正的重要工具。传统金融理论构架中的重要的一个部分是有效市场假说（EMH）。EMH 认为市场是有效的，资产的价格反映一切信息，资产的价格和价值是一致的。这是因为市场中理性的交易者能够正确评估资产的价格，如果还存在很多非理性交易者，那么一方面如果非理性交易者的非理性行为相互抵消，则对市场的有效性没有影响；另一方面，如果非理性交易者的非理性方向是相同的，这时候由于套利的存在，短期内的价格偏离很快也会得到纠正，从而使市场能够恢复效率。Shleifer 和 Vishny 认为套利的力量不可能不受条件限制，在各种客观约束下，套利无法剔除非理性行为对理性行为的长期并且是实质性的影响，所以市场并不是有效的。Shleifer 和 Vishny 把此称为“套利限制”。

3. 过度反应与反应不足（underreaction and overreaction）

过度反应与反应不足在行为金融的研究中，是两个重要的概念或两个重要的行为。1985 年，De Bondt 和 Thaler（1998）推测，投资者对收益的过度反应，是股票价格暂时偏离其基本价值的结果。他们提出，投资者对极端收入的过度反应，是因为投资者不能认识到极端收入恢复到平均水平的范围和程度。

De Bondt 和 Thaler 确定，前一期的绝对输家（亏损者）倾向于被低估，而前一期的绝对赢家则被高估。他们证明了，前期的输家最终赢得了正的经过风险调整的超额回报，同时前期赢家最终赢得负的经过风险调整的超额回报。这就是所谓的“输家—赢家”效应。他们认为，“输家—赢家”效应发生在价格偏差得到纠正的时期。

“输家—赢家”效应现在已被很多人接受。但不同观点的争论在于是风险还是价格偏离构成了这个效应发生的原因。

4. 过度自信（overconfidence）

这个概念在行为金融学中是一个非常普遍的观念。它和行为金融学的基本理论预设分不开，这就又回到了人类的有限理性的问题上。因为在行为者当中，不论是理性行为者还是非理性行为者，都不会怀疑自己的理性的存在。他们自认是掌握了一定信息和一定专业知识的，因而面对投资决策的时候，便过于相信自己的判断力。有些学者专门对此作了一系列实验，结果证明受访者都倾向于高估他们答对的概率，而另一些调查也表明散户在第一年的时候往往频繁交易，但是他们卖出的股票却往往比他们买进的股票表现要好。

5. 易获得性偏误（availability）

这样一种现象被称作易获得性偏误：某件事情让人比较容易联想到，投资者可能便误认为这个事件经常发生；相反，如果某类事件不太容易让人想象到，在人的记忆中相关信息不丰富不明确，投资者就会在不自觉的情况下低估该类事件发生的概率。在这样的可能性下，一个社会、一个时代所风行的、被人们熟知的事物自然成为易获得的，所以，投资者在决策时受社会化影响的程度是不可忽视的。例如，把经济泡沫和房地产相联系，由股市不景气联想到互联网在走下坡路等。

6. 心理账户（mental accounts）

许多行为金融学学者都认为，在投资者进行决策的时候，并不是权衡了全局的各种情况，而是在心里无意识地把一项决策分成几个部分来看，也就是说，分成了几个心理账户，对于每个心理账户行为者会有不同的决策。Shefrin 和 Statman 认为普通投资者会将自己的投资组合分成两部分，一部分是风险低的安全投资，另一部分是风险较高但可能使自己更富有的投资。这是由于人们都有既想避免损失又想变得富有的心态，因此，人们会把两个心理账户分开来，一个用来规避贫穷，一个用来一朝致富。而且，在考虑问题的时候，投资者往往每次只考虑一个心理账户，把目前要决策的问题和其他的决策分离看待。也就是说，投资人可能将投资组合放在若干个心理账户中，不太在意它们之间的共同变异数，这也就从另一个角度解释了投资者在有些情况下的非理性行为。

三、基于行为金融学的中国股票市场模型设计

1. 模型基本假设

对于一个股票市场模型的定义最重要的是两个方面：模型中投资者主体参与交易的策略、参与交易的投资者的行为特征及决策因素。要建立股票市场的模型首先需要设定交易的流程，现实中的中国市场按照开盘前集合竞价产生开盘价，开盘后每个投资者现价出单也就是连续竞价，计算机撮合成交的方式，禁止卖空交易，并且施行 T+1 交易机制，即每一只股票买入后当天不能交易，至少要在买入后的第二个交易日才可以挂单

交易。

为了模型的简化，本模型不考虑涨停、跌停板制度以及开盘前的连续竞价制度。模型将股票市场中的主体分为三类：理性投资者，追随投资者和噪声投资者。理性投资者基于自己对于市场信息的分析得出股票真实价值的理性预期，并以此为依据进行投资决策，这一类投资者从现实中的机构投资者抽象而来；噪声投资者依据其得到的信号进行投资决策并进行股票买卖，其行为可以认为是随机的，这一类投资者的来源是股票市场中的初级投资者；最后一类投资者是追随投资者，这一类主体的来源是股票市场中的采取追随机构投资者策略的投资者。

在中国股市中，机构投资者和部分专业投资者的投资行为是建立在对市场、相关政策的分析基础上的，本文模型中的理性投资者即代表这部分投资者群体，这类投资者单个的资金总量要远远大于后两类投资者。因为股票市场的进入门槛低，加之 2006 年底开始的一波大牛市，使中国股民的数量急剧增加，在这部分投资者中很大一部分是没有投资知识和经验的人群，本文中的噪声投资者和追随投资者分类来源于对这部分投资者群体的认识。其中噪声投资者代表了许多初级股民的行为模式，他们的投资策略建立在自己收集的噪声信息的基础上，而每个投资者的噪声信息的发生可认为是随机的，由此得到的投资行为接近本模型中的噪声投资者。在中国股市发展的初期阶段，曾经一度流行一种投资策略，即“跟庄”（通过追随机构或大投资者的行为来获取收益），这种模式在今天仍然存在。事实上现在流行的电视财经节目、报纸、网站中提供的很多信息就是引导投资者按照这种模式进行投资。本文通过追随投资者来进行描述。

建立股票市场模型最重要的首先是建立投资者主体来模拟参与股票交易的投资者，其次，就是模拟市场的结构和整个股票市场运行的流程，下面分别从这两个方面对模型的设计进行描述。

2. 市场结构及交易流程模拟

市场上的唯一的股票本身的价值（不随价格发生变化，仅代表该股票背后企业的真实价值）会不定期地改变。市场中的理性交易者能在统计上无偏地获得这些信息，从而据此调整对股票基础的预期，该预期又是其进行投资决策的来源。追随交易者同样不能判断股票的真实价值，但是他能从市场中得到理性投资者的投资决策的真实信息的近似值，他按照这一信息追随已有的理性投资者的交易行为进行交易决策。噪声交易者不能获得这些股票真实价值的信息，他们根据自己获得的一些噪声信号，随机地买卖股票。

在现实中每个投资者的交易订单是在进入证券交易所的撮合系统之后按照价格优先和时间优先的规则进行匹配的。在本模型中由计算机程序的一个类按照现实的规则完成整个匹配过程。买进股票的订单按照出价从高到低来排列优先级，卖出的订单按照出价从低到高来排列优先级，优先级高的订单先成交，当然要有成交发生，必须优先级最好的买单的出价大于或等于优先级最高的卖单。如果出现出价相同的订单则按照订单发出的时间先后顺利来排列优先级，先产生的订单的优先级较高。一份订单可能全部成交也可能部分成交，订单未成交部分继续进入系统等待成交。每当一个订单提交时，系统自动判断这个订单的优先级然后把它放入撮合系统中的合适位置。然后系统调用撮合代码，按照上文讲的交易规则进行撮合，成交价为符合成交条件的优先级最高的买单和卖单的限价的算数平均值。

在模型开始运行之前的初始化过程中，系统为每个投资者分配一定数量的现金和股份，并初始化第一天的开盘价。随后投资者按照此开盘价为起点进行交易，发出自己的买单或卖单，这些订单进入撮合系统进行交易，如果成交就生成成交单存入系统。因为本文的模型中只有一只股票并且遵守T+1交易制度，因此模型中的每个投资主体每天只能产生一个买单或卖单。每个投资者挂单时的价格由投资者自己决定。挂单中买卖的数量按照投资者自身所拥有资金或股票的最大值来确定。系统中的仿真运行步模拟现实世界中每一天的交易。每一天所有的投资者都做出了自己的投资决策（不参与买卖也是一种投资策略）并执行后相当于现实中一个交易日结束了。每次有成交单发生时，将系统的最新股票价格改为该成交价。每天最后一单成交价为当日的收盘价。当天全部交易结束后，系统根据成交单进行结算，更新每个投资者的资金和股票数量。结算后清空系统中当天所有的成交单和未成交的订单。

系统中一个交易日结束后的下一个交易日开始时先设定系统的开盘价为昨天的收盘价。系统中的最新价格也为系统的开盘价。然后重新按照上述流程执行新一天的模型演化。

3. 投资者主体及行为模式的分析与设计

本模型将投资者主体分为三类：理性投资者、追随投资者、噪声投资者。

理性投资者的投资行为建立在对股票未来价值的判断上，当对股票价值未来的预期 F 与现时股票价格 P 的比值大于无风险收益率 V、1 与投资者的风险偏好调整参数值 a 三者之和时就买入股票。反之，当投资者对股票价值未来的预期 F 与现时股票价格 P 的比值小于无风险收益率 V 与 1 的和时就卖出股票。当对股票价值未来的预期 F 与现时股票价格 P 的比值落在这两者之间时就不进行交易。

理性投资者的交易行为如表 6—1 所示：

表 6—1　　理性投资者的交易行为

理性投资者行为	行为执行的条件
买入	$F/P>1+V+a$
卖出	$F/P<1+V$
不参与交易	$1+V< F/P<1+V+a$

追随投资者根据自身在市场上观察的理性投资者的行为来做出交易决策。具体就是观察当时系统中理性投资者对股票的买卖人数，如果执行买入的理性投资者人数大于卖出的理性投资者，就执行买入，反之，就执行卖出。

噪声投资者根据各自得到的噪声信息来进行交易，来从系统外部看，他们的投资行为可以看作是完全随机的。

4. 模型运行参数设计

模型设计可以设置为不同规模的市场（行为者总数和股票总数）、不同结构的市场（不同行为人所占的比例不同）。在模拟实验室需要一些初始化参数，这些参数的设定直接影响到模型运行的结果。

TotalInvestor：投资者总数，也就是模型中总的投资者 agent 的个数。

RationalInvestorPercent：理性投资者占整个投资者总数的比例。

FollowInvestorPercent：追随投资者占整个投资者总数的比例。

PrimaryInvestorPercent：噪声投资者占整个投资者总数的比例。

Rate：模型设定中的无风险收益率，也可理解为现实生活中的银行利率。

RiskRate：理性投资者的风险溢价偏好值，这个参数会影响到理性投资者对股票可投资区间的选择。

RationalUpdateStepSeed：理性投资者更新股票预期的频率选择区间。

Deviation：追随投资者观察到的理性投资者行为的偏差比例。为 1 时可以准确观察到所有理性投资者的投资行为。

PrimaryUpdateStepSeed：噪声投资者更新投资决策的频率选择区间。

InitValue：股票的真实价值的初始值。

Low：股票真实价值波动区间的下限。

High：股票真实价值波动区间的下限。

InitOpenPrice：股票的初始开盘价。

5. 模型的设计

本模型在 Repast 平台上用 Java 实现，主要有 9 个类。下面以投资者主体相关类、撮合交易系统相关类（包括市场和股票类）两个部分对它们进行分析。下面以伪代码的形式说明每个类的实现方法。

投资者主体相关类：投资者主体相关类共有四个，其中 Investor 为父类，它实现所有投资者共有的方法。

```
//Investor 投资者父类：该类用于建立投资者 Agent。模型中三个种类的投资者都要继承它。RationalInvestor 为理性投资者的实现类。FollowInvestor 为追随投资者的实现类。PrimaryInvestor 为噪声投资者的实现类。
public class Investor {//投资者父类
    int investorId;//投资者的 ID
    double stockCount;//投资者拥有的股票数
    double cashCount;//投资者拥有的现金数
    double asset;// 总资产
    double profit;//收益
    void decide(Market m) {}//进行投资决策：买、卖或是不进行交易
    void buy(Market m) {
//挂出买单，首先检查资产情况
//挂购买单，挂单时限价为系统最新成交价的 0.5～1.5 倍，数量为按照限价投资者能购买的最大数量
        }
    void sell(Market m) {
```

```
        //挂出卖单,首先检查资产情况
        //挂出售单,卖出自己手中的所有股票,价格确定方式与挂买单相同
    }
    void updateAsset(Market m){
    //成交后更新投资者的现金和股票数
    }
    public double N_rand(double miu,double sigma2){
    //产生正态随机数的方法,供理性投资者产生自己对股价的预期时使用
    }
}
```

//RationalInvestor 理性投资者:该类用于建立理性投资者主体,它继承了 Investor 投资者父类,并实现了自己的特殊的方法。其中每个理性投资者都随机地选择日期更新自己对于股票价值的预期,然后每天基于此预期进行投资决策。

```
public class RationalInvestor extends Investor {
double expectedValue;//理性投资者对股票未来价值的预期
int updateStepSeed;//理性投资者更新股票价值预期的日期的随机数种子
int updateExpectDay;//理性投资者更新自己对股票的预期的日期
double riskRate;//风险溢价
public RationalInvestor(int id,double initRationalInvestorCash,double
initRationalInvestorStock,int updateStepS,double riskR,Market m){//理性投资者的构造函数
    }
    void chooseExpectDay(Market m){
        //理性投资者随机选择下次更新 expectedValue 的日期,具体实现方法是以
updateStepSeed 为随机数种子,以平均分布选择一个日期
    }
    void calculateExpectedValue(Market m){
        //根据当前情况计算股票预期价值,每个理性投资者都是在股票的真实价值基
础上加上一个正态分布
    }
    void decide(Market m){
        // 根据理性投资策略决定当前时间步的动作
        //读取当前系统日期,如果系统日期等于该理性投资者的股票价值预期更新日,
```

则执行如下操作

```
        {       calculateExpectedValue(m);
                chooseExpectDay(m);
}
```

//执行上述动作后按照理性投资者的行为模式做出挂买单还是买单的决策

```
    }
```

//FollowInvestor 追随投资者:该类用于建立追随投资者主体,它继承了 Investor 投资者父类,并实现了自己的特殊的方法。其中每个追随投资者都随机地选择日期观察系统中理性投资者的操作然后基于此预期进行投资决策。

```
public class FollowInvestor extends Investor {
    double deviation;//观测到的理性投资者的挂单行为的偏差比例
    public FollowInvestor(int id,double initFollowInvestorCash,double
initFollowInvestorStock,double devi)
//追随投资者的构造函数
    {
    }
    double getRationalInvestorCount(ArrayList al,Market m){
        // 从撮合系统中的 buyList 和 sellList 中分别得到理性投资者的订单数,并比
较,从而为追随投资者做出投资决策提供依据
    }
    void decide(Market m){
        // 首先观察理性投资者决策动作,然后进行自身的投资决策,如观测到的理性
投资者执行买的较多则买,反之则卖出股票
}
```

//PrimaryInvestor 噪声投资者:该类用于建立噪声投资者主体,它继承了 Investor 投资者父类,并实现了自己的特殊的方法。其中每个噪声投资者都随机地选择日期并随机执行买、卖或不交易三种操作。

```
public class PrimaryInvestor extends Investor {
    int updateStepSeed;//噪声投资者随机选择交易决策日期的随机数种子
    int decisionDay;//下一次做投资决策的系统日期
    public PrimaryInvestor(int id,double initPrimaryInvestorCash,double
initPrimaryInvestorStock,int updateStepS,Market m){
```

```
        //随机交易者的构造函数
    }
    void chooseUpdateDay(int day){
        // 噪声投资者随机选择下次投资的时间点，实现方法与理性投资者选择更新对股票价值的预期的实现相同
    }
    void decide(Market m){
        // 随机从买、卖、不交易中选择一种策略，若自身资产状况满足则执行，若不满足则按照不交易执行
    }
}
```

撮合交易系统相关类：包括订单类、撮合系统类、市场类和股票类。

```
//Order 订单类：每个投资者发出的订单都用此类的实例来表示。
public class Order {
    int investorId;// 投资者的 ID
    boolean orderType;// 订单类型 Sell(false)or Buy(true)
    double orderPrice;// 挂单价格
    double orderCount;// 挂单数量
    int priority;// 用来判定成交次序
    }
//CompleteOrder 成交单类：撮合交易系统中的每个成交单都用此类的实体来表示。
public class CompleteOrder {//成交单
    int sellId;//卖方 ID
    int buyId;//买方 ID
    double count;//成交股票数量
    double price;//成交价格

    void settlement(){// 每笔结算，于每次交易成功时即时结算
    }
//StockSystem 撮合系统类：该类用于实现现实中的计算机撮合交易系统的有关功能。
public class StockSystem {
    ArrayList buyList = new ArrayList();//存储投资者生成的买单
```

```
ArrayList sellList = new ArrayList();//存储投资者生成的卖单
ArrayList completeList = new ArrayList();//存储生成的成交单
double openPrice;//开盘价
double closePrice;//收盘价
double lastestPrice;// 股票的即时成交价
double rationalAsset = 0.0;//所有理性投资者总资产
double followAsset = 0.0;//所有追随投资者总资产
double primaryAsset = 0.0;//所有噪声投资者总资产
public double getNewPrice(){//生成投资者挂单时的限价，在系统最近成交价格的基础上上下波动50%以内的随机数
}
public void updateDay(){//更新系统日期
}
void ClearList(){
    // 清空订单列表和成交单列表，每天收盘结束后执行
}
void everydaySettlement(Market m){
    //当日结算，更新三类投资者的总资产，于每天收盘时执行一次
}
void match(Market m){
    //按照价格优先、时间优先的原则撮合系统中的订单，并更新系统中股票价格和投资者的资产
}
//
//Market 市场类：该类负责整个模型的初始化参数的收集，产生投资者主体等工作，
public class Market extends SimModelImpl {
    //*************以下参数为运行界面中可以修改的**********//
int totalInvestor;// 投资者总数，投资者 Id 从 1 开始编号，且顺序是理性，追随和噪声。
double rationalInvestorPercent;//理性投资者在投资者中所占的百分比
double followInvestorPercent;//追随投资者在投资者中所占的百分比
double primaryInvestorPercent;//噪声投资者在投资者中所占的百分比
```

```
double rate;// 市场中的利率
double low;//股票真实价值波动区间下限
double high;//股票真实价值波动区间上限
double riskRate;// 理性投资者的风险偏好
double deviation;// 追随投资者看到现有理性投资者的偏差比例
int primaryUpdateStepSeed;// 噪声投资者随机决策的随机数种子
double initValue;// 股票的真实价值的初始值
double initOpenPrice;// 初始开盘价
    //*************以上参数为运行界面中可以修改的*************//
double[] openPrice = new double[5000];//开盘价数组
double[] closePrice = new double[5000];//收盘价数组

double[] rationalAsset = new double[5000];//所有理性投资者总资产数组
double[] followAsset = new double[5000];//所有追随投资者总资产数组
double[] primaryAsset = new double[5000];//所有噪声投资者总资产数组
    public Market(){//Market 构造函数
}
//市场中所有投资者对象的集合
public ArrayList investorList = new ArrayList();
void initInvestorAsset(){
    // 初始化系统内每个投资者的现金和股票数,并得到三类投资者的总资产
    // 确定理性投资者总资产占多数
}
void initModel(){// 初始化整个模型中的主体
}
public void setup(){// 初始化模型
}
public String[] getInitParam (){// 从 Repast 运行界面中读取初始化参数
}
public void begin(){//列出启动模型需要的工作
}
public void buildModel(){//构造整个模型运行需要的所有对象
```

```
    }
    public void buildDisplay(){//建立模型的显示部分
    }
    public void step(){//列出模型运行每个时间步的工作
    }
    public void buildSchedule(){//使用 Repast 平台所需要的代码
}
    public static void main(String[] args){//整个系统的 main 函数
    }
}
//Stock 股票类：该类用于生成模型中供交易的股票。
public class Stock {
    double value;// 股票的真实价值
    double low;//股票真实价值的波动区间下限
    double high;//股票真实价值的波动区间上限

    void updateValue(){
        // 每天开盘前随机更新股票的真实价值
        //时机：每天更新；幅度：[low,high]；策略：平均分布
    }
}
```

四、实验研究

1. 模拟实验一：不同投资者占比变化对股票价格的影响

为了使实验结果明显，我们先设置模型中全部投资者均为理性投资者，与所有投资者都为噪声投资者进行对比，模型的初始化参数如图 6—1 所示。

对比图 6—1 中所示的两图，可以明显地看到当模型中噪声投资者偏多时，股票的价格与股票本来的价值相差巨大。而理性投资者居多时，股票的价格与价值相对要接近许多，这也验证了我们的假设，理性投资者才是真正的价值投资者，股票市场的价格并不是随机波动的。它还是基于股票本身的价值来波动变化的。

Parameters	
Model Parameters	
Deviation:	1.0
FollowInvestorPercent:	0
High:	20.0
InitOpenPrice:	16.0
InitValue:	15.0
Low:	5.0
PrimaryInvestorPercent:	0
PrimaryUpdateStepSeed:	1
Rate:	0.1
RationalInvestorPercent:	1
RationalUpdateStepSeed:	3
RiskRate:	0.1
TotalInvestor:	100

Parameters	
Model Parameters	
Deviation:	1.0
FollowInvestorPercent:	0
High:	20.0
InitOpenPrice:	16.0
InitValue:	15.0
Low:	5.0
PrimaryInvestorPercent:	1
PrimaryUpdateStepSeed:	1
Rate:	0.1
RationalInvestorPercent:	0
RationalUpdateStepSeed:	3
RiskRate:	0.1
TotalInvestor:	100

图 6—1　全部投资者均为理性投资者和噪声投资者时的模型参数图

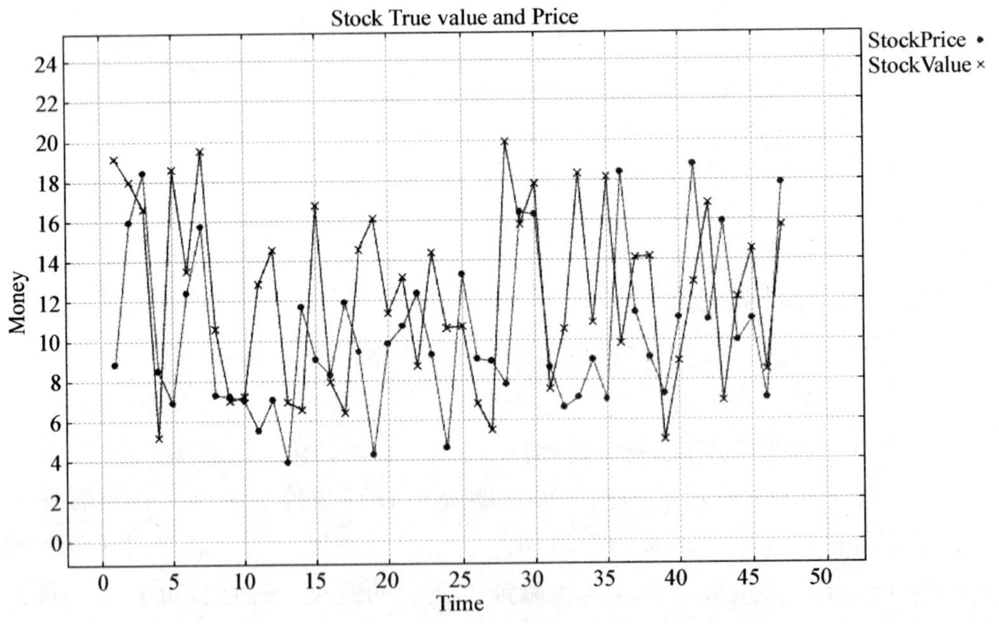

图 6—2　全部为理性投资者时股价与股票价值的对比图

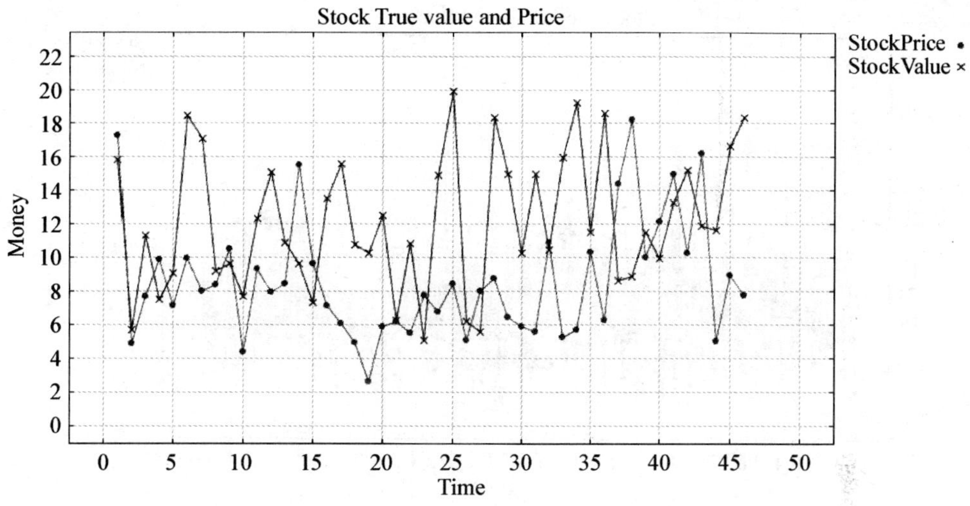

图 6—3　全部为噪声投资者时股价与股票价值的对比图

下面按照中国股票市场的投资者比例将理性投资者设为 20%，追随投资者设为 50%，噪声投资者设为 30%。

Parameters

Model Parameters

Deviation:	1.0
FollowInvestorPercent:	0.5
High:	20.0
InitOpenPrice:	16.0
InitValue:	15.0
Low:	5.0
PrimaryInvestorPercent:	0.3
PrimaryUpdateStepSeed:	1
Rate:	0.1
RationalInvestorPercent:	0.2
RationalUpdateStepSeed:	3
RiskRate:	0.1
TotalInvestor:	100

图 6—4　按现实情况设置的模型初始参数图

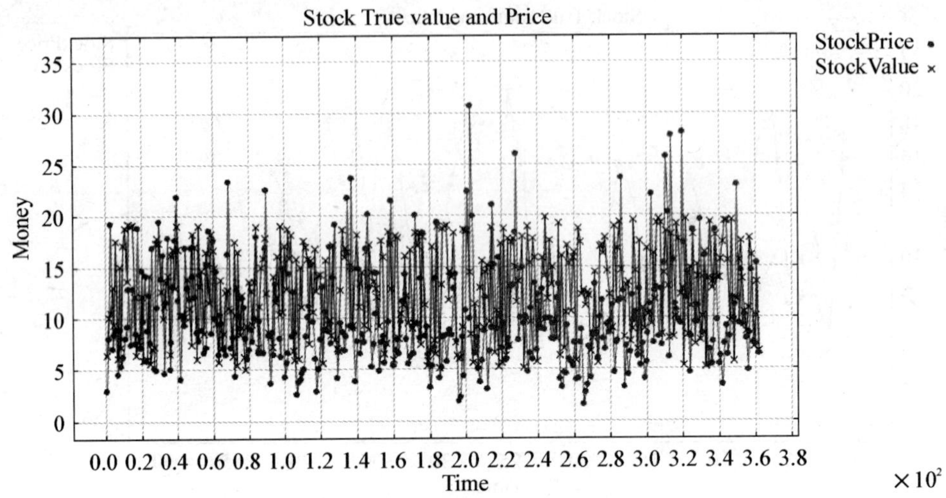

图 6—5　按照现实设置时股价与股票价值对比图

从图 6—5 中我们可以看到，从长期来说，股票的价格总是要回归到股票的价值处。但具体时刻的股价与股票的真实价值没有明显的关联，可能高于股票的价值也可能低于股票的价值。图 6—6 所示的是按照现实设置时股价的变化图。

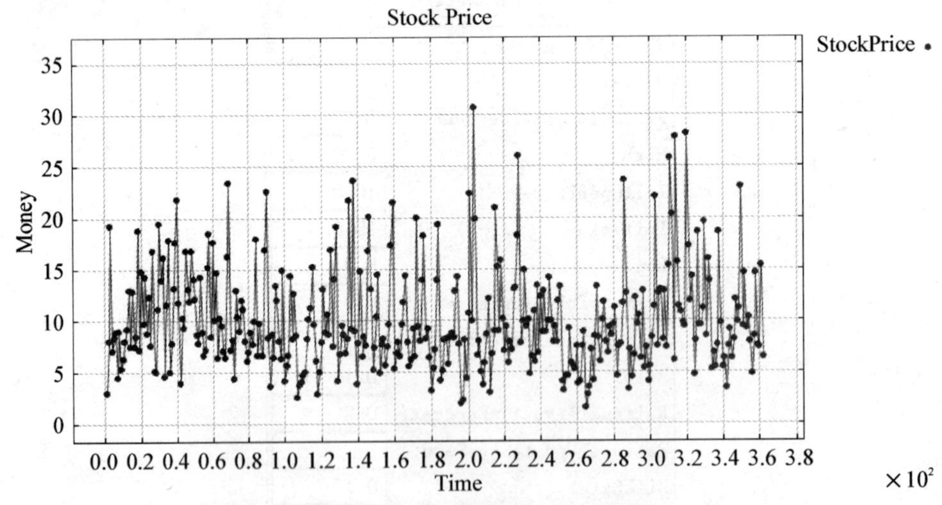

图 6—6　按照现实设置时股价变化图

从模型输出结果统计图 6—7 中我们可以看到，随着模型的运行，模型中三类投资者的总资产发生了变化，理性投资者群体的总资产越来越多，噪声投资者

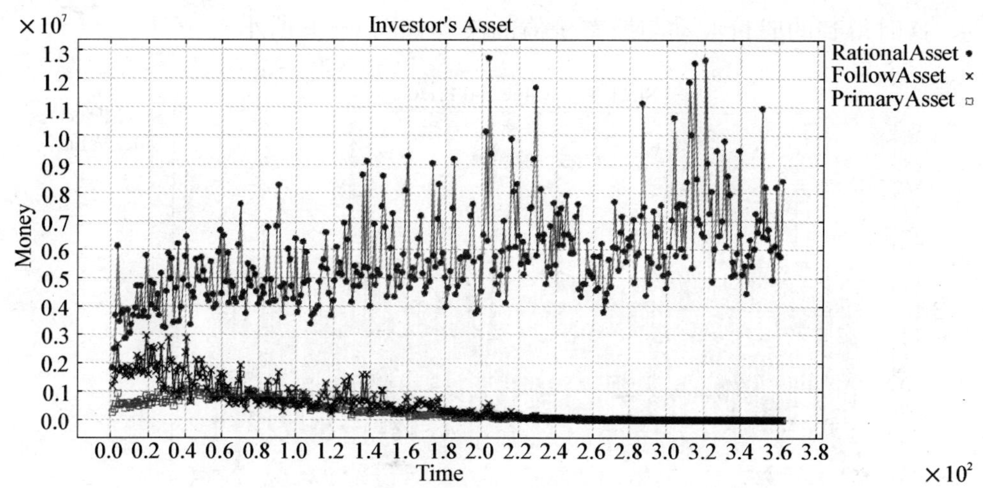

图 6—7　按照现实设置时三类不同投资者资产变化对比图

和追随投资者的总资产越来越少，甚至接近 0。这说明作为一个整体，他们在市场中被淘汰了，而理性交易者的总资产则随着交易的进行逐步增加，但随着其他两类投资者的资产接近 0，理性投资者的总资产也不再有明显的增加，这时其波动主要来自股价的变化。

2. 模拟实验二：利率的变化对股票市场的影响

本实验的目的是研究利率的变化对股票市场的影响。将模型的初始参数设置为如图 6—8 所示。

Parameters

Model Parameters

Deviation:	1.0
FollowInvestorPercent:	0.5
High:	20.0
InitOpenPrice:	16.0
InitValue:	15.0
Low:	5.0
PrimaryInvestorPercent:	0.3
PrimaryUpdateStepSeed:	1
Rate:	0.1
RationalInvestorPercent:	0.2
RationalUpdateStepSeed:	3
RiskRate:	0.1
TotalInvestor:	100

图 6—8　研究利率时模型的参数图

这时得到的股价波动与股票价值的波动如图 6—9 所示。

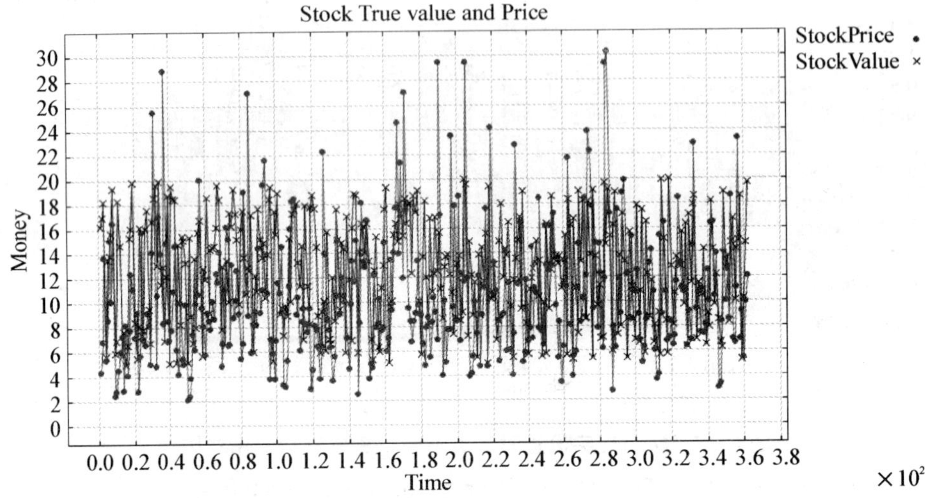

图 6—9　利率为 10%时股价与股票价值对比图

保持其他的设置不变，将利率分别设置为 30%、50%、70%时得到的股价与股票价值对比图分别如图 6—10、图 6—11、图 6—12 所示。

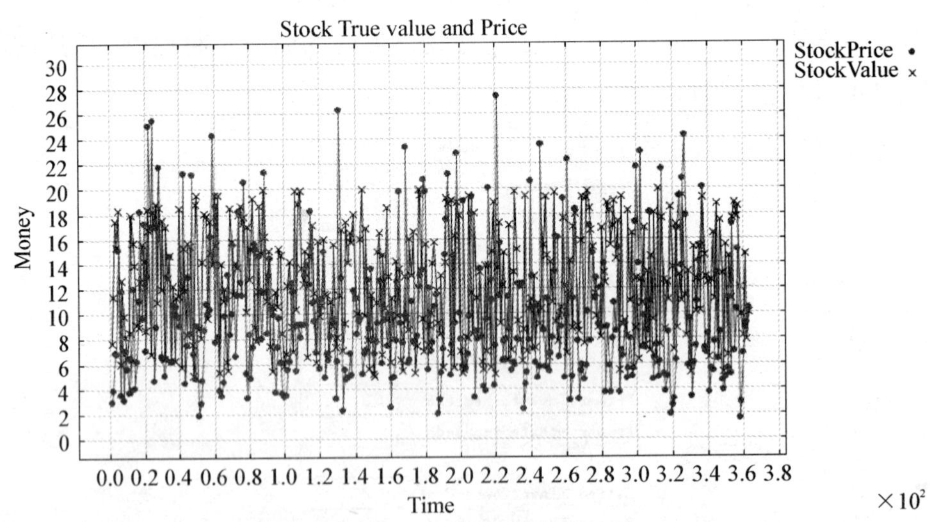

图 6—10　利率为 30%时股价与股票价值对比图

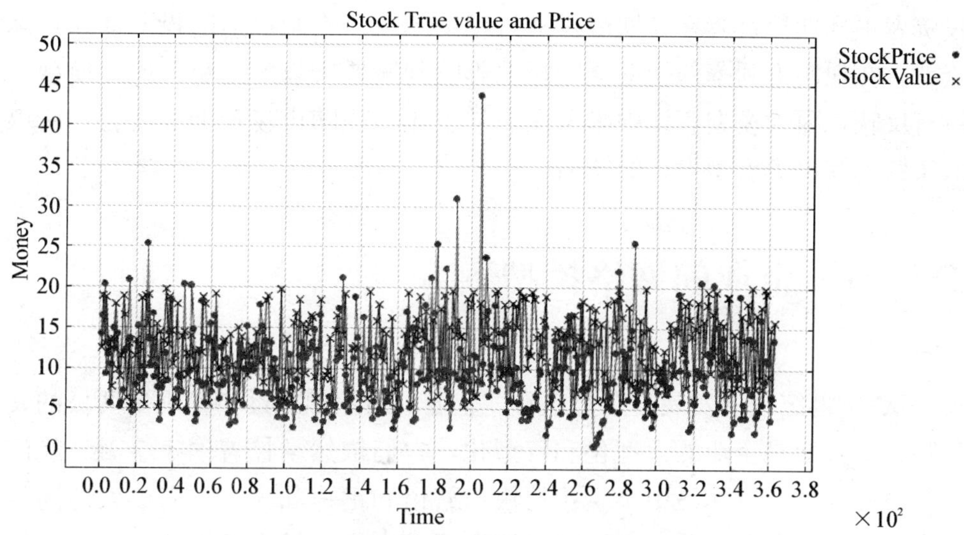

图 6—11　利率为 50%时股价与股票价值对比图

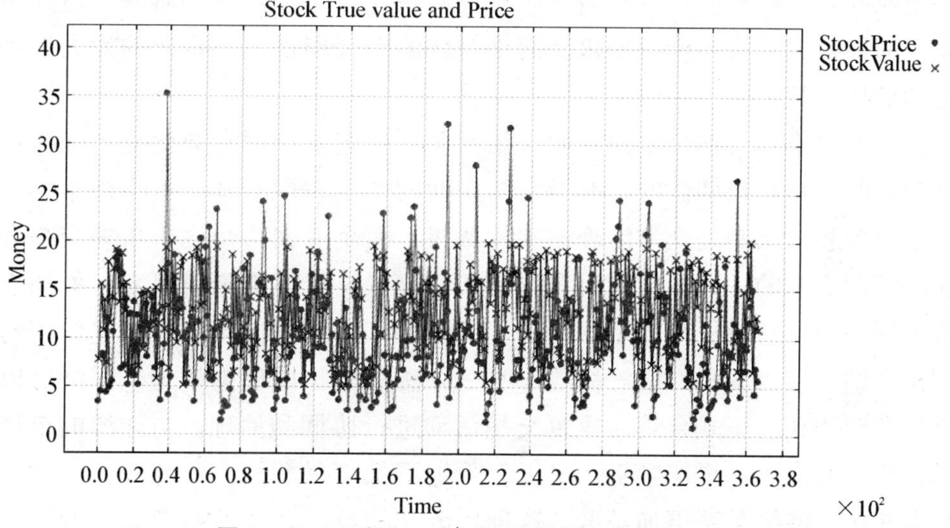

图 6—12　利率为 70%时股价与股票价值对比图

从图 6—10、图 6—11 和图 6—12 中不能看到利率变化引起的股价与股票价值关系的明显变化，这与我们在现实中得到的经验不同。在现实中，利率一般与股价成反比，这说明本文的模型存在一定的局限性，无法解释利率与股价的这一关系。

从上面三个实验我们可以看出不同投资策略的投资者在股市中的占比变化会极大地影响到市场中股票价格与价值的偏差程度。而在模型设定的三类投资者中理性投资者在长期的投资过程中的收益会超过追随投资者和噪声投资者。在现实中利率的变动会明显地影响到股票市场的走势，但在模型中却没有反映，因为模型假设中未考虑交易主体心理随市场预期的变化，所以这次实验暴露出了模型设计的缺陷。

第三节　企业间网络模型

从21世纪经济发展的态势来看，企业的组织形式逐步呈现出两极的发展趋势：一方面是企业的大型化和巨型化，它们依然掌控着国家金融、经济发展的命脉；另一方面是中小企业的快速繁衍和迅速壮大，它们极大地满足了需求的多样化和个性化，在国民经济发展中占据着越来越重要的地位。但中小企业固有劣势的避免及其诸多困难的解决一直是个世界性难题，目前由于竞争的加剧、经济环境的变化及网络时代的到来使得中小企业的发展遇到了新的挑战与契机。

企业网络是一群自主独立而又相互关联的企业依据专业化分工和协作建立起来的，具有长期性的、有指向的企业间的组织联合体。从经济学的角度看，市场和科层制是交易治理模式的两极，而企业网络是处于市场交易和企业层级制之间的一种制度安排和交易治理模式。组织理论的研究者们拓展了威廉姆森的交易特征与规制结构的匹配框架，将网络作为一种独立的交易治理模式纳入“市场—网络—科层”的三分法框架。该理论认为，网络可以通过长期合约和非正式合约对重复交易活动进行协调和治理，与纯粹的市场交易相比，网络关系更加紧密，可以有效地降低交易费用。而与一体化的企业制度相比，网络关系更加松散，这种松散结构可以有效地避免高昂的管理费用和大企业病，同时保证了企业的独立性和灵活性。因此，在组织理论的研究者们看来，企业网络是充分适应现代经济活动特点的有效的制度安排形式。

网络的组织安排使得企业在价值链活动上获得竞争优势，网络可以使企业获得规模经济和范围经济优势，与伙伴一起共担风险和不确定性，而同时，网络中的所有企业又都不失灵活性。企业网络的作用与交易成本、企业战略和学习密切相关。概括来说，网络可以有效地减少交易费用，降低环境不确定性，为企业带来互补性资源，并通过企业间的互动和学习，为企业带来新的知识和能力，最终提升企业的竞争力。

企业网络的研究有两种不同的分析视角。一种是从网络内部单个企业个体的视角出发，以该企业为中心，考察与这个特定企业通过直接关系联结而形成的特定企业的网络，这种网络也常被称为以自我为中心的网络。在这种网络中，所要考察的目标企业占据网络的中心位置，尽管该企业在一个更大的网络中可能处于边缘位置。另一种是以局外人的角度客观地描述由直接和间接关系联结起来的若干企业组成的企业间网络。在这种网络中，在资源或其他方面具有独特优势的企业将占据网络的中心位置，成为焦点企业，而其他企业则根据其“能力”大小分布在网络的不同位置上。

前者是较为微观的视角，从企业出发，关注单个企业的网络特征对于该企业的意义。而后者则是从宏观角度出发，关注同一网络中不同企业之间的互动以及网络整体的运行情况。本模型采用后一种研究视角，即把以直接和间接关系联系起来的若干中小企业组成的企业间网络作为研究对象，考察和模拟同一网络中不同企业之间的互动以及网络的整体演化运行状况。

一、企业网络理论

企业网络理论是 20 世纪 80 年代逐渐兴起和发展起来的一个多学科交叉的研究领域。网络的概念最初来自社会学，随后又被广泛应用于地理学、数学、组织学和经济学中。近年来随着计算机互联网的飞速发展，“网络经济”、“企业网络”的概念也相继出现。尽管各学科领域在研究网络时所选取的角度不同，但简单地讲，所有这些网络概念都以不同的形式表现出行为者，即行动主体之间的某种联系。

从时间的维度来看，企业网络的演化是与企业的不断成长和发展紧密联系的。企业网络具有制度安排形式、战略资源等多种内涵。对网络演化的研究也存在两种思路，一种思路强调企业网络在企业不同成长阶段的内涵的变化，如 Butler 和 Hansen（1991）提出的从社会网络到商业网络再到战略网络的演化过程。他们认为，在企业成长早期，企业的网络在本质上属于社会网络，具有社会网络的嵌入性特征，而随着企业的成长，这种嵌入性程度逐渐降低并最终演化为战略网络。他们并不关注企业网络的微观结构在企业不同成长阶段的变化情况，而重在分析企业网络内涵的变化情况。但这类研究因其往往并未以微观实证研究为论证基础，结论常常存在着较多的争议。另一些学者注重考察企业网络在企业不同成长阶段的微观变化情况，如 Schutjens 和 Stam（2001）对企业网络规模、网络位置等特征随企业成长而变化的情况的研究。他们试图通过考察企业网络特征的微观变化来认识企业网络在长期内的演化。但由于实证研究的困难性，这类研究的数量极少。

从网络整体来看，集群企业网络的演化包括整个网络的构建和解体以及网络成员的变动情况，而对于网络个体成员来说，企业网络的演化是与该个体有联系的所有网络关系的变化情况，包括关系数量的变化和关系质量（如网络强度）等的变化。

发达的本地网络对地方产业集群中的大量中小企业来说，是它们成长的根本途径。网络对于企业成长的促进作用可以概况为以下几点。

1. 网络增强了中小企业的竞争优势

网络促进了集群企业间的学习，从而引发区域的知识扩散和技术创新。研究发现，产业集群竞争力的差异往往与集群中企业网络的组织化程度有关。产业集群能力高的地区，网络的组织化程度往往也较高。其内在原因是网络组织化程度的高低会影响企业间集体学习的效率。以往的研究更重视马歇尔所称的外部性以及低交易成本，但现在，人们认识到企业间有意识的学习对于产业集群来说更为重要。在网络内，多数小企业都没有独立的自主研发，但通过企业之间的"集体学习"可以使每个企业都获得需要的知识，同时保持自己独特的能力。

网络促进企业的技术创新，这种创新常常比单个企业的技术创新更有效率。因为，在一个企业内部，技术创新的路线是连续的，这种连续性很容易形成创新的"路径依赖"。相反，网络内部的集体学习是动态的，在网络中，信息的积累和收集是通过社会化的方式在企业之外进行的。因此，网络的模式更有可能产生突变式的创新。因此，我们认为企业之间的学习与企业内部学习相比具有一些不可替代的优势，如知识的多样化与独特性的保持，而如果把这些企业合在一起，这些优势就会很容易失去。网络创新比单纯的知识扩散和转移更为重要，因为创新能力是地方产业集群维持长久竞争力的关键所在。

网络降低了生产成本和交易成本。网络化的一个重要特点是劳动分工比较精细，专业化程度较高，网络组织发达。典型例子是意大利的特色产业区。通过广泛而深入的专业化分工，集群中的企业有效地保持了自身的核心能力，可以专注在一个专门的生产环节中提高自身的生产效率，同时又可以通过更大的生产组织之网将单个企业的生产经营活动纳入更广阔的生产范围内。此外，网络组织形式促进了企业之间的联系，使得集群企业间的信息交流和扩散更为顺畅，这种紧密的联系和信息交流可以有效地降低企业间协调的成本和生产经营活动的风险，也使得集群中产业链上下游的配套衔接更有效率。同时，集群企业网络化的生产方式也促进了产业链的延伸，增强了产业的波及效应和规模效应，促进了整个地区经济的繁荣和发展。

2. 网络促进了新企业的衍生

网络关系可以为新生的小企业提供大量的信息和资源，有效地降低了新企业创立所面临的各种风险，促进了集群内新企业的衍生。集群网络的规模越大、产业的价值链越长、企业集聚的程度越高，企业的专业化分工往往越发达，衍生企业也就越多。这些衍生企业常常把公司的选址靠近母公司，利用原来的关系网络和共享的信息开展创新活动。这种企业衍生过程对于集群的生命力同样具有重要意义。例如，硅谷的创新正是借由企业的衍生为载体而不断产生和扩散的。

3. 网络为企业提供了更好的外部生存环境

网络为企业提供了发展所需的知识和技术，企业集群网络中的中小企业与外部的中小企业相比，更加容易存活和持续发展。中小企业不但可以吸收网络中溢出的大量知识，而且产业链的充分分解使得中小企业进入市场的壁垒大大降低，企业可以以很少的资金和技术知识参与到广泛的市场竞争中。而在网络外部，中小企业的发展往往受到大企业的严重挤压，在面临资金和技术压力时，更加容易衰退和破产。集群企业从本地网络中可以获得了大量的知识和技术。地理上邻近的企业之间由于频繁的交往和经常性的合作，产生了面对面的交流与学习的便利性，一项技术创新很容易为其他企业所发现，通过技术转让与模仿，新技术很快在集群内扩散。而其他企业通过对此项科技创新的消化、吸收与模仿，在此基础之上进行技术改良，又导致了集群内持续的渐进性技术创新。正如马歇尔所说的，集群中“飘荡着行业秘密的空气”，“行业的秘密不再成为秘密而似乎是公开了”。除专业技术，各种生产知识，如企业管理方法和理念、市场信息等同样也会在网络中传播。网络的组织模式使得企业可以以小资本进入市场。

二、企业网络的形式化与典型模式分析

从基本构成要素来看，网络包括：（1）处于不断运动或变化的网络节点；（2）通过交互关系而形成的网络结构；（3）显性或隐性的层次结构；（4）各种节点或局部网络的相对空间位置；（5）物质流、资金流、信息流等各种流态。基于这些要素，我们将企业网络形式化，包括：各种经济行为者（节点企业），经济活动等组成的特定联结关系，以及由资源等因素决定的网络位置和层次。

假设一个节点企业 j，所有与之有经济联系的 n 个组织及其经济关系构成一个网络。那么 n 即为该网络的范围，我们用 D 表示网络密度，Z_{ji} 表示企业 j 与企业 i 之间的联系：有联系 $Z_{ji}=1$，无联系 $Z_{ji}=0$。假设企业 j 与 i 之间存在 k 种关系（例如 k 代表产品、资金、信息交流等），则该网络中 k 种关系的密度就是指网络中组织之间的实有关系与最大可能关系之比：

$$D_k=(\sum_i\sum_j Z_{ijk})/(n(n-1))。\qquad (6—1)$$

对于企业 j 和 i，如果既有供货关系，又有技术往来关系以及其他关系，那么它们之间的关系就是多元性的，如果 j 通过多元关系联结起来的企业比例高时，它就是高多元性，用 D_m 表示：

$$D_m=(\sum_i Z_{ji})/(n-1)。\qquad (6—2)$$

网络模型中另一个重要的概念是中心性，群体中心性与网络密度相反，代表正式群体集权的程度。如果一个网络的群体中心性很高，表示群体互动主要集中在少数人身上，显示团队内有强势的、足以掌握整个网络互动的非正式领导人物存在。

假设企业 j 介入网络中较多的联结，那么 j 就处于相对中心位置，其中心性用 A_c 表示，则：

$$A_c=\sum_i(Z_{ji}+Z_{ij})/(\sum_i\sum_j Z_{ji})。\qquad (6—3)$$

利用层次结构的思想可以这样分析：某一网络，若所有的经济联系都与一个单一的节点企业有关，则此网络有中心；而如果在这些连接中有直接和间接之分，网络就有层次结构，例如可分为简单的平面网络和多面立体网络。

自20世纪80年代以来，西方发达国家和地区的中小企业实行网络化经营的趋势越来越明显。20世纪90年代，在各种高新技术的推动下，特别是在基于国际互联网的电子商务得以广泛运用以后，美国、日本、意大利、德国、丹麦、瑞典、奥地利等国都形成了成千上万个规模大小不同的中小企业网络，这些中小企业网络在物流配送、生产组织和产品销售等方面进行的网络化经营有很大的发展，取得了独特的网络竞争优势。当前发达国家中小企业经营网络的典型组织形式有日本的“外包网络”（中心卫星型网络）、意大利的多样化的“制造网络”和美国的“混合型多元创新网络”等多种。

根据经济学家罗纳德·科斯（Ronald Coase）的交易费用理论，企业和市场是两种可以相互替代的资源配置机制，由于存在有限理性、机会主义、不确定性与小数目条件使得市场交易费用高昂，为节约交易费用，企业作为代替市场的新型交易形式应运而生。交易费用决定了企业的存在，企业采取不同的组织方式最终目的也是为了节约交易费用，从而也决定了组织协调形式经历了从市场到科层组织（企业），进而到企业间网络的发展演化过程。

市场协调模式下，市场对企业间关系的协调主要借助于价格和竞争机制，通过独立企业间的买卖关系或各种合作和协作，实现企业间的自由公平交易和互惠互利。市场交易为双方提供了广泛的选择机会和高度的灵活性，人们可以很容易找到替代的买家和卖家。通过价格机制，人们可以进行快速、简单的交易。但是，会有较高的交易成本，包括发现价格的成本、谈判成本、机会主义导致的成本等；另外，由于市场不确定性会带来高额的风险成本以及违约成本。

科层协调模式下，管理这只“看得见的手”替代了市场那只“看不见的手”对供给和需求进行协调。生产和交易活动是在雇佣契约下进行的，企业家居于核心地位，他与所有要素所有者签订要素契约，契约中未规定的“剩余”部分则由企业家利用自己的权威相机处理。从成本来看，市场协调的成本主要包括在市场上销售以及购买产品的成本。相形之下，由于市场交易的内部化，科层组织这种营销和购买成本是非常低的，但由于一体化导致了企业内部的低能刺激，从而使得代理成本即组织运行成本上升。与市场机制相比，科层组织交易成本较市场环境下有所降低，但缺乏灵活性，有可能产生彭罗斯效应，即由于管理资源的约束，快速增长的企业可能面临步入低速成长的阶段。

企业间网络是一种与市场和科层组织不同的组织形式。在企业间网络中，双方也签订具有法律意义的正式契约，但受不完全信息的约束，契约是不完备的，契约中规定的“剩余”部分则由双方通过自我实施的隐含契约来协商执行。当影响交易收益分配的不确定事件发生时，双方会在双赢的目标下进行协调并达成一致行动。当一方违反契约时，不仅受到法律的制裁，而且还要受到来自社会规范和惯例的压力。与科层不同的是，企业间网络中的成员彼此是独立的，一般来说，其成员之间的合作和竞争程度介于市场和企业之间。在企业间网络中，生产和交易活动不是通过行政命令进行的，而是通过互惠的行动进行的。长期的互惠合作和重复交易模式促进了相互之间的学习和信息交换并产生了信任。但是，随着网络成员的增加，成员间的协调成本会有所提升，因而对网络节点（入网企业）的数量要有所限制。企业间网络的灵活性随着企业间网络中合作关系的强弱而有所不同，弱关系网络的灵活性要高于强关系网络。

三、企业网络发展演化的多主体建模分析与设计

1. 模型主体及行为的分析与设计

企业行为是多目标的：（1）经济利益，即利润；（2）必须满足政府监管要求，例如实行循环经济；（3）市场竞争的压力；（4）公众的压力，即企业、产品认可，以及社会契约、舆论等的压力。

本模型的主体主要分为两类：中小企业 Agent、消费者 Agent。为便于研究企业间的交互关系，更加形象地构建企业间网络，模型中将企业 Agent 细分为供应商（Supplier）Agent 和生产商（Producer）Agent。

（1）供应商 Agent。供应商为生产者提供生产产品必需的原材料，在运作过程中出售原材料，同时需要付出一定的固定成本（expense()），包括交易成本、环境投入成本以及技术创新投入成本；企业会根据实际经营状况，采取一定的价格调整策略（changePrice()），但这种改变会受到成本约束，比

较有限；当企业资产为负时，就会宣布破产（breakup()）。

（2）生产商 Agent。生产者从供应商处购得原材料，是供应商的顾客，同时将其产成品提供给消费者。生产者的特征和行为与供应商类似。生产商首先在网络中寻找合适的供应商（findSupplier()），购买原料（buyMaterialFrom()），然后进行生产，这个过程也涉及相应的资金流的变动（expense()）；企业在经营活动中也会采取一定的价格调整战略（changePrice()）来适应市场变化，但这种改变同样也是有限的；当企业资产为负时，就会宣布破产（breakup()）。

（3）消费者 Agent。消费者主体的行为相对较为简单，主要是寻找价格、质量等适合的生产商和产品（findProducer()），完成购买行为（buyProductFrom ()）。

随着企业外界环境的变化，交易成本、环境投入以及技术创新投入等成本（Expense）会随之相应变化。同时，随着企业间网络的形成、发展，企业与企业之间的交互程度也会随之发展，具体在模型中体现为企业经营范围(Range）的变化。模型中涉及的主要变量如表 6—2 所示。

表 6—2　　企业间网络模型的变量

序号	变量	意义
1		交易成本
2	Expense	环境投入成本
3		技术创新投入成本
4	MaterialPrice	原材料价格
5	Currency	企业所拥有的资产
6	ProductPrice	产品的出售价格
7	Range	企业的经营范围
8	Number	企业数目
9	Storage	企业产品库存

2. 外部市场环境的分析与设计

企业网络是逐步构建起来的，为模拟这一动态发展过程，我们需要对企业阶段发展不同的外部市场环境与企业行为进行分析。我们针对问题研究的背景和中国中小企业发展实际，把企业发展分为三个阶段。

第一阶段：自由发展阶段。企业的运行受环境、资源影响不大。政府以发展经济为主，对于环境污染治理、资源过度开采以及利用率不高等情况并没有足够的重视。企业和企业之间的交互，更多的是以原料、半成品、成品等形式进行，比较典型的是供应链网络运作模式。网络中的企业分别充当供应商、生产商以及消费者的角色。

第二阶段：资源环境受限阶段。随着企业规模壮大，经济飞速发展，环境污染以及资源利用问题越来越受到社会各界的重视。《循环经济促进法》的实施，以立法的形式加强了对企业污染排放指标以及资源利用率的约束力，明确了相应的惩戒措施。在循环经济环境下，传统的高消耗、高排放、低效率的粗放型增长方式已经行不通了，取而代之的是科技含量较高的、良性的可持续发展。这就意味着，企业必须花费一定的精力和财力进行环境治理、废弃物处理；同时由于资源的限制，必须引进先进的技术设施来提高资源利用率。对于资金缺乏的中小企业而言，其经营势必受到重大影响。

与第一阶段相比，增加企业约束条件：

（1）环境投入；

（2）技术设施投入，创新投入。

第三阶段：企业间网络的构建阶段。随着企业集群的形成，企业之间形成了信息共享、资源互补的交互关系网络。这些互补性资源既包括有形的资源，如土地、厂房、设备等，也包括无形的资源，如技术、市场渠道、信息和品牌等。另外，稳定而可靠的合作伙伴使得企业避免了事前的搜寻费用，合作中产生的信任和承诺又可以有效地减少合约的签订费用和事后的监督费用等。网络可以帮助企业管理竞争的不确定性和资源的相互依存性，减小环境对企业的冲击。学习和知识分享型企业网络还可以使企业获取重要信息和能力、知识，帮助企业获得并发展技术，改进生产过程。

与第一阶段相比：企业间的交易成本下降，风险降低，交易过程受社会规范和惯性影响。

与第二阶段相比：环境治理费用下降，技术创新投入减少，风险降低。

四、实验研究

1. 企业发展第一阶段：自由发展阶段模拟

模型主体随机分布于画布，如图 6—13 所示，供应商为方形，生产商为圆形，消费者为十字形。虽然模型中将供应商和生产商定义为不同的主体，但其在现实中对应的都是中小企业样本。

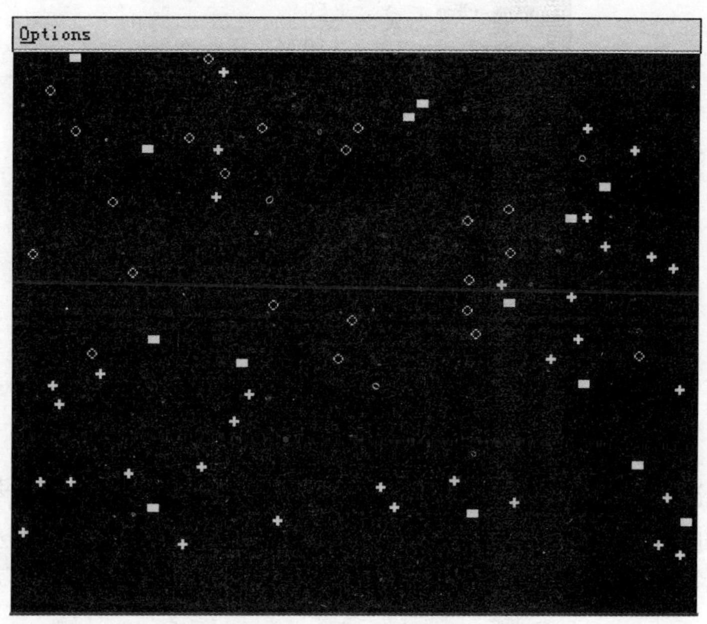

图 6—13　模型个体初始分布图

假定系统中供应商、生产商的起始资本（StartMoney）分别为 300，个体数目分别为 10，消费者数目为 50，供应商提供的原料以及生产商所生产的产品价格（Price）分别为 15。系统将企业运行中的固定成本（ExpenseRate）定义如下：

$$\text{固定成本 (ExpenseRate)} = \text{交易成本} + \begin{matrix}\text{环境治理}\\\text{成本}\end{matrix} + \begin{matrix}\text{技术创新}\\\text{成本}\end{matrix}$$

结合传统中小企业运作的特点，假定企业间交易成本为 30，环境治理成本和技术创新成本忽略不计，则初始化供应商和生产商的 ExpenseRate 为 30。同时，传统运作模式下，企业与企业之间仅存在小范围、低程度的交互活动，所以假设供应商和生产商的交易范围（Range）为 20。具体参数列表如图 6—14 所示。

Parameters

Model Parameters

ConsumerNum:	50
ExpenseRate:	30
MaterialPrice:	15
ProducerNum:	10
ProducerRange:	20
ProducerStartMoney:	300
ProducerStorage:	10
ProductPrice:	15
SupplierNum:	10
SupplierRange:	20
SupplierStartMoney:	300

图 6—14　第一阶段模拟的模型初始化参数

进行多次实验，模型在迭代 100 次（即 tick＝100）后，系统基本达到稳定状态。供应商和生产商在达到稳态之后的企业数量变化情况以及资金变化情况如图 6—15 和图 6—16 所示。

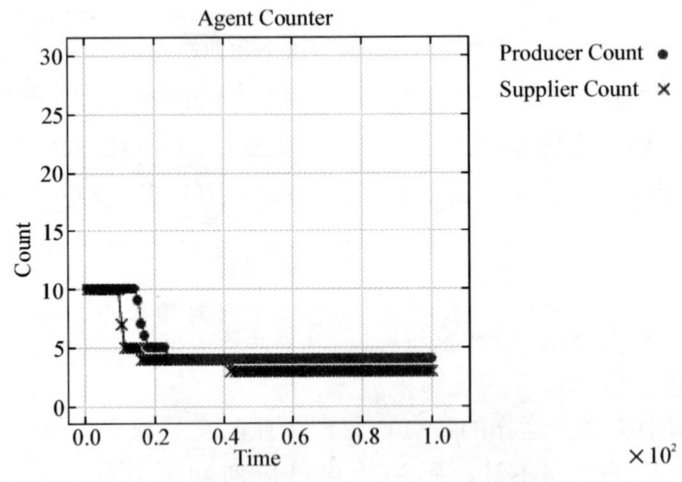

图 6—15　第一阶段模型企业数量变化情况

由上述模拟结果可见，在只考虑交易成本，忽略环境治理成本以及为解决资源约束而进行的技术创新投入资本情况下，起始的 20 家企业中，在迭代将近 10～20 次之后，50％的中小企业由于市场风险或经营不善先后倒闭。剩下的企业在迭代将近 40 次后基本达到稳定，生产商数目为 4，供应商数目为 3。同时，企业整体资金呈现上升态势，如图 6—16 所示。

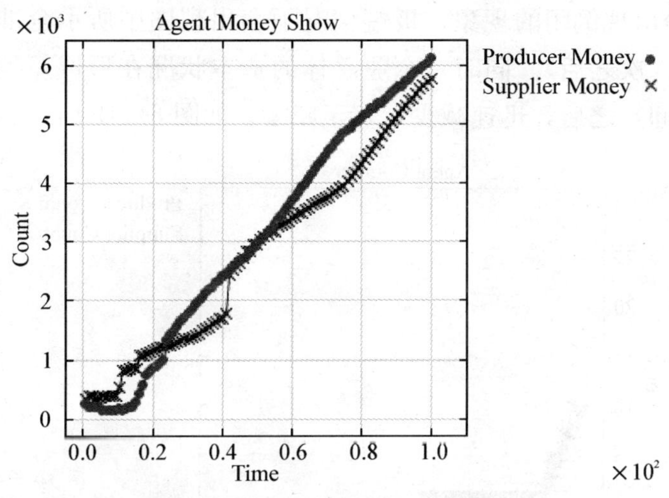

图 6—16　第一阶段模型企业资金变化情况

2. 企业发展第二阶段：资源受限阶段模拟

随着循环经济的实施，中小企业运作的固定成本也会随之发生变化。企业为达到政府的检测指标，避免遭受责罚，势必要投入一定的环境治理费用以及技术创新费用。假定在其他条件都不变的情况下，环境成本为 10，技术创新成本为 20。模型中 ExpenseRate＝交易成本＋环境成本＋技术创新成本＝60。

具体参数表如图 6—17 所示。

Model Parameters	
ConsumerNum:	50
ExpenseRate:	60
MaterialPrice:	15
ProducerNum:	10
ProducerRange:	20
ProducerStartMoney:	300
ProducerStorage:	10
ProductPrice:	15
SupplierNum:	10
SupplierRange:	20
SupplierStartMoney:	300

图 6—17　第二阶段模型初始化参数

系统迭代 100 次后基本到达稳定状态。由于外部环境的改变，企业的存活量较传统运行模式明显减少，如图 6—18 所示。模型在迭代 10 次左右时，多数企业纷纷出现倒闭的现象，极端情况下会出现图中所示全部企业倒闭的状况（迭代 45 次之后）。同时，企业总体的资本状况在形成短期的高点（迭代 10～30 次间）之后，迅速减少，直至归零，如图 6—19 所示。

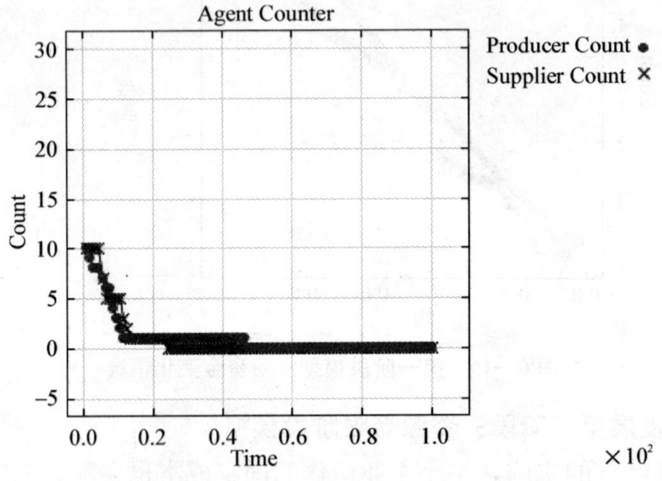

图 6—18　第二阶段模型企业数量变化情况

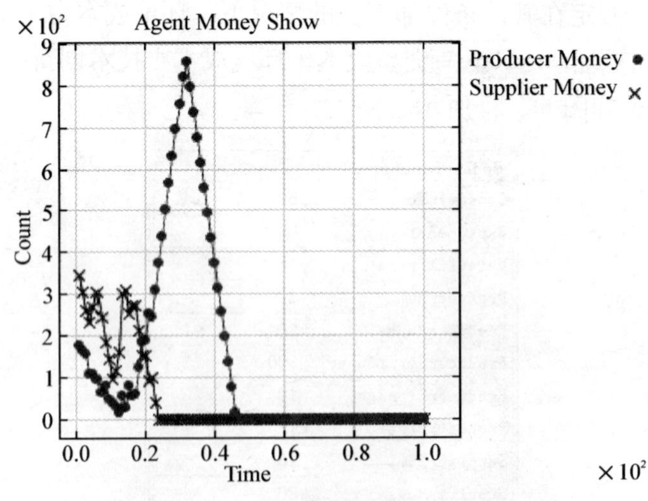

图 6—19　循环经济下模型企业资金变化情况

由模拟结果可见，作为资本有限的中小企业而言，在环境受限的情况下，面对大量的环境治理、技术设备引进以及开发等大量成本投入，企业的经营运作将面临重重阻碍。如果不及时实行行之有效的组织管理、经营措施，中小企业的发展前景不容乐观，甚至会影响到循环经济的顺利实施乃至整个国家的经济发展。

3. 企业发展第三阶段：企业间网络形成与阶段模拟

在第二阶段模拟的基础上，增加企业主体间的交互网络，加大企业个体之间的连接密度，包括信息、合作、学习交流等。模型中对应调整如下：将企业间的交易范围（Range）由原来的 20 调至 35。同时，由于企业间合作的加强，稳定而可靠的合作伙伴使得企业避免了事前的搜寻费用，合作中产生的信任和承诺又可以有效地减少合约的签订费用和事后的监督费用，网络的协调机制也可以减少因意外事件而导致的协调费用。因此，把企业间的交易成本降低，假设为 20。同样，合作企业之间可以平摊环境治理成本，合作投资新技术的开发和研制，改变参数后，大大降低了成本和风险。假设环境成本为 5。技术创新成本为 10。此外，考虑到随着加入网络的企业数目的增加，企业间网络成员的组织协调成本也不断增加，假设网络组织运行成本为 5，则模型中，ExpenseRate＝交易成本＋环境成本＋技术创新成本＋组织运行成本＝40。

具体参数设置如图 6—20 所示。

Model Parameters	
ConsumerNum:	50
ExpenseRate:	40
MaterialPrice:	15
ProducerNum:	10
ProducerRange:	35
ProducerStartMoney:	300
ProducerStorage:	10
ProductPrice:	15
SupplierNum:	10
SupplierRange:	35
SupplierStartMoney:	300

图 6—20 企业间网络模型初始参数

系统在迭代运行 20 次后，基本达到稳定状态（如图 6—21 所示），企业的整体资本也呈现出较好的上升趋势（见图 6—22）。迭代运行 100 次后，与第二阶段模型结果相比，企业呈现出较高的存活率。分别对比图 6—18 和图 6—21，以及图 6—19 和图 6—22，可以得出如下结论：在资源受限环境下，以构建企业间网络的形式运营，可以有效降低市场风险以及交易环境的不确定性，减少由环境和资源约束所带来的负面影响，更加有利于中小企业的稳健发展。

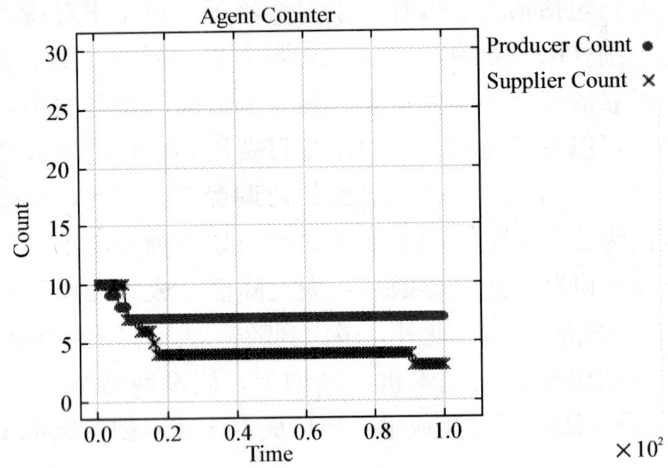

图 6—21　企业间网络模型中企业数量变化情况

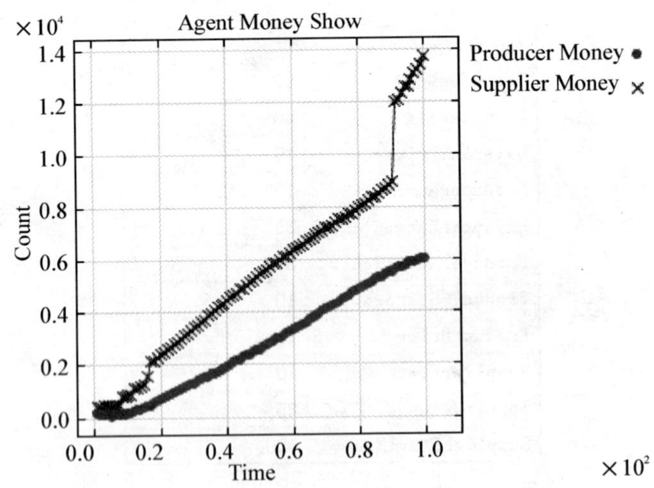

图 6—22　企业间网络模型中企业资金变化情况

第四节　网商生态系统模型

网商的概念最早由阿里巴巴提出，在阿里巴巴与《电子商务世界》联合撰写的《网商赢天下——中国网商生存发展报告（2004—2006）》中指出：“网商主要指运用电子商务工具，在互联网上持续进行商务活动的个人或企业。”我国网商的总数量已经由 2004 年的 400 万增长至 2008 年的超过 5 000 万。网商可以简单分为企业网商和个人网商，企业网商主要是指使用电子商务平台进行交易的中小企业，个人网商主要指使用 C2C 平台进行交易的个人卖家。

另一方面，在中国人民大学经济科学实验室的师生进行讨论的过程中，逐渐形成了把生态系统的理念引进电子商务的研究的理念。陈禹的学生叶秀敏博士的博士论文中就比较明确地提出了网商生态系统的概念，网商生态系统是指以电子商务为中心，各种类型的网商之间以及网商与外部环境之间相互作用而形成的统一整体（如图 6—23 所示），其核心是价值共享和共同进化。

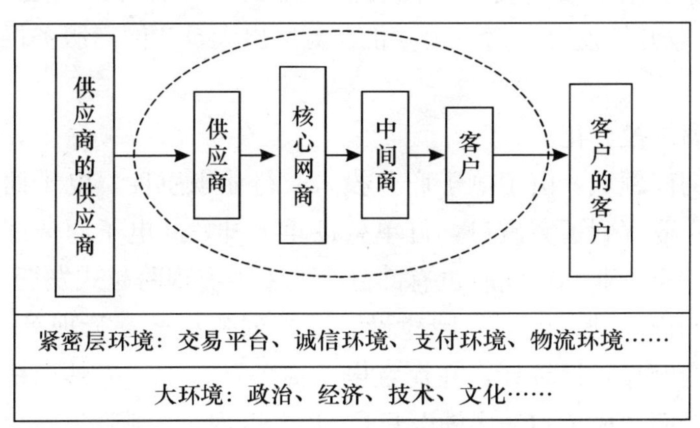

图 6—23　网商生态系统图

根据网商生态层次的不同，可以从宏观、中观、微观三个视角对网商生态进行分析。宏观层面主要研究的是网商生态与电子商务政治、经济、文化、技术等外部环境之间的关系；中观层面研究的是网商生态中核心要素即各种类型网商之间的相互作用关系以及网商与所处的紧密层的电子商务平台环境、信用环境、物流配送环境、支付环境等之间的关系；微观层面主要研究的是具体的某一特定的网商生态系统的特征。

本模型研究网商生态系统的中观层面，主要研究各类网商之间以及网商与最密切的环境之间的相互作用关系，特别是网商间的关系网络的演化形态与机制。

一、网商生态系统特征分析

网商生态系统的特征包括网商物种的日益丰富、网商之间的协同进化、网商生态系统的边界，其中生态位的分离和多样性都可以归结为物种的丰富性。

1. 网商物种的分化演进，网商专业化分工越来越明显

从生态学的视角观察网商，很容易发现这一领域中“物种”的种类在不断增加。最初的网商多是以获取商机或者拓展销售渠道为目的，随着电子商务平台的日益完善，网商逐渐学会运用电子商务完成商业过程中的各个环节。一方面，因为网商各自的外部优势及自身优势的不同，不同的网商走上了不同的发展道路，演化出了类似于传统商业中的各种各样的角色；另一方面，“网商”服务业开始发育，这一领域正在诞生出大量“网商服务网商”的新型的商业角色。

（1）网商规模分化。

在企业网商领域，由于电子商务投入、行业敏感度、电子商务能力等的差异，有的企业找到了突破口，订单量逐年上升，其电子商务部门甚至被独立出来作为一家企业。但同时也有部分企业未能实现跨越式发展。

在个人网商领域，由于品牌建设、服务创新和运营管理等差异的催化，规模分化更为明显。据统计，在淘宝电子商务平台上“成熟商铺”的员工已接近150人，而“成长中的店铺”只在20人以内，“刚起步的店铺”可能只有1人。

（2）网商需求分化。

庞大的网商群体，衍生了不同层次的需求。而不同层次的需求与行业性、地域性因素结合，使网商需求进一步多元化、个性化。在企业网商领域，成熟的网商，已经对电子商务平台产生了融资需求，企业网商开始寻求完善的贷款、保险服务；而在企业运营管理方面，成熟网商也开始对流程创新、管理培训、管理软件产生了显著的需求。在个人网商领域，起步网商普遍寻求订单，成长网商开始拓展客户资源，成熟网商则开始寻求影响力。

（3）网商利益分化。

成熟网商对电子商务有深刻理解，电子商务运营机制成熟，具备一定的创新力。它们的利益点在于进一步巩固其市场地位。

成长网商在电子商务领域获得了一定的经济回报，但由于多种资源和能力的限制，它们的利益点在于提升能力，寻找新的突破口。

起步网商是网商发展的新生力量，数量庞大。这些企业的电子商务经验较为缺乏，核心竞争力较弱。它们的利益点在于获得订单，获得电子商务平台的支持。

（4）网商未来发展方向分化。

基于不同的市场地位，不同的网商在发展战略上出现了明显的分化，比如：

第一，加工贸易一体化还是加工贸易分化的选择。国内制造型中小企业和外贸公司同样数量众多，而电子商务的切入，则对两方的行进轨迹都产生了一个明显的冲力。调研发现，制造型工厂在掌握了电子商务技能后，外贸方面的能力明显提高。外贸公司面临压力的同时，则主动向工贸一体化发展，以寻求主动性。但也有网商认为，外贸公司的运营机制和工厂完全不同，外贸公司将会利用人才优势和经验优势，向更专业的细分领域拓展，而不是简单地向生产端渗透。

第二，内贸还是外贸的选择。面临外贸环境的压力，不少网商开始尝试两条腿走路，内贸、外贸并举。

第三，多品种战略和专注化战略的选择。从事个人零售的网商们面临“薄利多销”还是“精品战略”的抉择。也有部分网商采取了“多品种吸引客户，热门商品低价，专业化产品高利润”的综合策略。

2. 网商的协同进化

网商生态的基本单元是网商个体。网商个体简单地在平台上聚合以后很自然地形成了网商群体。一个最初的商业网络平台通过广告和主动提供商机信息、组织卖家介绍给买家等基本服务方式将网商聚集在商业网络平台上，所以最初的网商是被外生力量牵引到这个平台上来的，网商的交流主要集中在单向与商业网络平台的对话交流，将自己的需求和建议告诉这个平台，希望能够由平台集中解决，网商和网商之间的有机联系是很少的（虽然这种潜在需求始终存在）而且是线性关联关系，也就是说是很简单的关联关系。随着网商数量越来越大，物种越来越丰富，商业网络平台的职能要逐渐走向后台，让网商群体之间的有机联系发展成为网商生态在前台演绎，这个时候网商世界焕发出强大的生命力。正如自然生态环境生机勃勃，有奇妙的力量驱动它自我生长繁殖一样，网商生态环境形成以后，网商和网商之间的信息互动交流成为主体，网商之间存在千丝万缕的联系，而且不再是线性关联，而是复杂的关系，网商不但寻求平台解决问题还会通过网商之间的交互和组织来解决甚至连网络平台都难以解决的问题，网商世界会有一种内生的力量去驱使他不断发展壮大。

目前在网商群体之间已经观察到了各种各样的大规模协作现象。企业网商之间的协作互助行为主要包括：分享知识和经验、生产上的联合、产品销售方面的联合、为其他网商提供服务、网络营销工作外包给其他网商、在资金借贷领域相互合作；个人网商之间的协作行为主要包括：分享知识、代销协作、产品生产方面的协作、联合促销、加入商盟、资金借贷方面的协作。

在网商协同进化过程中，一些特殊的网商物种日益占据强势生态位，成为基石企业。在企业网商中，它们可能是生产规模相对较大的生产商，这些生产商联合了众多规模较小的企业组成集中接单、联合生产的生产模式；也可能是品牌知名度较高的企业作为总代理商，众多企业各种产品都由该企业代理销售。在个人网商中，从常见的友情链接可以看出：众多卖家都链接到信用度非常高的卖家店铺上。总之，一些企业卖家或个人卖家在生态系统中的核心地位正在逐渐加强。

3. 网商生态系统边界

网商生态系统具有模糊的边界，主要体现在两个方面，首先是每一个网商生态系统内部可能包含着小商业生态系统，比如一个生产成品的网商生态系统可能包含着生产各零部件的网商生态系统，同时它本身又是更大的一个商业生态系统的一部分（比如网商生态系统应该属于电子商务生态系统的一部分)；其次是某一网商可同时存在于多个商业生态系统中，比如有的企业可能属于一个生产联盟的一员，同时也可能属于一个代理销售联盟的一员。因此具体的某一个网商生态系统的边界要根据实际需要来确定。

网商生态系统的上述特征是相互关联、相互影响、相互促进的。网商物种的丰富性是网商生态系统的前提；成员之间的协同进化、基石企业的带头作用是保持网商生态系统健康快速发展的保证。

二、网商生态系统的环境、行为主体及作用关系设计

网商生态系统是指网商之间以及网商与所处环境之间的相互作用而形成的统一体。仿照自然生态系统的结构分析，这里将网商生态系统结构分为网商所处环境和网商主体两个大部分。环境主要指的是电子商务环境，可以划分为平台提供商、交易服务商、基础服务商三个大类，同时也泛指网商生存的政治、经济、技术、文化环境。网商根据在交易中的角色可以简单分为卖家和买家，卖家可以分为企业卖家和个人卖家，企业卖家又可以按照在供应链中的不同角色继续细分成供应商、生产商、中间商（分为代理商和经销商，或者批发商和零售商)。

1. 网商生态系统环境

网商生态系统环境主体可分为以下几类：

平台提供商：指在信息技术基础上，通过一组动态 web 应用程序和其他应用程序把买卖方集中在一起的虚拟市场交易环境。B2B 平台提供商主要有阿里巴巴、慧聪、中国化工网等；B2C 平台如卓越、当当等；C2C 平台如易趣、淘宝等。

交易服务商：指电子商务交易过程中促进终端用户最终实现价值交换的支付机构、信用机构、物流机构、咨询机构等组织。

基础服务商：指网商为获得电子商务服务而依赖的专业的服务商。这里主要指软件提供商如微软、用友等；硬件提供商如 IBM、联想、惠普等；网络接入商如电信、网通、移动、联通等。

2. 网商主体分类及结构

网商主体可分为以下类别：

顾客：指通过电子商务平台或者互联网手段购买最终产品或服务的个人

买家。

客户：指通过电子商务平台或者互联网手段购买最终产品或服务的企业买家。

供应商：指通过电子商务平台或者互联网手段提供原材料给生产商的企业。

生产商：指将原材料或者零组件（自制或外购），经过较为自动化的机器设备及生产工序，制成一系列产品的企业。这里简单地分成销售产品到国外的外贸商和在国内销售的内贸商。

中间商：指那些将购入的产品再销售或租赁以获取利润的厂商，按照是否拥有商品所有权可将其划分为经销商和代理商；按照销售对象的不同，分为批发商和零售商。

个人卖家：指通过电子商务平台或者互联网手段提供产品或服务的个人。随着当前个人卖家需求规模的扩大，产生了一类专门为个人卖家服务的网商，即卖家服务商，因此这里将个人卖家简单划分为卖家服务商和零售商。

同一网商生态系统中，网商之间主要是互助共生的关系，即合作关系。主体间的交互行为有商盟的发起与参与、代理经销合作、知识分享、价值链层面合作、基于资金层面合作等。

为了保证网商主体功能的完善和行为的自主实施，我们将主体的结构框架分为目标、行为库、个体的属性、信息交流四个方面，这四个部分相互依赖，相互影响。其中目标是主体适应性的根本原因，是每一步决策的依据，这里主要是指自身利润最大化；行为指主体为了达到目标采取的具体的动作，这里主要有决定是否合作、发送合作请求、接受合作请求等；主体属性是主体行为的依据，包括主体的基本属性和状态属性，这里基本属性包括企业的规模、生产能力、资金、库存、企业信誉指数、生产成本、产品价格、库存成本等，状态属性指企业上次合作成功与否、企业本次是否愿意合作以及企业是否破产；信息交流也是主体做决策所必需的，主要包含两个方面，一是与环境的交流，从环境中获取客户的需求量和环境的信任水平；另一个是与其他主体进行的信息传递与接受。

3. 网商主体与环境主体的属性与行为设计

模型的主体是生产型企业，每个企业的主要属性如表 6—3 所示。

表6—3 **主体属性定义**

类型	属性名称	实现变量	含义
基本属性	编号	id	标识每一个主体
	地理位置	(x1, y1)	空间中企业所处的x坐标和y坐标
	规模	label	分为大中小三种类型反映企业的综合水平。label=1表示大型企业，label=2表示中型企业，label=3表示小型企业
	现金	Currency	反映企业到目前为止的总资产
	产量	Capability	反映企业的生产能力，正态随机分布
	需求	Demand	反映企业本期的需求量
	企业信誉指数	Credibility	反映企业诚信水平，一般而言大企业总体信誉值最高，中型企业次之，小企业最差，但是中小型企业中也不乏表现优秀的企业，因此这里三类企业信誉指数都采用正态分布获得，只是中小型企业标准差比大企业更大
	生产成本	Cost	企业每单位产品生产成本
	库存	Storage	企业到目前为止累计库存量
	库存成本	StorageCost	每单位库存成本
	产品单价	Price	每单位产品卖给客户的价格
	企业间买卖单价	PriceDemand、PriceExcess	从别的企业购买产品的价格 卖产品给别的企业的价格
	破产阈值	breakup _ line	企业达到此阈值时宣布破产
	信誉阈值	lowLevel	企业可以接受合作的企业的信誉指数底线
状态属性	上次合作是否成功	Flag	Flag=1表示合作成功 Flag=0表示未找到合作对象 Flag=－1表示合作失败
	本次是否合作	Wish	为true时表示愿意合作，为false时表示不愿意合作
	是否破产	label	label=4表示企业已经破产

模型属性的改变是通过主体的行为来实现的，本模型中主要涉及的行为如表6—4所示。

表6—4 **主体行为定义**

行为名称	实现方法	含义
决定是否合作	generateWish	根据上次合作成功与否，决定本次是否合作
决定是买还是卖	decide	根据需求量和供给量决定本期是要买进还是卖出或者无需买卖

续前表

行为名称		实现方法	含义
买方	发送购买合作请求		供小于求的企业发送购买合作请求 注：程序中无相应方法对应，每一轮开始时默认发生
	处理卖方响应	handBuyResponse	买方从有合作意愿的卖家中选择合适的一家进行合作
	响应卖方请求	respondSellRequest	卖方发送销售合作请求后，有合作意愿的买方响应卖方请求，确定可以跟哪些卖方合作
卖方	发送销售合作请求		供大于求的企业发送销售合作请求 注：程序中无相应方法对应，每一轮循环中默认发生
	处理买方响应	handSellResponse	卖方从有合作意愿的买家中选择合适的一家进行合作
	响应买方请求	RespondBuyRequest	买方发送购买合作请求后，有合作意愿的卖方响应买方请求，确定可以跟哪些买方合作
资金结算		calculateStorage	每轮循环后整理库存与资金结算
破产		Breakup	根据资金确定企业是否破产，当资金小于破产阈值时宣布破产

对于上表中主要的方法做如下说明：

(1) 决定本期是否合作（generateWish）。

如果上期合作成功或者未找到合作对象，本期企业选择合作；如果上期合作不成功，本期企业随机选择是否合作。

(2) 卖方响应买方购买请求（respondBuyRequest）。

买方发送请求后，卖方首先查看买方是否在合作范围内，随后判断购买量是否小于自身的供给量，如果小于则将其加入队列中，将队列中的买方按照对自身最有利的方式从高到低排序，依次给买方发送响应。举例：买方 1 欲购买 10 个单位的产品，每单位产品售价为 1.5 元；买方 2 欲购买 20 个单位的产品，每单位产品售价 1 元。两个买方在全网范围内广播消息，卖方 1 现在供给量为 25，收到买方 1 和买方 2 的购买请求后，发现买方 1 和买方 2 的需求都是可以满足的。因为如果跟买方 2 合作可获得收入 20＊1＝20 元，如果跟买方 1 合作可获得收入 10＊1.5＝15 元，所以他首先选择与买方 2 合作，给买方 2 发送响应，所以买方 2 会收到卖方 1 的响应。然后卖方重新计算剩余量为 25－20＝5＜10，不再能满足买方 1 的要求，所以买方 1 不会收到卖方的响应。

(3) 买方处理卖方响应 (handBuyResponse)。

买方收到有合作意愿的卖方的响应后，从所有响应的卖方中选择实际信誉指数最高的企业合作，如果此信誉指数高于能承受的信誉指数阈值则合作成功，合作双方的企业信誉指数都增加一定值，重新计算资产等相关参数等；否则买方认为响应的卖方信誉方面存在问题，合作不成功，合作卖方信誉值降低，如图 6—24 所示。

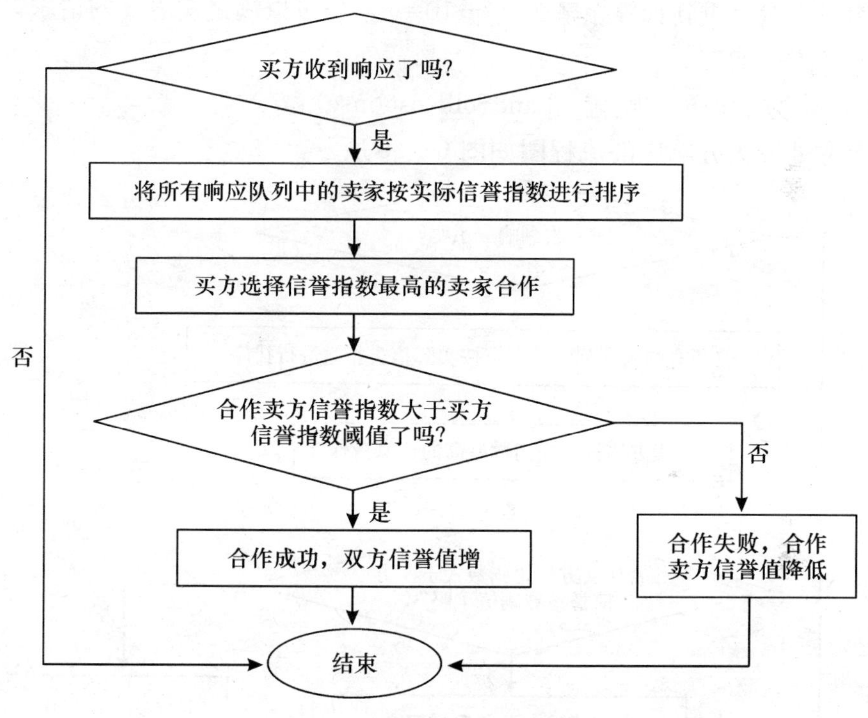

图 6—24 买方处理卖方响应

如上面的例子，买方 2 收到了卖方 1 的响应，并且同时收到了卖方 2 的响应，此时卖方 1 标榜的信誉指数是 1 000，卖方 2 标榜的信誉指数是 950，则买方根据一定的规则计算实际信誉指数，计算后发现卖方 1 信誉指数更高，并且高于阈值，所以选择与卖方 1 合作，重新计算合作基本指标变化，合作双方信誉值都增加一定值。

(4) 买方响应卖方销售请求 (respondSellRequest)。

卖方发出销售请求后，有合作意愿的买方首先判断卖方是否在合作范围内，随后判断卖方销售量是否小于自身的购买量，如果小于则将其加入队列中，将队列中的卖方按照对自身最有利的方式从高到低排序，依次给卖方发送响应。

例如，假设卖方1现在供给量是10，销售价格是1；卖方2现在供给量是5，销售价格也是1，两个卖方在全网内发送销售合作请求。买方2需要的购买量是15，因为15＞10，15＞5且10＊1＞5＊1，所以买方2首先会给卖方1响应，然后重新计算余额为15－10＝5，仍可以满足卖方2的请求，所以也会给卖方2响应。

(5) 卖方处理买方响应（handSellResponse）。

卖方处理买方响应的流程图如图6—25所示。

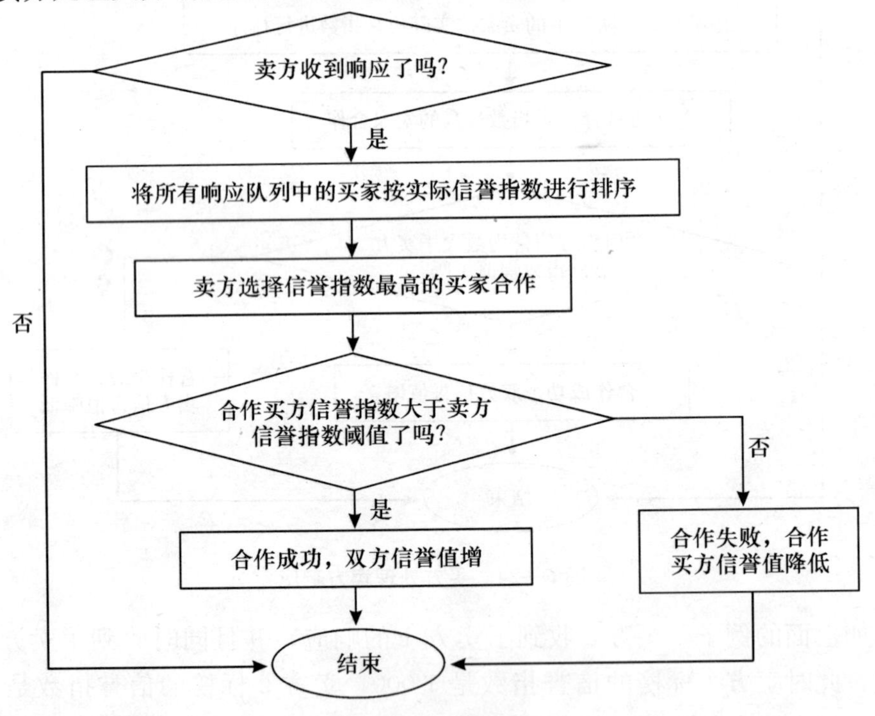

图6—25　卖方处理买方响应

依照图6—25可知，卖方收到买方的响应后，从所有响应的买方中选择实际信誉值最高的企业合作，如果高于能承受的信誉指数阈值，则合作成功，合作双方的企业信誉指数都增加一定值，重新计算资产等相关参数等；否则认为响应的买方信誉方面存在问题，合作不成功，因为合作不成功，合作买方的信誉指数减去一定值。

例如：卖方 1 收到买方 2 的响应，假设同时也收到了买方 3 的响应，此时买方 2 标榜的信誉指数是 1 000，买方 3 标榜的信誉指数是 1 200，经过计算实际信誉指数后，发现买方 3 实际信誉指数更高且高于阈值，所以卖方 1 决定与买方 3 合作且成功。

(6) 资金结算（calculateStorage）。

对于供大于求的企业，企业本期资金变化量＝卖给消费者的收入＋卖给其他企业获得的收入－生产成本－本期多余产品库存成本，即：

$$P_{本期} = D * p + \sum_{i=1}^{i=n}(D_i - S_i) * pei - C * c_1 - \left(S - \sum_{i=1}^{i=n}(D_i - S_i) - D\right) * c_2$$

说明：公式中 D 表示客户需求量，p 表示卖给消费者的价格，C 表示本期生产量，c_1 表示单位生产成本，S 表示本期本企业供给量，$D_i - S_i$ 表示第 i 个合作成功买方从本企业买得的产品数量，求和公式表示本企业卖给多家买方的产品总量，pei 表示合作买卖方商议的产品价格，c_2 表示单位库存成本。

对于供小于求的企业，企业本期资金变化量＝实际卖给消费者的收入－生产成本－从其他企业购买产品花费的成本－企业因未能满足需求缴纳的罚金，即：

$$P_{本期} = \left[S + \sum_{i=1}^{i=n}(S_i - D_i)\right] * p - C * c_1 - \sum_{i=1}^{i=n}(S_i - D_i) * pdi - rp * \left(D - S - \sum_{i=1}^{i=n}(S_i - D_i)\right)$$

说明：公式中 S 表示本期本企业供给量，$S_i - D_i$ 表示第 i 个合作成功的卖方卖给本企业的产品数量，累加求和公式表示从多家卖方企业买得的产品总量，p 表示卖给消费者的价格，c_1 表示单位库存成本，c 表示本期生产量，pdi 表示合作买卖方商议的产品价格，最后一项企业罚金是指企业在未能满足需求时需要对未满足的需求给予高出原来企业价格的罚款（$r>1$）。

主体所处环境模型中将客户的需求量、电子商务环境信用水平、企业合作范围作为环境的主要参数。

一般而言，客户需求量是跟企业的规模有关系的，大企业因为知名度更高等原因需求量更多，小企业则相反。因此这里在设置需求量时，都采用正态分布函数，大企业均值略大于中小型企业。

电子商务整体环境信用水平对于企业间的合作的影响是巨大的，只有在信任环境很好的情况下，企业之间才会互相信任，这里表现为合作一方查看另一方的信誉指数后完全相信该信誉指数是真实的，否则信誉指数就要打折扣，最差的情况是信任环境非常不好，企业间互不信任，再高的信誉指数也是无用的，企业间仍不能合作。程序中将信誉环境水平分为了5、4、3、2、1从高到低5个等级，在不同信誉等级下，企业实际信誉水平将根据不同的权重进行重新计算。

企业合作范围也从一定程度上反映了电子商务平台的服务水平，正如当前有的校园电子商务网站服务范围主要是在校园的，而有的是内贸的电子商务平台，有的已经是国际化的电子商务平台了。服务范围的不同限制了企业合作对象的选择范围，因此程序中将此作为一个重要考察因素。

三、模型周期设计

在模型中，网商合作分为四个大步骤进行：首先是环境为每个企业分配需求量等参数；随后是由买方（供小于求的企业）发起第一轮合作请求，收到响应后选择合适的卖方；然后是由第一轮合作后剩下的卖方（供大于求的企业）发起第二轮合作请求，收到响应后选择合适的买方；最后是买方企业将买到的产品连同自己生产的一起卖给最终客户，所有企业重新计算资金等参数，决定是否进入下一周期，如图6—26所示，具体步骤如下：

（1）模型类为每个企业自动生成本期的产量和客户的需求量。

（2）每个企业根据供需量判定自身供需是否平衡，如果不平衡判定自身是买方企业还是卖方企业或者无需买卖。

（3）第一轮先由所有买方企业发送购买请求。

（4）卖方企业判定本期是否愿意合作，如果愿意合作则接受购买请求，并给合适的买方发送响应，否则不给买方响应。

（5）买方企业接到有合作意愿的卖方企业的响应后，选择信誉值最高的卖方企业合作。

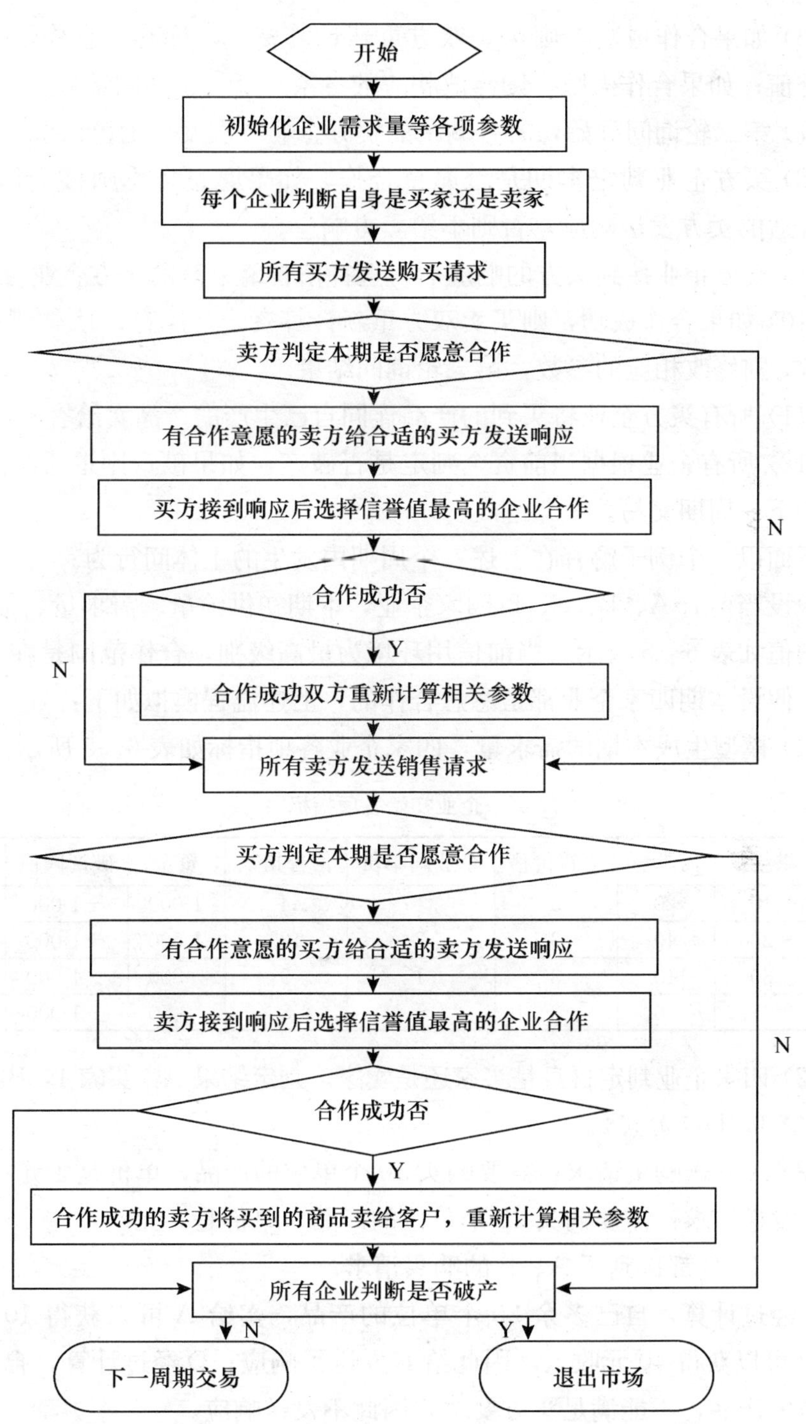
开始
初始化企业需求量等各项参数
每个企业判断自身是买家还是卖家
所有买方发送购买请求
卖方判定本期是否愿意合作
有合作意愿的卖方给合适的买方发送响应
买方接到响应后选择信誉值最高的企业合作
N
合作成功否
Y
N
合作成功双方重新计算相关参数
所有卖方发送销售请求
买方判定本期是否愿意合作
有合作意愿的买方给合适的卖方发送响应
卖方接到响应后选择信誉值最高的企业合作
N
合作成功否
Y
N
合作成功的卖方将买到的商品卖给客户，重新计算相关参数
所有企业判断是否破产
N
Y
下一周期交易
退出市场

(6) 如果合作成功，则买卖双方重新计算资金、库存、合作次数，并增加信誉值；如果合作失败，则修改相应的参数，第一轮询问结束。

(7) 第二轮询问开始，所有剩余的卖方企业再次发送销售请求。

(8) 买方企业判定本期是否愿意合作，如果愿意合作则接受销售请求，并给合适的卖方发送响应，否则不给卖方响应。

(9) 卖方企业接到买方的响应后，选择信誉值最高的买方企业合作。

(10) 如果合作成功，则买卖双方重新计算资金、库存、信誉值；如果合作失败，则修改相应的参数，第二轮询问结束。

(11) 所有买方企业将买到的产品连同自己生产的产品卖给客户。

(12) 所有企业根据当前资金判定是否破产，如果破产则退出交易，否则进入到下一周期交易。

下面以一个例子解释在上述一个周期内发生的主体间行为。

假设当前有A、B、C、D四家企业，本期初供给量、需求量、信誉指数、破产阈值如表6—5所示。当前信用环境为最高级别，合作范围是在全网范围内的，假设本期四家企业都是愿意合作的，上述流程模拟如下：

(1) 模型生成本期的需求量，四家企业各项指标如表6—5所示。

表6—5　企业初始各项指标

企业	供给量	需求量	零售价格	企业间单价	信誉指数	资金	破产阈值	信誉阈值
A	10	20	3	1	4	1 000	−1 000	5
B	20	40	3	2	12	1 500	−1 000	6
C	30	10	3	1	9	800	−1 000	5
D	5	0	3	1	8	50	−1 000	5

(2) 四家企业判定自身是买家还是卖家，判定结果A：买家1，B：买家2，C：卖家1，D：卖家2。

(3) A发送购买请求：需要购买10个单位的产品，单价是1元；

B发送请求：需要购买20个单位的产品，单价是2元。

(4) C、D都接到了A、B的购买请求。

C经过计算，自己多余20个单位的产品，卖给A可以获得10元收入，卖给B可以获得40元收入，因此给B发送了响应；D经过计算，自己多余5个单位的产品，不能满足买方要求，因此不发送响应。

(5) 买方 B 收到了 C 的响应后，发现 C 的信誉指数高于自身的信誉阈值，所以从 C 处买来 20 单位产品，双方合作成功。

(6) 买方 B、C 重新计算需求量、资金和信誉指数：B 现在需求量变为 0，资金变为 1 500－20＊1＝1 480，信誉指数变为 8＋1＝9；C 现在供给量变为 0，资金变为 800＋20＊1＝820，信誉指数变为 5＋1＝6。

(7) 现在买方只有 A，卖方只有 D，由卖方 D 发送请求：需要销售 5 个单位的产品，单价是 1 元。

(8) 买方 A 接到 D 的销售请求，经过计算给 D 发送了响应。

(9) D 收到响应后，发现 A 的信誉指数太低，不愿跟 A 合作，所以合作失败，将 A 的信誉值减 1，A、D 资金等保持不变。

(10) 合作成功的买方 B 再将商品以 3 元卖给客户，资金变为：1 500－20＊1＋20＊3＝1 540。

(11) A、B、C、D 判断自身是否破产，发现自身都没破产，继续进入下一周期的交易。

四、模型的假设与参数的初始化

模型初始化主要涉及大、中、小型企业数量、合作范围、电子商务环境信用水平等参数，具体如下：

(1) 合作范围设定。

企业只能与范围内的企业合作，不同合作范围代表了不同的电子商务平台。默认情况下将协作范围设为最大。

(2) 大、中、小型企业比例。

大、中、小型企业共 100 家按一定比例分布在平台上：默认情况下模型中初始比例设置为 1∶5∶14，该比例主要参考目前我国大、中、小型企业比例。

(3) 电子商务平台诚信水平

电子商务平台诚信水平分优、良、中、差、很差五个等级，默认情况下认为电子商务诚信水平为优。

(4) 各类企业初始参数设定

三类企业的初始库存均为 0，并为各企业生成一定库存成本；模型给定一个产品社会平均价格，各企业产品单价围绕该价格波动，服从正态分布；同时给定一个产品社会平均生产成本，各企业的单位生产成本围绕其波动，服从正态分布；三类企业各有一个社会平均生产能力，各企业的产量和需求量都围绕该生产能力波动，服从正态分布；三类企业按企业规模各自生成自身的破产阈值。

模型初始化后，开始运行，运行一步为一个生产周期，运行输出界面如图 6—27 所示。图中点为企业，连线表示两个企业有过合作关系。左图合作范围较小，右图合作范围为全网。

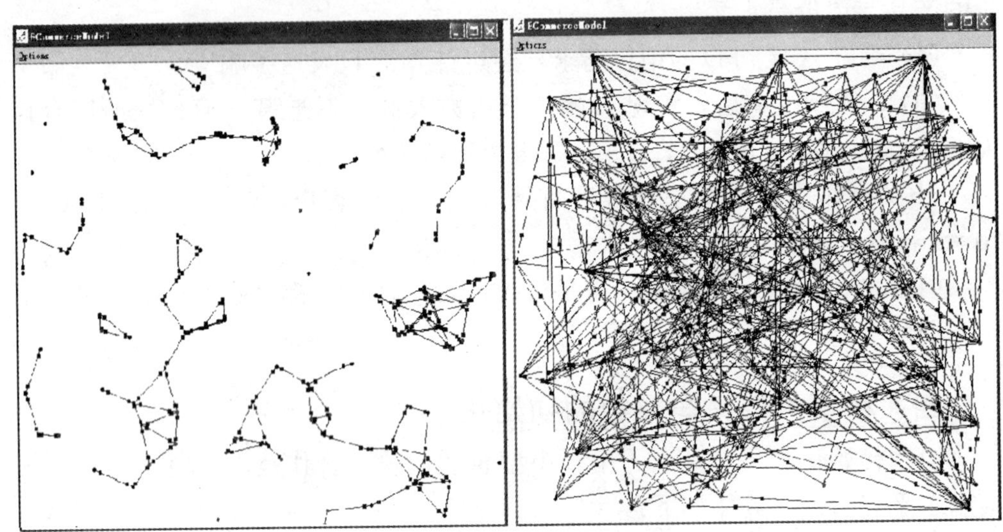

图 6—27　模型运行界面

五、模型实验一：企业信用水平对企业合作的影响

为了验证企业信用水平对企业合作次数的影响，这里设计了两种实验方案，一种是将企业信誉指数划分成高、中、低三种级别，比较高、中、低三种级别的企业在运行相同的步数时，合作次数有什么不同；第二种方案是计算企业信誉指数与合作次数的相关性，验证信誉值越高合作次数越多。

1. 方案一：比较平均合作次数

实验中取大、中、小型企业比例为 5：25：70，环境信用水平为最高级别。

(1) 实验步骤。

1）运行一次，分别在 50 步、100 步、200 步、500 步时取高信用企业的平均合作次数、中等信用企业的平均合作次数以及低信用企业的平均合作次数。

2）重复步骤 1）10 次。

3）根据以上 10 次运行的结果，再分别计算高信用企业、中等信用企业、低信用企业在运行 50 步时平均合作次数的平均值，运行 100 步时的平均值，运行 200 步时的平均值，运行 500 步时的平均值。

（2）实验数据与结果分析。

模型运行后得到的数据统计如表 6—6 所示。

表 6—6　　不同信用等级的企业平均合作次数

次数	50 步			100 步			200 步			500 步		
	高	中	低	高	中	低	高	中	低	高	中	低
1	0	26	14	271	45	23	292	75	25	398	125	0
2	0	23	12	278	43	25	354	74	0	451	139	0
3	0	23	14	240	35	22	355	69	25	485	139	0
4	0	22	11	221	37	17	364	64	20	424	122	0
5	0	27	12	264	42	12	354	70	20	429	131	0
6	0	24	17	192	42	14	297	73	43	419	126	0
7	0	25	13	364	44	19	351	81	29	417	134	0
8	0	27	15	229	46	18	338	78	36	452	127	0
9	0	23	12	291	43	18	350	76	21	418	117	0
10	0	25	15	290	45	20	339	71	31	413	125	0
平均	0	24.5	13.5	264	42.2	18.8	339.4	73.1	25	430.6	128.5	0

表 6—6 最后一行平均值用折线图表示，如图 6—28 所示。

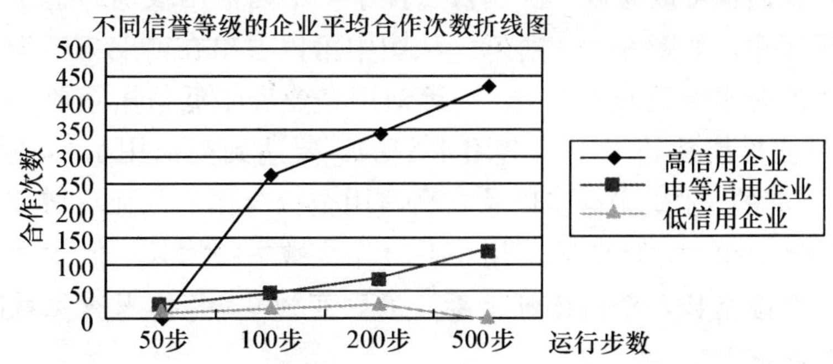

图 6—28　运行 10 次不同信用等级的企业平均合作次数对比

从图 6—28 中可以看出，高信用企业的平均合作次数要高于中等信用企业，中等信用企业要高于低信用企业。在 50 步以内时，高、中、低三类企业差别不大，甚至高信用企业的平均合作次数更低，但是随着时间的推移，高信用企业的合作次数呈现大幅度增长，中等信用的企业也呈增长趋势，但增长幅度要慢一些；而低信用企业几乎是没有增长的，并且随着时间的推移逐渐消减为 0。整体来看三者的差距随着时间推移在逐渐加大。

再来看看以上 10 次运行过程中高、中、低信用企业的平均企业数目对比表，如表 6—7 所示（说明：随着运行步数的增加，有的企业破产死亡，所以表中企业总数是在减少的）。

表 6—7　　不同信用等级的企业平均个数

运行步数 / 企业信用	50	100	200	500
高	0	1.7	5.3	27.4
中	73.2	75.6	75.4	56
低	16.6	9	3.5	0

从表 6—7 中可以看出：高信用企业的个数在逐渐增多，中低信用企业的个数在逐渐减少。这说明在电子商务平台整体信用水平良好的情况下，企业健康发展，企业整体信用水平在不断提高。

此外，我们也可以通过一次运行过程中，不同信用级别的企业平均合作次数来说明问题，如图 6—29 所示。从图中可以看出在前期 100 步以内，高信用企业平均合作次数几乎为 0，中等信用企业高于低信用企业。这是因为最初所有的企业都是处于中等信用水平的，要达到高信用水平必须要经过 50～100个周期的合作。100 步以后，高信用企业合作次数陡然增长，并且之后的增长幅度都很大，而中等信用企业合作次数平稳增长，低信用企业平均合作次数先略微增长，随后逐渐下降，最后变为 0。整体来看三者的差距随着时间推移在逐渐加大。

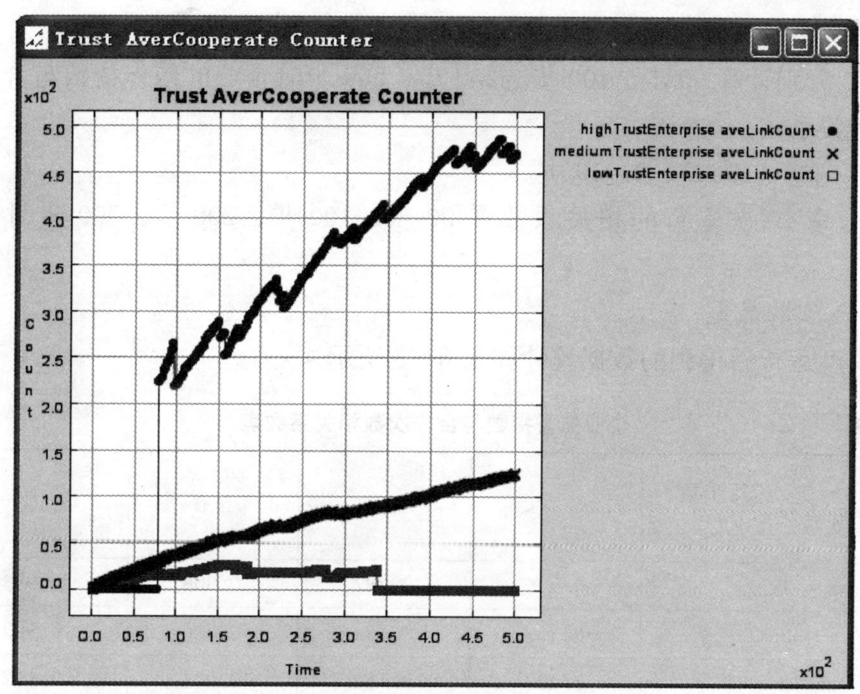

图 6—29　运行 1 次后不同信用等级的企业平均合作次数对比

(3) 实验结论。

通过上述图表得出的结论是：信用水平高的企业的平均合作次数高于信用水平低的企业的平均合作次数，并且随着时间的推移，差距会越来越大。主要原因是：随着时间的推移，信用水平高的企业的优势也会越来越突出，更多的企业会选择与信用水平高的企业合作，因而信用水平高的企业的合作次数会呈现出爆发式的增长；同样，随着时间的推移，信用水平低的企业一部分会逐渐迈入信用水平中等的行列，另一部分会因为越来越没有合作对象被环境所淘汰，总之信用水平低的企业的平均合作次数会逐渐减少。

2. 方案二：查看信誉指数与合作次数的相关性

实验中为了减少大、中、小型企业因为需求量不同而导致的对合作次数的影响以及环境信用水平的影响，这里将企业大、中、小型比例调整为 0∶0∶100（即只有均质的小企业），环境信用水平设置为 5。

(1) 实验步骤。

1) 运行一次，取所有存活的企业在运行 50 步、100 步、200 步、500 步时的信誉指数和合作次数。

2）分别计算 50 步、100 步、200 步、500 步时企业的信誉指数与合作次数的相关系数。

3）重复步骤 1）、2）10 次。

4）取 10 次运行的相关系数在 50 步、100 步、200 步、500 步时的平均值。

（2）实验数据。

模型运行后得到的数据统计如表 6—8 所示。

表 6—8　　企业信誉指数与合作次数相关系数表

实验次数＼运行步数	50	100	200	500
1	0. 506	0. 737	0. 908	0. 983
2	0. 467	0. 734	0. 906	0. 983
3	0. 497	0. 732	0. 904	0. 982
4	0. 528	0. 785	0. 921	0. 984
5	0. 466	0. 743	0. 898	0. 979
6	0. 417	0. 699	0. 884	0. 980
7	0. 499	0. 715	0. 892	0. 980
8	0. 571	0. 786	0. 928	0. 987
9	0. 520	0. 749	0. 902	0. 981
10	0. 445	0. 687	0. 867	0. 976
相关系数均值	0. 492	0. 737	0. 901	0. 982

从表 6—8 中可以看出，企业的信誉指数与合作次数的相关系数是随着运行步数逐渐变大的，即信誉指数越高，合作次数越多。特别是在运行到 200 步以上后，相关系数接近于 1。

此外，一次仿真结果的企业信誉指数和合作次数在不同步数下的散点图很明显地展示了信誉指数与合作次数的关系以及发展变化情况，如图 6—30 所示。

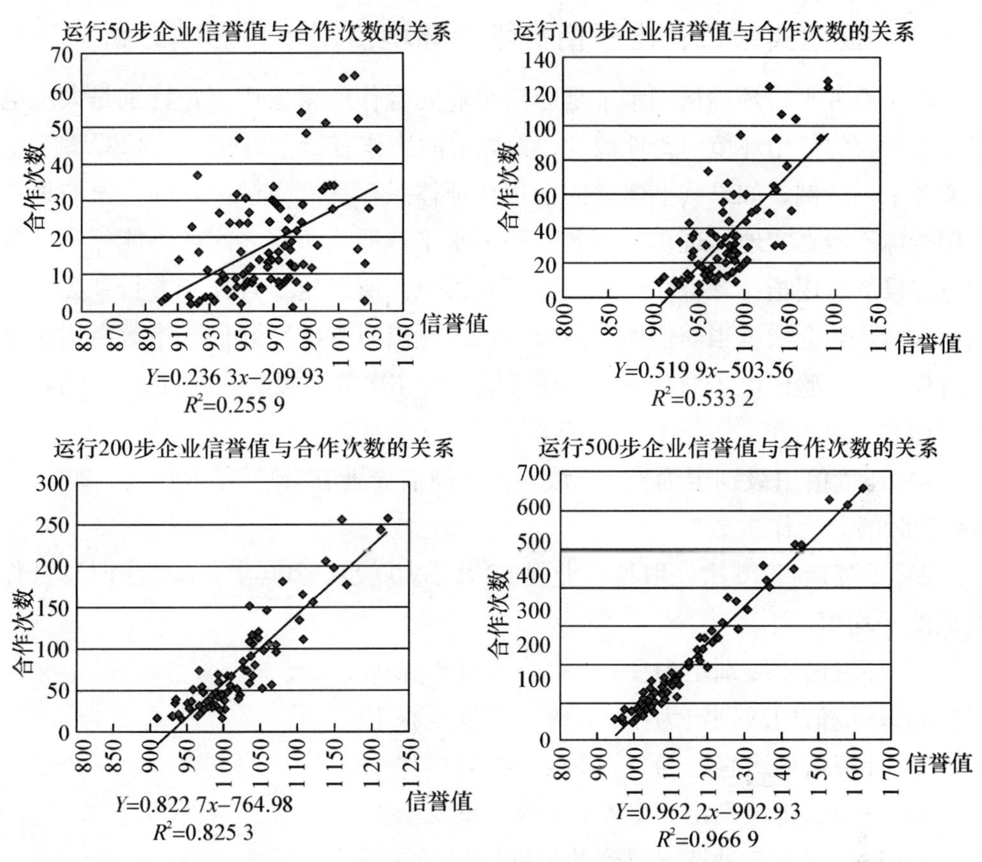

图 6—30 企业信誉指数与合作次数的散点图

从描述了企业在运行 50 步、100 步、200 步、500 步时信誉指数与合作次数的散点图中也可以看出，初始阶段线性相关度极低，随着运行步数的增加，线性相关度越来越高。

(3) 实验结论。

由以上图表得出的结论是：信誉指数越高，合作次数越多，并且随着时间推移，这种相关性越强。

从以上两种方案我们都可以推断出同样的结论：企业的合作次数是和企业的信誉指数密切相关的，信誉指数越高，合作次数越多，反之则合作次数越少，并且随着时间的推移，这种相关性表现得越明显。因此为了获得更多的合作机会，企业应该努力提高自身的信誉指数。

六、模型实验二：电子商务平台环境信用水平影响分析

电子商务平台环境信用水平是影响企业间合作的重要因素，特别是大型电子商务平台的信用环境对跨地域的、大规模的协作有严重影响。以 C2C 淘宝电子商务平台为例，如果其上建立的信用认证体系存在严重缺陷，即卖家的累积信用指标不能真实地体现卖家的实际信用水平，那么卖家之间就不能完全相信对方提供的信用指标，合作也会因此受到影响。所以这里合作一方得到另一方的信誉指数后会根据当前信用环境级别，估算出对方的实际信誉指数再确定是否合作。为了验证电子商务平台信用环境对合作次数的影响，进行如下实验。

（1）实验步骤。

1）环境信用级别定为优：5 级，统计所有企业在 50 步、100 步、200 步、500 步时的总合作次数。

2）重复运行 10 次，取得企业在 50 步、100 步、200 步、500 步时总合作次数的平均值。

3）环境信用级别定为良：4 级，重复步骤 1）、2）。

4）环境信用级别定为中：3 级，重复步骤 1）、2）。

5）环境信用级别定为差：2 级，重复步骤 1）、2）。

6）环境信用级别定为极差：1 级，重复步骤 1）、2）。

7）根据以上 5 种情况得到的数据做出折线图。

（2）实验数据。

实验得到 5 种情况下不同运行步数下的总合作次数平均数的对比如表 6—9 所示，与之对应的折线图如图 6—31 所示。

表 6—9　　　　环境信用水平与企业合作次数关系表

环境信用水平 \ 合作次数 \ 运行步数	50 步	100 步	200 步	500 步
优	1 089	2 001	3 840	9 680
良	995	1 858	3 566	8 963
中	768	1 458	2 917	7 406
差	353	686	1 328	3 124
极差	69	148	303	777

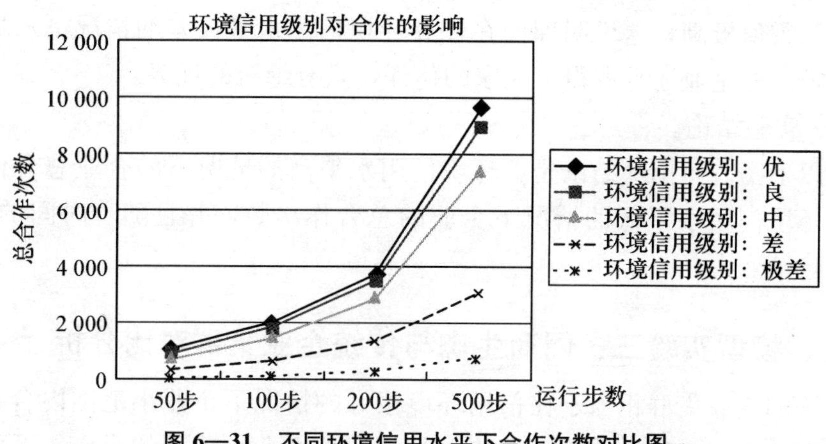

图 6—31 不同环境信用水平下合作次数对比图

从以上图表可以看出，在其他条件不变的情况下，初始阶段平均合作次数差别不是很大，随着时间的推移，优秀的电子商务平台信用环境的优势凸显，企业间的平均合作次数要远高于信用环境差的电子商务平台。在实验中还发现，在电子商务平台环境极差的情况下，10 次的平均合作次数的方差极大，50 步时变化范围就在 0～300 之间，观察网络图发现合作次数多的情况下出现了明显的星型结构（如图 6—32 所示），通过查看中心点的各项参数指标发

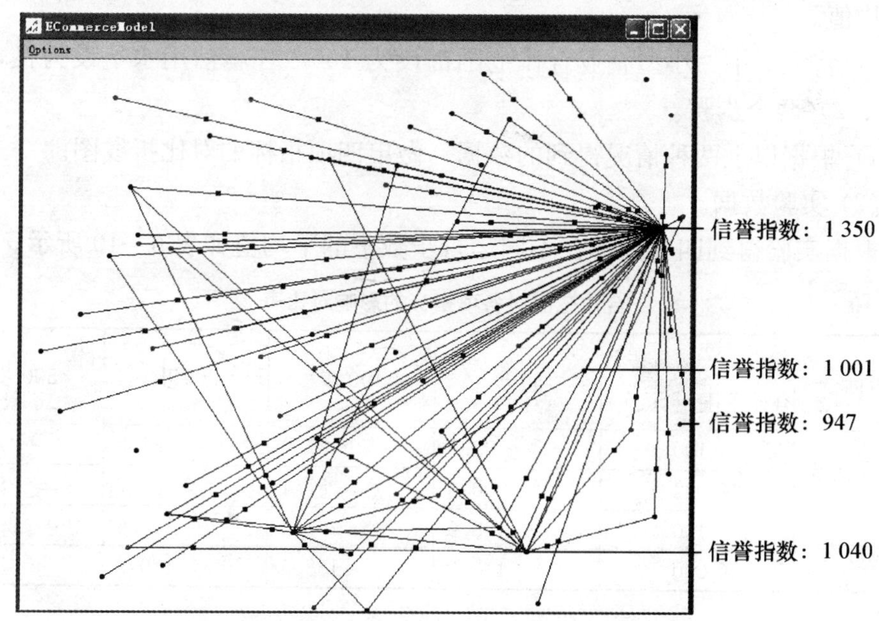

图 6—32 环境信用水平极差的情况下的星型结构

现该点信誉值极高，这说明即使在外界环境信用水平极差的情况下，那些信用水平很高的企业还是取得了大家的信任，具有绝对的优势。

（3）实验结论。

由以上图表得出的结论是：环境信用水平高的情况下的企业总合作次数要高于环境信用水平低的情况下企业的总合作次数，并且随着时间的推移，差距会逐渐变大。

七、模型实验三：网商生态与传统企业集群对比分析

传统的企业集群相当于在信用环境很好的情况下企业小范围内合作，而网商生态相当于在整体信用环境略差的情况下企业大范围的合作。下面通过比较两种状态下各参数的变化，来探讨两种状态的不同。

（1）实验步骤。

1）将大、中、小型企业合作范围都设为 100，环境信用水平设为优，取运行到 50 步、100 步、200 步、500 步时企业存活数、总合作次数、平均库存、总资金四项指标。

2）重复运行 10 次，取得在 50 步、100 步、200 步、500 步时的四项指标的平均值。

3）将大、中、小型企业合作范围都设为 100，环境信用水平设为良，重复 1）、2）两个步骤。

4）根据以上两种情况得到的数据，做出四项指标的对比折线图。

（2）实验数据。

根据实验得到四项指标在不同运行步数下的平均值如表 6—10 所示。

表 6—10　　合作范围对各项指标的影响对比表

指标	运行步数 / 合作范围	50 步	100 步	200 步	500 步
企业存活数	100	92.3	87	81.8	72.9
	10 000	90.3	87.4	83.7	82.8
平均库存	100	198.5	267.1	283.6	292.6
	10 000	113.3	158.5	130.9	96.3

续前表

指标	运行步数 合作范围	50 步	100 步	200 步	500 步
总资金	100	4 950 301.6	8 859 103.3	15 680 309.9	33 325 123.5
	10 000	5 322 365.2	10 151 272.4	19 892 102.5	50 316 542.4
总合作次数	100	1 181.6	2 060.8	3 605.1	7 870
	10 000	1 087.9	1 994	3 751.4	9 421

以上数据用折线图展示如图 6—33 所示。

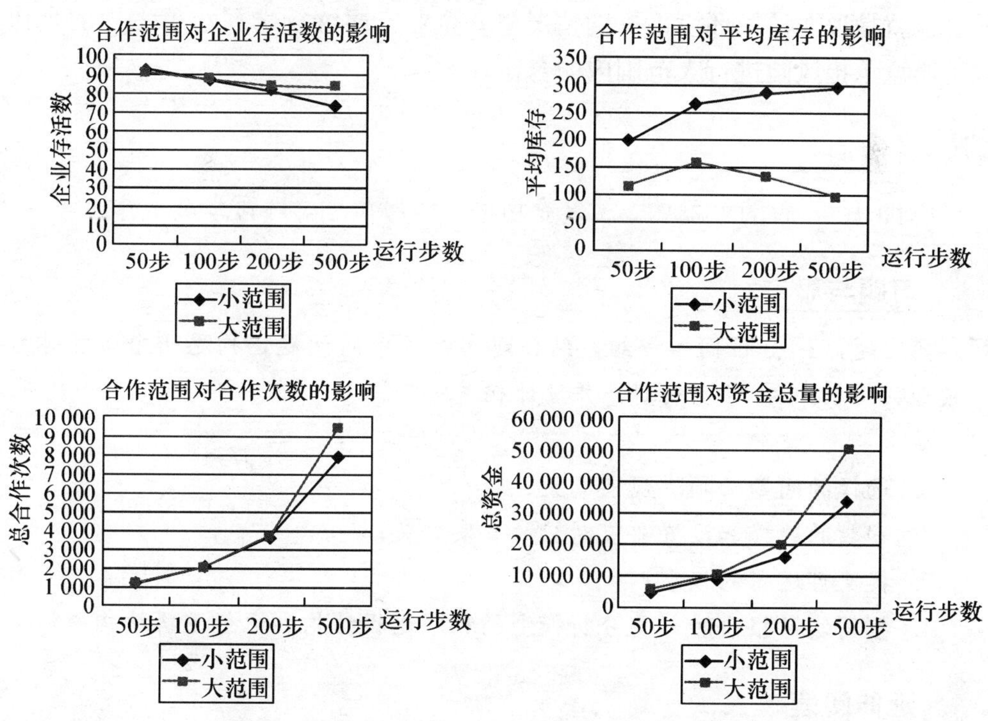

图 6—33　合作范围对各项指标的影响对比图

从图 6—33 图可以看出：初始阶段电子商务平台优势表现不明显，合作次数、存活的企业个数、资金总量都与小范围下各指标不相上下，但是随着时间推移，企业信誉指数的提高，越来越多的企业倾向于合作，电子商务平的优势就显现出来，逐渐与传统小范围内合作拉大了差距。而库存数量从一开始就表现出了明显的优势，并且优势越来越明显，可以想象如果算法足够优秀合理、合作范围足够广、企业间达到了非常信任的程度时，几乎是可以达到零库存的理想状态的。

（3）实验结论。

以上实验表明，一个环境信用水平良好的电子商务平台上企业间有更多的合作机会，这样带来了企业的存活率的提高，整体库存水平的降低，整体资金水平的提高，达到更大范围内的资源优化配置。同时结合上一节中论证环境信用水平的影响时得出的环境信用水平越低合作次数越低的结论，可以推测出在电子商务环境信用水平非常差的情况下，上面的结论是不一定成立的。也就是说在信用环境不好的情况下，企业宁愿继续选择小范围内的合作也不愿意承担风险进行大范围内的合作。

关键词

Repast　　行为金融学　　复杂网络　　网商　　网商生态系统

习题与思考

实践题：2～3位同学一组，结合现实经济中的问题，构思一个多主体经济模型，用Repast实现模型，并设计相关实验。

要求：

1. 选择的问题必须有现实意义；
2. 参数的选择和设置要有对应的真实含义；
3. 提交可运行的模型；
4. 撰写实习报告时，要分析模型的程序逻辑结构和运行逻辑结构。

延伸阅读

信息系统的复杂性①

信息系统的复杂性由低到高可分为3个层次：对象复杂性（作为工程技术设计对象的复杂性）、社会复杂性（用户群体以信息系统为媒介在系统内形成的各种社会协作、社会交互行为产生的复杂性）、生态复杂性（信息系统之间的交互形成的类生态协作网络的复杂性）。下面是这3个层次复杂性的解

① 张树人，方美琪：《Web 2.0与信息系统复杂性变革》，62～64页，北京，科学出版社，2008。

释，其中重点解释了最难以理解的社会复杂性。

一、对象复杂性

信息系统的对象复杂性是由机械式信息系统到有机信息系统转化发展过程中产生的。

传统信息系统的体系架构是静态的，即各功能组件之间的搭配组合关系是在设计阶段确定下来的、固定的，信息系统具有类机械系统的结构刚性，因此可称为机械式信息系统。随着信息系统以自顶向下、逐步细分设计为主转化为以自底向上、逐步集成设计为主，信息系统各功能部件/模块的独立性越来越高，部件间的耦合度越来越低，从而为各部件自主交互、自由搭配组合提供了可能。这种可灵活改变部件间组合关系的、具有动态体系结构（结构柔性）的信息系统，称为有机信息系统。机械式信息系统与有机信息系统的简化示意图如图 6—34 所示。

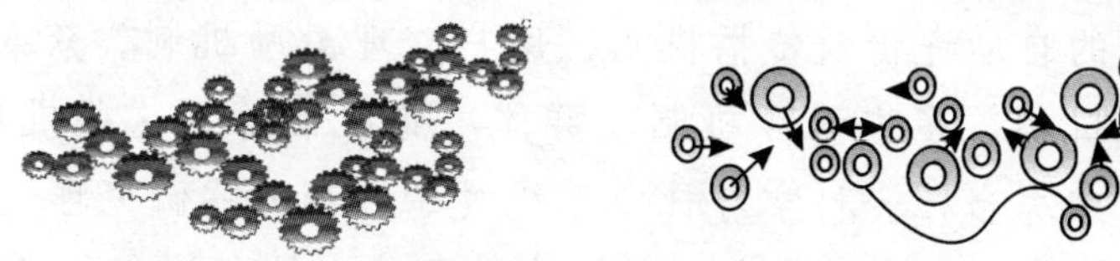

图 6—34 机械式信息系统（左）与有机信息系统（右）

二、社会复杂性

信息系统的社会复杂性是信息系统由人为设计的系统发展为人参与的社会—技术混合系统时所带来的。

主体参与式架构把用户的行为、用户的自主决策机制和社会交互机制纳入系统设计，让来自用户的人力智能和系统的计算智能有机结合起来，并在系统内自底向上地形成各种社会组织、涌现出各种社会集合行为（collective behavior）等。信息系统因此由纯粹的人为设计对象系统，发展成为人参与架构的社会—技术混合系统，而具有了社会系统的复杂性，简称为社会复杂性。信息系统引入社会复杂性后的示意图如图 6—35 所示。

社会复杂性让信息系统不再是单纯的工程技术设计对象，而同时成为社会科学研究（如社会政策规划）及设计（如组织行为设计等）的对象。根据新制度经济学的社会结构嵌入理论，人类的经济、社会活动都是在特定社会网络结构中展开的，受社会网络结构的制约，随着信息系统内用户群规模的

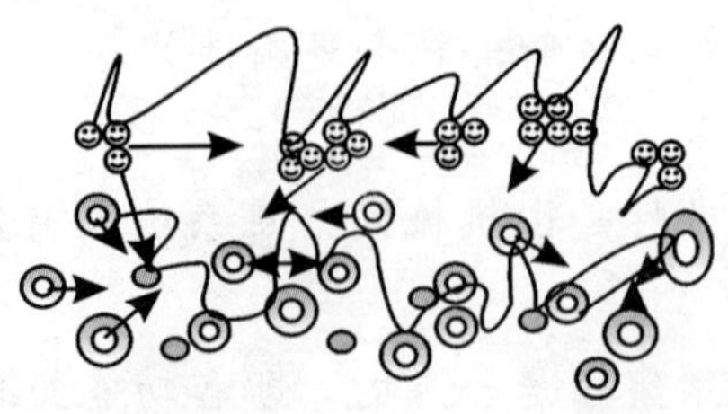

图 6—35　社会—技术混合系统的复杂信息系统简化示意图

日趋巨大，信息系统内的用户也发展出复杂的社会网络结构。与真实社会网络结构隐蔽地存在于社会系统中不同，用户在信息系统内的所有社会活动和发展的所有社会关系都在系统中留下记录，可以直接进行分析（而无需额外调查），并对所有成员都是公开可用的（所有用户都可以基于自己的应用需求分析处理这些数据）。因此，为了更有效地促进系统用户间的协商与协作，优化系统内社会关系网络，改善系统内的社会秩序，可在系统内设计用户诚信度的自动评价及传播机制、用户心理激励机制、众人协商机制、社会关系传递机制、多方博弈机制、群体决策机制等。这些机制的设计需要在软件工程中综合社会科学与社会系统复杂性相关的研究理论和方法。

社会复杂性是信息系统最难以理解的复杂性，具有社会复杂性的信息系统比一般社会科学研究的对象系统还要复杂——从抽象的过程结构看，具有社会复杂性的信息系统比真实社会系统还复杂，因为真实社会系统中集体行为的涌现并不必然能够被统计出来，也并不必然能够反馈到具体的个体行为中去。当然，信息系统本身也可以看作是真实社会的一部分，或作为真实社会中整体涌现和个体行为之间反馈的一种渠道。依据 Stephen Jones 对复杂系统涌现机制的划分，在系统整体和个体行为之间具有双向反馈机制（feedforward and feedback）的涌现称为二阶涌现（2nd order emergence），只有单向反馈机制的涌现称为一阶涌现。具有社会复杂性的信息系统中的涌现属于二阶涌现。如在社会性网络服务中，通过系统计算汇总出用户的集体行为结果（全局用户关系图、分众分类、最热话题、Wiki 汇总的群体写作，等等），在系统内直接反馈给每个用户，如图 6—36 所示。二阶涌现在一阶涌现基础上增加了一个闭合的反馈，构成了反馈环，该反馈环增加了系统动态行为的复杂程度。

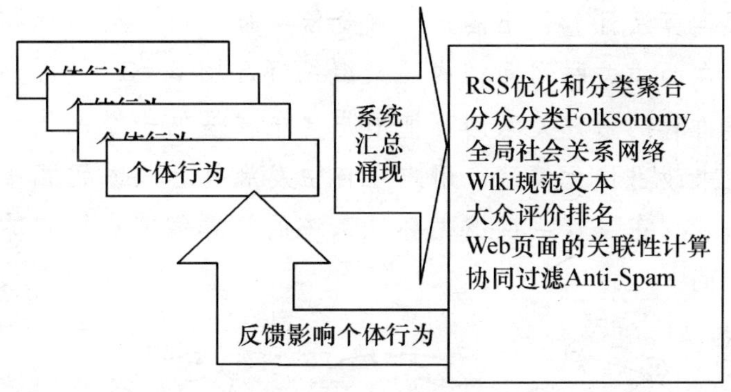

图 6—36　信息系统的社会复杂性及二阶涌现

对涌现机制的分析有助于设计各种层级的复杂系统，Jochen Fromm 根据涌现作用机制的不同，进一步把涌现系统由简单到复杂分为 2 个层次 5 个类别。另外，Purao 等人在文献中提出了涌现系统（emergent system）的概念，并明确指出涌现系统的设计需要综合软件工程和社会科学两方面的研究力量。

下面以信息个性化检索的协同过滤为例，进一步解释信息系统中社会复杂性产生的机制及其作用原理。

个性化检索是让系统针对不同用户的兴趣和知识背景返回与之相匹配的个性化检索结果。协同过滤是通过分析用户的历史检索记录对用户和信息进行聚类，然后根据聚类得到的用户相关性和信息相关性实现用户之间的协同，让具有相近检索需求的同类用户能借鉴彼此的经验。

传统的协同过滤系统没有考虑用户的自主性，用户不能自主地利用自己的判断力、利用自己的分类关联知识对信息进行分类，也不能自主地引入或发展自己的社会关系网络，不能利用在现实中发展出来的可信任社会关系网络进行协同过滤。

在原协同过滤系统的基础上增加用户的自主性，让用户能够自主地对信息进行分类（自定义分类，或自定义信息之间的关联），并能自主地在系统内发展社会关系网络，或把现实中的社会关系网络带入系统之内，由用户自主地选择协同过滤的伙伴，自主地建立可信任的社会关系，自主地从其信任的社会关系网络中学习和借鉴参考，系统便具有了社会复杂性。引入用户自主性的系统中存在两种不同方法形成的用户关联网和资源关联网，一种是通过传统的系统聚类算法计算得出的，一种是依赖每个用户的知识和判断力自主发展出来的。在两类关联网间构成了反馈循环，图 6—37 是用户关联网的例子。系统聚类推荐的用户关系网可把用户自主发展的关系网作为反馈学习的训练数据，用来改进优化算法；用户在自主发展社会关系过程中也可以参考系统的聚类推荐。正是这一反馈循环让系统的计算智能和用户的群体智能得到了有机的协同。

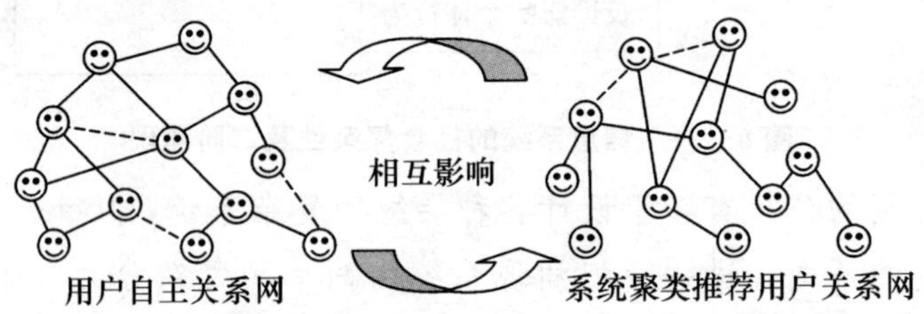

图 6—37　两种方法得到的用户关系网之间的循环反馈

此外，增加用户协同自主性的原则并不限于信息检索的协同过滤，而可推广应用到系统结构的协同优化中去。通过打破系统结构和功能组合的预先设计和安排，允许在使用阶段由用户自主地进行系统功能的选配组合，系统就可以根据用户的群体行为综合调整优化整个系统的功能组合结构，并可根据用户的个人行为和自主发展的协作关系网络提供个性化的功能组合方式。

三、生态复杂性

开放式架构让信息系统由孤立、封闭的系统发展到开放协作的系统，众多系统间的开放协作构成了错综复杂的协作关系网络。在协作关系网络中，每个信息系统有其特定的功能和用途，相当于生态系统中不同生态位的生物，不同的协作组合可以完成更大的任务，类似于不同生物之间的生态协作。随着信息系统越来越开放，信息系统之间的综合、混合与互操作越来越普遍，系统之间的协作关系网也越来越复杂，信息系统因此具有了生态复杂性。信息系统的生态复杂性并不属于具体的某个信息系统，而属于多个相互协同与交互的系统构成的系统（system-of-systems）涌现出的特征。

三种复杂性让信息系统具有了灵活的适应性。其中，对象复杂性让系统能够在使用过程中不断地优化系统组织结构，以适应外在环境的变化和用户需求的变化；社会复杂性能带动系统用户社群关系网络与系统功能组织网络的协同优化，信息系统因此能适应不同应用用户群体的社会结构；生态复杂性让信息系统能够与其他的系统一道协同进化，从而能最大限度地适应应用环境中的其他系统。在大量信息系统项目或因为质量控制的困难、或因为难以适应应用环境和需求发生的变化，而在开发过程中就被中止或刚被应用不久就被用户被市场所抛弃，造成巨大的投资浪费和智力浪费的情形下，适应性对于克服信息系统的质量危机（软件危机）、提高信息化项目投资的成效具有特别的意义。因此，信息系统日趋复杂与灵活所带来的适应性对信息系统发展是一个很好的机遇；也正因为如此，国际上许多科研机构都专门成立了复杂适应信息系统相关的研究团队。

在看到信息系统日趋复杂性所带来机遇的同时，也需要清晰地认识到其给信息系统的设计和研究所带来的困难和挑战。

信息系统日趋复杂性给信息系统设计带来的挑战首先来自于观念变革的困难。对复杂系统的认识、理解和研究的难度原本就高于简单系统，作为20世纪的科学范式革命，系统复杂性研究虽然正在引导致科学从二元论、简化还原论、线性思维到整体论、系统论和复杂性思维的转向，并在许多学科领域内卓有成效，但观念的变革比技术革新更为困难，传统科学范式在信息系统工程设计领域内的影响已经根深蒂固，信息系统复杂性研究所需要革新的观念一时还很难得到广泛地理解和认可。

信息系统复杂性研究带来的巨大挑战的另一方面原因在于，与一般系统复杂性研究相比，信息系统复杂性研究有其特殊性。一般系统复杂性研究的对象都是自然系统和社会系统，这些系统在研究伊始就已具有复杂性；而信息系统复杂性并非一个已然存在的研究对象，而需要去人为设计或培育，系统复杂性本身是研究设计的结果，而非前提，信息系统复杂性研究的目的是设计出具有特殊复杂性结构的系统，其中的复杂动力学机制和运作规律都是人为设计和规划出来的（所有工程类系统复杂性研究都具有这一特殊性，如仿生机器系统等）。相对现存复杂系统的研究，人为设计与构造复杂系统的研究要更为困难，尤其是当系统中还需要包含对具有目的和意图的人的行为进行设计时，更增加了这一任务的艰巨性。

信息系统复杂性研究所带来的具体挑战包括如系统动态机制的设计难以控制和把握，系统适应性的设计难以理解和规划，系统的非线性动态行为不可预期、发展前景难以评估，无法进行可重复测试，信息系统及相关技术的演化发展趋势难以认识，等等。

第七章

进化模型

前面介绍的各个模型有一个共同特征，即模型本身的结构特征在仿真过程中不会发生变化。

本章我们考虑建立具备学习功能的模型：当模型参数改变时，模型自身的形式甚至也会随着环境发生变化。这种模型的研究立足于机器学习和优化这两个领域。这是两个都十分活跃的领域，本章并不打算也不可能全面介绍这方面的所有前沿研究和分支，而是只选择其中的两种：人工神经网络和遗传算法进行介绍，这两种方法都是在社会科学仿真中很有影响的方法。在讲述遗传算法时还会介绍一篇完整的研究报告，在这份报告中将讲述分类器系统和遗传算法的结合应用。

第一节　人工神经网络

人工神经网络和遗传算法都有些与生物学模拟有关。大脑由巨多的细胞构成复杂网络组成，被称为神经网络，细胞之间通过蜘蛛网一样相互联结来传递生物电脉冲信号。每个神经元从多个别的神经元中获得输入信息，如果输入的信息足够强，将会被激活，从而传递信号给别的神经元。人脑估计有100 万个神经元。学习发生在两个神经元被同时激活时，二者之间的路径或直接的联结会被加强。ANN 模型就建立在这些生物学神经元的高度抽象之上。尽管一般一个 ANN 只包含不到 50 个神经元（而不像人脑那样有 100 万个），但给定一个刺激，要求它必须做出某些特定的反应时，它依然是可以被训练和学习的。

一个人工神经网络由一层或多层“神经单元”排列组成，每层中的每个“神经单元”与相邻层的所有“神经单元”都有连接。每个连接有一个数字权重表示连接的强度。其中一层接受外来环境的刺激（信号输入），是输入层（为方便起见，通常画在神经网络图的最左边）。最右边是输出层，它产生神经网络的信号输出。而中间的层都被称为隐含层。在操作上，一个刺激模式被应用在输入层上，输入层的每个神经单元根据刺激的模式接受特定的信息，而隐含层的单元则从它前面一层的输出中接受信息，然后结合输入以及与后面一层中单元的联系权重决定输出到后一层中信号。

下面我们以词汇学习和学习利他性两个模型为例，介绍人工神经网络在学习和进化模型中的应用。在第三小节里我们将介绍一下神经网络设计的一些基本原则。

一、词汇学习

不同人之间能够交流是因为共享同一个词汇表，共享词汇表意味着两个交谈者使用同一种语言，这种语言用同一个符号表征（语音或拼写）来指谓相同的事物。举个例子，地板上有三个色块，我想告诉你拾起蓝色块，为了把这个信息传递给你，我们需要有一种共同的语言，在这个语言中包括字汇

“蓝”，而且你我双方都知道这个字汇与地板上的蓝色块之间的关联（而假若在你的概念中蓝色与那个绿色块相关，就无法正确地区分地上的蓝色和绿色）。为了保证后续交流能够有效进行下去还要有两个基本条件：第一，这里必须有足够的符号对需要表征的事物进行区分；第二，这个符号的概念涵指必须对使用这个语言的所有人都是相同的。正如 Hutchins 和 Hazlehurst 所言，“一个共享的词汇表是对一系列区分的共识”。

尽管分享词汇这一说法应用在语言词汇学中更清晰，但在其他社会生活相关领域中却有更值得考究的意义。人们对一些视觉上的差异用语言进行区分时必须要有对应的语言符号（比如一些原始语系的词汇中表征颜色的词汇只有三种，使用这种语言的人也只能识别和区分三种不同的颜色）。许多语言学家、发展心理学家和社会学家经常提出这么一个问题：这种词汇的共享最初是怎样发展出来的？假设一群没有共享词汇的主体在一起交流，在没有外在教导的情况下，他们是如何从没有一个共同词汇到慢慢形成一个有丰富词汇的语言来的？对这个问题的回答，Hutchins 和 Hazlehurst 提出一个交互人工神经网络模型的解决办法。

他们用一种叫自动联合者的特殊类型网络，在这种网络中希望输出模式与当前输入模式完全相同。一个自动联合者网络需要经过大量的样本例子进行训练，直到它的输出与训练的输入模式完全相同，在训练以后，用中间隐藏层的模式来编码任何规则的输入数据时效率非常高，换句话说，中间层能够分辨那些把输入模式划分为不同类型的关键特性。这一点对于研究一个词汇的形成非常有用，因为这些编码能够与描述输入的各种符号相对应。

Hutchins 和 Hazlehurst 用自动联合者网络对一个交流人群中的每个主体进行建模。这个网络有一个输入层（由 36 个神经元组成）和一个输出层（也是 36 个神经元）。网络的输入被看做是一个视觉场景的编码（输入层因此可看做是主体们的“眼睛”）。第二隐藏层的活动被看做是主体对所看到的场景的语义表征，比如为每个场景所产生的符号。这一层因此可看做是“词汇输入/输出层”。在训练网络时为每个输入层提供 12 个 36 位的二进制编码代表 12 种场景（在他们的例子中代表 12 种月相）。这样一个训练过的网络就能够区分开 12 种景象，并在他们的“词汇输入/输出层”中表征出来。对于与这 12 个模式完全相同的场景，每个训练过的网络应该都能够区分开来，但他们的“词汇输入/输出层”却可能不同（每个网络对每种场景的词汇编码与网络初始连接权值有关）。这样每个主体都可以讨论这些场景，但因为他们的词汇不同，因此无法进行交流。

为了表示这些主体之间的交互，Hutchins 和 Hazlehurst 确保在一个训练期间，反向传播算法在“错误反馈”时不仅仅依赖于输入模式和输出模式的比较，而同时比较与他交互的伴侣主体的“词汇输入/输出层”。随机选择的两个主体在输入同一个场景时进行这样的交互训练。因为网络依然是自动联合者网络，因此输入和输出模式仍然保持同一。“错误反馈”在判断输入输出是否同一时的计算仍然保持不变，主要是加入了与伴侣的“词汇输入/输出层”的比较，把这个错误反馈与原来的错误反馈合在一起用来作为反向传播算法的反馈输入。这样，训练后的一对网络不仅仅可以对不同模式进行区分，而且还在“词汇输入/输出层”上达到一致。简单地说，在达到用词汇区分场景的目的的基础上，这一对主体还能够用同样的词汇来表达他们共同看到的输入场景。

仿真的结果表明，2 000 次（一次一对）交互后，主体们（模型中总共有四个主体）关于 12 个月相的“词汇”几乎同一了，这意味着通过交互他们最终都接受了同一套术语，而且这个语言交流发展出的术语的拼写（对应的中间层的编码）却是随机的——与这些网络的初始权值状态有关，而且每次运行都可能不同。这似乎是在没有任何外在的语言资源条件下，这些主体集体创造出一种符号语言（尽管非常简单）。也许有人希望对这个模型进行加工以发现主体们是否可以发展更为复杂的语法规则，但这显然需要更复杂的神经网络。有人还提出设想在一个人工社会里用这种语言自发形成的例子来代替主体之间的命令或协商的交互，然后从交互中发展出更多的语言资源来（这个实验可以用人群中的一个游戏来做，称为 12 词汇游戏）。

Hutchins 和 Hazlehurst 的模型中，主体们在交互过程中学习并创造了一个共同的词汇表，这个词汇表本身是在他们交互过程中涌现出来的。在下一个神经网络模型中，我们将看到利他行为是如何从交互中涌现的。这个模型在本章后面部分的遗传算法中也会被提到。

二、学习利他性

这个实验中有 100 个主体，主体由神经网络构成，分为 20 个小组，每个小组称为5姐妹，初始状态时每个小组内的5姐妹都设置为同样的连接权值。每个主体在开始时被分配给同样数量的食物块。在每个主体固定长度的生命周期内，它们随机地相遇，在相遇时可以决定是放弃还是保持食物块。在生命周期结束时（每个主体可以经历100次遭遇其他的主体），其中的20个拥有食物数量最多的个体被选中，并复制5次形成新的一代姐妹组，上一代旧的主体则被丢弃。

主体在遭遇其他主体时作出是否放弃食物的决定是由它的神经网络所控制的。神经网络很简单，只有两个输入神经元、三个隐藏层神经元和一个输出神经元。输入的信息是遭遇对象的类别编码，即遇到对象是否属于自己的姐妹，输出信息决定是否给遭遇的对象一块食物。当神经网络复制下一代时，所有的网络权值被复制到下一代，但允许一些小的随机变异(“突变”)，在一个标准的人工神经网络中，权值通过反向传播的错误反馈进行调整，但Parisi的网络没有应用反向传播算法，而通过衡量食物的个数在生存换代过程中实现。

这个仿真运行50代以后，研究者本来期望看到在自然选择的淘汰下这些主体最终都会是自私的，即倾向于在遇到别的主体时都不会放弃食物；因为只有这样，主体才可以在保持初始分配的食物量的同时，还可能从别的主体中得到一些额外的食物。在实际模型中，主体在遭遇非姐妹主体时的实际表现也的确如此，即表现出所谓的“自私性”。然而，观察还发现：主体在对待它们的姐妹主体时会发展出一种“利他性”行为——当它们遇到自己的姐妹时倾向于拿出自己的食物。这种初看上去令人讶异的行为在1964年就被Hamilton在家族选择理论中预测了。对一个食物施予者来说，因为持有的食物量少，因此被选中进行复制的机会也较少，但同时增加了食物接受者（它的姐妹）在下一轮中被复制生存的几率，这样便提升了整个家族在下一轮得以保存的机会。

在模型中，单个主体的判断行为是通过一个神经网络控制的，但神经网络权值的校正调整不是通过外部的数据训练进行的，而是通过自然选择的竞争淘汰进行的：那些能够获得最多食物的主体被认为是适应能力最强的，因此在下一轮竞争中得以生存和繁衍，它们的权值设置模式被复制。这个模型表明，一个适应性强的主体的权值会倾向于对它们的家族作出利他性的决策，换句话说，倾向于对具有同一套连接权值的网络进行赠予。

三、神经网络的设计

人工神经网络在形式和规模上都纷繁杂异，设计一个好的人工神经网络与其说是一门科学不如说更像是一门艺术。这里好的评价标准包括：学习训练是否有效（是否能够很有效地通过一系列合理的训练样本进行学习），参数变量是否容易在输入端编码，隐藏层的数目，每层的单元数，激活函数的形式，学习上升率和动力常数的大小，以及错误计算的方式。我们将在这一小节简要地讨论这些问题，为如何选择一个合适的基因网络模型提供一些参考建议。

1. 数据的编码

在前面讲述词汇学习的例子时，我们可以看到当一个包括“月相”场景这样一组数据作为神经网络的输入时，通常需要编码转化为输入层可接受的信息。输入数据一般可以分为连续型变量（比如重量、交互的次数等），类别号（比如12个月相，或是否属于同一家族等），或者特性集合（比如蓝色、轻重、有甜味等）。连续型变量可以转化为0～1之间的数据直接输入，或者根据变化的尺度编码为离散的二进制。类别可以用二进制进行编码（比如可以把一个图划分为一个视觉格子，每一个格子对应一个输入神经元，若格子颜色为黑，则对应神经元的输入为1，格子颜色为白，输入0）。特性集很容易编码为二进制，比如8种颜色可以直接用二进制编码，需要3个神经元，把0～7的二进制编码作为对应的输入模式即可。

2. 隐藏层的数目确定

隐藏层的数目取决于输入输出之间关系的复杂度。大多数问题只需要一个隐藏层，如果输入输出之间是线性关系（能够用直线图近似表示），则根本不需要隐藏层。此外，也不可能所有实践问题都要求两个以上的隐藏层。

3. 输入输出神经元数目的确定

输入输出神经元数目的确定与数据的编码有关。输入单元数由输入数据模式的特征分类数决定；输出单元数由最终希望把输入数据识别分类的种类数决定；隐藏层单元数的决定更为复杂一些，Swingler（1996，p. 55）总结出一些粗略的指导规则，如隐藏层单元数不能超过输入层数的两倍，如果问题涉及压缩编码（比如前面的词汇模型），则隐藏层应该比输入层的数目少。最理想的数目是为每一个特征准备一个单元，但这个归纳出的特征数目可能无法提前预知。

神经网络可以识别出与所有训练数据都不完全相同的输入，把它们识别为与其最相似的训练输入模式。这在手写体智能识别中得到很好的应用，比如对“9”的识别，神经网络可以识别不同手写体的“9”字，虽然它们与以前用于训练的“9”的各种字迹都不可能完全一致。当然，一个好的神经网络也不能过分抽象，比如把“9”和“7”归为一类就违背了设计者的本意。对抽象程度的控制就与隐藏层的单元数有关，隐藏层单元数越多，对输入模式的识别越细致，但识别的概括分类能力也随之下降了；最极端地，当隐藏层增加到足够多的时候，神经网络可以分辨出所有输入之间的差异，但也因此完全失去了概括分类的功能。

第二节　遗传算法

与人工神经网络类似，另外一种学习进化模型也是从生物学领域获得启发的。从进化的自然选择理论中得到的启发，模仿这样一个选择进化适者生存的演化过程。如同这里有一个兔子部落，在这里生长、繁衍、死亡，在大自然的残酷法则下，它们必须面临来自肉食动物的捕食、有限食物资源和配偶的竞争以及饥饿灾荒和疾病的挑战，并非所有的兔子都能够顺利成熟并繁衍。假设一种大耳朵的兔子更适合于应对这些外部环境的挑战，于是慢慢地它们繁衍的数量就会比小耳朵的要多得多。而一对兔子夫妇的后代继承了它们的基因后，会继承和加强大耳朵这一特征。这样在自然的选择下，兔子的耳朵就会越来越长。这个过程相当于这个兔子部落具有对环境适应的学习能力，学习如何增长自己的耳朵（这里并不需要单只兔子都知道这点）。

遗传算法（genetic algorithm，GA）正是在模仿这种遗传选择和自然淘汰的生物进化过程的基础上发展起来的（Holland，1975）①，它对于复杂问

---

① Holland于1960年卷入基因遗传算法及选择问题的数学方法分析和基本理论的研究中，经过长期探索与实践，建立了遗传算法理论。遗传算法是一种借鉴生物界自然选择和自然遗传机制的高度并行、随机、自适应性强的搜索算法，开拓了神经网络理论的一个新的研究方向。Holland的研究与人工智能的主流研究方向正相反。他认为学习问题和来自环境的反馈问题是生物进化的根本问题，竞争比连贯一致更为本质。他设计的分类器系统的规则会随时间而改变和进化（这很重要），并在计算机上模拟了突现模型，系统具有开采—探险式学习能力。后来，他的一名学生Goldberg博士在1983年将这个理论成功地应用到煤气管道的模拟系统上。在一些心理学实验中他的理论也得到了验证。

题寻找最优解特别适用。如著名的旅行推销员问题：一个推销员希望设计一个送货车的路线计划，送货车需要送到许多商店，商店的先后顺序并不重要，主要是如何确定路线使得总里程最节省。人们已经发现这个问题没有常规的解决策略。然而，通过模拟一大批智能车（每一辆车相当于自然部落中的一个生命个体），这个问题得到了解决。开始时每辆车都随机地选择行驶路径，通过比较它们完成任务所必需的里程数的长短进行类似自然淘汰的过程（短的在竞争中胜出），然后从这些竞争中胜出的车辆中随机地选择配对，混合它们的路径选择，产生新一代的车辆，这样新生代车辆中含有上一代车辆双方的部分特征，那些产生的后代比自己还短的车辆配偶被保留下来，这样慢慢地车辆会变得越来越聪敏，选择的路径也越来越优化。

我们将会在后面的篇幅中看到，遗传算法也可以很好地应用到社会科学仿真模型中，模仿类似后代从祖先中继承一些习性的过程。这个继承可以是某种共同规范形成过程中的学习与传播，也可以作为个体对环境不断适应调节策略的过程。

遗传算法的基本流程如图 7—1 所示。由图 7—1 可见，它是一种群体型操作，该操作以群体中的所有个体为对象。选择（selection）、交叉（crossover）和变异（mutation）是遗传算法的三个主要操作算子，它们构成了所谓的遗传操作（genetic operation），使遗传算法具有了其他传统方法没有的特征。遗传算法的实现涉及五个主要因素：参数编码、初始群体的设定、评估函数（即适应函数）的设计、遗传操作的设计和算法控制参数的设定。遗传算法发展至今，已产生了多种修正的遗传算法，并推广到多重遗传算法。

一般把具有以下 6 个操作的遗传算法称为标准遗传算法（参见［1］）：

（1）编码。通过这个步骤，将处理空间的解数据表示成遗传空间的基因型串结构数据。

（2）初始群体的生成。通过随机方法产生初始群体的每个个体，即进化的第一代（first generation）。

（3）适应度评估检测。构成一个适应度函数，用来评价个体或解的优劣，并作为以后遗传操作的依据。

（4）选择。选择或复制操作的目的是为了从当前群体中选出优良的个体，

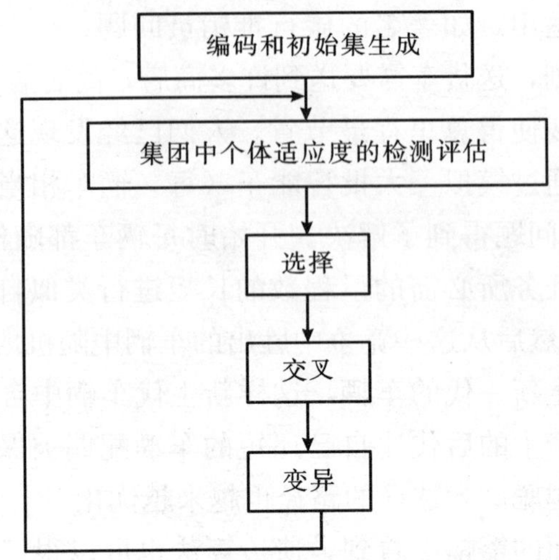

图 7—1 遗传算法的基本流程

使它们有机会作为父代，为下一代繁殖子孙。

（5）交叉。对配对库中的个体进行随机配对，并在配对个体中随机设定交叉处，使配对个体彼此交换部分信息。

（6）变异。把某一位的内容进行改变，这是十分微妙的遗传操作，它需要和交叉操作妥善地配合使用。

随着应用领域的扩展，遗传算法的研究出现了几个引人注目的新动向，其中之一是基于遗传算法的机器学习（genetic base machine learning）（参见[2]）。这一新的研究课题把遗传算法扩展到具有独特的规则生成功能的崭新的机器学习算法。这一新的学习机制给解决人工智能中知识获取和知识优化精炼的瓶颈难题带来了希望。

为解决专家系统设计中的知识获取瓶颈问题而兴起的机器学习研究，其目标之一是能够实现知识的自动获取。时至今日，机器学习的研究仍方兴未艾，其方法也是多种多样的。遗传算法作为模拟生物界中的自然选择与生物遗传机制的一种搜索算法，从开始就与机器学习有着密切联系。

下面我们以任务分配模型、简单主体模型和圣塔菲证券市场模型为例讲述遗传算法模型的设计。值得说明的是，这些模型都是基于 Swarm 框架实现的（Swarm，参见第四章第二节）。

一、任务分配模型

在现实生活中常常会遇到任务分配的问题。如果一项任务由多人完成，那么如何在这么多人之间分配任务是一个非常现实的问题。通常的情况下，由于这些人的自身条件不同，因此完成不同工作的效率也不相同。此时，有必要将任务的不同内容具体分配到不同的执行者，以达到最高的工作效率。

这里，我们借助牛奶公司的例子来做具体的说明。假设有一个牛奶公司负责一个特定社区内居民的牛奶供应。该公司拥有若干送牛奶的工人，分别居住在社区内不同的位置，他们负责将牛奶发送到居民家中。每天，牛奶公司首先用汽车将牛奶（成批）送到这些工人家里，然后这些工人再将牛奶送给居民。如果不进行特定的任务分配，这意味着对于某个给定的居民家庭来说，由哪个工人将牛奶送来是随机的，此时的工作效率明显是很低的。因为每个工人在完成自己的任务时所走的距离可以看做成本，如果任务分配得当——例如每个工人负责为离自己居住位置相对较近的家庭送牛奶——可以减少这些工人完成每天的工作所需要走的距离，也就是实现较高的工作效率。这个模型的目的就是通过演化的算法（遗传算法）找出最有效的任务分配模式。

这里我们采用经典的遗传算法实现模型。

首先，假设社区可以表示为一个长度为 m，宽度为 n 的矩形区域，并且假设牛奶公司的客户均匀分布在社区内。假设公司有 k 个工人，他们居住的位置分别表示为（x_1，y_1），（x_2，y_2），…，（x_k，y_k）。按照遗传算法的要求，我们需要用一个代码串来表示一种任务分配的模式。一个任务分配的模式就是该问题的一个解，我们的目的是找到使得所有工人每天行走的距离最小的解。这里我们用一个长度为 $m\times n$ 的 k 进制数字串来表示一个候选解，数字串中的每一位数字代表了负责为社区内相应位置的居民送牛奶的工人的代码。例如在一个长度为 6，宽度为 4 的社区内，由 3 个工人负责完成任务，如表 7—1 所示。

表 7—1　　一个候选解

1	2	3	2	1	2
1	2	1	3	2	3
3	2	1	3	1	2
1	3	2	3	1	3

此时，候选解表示为一个三进制的 24 位的数字串：123212121323321312

132313。在我们的模型中，遗传算法所要求的适应度与工人完成任务所需要走过的全部距离之和成反比。对于每一个候选解来说，该距离之和的值越小，则适应度越高。每个工人在完成任务时选择路线的原则是从自己居住的位置开始，不断寻找下一个离当前位置最近的由自己负责的居民。例如，表7—1中第一个工人所选择的路线可能是（1，1），（2，1），（4，1），（3，3），（3，2），（1，5），（3，5），（4，5），其所经过的距离为13。

在模型初始化阶段，按照给定的参数生成 s 个随机的候选解，分别计算它们的适应度，也就是工人所走的距离总和。然后在每一轮的迭代过程中，不断演化生成新的可行解。生成新的可行解的方法有三种：复制、交叉和突变。复制指的是从原有的一组候选解中挑选出两个加入到新的候选解组中。交叉是指按照一定的概率（交叉率）从原有的一组候选解中挑选出两个并随机选择一个位置，在该位置上将两个解进行交叉互换，生成两个新的候选解。突变是指按照一定的概率（突变率）在新生成的候选解的每一位上发生改变，用其他的有效数字代替该位上的数字。注意交叉率一般不大于0.2，突变率一般不大于0.05。原有的候选解被选中进行复制或交叉的概率是根据各个候选解的适应度而分配的。适应度越高的候选解被选中的概率也就越大。关于遗传算法的具体的实现细节可以参看有关书籍。按照遗传算法的理论，适应度较高的候选解中含有具有较高适应性的“基因”——代码段，而通过复制、交叉和突变的方法可以使这些基因保留下来并组合成新的具有更高适应性的解。因此，每一次迭代过程之后生成的新的可行解的平均适应度会不断提高。经过反复的迭代过程，有可能找到具有最大适应度的解。

上述模型的算法用Swarm平台实现后，可观察每次迭代之后新的候选解的平均适应度和最大适应度及其分配模式。

在运行模型时我们采用了不同的参数。下面给出的是一组典型的参数：$m=10$；$n=10$；$k=2$；$s=300$；交叉率＝0.2；突变率＝0.03；迭代次数定为5 000次。

在运行的过程中，可以看到每次迭代后的平均适应度基本上呈现出先不断上升然后逐渐趋于稳定的发展过程，如图7—2所示。这个模型虽然很简单，但是具有一定的实用性。如果将社区表示为有向图的方式，将距离表示为有向图上各个边的权重，并在路线选择上同样用遗传算法加以实现，那么该模型就非常接近于现实生活中各种配送系统的模式，从而可以得到广泛的应用。

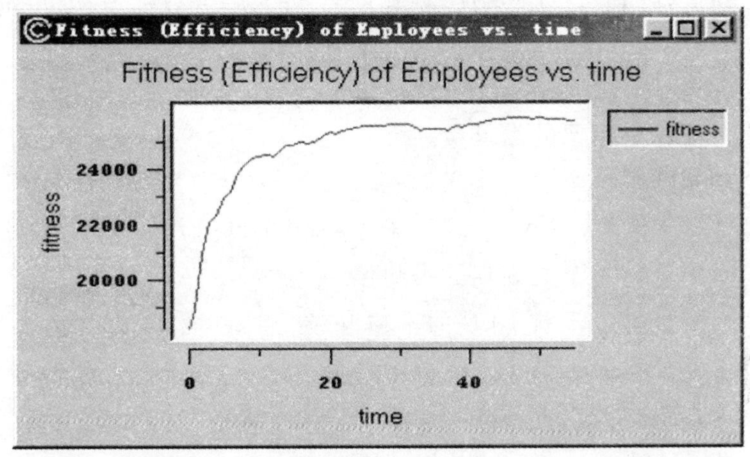

图 7—2　任务分配模型中适应度的发展过程

二、圣塔菲证券市场

圣塔菲证券市场是一个非常成功的人工市场项目，它的详细介绍发表在 Arthur，Holland，LeBaron，Palmer 和 Tayler 的论文 “Asset Pricing Under Endogenous Expectations in an Artificial Stock Market” 中（参见［4］）。

主体个人的期望是由一个分类器系统实现的。这个分类器系统是对 Holland 的条件/动作分类器的一个改进（condition-action，Holland，1975；Holland，Holyoak，Nisbett & Thagard，1986），在这里称为条件—预测分类器。它根据当前的市场状态信息，预测将来的价格和红利，从而推导出需求函数。当前的市场信息用一个 12 位长的字符串表示，每个位置的取值为 0、1 或＃（＃是一个通配符，表示既可以是 0，又可以是 1）。假设在这个字符串中，第 5 位表示“价格＊利息/红利＞1.0”，第 10 位表示“本期价格大于前 500 期的平均值”；1 表示正确，0 表示错误。现在，所有预测器的状态部分对应这些市场描述也是这样的 12 位串，每个位置的取值为 0、1 或＃（表示既可以是 0，又可以是 1）。这样，状态“＃＃＃＃1＃＃＃＃＃＃＃”表示“价格＊利息/红利＞1.0”，“＃＃＃＃＃＃＃＃＃0＃＃”表示“本期价格不大于前 500 期的平均值”。每个预测器的预测部分对应一个预测表达式。在这个模型中，表达式采用价格和红利的线性表达式$E(p_{t+1}+d_{t+1})=a(p_t+d_t)+b$。预测器中保存的是 a、b 的值。如一个预测器为（####1########）/(0.96，0)，表示在“价格 * 利息/红利>1.0”的情况下，推荐的 a、b 分别为 0.96 和 0，这样可以通过表达式 $s_{t,i}=\frac{E_{t,i}(p_{t+1}+d_{t+1})-p_t(1+r)}{\gamma\sigma^2_{t,i,p+d}}$（$r$ 为储蓄利息，γ 为对风险的厌恶程度）计算出股票的需求量。

以下是预测器中每个位的含义：

1～6　价格 * 利息/红利>0.25，0.5，0.75，0.875，1.0，1.125

7　本期价格大于前 5 期的平均值

8　本期价格大于前 10 期的平均值

9　本期价格大于前 100 期的平均值

10　本期价格大于前 500 期的平均值

11　总是为 1

12　总是为 0

前 6 个二进制位（1～6）反映了当前价格和当前红利之间的关系，显示出当前的股票价格是高于还是低于基本值，我们称它们为“基本”位；7～10 位表示价格的趋势，称为“技术交易”位。

所有的规则使用对价格和红利的预测准确度来评价。每个规则的预测方差使用以下公式来计算：

$$\sigma^2_{t,i,j}=\beta\sigma^2_{t-1,i,j}+(1-\beta)((p_{t+1}+d_{t+1})-E_{t,i,j}(p_{t+1}+d_{t+1}))^2$$

其中，β 是一个固定的量，设置为 1/75，但该量可以修正，以适应不同的模拟数据，代表模型的非平稳性；$E_{t,i,j}(p_{t+1}+d_{t+1})$ 为预测的股票价格和红利之和；$(p_{t+1}+d_{t+1})$ 为实际的价格和红利之和。方差越小的规则适应度越高。

另一个重要问题是如何进化产生新规则。每过 K 个时期，就会有一些主体被选中以修改它们的预测规则集。适应度最差的 15%的规则从规则集中删除，并被新规则替代。新规则是用遗传算法进行随机交叉和变异来生成的。规则的预测部分可以采用三种方式来生成：两个参数 a 和 b 都从同一个父辈继承；两个参数各从一个父辈继承；根据两个规则的适应度对两个参数进行加权平均。

不同的 K 会带来不同的学习性能。当 K 比较大，如 $K=1\,000$ 时，学习过程比较慢。在这种情况下，主体通过学习常常忽略信息高位，如“技术交易”

位，价格的时间序列与常用的理性预期均衡（REE）得到的结果非常相似。当K降低到250的时候，主体开始使用“技术交易”位。最终，价格显示出持续波动，交易量也比理性预期均衡的结果增加了。这也是真实市场的一个特点。

圣塔非证券市场是目前最复杂的人工市场模型之一。这个模型允许主体在一个相当广泛的可能预测集当中开展学习，并具有灵活使用和忽略不同信息的能力。所有的交互都是通过学习产生的，没有一个集中的控制者。而整个市场的发展趋势却是非常理性的，显示出良好的学习效果。但是，这个市场相对比较复杂，很难得出很强的理论结论。

三、SFEE模型：遗传算法在模拟公司定价决策中的应用

为了完整说明遗传算法结合多主体建模在经济学研究中的应用，这里把中国人民大学经济科学实验室2000届研究生饶京海同学的学位论文选编到这里（有删节），一方面作为一个完整的研究样例，一方面通过他的论文介绍“分类器系统”的设计思想及其在多主体建模中的应用。

1. 介绍

SFEE（Swarm-based framework of economic environment）系统是由中国人民大学经济科学实验室开发的一个宏观经济运行环境的框架结构。该系统是国家自然科学基金重大项目——宏观经济信息、模型体系及其功能研究[①]的一部分研究成果。

在这个模型中，模拟的基本单位是经济主体，包括家庭、公司、政府、银行、证券市场等。我们的任务是定义这些主体，赋予它们必要的行为规则和合适的参数，让它们在一个系统中进行决策，从而使整个系统可以模拟宏观经济的运行情况，并希望能通过对参数的解释，对经济政策提出建议。我们计划通过对ASPEN（Pryor，Basu and Quint，1996）——美国SADIA国家实验室的全美国民经济与消费的多主体模型——进行分析和仿制，建立适合中国消费情况的宏观模型。

SFEE是包含家庭、企业、政府、银行、中央银行、金融市场等多类主体的模型，这些主体在劳动力市场、产品市场、债券市场和贷款市场上分别

① 该项目是国家自然科学基金重大项目“支持宏观经济决策的人机结合综合集成体系研究”的一个子课题，项目批准号为79990580。

发生雇用和被雇用、产品需求和提供、债券买卖和借款贷款等行为。而企业在制定产品价格，银行在决定贷款利率时都采用了遗传算法分类学习系统（GALCS），使得这些决策行为更加符合这些主体在现实生活中的原型。

研究选择Swarm作为建模平台。在研究初始阶段，先尝试性地建立了一个简单的系统原型，目的是探讨这种建模方式的可行性。这个原型模拟了简单的产品市场和劳动力市场，共包含三类主体：家庭、食品公司和政府。它们的行为主要是围绕资金流向展开的，其中公司的定价学习过程是由遗传算法来模拟的。图7—3是一个简单的交互关系图。

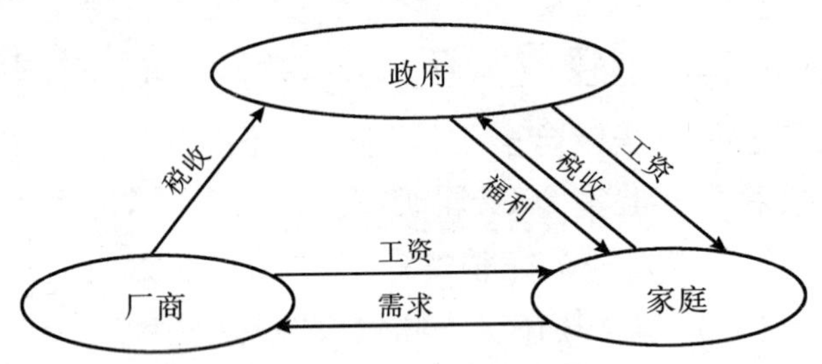

图7—3　原型模型的交互

家庭收入的主要来源是工资。雇主可以是公司或者政府。为简单起见，家庭成员中只有一人可以被雇用。在有工作的状态下，他每天从雇主那里得到一定的工资。如果失业，政府会发给一定的失业救济金。家庭的其他收入还包括企业的利润分配。对于这些收入，家庭按照单一税制向政府交税。在这个简化的原型中，家庭的消费主要是食品消费。每天，家庭对食品的需求估计取决于家庭的人口数。一旦需求的数量确定了，家庭会寻找一家合适的食品公司采购。寻找的过程是这样的：首先，各个食品公司每天报出自己的单位商品价格，家庭参考各个食品公司的价格列表，假设公司 f_i 的报价是 $p(f_i)$，则家庭从该公司购买食品的概率基于一个常数弹性的需求函数：

$$\text{Possibility}(A_i)=kp(f_i)^{-q},$$

其中：q 是一个给定的指数参数，即家庭对食品的需求弹性，k 是用来将概率向量标准化的常数。

这样，家庭会形成一个购买概率列表［Possibility（A_1），Possibility（A_2），…，Possibility（A_n）］（假设有 n 家公司）。这意味着，一个公司的 $p(f)$

相对于其他的食品公司越低，家庭从该食品公司购买食品的可能性就越高。

这个原型只包含一类公司——食品公司。公司的收入来自销售产品的利润，利润＝价格×销售量－生产成本。

这里，价格的变动会影响消费者是否购买该产品的决定，从而影响销售量，并最终对利润产生影响。因此，公司需要学会如何定价，并且根据一轮买卖后的结果修改其价位。定价策略便成了公司的一个适应性过程，公司也因为具备这种一定程度的智能（虽然是很有限的）而成为一个适应性主体。公司的定价学习用 GALCS 实现，后面将具体介绍。

公司每天根据劳动力和机器情况进行生产。生产量$=CK^aL^b$，其中 C 为常数，K 为机器数，L 为工人数，a 表示机器生产率，b 表示劳动效率。由这个方程可以看出，公司可以通过调整 K 和 L 来改变产量。在目前这个版本中，K 被设置为常数（以后的版本会引进 K 的变化——公司每年申请贷款用于购买机器）。L 目前是可变的，公司每天雇用或解雇工人。其人力策略取决于目前的需求和公司的产品库存状态。公司按照其利润额向政府交纳利润税。税后的利润会平均分配到经济环境中的每个家庭。政府的作用主要是收税和向失业家庭发放救济金。每天，模型中的政府主体从家庭、公司那里征集各项税款（收入税、销售税、社会保险税），向失业者和年长者支付各种补助。政府还要雇用人口总数的25%作为国家公务人员，为他们支付工资。通过调整税率和政府的花费情况，模型可以模拟政府执行扩张性的或紧缩性的财政政策。

2. 完全竞争条件下的价格竞争模型

如果假设产品是同质的，而企业的竞争战略是价格而不是产量，伯川德（Bertrand，1883）证明，在完全信息市场上，即使只有两个企业，在均衡情况下，价格等于边际成本，企业的利润为零，与完全竞争市场均衡一样。这便是所谓的“伯川德悖论”（Bertrand Paradox）（参见［5］）。一般来说，解开伯川德悖论的方法之一是引入产品的差异性。如果不同企业生产的产品是有差异的，替代弹性就不会是无限的，此时消费者对不同企业的产品有着不同的偏好，价格不是他们感兴趣的唯一变量。在存在产品差异的情况下，均衡价格不会等于边际成本。考虑产品差异的一个经典模型是豪泰林（Hotelling，1929）价格竞争模型（参见［6］）。

但是考虑到市场上的信息不可能是绝对完全的，我们假设某个企业的销售量是与价格成反比的，即价格越高，销售量越低；价格越低，销售量越高。

根据前面的假设，企业 f_i 的报价是 p_i，则家庭从 f_i 购买食品的概率是

$$\text{Possibility}(f_i)=\frac{p_i^{-q}}{\sum_{j=1}^{n}p_j^{-q}},$$

其中：q 是家庭对食品的需求弹性，用来表示家庭对价格的敏感程度。显然，q 越大，价格高的商品被购买的概率越小，价格敏感程度越高。

这意味着，一个公司的价格相对于其他的食品公司越低，家庭从该食品公司购买食品的可能性就越高。

假设一共有两个食品企业，分别称为 f_1 和 f_2；每个企业的战略是制定价格；支付是利润，它的数学期望是两个企业定价和销售量的函数。

$$E(\pi(f_1))=(p_1-C)Q\frac{p_1^{-q}}{p_1^{-q}+p_2^{-q}},$$

其中：$\pi(f_1)$是公司 f_1 的利润；

C 是食品的单位生产成本，在这里是个常数；

Q 是整个系统对食品的需求。

找到每个企业最大利润的一个办法是对每个企业的利润函数求一阶导数并令其等于零，即

$$\frac{\partial\pi_1}{\partial p_1}=Qp_2^q\frac{p_2^q-(q-1)p_1^q-Cqp_1^{q-1}}{(p_1^q+p_2^q)^2}=0,$$

解这个函数，我们得到使利润最大的条件为：

$$p_2^q=p_1^q\left(q-1-\frac{C}{p_1}q\right)。$$

设$\frac{C}{p_1}=a_1$，由于 $p_1\geqslant C>0$，所以 $1\geqslant a_1>0$，得到公司 1 的反应函数为

$$p_1=\frac{p_2}{\sqrt[q]{(1-a_1)q-1}}。$$

反应函数意味着每个企业的最优战略（定价）是另一个企业价格的函数。

对于两个企业而言，各自反应函数的交叉点就是纳什均衡 $p^*=(p_1^*,$

p_2^*)。同理，公司 2 利润最大的条件为

$$p_1^q = p_2^q\left(q-1-\frac{C}{p_2}q\right)。$$

将这两个利润最大条件相加，得到

$$p_1^q + p_2^q = (q-1)(p_1^q + p_2^q) + Cq(p_1^{q-1} + p_2^{q-1})。$$

因此，得到以下均衡条件：

$$p_1^{q-1}[(2-q)p_1 + Cq] + p_2^{q-1}[(2-q)p_2 + Cq] = 0。$$

由于 $p_1 > 0$，$p_2 > 0$，只有当 $(2-q)p_1 + Cq = (2-q)p_2 + Cq = 0$ 时，均衡条件才能取到。因此，纳什均衡条件为

$$p_1^* = p_2^* = \frac{Cq}{q-2}。$$

每个企业的均衡利润为

$$\pi(f_1) = \pi(f_2) = \frac{CQ}{q-2}。$$

以上的讨论表明：该模型存在让双方都达到利润最大的均衡。这里可以认为消费者的购买差异是由于不完全的信息和消费者对价格的敏感程度的差异引起的。对价格变化越敏感，均衡利润越低。消费者对价格的敏感程度越高，价格差异造成的销售量差异也就越大，那些定价较高的企业被迫降低价格以提高销售量和利润。当 $q \to +\infty$ 时，该市场等同于完全竞争市场。就像前文中所叙述的那样，均衡价格等于成本，均衡利润变成零。

3. 遗传算法分类学习系统（GACLS）

在 SFEE 系统中，公司的定价过程使用了遗传算法——学习分类系统（genetic algorithm learning classifier system，GALCS）。在这个算法中，只有四条规则。分别是：（1）产品的价格最近是上升了还是下降了；（2）销售量最近是增长了还是下降了；（3）最近利润是上升了还是下降了；（4）价格是高于还是低于整个行业的平均价格。一个公司主体每天都要判断这四个规则，若上升了，则赋值为 1；若下降或不变，则赋值为 0。因此，每天公司会进入

到16种状态中的一种。

GALCS算法为每个状态分配一个概率向量（P^d，P^i，P^c）。

这个概率向量的含义是：

P^d＝下一次当公司主体进入这个状态时，降价的概率（降价幅度是一个外生变量）

P^i＝涨价的概率

P^c＝价格保持不变的概率

显然 $P^d+P^i+P^c=1$。

当进入到某种状态后，公司主体会根据相应的概率向量并产生一个随机数来判断应该采取哪种价格策略。交易完成后，这个主体再根据价格策略对利润的影响来调整概率向量。例如，对应于状态（1，0，0，1），（P^d，P^i，P^c）＝(0.1，0.3，0.6)。假设一个公司进入到这个状态后生成的随机数为0.244 435 453 443 4，大于 P^d，小于 P^d+P^i，这说明公司应当涨价。如果后来的事实证明涨价导致了利润下降，概率向量（P^d，P^i，P^c）将被调整为(0.15，0.5，0.35)，说明该公司主体下次进入到这个状态时，涨价的可能性下降了，而降价或价格保持不变的可能性上升了。于是，模型就模拟了公司价格决策的学习过程。主体学习到在状态（1，0，0，1）下涨价是错误的，作为对错误决定的一个反应，主体减少在状态（1，0，0，1）下涨价的概率。当公司再次进入该状态时，采取涨价措施的可能性会变小。

下面介绍一下概率向量的计算过程。如果经济状况经过一段时期的稳定后突然变化，GALCS会出现训练过度的情况。也就是说，某种策略的概率会接近零，公司就不可能对新的环境做出反应了，因此必须给向量中的每个元素设定一个最高值和最低值。

第二个问题是是否使用首要因素和次要因素来考虑价格的改变与利润的关系。在某种情形下，如政府改变了财政政策，利润的增长或下降是与价格策略无关的。因此，无论使用哪种策略，造成的正反馈（无论是积极的还是消极的）都会导致不实际的结果。这时，要通过次要因素对利润的影响来判断是否取得成功，也就是说，只有当某种价格策略造成的利润增长值上升了，这种价格策略才会得到加强。但是，决定次要影响需要对一段时间内的利润进行分析。

4. 运行结果及评价

(1) 运行结果。

在 Swarm 实现的模型中，每个主体的动作根据其发生的先后次序安排在一个行为序列表中。表中的动作在每个时间步里从头到尾顺序执行一次。运行了一段时间后，就会凸显出某些结果。

该模型在 SUN Ultra Enterprise 3000，操作系统为 Solaris 2.5 下的运行结果如下：考察的结果变量是整个经济系统的对销售量加权的平均价格 $\frac{\sum P_i S_i}{\sum S_i}$（其中 P_i 为第 i 个厂商的定价，S_i 为第 i 个厂商的销售量）。图 7—5 是模型运行了 20 000 轮之后的输出。仿真实验过程中可以在参数录入窗口中调整初始参数。图 7—4 是参数录入窗口。其中，“numHouseholds”表示家庭主体的数目，“numFirmFoods”表示公司主体的数量，“nQFood”是家庭对食物的需求弹性，这会影响到家庭对食物价格的敏感程度。如图 7—4 所示，模型中共有 1 000 个家庭主体、2 个食品公司，家庭对食物的需求弹性为 8。

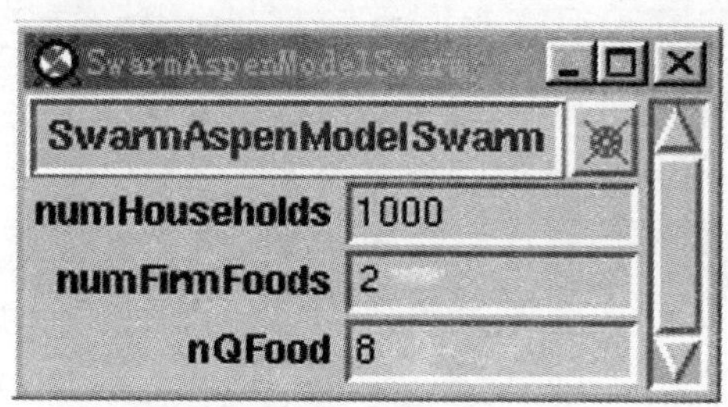

图 7—4 参数录入窗口

正如前面几章提到的那样，多主体模型中主体之间的交互可以观察到全局性的结构从低层涌现。在图 7—5 中，可以观测到明显的经济周期性。这个周期可以解释成公司价格决策的结果。因为如果价格过低，会造成利润下降；而如果价格过高，由于销售量减少，也会造成利润下降。所以说，每一轮的价格都是多个公司主体博弈的结果。同时，还可以看到价格大约在 30 上下波动。由于单位成本为 22.5，而 22.5×8/(8－2)＝30。这个结果与用数学方法推导出来的结论完全相同。这证明了主体的学习是朝着正确的方向进行的。

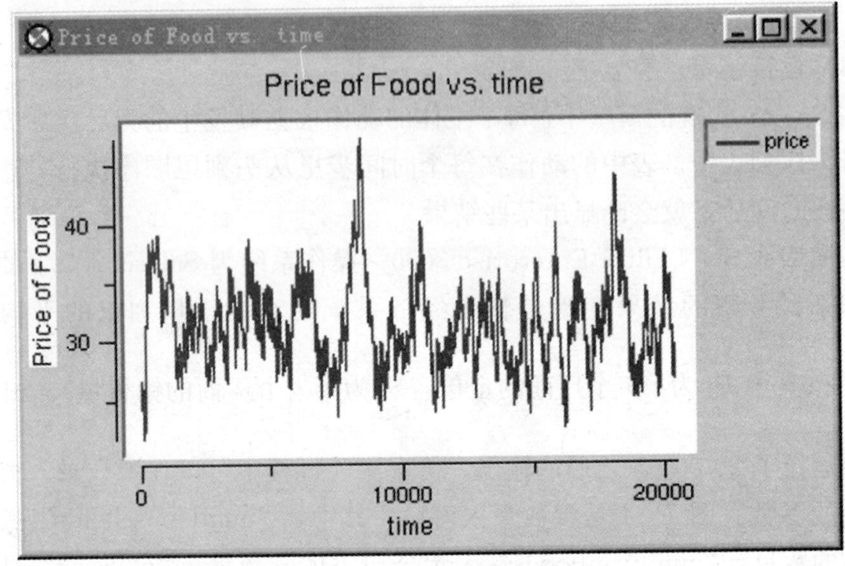

图 7—5　20 000 天内的平均价格

通过调整 nQFood 参数，可以改变家庭对价格波动的敏感程度。较高的 nQFood 参数表示对价格变动较高的敏感程度。图 7—6 显示的是当 nQFood 等于 15 的情况，这是一个价格敏感的市场。图 7—5 显示的是 nQFood 等于 8 的情况，一个价格相对不太敏感的市场。通过对图 7—5 和图 7—6 的对比可以看出，价格敏感的市场具有较短的周期。

另外，还可以观察到，当敏感度上升后，价格的均衡点有所下降，大约在 26 左右。而恰好 $22.5\times15/13=25.96$，这进一步证明了学习的结果是正确的。

为了考察 GALCS 的学习能力，模型为每种状态赋予一个适应度函数。该函数的定义为

$$S_t=\rho S_{t-1}+P_t,$$

其中：S_t 和 S_{t-1} 为本期与上期的适应度；

P_t 为本期的利润；

$\rho(0<\rho<1)$ 为一个常数，称为分布滞后的衰减率，ρ 越小，衰减速度就越快。通常我们认为随着滞后期的增加，以前的利润变化对适应度的影响逐渐减弱。

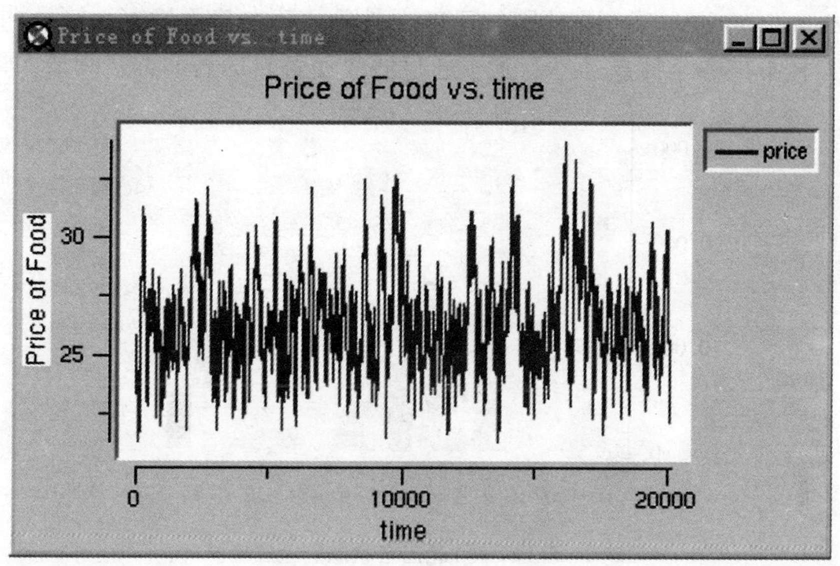

图 7—6 一个价格敏感市场

图 7—7 表示了 1 000 轮后各个状态的适应度值。从图中可以看出，适应度最高的分类器包括“0000”(0)、“0110”(6)、“1000”(8)、“1110”(14)。另一些分类器的适应度为 0，甚至为负，如“0010”(2)、“0011”(3)、“1100”(12)、“1101”(13)。显然对于“1100”和“1101”来说，价格上升，销售量上升，但利润下降是不可能发生的；同理，“0010”和“0011”也不可能发生。总之，这四种情形都属于几乎不会发生的，应当剔除掉。

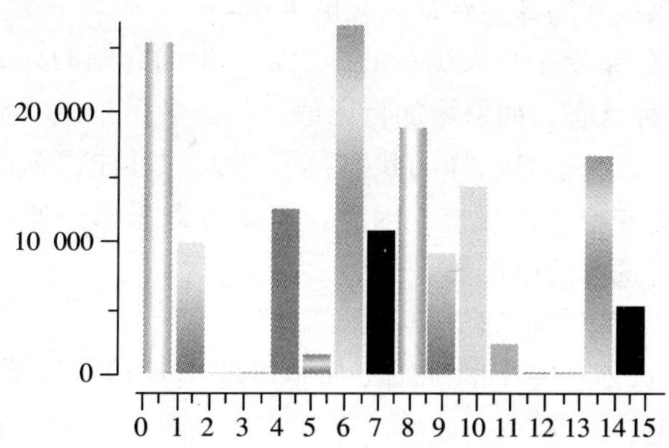

图 7—7 1 000 轮后各状态的适应度

更重要的是，从第 10 000 轮一直到第 20 000 轮期间，各个状态的适应度没有发生太大的变化，这说明各个厂商的利润已基本趋于稳定。这证明了通过学习，各个厂商主体已经学习到了通过协作使各自的利润都达到最大化。

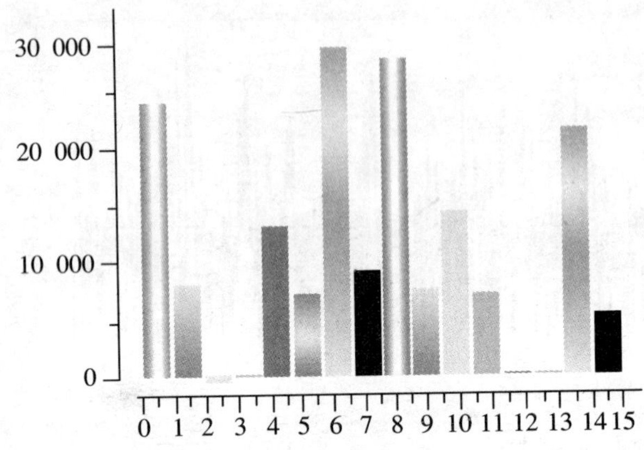

图 7—8　20 000 轮后各状态的适应度

（2）算法评价。

饶京海在论文中结合对结果的讨论，给出以下结论：

1）尽管在个体决策上有大量的随机因素，如消费者的购买行为、企业的最终定价决定等，但表现出的全局特征却是有序的，即价格围绕着均衡点波动。

2）学习的目标是达到利润最大化，通过对结果的分析，每个厂商的利润都基本稳定在最大化的均衡点附近，证明学习的目标达到了。

3）经过一段时间的学习，各种状态的适应度都趋于稳定，说明厂商主体已经学习到了使双方利润都达到最大化的方法。

GALCS 取得的结果是令人满意的。但是，上面介绍的算法只考虑了四个特征，组合成 16 种状态。如果增加特征值，状态会呈指数增加，这必然影响算法的效率。同时，由于可选择的状态范围加大，每种状态被选中的概率减少，学习过程也会变得十分缓慢。因此，需要考虑采取一些措施，降低算法的复杂度，减少可选择的范围等。

对规则的淘汰可以遵循以下原则：

1）淘汰掉永远不会发生的规则。如不可能出现销售量下降，价格下降，但利润上升的情况。

2）将一些结果相同的规则合并。例如当销售量下降，利润下降时，降价几乎是必然的。算法应当能够找出所有导致这个结果的规则，将它们合并成一个规则。

3）经过一段时间的学习，有些规则仍然没有形成一个稳定的结果。这类规则给出的结果与随机得到的结果没有什么区别，这类规则也可被淘汰。

考虑到以上因素，若引入分类器算法，使算法能够通过学习取得对规则的评价能力，则只有那些适应度强的规则才有资格做出反应。下一节将介绍分类器系统的算法以及它在本节介绍的模型中的应用。

第三节　分类器系统

分类器系统是 1978 年 Holland 等基于遗传算法实现的机器学习系统，Holland 把它命名为第一级认知系统 CS—1(Cognitive System Level One)（参见［7］），它被用来解决两个迷宫问题（maze-running）。该系统是由消息表（message list）与称为分类器（classifier）的简单字符串规则、遗传算法及一个报偿分配机制组成。后来 Holland 经过不断探索，在 1986 年又提出了一种称为桶链算法（bucket brigade）的反馈机制，该系统被称为分类器系统。这个系统的体系结构具有一定的通用性，适用于多种领域，使得它在基于遗传算法的机器学习中影响较大。分类器系统认知模型中的规则不是规则集，而是由遗传算法操纵的内部实体。因此，分类器系统可以看做是一种改进的遗传算法。

一、分类器系统的结构原理

图 7—9 给出了分类器系统的一般结构，分类器系统的学习过程由三层动作构成，即执行子系统、信用赋值子系统和发现子系统。其中执行子系统位于最低层，直接与环境进行交互，与专家系统类似，执行子系统也是由产生式规则构成的。这类规则被称为分类器。它们的运行是消息驱动、高度并行的。

分类器采用固定长度的字符串规则，它的一般形式为条件/动作（IF {condition} THEN {act}）。每个条件对应满足相应规则的消息，每个动作规

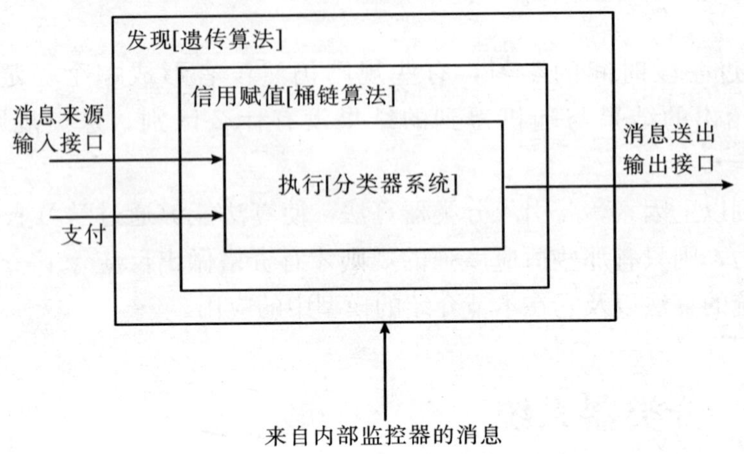

图 7—9　分类器系统的一般结构

定当条件满足时采取的行动或发送的消息。为了方便，假设消息采用长度为 l 的二进制字符串记录，字符来自字集 {1，0，#}。字符 # 表示无所谓，既可为 1，又可为 0。消息、条件、动作及分类器的定义为：

＜消息＞::=＜m_1，m_2，…，m_j，…，m_l＞，$m_j \in$ {1，0}

＜条件＞::=＜s_1，s_2，…，s_j，…，s_l＞，$s_j \in$ {1，0，#}

＜动作＞::=＜消息＞OR＜行动＞

＜分类器＞::=＜条件＞/＜动作＞

消息是环境的输入，每一位是一个布尔表达式的结果。取值为 1 时表示条件满足，取 0 表示条件不满足。例如 m_1 对应“当前价格高于市场平均价格”这个命题，如果实际情况是“当前价格不高于市场平均价格”，则 m_1 取值为 0。

条件是与消息对应的。例如条件“1100 # 11110”既可以匹配消息“1100111110”，又可以匹配消息“1100011110”。当分类器系统从环境中接收到一条消息后，它会在当前活动的分类器中寻找一个匹配的条件。如果同时有多个条件匹配，首先选择含 # 最少的条件，如果有多个含 # 相同的条件，则根据适应度随机选择一个。

分类器系统分为深度分类器系统和广度分类器系统。深度分类器系统是由第一个条件激活第二个条件，第二个条件再激活第三个条件，从而引起长长的连锁反应。因此，深度分类器系统的动作部分可能是一个新的消息，也可能是一个行动。广度分类器系统即刺激—反应模型，它直接由条件激活动作，其动作部分就是将要采取的行动。一般来说，广度系统的学习功能比深度的更强。

算法 7—1　分类器基本算法

(1) 将输入接口全部消息放入消息表；

(2) 将消息表中的全部消息与全部分类器所有条件比较，记录所得的匹配；

(3) 对于条件部分满足匹配的分类器，将其动作部分所规定的消息送到新的消息表；

(4) 用新的消息取代消息表中的全部消息；

(5) 将消息表中的消息翻译成输出接口的要求，产生系统当前的输出；

(6) 返回步骤 (1)。

在分类器系统中，如何评价各分类器的优劣是一个关键问题。在众多的评价方法中，最有名的是桶链算法（参见 [8]）。

桶链算法借用了经济领域的思想。获得匹配的分类器并不立即发送其消息，而是获得参与一次激活拍卖的资格。为了参与拍卖，每个分类器必须根据自己的适应度得出一个与其适应度成正比的叫价。这样，在拍卖活动中，适应度大的规则就可能获胜而被批准向消息表发送消息，并将其叫价提供给激活自己的分类器。如果消息是由环境发出的，被激活的分类器应把叫价支付给环境；如果这个分类器的动作部分是一个行动，环境会根据这个行动执行的结果向分类器支付一定的适应度。显然，结果越好，支付越多。因此，如果行动正确，整个链上的所有分类器都会从中受益，如果行动不正确，这些分类器都会得不偿失。

例如在 t 时刻消息 01010 与两个分类器 0＃＃1＃/11001 和 01＃10/11001 的条件均匹配，且它们的适应度都是 200，叫价系数为 0.1，则它们的叫价都是 20。此时，我们倾向于激活条件部分更特殊的分类器。为反映出这种倾向性，我们取叫价为叫价系数、分类器适应度以及分类器条件中非通配符（即 0，1）三者之积。也就是$B_i(t)=CR_i(t)S_i(t)$，其中，$B_i(t)$ 表示 t 时刻分类

器 i 的叫价，C 为叫价系数，$S_i(t)$ 为分类器 i 在 t 时刻的适应度，$R_i(t)$ 为分类器 i 在 t 时刻的条件部分 0、1 数。

我们可以用下面这样一个公式来描述第 i 个分类器的强度 S_i 被激活之后的变化：

$$S_i(t+1)-S_i(t)-B_i(t)-T_i(t)+Y_i(t),$$

它表示第 i 个分类器在 t 时刻因叫价竞争获胜而被允许向消息表发送消息，并通过票据交换所支付的叫价即 $B_i(t)$；同时该分类器也可能因为以前的消息发送活动而从其他分类器或从环境得到报偿 $Y_i(t)$；此外，分类器可能要向系统支付一定的税收 $T_i(t)$。$T_i(t)$ 的确定有多种方法，如选择 $T_i(t)=C_{tax}S_i(t)$，其中 C_{tax} 为一常数。

最后一层是发现子系统，该系统必然产生新的规则，取代当前用处不大的规则。通过系统累积的经验产生规则。系统根据适应值使用遗传算法选择、重组和取代规则。

算法 7—2　分类器系统中的遗传算法

(1) $t=0$，随机生成集合 B_t，它由 M 个分类器组成；

(2) 计算 B_t 中全体分类器的平均适应度 V_t，对每个分类器赋予一个标准化适应度值 $S_t(C_j)/V_t$；

(3) 给 B_t 中的每个分类器 C_j 赋一个与其适应度值成正比的概率，并根据 B_t 中的概率分布，从 B_t 中随机选取 n 对分类器，其中 $n\ll M$；

(4) 对每对分类器应用交叉算子，生成 $2n$ 个新的分类器；

(5) 并根据 B_t 中的概率分布，从 B_t 中随机选取 m 个分类器，其中 $m\ll M$；

(6) 对每个分类器应用变异算子，生成 m 个新的分类器；

(7) 将 B_t 中的 $2n+m$ 个适应度值最低的分类器用新生成的 $2n+m$ 个取代；

(8) $t=t+1$，返回步骤（2）。

二、分类器系统的特点

采用这种多分类器结构有不少好处。

首先，这种结构允许市场在不同的状态和形势下具有一定的动态性。由于分类器可以识别不同的模式，即分类器的条件部分，因此主体可以区别不同的市场状态。主体能够“记住”以前在这个状态中发生过什么，并做出合适的决定。这使得主体可以在市场发生变化时快速地转换自己的预测行为。

其次，这种设计可以避免由于固定的函数形式带来预测的偏差。在我们的分类器中，预测部分是一个概率向量，而不是固定的函数，这更能反映市场的复杂状况。

再次，主体可以学习到哪些市场状态是有用的。以 $l=12$ 的分类器为例，它的条件部分可以分辨出超过 4 000 种不同的市场状态。实际上，只有少量的状态是经常出现的。对应那些很少发生的市场状态的分类器的条件部分也就很少被用到，它们的预测部分很少有机会被更改，因此，它们的预测准确度是很低的。同理，它们就很难在分类器的竞争中存活下来。分类器因此而集中在经常发生的市场状态空间中，这正是我们希望看到的。

最后，分类器条件部分的位串还可以划分为不同的基础类或信息集，例如，在我们的分类器中，前四位表示市场的价格状态，后四位表示价格趋势。这种设计允许我们跟踪某些信息，即哪些位经常被分类器使用，哪些被忽略。这对于我们研究某些市场属性的“凸显”是非常有用的。这种信息组织方式在将来还可以让不同的主体类型访问不同信息集（在目前的模型中，所有主体都可以看到所有的市场信息）。

三、实例：分类器改进的 SFEE 模型

1. 模型原理

在前一节介绍的 SFEE 模型中，以遗传算法分类学习系统（GACLS）为学习框架，并用分类器系统来筛选出适应度高的状态，可以形成一个可处理多种市场状态的学习算法。为了让厂商主体不但能够通过当前的市场状态作判断，而且能够使用市场价格变化的趋势，除了前面在 GACLS 中介绍的四种状态：（1）产品的价格最近是上升了还是下降了；（2）销售量最近是增长了还是下降了；（3）最近利润是上升了还是下降了；（4）价格是高于还是低于整个行业的平均价格以外，再增加四种状态：（5）市场平均价格是否高于近 10 轮的平均价格；（6）市场平均价格是否高于近 50 轮的平均价格；

(7) 市场平均价格是否高于近 100 轮的平均价格；(h) 市场平均价格是否高于近 200 轮的平均价格。然后为每个分类器设计一个如下的数据结构：

编号

分类器的条件部分

分类器的动作部分，即反映涨价、价格不变或降价概率的三元组

适应度值

分类器条件部分的非通配符数

为了当两个分类器的适应度相同时区分不同的分类器，为每个分类器设定一个唯一的编号。

条件部分由一个 10 位长的位串组成，各位的含义为：

0：与前一轮相比，产品价格上涨 (1) 还是下降或不变 (0)；

1：与前一轮相比，销售量上升 (1) 还是下降或不变 (0)；

2：与前一轮相比，利润上升 (1) 还是下降或不变 (0)；

3：产品价格高于 (1) 还是低于或等于 (0) 市场平均价格；

4：产品价格高于 (1) 还是低于或等于 (0) 近 10 轮的市场平均价格；

5：产品价格高于 (1) 还是低于或等于 (0) 近 50 轮的市场平均价格；

6：产品价格高于 (1) 还是低于或等于 (0) 近 100 轮的市场平均价格；

7：产品价格高于 (1) 还是低于或等于 (0) 近 200 轮的市场平均价格；

8：预留位，总是取 1；

9：预留位，总是取 0。

动作部分与 GALCS 中介绍的概率三元组相同。当一个决策（如涨价）造成利润上升时，该决策的概率会得到加强。相应的，其他两个决策的概率会下降。但三个概率之和总是为 1。为了避免由于市场状况造成某个决策带来的利润持续下降，最终概率降为 0，从而失去了进一步学习的能力，我们规定了最高概率和最低概率。任何决策的概率值不能高于最高概率，也不能低于最低概率。

适应度值的定义仍然为 $S_t=\rho S_{t-1}+P_t$。其中 S_t 为本期的适应度值；S_{t-1} 为上期的适应度值；P_t 为本期的利润；$\rho(0<\rho<1)$ 是一个滞后因子，表示离现在越远的决策对现在影响越小。由于在我们的系统中需要分析 200 轮以内的价格趋势，因此适应度也应该反映出近 200 轮期间的价格状况，也就是

说 ρ^{200} 不能太小。为了满足这一条件，一般要求 $\rho>0.9$。需要注意的是：由于利润 P_t 可能为负值，适应度 S_t 也有可能小于零。这在遗传算法的操作中是不允许发生的。参考文献［10］（p.24）采取的方案是将这个分类器的适应度置为初始适应度，而将其他所有分类器的适应度都加上这个分类器适应度的绝对值与初始适应度之和。

当存在多个分类器匹配环境的情况下，对分类器的选择本着越专用越好的原则，即分类器的条件部分中的非通配符数越多，该分类器越专用。第 i 个分类器的非通配符数用 δ_i 表示。例如，一个分类器的条件部分为"#0#111#110"，则 $\delta_i=7$。为了在分类器的选择中体现这个原则，定义匹配的分类器 c_i 的强度 $\mathrm{eval}(c_i)=S_t\delta_i^q$，$q$ 是一个指数指标，q 越大，表示对专用的分类器的偏好越大。

在一些文献（参见［9］）中，还定义了分类器的选择概率和累积概率。为简单起见，也可以将累积概率用一个数组单独表示。

分类器系统中还包括很多重要的参数，其中之一是调用遗传算法的周期 t_{ga}，它规定两次调用遗传算法的时间间隔。显然，t_{ga} 过小会造成某些分类器学习不充分；过大则会减少新的分类器出现的机会，也会使一些没用的分类器长时间不被淘汰出去。t_{ga} 的形式是一个常数，也可以是随机产生的，或者甚至不必被指定，是否调用遗传算法的决策可以在系统执行基础上作出。例如在模型的运行过程中，不同阶段需要不同的 t_{ga}。在模型运行的初期，由于分类器是随机生成的，肯定有一些分类器是根本不会被选择的，图 7—10 中很多分类器的适应度都很低，其中不少都等于初始适应度，这证明了它们没有被选择过。因此在运行初期，t_{ga} 的值应当比较小，以便尽快将没有用的分类器淘汰出去。模型运行一段时间后，应当给予分类器充分学习的机会，这时可以将 t_{ga} 值设大一些。不同的 t_{ga} 会带来不同的学习效果。一般来说，t_{ga} 较大比较容易达到均衡，而 t_{ga} 较小容易出现偏离均衡的情况。这是由于 t_{ga} 较大时跨越多个周期，那些与价格趋势有关的状态位（第 4 位至第 7 位）通常容易被忽略，保留下来的分类器的条件部分通常与这些位无关；而 t_{ga} 较小时容易使用这些位，从而使对趋势的预测得以加强，最终导致价格的不稳定。

分类器的强度表现了一个分类器被选择的概率的大小，它的值与适应度相关。分类器的强度定义为：分类器的条件部分如果与环境状态匹配，其强度为适应度乘以条件部分的 0、1 数，否则其强度为 0。我们采用赌盘选择执行选择过程。这种方法的基本思想是：使用一个根据强度值调节刻度宽距的轮盘，并按照如下的方法构造这样一个轮盘：

（1）计算每个分类器 $c_i(i=1, \cdots, \text{pop\_size})$ 的强度：$\text{eval}(c_i)=S_t\delta_i^q$；

（2）计算群体的总强度：

$$F=\sum_{i=1}^{\text{pop\_size}} \text{eval}(c_i)\text{；}$$

（3）计算每个分类器 $c_i(i=1, \cdots, \text{pop\_size})$ 的选择概率 p_i：

$$p_i=\frac{\text{eval}(c_i)}{F}\text{；}$$

（4）计算每个分类器 $c_i(i=1, \cdots, \text{pop\_size})$ 的累积概率 q_i：

$$q_i=\sum_{j=1}^{i} p_j\text{；}$$

（5）产生一个在区间［0，1］内的随机浮点数 r；

（6）如果 $r<q_1$，选择第一个分类器；否则选择使 $q_{i-1}<r\leqslant q_i$ 成立的第 i 个分类器。很显然，强度越高的分类器被选择的概率越大。

所使用的算子还是变异和交叉，不过有必要做一些修正。这里我们考虑每个分类器的条件部分的域为集合｛0，1，#｝。于是调用变异算子的时候，每种特征以相等的概率被变异成其他两种特征之一：

$$1\longrightarrow\{0,\#\}$$
$$0\longrightarrow\{1,\#\}$$
$$\#\longrightarrow\{0,1\}$$

后代的适应度和采取行动的概率向量通常和其亲代相同。

交叉算子不需要任何修正。我们利用所有分类器都等长这一优点，对两个被选择的亲体进行交叉，例如对于分类器 c_1 和 c_2：

（001｜##00010）：（0.23，0.49，0.28），

（###｜0##1110）：（0.48，0.29，0.23），

我们产生一个随机交叉位置点（譬如设为在第 3 位后交叉），则后代为：

（001｜0##1110）：（0.23，0.49，0.28），

（###｜##00010）：（0.48，0.29，0.23）。

后代的动作部分分别取自两个亲体，其强度是亲体强度的平均值。

然后，分类器系统继续学习 t_{ga} 轮，接受更进一步的利润涨跌的考验，修正分类器的行动概率向量和适应度。我们希望分类器系统最终能够收敛于一些适应度强的个体。需要注意的是，为了保证每种市场状态在这个分类器系统中都能得到匹配，要求条件部分为“########01”的分类器总是不会被淘汰。但是，由于该分类器的0、1数为2，当存在其他匹配的分类器时，它们的0、1数都大于这个分类器，因此，其他分类器被选择的概率要大一些。

另外，交叉率和变异率也是十分重要的参数，它们的值通常与 t_{ga} 相关。因为 t_{ga} 较大时，调用遗传算法的周期长，这时可以使用较大的交叉率和变异率。当 t_{ga} 较小时，调用遗传算法的周期短，尽管交叉率和变异率较小，也会生成很多新的分类器。在通常情况下，交叉率应大于变异率。

2. 运行结果和评价

在设定2个厂商，1 000个家庭，$q=15$，32个分类器，$t_{ga}=1\,000$，$\rho=0.9$ 时模型运行的过程如下。

首先产生了32个分类器，其条件部分为：

0：0010#1#110　　1：#001#11#10
2：111000#110　　3：#101111010
4：1###011110　　5：010#000110
6：1110#11110　　7：#10#1#1110
8：00###01#10　　9：00#0##1#10
10：0#00001010　　11：10#111##10
12：1101001010　　13：010#001#10
14：01#0011#10　　15：10000##010
16：1#0#0#0110　　17：101#011#10
18：0#01010110　　19：1100000010
20：11##11##10　　21：0#1#010010
22：11#0#1#010　　23：01#00#0010
24：1###0#0#10　　25：10##1#1010
26：000#1#0#10　　27：11101#1110
28：0#1#111010　　29：#01#000110
30：000##10110　　31：########10

一开始，每个分类器的概率向量均为（0.33，0.34，0.33），说明涨价、价格不变和降价的概率是相同的。

每个分类器的初始适应度为300，这样设置是出于以下考虑：首先，初始适应度不能太小，更不能为0，因为经过几轮的运行，一些分类器开始拥有一定的适应度，而那些没有被选择的分类器的适应度却很低。这样，最初几轮的结果可能造成某些分类器永远无法被选择到，这使得结果的随机性太强，不利于得到正确的结果。其次，初始适应度也不能太大，如果过多地大于平均利润，会造成利润对适应度的相对影响减小，使得优秀的分类器和劣等的分类器很难区分，也不利于得到正确的结果。根据GALCS的运行结果，一轮的平均利润一般介于100～500之间，因此，300是一个较好的取值。

1 000轮后，各分类器的适应度如图7—10所示。

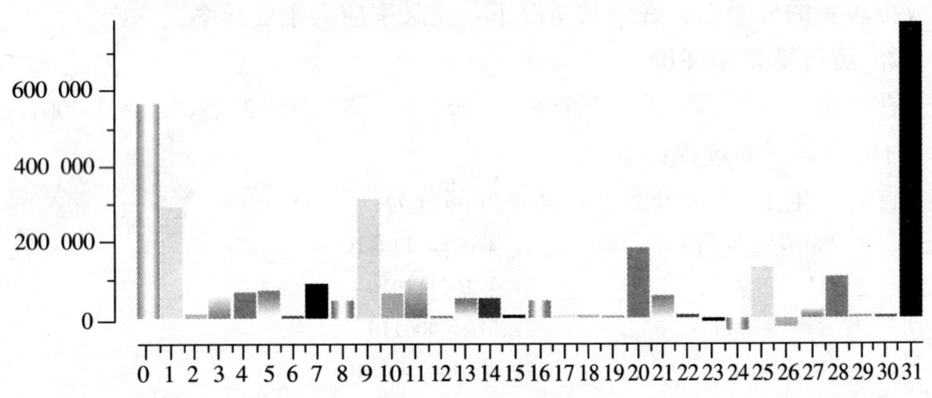

图7—10　1 000轮后各分类器的适应度

各分类器的条件部分及其适应度如下：

0：　0010＃1＃110 ：570202.241586

1：　＃001＃11＃10 ：286531.070300

2：　111000＃110 ：9174.234100

3：　＃101111010 ：300.000000

4：　1＃＃＃011110 ：66328.924133

5：　010＃000110 ：72674.475867

6：　1110＃11110 ：4648.016667

7：　＃10＃1＃1110 ：86944.590502

8：　00＃＃＃01＃10 ：46757.647198

9:　　00#0##1#10 : 281584.936540

10:　　0#00001010 : 300.000000

11:　　10#111##10 : 111477.759288

12:　　1101001010 : 300.000000

13:　　010#001#10 : 53595.790508

14:　　01#0011#10 : 327205.735527

15:　　10000##010 : 300.000000

16:　　1#0#0#0110 : 45274.631072

17:　　101#011#10 : 7169.647470

18:　　0#01010110 : 300.000000

19:　　1100000010 : 300.000000

20:　　11##11##10 : 150623.186441

21:　　0#1#010010 : 61394.018215

22:　　11#0#1#010 : 300.000000

23:　　01#00#0010 : −698.166667

24:　　1###0#0#10 : −2806.333333

25:　　10##1#1010 : 137054.090637

26:　　000#1#0#10 : −1371.598333

27:　　11101#1110 : 18725.248333

28:　　0#1#111010 : 102900.293764

29:　　#01#000110 : 300.000000

30:　　000##10110 : 300.000000

31:　　########10 : 761192.071325

在这里，给定交叉率为 0.125，变异率为 0.03。这样，就会有 4 个分类器（2 对）被选择出来进行交叉操作，1 个分类器进行变异操作。

经过选择，以下 5 个分类器作为优秀的分类器被选择出来。由于每次选择都是以适应度和非通配符数为概率从全体分类器中挑选出来，因此不排除重合的情况。例如，下面选出的第 3 个和第 5 个分类器就是同一个。

0:　　0010#1#110 : 570202.241586

31:　　########10 : 761192.071325

4:　　1###011110 : 66328.924133

5:　　010#000110 : 72674.475867

4:　　1###011110 : 66328.924133

同时以下5个分类器作为表现最差的个体将被淘汰。我们注意到后两个分类器的适应度值均为初始适应度值，可以认为它们几乎从没有被选择到。

24：　1###0#0#10 ：−2806.333333

26：　000#1#0#10 ：−1371.598333

23：　01#00#0010 ：−698.166667

3：　#101111010 ：300.000000

10：　0#00001010 ：300.000000

在算法中，分别使用第1、第2和第3、第4个优秀的分类器交叉后替换后4个最差的分类器。而使用第5个优秀的分类器变异后替换其余的一个最差的分类器。因此，上述5个分类器的条件部分被替换成以下位串：

24：　0010\####10

26：　####\#1#110

23：　1#\0#000110

3：　01\##011110

10：　1#1#011110

经过5 000轮的运行之后，即调用了5次遗传算法操作之后，图7—11显示出各个分类器的平均适应度有明显上升。

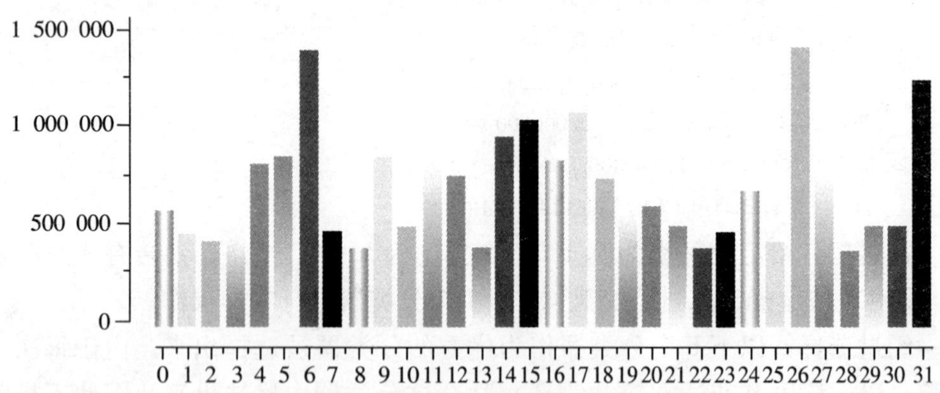

图7—11　5 000轮后各分类器的适应度

5 000轮后各分类器的条件部分和适应度如下：

0：　0010#1#110 ：570202.241586

1：　#001#11#10 ：443974.564329

2：　10#111##10 ：409419.325486

3：　01##011110 ：442019.738646

4:　0#1#11#110 : 734255.510555

5:　00#0##1010 : 845040.285731

6:　#######010 : 888752.049884

7:　0010####10 : 469079.361522

8:　00###01#10 : 361149.029465

9:　00#0##1#10 : 801328.521579

10:　00###01#10 : 474631.616477

11:　########10 : 845040.285731

12:　0#1#11##10 : 735873.608825

13:　010#001#10 : 339302.680911

14:　01#0011#10 : 879612.513963

15:　0######010 : 811503.780220

16:　00#0#11#10 : 785538.585678

17:　#0#0##1#10 : 967874.544683

18:　0#1#11#010 : 734255.510555

19:　00#0##1#10 : 542479.324014

20:　11##11##10 : 549170.445162

21:　##1#11#110 : 811503.780220

22:　11##111010 : 373669.956330

23:　10#11#1#10 : 431959.808773

24:　0010####10 : 665697.156456

25:　10##1#1010 : 402747.911076

26:　#####1#110 : 1310749.366791

27:　#0#0#1##10 : 658543.887601

28:　0#1#111010 : 353888.185068

29:　0001#11#10 : 476328.650830

30:　10#111##10 : 475426.796619

31:　########10 : 1217223.869413

与前面使用 GALCS 的运行结果相同，当 nQFood＝8 和nQFood＝15 时，平均价格分别围绕着各自的均衡点波动。

另外，调用遗传算法的周期、交叉率、变异率也都是模型中的重要参数。在一些文献中（参见［4］），不同的周期、交叉率和变异率可以带来完全不同的结果。我们在模拟过程中测试了 t_{ga}＝1 000，交叉率＝0.312 5，变异率＝

0.093 75 以及 t_{ga} =300，交叉率=0.125，变异率=0.031 25 两种情况，结果基本相同。对此，还有必要进行进一步测试。

最后一个需要考虑的问题是分类器的条件部分中的各个位在什么时候起作用。在这个模型中，第 0～3 位表示本期状态与前一期的状态之间的差异，我们不妨将它们称为状态位；第 4～7 位表示 200 轮内价格的变化趋势，称为趋势位。我们需要考察状态位和趋势位分别在什么样的设置下起作用。在图 7—12 中，细线表示的是低位，即状态位；粗线表示高位，即趋势位。横轴代表时间，纵轴代表在所有 32 个分类器中，高位和低位中各自包含的非通配符数，即非“#”的位数。在使用不同的随机数种子进行的多次实验中，总的非通配符数都经历了一个从大变小再变大的过程。我们对这个现象的解释是：在模型运行初期，由于分类器的条件部分都是随机生成的，有很多不符合市场情况的分类器。而在大部分情况下，价格都大于成本，也就是说利润大于零。因此，只要一个分类器被选择，其适应度都会不同程度地有所增长。因此，模型运行初期，“通用”的分类器比较受欢迎，这导致条件部分的 0、1 数减少，“#”增加。随着模型的运行，活动的分类器都是经常被选择、适应度较高的。这时，能够区分具体市场状态并作出正确反应的分类器会导致更高的利润，其适应度值自然较高。因此，分类器变得专用起来，其条件部分的 0、1 数增加。

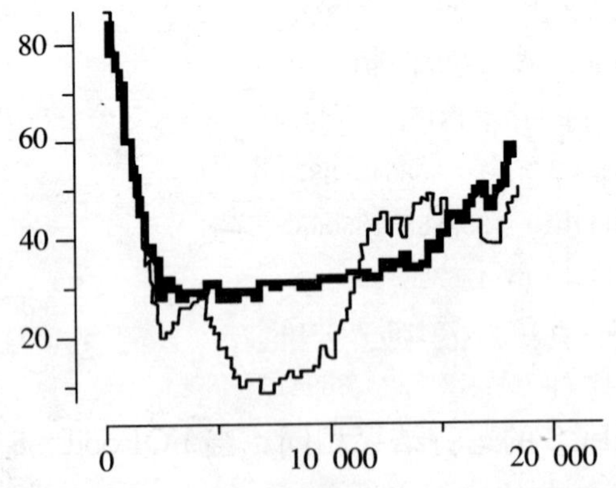

图 7—12　状态位和趋势位中 0、1 数的变化情况

3. 结果的经济学解释

作为市场过程的一部分，经济学很早以前就认识到价格决定的重要性。

新古典经济学在价格决定方面的兴趣是基于这样的假设，即对市场价格决定的理解实际上是解释所有经济过程中的一个重要部分。根据卡尔多（Kaldor，1985，pp. 13-14）（参见［10］）的看法，“价格机制是一切事情的关键，是指导一个无指挥、无计划的自由市场经济的关键工具”。

我们使用 SFEE 系统研究了在不同的市场条件下价格决定和变化的特征。以下分别是不同厂商数和 nQFood 时模型运行的统计结果。共同的参数值如下：家庭数＝1 000，运行周期＝20 000，实验次数＝20，价格改变步长＝0.5，成本＝22.5，初始适应度＝300。其中，前三行是使用 GALCS 得到的结果，其余为使用分类器系统的运行结果。

表 7—2　　运行结果

厂商数	nQFood	t_{ga}	交叉率	变异率	理论上的均衡点	平均价格	标准差	运行时间
2	15	—	—	—	25.96	26.847 4	2.370 2	3h13
2	8	—	—	—	30.00	31.758 7	3.709 1	3h10
20	15	—	—	—	22.5	23.493 8	0.655 6	16h17
2	15	1 000	0.312 5	0.093 75	25.96	28.879 7	4.397 8	3h32
20	15	1 000	0.312 5	0.093 75	22.5	22.488 9	1.627 7	17h01
2	15	300	0.125	0.031 25	25.96	28.730 4	3.690 6	3h31
20	15	300	0.125	0.031 25	22.5	22.411 7	1.988 5	16h56
2	8	1 000	0.312 5	0.093 75	30.00	34.676 8	5.737 1	3h29
2	8	300	0.125	0.031 25	30.00	34.352 6	5.591 2	3h30
1	8	1 000	0.312 5	0.093 75	25.71	27.126 7	5.686 8	3h02

在这个经济系统中，商品的成本和总需求量是不变的，因此价格是厂商之间竞争的唯一影响因素。对于这种情形下的垄断竞争市场和完全竞争市场，经济学著作中（参见［11］，pp. 211－273）已有详细的阐述。这个模型的功能首先在于验证已有的经济学理论，并且能够从经济学的观点对产生的结果作出解释。

两个厂商是一个垄断竞争的市场，这种状态下，由于两个厂商互相制约，价格应当围绕着纳什均衡点上下波动（见图 7—13（c），（d））。表中的数据显示了这一点。但是，使用分类器系统得到的平均价格比均衡点要高一些，而使用 GALCS 得到的结果更接近于理论水平。我们对此的解释为：由于在分类器系统中考虑了价格的变化趋势，这个市场已经与一般的垄断竞争市场有所不同。价格由于主体对趋势的预测不同而出现提高的情况。

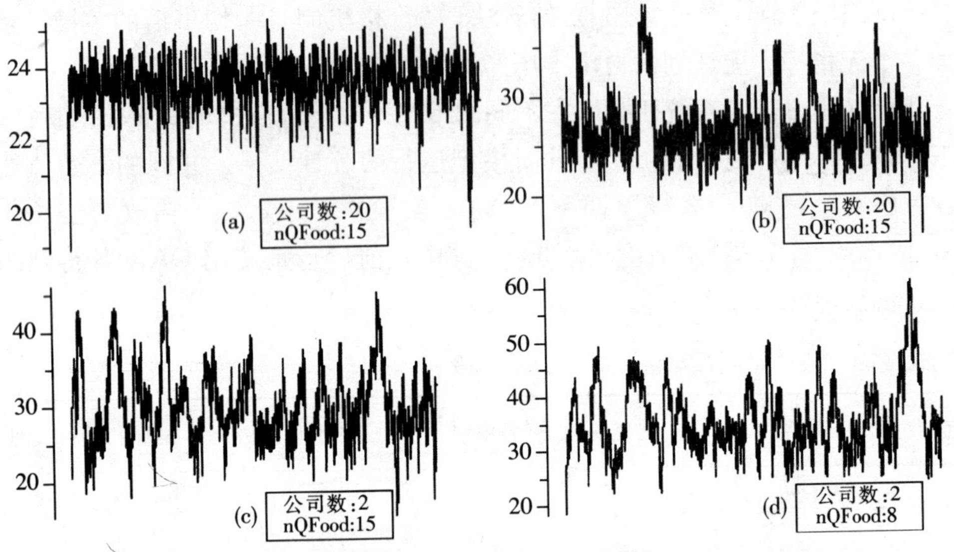

图 7—13　(a) 完全竞争；(b) 垄断；(c) 垄断竞争—价格敏感；(d) 垄断竞争—价格不敏感

随着竞争者数量的增加，价格也随之下降。一般认为，竞争者超过 10 个就可以认为是一个完全竞争市场（参见［12］，p. 152－172）。在这种情形下，边际利润趋近于 0，价格应当围绕着成本波动。表 7—2 中的数据显示了 20 个厂商时的市场状况，我们可以发现平均价格与成本 22.5 很接近，并且标准差（即振幅）很小，频率很高（见图 7—13（b））。

一个厂商实际上就是一个垄断的市场。从经济分析观点来看，一个垄断者的关键特征是在某种程度上具有市场力量（market power）。他能够出售的产量是其索要价格连续函数。而在竞争厂商的情形下，如果一个厂商的定价高于通行的市场价格，其销售量就会降至零。所以说，竞争厂商是价格接受者，垄断厂商则是价格制定者。如果总需求量不变，在没有竞争的情况下价格会持续上涨，直到大部分消费者都无法承受如此高的价格而破产。实际上，整个市场已经崩溃了。模拟结果也正是这样。为了能够在垄断的情况下得到有意义的结果，必须给消费者定义一个消费函数，即价格越高，消费量越小。需求的概率函数为 $P_i^D=kp(f)^{-q}$，其中 $k=cp(f)^{q-1}$，q 为需求弹性，k 为将向量标准化的常数。也就是说，当价格 $p(f)$ 小于等于成本时，第 i 个家庭购买食品的概率大于等于 1，即必然购买。否则，购买的概率随价格的升高呈指数下降。因此，垄断厂商获利的数学期望为

$$E(\pi)=(p(f)-C)\ kp(f)^{-q}。$$

由此可以解得最优价格为 $p(f)^*=\dfrac{Cq}{q-1}$。在 $C=22.5$，$q=8$ 的情况下，$p(f)^*$ 的取值为 25.71。这个结果显示，垄断时的均衡价格要比垄断竞争时还低，这似乎与常识不符。但要注意的是，由于垄断时没有可选择的余地，其需求弹性要比垄断竞争时小得多。从图 7—13（b）中我们可以看出，价格基本上围绕这个均衡点波动。

在模型中，给出的结果是纯理论的，并成为进一步研究和验证的主题，如对不同类型的真实市场过程的价格发展模式进行比较研究等。在初步的模拟研究和简单地进行模型行为与真实产业发展的比较之后，模型的行为与真实市场行为非常相似。在模拟的市场中，交易价格从不停留在一个始终不变的水平上，而且看起来似乎随机地波动。尽管随机的价格涨落似乎无限期地延续，该模型却显示出这些涨落全都围绕着一个单一的价格水平。这个水平就是在有效市场假说中的理想化的假设之下获得的平均水平。这一切都表明，有效市场的说法只是真实情况的一种限定情形，真实情形中的每一种情形都与古典经济理论中的一个弱化假说相对应。

4. 结论

使用计算机模拟的方式研究社会经济系统仍处于它的早期阶段，因此研究问题的焦点在于验证已有的经济理论。利用分类器系统，我们研究了在垄断、垄断竞争和完全竞争条件下，市场上产品价格的变化趋势。得到的曲线基本可以用经济学的原理来解释，这证明这个算法的可用性。

这个算法提供的是一个通用的学习结构，可以与领域无关。除定价外，该算法的应用领域还应该包括税率、利率、汇率的变动，产量的决定等。用户只需要在分类器的条件部分中定义对决策有较大影响的状态，算法的其他部分都不需要修改。

根据文献（参见［13］），区分模型好坏的特征主要包括模型的真实度、简单性、清晰度、无偏性和易操作性。表 7—3 列举了对本模型的评价：

表 7—3　　对模型的评价

指标	含义	本模型的特点
真实度	模型所具有的表示真实程度的能力	运行结果与经济学理论的分析结果相似，与现实情况也基本一致。
简单性	模型简洁的程度，即变量数目、子系统间相互关联的复杂程度，以及假定前提的数目都比较小	模型中只包括三类主体，8 个参数。需要的市场状态有 8 个，输出结果只有一个，即市场的平均产品价格。
清晰度	人们理解模型的容易程度，以及它为真实世界现象提供预言/解释的容易程度	模型的行为十分简单，容易理解。但还未进行与真实世界的数据的对比实验。
无偏性	模型摆脱建模者偏见的程度，建模者不应事先设定好模型运行的目标	学习到的决策是基于概率，而不是基于某个经济学理论或公式。因此，不存在建模者的个人偏见。
易操作性	为获得模型所提出的预言/解释，对计算机资源的需求程度	在单机环境下运行，但对计算机的要求较高。运行速度参见表 7—2，还是可接受的。

与神经网络相比，两者都能够提供理想的运行结果。但是，分类器系统具有更高的透明度。这样，就可以观察到每个主体在任何时候收集和利用了哪些信息，并且是如何作出决策的。

尽管分类器系统在机器学习领域得到了广泛的应用，但是，目前还没有一个文献对这个算法给出数学证明。也就是说，分类器的可用性还停留在经验上。当然，这并不影响这一算法的使用。当然这个算法还可以在以下几方面进行改进：减少参数，原算法需要调节的参数较多，各参数之间的关系还很难确定；分类器无法处理没有定义过的市场状态，如何改进分类器的处理能力。在实际研究中，还可以在下面两个方面加强研究论证的说服力。首先，对市场进行更全面的考察，将影响市场定价的全部市场状态抽象出来，换用真实的数据对算法进行测试；其次，在模拟中引入人的因素。例如，在一个模拟市场中，一部分参与者是真人，而另一部分由计算机担任。最后根据统计结果分析算法的运行情况。这也是第三章提到的平行实验与计算机模型方法综合起来研究的思路。

关键词

人工神经网络　　自动联合者网络　　遗传算法　　适应度　　分类器

系统　进化模型

习题与思考

1. 什么是进化模型？神经网络与进化模型之间的关系是什么？

2. 遗传算法的原理是什么？

3. 什么是分类器系统？试比较分类器系统与遗传算法、神经网络的异同。

参考文献

［1］陈国良等编著．遗传算法及其应用．北京：人民邮电出版社，1996

［2］Goldberg，D. E.，*Genetic Algorithms in Search*，*Optimization and Machine Learning*，Addison-Wesley，1989

［3］Lettau，M.，"Explaining the Facts with Adaptive Agents：The Case of Mutual Fund Flows "，Journal of Economic Dynamics and Control 21：1117-1148，1989

［4］Authur，W. B.，Holland，J. H.，LeBaron，B.，Palmer，R. & Tayler，P.，"Asset Pricing Under Endogenous Expectations in an Artificial Stock Market"，In：W. B. Authur，Durlauf & D. Lane（Eds.），*The Economy as an Evolving Complex System Ⅱ*，15-44，Addison-Wesley，Reading，1997

［5］张维迎．博弈论与信息经济学．上海：三联书店，上海人民出版社，1996

［6］Hotelling，H.，"*Stability in Competition*．*Economic Journal* 39：41-57，1929

［7］Holland，J. H.，Reitman，J. S.，"Cognitive Systems Based on Adaptive Algorithms"，In：Waterman，D. A.，Hayes-Roth，F.（Eds.），*Pattern Directed Inference Systems*，313-329，New York：Academic Press，1978

［8］Holland，J. H.，"Escaping Brittleness：The Possibilities of General Purpose Learning Algorithms Applied to Parallel Rule-Based Systems"，In：Michalski，R. S.，Carbonell，J. G.，Mitchell，T. M.（Eds.），*Machine Learning Ⅱ*，593-623，los Altos，CA：Morgan Kaufmann，1986

[9] Z. 米凯利维茨. 周家驹等译. 演化程序——遗传算法和数据编码的结合. 北京：科学出版社，2000

[10] N. Kaldor，*Economics without Equilibrium*，Cardiff：University College Cardiff Press，1985

[11] 约翰·D·海主编，王询等译. 微观经济学前沿问题. 北京：中国税务出版社，北京腾图电子出版社，2000

[12] 维托得·瓦斯尼基著，仲继银译. 知识、创新和经济. 江西：江西教育出版社，1999

[13] 约翰·L·卡斯蒂著，王千祥等译. 虚实世界. 上海：上海科技教育出版社，1998

第八章

系统动力学与DYNAMO语言

本章将介绍另外一种社会科学建模方法——系统动力学建模。与前面几章的基于多主体系统的仿真建模思想不同，本章介绍的系统动力学的建模代表自顶向下的研究思路。在前面几章中我们已经介绍了复杂自适应系统和多主体建模研究方法的适用范围，因此本章的介绍可以作为多主体建模方法的一个有益的补充。实际上从研究方法和建模思想上，这两种方向相反的建模方法间有许多可以相互借鉴的地方。因此在学习本章时，可有意识地与前面几章进行比照。

系统动力学是研究某一类复杂系统问题的一种方法学，它以 DYNAMO 语言作为建模语言，这使得系统动力学的建模方法具有更为深刻的实际意义。DYNAMO 语言的名字是由 dynamic（动态）和 model 两词的词头合并而成，表明了其预期的用途：模拟真实世界系统，使得它们随时间变化的动态行为能用计算机来跟踪、模拟。系统动力学把现实生活中的复杂系统映射成系统动力学流图，DYNAMO 语言则把系统流图模型送入计算机并计算出数字结果。系统动力学主要研究复杂问题的反馈过程。系统动力学认为，动态行为是系统结构的一个结果，反馈结构是导致事物随时间变化的根源。

本章从系统动力学的历史发展讲起，着重介绍系统动力学的思想、原理，研究建模的一般步骤，并详细介绍了建立模型所用的 DYNAMO 语言的语法语句和函数，最后以中国经济增长模型为实例，讲解了系统动力学世界模型的具体运用方法，并与传统的计量经济学模型进行了比较。在本章的延伸阅读中，还介绍了另外一种适合初学者的 Vensim 软件。

第一节　系统动力学概述

20 世纪 40 年代，费雷斯特（Forrester）创立系统动力学时，称之为“工业动力学”，当时主要用于解决企业中出现的一些和经营管理有关的问题。例如，产量和雇佣的不稳定性，一国经济发展中的波动与萧条，以及股票市场上的涨落等现象。费雷斯特在系统原理中讲到，经济学已经确立了在工业系统内的许多基本关系，但这些关系多数是用文字的和定性的方式描述的。“工业动力学”正是将经济学所观察到的复杂法则条理化的一种工具。20 世纪 70 年代，费雷斯特的系统原理和“工业动力学”的研究方法得到了普遍的应用：解决经营管理中的规划问题；解决城市的萧条和衰退问题；认识有限的正在减少的自然资源中出现的指数增长的含义；甚至包括对糖尿病理论的检验（医学）和人与人之间相互作用的关系（心理学）。因此，“工业动力学”很快就改用了“系统动力学”这一个更广义的名称。“系统”一词，在本章的含义是代表适用范围的广泛性、问题的复杂性以及观点的概括性，即一种用于解决某一特定类型问题的系统的研究方法。应该强调的是，系统动力学着重研究的是某一类问题。

系统动力学主要研究复杂问题的反馈过程。系统动力学认为，动态行为是系统结构的一个结果，导致事物随时间变化的根源是系统内在的反馈结构而非系统外的作用力。比如库存不会因为消费者周期性的改变订单而波动；生产厂家的生产情况也不会因为消费者的偏好改变而改变。从系统动力学的观点来看，把外部的作用力也包括在系统内部的反馈系统模型里，因此消费者的订单和偏好，就成了生产系统的内生变量，成了系统反馈结构的一部分。系统动力学的基本思想是充分认识系统中的反馈和动态性，并按一定的规则逐步建立系统动力学的结构模式。动态性，是指系统所包含的量具有随时间而变化的特征。比如企业雇用员工的变动、股票市场上股票价格和交易额的波动、城市中税收和生活标准的变化，甚至糖尿病的血糖指标的变化，这些都是动态问题。它们可以用变量随时间变化的图形来表示。系统动力学中的动态性，不是随机的不稳定的动态性，而是可以预期的、有一定规律的动态性。同时，某个变动经常在时间上表现出一定的延迟。从这个意义上，也可以说系统动力学的两个基本观点是：反馈和延迟。

用系统动力学的观点来研究一个问题，大致可以分为以下几个阶段：

（1）问题的识别和定义；

（2）系统的概念化；

（3）模型格式化（模型的建立）；

（4）模型行为的分析（计算机模拟）；

（5）策略分析；

（6）模型的使用或执行。

每个阶段的起点和终点以及整个过程的起点和终点都是对这一系统及其问题的不断深入的理解。因此，它是一个环或者网，而不是线性的序列。一个循环之后又可以开始一个新的循环，可以不断反复迭代，图 8—1 给出了这些阶段的一个可能的执行进程。

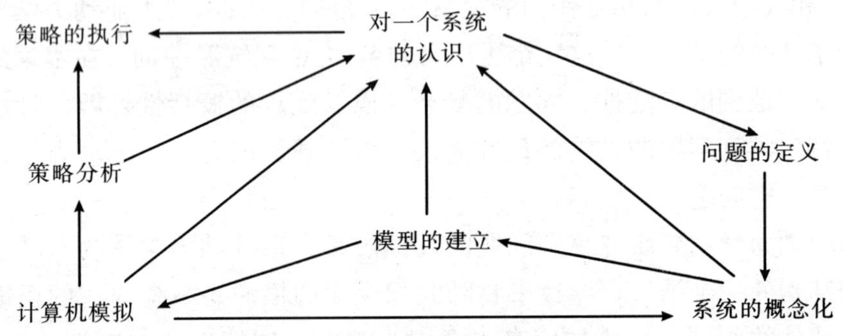

图 8—1　系统动力学建模研究步骤

系统动力学研究所得出的策略建议，不仅来自模型的最终计算结果，而且还来自模拟过程中通过各阶段迭代所得到的认识。系统动力学研究最终应该能够提出切实可行的策略建议。因为模型只是达到目的的工具，最终的目的是提高对现实世界的认识，增加对客观规律的理解。

本节将大致按照 DYNAMO 系统动力学建模的各个阶段来组织，需要提醒读者注意的是，不要因为本节的线性排列顺序而忽略了系统动力学模拟研究所具有的迭代和循环的特征。

一、反馈系统

系统动力学研究的主要问题是复杂系统的反馈过程，动力学建立模型的过程就是系统的反馈机制在计算机中形式化的过程，在介绍如何形式化系统的反馈机制之前，本节先介绍一下什么是反馈系统。

1. 反馈系统的概念

简而言之，“反馈”是指信息的传送和返回。“反馈”一词的重点是在“返回”上。

反馈的概念是普遍存在的。以取暖系统产生热量温暖房间为例，屋内一个和它相连的探测器将室温的信息返回给取暖系统，以此来控制系统的开关，因此也控制了屋内的温度。室温探测器是反馈装置，它和炉子、管道、抽风机一起组成了一个反馈系统。

当将上述反馈系统用图来表示时（如图8—2所示），就成了因果关系图。其中室温、热风调节可称为“元素”或“节点”，从室温到热风调节以及从热风调节到室温的带箭头的弧，可以称为“影响关系”或“有向线段”。

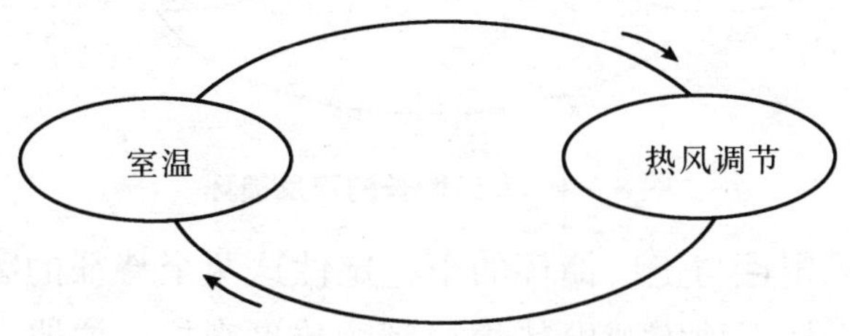

图8—2　室温控制的因果关系图

室温高，则减小热风量应，可在室温对热风调节影响的箭头上加一个负号。反之，热风量大，则室温增加，可在热风调节对室温影响的箭头上加一个正号。从整体上看，室温影响热风量，热风量又影响了室温。从室温回到了室温，这就是一个反馈关系。另一方面，这些互相影响是相互制约的。因为温度高，则减小热风量，使室温降低。反之，室温低，则增大热风量，使室温升高。这种关系称为负反馈，图8—3中用一个带负号的环来表示，这个环称为负反馈环，此处，负反馈环的目的是使室温接近恒定的温度。

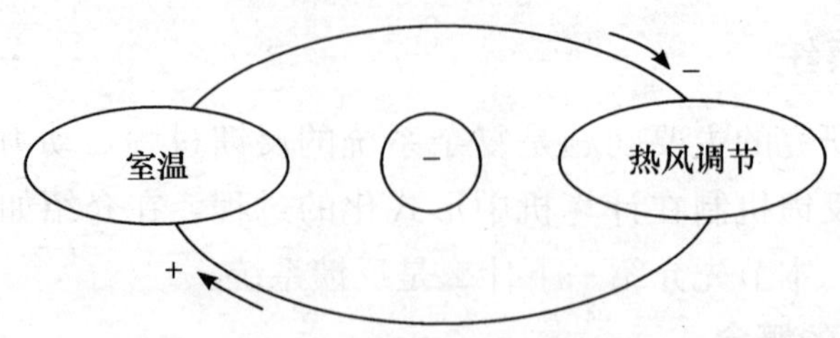

图 8—3　室温控制的负反馈

相反，正反馈环总是加大环内的偏差或扰动，它具有不平衡、不断增长的特性。例如在人口系统中，人口数增加了，每年所出生的人口数就增加，这就使人口数按指数规律很快地增长下去。这样，从“人口数”到“每年出生的人口数”又返回到“人口数”之间就存在一个正反馈（如图 8—4 所示）。增强而不是抵消环中某个元素的变化是所有正反馈环的共同特征。

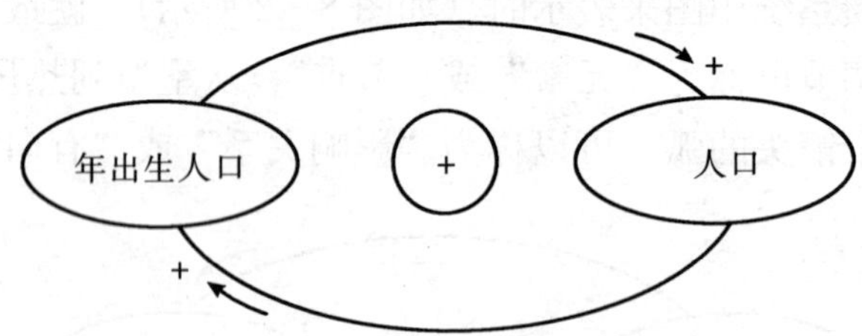

图 8—4　人口增长的正反馈环

负反馈环的稳定性与正反馈环的不稳定性这两个特征的区别，可以通过一个正确地和一个错误地安装电热毯控制的故事来加以说明。一对夫妇有两条电热毯，两条毯子分别装有两个独立的温度调节装置：一个是丈夫的，一个是妻子的。正确连接时，应该构成两个独立的负反馈系统，各自控制着自己那一条毯子的温度，使每个人都得到满足，如图 8—5（a）所示。但是这对夫妇却把两条毯子的温度调节装置装错了。丈夫的温度调节装置接到了妻子的一端，妻子的却接到了丈夫的一端。结果就出现了如图 8—5（b）所示所示的令人讨厌的正反馈。妻子觉得冷，就将她的控制器温度调高，致使丈夫一边的温度过高。丈夫却觉得热，于是将他的控制器温度调低，从而使妻子一端的温度变低。因此，妻子再次把装置温度调高，如此下去，形成一种戏剧性的局面。

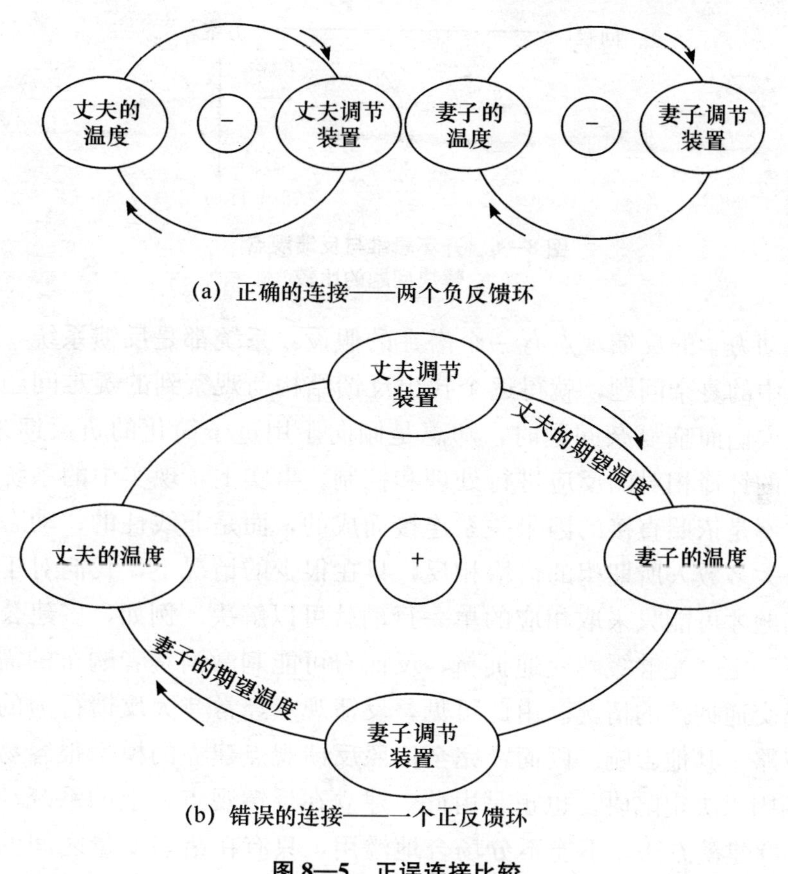

(a) 正确的连接——两个负反馈环

(b) 错误的连接——一个正反馈环

图 8—5　正误连接比较

2. 开环思维

不用反馈的概念来研究问题，往往称为开环思维。例如，我们发现一个问题后，通常要先思考一番，确定一个处理问题的方案，然后按此方案行动，并认为解决问题的过程到此为止。这一模式，可以用图 8—6 中实线箭头表示的问题—方案—行动的序列来表示，这是一个开环思维。然而，这一模式忽略了一点：我们的行动会改变系统的状态（图 8—6 中用虚线箭头表示）。同时，在实施行动方案的过程中，我们也可能会对问题有新的理解，做出新的定义或发现一些必须解决的新问题。这样，问题—方案—行动又返回问题的序列，是一个反馈观点解决问题的模式。在系统动力学中应该用反馈的观点，即闭环地考虑问题，而非开环地考虑问题。这一点希望读者能在具体建模过程中着重注意并细心体会。

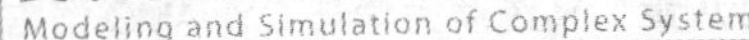

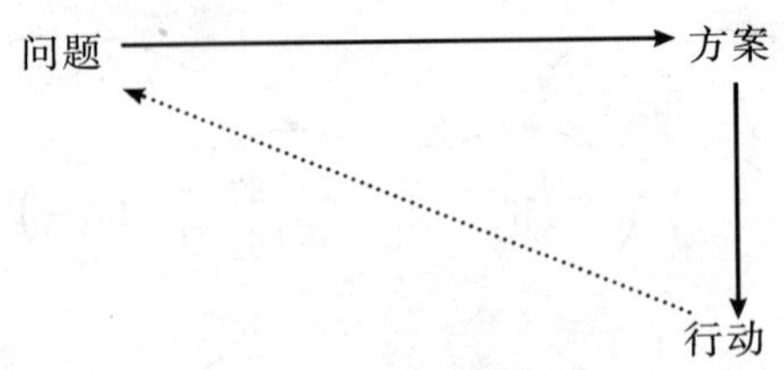

图 8—6 开环思维与反馈观点解决问题的比较

系统动力学的反馈观点有一个潜在的假设：系统都是反馈系统，要解决这些系统中的复杂问题，就得逐个找出反馈结构与观察到的疑难问题之间的关系。但人们面临复杂问题时，却总是倾向于用过于简化的负反馈来解释，利用简单的针锋相对的反应进行处理和控制。事实上，现实中的系统在通常情况下并不是依照直接的因果关系连接而成的，而是非线性的、动态的和层次的。与大多数人所期望的恰恰相反，只在很少的情况下，我们对于复杂系统中的问题才可能只采取相应的单一行动就可以解决。例如，多建公路与立交桥并不一定就能够缓解交通拥挤，反而有可能刺激消费者购车的需求，进一步加重交通拥挤的情况。由此可见，反馈观点经常夸大反馈行为的某一影响，而忽略了其他影响。因而，完全依照反馈观点建立的模型很容易陷入简单片面的因果决定陷阱。也正是由此，建立在反馈观点之上的系统动力学与DYNAMO建模方法，不能不分场合地滥用，只有在诸多变量之间的关系可以比较确凿地认识时，系统动力学的建模方法才可能发挥较大的作用。表8—1列举了日常生活中常见的“反馈问题”及其对策。

表 8—1 日常生活中常见的“反馈问题”及其“对策”

问题	对策
交通拥挤	多建公路和立交桥
犯罪率升高	专项严打和多雇用警察
城市中下等收入居民增加	多建经济适用房
汽车尾气污染	安装尾气过滤器
农作物病虫害	多用杀虫剂
体温升高	吃退烧药

二、流图与系统概念化

无论是初学者还是经验丰富的建模者，系统概念化阶段都是系统动力学中最困难的阶段之一。概念化阶段的两大准则是：（1）明确建模目的；（2）研究问题，而不是研究整个系统。这两点是建模取得成功的先决条件。明确了研究的问题和建模目的，就好像佩戴了一副滤色镜，可以滤去不必要的细节，集中精力研究反馈系统中的主要方面。它们使系统动力学的应用者和 DYNAMO 的建模者不必为了研究某个事物而去考虑所有的事物。

1. 动态问题的定义

在进行系统动力学模型的概念化时，还需记住：要用动态的观点和极力寻找因果关系的反馈环的方法来研究复杂的系统。与“滤色镜”相似，这两个特征就好比是建模者的透镜，它们使得人们清晰地看到应当留在模型中的事物，而使另外一些不应该留在模型中的事物变得模糊不清。

一般总要先用一个或多个随时间变化的变量来表示系统动力学所研究的问题中的系统状态，这些变量又往往用图形来表示。这些图形的建立过程，称为动态思维的过程，它是模式化的前提和基础。此时并不需要具体的数据或意义明确的函数，只需反映出变量变化的大体趋势和状态即可。因为研究者所关心的，是变量随时间变化的趋势，而非具体的变化数值。这些随时间变化的图形，即参考行为方式，是建模的参考和依据，也是检验一个系统动力学模型有效性的标准之一。建立参考方式是系统动力学研究取得成功的一个必要条件。

要作出变量随时间变化的图形，首先要识别系统中那些与待研究问题紧密相关的变量；随后要确定研究的时间范围。绘出随时间变化的变量图形后，即使正规模型尚未建立，我们也可以由此来获得一些关于系统的认识。

图 8—7 列举了一个在还没有正规模型的情况下进行动态思维，即建立参考方式的例子，其图形代表广告所产生的影响。该图表现的是一产品典型的生命周期，反映了盈利、销售量与广告费用之间的联系。

有时也会出现这样的情况，问题提出来了，但是却没有一个明确的参考方式。这是因为用户在还没有理解变量随时间变化的大趋势之前，就提出了有关策略变化可能导致的结果之类的问题。富有经验的建模者常常列出一些可能的策略及其可能产生的影响，这样的一组策略列表有时能代替一个清晰的动态观点。

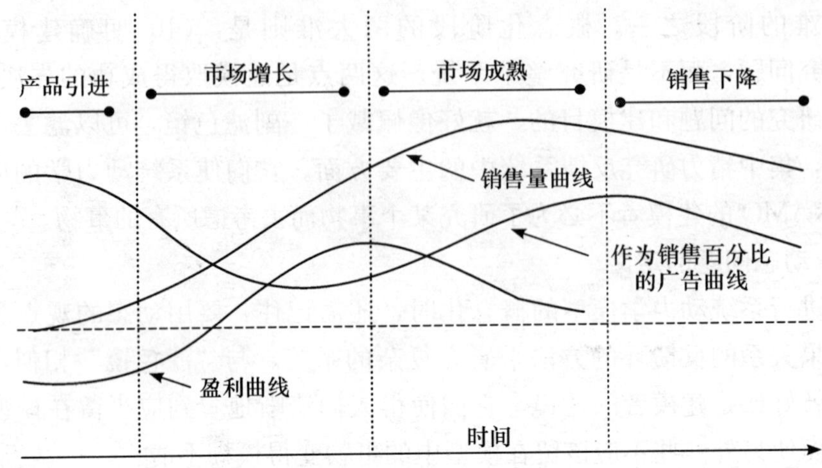

图 8—7　产品广告及产品的生命周期

需要指出一点，在没有参考方式的情况下，要建立一个正规的系统动力学模型是困难的。因此，建模者至少应该在初学建模时尽量避免这样做。

2. 反馈结构的表示

一旦识别了问题，确定了主要变量并定义了参考方式，建模者的任务便是要找出主要变量与其他变量之间的联系，即相互影响或称因果关系。接着，要顺着因果链寻找反馈结构，一旦因果链自行相连成环，就找到了反馈。在系统动力学建模或称 DYNAMO 建模中，反馈结构的表达方式主要是图解的形式。常见的图有两类，因果环图和 DYNAMO 流图。因果环图主要用于模型概念化的前期阶段以及后来为非技术性文献所准备的关于模型结构的直观描述；而所谓 DYNAMO 流图，或称速率/存量图，则是对模型更详细的描述。模型模式化的第一步通常是绘制因果环图，其次是速率/存量的流图，最后是建立起明确的反映图示结构的方程（即模型的格式化，下一节将专门讲述）。

本小节将主要介绍有关流图的内容。在此之前，首先对因果环图进行一些必要的介绍。

因果环图中的每一个影响关系都有正负之分，根据影响关系的积累效果就可以知道该环的特性。如图 8—8 所示，将酒倒入酒杯的决定会增加倒酒的速率，从而增加酒杯的存量，于是就减少了杯中酒的存量与期望存量的差距，从而削弱向酒杯中倒酒的决定倾向。很明显，这一反馈环是自行削弱的，因而是个负反馈环，这保证了倒酒的动作最终将停止。

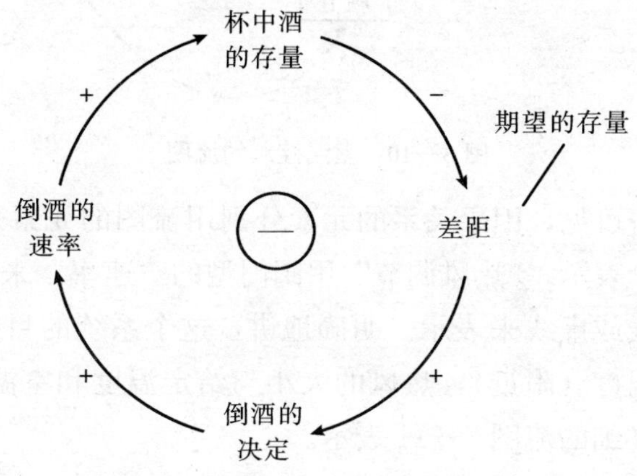

图 8—8　反馈环的极性

由这个例子可以归纳出下列两条定理：

(1) 反馈环为正，如果它有偶数个负因果链；

(2) 反馈环为负，如果它有奇数个负因果链。

因此，反馈环的极性实际上是组成环的所有影响关系符号的代数和。

最后需要提醒读者的是，不要将开环误认为是反馈环。图8—9就不是一个反馈环。

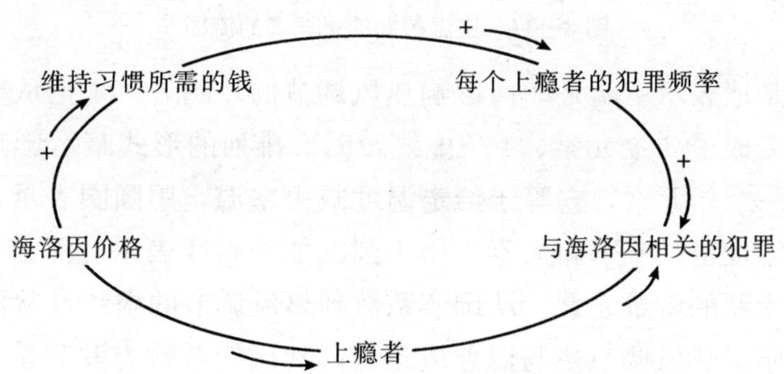

图 8—9　海洛因价格与犯罪之间的关系——伪环

现在我们开始关于系统动力学流图的介绍。首先将本章开头给出的室温控制的例子用流图的形式表现出来，如图 8—10 所示。

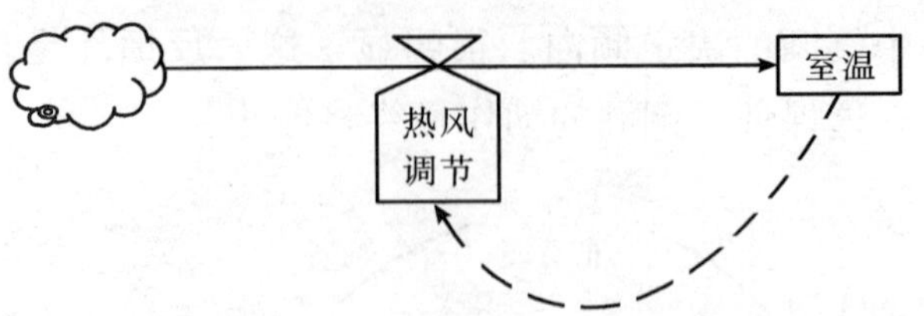

图 8—10　室温控制的流图

从图 8—10 中可见，因果关系的元素分别用流图的元素来表示。“室温”用矩形的“存量”表示，“热风调节”用阀门型的“速率”来表示，表示影响关系的弧线用实线或虚线来表示。明确地讲，这个系统的目标是把室温调节到某一个给定的温度（附近），热风的大小与给定温度和室温的温差成正比，这样，可以用更详细的流图 8—11 表示。

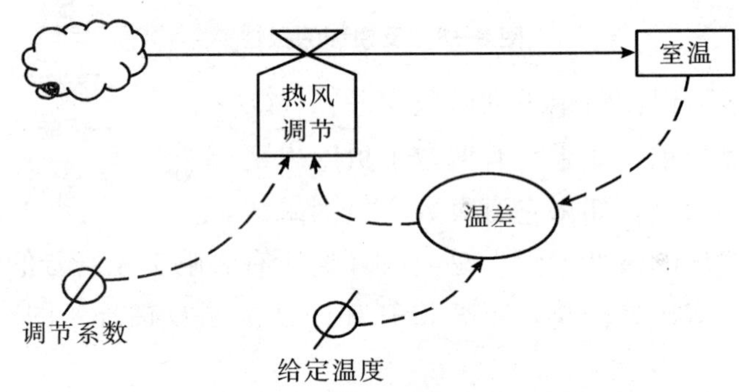

图 8—11　室温控制的更详细的流图

为了清楚地表示室温是如何影响热风调节的，图 8—11 把从室温到热风调节的虚线变成了 3 个元素、4 条虚线，图形排列的形式暗示影响关系的细节。温差是一个新元素，它等于给定温度减去室温，用圆圈表示，称为辅助变量。给定温度也是一个新元素，用小圆圈加一斜线表示，称为常量。调节系数是另一个新的常量元素。从调节系数到热风调节的虚线及从温差到热风调节的虚线暗示热风调节量与温差成正比，其比例系数为调节系数。一般性的过程可以用图 8—12 来概括。

图 8—10 和图 8—11 称为系统动力学流图，简称为流图。下面简述流图中的几个基本概念（其符号见图 8—13），它们也是系统动力学中的基本概念。

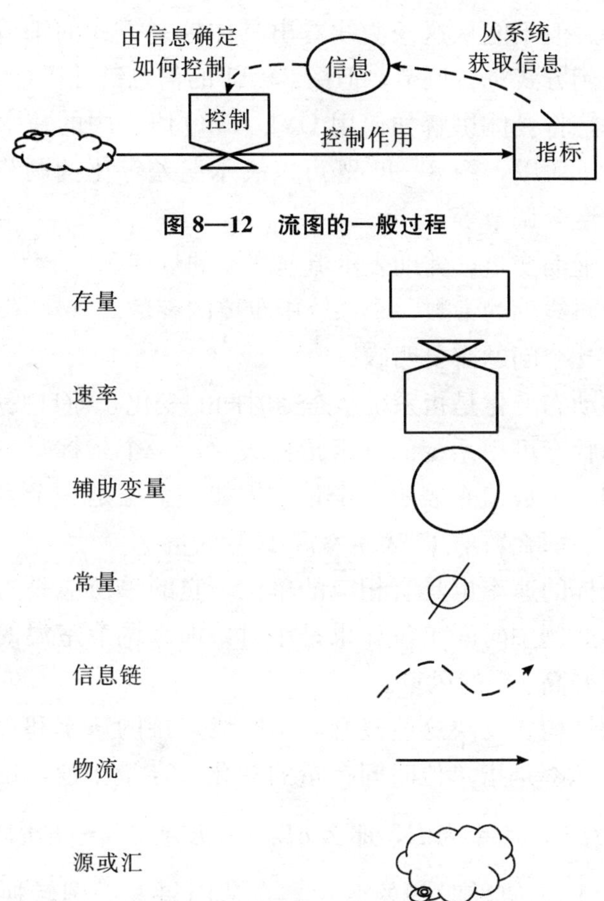

图 8—12　流图的一般过程

图 8—13　流图基本概念及其符号

（1）存量（level），图中的长方形，像一个水池，可称为水平、存量、积累量、流位，它是系统的状态，也就是系统的某个指标值。流图中用水池的水位高低来模仿系统状态值的大小。

（2）速率（rate），图中的阀门形，可称为决策函数、速度、速率、流率等，它控制着存量的变化，流图用阀门模拟控制水位高低的机制。

（3）实线称为实物流。实线连接“阀门”和“水池”，模仿控制的通路，它要贯穿存量和速率，像是水流在其中穿行。

（4）不规则的闭曲线称为源或汇。源指实物的来源，汇指实物的去向，好比水的源泉和去向，它是系统之外的元素。

（5）虚线称为信息链，模仿信息传递的过程。它指向速率，表示根据什么信息控制速率。但不能从这条曲线看出具体控制方式的细节；比如，我们希望采用温差比例方式进行调节，但图 8—11 的信息链并不能说明这个问题。在本章第二节中，将具体讲解如何用 DYNAMO 语言中的速率方程来进一步刻画控制的细节。所以，图 8—11 既可以表示温差等比例调节，也可以表示温差微分调节或混合调节等。

(6) 圆称为辅助变量，辅助表示流速变动的规律。

(7) 小圆加斜线称为常数，是系统中重要的参数。

此外，还有几个问题需要明确：

(1) 系统的动态变化是指系统状态随时间的变化，即自变量是时间。

(2) 系统的状态可用系统的一组指标表示，一个指标是一个量，只有确定了单位才可用一个数值来表示一个量。例如，室温是一个表示室内状态的量，以℃为单位，那么数值 10 表示室温 10℃的量。

(3) 控制指标的速率也具有相应的单位。它的单位应是每单位时间的单位系统状态量。此例中时间单位如果是小时，那么调节室温的风量单位应该是使室温每小时升高 1℃的风量。

(4) 图形的结构要反映这些概念，用实线连接的速率和存量是相互依存和相互对应的。速率是指单位时间存量的变化，存量指速率的积累。因此设时间为 t，存量为 L，速率为 R，那么 $\mathrm{d}L/\mathrm{d}t=R$ 或 $L=\int R\mathrm{d}t$。

为了计算出状态值随时间的变化，在从因果关系图转换成流图时，必须用实物流把速率与其相对应的存量（状态值）相连。实物流只能用来连接存量与速率，不能连接两个存量或两个速率。当然，速率与相应的存量相连不仅有上述一种形式。一个存量还可以对应多个与之有关的速率。

(5) 流图中区分了实物和信息。存量是实物的积累；速率是事物随时间变化的规律；实物流是实物积散的途径；源和汇是实物的来源和去向。用信息控制速率变动的规律，信息来自系统外部变量或系统内部存量；信息流是从信息源到速率的路径。

3. 反馈的形式

上述简单的系统内只有一个存量，称为一阶系统。一阶系统有多种多样的变化模式，如图 8—14 所示。

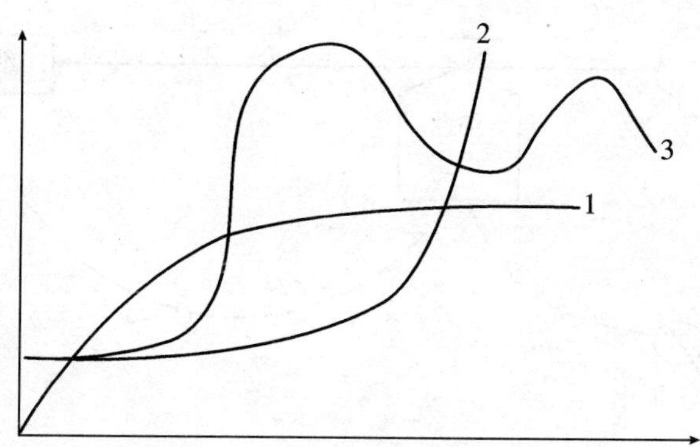

图 8—14 一阶系统反馈形式

如果一阶系统中有负反馈，称为一阶负反馈系统。前述的调温系统是典型的一阶负反馈系统。它的反馈形式如图 8—14 中曲线 1 所示。设初始室温和期望温度有一个差别，例如室温低于期望值，由阀门控制热风吹入，由于温差大，命令多进热风，结果室温上升，温差变小，进入的热风渐渐减小，所以室温上升就越来越慢。室温缓慢接近期望温度，但始终不可以到达期望温度，只是差别越来越小。

如果一阶系统中有正反馈，此系统就称为一阶正反馈系统。细菌生长是一种典型的一阶正反馈系统。假设细菌每小时繁殖一个，开始时有 1 个细菌，1 小时后就有 2 个，2 小时后有 4 个，3 小时后有 8 个，4 小时后有 16 个，5 小时后有 32 个……其因果关系图如图 8—15 所示。

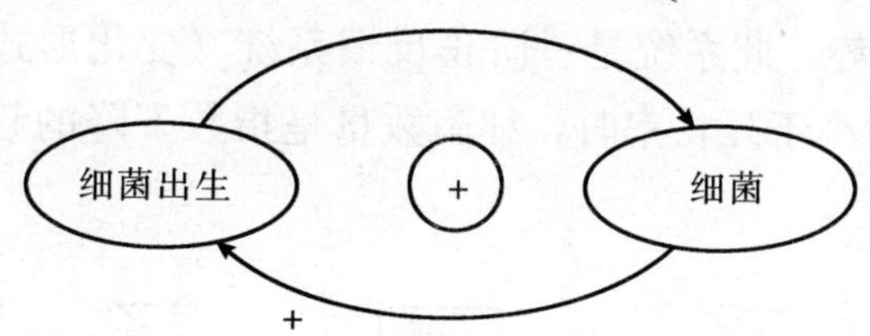

图 8—15 细菌生长的因果关系

其流图如图 8—16 所示。

如果仔细考虑，细菌数量的动态描述还应做些补充。细菌除了通过繁殖增加外，还会死亡。因此细菌数量与细菌出生和细菌死亡之间呈现如图 8—17 所示的因果关系。

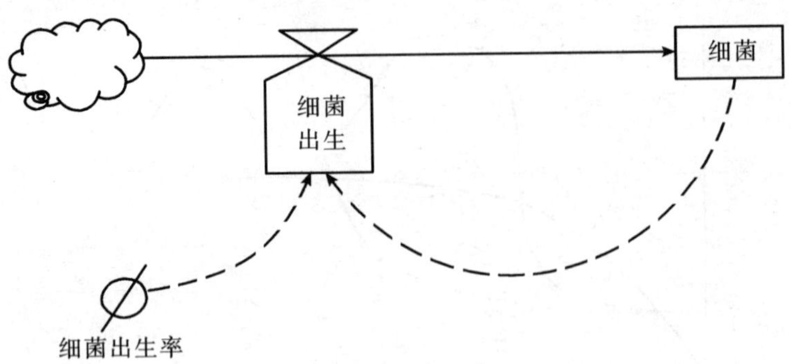

图 8—16　细菌生长的流图

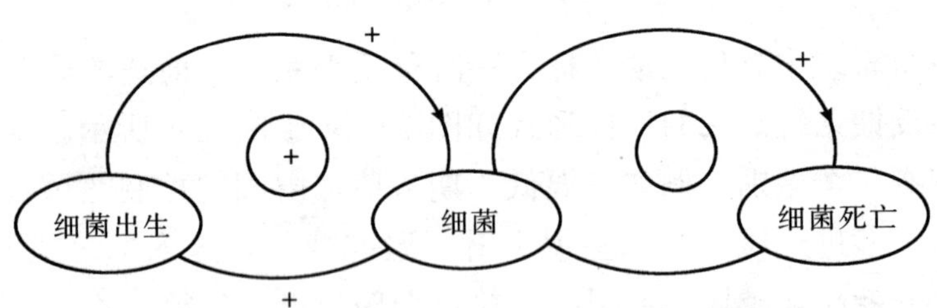

图 8—17　考虑死亡的细菌生长因果关系图

转换为系统流图如图 8—18 所示。

本例中一个存量与两个速率相对应，向内的箭头表示细菌出生使细菌数量增加，向外的箭头表示细菌死亡使细菌减少。这张流图中所有的量取值都是正的，显然细菌的寿命的倒数是死亡率。当出生率大于死亡率时，细菌数量呈指数上升的趋势，此系统是一阶正反馈系统（变化形式如图 8—14 中的曲线 2）；当出生率小于死亡率时，细菌数量呈指数下降的趋势，此系统是一阶负反馈系统。

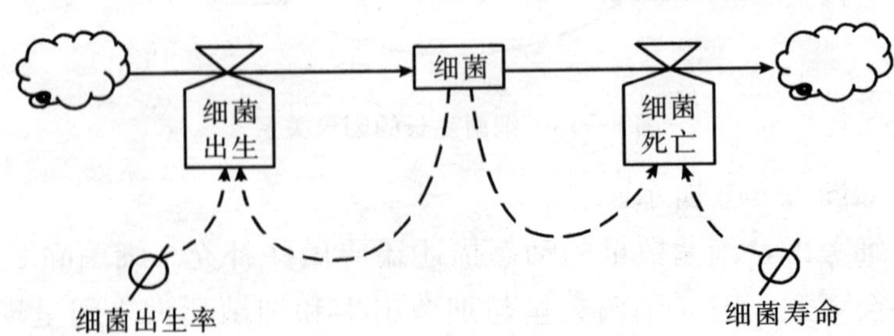

图 8—18　考虑死亡的细菌生长流图

如果限定细菌生活在一个有限的空间里，当细菌生长到一定数量后就不能再无限增长下去，那么就会呈现一个先是指数上升，然后又缓慢接近极值的趋势。类似的情况很多，比如增加推销员，产品销售数量会增加，产品出售增多了，则有更多的钱雇用推销员。开始推销员数量增长很快，但人们购买这种商品的潜在需求逐渐降低，则这种正反馈就不能持续下去，推销员或产品出售的数量就开始缓慢回落。它们的动态如图 8—14 中的曲线 3。

4. 延迟

系统动力学的另一个基本点是延迟。延迟也是普遍存在的，物理学认为“在宏观的自然界中不存在突变”。一般来说，原因并非立即就能产生结果，往往某个原因经过了一段时间才能发挥作用并产生效果。比如在调节室温的过程中，空调机马力加大以后，室温不会马上就上升。要经过一定的热传导的过程，热量不断积累，才会使室温上升。其因果关系如图 8—19 所示。

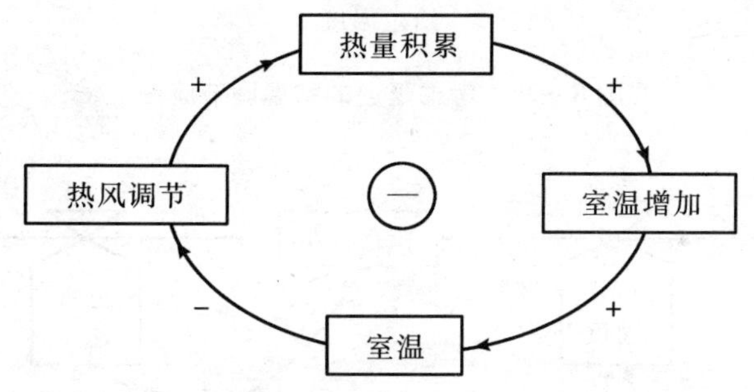

图 8—19　考虑延迟的室温调节因果关系图

把这个因果关系图转换成流图。室温是一个存量，室温增加是对应的速率，它们用实物流相连。热风调节是热量积累，所以热量积累是一个存量，热风调节是使其增加的对应速率，它们也用实物流相连。热量积累使室温增加，这是存量对速率的影响，它是一个信息链，用温升时间常数辅助表示这个关系。最终的系统动力学流图如图 8—20 所示。

图 8—20 所示的系统中有两个存量，可以称为二阶系统。整个主环呈负反馈，称为二阶负反馈系统。其系统行为是很典型的，在这个系统中出现了延迟，热风调节后并没有立即引起室温的增加，因而室温发生了振荡。

类似地，订货以后，货物需要在途中滞留，经过一段时间才会进入仓库，变成库存。所以提高订货速度后，库存不是立即增加而是延迟一段时间才增加。这个延迟导致库存值在期望库存值附近振荡，如图 8—21 所示。

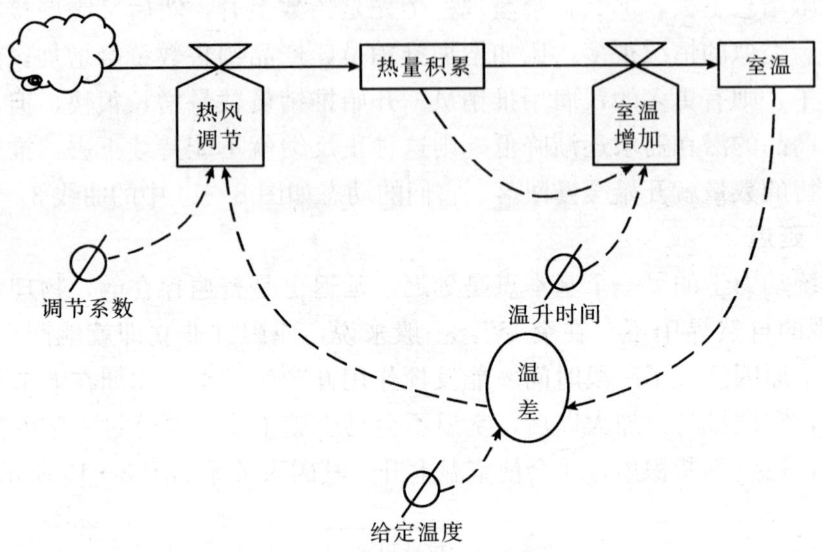

图 8—20　考虑延迟的室温调节流图

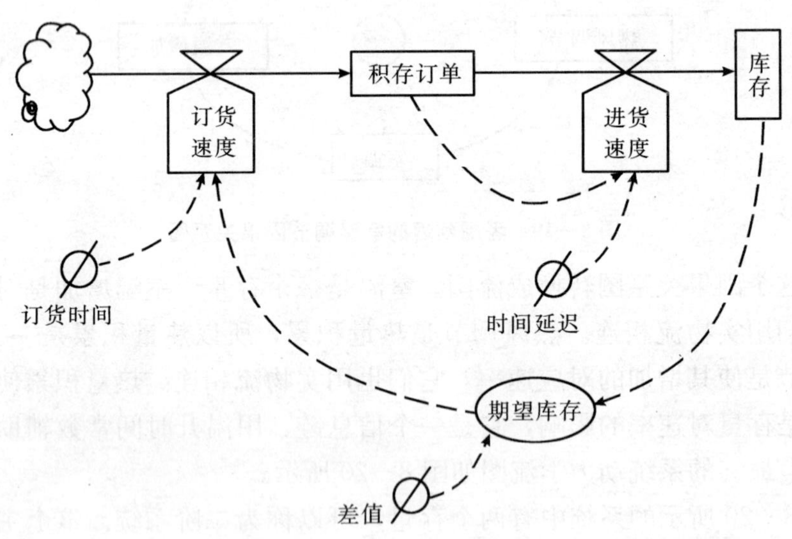

图 8—21　订货—库存流图

在图 8—20 中，使室温变化的原因可以追溯出一条链。按照常识，室温控制是由热风调节引起的，但仔细研究，发现热风调节引起了热量积累，才使室温增加，引起室温变化。室温慢慢地积累，所以调节热风后，经过一段延迟才会有室温变化。这种延迟导致了在某个时候，关小了热风反而使室温增加，或者开大热风但室温降低的违背常理的情况出现。在时间上，刚才的阀门打开引起现在的温度升高；在空间上，空调机的热风量加大引起了不是同一处的室内温度上升。

在现实社会中，我们经常可以发现有一些系统比上述的例子更复杂，组成元素更多，反馈环相互地交织在一起，因而它们的动态规律就更不容易认识。当我们研究某个数量指标变化时，追源溯本，总可以找出一大串因果关系链。这样初始原因和最终结果之间相隔大量元素，因而在时间上、空间上，因果之间可能相隔很远，以致仅靠经验和细心观察绝无发现的可能，原因与结果之间还会有违背常理的情况出现。系统动力学的建模思想给出了构筑系统动力学模型的概念模式，因而搭建起了用计算机模拟复杂系统的桥梁，它为发现和处理现实中这些复杂的具有延迟的因果关系提供了可能。

5. 系统概念化小结

得到系统流图是认识系统动态的关键一步。根据系统的原理，采用分析与综合的办法来认识系统，首先要根据系统的目标找出我们关心的对象，即确定系统的边界；然后把系统分解成其组成要素，再按照以上介绍的几个原则找反馈环，认识延迟的存在，鉴别出存量和速率，找出实物流和信息流，并将它们正确地组合成一个有机的整体，形成具有系统动力学特定结构的流图。流图中相邻的元素之间常常有典型的连接关系，例如，一阶正反馈、一阶负反馈、二阶负反馈。这些反馈环进一步交织在一起形成一个网。在分析时常采用自顶向下的方法，抓实质、忽略次要成分，得到一个很粗的模式。这种粗糙的模式若不能满足需求，则一步步地细化下去。例如，考虑室温调节时，开始认为系统是个简单的一阶负反馈系统，它粗糙地反映了系统趋向期望温度的模式；细化后看到了延迟，如果需要的话还可以进一步研究，比如可以对复杂的热量积累进行更细致的描述，表现出热风先经过管道再加热室内空气，甚至室内不同地方的空气温度也不相同。那样的话，系统结构就更加复杂，且能更细致地反映客观实际。因而，系统流图具有一个层次结构，可以通过逐步细化逐步获得越来越符合实际的系统流图。

三、从流图到 DYNAMO 方程

所谓模型格式化，是一个将上述流图的模型结构编写成 DYNAMO 方程的过程，也是一个由非正式的概念认识向正式的定量表达式转换的过程。通过在计算机上运行 DYNAMO 方程确切地描述的模型可以模拟系统的动态行为。

格式化不仅仅是概念化和结果分析之间的一个技术变换阶段，而且能提高对系统结构的认识。一个非正式的因果关系模型一旦编写成方程，便显得清晰明了。当然，这样所得到的正规模型也并不能完全代表真实世界，从这一点上说，它是不精确的。但是，正规模型却更为明确，因为它必须要为计算机所识别，并能突出地反映出所针对的问题的内在结构。所以，借助于模型格式化阶段，建模者可以提高对系统结构的认识，建立起对实际情况符合得更好的 DYNAMO 模型，从而在发现和解决实际问题方面发挥更为现实的作用。

在 DYNAMO 语言中，存量是一种变量，速率也是一种变量，要为每个变量制定一个变量名，这个变量名可以是汉语的（在汉化的 DYNAMO 中），也可以是英语的。再用圆点及其后的下标来表示修饰词现在、过去、时点、时段。假设初始时刻系统状态是已知的（这包括全部状态值和速率值），就可以把第一个时点的系统状态求出来。因为第一个时点上的指标值＝初始时刻指标值＋DT＊初始时刻该指标的总流速。同样地，如果过去的指标值及速率值是已知的，那么由实物流所反映的关系就可以求出现在的指标值。

现在的指标值＝过去的指标值＋DT＊过去该指标值的总流速

一个计算复利的存钱系统如图 8—22 所示。

钱数的变化要用下边的存量方程表示：

钱．K＝钱．J＋DT＊钱的增加速率．JK

或　MONEY. K＝MONEY. J＋DT＊RAM. JK

其中，钱或 MONEY 为钱数的变量名，变量名由建模者任意规定，但它们应该有比较清晰明确的含义。钱的增加速率或 RAM 是钱数变化的速率的变量名。

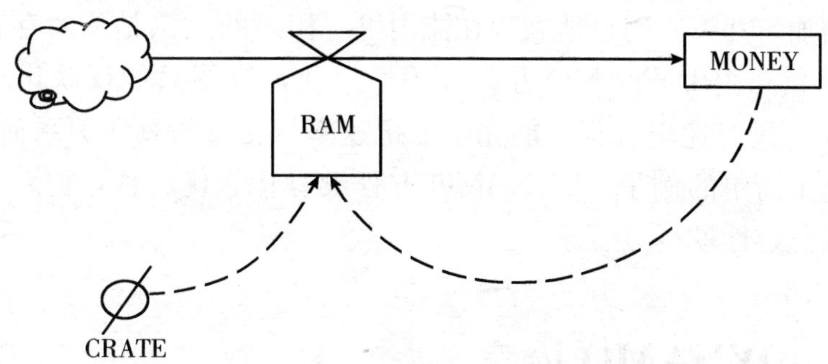

图 8—22　复利存钱系统流图

钱数等于过去的钱数加上流逝的时间乘以这段时间内的钱数增加的速率。对这个记复利的存钱系统，钱的增加速率是很明显的。在 DYNAMO 中用一个速率方程表示：

钱的增加速率 . KL＝钱 . K * 利率

或　RAM. KL＝MONEY. K * CRATE

除上述两方程，还有表示钱的初值大小的方程及利率大小的方程。这样，一个存钱系统的 DYNAMO 模型就构成了。它主要包括四个方程，每个方程前都用一个字母标识方程的类别，即

L　MONEY. K＝MONEY. J＋DT * RAM. JK

R　RAM. KL＝MONEY. K * CRATE

C　CRATE＝0. 01

N　MONEY＝100

虽然方程中没有明显地指出一个量的单位，但是量的单位是事先约定的。方程中的数值与约定好的单位结合，才能正确地反映量的大小。在这个存钱的系统中，我们约定钱用“元”作单位，时间用“月”作单位，利率是指每元钱存一个月会增加 0. 01 元。

从流图转化到 DYNAMO 方程并不困难。存量方程反映了存量总是总流速的积分的过程。存量方程很容易从流图中得到，因为在流图中已明显地标出流入及流出的速率。速率方程反映了每个速率变动的规律，指向速率的信息链暗示了速率是由哪几个变量决定的。但这些变量如何具体地构成流率方程，从流图上不可得出。例如钱数及利率决定了钱的增加，但钱数乘以利率

是钱数的增加，并没有明显地表现在流图里。相乘的关系是从对存钱系统的研究得到的，并由 DYNAMO 方程表示。因此，流图只能反映出速率与什么量有关系，只有速率方程才能完全地把速率与变量的具体关系描述出来。

对于这个简单的例子，DYNAMO 方程没有什么优越性，但对于越复杂的系统，其优越性就越显著。

第二节　DYNAMO 语言

DYNAMO 是系统动力学世界模型的建模语言，其特点是语法简单、容易掌握。一个用 DYNAMO 语言编写的程序，也就是一个针对某一问题的系统动力学模型，它反映了由于系统状态变量之间的反馈作用，从而系统的状态连续地变化。

上一节介绍了系统动力学的基本思想，从因果关系图出发，建立了系统动力学的流图，这是一种反映系统结构的模型。流图模型很形象地用水流来模仿复杂系统，DYNAMO 系统的状态是用一组存量来表示系统的一组指标值。描述“流”像水流似的从源头通过“水管”流动着，经过阀门，阀门的开闭控制它的流速，使在贮槽中存储的水位高低变化，以此模仿指标值大小的变化。在某些系统中，有几条水管与一个贮槽相连，而这些水管中的水有的流入贮槽，有的从贮槽中流出。流入水管的流速的总和称为流入速率，流出的流速的总和称为流出速率。通常一条水管模仿一种因素对指标所产生的影响，与一个指标对应的流速有一个以上表明多种因素都对这个指标产生影响，与同一个指标对应的这些流速的代数和称为该指标的总流速。如前所述，指标是其总流速的积分（或称累积），总流速是其指标的微分。在不会引起误会的情况下，总流速可以简称为流速。

若要表示系统动态变化，就要确定一个时间轴，从初始时刻开始，均匀地划分这个时间轴，每一个时间步长记为一个 DT，如图8—23 所示。

如果把某个时点称为 K 时刻或现在时刻，它的前一时点就称为 J 时刻或过去时刻，它的后一时点就称为 L 时刻或未来时刻，如图8—24所示。

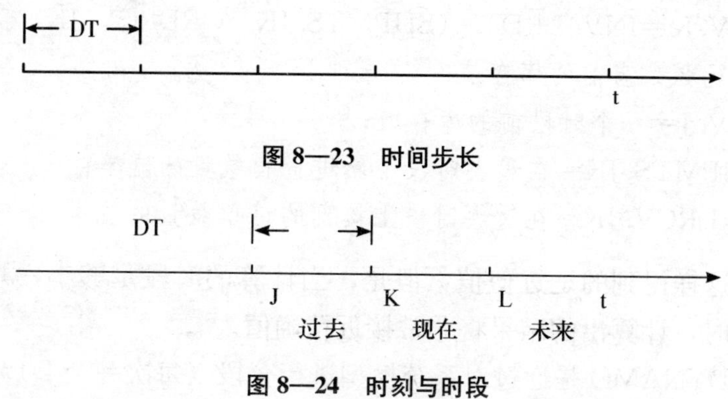

图 8—23 时间步长

图 8—24 时刻与时段

相应的，JK 时段称为过去时段，KL 时段称为未来时段。

DYNAMO 就是利用各个时点上的指标值（level 值）和各个时段上的速率值（rate 值），来计算和表现系统的动态变化。

看一个具体的例子（其中流入率和流出率都是常量）。假定我们每个月从一个仓库中运走 100 单位的货物，而从供应厂商处每月只能得到 80 单位的货物，那么，总流率就是−20 单位，即仓库的货物以每月 20 单位的流速减少，它的动态行为是线性的，其随时间变化的图形将是一条递减的直线。任何一个同学都可以通过计算得出仓库的变化，即经过的时间乘以库存的恒定变化率：

库存量(现在)＝库存量(过去)＋经过时间×恒定变化率

但是，当影响仓库的流入量和流出量不再是常量而是在不断变化时，情况就变得有趣了。只学过高中代数的同学只能在绝望中放弃，或等到他学习了微积分的知识后再来解答。但是即使在那个时候，他也可能无法获得存量随时间变化的精确方程，或者尴尬地发现这个函数是不可积的。在 DYNAMO 中，当订单率和货运率随时间的变化而变化时，DYNAMO 将连续的时间分割为许多离散的时段，并假设在每个小的时段上流率为常量，这样就可以像只学过代数的同学那样进行计算，其公式如下：

库存(现在)＝库存(上一时刻)＋(经过的时段)×(假设的恒定总流率)

或，用 DYNAMO 中的记号：

INV. K＝INV. J＋DT＊(SHPMTS. JK－ORDRCV. JK)

INV. K＝当前的库存值；

INV. J＝一个时段前的库存值；

SHPMTS. JK＝在过去时段上新进货物数量的流率；

ORDRCV. JK＝在过去时段上接到的订单数量的流率。

当然，这样得到的是近似值，但是，当计算的时段足够小，并且流率的变化率不大时，计算出的结果将非常接近精确值。

因此，DYNAMO 是通过对系统模型进行分段（每次一个 DT）计算来模拟一个动态反馈系统的。对于简单的系统，我们可以进行笔算，但是，如果系统略微复杂，而且计算间距 DT 相当小的话，我们对于这样的计算就无能为力了，而这时使用计算机最为理想。事实上，能够进行这类计算（用不同的表示方法）的计算机程序语言很多，比如 FORTRAN、C＋＋、DELPHI、Java 等。但是 DYNAMO 正是为了模拟动态反馈系统而设计的，它会是一个很好的工具。

DYNAMO 语言可以满足那些不熟悉计算机的建模者和经验丰富的程序员的不同需求。DYNAMO 的所有语句可以归为两大类：一是变量描述语句，二是控制语句。组成语句的元素共有 9 种：语句类型标识、变量名、时间下标、等号、圆点、分隔符、函数、数值和运算符。下面将详细介绍 DYNAMO 语言的基本内容。

一、语法元素

(1) 语句类型标识。DYNAMO 模型的每一条语句最前边都有一个语句类型标识，以此标识语句的类型。描述语句的类型标识为一个大写字母，控制语句的类型标识是几个大写字母。例如，L、R、A、T、N、C 是描述语句的类型标识，SPEC、PRINT、PLOT 是控制语句的类型标识。

(2) 变量名。DYNAMO 模型中有多种变量，我们已经熟悉的有存量、速率、辅助变量、常量。建模者编程时要为每一个变量起一个名字，这个名字应该易于记忆和理解。变量名的格式在不同的机器上有不同的规定。

(3) 时间下标。有 5 种时间下标。J、K、L 分别表示过去、现在、未来时点，JK、KL 分别表示过去及未来时段，都用大写字母。

（4）等号（=）。用等号把变量及其定义联系起来。

（5）圆点（.）。用变量名加圆点加时间下标标识出变量在不同时期的值。

（6）分隔符。不同机器分隔符不同，常用的分隔符有两种：逗号（,）及斜线（/）。

（7）函数。DYNAMO 中的函数多种多样，前面我们已经接触到的有 SIN、COS、NOISE、TABLE，其他的各函数及细节将在本节第四部分 DYNAMO 函数部分介绍。

（8）数值。DYNAMO 所允许使用的数值因机器而异。常用的有整数、浮点数及小数；整数一般限定在 6 位左右；DYNAMO 的浮点数使用科学计数法，如 23E3 代表 23 000，12E−2 代表 0.12，2.176E4 代表 21 760 等。E 前只允许包含 6 个以下的印刷符号，E 后是整数，绝对值小于 32，小数是一般意义下的小数。小数点前的 0 可要可不要。

（9）运算符。有加（+）、减（−）、乘（*）、除（/）4 种。其含义如同常规的运算符，用于进行算术运算。

二、变量描述语句

DYNAMO 中的变量描述语句一共有 8 种。第一列是由一个字母组成的语句标识；空一格后是被描述的变量，然后是等号，等号的右边是一个表达式。表达式详细描述了变量如何变动的计算方式，作为变量的定义。变量和等号及表达式三者是紧紧相接的，称为变量方程。空格是变量方程结束的标志，空格后的内容将作为注释，不能进行计算。所以如果不小心在键入变量方程时多键入空格，将会导致模型的错误。

各种变量的意义罗列如下：

（1）存量方程，标识为 L。存量方程把系统中存量的动态用积分的形式描绘出来。例如：

L　PLANT. K=PLANT. J+DT *（PIN. JK−POU. JK）

就是一个存量方程的例子。一个存量方程要把与一个存量有关的所有的速率都考虑到。与一个存量相连的实物流必然是一个或一个以上，其中有的进入该存量，有的离开该存量。在存量的括号里面应包括所有这些进入及出去的速率的代数和，否则就会有错。对于存量方程，乘号（*）前的部分在格式上是固定的，因为一个存量的现在是要由同样一个存量的过去值来求得。如果没有遵守这个格式，DYNAMO 会认为出了语法错误。括号内的部分的格式是自由的，但一般都是所有与存量对应速率的代数和。

（2）速率方程，标识为 R。一个速率方程描述一个速率具体如何变动，用信息链指向速率的变量都会影响速率。速率方程应该包括所有这些变量，否则在语义上就会出错。

（3）辅助变量（auxiliary）方程，标识为 A。一个辅助变量方程描述一个辅助变量具体如何变动。辅助变量辅助表达系统中复杂的因果关系。在前面某些简单的模型中，根本没有出现 A 方程。反之，在实用的复杂系统中辅助变量的数量要比其他变量大得多（见第三节中的实例）。辅助变量一方面可以把复杂的因果关系环中各个重要的概念分离出来，另一方面还可以描述重要的外部变量。

（4）初值方程，标识用 N。它表示各种变量的初始值，所以在流图中不会出现。只有存量必须给定初始值，其他变量的初值可以给定也可以不给定，因为其他变量在初始时刻的值可由该变量方程通过 level 变量的初始值计算出来。用 N 方程给定初值有两种方式，一种是把数值直接赋给变量，作为初值，例如

N　植物＝10 000

另一种是间接地为变量赋值，例如

N　植物＝10 000
N　食肉动物＝0.1*植物

这就意味着：

N　植物＝10 000
N　食肉动物＝1 000

如果建模者不为 R、A、S 变量置初值，则编译就把这些变量方程中的下标去掉，作为初值方程。函数的初值也同样处理，把函数中自变量的下标去掉，再通过函数计算就得到了函数的初值。

如果建模者用N方程给R、A、S变量设了初值，那么机器应该比较上一句得到的初值与建模者用N方程设定的初值之间的差。如果不为0，机器应自动取舍，不同的编译有不同的考虑。

(5) 常量 (constant)，标识为C，在流图上用小圆上画一斜线表示。有的数值在系统中起着比较重要的作用。这些数值标识系统特征，是重要的参数，反映了某个概念，有必要将它们特别明确起来，所以不是把这些数值直接写在速率方程、辅助方程或初值方程中，而是为它们命名。然后用常量方程去表示其具体数值的大小。例如，植物出生率的辅助方程

A　植物出生率.K=3+气候影响.K+随机噪音.K

其中，数值3是植物出生率的平均数，用一个常量方程表示，概念上更清楚。如此，一个辅助方程可以由两个方程来表示：

A　植物出生率.K=植物平均出生率+气候影响.K+随机噪音.K
C　植物平均出生率=3

在前边的章节中曾提到系统模型中有变量及参数之分。变量是随某些量变化的函数；参数在同一次模拟运算中保持不变，在不同的模拟运算中才变化，DYNAMO中的C变量实质上就是系统模型的参数。

(6) 表变量方程，以T为标识，它没有标准的流图图例。表变量方程是为了给出一个给定表函数的函数值。它的格式很固定：

T　某个表名=数，数，…，数

有的机器上可以用“／”代替“，”作为两个数的分隔符。有关表函数的内容将在本节第四部分讲解。

(7) 补充变量，用S为标识。它不是独立的变量，它的目的是为了保留计算某些量的函数值，以便统计、制表、制图。例如，如果在一个模型中男人数、女人数分别是两个存量，那么为了计算并显示人口总数，可以引入补充变量。人口总数用S变量方程定义：

S　人口总量.K=男人数.K+女人数.K

(8) 列车变量，标识是B。列车变量用一变量名标记一组存储单元，每个存储单元称为一个车厢，整个一组存储单元组成一个列车。车厢用于存储

数据，车厢中的初值用N或C语句赋予。车厢中所存储的数据可以移动，有两种移动方式：一种方式称为直线列车，车厢直线串联形成一个直线列车，数据从前一节车厢定时向后一节车厢传送，最后一节车厢的值移动后就消失了；另一种方式称为环形列车，车厢环形串联首尾相接，形成环形列车，数据从前一个车厢定时向后一个车厢传送，最后一节车厢的值又返送回第一个车厢。

B　BB＝BOXLIN（10，2）

定义了一个名为BB的10节的直线列车，车厢的内容每2个时间步长（DT）移动一次。

B　AA＝BOXCYC（6，4）

定义了一个名为AA的6节的环形列车，车厢的内容每4个步长移动一次。

车厢值可以用下标取出，所以BB（5）表示BB的第五节车厢的值。上边所定义的列车变量BB、AA初值可以用两种方式赋予。

第一种方式用N方程赋予：

N　BB＝BOXLOAD（10，4）

表示所有的BB的10车厢的值都为10＊4，即40。

N　AA＝BOXLOAD（4，3）

表示所有的AA的6个车厢的值都为4＊3，即12。

第二种方式用C方程定义：

C　BB＊＝4，7，6，5，3，4，1，9，8，1

分别表示B（1）的初值为4，BB（2）的初值为7，以此类推。

车厢（如BB（3））出现在方程的左边表示右边的表达式向它赋值，车厢出现在方程的右边表示从车厢中取值。列车变量类似于一般程序语言的数组，用于存储以前的数据。

最后，L方程的括号内，R方程、A方程、N方程、S方程的等号右边，只能是表达式。表达式是关于上述L、R、A、S、C、B变量及函数和数的代数运算。运算顺序是从左到右，先乘除后加减，但可以用小括号改变其运算顺序，从内层括号逐步向外计算。

三、DYNAMO 方程的顺序及时间下标

从流图到 DYNAMO 模型，要把流图中的各个元素用相应的变量方程描述，变量方程的顺序并不重要，只是各个变量都必须写一次且只写一次。个人可以按照自己的习惯安排顺序，每个人的方法各有优缺点。有一种方法是以一个存量为核心，先写这个存量方程，然后逐个写有关的速率方程。写出一个速率方程之后，就将指向它的每一条信息链逐条地逆着信息链的箭头方向，将所涉及的辅助变量、命名常数的方程一个一个地写下去，直到碰到一个存量或外部变量。最后写这个存量的初值方程。在写的过程中，凡是已写的变量不能重写。用这种方法，方程很容易读，很容易查出遗漏的方程。每写一个方程时，应考虑这个方程的含义，也很容易把语义上的问题弄清楚。

还有一种写法是把含义相关的方程放在一起，成为一个子模块。有些很大的模型可以用这种方法分成许多子模块，甚至子子模块，这样不断地划分下去。建模者根据自己的情况安排模型中变量出现的顺序。DYNAMO 编译系统会合理安排变量计算顺序。

编写 DYNAMO 模型中各个变量的方程时，必须遵守下标表（见表 8—2）中的规定。下标表可以使建模者有比较清楚的时间概念，正确的下标提醒建模者注意模型中变量运行的顺序。若编程不小心写错了，则 DYNAMO 编译会给出警告，然后按正确的下标进行计算。

表 8—2　　下标表

方程左边变量类型	左边变量的时间下标	方程的右边所能包含的变量及时间下标						
		L	A	R	S	C	T	N
L	K	J	J	JK	不准包含	无下标	无下标	无下标
A	K	K	K	JK	//	//	//	//
R	KL	K	K	JK	//	//	//	//
S	K	K	K	JK	K	//	//	//
C	无下标	不准包含	不准包含	不准包含	不准包含	不准包含	不准包含	不准包含
T	无下标	//	//	//	//	//	//	//
N	无下标	无下标	无下标	无下标	不准包含	无下标	无下标	无下标

有些有一定编程经验的建模者，有时会随心所欲地希望自己能灵活地处理下标而不遵守下标表的规定，这常常造成错误。例如，对于辅助变量——价格，某建模者想找出价格的变化率，用了下面的方程：

A　价格变化率．K=（价格．K－价格．J）/DT

这样违反了下标表，因为下标表中 A 行、A 列要求辅助变量的右边的辅助变量都必须以 K 为时间下标。当编译遇到了这样的方程，就把右边的 J 当成 K 来处理。所以这个价格变化率永远是 0，这样当然不能得到真正的价格变化率。

DYNAMO 将按规定的顺序安排各个变量方程的计算顺序。

假设 K 为某一个给定时刻。从 J 时刻的 L、A 和 S 的值及 JK 上 R 的值可以计算出 K 时刻的 L、A 和 S 变量的值及 KL 上 R 的值。图 8—25 可以说明这个问题。

第一步从 L 方程求出 L 在 K 时点上的值。从下标表可以看到，它用到 L 在 J 上的值、A 在 J 上的值、R 在 JK 上的值，按假设它们是已知的，如图 8—25 中（a）所示。每一个 L 都是可求的，因此具体先计算哪个 L 方程是无关紧要的。

第二步从 A 方程求出 A 在 K 时点上的值。从下标表可见它用到 L 在 K 时点上的值，这已在第一步中求到了，它还用到 R 在 JK 时段上的值，按假设它们是已知的。从表 8—2 还可以看到，A 变量方程的右边可能需要 A 变量在 K 时点上的值，因此，只有这个方程右边的每一个 A 变量的值事先计算完毕才可以计算这个方程的变量。此过程如图 8—25（b）所示。例如，欲计算 A1 变量在 K 时点上的值，若其变量方程为“A　A1. K＝3＋A2. K”，其中右边有另一个 A 变量 A2，则必然要求 A2 在 K 上的值是已经计算好的。所以 A 变量的计算是要排序的。先算可以算的，第一个被算的 A 变量，其方程的右端应没有 A 变量。其后逐个计算，所计算的 A 变量其方程右端应该或者没有 A 变量或者有先计算过的 A 变量。如此下去直到所有 A 方程都是可计算的，才可正确地计算出所有 A 变量的值。这样一个找 A 方程计算顺序的过程称为 A 方程排序。如果计算顺序找不到，即无论怎么更换 A 方程的计算顺序，都达不到每个 A 方程都是可计算的目的，则必然是模型设计有错误。从流图很容易发现，出现几个变量互相要求先计算的情况，一定是这几个 A 变量中有用虚线连起来的圈。建模者应重新考虑系统中的因果关系。

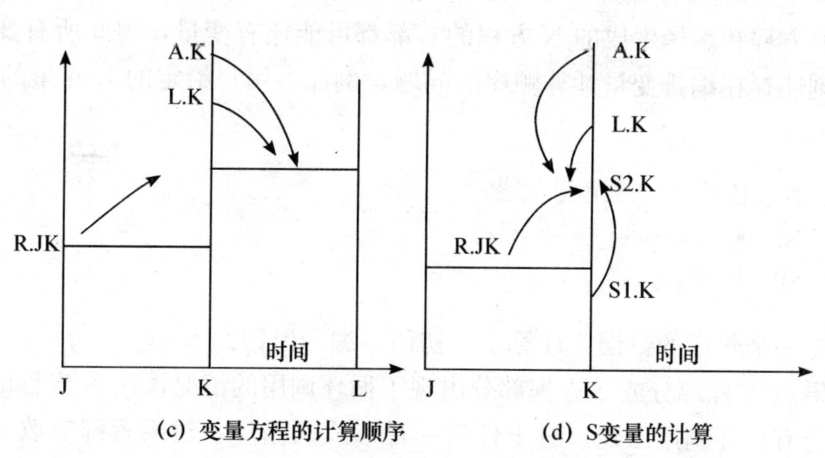

(c) 变量方程的计算顺序　　(d) S变量的计算

图 8—25　变量方程的计算顺序

下边是一个有相互要求先算的 A 变量环的例子。

A　A1. K＝2＋A2. K

A　A2. K＝4 ∗ A3. K

A　A3. K＝A1. K/6

第三步计算 KL 时段上的每一个 R 变量值。从下标表中可见，这不存在任何困难。这些变量之间没有运算顺序问题。因为此时 K 上的 L、A 及 JK 上的 R 值都已知。此过程如图 8—25（c）所示。

第四步计算 K 上每一个 S 变量值。按理不应出问题，但个别建模者会在

S变量的右端放入S变量，所以它也有一个排序问题。此过程如图8—25（d）所示。

经过以上四步，从JK上变量的值可以把KL上所有变量的值都计算出来。这样，时间步进一个DT，又到新的一轮计算。

初值的计算是类似的，L变量的初值都必须由建模者给定。如前所述，这是用N方程给定的。如果有任何一个L变量未用N方程赋初值，则DYNAMO编译将指出其错误。建模者应根据实际情况补上。其他的变量，如果用户给定，则按用户给定的方式计算。否则，DYNAMO编译把A方程、R方程、S方程的左右两边的下标都去掉，成为N方程。表达式中还会有函数，函数可以通过自变量的处置及函数的结构形式计算出来。建模者设定的N方程及编译生成的N方程集中在一起，成为所有变量的初值方程。由于用户给定的初值方程和编译生成的N方程的右部都可能还有变量，因此所有变量的初始时刻还存在编排变量计算顺序的问题。例如，用户给定的L变量的N方程会有循环：

N　植物=10*食草动物

N　食草动物=3*食肉动物

N　食肉动物=植物+8

这是一个建模的错误，计算不了初值，编译出错。

如果A方程部分或S方程部分出现了循环调用的情况，在N方程的大排序中也会有循环调用出现。对于任何一种形式的循环，建模者都应改变其不合理的设计，修改好机器才会为建模者计算。

四、DYNAMO函数

DYNAMO用函数为建模者提供一个方便的工具，使模型很简明和具有表现力。函数是表达式的一部分。每个函数都有一个固定的函数名，标识函数的主要特征。一般函数名后跟着一对小括号，将函数自变量或形参括起来。自变量或形参的个数从1到5不等。它们是数值，或是前述的L、A、B、C、R变量。自变量还可以是一个表达式。若自变量是表达式，表达式中又包括函数，这样就产生函数嵌套，会使表达式的形式复杂。有时可用辅助变量减少这种嵌套。

函数作为表达式的一部分出现在变量方程的等号右边。其自变量又包括变量，这些变量是用变量名加圆点再加时间下标组成的，例如 PLANT. K。所以根据变量的种类，它们应该服从表 8—2 所示的下标表。

下面介绍各种函数。在表示自变量或形参时，为了简明，有时不用变量名加圆点再加时间下标，只用一个字母 P、Q、R 等来示意。

1. 延迟宏函数

在第一节第二部分我们略述了延迟是系统动力学中最重要的一个概念，即延迟环节经常出现在系统中，当无需了解延迟内部存量变化的细节时，一些基本的延迟环节可以用宏函数简化它们，此时，要在流图中把几个元素合成一个矩形；在程序中把一段方程简化成一个函数。

例如，在图 8—20 中将“热量积累”、“室温增加”和“温升时间”所构成的延迟环节用宏函数简化它们，称为一阶物流延迟，即用一个一阶物流延迟“逐渐积累的热量”代替了三个元素。

有 4 种时间延迟是较常用的：

（1）一阶物流延迟。它以“DELAY1（IN. K，DEL）”的形式出现在表达式中。第一个形参称为输入（如果它是流速变量，则下标是 JK 即 IN. JK）。DEL 是平均延时，即 DELAY1（IN. K，DEL）是 IN. K 的平均时间为 DEL 的一阶物流延迟。例如，

A　OUT. K＝DELAY1（IN. K，3）

表示 OUT 是 IN 的一阶延迟，时间常数为 3。

（2）一阶信息延迟。其函数名是 SMOOTH，其形式大意如上。

（3）三阶物流延迟。其函数名为 DELAY3，大意如（1）。

（4）三阶信息延迟。其函数名为 DLINF3，大意如（1）。

顾名思义，物流延迟用于物流的链中，信息延迟用于信息的链中。一阶延迟由一个延迟存量引起，三阶延迟由三个延迟存量引起。

2. 标准函数

大部分计算机语言都有类似的标准函数，DYNAMO 也不例外，其用法意义是很简单易懂的。

指数函数 EXP（P）表示以 e 为底的 P 的指数值。例如：

A　ABC. K=3 * EXP（DEF. K）+6

自然对数 LOGN（P）表示取 P 的自然对数值。例如：

A　ABC. K=10+LOGN（MN. K）

平方根函数 SQRT（P）表示取 P 的平方根。在方程中表示如下：

A　ABC. K=47−SQRT（PQ. K）

正弦函数 SIN（P）表示取 P 的正弦值。其中自变量的值用弧度表示。如果要表示一个周期为 30 的正弦变化的外部变量，那么可以用以下方程：

A　ABC. K=SIN（6. 28 * TIME. K/30）

余弦函数 COS（P）表示取 P 的余弦值。其中自变量的值也用弧度表示。如果要表示 MNP 是 XYZ 的余弦函数，则可以用以下方程：

A　MNP. K=COS（XYZ. K）

3. 表函数

表函数是 DYNAMO 中一种特有的函数，用处非常大。它将一张表格上点所对应的函数输入计算机。表格中自变量是等距变化的，如果自变量正好取到表格上的数值，那么函数值就取表格上对应的值。如果自变量没取到表格上的数值，那么就用线性插值的方法取函数值。例如有一函数如表 8—3 所示，X 是自变量，Y 是函数。

表 8—3

X	0	2	4	6	8
Y	7	4	3	9	4

当 $X=4$ 时，$Y=3$。但当 $X=5$ 时，用线性插值的办法求得$Y=6$。

表函数调用，含有 5 个形参。第 1 个形参称为表变量名，用以标识被送入的表格的名称。表函数名没有下标。第 2 个是表函数的自变量，它是一个 L、R、A、B、S 变量或是一个表达式。自变量用下标修饰，下标要符合下标表（见表 8—2）。第 3 个是表格中自变量的初值。第 4 个是表格中自变量的终值。第 5 个是自变量的步距。前面已经介绍如何将表函数及 T 方程结合，把表格送入计算机。要注意 T 方程中变量的个数必须与表函数中初值、终值及

步距算出的点数一致。如果不一致，编译要指出这种错误，令建模者进行修改。计算点数的公式很简单，为

点数=(终值－初值)/步距+1。

表函数有两种。一种是没有外延的表函数 TABLE。若自变量取值超过表格上指定的上限或下限，那么运行时，DYNAMO 会指出这一点，给出警告。但表函数值取最大或最左侧点的值。

例如，为了把表 8—3 所示的函数送入计算机，则要定义一个表函数及一个表变量方程。即

A Y. K=TABLE（TY，X. K，0，8，2）

T TY=7，4，3，9，4

当 X=10 时，DYNAMO 给出警告，但此时 Y 得到值为 4。当X=－3时，DYNAMO 也给出警告，但此时 Y 得到值 7。

本例中，点数=(8－0)/2+1=5，没有出现错误。

另一种是有外延的表函数 TABHL。若自变量取值超过表格上指定的上、下限，则 DYNAMO 自动取最边上的值，不给予任何警告。除此之外，TABHL 与 TABLE 没有任何不同。

4. 逻辑函数

逻辑函数也是 DYNAMO 特有的，它具有类似于一般计算机语言中条件语句的作用。

跳跃函数或剪切函数，名为 CLIP 或 FIFGE。两种写法意义完全一样。当 R>=S 时 CLIP（P，Q，R，S）取值 P，否则取值 Q。

例如，如果控制人口出生率在 1980 年取值为 0.003，在 1980 年后为 0.002，那么用下面方程表示：

A 人口出生率 K=CLIP（0.002，0.003，TIME. K，1980）

开关函数，名为 SWITCH 或 FIFZE。它们的意义完全一样。当 R=0 时 SWITCH（P，Q，R）取值 P，否则取值 Q。

如果存量 L1 等于 L2 的值，速率 R1 由表 1 确定，否则 R1 由表 2 确定。

这可用下面方程（其中表 1 名为 T1，表 2 名为 T2）表示：

R　R1. KL=SWITCH（TA1. K，TA2. K，L1. K－L2. K）

A　TA1. K=TABLE（T1，A. K，3，6，1）

T　T1=3，7，4，6

A　TA2. K=TABLE（T2，A. K，3，6，1）

T　T2=4，7，6，3

取最大值函数，用 MAX（A，B）表示。

取最小值函数，用 MIN（A，B）表示。

5. 时间控制函数

时间控制函数也是 DYNAMO 中特有的函数。它们是时间的函数。

（1）阶跃函数 STEP（P，Q）：表示在 Q 时刻发生了一个 P 大小的阶跃，发生阶跃前函数取值为 0。一般的，P 和 Q 都是常数。例如，STEP（3，5）表示在时间小于 5 时，函数值为 0；时间大于 5 以后，函数值为 3。有时 P 是一个变量，那么从 Q 时刻以后，变量阶跃起来，以后就取 P 的值，这时阶跃后是一个变化的值。

严格地说，时间是一个步长一个步长地前进的。有时 Q 也是一个变量，用 Q. K 表示更好。所以时间与 Q 相比的情况，用 TIME. K 比 Q. K 来代替更为合适，这表示用当前的时间值与当前的 Q 值相比较。以后几个与时间有关的函数也有类似的问题。

阶跃函数常常作为外部变量。它可以模仿一个突发的扰动。脉冲函数 PLUSE（P，Q，R）表示从 Q 时刻以后，每隔 R 时间，有一个宽度为一个步长，高度为 P 的脉冲。所以一般来说，P、Q、R 都是常数，这可得到均匀等高的脉冲。R 应大于 DT。如果 P 是变数，那么脉冲不等高。R 是变数，那么脉冲不等距。如果 R 不大于 DT，那么所有的脉冲都重叠起来，这就没有意义。脉冲函数常常作为外部变量，提供脉冲源。

（2）斜坡函数 RAMP（P，Q）：表示一条随时间变化的曲线。它从 Q 时刻起，其斜率为 P。如果 P 为常数，斜坡函数很简单，如图 8—26（a）所示，如果 P 为变量，那么从 Q 时刻起，每隔一个 DT，用当前的 P 为斜率做一条折线，如图 8—26（b）所示。

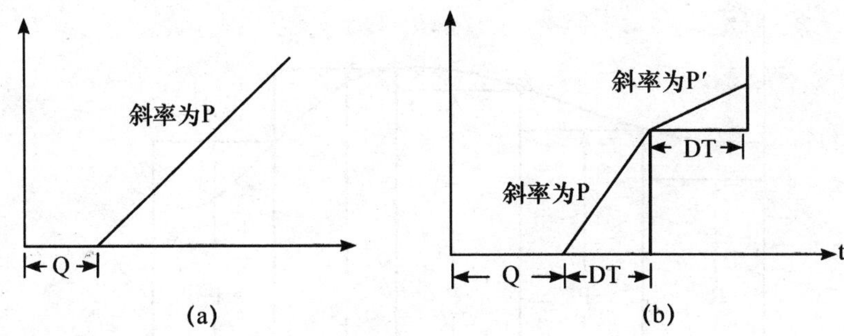

图 8—26　斜坡函数示意

斜坡函数是以累加的方式计算的，可以表示为

$$RAMP=\begin{cases}0, & TIME\leqslant Q\\ \sum\limits_{TIME>Q}^{现在} P^{*}DT, & TIME>Q\end{cases}$$

也可用下面的宏表示：

```
MACRO   RAMP（SLP，STRT）
L   RAMP.K=RAMP.J+DT * STEP（SLP.J，STRT）
N   RAMP=0
MEND
```

斜坡函数为建模者提供了一个积分工具。求变量 P 从 Q 时刻起到现在的不定积分可用 RAMP（P，Q）产生。

（3）取样函数 SAMPLE（P，Q，R）：表示在均匀时间间隔上，对一个变量取样的结果。其中被取样的变量是 P，取样的间隔是 Q，取样函数的初值是 R，即第一个 Q 时间内，它取 R 值，然后每隔一个时间间隔 Q 就取 P 的值，并保持它在整个间隔 Q 内不变。图8—27中的曲线是被取样的变量 P，阶梯式的折线就是取样函数。

6. 随机变量

DYNAMO 有两个常用的随机变量，模拟常见的随机现象。

（1）均匀分布随机变量。在表达式中用 NOISE（）表示一个从－0.5 到＋0.5 之间均匀分布的随机数。若需要一个从 3 到 5 之间的均匀随机数，可以通过以下方程得到。

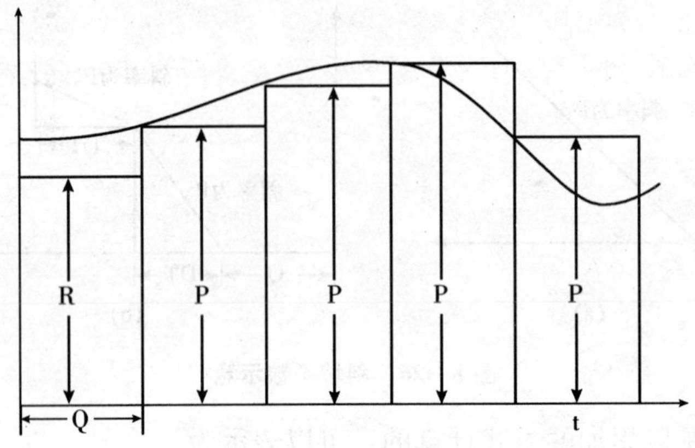

图 8—27　取样函数示意图

A　ABC. K＝4＋2＊NOISE（）

此方程表示变量 ABC 是从 3 到 5 的均匀随机数。

（2）正态分布随机变量。在表达式中用 NORMRN（MEAN，STDV）表示一个均值为 MEAN，方差为 STDV 的正态分布随机数，其中两个参数必须取整数值。如果我们需要一个均值为 10，方差为 2 的正态随机数，可以通过以下方程得到：

A　ABC. K＝NORMRN（10，2）

五、控制语句

为控制 DYNAMO 模型运行，使之得出实验结果，应有一些控制语句，命令计算机工作或辅助说明变量描述语句。

HP-3000 的 MINI DYNAMO 中有 13 个控制语句。这些语句的格式与描述语句类似，从第一列起是语句标识，空一列后就是语句本身。

1. 说明语句

语句标识为 SPEC，说明语句要说明计算的步长、在什么时刻结束模拟、输出的步长。如果要由机器计算，必须有且只有一个说明语句。

例如，说明语句

SPEC　DT＝0.5，LENGTH＝50，PRTPER＝2，PLTPER＝3

表示计算时一个时间步长取 0.5（注意这里时间的单位与模型中所使用的时

间单位是一致的，如果模型中时间单位是周，此处代表半周）。

当TIME＝50时，模拟结束。一般模拟起点是TIME＝0。若编程者要改变起点，可用

“N TIME＝……”

输出表格的步距是2个时间单位。

输出图形的步距是3个时间单位。

有的机器也可以用斜线（/）做这4个子句的分隔符；原则上与子句的顺序无关；说明步长及模拟长度的子句是必须有的。说明制表的PRTPER子句可以根据有无制表语句确定，有制表语句时该子句就是必要的。说明制图的PLTPER子句同样由制图语句的存在确定，有制图语句时，该子句就是必要的。说明语句的错误是致命的，编程者要认真修改，编译才会通过并执行。

2. 制表语句

语句标识为PRINT，它说明被制表的变量集。它是DYNAMO的输出语句，在指定的时点上把被制表的变量逐列打印在一张表格上。

一个制表语句表示制一张表。一个程序中可用若干个制表语句表示制若干个输出表。在语句中只需写变量名不能写下标。不同的机器，一张表中同时输出的变量个数不一样。一般的机器可以输出变量5个左右（但时间占据了一列）。

一个制表语句要与说明语句对应才可以生效。若程序中有制表语句，则SPEC语句中必须有PRTPER子句与之对应。

（1）最简单的制表语句只需指出被输出的变量。例如，“PRINT 植物，食草动物，食肉动物”表示用一张表把植物、食草动物、食肉动物的数量打印出来。打印结果包括表头、表变量的标尺和表的内容。例如对打印语句“PRINT ORD，PRORD，WIP，FGINV，DESIN”，在它的结果中表头罗列了要显示的变量“TIME，ORD，PRORD，WIP，FGINV，DESIN”。时间是自变量，所以TIME总作为第1列。接着是标尺，指出表中的数字要扩大多少倍。例如，E00表示10^0即1，E03表示10^3即1 000，E－02表示10^{-2}即0.01。有时候用字母代替，如表8—4所示。再接下去是表的内容。

表 8—4　　字母标尺对照表

A	B	C	D	E	F	G
E−03	E+09	E+27	E+33	E−06	E−09	E−12
H	J	K	M	N	P	Q
E−15	E−18	<E−30	E+06	E+30	E+24	E+15
R	S	T	U	V	W	X
E+12	E+21	E+03	E−24	E+18	E−27	E+00
Y	Z					
E−30	>E+33					

编译程序自动选择标尺是为了使数字规范。但有的编译不用标尺的方式，结果也很简单清楚。

（2）有的编译允许建模者编辑自己的模型输出，那么在 PRINT 语句中不但要指出被输出的变量，也应把编辑要求输入机器。此时 PRINT 语句中，小括号前的数字代表列数，每一列可以相隔地打印几个变量，它们用逗号分隔。列间用斜线（/）分隔。变量名后的括号内有一对数字，第一个数表示标尺，第二个数表示表函数中小数点后的位数是多少。句中用 * 表示空列。在这种语句中，每列所包含的变量个数应一样，如果不够，可以用空列补充。先写哪列是没关系的。例如，设 SPEC 中 PRTPER=1，打印语句为

PRINT3) *，SUPL（3，0)/1）LEV（3，1），
AUX（−6，4)/2）INV（+6，3）

表示在输出表格中除时间外还有 3 列。第 3 列先输出一个空列，然后是 SUPL；第 1 列先输出 LEV，然后换行输出 AUX；第 2 列输出 INV。其中括号里面第 1 个数字表示打印出来时乘上 10 的多少次方，第 2 个数字表示打印出来时精确到小数点后多少位。该句对应的结果如下：

```
TIME        LEV           INV
            AUX                            SUPL
E00         E03           E06
```

	E－06		E03
0	2000.0	25.000	
	－0.0127		87
1	1973.8	25.724	
	－0.0138		88

由上述结果可见，INV 在 TIME＝1 时的值为 25.724×10^6，即 25 724 000。

3. 制图语句

语句标识为 PLOT。DYNAMO 的另一类输出是制图，制图语句是说明被制图的变量集及组图的符号字符。由于 DYNAMO 是很古老的模拟语言，所以它所使用的传统的输出制图功能也是很古老的——用字符组图。一个 PLOT 语句可制出一张图。

中国人民大学信息学院编的 DYNAMO 有两种制图输出方式：字符组图和彩色曲线勾画。

（1）字符组图方式。标尺由机器自动选择，选择的原则是使曲线基本充满全图，不会因数值变化太小都压缩在一条直线上，或因数值变化太大无法表示。

（2）彩色曲线勾画。该方式也是自动选择标尺，基本上充满整个屏幕或图形。

4. 启动执行语句

用 RUN 表示一次模拟开始。空格后的文字是说明。第一个 RUN 语句开始以后的程序，其语句顺序控制模拟运行，为模型的控制部分。它的语序说明建模者对实验的安排。可改变参数或表变量的值反复地模拟运行。例如，“RUN BASIC”表示第 1 次运行，“RUN LARGER DIR”表示第 2 次运行，其中 DIR 的值比第 1 次的大一些。“RUN LARGER DIR DFR MORE SENSITIVE TO INV”表示第 3 次运行，此时 DIR 比第 1 次大，且 DFR 对 INV 更敏感，即 INV 较小的变化引起 DFR 较大的变化。

能用 RUN 启动的 DYNAMO 编译，一般应具有重运行功能，否则没有必要用 RUN 启动运行。所谓重运行功能就是在 DYNAMO 程序的某些参数改变后，可以不必全部重写程序就能获得结果。我们将结合下面几个语句进一步介绍重运行。

5. 一次性改变常数数值语句

在模型的控制部分用表示为 C 的语句，表示对原来同名常数修改数值的操作，这个更改只对一次运行有效。例如，模型的控制部分为

```
RUN BASIC
C   DIR=8
RUN LARGER DIR
```

表示第 1 次运行的 DIR 是 4，第 2 次运行时 DIR＝8。应注意控制部分的变量名应在已定义的模型中出现过，否则无法执行改变数值的操作。

6. 恒定改变常数数值语句

在模型控制部分用 CP 标识的语句来标识对原来同名常数从此以后恒定地更改数值的操作。这个更改一直保持到另外一个 C 或 CP 更改同名常数的新的操作。例如，某程序控制部分第 2 行是

```
CP   DIR=8
```

表示第 2 次和第 3 次运行中 DIR 都是 8。

7. 一次改变表变量值语句

标识是 T，表示同名的表变量的函数值改为本语句所指示的值。

8. 恒定改变表变量值语句

标识是 TP。T 和 TP 的意义都很容易从 C 及 CP 中推演出来。

9. 退出运行语句 QUIT

在有重运行功能的情况下，用 QUIT 终止运行。

10. 标题语句

标题语句标识为 *。* 空 1 列后的行文作为标题，标题将印在每个打印页头。一般标题语句在模型的第 1 句。

11. 注释语句

注释语句的标识是 NOTE，后空 1 列，最后的行文作为注释。注释在模型语句之间，帮助阅读模型。

12. 继续语句

其标识是 X，有时 80 列的一行不能把一个变量完全定义完毕，继续一行

可采用 X 为标识。例如：

A　A1. K=3+4 * SIN（B2. K)+
X　10 * EXP（M3. K)

相当于

A　A1. K=3+4 * SIN（B2. K)+10 * EXP（M3. K)

13. 随机数发生器初值指定语句

标识为 NOISE。此语句指示伪随机数生成的初始值。例如，"NOISE 3751"表示指定为随机输出值与 3 751 有关。

六、语句、函数和语法错误列表

为了便于读者编程，下面罗列全部的语句、函数及语法错误。

1. 语句

语句共有 18 种。其中语句表示为 L、A、R、S、C、T、N、B、SPEC、PRINT、PLOT、RUN、QUIT、CP、TP、*、X、NOISE。

2. 函数

函数共有 20 种，其函数名分别为

DELAY1	DELAY3	SMOOTH	DLINF3	EXP	SQRT
SIN	COS	TABLE	TABHL	CLIP	(或 FIFGE)
MAX	MIN	STEP	SWITCH	(或 FIFZE)	
PULSE	RAMP	SAMPLE	NOISE	NORMRN	

3. 语法错误

(1) 致命错误。如果方程中有致命错误，建模者必须更改后才可运行。

1) 在表达式右边出现了未定义的变量名，这可能是忘记定义或敲错键引起的。

2) 在表达式右边出现了不准出现的变量类型。

3) A 循环定义，无法排序。

4) S 循环定义，无法排序。

5) 初值循环定义，无法排序。

6) 语句标识类型错误。

7）某个 L 方程未指定初值。

8）表函数的因变量个数不符合表函数中的要求。

9）无说明语句。

10）说明语句格式不对。例如，缺 LENGTH，缺 DT，有 PLOT 而无 PLTPER，有 PRINT 而无 PRTPER 等。

（2）警告。程序中有警告信息不妨碍程序运行。计算机按某些原则修改程序或数值，因此得出的结果可能不符合用户的本意。

1）下标不符合下标表的规定。

2）变量虽已定义，但从未出现在右部表达式中或输出语句中。

3）表函数的自变量越界。

第三节　模型实例

本节将分别运用计量经济建模和 DYNAMO 建模技术对中国 1995—2000 年期间经济增长与信贷规模、国际收支进行预测分析（建立一个波拉克货币模型）。通过对两种建模方法的对比，来说明计量经济的数学建模与 DYNAMO 的系统动力学建模之间的异同。

一、计量经济学模型

1. 波拉克模型

波拉克（J. J. Polak）建立了一个简明又高度概括的货币模型，该模型侧重研究一国的产出与信贷增长和国际收支的关系。模型最初是在波拉克的《对收入形成和收支问题的货币分析》一书中提出的。随后又有所修改并应用到若干个国家，应用的成果发表在波拉克和鲍伊森诺尔（L. Boissonneanlt）的《收入和进口的货币分析及其在统计上的应用》一书上。从广义上讲，波拉克模型可视为相互依存的联立方程系统，即货币存量（MO）、名义收入（Y）、进口（M）和国内净资产（NFA）的联立方程体系，在出口（X）、资本流动（CM）和国内净信贷（NDC）等外生变量中，一旦其中有一个发生变化，这些变量的数值就会变化（见图 8—28）。

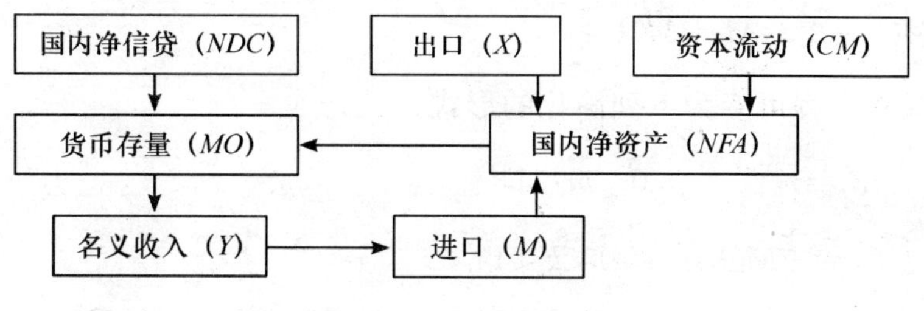

图8—28　波拉克模型

波拉克模型可表述为以下联立方程组：

$$\begin{cases} M_t = mY_t, \quad 0 < m < 1 & (8\text{—}1) \\ Y_t = \dfrac{1}{k}MO_t, \quad 0 < k < 1 & (8\text{—}2) \\ MO_t = \Delta NFA_t + \Delta NDC_t + MO_{t-1} & (8\text{—}3) \\ \Delta NFA_t = X_t - M_t + CM_t & (8\text{—}4) \end{cases}$$

第一个关系式是一个行为方程式，表明 t 时期的名义进口是同期名义收入的函数，常数系数 m 是进口倾向。方程式（8—2）指出在名义收入和货币存量之间有一种比例关系，常数比例 $1/k$ 为货币流通速度（Y_t/MO_t），并假设它在所有时期均不变，这意味着收入的增长将等于货币数量的增长乘以倾向流通速度。联立方程组中的式（8—3）和式（8—4）是定义公式（恒等式），前者表示银行部门的资产负债表，后者表示国际收支结构。

模型中货币的定义既可以是广义的（货币＋活期存款＋准货币），也可以是狭义的（货币＋活期存款）。采用广义定义意味着关系式（8—3）中的 MO 包括准货币，同时对货币流通速度 $1/k$ 也应做相应解释。如果采用狭义货币定义，国内净信贷（NDC）就要解释为国内信贷减去准货币形态的银行部门对政府负债和银行部门对私人部门的负债，这样在逻辑上才能前后一致。

将上面两个定义公式合起来，就得出

$$\Delta MO_t = X_t + CM_t - M_t + \Delta NDC_t$$

同时令　$A_t = X_t + CM_t + \Delta NDC_t$

这样上式就变为

$$A_t = M_t + \Delta MO_t$$

即　　$MO_t = A_t - M_t + MO_{t-1}$

则上面的联立方程可变为下列简化的形式：

$$\begin{cases} M_t = mY_t, \quad 0 < m < 1 & (8\text{—}5) \\ Y_t = \dfrac{1}{k}MO_t, \quad 0 < k < 1 & (8\text{—}6) \\ MO_t = A_t - M_t + MO_{t-1} & (8\text{—}7) \end{cases}$$

外生变量的变化对内生变量 M、Y 和 MO 的影响可从上面的结构形式中看出。在参数给定条件下，A 的变化将会通过 Y 和 MO 的变化影响 M。但 M 的变化反过来又影响 MO 和 Y，从而产生第二轮效应，但这次变化方向相反，如此循环往复。只能把所有轮次的效应考虑进去，即求出模型的简约型（所有内生变量都用外生变量和滞后的内生变量表示）才能计算出净效应。对简约型的研究，还有助于弄清该联立方程组的特点和性质。

因为 M 与 Y 成比例，Y 与 MO 成比例，所以，如果首先求出 MO，然后用该比例求出 Y 和 M，这样就能使求取简约型模型结果的计算程序减至最小限度。将式（8—6）代入式（8—5），就有 $M_t = (m/k)MO_t$，然后将这个结果代入式（8—7），得

$$MO_t = A_t - \frac{m}{k}MO_t + MO_{t-1}$$

即　　$$MO_t = \frac{k}{k+m}A_t + \frac{k}{k+m}MO_{t-1}$$

这是一个一阶线性差分方程，其解为

$$MO_t = \frac{k}{k+m}A_t + \frac{k^2}{(k+m)^2}A_{t-1} + \frac{k^3}{(k+m)^3}A_{t-2} + \cdots \tag{8—8}$$

从这个公式很容易得出

$$Y_t = \frac{1}{k+m}A_t + \frac{k}{(k+m)^2}A_{t-1} + \frac{k^2}{(k+m)^3}A_{t-2} + \cdots \tag{8—9}$$

然后　　$$M_t = \frac{m}{k+m}A_t + \frac{km}{(k+m)^2}A_{t-1} + \frac{k^2 m}{(k+m)^3}A_{t-2} + \cdots \tag{8—10}$$

简约型清楚地表明，波拉克模型是一个动态模型。这就是说，一个外生

变量的变化对任何一个内生变量产生的总效应不仅发生在一个时期，而且分布于无数个时期，因此，式（8—8）揭示 t 时期出口的增长将使同期的货币存量按共有比率 $\frac{k}{k+m}$ 增长。而即使出口在 $t+1$ 时期无变化，$t+1$ 时期的货币也会增长，它的增长等于最初的出口增长乘以系数 $\frac{k^2}{(k+m)^2}$，以后所有时期都与此相类似。在式（8—9）和式（8—10）中也可观察到相同类型的效应。

由于模型是动态的，因而就产生了稳定性的问题，亦即 A 的一次性增长对内生变量的分散效应之总和是一个有限数还是趋向于一个无限数的问题。如果是前者，则说明模型是稳定的，否则，模型是不稳定的，并且实际用处有限。从简约型看出，这类效应是按 $\frac{k}{k+m}$ 为共有比率下降的，在有 k 和 m 的假定值后，它小于 1。因此，各内生变量上的分散效应之和是一个有限数，即

MO 等于

$$\frac{k}{k+m}+\frac{k^2}{(k+m)^2}+\cdots+\frac{k^n}{(k+m)^n}+\cdots=\frac{\frac{k}{k+m}}{1-\frac{k}{k+m}}=\frac{k}{m}$$

Y 等于

$$\frac{1}{k+m}+\frac{k}{(k+m)^2}+\cdots+\frac{k^{n-1}}{(k+m)^n}+\cdots=\frac{\frac{1}{k+m}}{1-\frac{k}{k+m}}=\frac{1}{m}$$

M 等于

$$\frac{m}{k+m}+\frac{mk}{(k+m)^2}+\cdots+\frac{mk^{n-1}}{(k+m)^n}+\cdots=\frac{\frac{m}{k+m}}{1-\frac{k}{k+m}}=1$$

A 增长一个单位对每一个内生变量的影响称为乘数，第一期效应常称为影响乘数。N 期的截断乘数为第 n 期末总效应的一部分，总效应通常称为长

期乘数。

从上述讨论可知，由于外生扰动因素的变化所引起的货币、收入和进口的变化并不全部发生在一个时期内，而是发生在许多时期，从理论上说是在无数时期之内。从实际角度出发，我们感兴趣的也许是调整的速度，亦即总效应中的大部分是在少数几个时期还是在许多时期内发生。这取决于共有比率$\frac{k}{k+m}$的绝对值。一般来说，共有比率的绝对值越大，调整速度越慢，反之亦然。

还应注意，不管外生扰动因素是来源于出口、资本流动、国内信贷，还是其中几种因素的综合，乘数都是相同的，因而可以将 3 个外生变量合为一个项 A 来进行讨论。

如这节开始时提到的，波拉克模型的重点放在信贷增长和国内资产之间的关系上，这一关系可由下列式子清楚地表示出来：

$$\Delta NFA_t = X_t - M_t + CM_t$$

但又有 $$M_t = \frac{m}{k+m}(X_t + CM_t + \Delta NDC_t) + \frac{k}{k+m}M_{t-1}$$

因而 $$\Delta NFA_t = (X_t + CM_t) - \frac{m}{k+m}(X_t + CM_t) - \frac{m}{k+m}\Delta NDC_t - \frac{k}{k+m}M_{t-1}$$

令 $$\left(1-\frac{m}{k+m}\right)(X_t + CM_t) - \frac{k}{k+m}M_{t-1} = B_t$$

以及$\frac{m}{k+m}=b$，我们得出下列 ΔNFA_t 和 ΔNDC_t 的线性反向关系：

$$\Delta NFA_t = B_t - b\Delta NDC_t \tag{8—11}$$

因此，信贷增长意味着资产的减少，反之亦然。

2. 波拉克模型的参数估计

模型的参数可依据模型中与变量有关的历史数据（时间序列）加以估算，借助于已有的经济计量技术，从这些资料可以得出参数的估计值。对技术的选择取决于模型的设定、现有资料的性质和模型的目的。然而，在选择某一技术和提出统计推断之前，有必要了解模型中变量的概念及其相应的统计值。

（1）变量的统计定义。

根据本文的目的，采用了下列定义：收入（Y）等于按市场价格计算的国内生产总值，国内净资产（NFA）表示银行系统的国内净资产；进口（M）包括对商品和非要素劳务的支付；出口（X）包括从商品和非要素劳务获得的收入中减去对国内的净要素支付；资本流动（CM）包括国际收支中所有未归入进口、出口或储备流动之类的项目，因而 $CM=M-X+\Delta NFA$；货币（MO）定义为货币与准货币之和；国内净信贷（NDC）定义为国内信贷。

（2）统计数据。

与上述变量定义相对应的中国统计资料来源于国际货币基金组织的《国际金融统计年鉴》，这些资料包括用现行价格表示的 1984—1994 年的年度观测值。为简化起见，存量的变量数据（MO、NFA、NDC）以年末数据为准。

（3）模型参数 m 和 K 的估计。

首先，对方程 $M_t=mY_t$ 采用最小二乘法进行估计，其结果如下：

$$M_t=0.1673Y_t$$
$$(0.0069)$$

样本区间：1985—1993 年

R-Square＝0.938，Adjusted R-Square＝0.938，

$DW=0.4564$，$SSR=11484.87$

要采用上面的估计结果进行预测分析，需要进行以下几方面的工作：

1）要检验 $M_t=m_0+mY_t$ 中的常量 $m_0=0$；

2）由于 DW 检验值仅为 0.456 4，因此，需进行自相关核正；

3）由于 M_t 和 Y_t 均为内生变量，对该方程的估计需采用两阶段最小二乘法。

要检验 $M_t=m_0+mY_t$ 中 $m_0=0$，需进行以下无约束回归分析：

$$M_t=-73.3444+0.2043Y_t$$
$$(22.4699)\quad(0.0123)$$

R-Square＝0.976，Adjusted R-Square＝0.972，

$DW=0.6139$，$SSR=4553.754$

采用以下 F 检验对 H_0：$m_0=0$ 进行检验：

$$F_0=\frac{(SSR_R-SSR_0)/r}{SSR_0/(n-k-1)}=\frac{(11\,484.87-4\,553.754)/1}{4\,553.754/(9-1-1)}\approx 10.94$$

由于 $F_0>F_{r,n-k-1}=F_{1,7}=5.59$（5%的显著性水平），故拒绝原假设 H_0：$m_0=0$。这说明采用 $M_t=mY_t$ 不合适，而采用 $M_t=m_0+mY_t$ 较为合理。

采用一阶自相关 $AR(1)$ 对 $M_t=m_0+mY_t$ 进行估计的结果如下：

$$M_t=-107.974\,8+70.488\,3Y_t,\quad AR(1)=0.717\,8$$

R-Square＝0.984 6，Adjusted R-Square＝0.979 5，

$DW=0.9136$，$SSR=2854.312$

该方程中，由于 M_t 和 Y_t 均为内生变量，因此，对该方程的估计最好采用工具变量法或两阶段最小二乘法。用外生变量 NDC_t 和 X_t 作为工具变量，采用两阶段最小二乘法估计的结果如下：

$$M_t=-0.987\,483+0.218\,9Y_t,\quad AR(1)=0.688\,6$$
$$(61.354\,8)\qquad(0.024\,6)$$

R-Square＝0.984 6，Adjusted R-Square＝0.979 4，

$DW=0.9426$，$SSR=2863.122$

上面的估计结果中，除 DW 之外，其他各指标都不错，因此，这个结果可以用来进行预测。DW 的值不显著，可能是由于1985—1994年这段估计区间内，中国的进口除受到收入影响外，还受到很多其他因素的影响，从而造成残差的自相关，而且其机制可能远比 $AR(1)$ 复杂，例如，进口的限制、外贸体制的变革等。

采用以上同样的估计过程，对 $Y_t=a_0+a_1MO_t$，用 NDC_t 和 X_t 作为工具变量，采用两阶段最小二乘法估计的结果如下：

$$Y_t=324.218\,4+0.837\,9MO_t$$

R-Square＝0.982 6，Adjusted R-Square＝0.980 1，

DW＝1.644 9，SSR＝75 452.93

这样，中国的波拉克模型可写成：

$$\begin{cases} M_t = -0.987\,483 + 0.218\,9Y_t, \quad AR(1) = 0.688\,6 \\ Y_t = 324.218\,4 + 0.837\,9MO_t \\ MO_t = \Delta NDC_t + \Delta NFA_t + MO_{t-1} \\ \Delta NFA_t = X_t - M_t + CM_t \end{cases}$$

3. 波拉克模型的应用

波拉克模型是用来预测和制定货币政策的，尤其注重国际收支。如上面提到的，如果给参数 m 和 k 赋予数值（估计值）而且外生变量的水平为已知，则波拉克模型可用于各种目的。例如，可以预测未来的进口，可以确定国内净信贷的增加对任一内生变量的影响以及影响乘数、截断乘数和总（或长期）乘数三者之值，可以计算进口对出口和其他外生变量的长、短期弹性的估算值，可以制定有关收入或国外资产的目标，同时可以确定与预定目标相一致的国内净信贷的变化等。

现在我们用波拉克模型考察“九五”期间（1996—2000 年）中国经济的增长在不同情况下，对国内信贷、进口、贸易平衡以及国际收支的不同影响。

对中国未来 5～10 年间出口增长做出预测是一件非常不容易的事。在国际学术界存在两种不同的预测，一是由斯坦福大学刘遵义教授提出的大国假设；一是由澳大利亚国立大学古纳特（Garnaut）提出的继续增长假设。

刘遵义曾预言，中国的出口比率将会下降，这是由于世界经济难以做出出口继续快速增长的调整，而且不可忽视的是国内贸易也将迅速增长。他的这种观点是对中国改革期间贸易与增长关系的一种突破，也把中国同东亚其他国家的发展模式区分开来。

古纳特的估计是，由于国际贸易体系规范化，以及乌拉圭回合协议框架内国际贸易的进一步宽松自由的影响，中国的外贸增长将继续快于产值的增长……如果中国的贸易增长仍以达到其上限来计算，其占世界贸易的实物与非实物贸易的比例将由 1990 年的 1.6％上升到 2000 年的 2.9％和 2010 年的 5.3％。

本模型用6%的出口增长率，近似表示刘遵义的假设。按古纳特的估计推算，中国1996—2000年的出口将以每年11.5%左右的速度增长，这可近似地作为古纳特的假设。

对于资本流动（CM_t）的假设也是一件很复杂的事。很明显，1992年以后，中国的国际资本流动发生了很大的变化，这一点可以从数据中看出，这里我们假设资本流动（CM_t）为30。

模型给出了在古纳特假设下，GDP增长率为14%的拟合结果。从拟合结果来看，GDP增长率为14%时，在2000年会出现贸易逆差。尤其是2000年，国内净资产可能会减少。为了维持14%的GDP增长率，国内信贷的增长率应确定在13%～14%左右，此时，进口增长率为15%。

模型给出了在古纳特假设下，GDP增长率为13.5%的拟合结果。从拟合结果来看，中国保持13.5%的GDP增长率，无论是对贸易差额，还是对国内净资产、进口而言，都较为合适。此时，进口的年增长率为14%，国内信贷的年增长率不宜超过13%。

模型给出了在刘遵义教授的大国假设下，GDP年增长率为10%或9%的拟合结果。从拟合结果可以看出，在刘遵义教授的大国假设下，若考虑到国际收支问题，GDP的年增长率不宜超过9%，否则，将出现国际收支逆差问题。

模型给出了在刘遵义教授的大国假设下，GDP年增长率为8.5%的拟合结果，见表8—5。这是一个较为适中的GDP增长速度，除2000年贸易略有逆差外，其他变量的变化均在可以接受的范围内。

表8—5　　模型拟合结果

	古纳特假设（11.5%的出口增长率）	刘遵义假设（6%的出口增长率）
GDP增长上限	13.5%	8.5%
国内信贷增长上限	13%	9%
进口增长率	14%	9%

综合以上拟合结果，可以看出，若1995—2000年出口的年增长率能够保持在11.5%以上的话，GDP的年增长率不宜超过13.5%，贷款增长率不宜超过13%；若1995—2000年出口的年增长率只能够维持在6%左右，那么，GDP的年增长率不宜超过8.5%，否则，较高的GDP增长将会对贸易收支、

国外资产产生不良影响。

二、系统动力学模型

1. 波拉克模型的流图

把前面介绍的波拉克模型中的因果关系用图描绘出来，如图 8—29 所示。

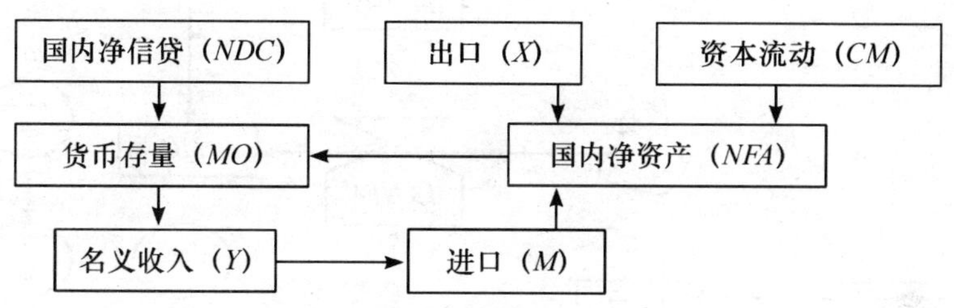

图 8—29　波拉克模型的因果关系图

波拉克模型的流率/流位图的绘制如图 8—30 所示。

对于波拉克模型，需要说明两点。模型中的货币既可以是狭义的（货币＋活期存款），也可以是广义的（货币＋活期存款＋准货币），并且还可以是广义货币的各种形式（M1、M2 或 M3 等），对于模型的模拟来说，关键是要保持统计数据的口径一致。采用广义定义意味着关系式（8—3）中的 *MO* 包括准货币，同时对货币流通速度$1/k$也应做相应的解释。如果采用狭义货币定义，国内净信贷（*NDC*）就要解释为国内信贷减去准货币形态的银行部门对政府的负债，这样在逻辑上才能前后一致。在图 8—30 所示模型的构建中，采用了广义货币的形式，反映在 IMF 的统计年鉴上即为 money＋quasimoney（货币＋货币代用品）。

出于进一步制定政策以处理国际收支均衡的需要，波拉克对模型做了进一步的研究，他认为与把注意力集中于整个货币体系整体相比，把注意力集中于中央银行的信贷活动可以更突出地表示出模型的特色。但本模型中将其修正为考虑整个银行体系整体的方法，这里的原因一方面在于与整个货币体系相比，银行体系的范围已大大缩小，并且统计数据也相应易得，统计口径也相对统一；另一方面，由于本模型的目的是要做出一个模拟经济活动的模型，而不是模拟中央银行的决策行为，因此，仍然采用了整个银行体系产生的国内信贷作为我们分析的指标。

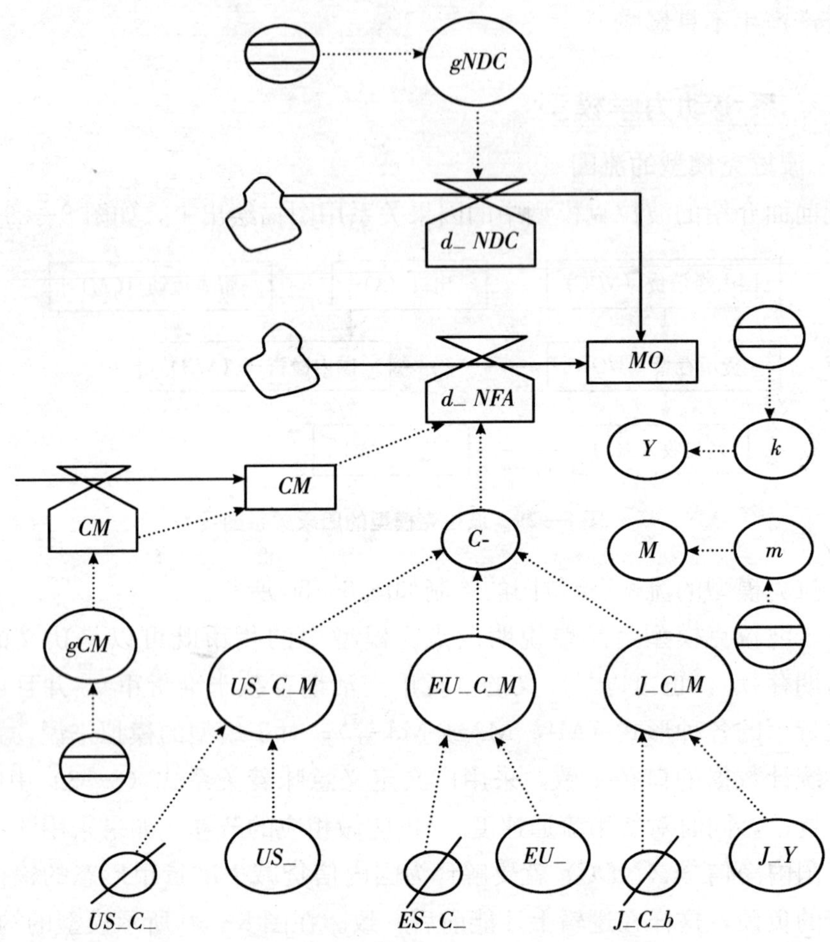

图 8—30　波拉克模型的流率/流位图

2. 中国的国际经济关系模型的建立

尽管我们已经有了波拉克的 DYNAMO 模型，但这一模型的出现距离我们建模的目的还相差甚远。我们的目的是要建立起一个表达中国经济和世界经济之间相互反馈关系的系统动力学模型。而在波拉克的 DYNAMO 模型中的反馈关系就在于国际收支的项目上，即上面所写模型中的国内净资产（*NFA*），或者说是国内净资产的变化（即 *d* _ *NFA*），将其分解开，*d* _ *NFA* 包含两项内容——对外贸易的净值（*X*－*M*）和资本流动（*CM*）。

换言之，中国与世界其他经济实体之间的相互作用完全通过国际收支得以实现。另外，在国际收支中，我们主要是通过经常项目进行反馈分析，对资本项目的处理是将各国的资本流动做几种统计处理，其中包括移动平滑、时间序列等，以估计出来的数据作为各国资本流动的替代值加以赋值，这是因为各国的资本流动之间的反馈关系难考察，且统计资料较难找到。

将表达中国与世界其他主要经济实体之间相互关系的DYNAMO模型列出，代码如下

```
NOTE All of the variable is B. $
A  C_Mt=C_m*C_Yt
A  C_m=TABhL(C_m_T,time,1994,1997,1)
T  C_m_T=0.2074/0.181/0.166/0.155
A  C_Yt=1/C_K*C_MOt
L  C_K=C_K+C_D_K
N  C_K=0.996
A  C_D_K=CLIP(C_D_K_T2,C_D_K_T1,TIME,1997)
A  C_D_K_T1=TABhL(C_D_K_T_T1,TIME,1994,1997,1)
T  C_D_K_T_T1=0.0266/0.0745/0.1106/0.12
A  C_D_K_T2=TABhL(C_D_K_T_T2,TIME,1997,2007,10)
T  C_D_K_T_T2=0.12/0
R  C_Yt_1=C_Yt
A  C_gYt=C_Yt/C_Yt_1-1
R  C_MOt_1=C_MOt
A  C_gMOt=C_MOt/C_MOt_1-1
L  C_MOt=C_MOt+C_d_NFAt+C_d_NDCt
N  C_MOt=555.52
R  C_d_NFAt=C_Xt - C_Mt + C_CMt
L  C_CMt=(1+C_gCMT)*C_CMt
N  C_CMt=6.029
A  C_gCMT=TABhL(C_gCMT_T,time,1994,1996,1)
T  C_gCMT_T=-0.7857,-14.1486,0
L  C_NDCt=C_NDCt+DT*C_d_NDCt
N  C_NDCt=510.33
R  C_d_NDCt=C_gNDCt*C_NDCt
A  C_gNDCt=CLIP(C_gNDCt2,C_gNDCt1,TIME,1997)
```

```
A   C_gNDCt1=TABhL(C_gNDCt_T1,TIME,1994,1997,1)
T   C_gNDCt_T1=0.265/0.254/0.204/0.18
A   C_gNDCt2=TABhL(C_gNDCt_T2,TIME,1998,2018,20)
T   C_gNDCt_T2=0.16/0.08
A   C_Xt=(US_C_Mt+J_C_Mt+EU_C_Mt)/C_X_c
A   C_X_c=US_C_c+J_C_c+EU_C_c
C   US_C_c=0.37
C   J_C_c=0.29
C   EU_C_c=0.28
A   C_US_Mt=C_US_b*C_Yt
NOTE C_US_b =C_US_Mt/C_Yt=C_US_Mt/C_Mt*C_Mt/C_Yt
             =C_US_Mt/C_Mt*C_m
A   C_US_b=0.115*C_m
A   C_J_Mt=C_J_b*C_Yt
A   C_J_b=0.14*C_m
A   C_EU_Mt=C_EU_b*C_Yt
A   C_EU_b=0.135*C_m
*A  C_O_Mt=C_O_b*C_Yt
*A  C_O_b=1-C_US_b-C_J_b-C_EU_b

A   US_Mt=US_m*US_Yt
A   US_m=TABhL(US_m_T,time,1994,1997,1)
T   US_m_T=0.09921117/0.10609877/0.107290905/0.110840967
A   US_Yt=1/US_K*US_MOt
A   US_K=TABhL(US_K_T,TIME,1994,1997,1)
T   US_K_T=0.578393551/0.584372505/0.588049494/0.592166097
R   US_Yt_1=US_Yt
A   US_gYt=US_Yt/US_Yt_1 -1
L   US_MOt=US_MOt+US_d_NFAt+US_d_NDCt
N   US_MOt=4018.1
R   US_d_NFAt=US_Xt-US_Mt+US_CMt
L   US_CMt=(1+US_gCMT)*US_CMt
```

```
N  US_CMt=19.61
A  US_gCMT=TABhL(US_gCMT_T,time,1994,1996,1)
T  US_gCMT_T=1.05354411,0.689843556,0
L  US_NDCt=US_NDCt+DT*US_d_NDCt
N  US_NDCt=5300.1
R  US_d_NDCt=US_gNDCt*US_NDCt
NOTE C  US_gNDCt=0.20 CHANGE TABLE(TABHL,TABXT)
A  US_gNDCt=TABhL(US_gNDCt_T,TIME,1994,2000,1)
T  US_gNDCt_T=0.08/0.08/0.081/0.08/0.08/0.06/0.04
A  US_Xt=(C_US_Mt+J_US_Mt+EU_US_Mt)/(C_US_c+J_
        US_c+EU_US_c)
C  C_US_c=0.144
C  J_US_c=0.235
C  EU_US_c=0.325
A  US_C_Mt=US_C_b*US_Yt
NOTE US_C_b=US_C_Mt/US_Yt=US_C_Mt/US_Mt*US_
        Mt/US_Yt=US_C_Mt/US_Mt*US_m
A  US_C_b=0.063*US_m
A  US_J_Mt=US_J_b*US_Yt
A  US_J_b=0.1*US_m
A  US_EU_Mt=US_EU_b*US_Yt
A  US_EU_b=0.177*US_m
*A  US_O_Mt=US_O_b*US_Yt
*A  US_O_b=1-US_C_b-US_J_b-US_EU_b

A  J_Mt=J_m*J_Yt
A  J_m=TABhL(J_m_T,time,1994,1998,1)
T  J_m_T=0.058529817/0.065258061/0.076005129/
        0.08078473/0.073716157
A  J_Yt=1/J_K*J_MOt
A  J_K=TABhL(J_K_T,TIME,1994,1998,1)
```

```
T  J_K_T = 1.114426407/1.135279997/1.122592081/
           1.140860434/1.206030353
R  J_Yt_1=J_Yt
A  J_gYt=J_Yt/J_Yt_1 -1
L  J_MOt=J_MOt+J_d_NFAt+J_d_NDCt
N  J_MOt=5354.922799
R  J_d_NFAt=J_Xt - J_Mt + J_CMt
L  J_CMt=(1+J_gCMT) * J_CMt
N  J_CMt=21.13
A  J_gCMT=TABhL(J_gCMT_T,time,1994,1996,1)
T  J_gCMT_T=0.698059631,-3.50696767,0
L  J_NDCt=J_NDCt+DT * J_d_NDCt
N  J_NDCt=13762.18167
R  J_d_NDCt=J_gNDCt * J_NDCt
A  J_gNDCt=TABhL(J_gNDCt_T,TIME,1994,1997,1)
T  J_gNDCt_T=0.01/-0.01/-0.009/0.01
A  J_Xt=(C_J_Mt+US_J_Mt+EU_J_Mt)/(C_J_c+US_J_c
       +EU_J_c)
C  C_J_c=0.11
C  US_J_c=0.37
C  EU_J_c=0.24
A  J_C_Mt=J_C_b * J_Yt
NOTE J_C_b=J_C_Mt/J_Yt=J_C_Mt/J_Mt * J_Mt/J_Yt=J_C_
       Mt/J_Mt * J_m
A  J_C_b=0.107 * J_m
A  J_US_Mt=J_US_b * J_Yt
A  J_US_b=0.226 * J_m
A  J_EU_Mt=J_EU_b * J_Yt
A  J_EU_b=0.145 * J_m
*A  J_O_Mt=J_O_b * J_Yt
*A  J_O_b=1-J_US_b-J_C_b-J_EU_b
```

```
A  EU_Mt=EU_m * EU_Yt
A  EU_m=TABhL(EU_m_T,time,1994,1998,1)
T  EU_m_T= 0.22/0.23/0.23/0.25/0.27
A  EU_Yt=1/EU_K * EU_MOt
A  EU_K=TABhL(EU_K_T,TIME,1994,1997,1)
T  EU_K_T=0.7151/0.7213/0.7455/0.7472
R  EU_Yt_1=EU_Yt
A  EU_gYt=EU_Yt/EU_Yt_1 -1
L  EU_MOt=EU_MOt+EU_d_NFAt+EU_d_NDCt
N  EU_MOt=4238.958443
R  EU_d_NFAt=EU_Xt - EU_Mt + EU_CMt
L  EU_CMt=(1+EU_gCMT) * EU_CMt
N  EU_CMt=0-3.136
A  EU_gCMT=TABhL(EU_gCMT_T,time,1994,1996,1)
T  EU_gCMT_T=10.95057398,0.638311498,0
L  EU_NDCt=EU_NDCt+DT * EU_d_NDCt
N  EU_NDCt= 6760.89
R  EU_d_NDCt=EU_gNDCt * EU_NDCt
A  EU_gNDCt=TABhL(EU_gNDCt_T,TIME,1994,2001,1)
T  EU_gNDCt_T = -0.014/-0.02/-0.03/-0.02/0.01/
                0.02/0.03/0.04
A  EU_Xt=(C_EU_Mt+US_EU_Mt+J_EU_Mt)/(C_EU_c+
         US_EU_c+J_EU_c)
C  C_EU_c=0.015
C  US_EU_c=0.085
C  J_EU_c=0.03
A  EU_C_Mt=EU_C_b * EU_Yt
NOTE EU_C_b=EU_C_Mt/EU_Yt=EU_C_Mt/EU_Mt * EU_
         Mt/EU_Yt=EU_C_Mt/EU_Mt * EU_m
A  EU_C_b=0.048 * EU_m
A  EU_US_Mt=EU_US_b * EU_Yt
```

```
A  EU_US_b=0.19*EU_m
A  EU_J_Mt=EU_J_b*EU_Yt
A. EU_J_b=0.05*EU_m
*A  EU_O_Mt=EU_O_b*EU_Yt
*A  EU_O_b=1-EU_US_b-EU_C_b-EU_J_b

N  TIME=1994
SPEC DT=1,LENGTH=2020
PRINT  C_Yt,C_gYt,C_Mt,C_MOt,C_d_NFAt,C_d_NDCt,C_X
PRINT C_Yt,C_gYt,C_MOt,US_Yt,US_gYt,US_MOt
PRINT J_Yt,J_gYt,J_MOt,EU_Yt,EU_gYt,EU_MOt
```

其中各变量的含义如下：

C：中国；	US：美国；	J：日本；
EU：欧洲；	t：时间变量；	d：变量的增量；
g：变量的增长率；	Yt：收入；	gYt：收入的增长率；
Mt：进口；	MOt：货币存量；	NFAt：国内净资产；

d _ NFAt：本期国内净资产较前期国内净资产的增加量；

NDCt：国内净信贷；

d _ NDCt：本期国内净信贷较前期国内净信贷的增加量；

gNDCt：国内净信贷的增长率；

Xt：出口；

CMt：资本流动；

k：货币存量与收入的比例（类似于货币流通速度）；

m：进口消费倾向；

b：一国从某国的进口占该国收入的比例（进口消费倾向的组成部分），例如：EU _ J _ b 即为欧洲从日本的进口占欧洲总收入的比例；

c：一国对某国的出口占该国出口的比例，例如：C _ EU _ c 即为欧洲对中国的出口占欧洲总出口的比例；

用“ _ ”连接的两个国家（如 EU _ US _ Mt）表示前者（EU）从后者（US）的进口，或者说，表示后者（US）对前者（EU）的出口。

3. 数据库的建立

正如前面我们对 DYNAMO 语言的语法所描述的那样，DYNAMO 模型需要为一些变量赋初值，以及为方程中表达常量的字母赋值，完成这些工作需要我们查找一些统计资料。这里，我们采用了 IMF 的统计报告所提供的数据和欧洲统计局公布的统计数据，并以前者为主，后者的主要作用仅在于查找各国对外贸易的地区构成。

由于篇幅有限，不能将所有的统计资料列出，下面将模型参数估计所需要运用的一些主要统计数据列表如下。

表 8—6　　统计数据一

国家	年份	GDP（B. $）	gGDP（$）	进口（B. $）	出口（B. $）
China	1993	594.844 827 6	−0.062 314 345	103 088	90 970
China	1994	557.777 462 1	0.280 481 867	115 681	121 047
China	1995	714.225 599 3	0.170 381 212	129 113	148 797
China	1996	835.916 222 8	0.099 184 962	138 944	151 197
China	1997	918.826 541 7	−1	142 189	182 877
China	1998	0		140 305	183 589
EU	1993	5 170.727 188	0.146 388 375	984.944 732 8	1 160.772 426
EU	1994	5 927.661 539	0.113 583 464	1 190.575 737	1 370.044 721
EU	1995	6 600.945 87	0.008 673 977	1 398.876 294	1 605.649 741
EU	1996	6 658.202 32	−0.070 267 817	1 416.525 095	1 660.591 912
EU	1997	6 190.344 98	−1	1 378.656 279	1 673.056 091
EU	1998				
Japan	1993	4 250.165 4	0.130 566 176	239.821 189 1	359.409 924
Japan	1994	4 805.093 242	−0.022 035 15	281.241 227 2	405.754 962 9
Japan	1995	4 699.212 292	−0.083 006 622	306.661 480 1	394.165 126 9
Japan	1996	4 309.146 552	−0.094 641 238	327.517 241 4	385.594 827 6
Japan	1997	3 901.323 586	0.102 496 032	315.167 372 1	391.981 531 4
Japan	1998	4 301.193 772	−1	317.067 474	438.096 885 8
U. S.	1993	6 558.1		603.44	464.77
U. S.	1994	6 947		689.22	512.63
U. S.	1995	7 265.4		770.85	584.74
U. S.	1996	7 661.6		822.02	625.07
U. S.	1997	8 110.9		899.02	688.7
U. S.	1998	8 510.7		944.35	682.5

表 8—7 统计数据二

国家	年份	资本账户 (M. $)	CM(B. $)	NDC(B. $)	MO(B. $)
China	1993	23 474	9.171	600.187 931	598.963 793 1
China	1994	32 645	6.029	510.332 457 2	555.519 642
China	1995	38 674	1.292	641.231 634 9	730.318 368 7
China	1996	39 966	−16.988	800.304 885 4	917.009 712 9
China	1997	22 978		960.200 729 5	1 109.541 293
China	1998			1 152.649 571	1 275.080 629
EU	1993	14.96	7.165	5 822.832 088	3 666.707 537
EU	1994	22.125	−3.136	6 760.888 737	4 238.958 443
EU	1995	18.989	−37.477	7 653.561 337	4 761.505 561
EU	1996	−18.488	−61.399	7 923.858 022	4 963.973 559
EU	1997	−79.887		7 439.552 406	4 625.582 16
EU	1998				
Japan	1993	−102.21	17.1	11 849.620 03	4 632.901 207
Japan	1994	−85.11	21.13	13 762.181 67	5 354.922 799
Japan	1995	−63.98	35.88	13 826.607 02	5 334.921 715
Japan	1996	−28.1	−89.95	12 730.862 07	4 837.413 793
Japan	1997	−118.05	1.29	11 548.441 71	4 450.865 718
Japan	1998	−116.76		0	5 187.370 242
U.S.	1993	86.51	41.5	5 026	4 013.7
U.S.	1994	128.01	19.61	5 300.1	4 018.1
U.S.	1995	147.62	40.27	5 674.8	4 245.7
U.S.	1996	187.89	68.05	6 006.1	4 505.4
U.S.	1997	255.94	−12.05	6 493.7	4 803
U.S.	1998	243.89		7 151.9	5 286.8

4. 参数调整和模拟结果

模型虽然已经建立起来了，但没有适当参数，模型仍然是不能用于模拟和预测的，因此，在建模之后，一件更为重要的事情就是调整参数，这是整个建模过程中最为艰难的一段。

DYNAMO 模型最大的特点之一，就在于其运算的灵活性，这为我们调整参数以使模型不断地趋向更理想的模拟状态提供了较大的空间。那么，我们如何才能获得理想的参数取值呢？为了更好地调整参数，首先我们需要的是一个参数的取值范围，然后在取值范围之内不断地调试，最后选择一个最优的参数。

（1）参数的取值范围。参数取值范围的获得并非信手拈来，其边界应该是一个有经济意义的数值。经过思考，我们决定以指数平滑和时间序列分析两种方法为主对参数进行估计，以其中的最大值、最小值作为参数的取值范围。以C_m为例，按照上面所说的办法，把C_m的取值范围限定为[0.068，0.207]。

（2）参数的确定。如前所述，波拉克模型所依赖的统计数据来自两份统计资料——IMF的统计年报（IFS）和欧洲统计局（EUROSTAT）公布的统计资料，因此，在我们进行参数估计的过程中，面临着由于统计口径的不同而造成估计偏差的风险。由于欧洲统计局（EUROSTAT）公布的统计资料主要用于计算各国进出口的地区构成，因此，如果统计口径的误差不被监测并纠正的话，那么模型中各国发生相互作用的部分就有可能产生与实际较大的偏差。

事实正是如此。以欧洲统计局（EUROSTAT）公布的统计资料中各国出口为例，1995年、1996年、1997年日本的出口分别为338.63，323.64，371.29 bn ecu，而同期IMF给出的数据则分别为299.927 7，307.736 6，354.99 bn ecu（经过汇率换算），其间偏差竟达到12%。而欧洲出口的偏差更为惊人，欧洲统计局（EUROSTAT）公布1995年、1996年、1997年三年的欧洲出口分别为573.28 bn ecu、627.01 bn ecu和721.13 bn ecu，与此同时，IMF公布的仅英、法、德、意、荷五国的总量就已分别达到1 221.77 bn ecu，1 325.293 bn ecu，1 513.569 bn ecu，后者已是前者的两倍多。

为了统一数据口径，采用向IMF的统计资料靠拢的做法，对参数进行调整。以C_US_c为例，按照EUROSTAT的材料，取值应为0.020 2，对其进行修正，修正之后取值0.144，实现了向IMF的统计资料进行靠拢的目的。按照这一思想，J_US_c，EU_US_c分别取值0.235，0.325；US_C_c，J_C_c，EU_C_c分别取值0.37，0.29，0.28；C_J_c，US_J_c，EU_J_c分别取值0.11，0.37，0.24；C_EU_c，US_EU_c，J_EU_c分别取值0.015，0.085，0.03。

其他参数的设定方法与此相同，此处不再赘述。

从步骤上来看，在取得参数的范围之后所应该做的就是，依次把参数的数值代入模型，对以往的历史数据进行模拟。显然，代入不同的数据，会得到不同的模拟效果，我们选取其中最接近历史数据的一组数据作为参数的最优取值，来完成模型的调试和建立。在前面“中国的国际经济关系模型的建立”小节中，所取的参数值是经过我们选取的数值。

下面是这组参数所对应的模拟结果。

	C_YT J_YT	C_GYT J_GYT	C_MOT J_MOT	US_YT EU_YT	US_GYT EU_GYT	US_MOT EU_MOT
1994	557.751004	0.000000	555.520000	6947.000002	0.000000	4018.100000
	4805.093244	0.000000	5354.922799	5927.784146	0.000000	4238.958443
1995	709.864956	0.272727	725.907904	7244.764542	0.042862	4233.641204
	4792.839325	−0.002550	5441.214615	5835.679802	−0.015538	4209.275841
1996	837.066820	0.179192	918.346008	7561.978388	0.043785	4446.817565
	4676.922065	−0.024186	5250.275674	5667.493540	−0.028820	4225.116434
1997	901.675642	0.077185	1088.953672	7924.966569	0.048002	4692.896522
	4304.851205	−0.079555	4911.234414	5767.731355	0.017686	4309.648869
1998	949.193981	0.052700	1260.244848	8343.583100	0.052822	4940.787039
	4029.085164	−0.064059	4859.199003	5900.156639	0.022960	4408.597041
1999	1012.865486	0.067080	1454.170978	8799.454609	0.054637	5210.738692
	4044.388377	0.003798	4877.655142	6102.095485	0.034226	4559.485747

由模型模拟的结果可知，模拟结果还是较为理想的，因此我们决定采用这组数值作为模型参数的取值，并以此为基础，完成下面的应用工作。

5. 模型的应用

以调试好的模型作为基础，首先让我们对中国未来几年的经济发展做一个预测。

下面列出采用模型对中国 2000—2020 年 20 年里相应经济情况的预测结果。

年份	C_YT	C_GYT	C_MT	C_MOT	C_D_NFAT	C_D_NDCT	C_XT
2000	1089.133200	0.075299	168.815646	1668.225323	3.865710	230.453362	189.669541
2001	1177.535678	0.081168	182.518030	1902.544396	−4.731733	258.495898	194.774482
2002	1277.661054	0.085030	198.037463	2156.308560	−14.718760	288.732931	200.306888
2003	1390.583471	0.088382	215.540438	2430.322731	−27.171157	321.135183	205.357465
2004	1517.116866	0.090993	235.153114	2724.286757	−41.772864	355.634276	210.368434
2005	1658.649434	0.093290	257.090662	3038.148169	−58.487876	392.118169	215.590970
2006	1816.984675	0.095460	281.632625	3371.778462	−77.445800	430.426926	221.175009

2007	1994.302933	0.097589	309.116955	3724.759588	−98.887135	470.349024	227.218004
2008	2193.190275	0.099728	339.944493	4096.221476	−123.141062	511.618357	233.791615
2009	2401.187970	0.094838	372.184135	4484.698771	−148.215755	553.912141	240.956564
2010	2618.405074	0.090462	405.852787	4890.395157	−174.124019	596.849883	248.716952
2011	2844.740066	0.086440	440.934710	5313.121021	−200.843716	639.993603	257.079179
2012	3079.868773	0.082654	477.379660	5752.270908	−228.317286	682.849471	266.050558
2013	3323.233438	0.079018	515.101183	6206.803092	−256.451052	724.870976	275.638316
2014	3574.033848	0.075469	553.975246	6675.223017	−285.114622	765.463751	285.848809
2015	3831.221366	0.071960	593.839312	7155.572146	−314.140616	803.992093	296.686881
2016	4093.496613	0.068457	634.491975	7645.423624	−343.324860	839.787220	308.155300
2017	4359.311444	0.064936	675.693274	8141.885983	−372.427195	872.157200	320.254264
2018	4626.875830	0.061378	717.165754	8641.615988	−401.172970	900.398480	332.980968
2019	4894.170101	0.057770	758.596366	9140.841498	−429.255315	972.430359	346.329235
2020	5184.995739	0.059423	803.674340	9684.016542	−460.373315	1050.224787	360.289209

其图见图 8—31、图 8—32、图 8—33 和图 8—34。

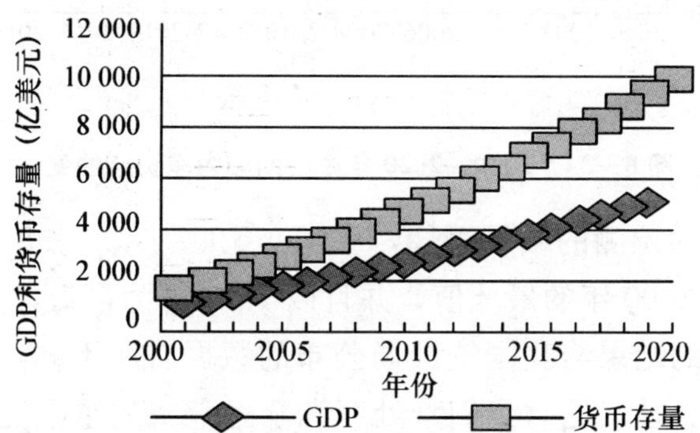

图 8—31　2000—2020 年中国的 GDP 和货币存量

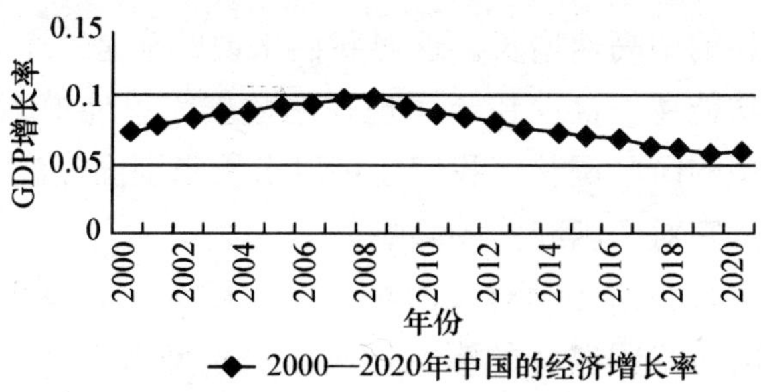

图 8—32　2000—2020 年中国的经济增长率

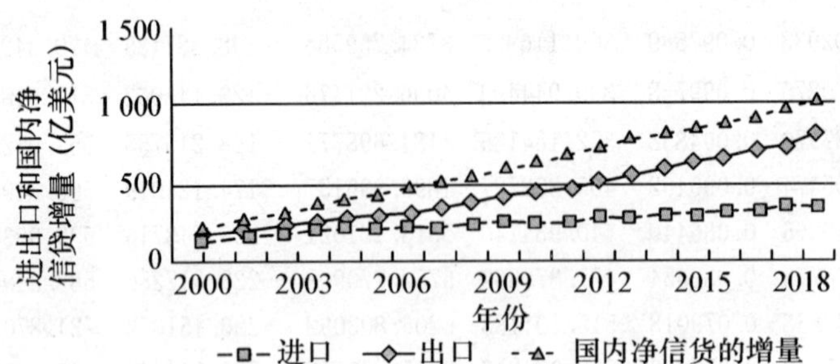

图 8—33　2000—2020 年中国进出口和国内净信贷增量的变化

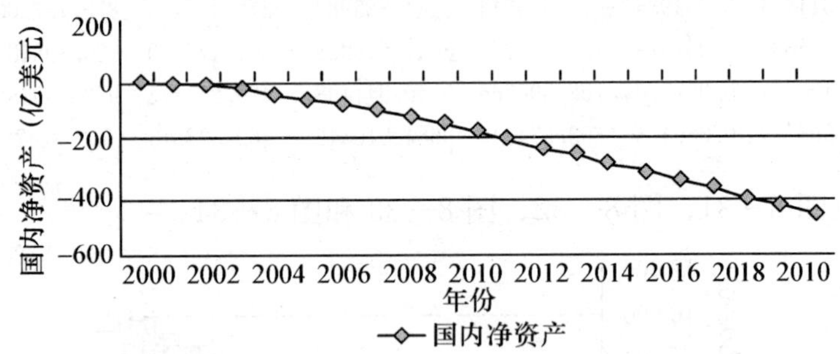

图 8—34　2000—2020 年中国的国内净资产的变化

从模型模拟和预测的结果可知，中国在 1997 年、1998 年和 1999 年的经济增长是 1990—2000 年的最低值，并且以 1998 年为最低，其后有些许增长。至于模拟和预测的结果与我国统计局公布的数据有所不同，可能是因为统计口径不同的结果。显然这与我们身处亚洲金融危机的重压之下的经济环境是相符合的。从这里我们可以得出另一个结论：在度过亚洲金融危机对我国最为严重的影响时期之后，如果经济环境不出现再一次恶劣的变化，我们还会经历一段较长时期的中高速增长。这对我们来说的确是一个好消息。

这一模型的功能还不仅仅在于用现在的数据简单地模拟未来的经济发展态势，通过对模型的简单调整，我们还可以求出当别国经济（例如美国经济）增长发生变动时，它对中国经济的影响。

以美国经济增长率的变动对我国经济的影响为例。首先，为计算出美国经济增长率的变动对我国经济的影响，应该对模型做少许修改，修改之处在于直接对 DYNAMO 模型中美国部分的经济增长率代以两组不同的常数，其目的是通过这两组不同的常数来观察中国的经济增长率所受到的影响，并由此计算出美国经济增长率的变动对我国经济影响的弹性。修改之后的模型代码如下：

```
NOTE All of the variable is B. $
note 2000.4.3 change below two item
NOTE ALL Table'S Time is from 1994
A  C_Mt=C_m*C_Yt
A  C_m=TABhL(C_m_T,time,1994,1997,1)
T  C_m_T=0.2074/0.181/0.166/0.155
A  C_Yt=1/C_K*C_MOt
L  C_K=C_K+C_D_K
N  C_K=0.996
A  C_D_K=CLIP(C_D_K_T2,C_D_K_T1,TIME,1997)
A  C_D_K_T1=TABhL(C_D_K_T_T1,TIME,1994,1997,1)
T  C_D_K_T_T1=0.0266/0.0745/0.1106/0.12
A  C_D_K_T2=TABhL(C_D_K_T_T2,TIME,1997,2007,10)
T  C_D_K_T_T2=0.12/0
R  C_Yt_1=C_Yt
A  C_gYt=C_Yt/C_Yt_1 -1
R  C_MOt_1=C_MOt
A  C_gMOt=C_MOt/C_MOt_1 -1
L  C_MOt=C_MOt+C_d_NFAt+C_d_NDCt
N  C_MOt=555.52
R  C_d_NFAt=C_Xt - C_Mt + C_CMt
L  C_CMt=(1+C_gCMT)*C_CMt
N  C_CMt=6.029
A  C_gCMT=TABhL(C_gCMT_T,time,1994,1996,1)
T  C_gCMT_T=-0.7857,-14.1486,0
L  C_NDCt=C_NDCt+DT*C_d_NDCt
N  C_NDCt=510.33
R  C_d_NDCt=C_gNDCt*C_NDCt
A  C_gNDCt=CLIP(C_gNDCt2,C_gNDCt1,TIME,1997)
A  C_gNDCt1=TABhL(C_gNDCt_T1,TIME,1994,1997,1)
```

```
T  C_gNDCt_T1=0.265/0.254/0.204/0.18
A  C_gNDCt2=TABhL(C_gNDCt_T2,TIME,1998,2018,20)
T  C_gNDCt_T2=0.16/0.08
A  C_Xt=(US_C_Mt+J_C_Mt+EU_C_Mt)/C_X_c
A  C_X_c=US_C_c+J_C_c+EU_C_c
C  US_C_c=0.37
C  J_C_c=0.29
C  EU_C_c=0.28
A  C_US_Mt=C_US_b*C_Yt
NOTE C_US_b =C_US_Mt/C_Yt=C_US_Mt/C_Mt*C_Mt/C_Yt
            =C_US_Mt/C_Mt*C_m
A  C_US_b=0.115*C_m
A  C_J_Mt=C_J_b*C_Yt
A  C_J_b=0.14*C_m
A  C_EU_Mt=C_EU_b*C_Yt
A  C_EU_b=0.135*C_m
*A  C_O_Mt=C_O_b*C_Yt
*A  C_O_b=1-C_US_b-C_J_b-C_EU_b

A  US_Mt=US_m*US_Yt
A  US_m=TABhL(US_m_T,time,1994,1997,1)
T  US_m_T=0.09921117/0.10609877/0.107290905/0.110840967
A  US_Yt=6947*0.046
C  C_US_c=0.144
C  J_US_c=0.235
C  EU_US_c=0.325
A  US_C_Mt=US_C_b*US_Yt
NOTE
US_C_b =US_C_Mt/US_Yt=US_C_Mt/US_Mt*US_Mt/US_Yt
       =US_C_Mt/US_Mt*US_m
A  US_C_b=0.063*US_m
A  US_J_Mt=US_J_b*US_Yt
```

```
A  US_J_b=0.1* US_m
A  US_EU_Mt=US_EU_b* US_Yt
A  US_EU_b=0.177* US_m
* A  US_O_Mt=US_O_b* US_Yt
* A  US_O_b=1-US_C_b-US_J_b-US_EU_b

A  J_Mt=J_m* J_Yt
A  J_m=TABhL(J_m_T,time,1994,1998,1)
T  J_m_T = 0.058529817/0.065258061/0.076005129/
           0.08078473/0.073716157
A  J_Yt=1/J_K* J_MOt
A  J_K=TABhL(J_K_T,TIME,1994,1998,1)
T  J_K_T = 1.114426407/1.135279997/1.122592081/
           1.140860434/1.206030353
R  J_Yt_1=J_Yt
A  J_gYt=J_Yt/J_Yt_1 -1
L  J_MOt=J_MOt+J_d_NFAt+J_d_NDCt
N  J_MOt=5354.922799
R  J_d_NFAt=J_Xt - J_Mt + J_CMt
L  J_CMt=(1+J_gCMT) * J_CMt
N  J_CMt=21.13
A  J_gCMT=TABhL(J_gCMT_T,time,1994,1996,1)
T  J_gCMT_T=0.698059631,-3.50696767,0
L  J_NDCt=J_NDCt+DT* J_d_NDCt
N  J_NDCt=13762.18167
R  J_d_NDCt=J_gNDCt* J_NDCt
A  J_gNDCt=TABhL(J_gNDCt_T,TIME,1994,1997,1)
T  J_gNDCt_T=0.01/-0.01/-0.009/0.01
R  J_Xt_1=J_Xt
A  J_gXt=J_Xt/J_Xt_1 -1
A  J_Xt=(C_J_Mt+US_J_Mt+EU_J_Mt)/(C_J_c+US_J_c+
       EU_J_c)
```

```
C  C_J_c=0.11
C  US_J_c=0.37
C  EU_J_c=0.24
A  J_C_Mt=J_C_b*J_Yt
NOTE  J_C_b =J_C_Mt/J_Yt=J_C_Mt/J_Mt*J_Mt/J_Yt
             =J_C_Mt/J_Mt*J_m
A  J_C_b=0.107*J_m
A  J_US_Mt=J_US_b*J_Yt
A  J_US_b=0.226*J_m
A  J_EU_Mt=J_EU_b*J_Yt
A  J_EU_b=0.145*J_m
*A  J_O_Mt=J_O_b*J_Yt
*A  J_O_b=1-J_US_b-J_C_b-J_EU_b

A  EU_Mt=EU_m*EU_Yt
A  EU_m=TABhL(EU_m_T,time,1994,1998,1)
T  EU_m_T= 0.22/0.23/0.23/0.25/0.27
A  EU_Yt=1/EU_K*EU_MOt
A  EU_K=TABhL(EU_K_T,TIME,1994,1997,1)
T  EU_K_T=0.7151/0.7213/0.7455/0.7472
R  EU_Yt_1=EU_Yt
A  EU_gYt=EU_Yt/EU_Yt_1 -1
L  EU_MOt=EU_MOt+EU_d_NFAt+EU_d_NDCt
N  EU_MOt=4238.958443
R  EU_d_NFAt=EU_Xt - EU_Mt + EU_CMt
L  EU_CMt=(1+EU_gCMT)*EU_CMt
N  EU_CMt=0-3.136
A  EU_gCMT=TABhL(EU_gCMT_T,time,1994,1996,1)
T  EU_gCMT_T=10.95057398,0.638311498,0
L  EU_NDCt=EU_NDCt+DT*EU_d_NDCt
N  EU_NDCt= 6760.89
R  EU_d_NDCt=EU_gNDCt*EU_NDCt
```

```
A   EU_gNDCt=TABhL(EU_gNDCt_T,TIME,1994,2001,1)
T   EU_gNDCt_T=-0.014/-0.02/-0.03/-0.02/0.01/
            0.02/0.03/0.04
A   EU_Xt=(C_EU_Mt+US_EU_Mt+J_EU_Mt)/(C_EU_c+
        US_EU_c+J_EU_c)
C   C_EU_c=0.015
C   US_EU_c=0.085
C   J_EU_c=0.03
A   EU_C_Mt=EU_C_b*EU_Yt
NOTE
EU_C_b=EU_C_Mt/EU_Yt=EU_C_Mt/EU_Mt*EU_Mt/EU_
        Yt=EU C Mt/EU Mt*EU m
A   EU_C_b=0.048*EU_m
A   EU_US_Mt=EU_US_b*EU_Yt
A   EU_US_b=0.19*EU_m
A   EU_J_Mt=EU_J_b*EU_Yt
*A   EU_O_Mt=EU_O_b*EU_Yt
*A   EU_O_b=1-EU_US_b-EU_C_b-EU_J_b

N   TIME=1994
SPEC   DT=1,LENGTH=1995
PRINT   C_Yt,C_gYt
```

计算的结果为：

当美国的增长率为 0.046 时，中国 1995 年的经济增长率为 0.195 464；当美国的增长率为 0.056 时，中国 1995 年的经济增长率为 0.196 274；即美国的经济增长率每变动（增加）1%，给中国经济增长率带来的影响是 0.000 81（0.196 274−0.195 464）倍，即 0.081 个百分点的变化。

用相同的方法可以计算出日本、欧洲对中国经济增长的影响，如下所示：

当日本的增长率为−0.02 时，中国 1995 年的经济增长率为 0.215 476；当日本的增长率为−0.01 时，中国 1995 年的经济增长率为 0.216 037；即日本的经济增长率每变动（增加）1%，给中国经济增长率带来的影响是 0.000 561（0.216 037－0.215 476）倍，即 0.056 1 个百分点的变化。

当欧盟的增长率为 0.114 时，中国 1995 年的经济增长率为 0.169 281；当欧盟的增长率为 0.124 时，中国 1995 年的经济增长率为 0.170 448；即欧盟的经济增长率每变动（增加）1%，给中国经济增长率带来的影响是 0.001 167（0.170 448－0.169 281）倍，即 0.116 7 个百分点的变化。

当然，随着国与国之间经济关系的变化，各国之间经济增长的影响力度还会发生变化。上面所示的是 1995 年的情况，如果把目光放到其他年份，也可以用同样的模型和方法计算出这一指标。由于篇幅所限，这里不再重复叙述，但仅从这里我们也可以看到这一模型在应用方面有较为广阔的领域。

6. 模型预测的短期性

与这一段的标题相反，系统动力学的优点恰恰在于其长期性，也正是因为这一优点，罗马俱乐部将其作为建立世界经济模型的数学工具，而对中国的国际经济关系进行中长期预测也正是建立这一模型的根本目的之所在。

社会经济系统是一个复杂的大型系统，其间涉及错综复杂的反馈关系，尤其是伴随着经济社会的发展，经济发展所处的环境条件往往会发生巨大的变化，这就会导致函数表达的关系发生改变。因此，往往是初始条件的微小变化，就会导致结果的巨大改变，尤其是涉及长达几十年的时间变量时更是如此。这也正是罗马俱乐部设计的世界经济模型最终归于失败的根本原因。

出于对问题的同样认识，不应当主张对波拉克的系统动力学模型做长期预测，因为不会有任何一个国家会始终使它的增长模式保持不变。例如，在这一模型中，我们是以最近几年国际经济环境和各国经济的状况作为模型的背景，但经济的增长是有周期的，即使是美国已经持续了 9 年的新经济，2005 年左右也出现了通货膨胀率达到 5 年以来的最高点以及道·琼斯指数和纳斯达克股市大跌的坏消息，经济长期繁荣有可能已经走到尽头的阴影笼罩着每一个美国人。可以想象，在充满了变数的环境里，我们怎么可能用在一种环境下制定出来的模型去模拟经济发展的所有时期呢？

当然这并不意味着经济模型和经济预测是没有用处的，恰恰相反，我们上面的论述只是想突出一点，即经济模型的建立应该以对一个经济周期的模拟为其目的。这也就是说，经济学者建立经济模型时（包括用系统动力学这种本身就具有长期动态特征的数学工具也是如此），一定要把着眼点放在一个经济周期之内，这样才能尽可能保证模型所依据建立的假设和条件始终成立；而决策制定者也应该考虑并重视模型在一个经济周期内的预测结果，以其作为制定政策和判断经济形势时参考的依据，而不要过多地考虑模型所显示的20年以后的效果，因为过多地考虑过于长远的目标会使政策实施的效果因为变数太多而难以确定，使政策解决当前经济问题的力度被分散。当我们把注意力集中到一个经济周期内时，决策者才会及时主动地拿模拟结果与自己的发展目标相比较，并及时纠正自身的失误，以实现长远发展的目标。而模型也应该在宏观经济环境不断变化的情况下被不断修正，以适应经济条件的变化，保持模型的适应性。

从现在的趋势来看，随着科学技术的发展，知识经济在经济整体中所占的份额越来越大，经济发展的周期也越来越长。从我国的经济发展过程来看，在经济转型之前，我国经济存在周期短的特点（大约4～6年），但随着市场经济的深入，这一状况一定会大有改变。由于我国还处于过渡经济之中，经济周期的长短不能套用历史上的数据，因此，我们不妨以西方市场经济国家的数据作为标准——以不超过10年为界限。

三、两种建模方法的比较

选用传统的计量经济学，可以获得大量数据的支持，但是因为经济模型的定量预测是一个难度非常大的工作，所以虽然以前很多经济工作者都依据传统选用了计量经济学方法，但效果却并不明显，有时甚至不如对经济数据做简单的移动平均来得准确。究其原因，是由于计量经济学本身对动态因素的处理不够得力，尤其是对社会经济这样大型复杂动态系统更是如此。

选用系统动力学作为构建模型的工具，能够反映模型的系统特点，而对于大型的复杂动态系统，可以很好地处理其中的动态因素。

关键词

系统动力学　反馈系统　负反馈　正反馈　计量经济学模型　波拉克模型

习题与思考

1. 描述系统动力学建模的基本过程和思路。
2. 用图形化工具软件绘制本章的例子，并转化为系统动力学方程。
3. 试着用 DYNAMO 重建波拉克模型。

延伸阅读

Vensim PLE（Personal Learning Edition）介绍

Vensim 软件的设计目标是降低系统动力学初级建模者的门槛，Vensim PLE 是它的一个版本。Vensim PLE 是一个功能完全的系统动力学软件，是用于个人和教学使用的免费的自由软件，同时作为商业应用的共享软件，还带有实例模型、帮助引擎等补充。下面将简要介绍 Vensim PLE 的一些情况和下载安装的基本信息。更多信息可以访问网站 http://www.vensim.com/。

一、Vensim 简介

Vensim 是一个可视化的建模工具，可以支持对动态系统模型的概念化、构建文档、模拟、分析以及优化。它提供了通过因果环（casual loop）、存货（stock）和流图构建仿真模型的简单灵活的方法。通过用箭头将一些单词连接，系统变量的关系被输入和记录为因果联系。这些信息被方程编译器（Equation Editor）利用以协助用户构建一个完整的仿真模型。你可以通过建立过程，查看一个变量的原因和使用以及包含该变量的环来分析你的模型。当你已经建成了这样一个可运行的模型，Vensim 可以让你完全地观察模型的行为。

在使用 Vensim 时，通过互联网可以非常便捷地得到许多有用的资源。Vensim 主窗口弹出的参考卡片显示了每个操作按钮的名称。用户还可以在前文中提到的网站上下载一个包含 19 章的非常详细的用户手册，用户手册包括三大部分：使用该软件建立模型所必需的最基本功能的简介（1～3 章）；通过该软件建立模型的机制——如何画图、添加方程、模拟和分析模型以及显示输出（4～10章）；最后还通过一些现有模型示例介绍了一些软件的高级功能。实际上，限于篇幅，这段文字主要是对该用户帮助手册第一部分的概括和摘要，希望通过这些内容使用户以最快的速度对这个软件有一个最基本的了解和掌握。

二、Vensim的基本用户界面

Vensim使用一个用户接口，它可以被看做一个工作台和一套工具集。Vensim的主窗口是工作台，它包含标题栏（Title Bar）、菜单（Menu）、工具栏（Tool Bar）和分析工具（Analysis Tools）。当在Vensim中打开一个模型时（如图8—35所示），草图工具（Sketch Tools）和状态栏（Status Bar）也会显现。

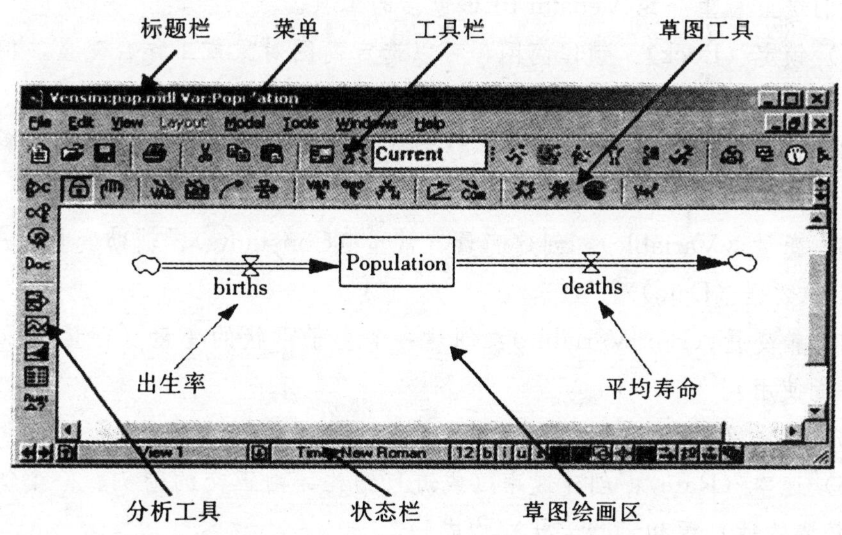

图8—35　Vensim用户界面框图

Vensim包含以下几类窗口。

1. 构建窗口

构建窗口（Build Windows）用来构建一个新模型，或者改进、导航以及运行一个已经存在的模型。

缺省情况下，构建窗口是借助草图工具来打开的，用来勾画模型结构的草图或者写方程。状态栏提供了一些可以修正草图的按钮。

草图工具（Sketch Tools）是一组工具集，Vensim PLE 系列包括一个内置的草图工具集，其他的配置版本可以支持用户修改工具集的设置。如图 8—36 所示的示意图是草图工具集的一个示例。

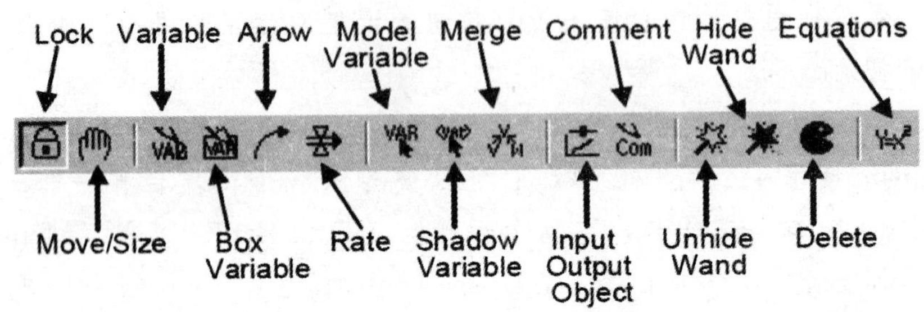

图 8—36　Vensim PLE 草图工具

我们这里着重介绍 Vensim PLE 包括的工具。

(1) 锁定（Lock）：锁住简图，可以选定简图对象或工作台变量，但是不能移动简图对象。

(2) 移动/排列（Move/Size）：移动或者按大小排列选定的简图对象，如变量、箭头等。

(3) 变量（Variable）：创建变量（常量（Constants）、辅助变量（Auxiliaries）和数据（Data））。

(4) 箱变量（Box Variable）：创建一个盒子形状的变量（存量（Levels）或者存货使用）。

(5) 箭头（Arrow）：创建直线或者曲线的箭头。

(6) 速率（Rate）：创建速率（或流）结构，由正交的箭头、一个值以及（如果必要的话）源和汇（云状）构成。

(7) 影子变量（Shadow Variable）：在草图中添加一个已存在的模型变量作为影子变量（不添加其源）。

(8) 草图注释（Sketch Comment）：对草图添加注释和图片。

(9) 删除（Delete）：删除草图中的结构、变量或者注释。

(10) 方程（Equation）：通过方程编辑器创建和编辑模型方程。

构建一个模型，首先点击选择一个草图工具。然后移动鼠标到草图实现的区域，点击鼠标左键应用该工具。

除了构建模型，在构建窗口还可以运行模拟任务。最为重要的是，可以在构建窗口选择模型建立（Simulation Setup）或者系统模拟（SyntheSim）模式。在前一种模式中，所有的模型常量（Constants）和查找（Lookups）都加亮显示，通过点击暂时修改它们的值以用于模拟。在后一种模式中，每个模型常量都将附有一个标签，可用来调整它们的值。用户可以通过在工具栏中点击相应按钮选择相应的模式。

2. 输出窗口

输出窗口（Output Windows）由 Vensim 的分析工具创建，包含图、表和列表。

输出窗口通过点击分析工具产生。分析工具收集模型的信息，并通过图表、图形或者文本的方式显示信息，具体显示形式取决于选择的特定工具。

分析工具用来显示工作台变量的信息，或者是它的位置，或者是它在模型中的值，或者是它在模拟数据集中的行为。分析工具分在工具集中的一组。Vensim PLE 具有以下的内置工具。

（1）结构分析工具。

1）原因树（ Causes Tree）：创建一个树形图，显示工作台变量的原因。

2）应用树（ Uses Tree）：创建一个树形图，显示工作台变量的应用。

3）环（ Loops）：显示工作台变量中存在的所有反馈环。

4）文件（ Document）：总结工具台变量的方程、定义、测量单位和选定的值。

（2）数据集分析工具。

1）原因条形图（ Causes Strip Graph）：显示一个简单的条形图，从而允许用户通过显示的工具台变量的直接原因追踪因果关系。

2）图（ Graph）：通过一个比条形图（Strip Graph）大的图来显示，并且包含与条形图不同的输出选项。

3）表（ Table）：为工具台变量生成一个变量表。

4）运行比较（ Runs Compare）：比较所有的注解和常量的初次载入数据集和第二次载入的数据集。

（3）分析工具输出。

点击一个分析工具生成一个新的格式化输出窗口，除了表（Table）和文件（Document）工具（这两个工具是在任何已存在的表和文件中添加信息）。一个工具的输出将保留在屏幕上，直到你移开它，而且当模型变化时不会更新。

图 8—37 是分析工具输出的一个例子。

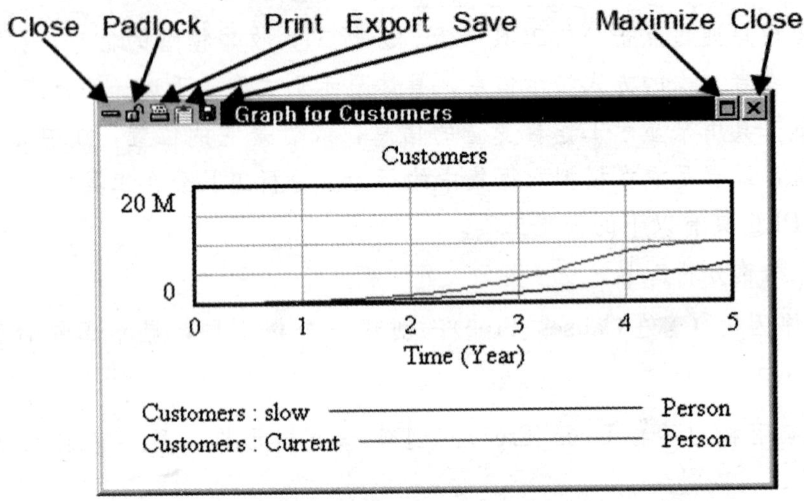

图 8—37　图形分析工具界面

分析工具输出易于创建与删除。分析工具并不生成信息，而是将已存在的信息转化为一种更加可用和可理解的方式。

3. 控制窗口

控制窗口（Control Windows）包括控制面板，其中的对话框可以用来控制 Vensim 的内部设置。

控制面板允许用户修改控制系统运行的内部设置。例如，哪个工作台变量被选择或者哪个数据集被载入。控制面板中将控制分为 6 组，对应窗口顶部的 6 个标签，可以通过选择相应的标签选择相应的控制。在 PLE 版本中只包含以下 5 类。

（1）变量（Variable）：允许用户在模型中选择一个变量作为工作台变量。

（2）时间轴（Time Axis）：允许用户改变或聚焦于一个时间段作为分析工具处理的时间段。

（3）缩放比例（Scaling）：使用户可以改变输出图表的比例。

（4）数据集（Datasets）：允许用户操作处理存储的数据集。

（5）图（Graphs）：产生用户图表控制。

三、Vensim建模基本步骤

通过Vensim软件建立和应用模型的典型步骤是：

（1）创建一个模型或者打开一个已经存在的模型。

（2）利用结构分析工具（Structural Analysis Tools）——树形图（Tree Diagrams）检查结构。

（3）运行模型，修改模型参数并观察会有何反应。

（4）对结果中出现的有意义的现象进行更为细致的考察，可以利用数据分析工具（Dataset Analysis Tools）——图和表（Graphs and Tables）。

（5）运行受控的模拟实验并进一步精化模型。

（6）通过系统的结果分析工具（SyntheSim Results，Analysis Tools）输出用户图和表，以向其他人展示模型及其运行过程。

构建、检验和修正模型应该遵循一个反复迭代的过程。从一个只有几个反馈环的简单模型开始，这样较少的细节可以保证很快建立起一个可运行的仿真模型，然后再渐次具体化、复杂化。

Vensim具有一个唯一的模拟输出显示方式，可以立即在屏幕上看到所有变量的模拟结果。在模拟运行期间，模型中所有变量动态行为被存储起来。可以选择任意感兴趣的变量，并点击适当的分析工具，以显示更为具体的结果。

附录A

计算实验室平台——TNG Lab

TNG Lab（Trade Network Game Lab）是为了研究在多样化市场环境下商业网络的构成而设计的专门可计算实验室，它模拟了买家、卖家和经销商们重复选择合适的商业伙伴、参与到无合作博弈的有风险的交易中并随时间推移进化他们的商业策略的过程。TNG Lab 现在已成为一个针对性很强的、对基于主体的模型进行模拟研究的工具，尤其适用于经济领域，能研究以劳动力市场为代表的一些不同的市场类型中的一些重要的经济学结果和指标，如市场支配力、劳动生产率、失业率、福利水平等。

TNG Lab 是由美国爱荷华州立大学的 McFadzean，Stewart 和 Tesfatsion 于 2001 年在 SimBioSys（一个进行一般进化模拟的 C++类库）的基础上，用 C++开发实现的。

TNG Lab 的最上层是由一个图形用户界面组成，它允许用户系统测试主要市场参量值的变化。例如，每种类型的商人的数量、容量的限制、商业业务报酬、交易成本、呈休止状态的成本、学习参量以及商业期间的数量和长度。这些市场参量设置在商业网络结构中的结果通过一个实时的动画呈现出来，用户可以设置物理参数来控制输出的格式。此外，这个平台还提供了实时的报告不同的市场性能指标的数据表和图表。这个上层操作是由三个底层模块来支持的，这三个底层模块由一般的类结构、扩展的类和事件模型组成。这些底层模块可以扩展，有经验的用户能扩展这些标准组件，以完成更特殊的专门研究。

一、安装

TNG Lab 2000b 版本已经由 David McFadzean，Deron Stewart 和 Leigh Tesfatsion（版权所有者）在线免费提供，网址为 http://www.econ.iastate.edu/tesfatsi/tlab00b.zip（2.6MB）。解开该 zip 文件压缩，得到四个文件，分别是：setup.lst，setup.exe，wintng1.cab 和 wintng2.cab。

TNG Lab 的安装非常简单，只要执行 setup.exe 即可根据用户的选择安装在相应的目录。安装将会产生三个文件：wintng.exe，default.tng 和 St6unst.log。执行 wintng.exe 即可开始使用 TNG Lab，并首先进入设置界面。在执行时，详细的输出结果数据存入一个 tng.out 文件，该文件与 wintng.exe 在同一目录下。

default.tng 是 TNG Lab 的默认配置文件，而在 TNG Lab 控制菜单中的"Save As"操作可以存储参数设置来定制配置文件，以备以后使用。这些设置文件可以通过控制菜单中的"Open"操作来打开和读入设计界面。

到目前为止，控制菜单中的"Print"操作还没有实现。而且，为了更清楚地显示，图表屏只显示−1.00～4.00 的适当的数据。因此，为了使用图表屏，商业交互中的报酬必须比例化，以便结果能够显示在屏幕中。

St6unst.log 文件包含了安装 TNG Lab 过程中的细节日志，这个日志文件还可以用来手动卸载 TNG Lab。

二、体系结构

TNG Lab 由四层结构构造，图 A—1 说明了这个体系结构。

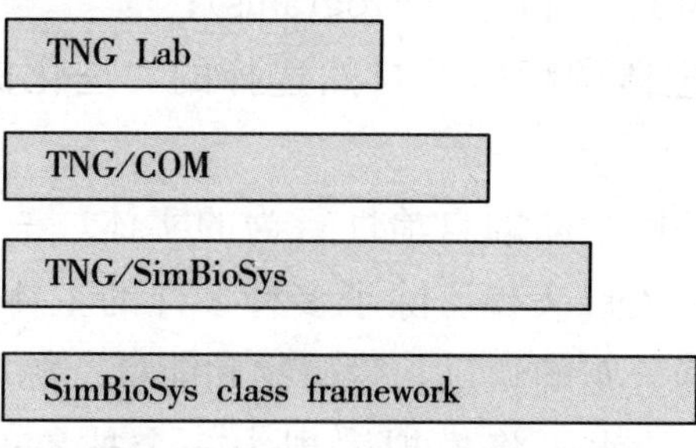

图 A—1　TNG Lab 的体系结构

底部最基本的一层是 SimBioSys 类结构，它是为了开发包含自治主体的种群进化的模拟而建立的一个一般的 C++工具包。SimBioSys 类结构执行了一个进化模拟的设计模式，控制了全部的系统动力，但是它没有指定任何详细或确定的行为。为了建立一个有效的应用，这个构架必须使用一些关键的子类进行扩充。

第二层 TNG/SimBioSys 提供了实现 TNG Lab 市场协议和行为准则的扩展类。这一层形成了足够产生有趣的研究结果的全部的应用，但是它缺乏一个友好的界面。配置数据由一个输入文件读入，而模拟结果由一个输出文件记录。

第三层 TNG/COM 包含了在微软组件界面的模拟功能，这个界面使它允许被调用并能被外部程序控制。这个组件界面还包括了一个能够交互应用的事件模型。应用微软组件界面的缺点是在这个水平这个构架还没有完成平台独立。

第四层，也就是最后一层实现了模拟的可视用户界面。可以在一个窗体屏幕中输入模拟参数，而这些参数也可以被存储和由一个输入文件读入。一个活动屏和一个物理屏允许研究者看到模拟进化时的动力学变化，并可以手动调整这个应用的可视界面。结果屏所显示的模拟输出是用一个表的形式，而一个图表屏用图形化的方式显示同样的数据结果，并且二者都是实时的。

1. SimBioSys

SimBioSys 类结构是设计用来解决包含以下四个特征的模拟的。

(1) 定义了模拟发生的虚拟环境的一个“世界”(A World)；

(2) 存在于这个世界中的主体的“人口”(Populations)；

(3) 驱动主体行为的“程序”(Programs)；

(4) 模仿作用于主体的程序的自然选择的“进化机制”(Evolutionary Mechanisms)。

主体是能够进行一些主动的自治性行为的实体。一个特别类型主体的人口用一个计算机程序的人口表现。除了多种多样的主体，这个世界也可以包含被动的实体，如空间分布的轨迹、障碍物和能量资源等。

SimBioSys 在最高的水平将模拟表现为一个抽象的基类 bioSimulation，这个类包含构造一个世界的成员函数和数据、存在于世界中的一类或更多的主体以及设计工具和用户界面的控制。

抽象的基类 bioWorld 是负责控制模拟的虚拟环境的物理特性。源自 bioWorld 的类实例实现了特定的环境，例如一个矩形格或一个圆环面。一个抽象的基类 bioPopulation 确定了初始构造和存在于世界的主体种群遗传繁殖所需的一般的数据和操作。例如 bioPopulation 包含作为数据成员的一个人口的大小以及平均适宜数，它还定义了设置人口大小和用适当的数对人口分类的成员函数。

抽象的基类 bioThing 描述了世界中的所有存在者。这些存在者或者是被动实体，或者是主动的自治性主体。这个 bioThing 类定义了一些适宜所有存在者的一般操作，提供了存储并重获存在者的当前位置或定位的操作。

抽象的基类 bioAgent 是继承 bioThing 类用来表现世界存在者的一个子集——主体。这个类规定了主体之间的通讯和交互作用以及主体与被动实体之间的交互作用的一般协议。每一个 bioAgent 的继承类实例构造了一个允许所表达的主体认知它的本地环境以及对这个感知做出响应的行为的程序。由此，这个程序就像主体的大脑一样工作。一个抽象的基类 bioProgram 规定了在一个主体和它的程序之间通讯的一般协议。将程序的功能分离为一个类 bioProgram 的好处是能够替换不同的程序执行（例如有限状态机、人工神经网络和图灵机）而不需改变 SimBioSys 的任何其他方面。

最后的一个抽象的基类 bioGType，定义了用于主体种群遗传繁殖的基本的遗传、交叉和突变操作。这些操作直接作用于主体的基因类型，它是用位串表达主体的内在特征。bioGType 的继承类实例实现了对特定的遗传组成（或者是单倍体（单位串组成），或者是二倍体（双位串组成））的操作。一个继承了 bioAgent 的基类 bioPType，存储了一个 bioGType 的实例，它是由 bioPopulation 使用的、用来在主体加入世界之前构造主体程序的。

代码 A—1　　SimBioSys 模拟循环

```
int main(){
  Initialize world and agent populations;
  For(G=0,…,GMax-1){            //Enter generation cycle loop.
     For(E=0,…,EMax-1){          //Enter environment cycle loop.
         For(A=0,…,AMax-1){      //Enter action cycle loop.
```

```
            Do agent actions;
        }
        Environment Step;
    }
    Evolution Step;
}
```

正如代码 A—1 中所描述的，用 SimBioSys 结构构造的应用有特色地执行了三个嵌套的循环：阶段循环包含环境循环，环境循环包含行为循环。在每个行为循环中，提供给模拟中的每个主体一个基于它当前的状态和它对环境的感知而做出单一移动的机会。在一定数量的行为循环之后，一个环境移动给了环境改变世界状态的一个机会；而在一定数量的环境循环之后，发生一个进化移动，在这个移动中，每个主体的相对适宜数进化，并且产生基于当前种群的新的主体的种群。这是将进化变化引入模拟的最后一步。

2. TNG/SimBioSys

这一部分简要介绍了在 SimBioSys 的支持下 TNG 商人的活动是如何完成的。TNG/SimBioSys 的静态结构是通过三个主要的类的定义和关系来表达的：

（1）tngSimulation，管理整个模拟；

（2）tngPopulation，管理商人的进化；

（3）tngTradeBot，模拟了一个简单的商人（一个买家、一个卖家或一个经销商人）。

这些类继承的是在上一节讨论过的 SimBioSys 的抽象基类。特别地，就像在图 A—2 中描述的，tngSimulation 继承自 bioSimulation；tngPopulation 继承自 bioPopulation；而 tngTradeBot 继承自 bioPType；bioGType 继承自 bioAgent。TNG/SimBioSys 构造了一个 tngPopulation 的单一的实例，而 tngPopulation 构造了一个商人集为 tngTradeBot 的实例。

TNG/SimBioSys 关键的方面是用一个“tradebot”（也就是 tngTradeBot 类的一个实例）表示每个商人。下页的代码 A—2 给出了对一个 tradebot 的内部结构的示意性描述。这个描述的三个特征特别有趣。

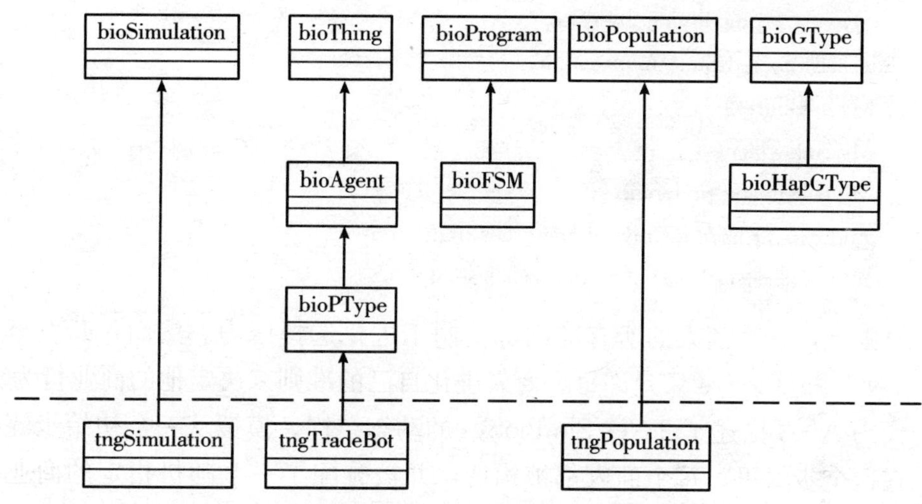

图 A—2　TNG/SimBioSys 类结构

（1）关于商业合作者的决定和商人行为的社会规范（市场协议）被作为 tngTradeBot 的成员函数表达，并由一个给定类型的所有商人继承和执行。

（2）每个商人的另一些方面的商业行为被表达为个性化的行为准则，也就是说表达为由商人继承的 tngTradeBot 的成员函数，这些商人的行为可以既在商人类型之间也在商人类型之中区别每一个商人。这些差别既发生在商人特定的初始结构，也发生在进化的变化中。

（3）每个商人存储了其他商人的地址。这使得每一个商人能够识别和他进行交互作用的其他商人，并能够在事件驱动的时期传递信息给其他商人。

代码 A—2　　一个 tradebot 的内部结构

```
class tngTradeBot{
  Internalized Social Norms:
    Market protocols for communication;
    Market protocols for search and matching;
    Market protocols for trade interactions.
  Internal Behavioral Rules:
    My rule for gathering and processing information;
    My rule for determining my trade behavior;
    My rule for updating my expected utility assessments;
    My rule for measuring my utility(fitness)level;
```

```
    My rule for modifying my rules.
  Internally Stored State Information:
    My attributes;
    My endowments;
    My beliefs and preferences;
    Addresses I have for myself and other tradebots;
    Additional data I have about other tradebots.
```

原则上，一个商人的所有准则都受制于进化选择压力。然而，开发至目前，TNG/SimBioSys 只允许每个商人进化自己的准则来决定他的商业行为。

代码 A—3 描述了 TNG/SimBioSys 的动态结构。模拟从一个初始步骤开始，在这个步骤里，每个商人都被构造，并被分配了一个随机指定的商业行为准则，以及相对于商人类型（买家、卖家和经销商人）用不同的用户参数值进行设置。简单地说，在 TNG/SimBioSys 当前的执行中，假设每一类商人的设置都一致，从而，所有买家都有同样的参数值，而卖家和经销商人也一样。然后商人们进入了一个由三部分事件组成的“阶段周期循环”：一个商业周期循环、一个环境步骤、一个进化步骤。

代码 A—3　　TNG/SimBioSys 的模拟循环

```
int main(){
Init();                         /* Construct Initial tradebot,Populations
                                   (buyers,sellers,dealers)with randomly
                                   specified trade rules,and configure each
                                   tradebot with user-supplied parameters
                                   values Initial expected utility
                                   levels,capacities,…) */
  For (G=0,…,GMax-1){                //Enter generation cycle loop.
    For(A=0,…,AMax-1){               //Enter trade cycle loop.
          MatchTraders();        /* Determine trade partners,give expected
                                    utility levels record match and
                                    inactivity costs. */
          Trade();               //Implement trade and record payoffs
          UpdateExp();           //Update expected utility levels
```

```
    }
    AssessFitness();      //Tradebots assess their fitness
    EvolveGen();
  }
  return();
}
```

“商业周期循环”由用户指定数目的连续的商业周期组成。在每一个商业周期，商人承担了三个基本的活动：寻找并决定合适的商业合作者并给定当前的期望效用水平；和商业合作者进行类似非合作博弈的交互作用；基于任何新的成本和（或）在商业合作决定和业务中获得的报酬而进行的对期望效用水平的更新。

在商业周期循环的末尾，商人进入了一个环境步骤。在这一步中，商人估计他的适宜数，衡量在前面的商业周期循环中获得的总报酬。

在环境步骤的末尾执行一个进化步骤。在这一步中，每种商人种群（买家、卖家或经销商人）中的每一个成员都要进化商业行为准则。特别地，除了通过应用新的商业行为准则的实验而参与到诱导学习中，每一个商人还通过模仿由他自身类型的更成功的商人使用的行为准则而参与到社会学习中。每种商业类型的实验和模拟，当前是通过包括标准的遗传、突变和交叉操作的遗传算法来实现的。

在进化步骤的末尾，每一个进化的商人要更新他对于每一个潜在商业合作者的初始期望效用估计。他通过在最后一个阶段的开始分配给这个潜在的商业合作者的期望效用以及当前分配给这个潜在的商业合作者的期望效用的有利的平均值来进行更新。然后这三个进化的商人种群就进入了一个新的阶段周期，重复整个过程。

对比代码 A—1 和代码 A—3 可以看出，TNG/SimBioSys 中的一个阶段周期循环相应于 SimBioSys 中的一个阶段周期循环，而 TNG/SimBioSys 中的一个商业周期循环相应于 SimBioSys 中的一个活动周期循环。然而，在 TNG/SimBioSys 中没有环境周期循环，并且对于每个阶段都有一个由一个商业周期循环、一个环境步骤和一个进化步骤组成的一个有效的单一环境循环。

3. TNG/COM

在第二层实现（TNG/SimBioSys）中，执行循环时无中断，而产生了一批模拟结果的输出。将功能打包为一个组件层的关键就是将一个事件模型引入到可以用图形界面实时交互式地显示模拟结果的循环动力学中。

引入事件模型是通过用另一个在周期层次的关键点激发事件的操作来代替主要的 SimBioSys 循环。代码 A—4 描述了 TNG/COM 激发事件的主要循环的算法代码。简单地说，标示模拟已经被中断或被停止的事件已经被代码 A—4 忽略。在实际的 TNG/COM 代码中，通过将主函数 main（）分离为事件处理器来完成这些事件的内核。

调用 FireXxx（）激发了相应的一个由控制程序操纵的事件 Xxx。在 TNG/COM 中也建立了其他不同的交互应用。

当在 TNG/COM 层激活了事件，就转到最高层应用来控制更新交互显示或作用于用户输入（例如一个菜单显示或按一个按钮来中止模拟）。正如在代码 A—4 给出的算法代码中观察到的，一个适当的事件在每个主要周期的开始和末尾被激活。SimRunning 事件是模拟初始化后被激活的。模拟初始化过程主要是对被控制程序的基本结构参数进行初始设置。相应的 SimFinished 事件使得控制应用能够整理、执行和报告任何最后的计算结果。

代码 A—4　　TNG/COM 激发事件的主要循环的算法代码

```
int main(){
  Init();
  FireSimRunning();
  For(G=0,…,GMax-1){
      FireGenerationBegin();
      For(A=0,…,AMax-1){          //Enter trade cycle loop.
          FireTradeCycleBegin();
          MatchTraders();       /* Determine trade partners,give expected
                                   utility levels record match and
                                   inactivity costs. */
          Trade();              //Implement trade and record payoffs
          UpdateExp();          //Update expected utility levels
          FireTradeCycleEnd();
```

```
        }
        AssessFitness();        //Tradebots assess their fitness
        EvolveGen();
        FireTradeCycleEnd();
      }
      FireSimFinished();
      return 0;
}
```

三、特征

这一部分主要描述了商业网络博弈（TNG）的基本特征。TNG 模拟了在一个市场环境中不同的买家、卖家和经销商人之间的战略合作的商业网络的结构和进化。TNG 在四个基本方面与经济学中的标准的市场模型不同。

（1）TNG 是一个过程模拟，它在每个点实时的结构是由内在状态和商人们的行为准则给出的，而不是由一个系统的需要、供给和平衡方程给出。TNG 中的商人们的行为必须与物理上的可行性约束以及会计身份一致。然而，唯一明确出现在 TNG 中的方程是那些由商人们自己用来表现他们的世界的特征和实现他们的行为准则的。

（2）TNG 中的商人不断地调整他们的行为以适应与其他商人的相互合作，适应他们的环境来试图满足他们的需求和需要。也就是说，行为准则是有条件的，是相对于状态和当前情况的，而商人们又在这个相互作用的复杂的舞台上协同改变他们的行为。也正是因为这样，TNG 展现了自组织的特性。

（3）进化的过程在 TNG 中表现为自然选择压力直接作用于商人，而不是群体的运动规律。这些自然选择压力促使 TNG 中的商人参与到连续不断地用新的行为准则进行修整的实验中。也就是说，TNG 中的商人协同进化。

（4）从给定的初始条件开始，TNG 中的所有事件都是视商人引发的相互作用而定的，并且出现在一个路径依赖的时间队列中。从而，TNG 描述的市场系统随时间的推移不断进化，并且是以类似于一个在皮式培养皿中培养细菌的发育方式而进化的。

TNG提供了三个截然不同的商人类型："（纯粹的）买方"，他只参与购买活动；"（纯粹的）卖方"，他只参与销售活动；经销商人，他既能参与购买活动，又能参与销售活动。买方只能从卖方或经销商人处买入，而卖方只能向买方或经销商人卖出，但是经销商人可以从卖方处买入，向买方卖出或相互之间买入或卖出。

在TNG中可以通过提前指定每种类型的商人的数量以及他们的容量（资源）限制来应用选择性的市场结构。例如，如果将经销商人的数量置为0，就得到了一个两方市场；如果三种商人类型都出现，则得到一个中介市场；而如果每一个商人都是一个经销商人，他能够由卖转换为买，或作为当前情况的担保，则得到一个"内生类型"的市场。在两方市场中，买方和卖方表现为：工人工作时间的总量有限，雇主提供的工作机会有限。在中介市场中，卖方表现为贷方（债券购买者）资金有限，经销商人表现为金融公司的服务能力有限，而买方表现为借方（债券提供者）的抵押有限。在内生类型的市场中，商人们必须是资源受限的主体，他们每一个都必须决定是成为一个公司（雇用工人）还是为其他人工作。

在TNG中的每一个商人都作为一个自治的主体，具有内在的社会规范（市场协议）、对内在状况信息的存储以及内在行为准则。尽管每一个商人都具有相同的一般内在结构，但是商人的类型可以根据他们特殊的市场协议、安装属性以及初始的天资来相互区分；并且每一个商人都能够获得不同的状态信息，并基于他自己独特的过去的经验随时间进化不同的商业行为准则。

在TNG中的活动被分为一些"阶段"的序列。在初始阶段，要根据商人的类型赋给每一个商人一个在他的商业交互中控制他的行为的准则（"个性"），一个对他的每一个潜在的商业合作者的初始的期望效用估计和一个在任何给定的时间他能够接受或提供的商务意向的数量上的容量限制。然后，商人们便重复地参与到一定数量的循环中的三种类型的活动中：（1）基于现有的期望效用估计选择并决定更合适的商业伙伴匹配；（2）与合作伙伴进行交易并交互作用，模拟了非合作博弈；（3）对于期望效用估计的更新，以考虑以新的方式发生的搜寻成本、休止状态成本和交易报酬。随后，每一个类型的商人将分别基于由这些准则产生的过去的网络报酬结果进化（战略上的更改）他们的商业行为准则，从而产生一个新的阶段。

四、用户界面

TNG Lab 图形用户界面包括五个独特的窗体：一个“设置屏”，允许用户设置主要的市场参量值；一个“结果屏”，允许用户实时地观看显示在表格中的模拟结果数据；一个“图表屏”，允许用户实时地观看显示在图中的模拟结果数据；一个“动画屏”，允许用户在一个实时动画中观看商业网络的进化；最后是一个“物理屏”，允许用户设置动画的物理参数来控制网络视图。TNG Lab 图形用户界面打开时设在设置屏上，用户可以用 Tab 键进入或退出其他每一个想要的屏。

1. 设置屏

更准确地说，设置屏允许用户对每一个 TNG/SimBioSys 模拟进程设置主要的市场参量值。正如将要介绍的具体的劳动力市场结构中的内容，这些值控制市场结构、报酬和表现业务准则的有限状态机（FSM）以及遗传算法（GA）学习机制的构成。图 A—3 给出了一个有相同数量的卖家和买家的两方市场模拟的设置屏的一个快照。

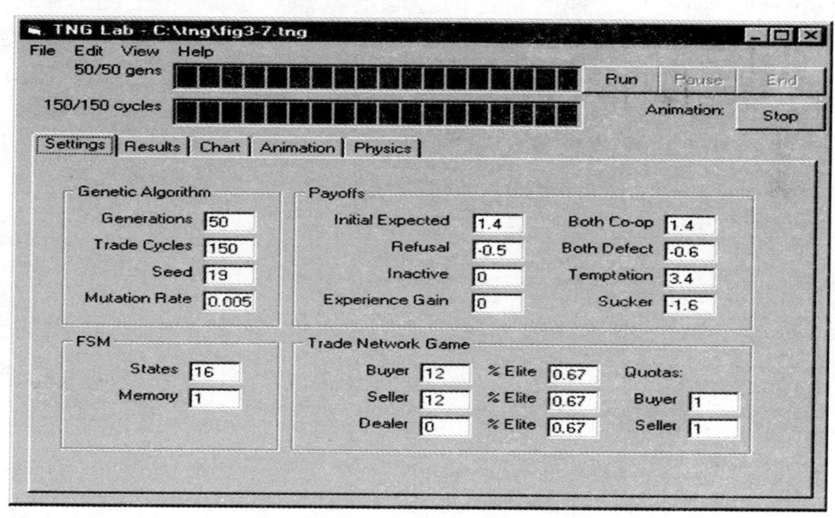

图 A—3　TNG Lab 图形用户界面设置屏

正如图 A—3 中所见，市场结构参量（即 Trade Network Game 一栏）包括买家总数（Buyer）、卖家总数（Seller）、经销商人总数（Dealer）、买方限额水平（对买家和经销商人来说）（Quotas：Buyer）以及卖方限额水平（对卖家和经销商人来说）(Quotas：Seller)。

报酬参量（即 Payoffs 一栏）包括四个业务（囚徒困境）报酬：相互合作的报酬（Both Co-op)、相互背信的报酬（Both Defect)、最高报酬（Temptation，即一方合作另一方背信中背信者所获报酬）和最低报酬（Sucker，即一方合作另一方背信中合作者所获报酬，也称“吸管”报酬)，一个初始的期望效用估计（Initial Expected)，一个拒绝报酬（Refusal)，一个休止状态报酬（Inactive，由不活跃的主体获得）和一个经验获取参量（Experience Gain)。初始的期望效用估计是在第一个阶段的开始由每一个商人对他每一个潜在的商业合作者的估计。拒绝报酬是只要属于一个买家（或经销商人）的其中一个购买意向被拒绝，那么就由此产生的一个由其获得的负的报酬，如交易成本。休止状态报酬是由一个在商业循环期间，既不产生也不接受意向的商人引发的报酬。休止状态报酬依赖于应用，可能是正数、零或负数。例如，在有福利支持的市场背景下，休止状态报酬可能是正的。经验获取参量是每一个商人在一个进化的步骤的末尾准备开始一个新的阶段，要更新他当前的期望效用水平时，所应用的他的最近的经验的权重，也就是一个阶段到另一个阶段更新时，依赖旧的合作经验的程度，值为 0 表示不调用（即不依赖）过去的经验，值为 1 表示全部调用。

同样的，有限状态机的参数（即 FSM 一栏）包括有限状态机表达的内部状态的个数（States）和一个记忆参数（Memory)，这个参数控制了调用相应于当前的商业合作者（连同当前的有限状态机的状态）的多少个过去的活动，以便对当前的行为作出选择。

遗传算法学习的参数（即 Genetic Algorithm 一栏）包括阶段的总数目（Generations)、每个阶段中商业循环的总数目（Trade Cycles)、突变率（Mutation Rate）和每种商人类型（买家、卖家和经销商人）各自的精英百分比（%Elite)。此外，还要设置一个种子值（Seed）来初始化伪随机数发生器。

参数设置的要求如下：“Generations”和“Trade Cycles”可以为任意正整数；“Seed”可以为任意无符号整数；“Mutation Rate”可以为任意小于 1 的非负数；“Both Co-op”、“Both Defect”、“Temptation”、“Sucker”、“Initial Expected”、“Inactive”可以是任何实数；“Refusal”可以是任意非正的数；

“Experience Gain”可以是任何 0 到 1 之间的数（含 0 和 1）；“FSM States”可以是任意正整数；“FSM Memory”可以是任意不超过 32 的正整数；“Buyer”、“Seller”、“Dealer”可以是任何非负整数；“Buyer Quotas”可以是任意不超过“Seller”的正整数；“Seller Quotas”可以是任意正整数；三个“% Elite”设置可以是任意 0 到 1 之间的数（含 0 和 1），并可以互不相同。

在设置参数值时需要注意的是“FSM States”、“Buyer”、“Seller”、“Dealer”这几个值的设置，如果这几个值过大可能引起机器死机，推荐值为商人总数不超过 30，FSM States 值不超过 20。

2. 结果屏

结果屏允许用户观看每一次模拟运行后的商人的适当的数据。在不同的栏中显示了每种商人类型以及所有商人的适当数据的平均数和标准差。最重要的四栏是给出了卖家、买家、经销商人以及所有商人的适当数据的平均数的四栏。这些关键栏都用彩色突出出来，并且在 TNG Lab 图形用户界面中始终都保持不变：即蓝色表示买家、黄色表示卖家、绿色表示经销商人、红色表示所有的商人。实际上只有在当前的模拟进程中表现的针对商人类型的那些栏是活动的。

图 A—4 给出了一个在图 A—3 中运行的两方市场模拟的结果屏的快照。这个快照是在结果屏滚动到最后一个阶段并在此阶段的模拟进程的结尾抓取的。

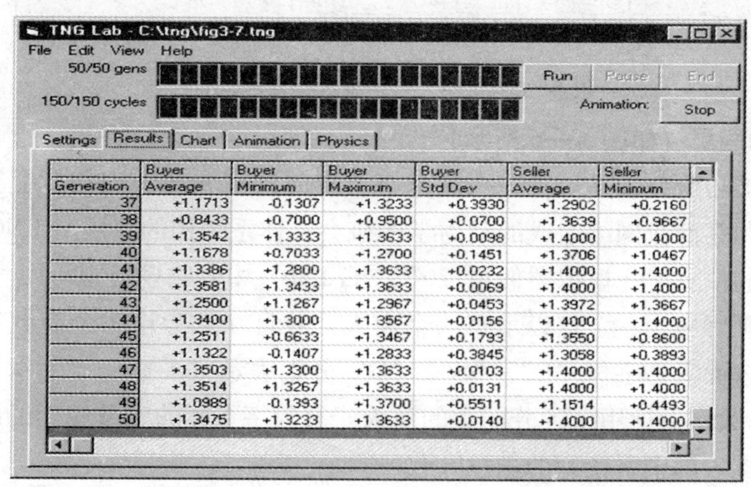

Generation	Buyer Average	Buyer Minimum	Buyer Maximum	Buyer Std Dev	Seller Average	Seller Minimum
37	+1.1713	-0.1307	+1.3233	+0.3930	+1.2902	+0.2160
38	+0.8433	+0.7000	+0.9500	+0.0700	+1.3639	+0.9667
39	+1.3542	+1.3333	+1.3633	+0.0098	+1.4000	+1.4000
40	+1.1678	+0.7033	+1.2700	+0.1451	+1.3706	+1.0467
41	+1.3386	+1.2800	+1.3633	+0.0232	+1.4000	+1.4000
42	+1.3581	+1.3433	+1.3633	+0.0069	+1.4000	+1.4000
43	+1.2500	+1.1267	+1.2967	+0.0453	+1.3972	+1.3667
44	+1.3400	+1.3000	+1.3567	+0.0156	+1.4000	+1.4000
45	+1.2511	+0.6633	+1.3467	+0.1793	+1.3550	+0.8600
46	+1.1322	-0.1407	+1.2833	+0.3845	+1.3058	+0.3893
47	+1.3503	+1.3300	+1.3633	+0.0103	+1.4000	+1.4000
48	+1.3514	+1.3267	+1.3633	+0.0131	+1.4000	+1.4000
49	+1.0989	-0.1393	+1.3700	+0.5511	+1.1514	+0.4493
50	+1.3475	+1.3233	+1.3633	+0.0140	+1.4000	+1.4000

图 A—4　TNG Lab 图形用户界面结果屏

3. 图表屏

图表屏允许用户分别观看到在每一次模拟进程结束时，由每种类型的商人以及全部的商人获得的平均水平、最高水平和最低水平。在平均值图表中用已经在结果屏中使用的同样的颜色来表示各种类型的商人：蓝——买家、黄——卖家、绿——经销商人、红——所有商人。实际上只有在当前的模拟进程的关于商人的图表是活动的。

图 A—5 给出了一个在图 A—3 中运行的两方市场模拟的图表屏的快照。这个快照是在模拟进程的末尾抓取的，并且用有颜色的线型图来描述由买家和卖家在每一个阶段获得的平均水平。

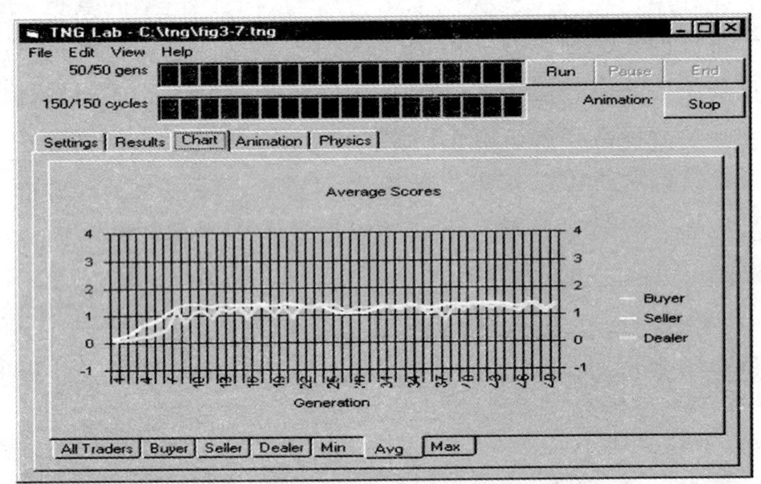

图 A—5　TNG Lab 图形用户界面图表屏

4. 动画屏（如图 A—6 所示）

动画屏给研究者提供了一个通过直接实时地观看商人们相互交互作用的状况，来洞察商业网络组成的动力学的机会。体系结构的底层（TNG/SimBioSys）里的抽象博弈模拟类似顶层（TNG Lab）中的物理模拟。

在动画屏中用一个点表示每一个商人，并且在点旁用一个有数字下标的字母表示该商人。字母“B”、“S”、“D”分别表示“买家”、“卖家”和“经销商人”。数字下标用来区分同类的商人。有数字下标的字母使用的颜色与在结果屏和图表屏中所使用的颜色一致。

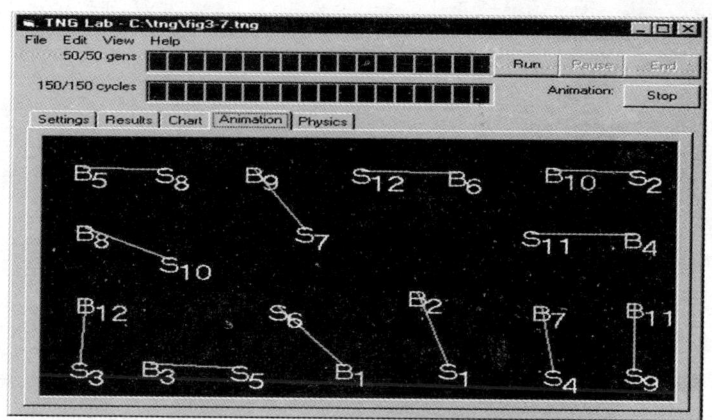

图 A—6 TNG Lab 图形用户界面动画屏

5. 物理屏

最后一个屏是物理屏，它允许用户设置频率限制参数 FL 和 FT、闭锁和循环关系的弹性支撑的长度和力度、排斥力（商人、边界）以及摩擦力。这些物理参数允许用户手动制作在动画屏中相对于应用的合适的网络视图。图 A—7 给出了一个在图 A—3 中运行的两方市场模拟的物理屏的快照。

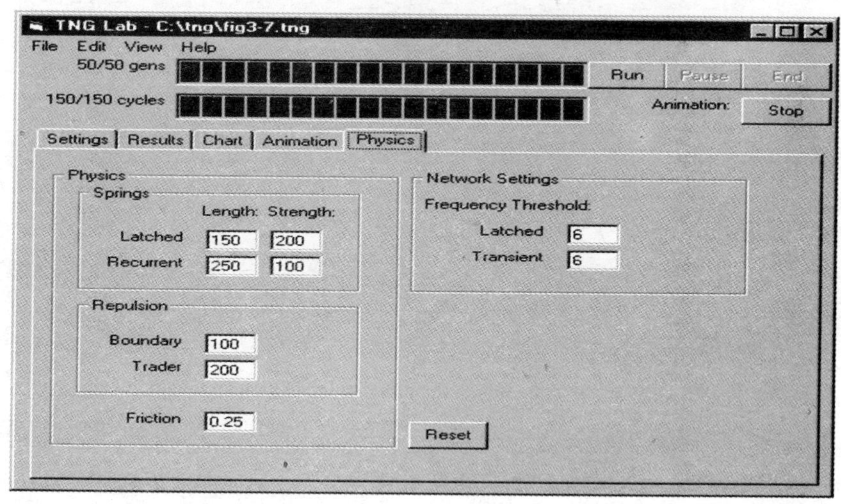

图 A—7 TNG Lab 图形用户界面物理屏

附录B

一个简单易学的MAS仿真工具——StarLogo

StarLogo是一个可以编程的建模环境，是一种特殊的Logo语言。在StarLogo中，对应主体的概念用一个形象的海龟来表示，和传统的Logo语言一样，可以通过向海龟发命令来作图。除此之外，StarLogo容许并行地控制上千个海龟，并且为这些海龟设定不同的行为模式。StarLogo非常适合于研究人工生命，以及研究分散系统的运行机制。所谓分散系统是指没有组织者而组织、没有协调者而协调的系统。使用StarLogo你可以对许多现实世界中的现象进行建模并且观察研究，例如鸟群、交通、蚂蚁以及市场经济。

相对于其他的多主体仿真建模工具来说，StarLogo很容易学习，语法也很简单，但也因此限制了其表达能力，但对于普通的简单的问题，还是可以用StarLogo来获得多主体建模方法的益处的。下面我们以一个实际的人工白蚁群体模型为例，来一步步讲述StarLogo的建模方法。

一、建模步骤

1. 创建一个新的StarLogo文件

启动StarLogo程序，在File菜单中选择New菜单命令来创建一个新的模型。

StarLogo的控制中心有四个板块，我们每次只能同时看到其中的两块。初始默认的是针对海龟的命令及函数窗口。点击窗口上方的观察者按钮就能看到针对观察者的命令及函数窗口。

如果想要让海龟执行某些命令，就把命令键入海龟命令中心或者函数窗口。键入命令中心的命令将立刻被执行，而键入函数窗口的命令必须被按钮或者命令中心的一条命令所调用才会被执行。

每一个海龟都会执行海龟窗口中的命令。如果想让观察者做些什么（像创建海龟或者改变点的颜色之类的事情），就点击观察者按钮并把命令键入观察者窗口。

2. 一个简单的命令

第一次打开StarLogo，程序会给出一些海龟作为起始（如果要开始一个新的项目，必须用观察者命令create-turtles加上一个数字创建一些海龟）。

试着在海龟命令中心键入“fd 10”，然后返回或者回车，海龟就执行了这个命令。由于它们向着不同的方向，向前移动就使得它们围成了一个圈。同时我们也要注意到：只键入了一次“fd 10”，就使得所有海龟同时发生移动。也就是说，你键入的每一条命令都会被所有的海龟执行。

3. 创建海龟

如何来创建自己的海龟呢？首先，在观察者命令中心键入“clear-turtles”（或“ct”）来清除已有的海龟。然后，在同一个窗口内，键入“crt”和一个数字来创建所键入数字那么多的海龟。由于看起来好像只有一个海龟在StarLogo窗口的中心，你可能会疑惑：“创建的海龟到底在哪里?”事实上，它们是一个个互相叠着的。如果想要看到所有这些海龟，切换到海龟命令窗口，键入“fd 30”。

4. 编写一个函数

函数是命令的集合，其中的命令就和写在观察者命令中心或者海龟命令中心的那些命令一样，只是把它们组合在一起来使用。所需要做的就是键入函数名来执行这个函数中的所有命令。

所有的函数都位于函数窗口之一。首先，我们在观察者函数窗口中为setup函数编写一些简单的命令。注意，虽然观察者只能控制点和创建海龟，然而它也可以给海龟传递信息来命令它们做一些事情。如果我们在观察者窗口中而又想让海龟做些什么的话，就需要使用特殊命令ask-turtles。

```
to setup
crt 30
ask-turtles [fd 10]
end
```

注意：to这个词是所有函数的开始（在这个例子中，你是在告诉计算机如何“setup”）。同时必须用end来结束每个函数。

试着执行你的第一个函数。首先在观察者窗口中键入“ct”来清除海龟。然后，键入“setup”，观察海龟的行为。你会发现，键入“setup”引起了setup函数的运行。

如果不想每次开始都键入“ct”，你可以把它合并到setup函数中：

```
to setup
ct
crt 30
ask-turtles [fd 10]
end
```

现在每次键入“setup”时海龟会自动被清除。

5. 保存

我们已经走了这么远，而且做得这么好，当然需要把我们的工作赶快保存下来。选择File菜单中的Save As命令，键入文件名，点击OK。每隔一段时间就保存一下是一种很好的编程习惯。

6. 按钮

为了更方便地运行setup函数，我们可以创建一个setup按钮。之后，一按这个按钮，StarLogo就会执行setup函数。

首先，点击位于StarLogo主窗口上方的蓝色按钮。然后再点击位于图标下方的白色空间。这时会弹出一个窗口，在StarLogo instruction下方的文本框内键入"setup"。然后必须选择 setup 函数放置的地方（即在哪个窗口）。之前我们把 setup 函数放在观察者窗口中，所以现在选择观察者。

现在就有了一个 setup 按钮，按下这个按钮，将执行名为 setup 的函数。

7. 处理海龟的色彩

我们刚刚创建了 30 个海龟（或者说是白蚁）。现在我们来把所有的海龟都变成蓝色。用 setcolor 命令或者 setc blue 来把海龟的颜色设置成蓝色。在海龟命令中心键入"setc blue"。

现在再把它们变成红色的（setc red），并且把这条命令添加到 setup 函数中去。

```
to setup
ct
crt 30
ask-turtles [setc red fd 10]
end
```

8. 处理海龟的形状

我们已经有了 30 个红色的海龟（或者白蚁）。现在我们要让白蚁具有白蚁的外形而不是海龟的外形。在 Windows 菜单下选择 Shape Chooser。选择一个空白形状，双击它。选择你想要的形状的大小（注意：你将需要对点采用同样的尺码），这个可以在形状编辑窗口的上方进行选择。然后，可以用绘画工具创建想要的形状。在形状编辑窗口的底部为你刚刚设计的形状起个名字（作为指南，我们用 termite-shape 比较合适），现在就有了一个可以用于白蚁的形状。把这个形状的名字或者号码用于 setshape 指令就完成了形状的更改。注意，在 StarLogo 中的形状只能以 8，16，32 这样的尺码出现。

试着在 setup 函数中把白蚁设置成最新的形状：

```
to setup
ct
crt 30
ask-turtles [setshape termite-shape setc red fd 10]
end
```

既然我们已经有了 30 个红色白蚁形状的海龟，何不让它们来做些什么？首先我们将用积木来对白蚁的部分环境进行填充。稍后我们将告诉白蚁如何来处理这些积木。

9. 创建点

现在可以创建积木了。一旦我们学会了用海龟来处理积木，处理点就更不在话下了。

我们可以用 StarLogo 的绘图工具来绘制自己的积木。首先，点击 StarLogo主窗口的上方，然后再点击绘图刷图标来选择绘图选项，将会弹出调色板。在左边的框中单击铅笔图标。在右边的框中，单击黄色，这样就可以绘制黄色的积木了。现在就只需要单击画布（canvas）上我们希望出现积木的地方就可以了。

我们也可以用观察者命令 setpc 加上某种颜色的名字或号码来设置所有画布点的颜色。

还有一种改变单一的点的颜色的方法就是用海龟命令 stamp。例如，在海龟命令中心键入下面的命令：

```
repeat 100 [fd 10 stamp yellow]
```

这条命令让海龟向前走 10 步后把它所在的点变成黄色。所有海龟都要重复这个动作 100 次。

10. 计算机生成积木

先前的函数并没有真正地产生一个积木的随机排列。如果真的想要把积木随机分散开，我们需要用随机命令改变每个海龟的方向。

在海龟命令中心键入以下代码：

```
repeat 100 [seth random 360 jump random 200 stamp yellow]
```

这条命令的含义是每个海龟都应该朝一个随机的方向随机前进一段，并把它所在的点变成黄色。每个海龟都要重复这个动作 100 次。

现在我们可以写一个在画布点上放积木的函数了。我们应该把这个函数写在海龟函数窗口中。

```
to patch-setup
repeat 100 [seth random 360
jump random 200 stamp yellow]
end
```

下面我们可以把这个命令的调用加到位于观察者函数窗口中的 setup 函

数中去，于是 setup 函数就变为下面这样了：

```
to setup
ct
crt 30
ask-turtles [setc red fd 10]
ask-turtles [patch-setup]
end
```

现在，按下 setup 按钮的时候，我们将看到红色的白蚁和黄色的积木。

如果想要清除这些点，就用 cp 这个命令。因此，我们现在可以用 ct 和 cp 这两个命令来清除所有的海龟和点。再把这两个命令也添加到 setup 函数中去：

```
to setup
ct
cp
crt 30
ask-turtles [setc red fd 10]
ask-turtles [patch-setup]
end
```

注意：如果我们确定想要清除所有的海龟和点，可以用 ca，或者 clear all 命令。下面我们把 ca 命令添加到 setup 函数中：

```
to setup
ca
crt 100
ask-turtles [patch-setup]
ask-turtles [setc red fd 10]
end
```

现在我们就完成了这个程序的 setup 函数，并且学习了关于生成很多白蚁、给物体上色、调用函数的知识。

注意：要及时保存。

11. 创建多重函数的问题

那么，怎样才能让这些白蚁与积木互相作用呢？为了达到这个目的，我们必须考虑白蚁需要完成的所有任务。如果我们把这些任务分析清楚了，那么编写程序就是非常简单的事了。

我们想要让白蚁寻找积木并把它们堆起来。为了把积木堆起来，首先需要让白蚁找到积木。为了找到积木，就需要让白蚁能够到处移动以到达积木所在处。一旦找到一块积木，就需要把它捡起来。然后，它们就只需要找到一个放积木的地方。最后就只剩放下积木了。

因此，为了把积木堆起来，白蚁必须遵循以下四个步骤：首先，它们需要知道怎样移动；其次，它们需要寻找积木；再次，它们需要为新积木找到一个堆；最后，它们需要把积木放在堆里。

（1）移动

首先，我们要设法让白蚁到处移动，因为这是白蚁做其他一切事情的前提。

为此，在海龟函数窗口内键入以下函数：

```
to wiggle
fd 1
rt random 50
lt random 50
end
```

在这个函数中，白蚁向前移动 1 个单位并且向左或向右转一个小小的角度进行摆动。

试着在海龟命令中心键入“wiggle”若干次，观察发生了什么变化。

（2）寻找积木

我们的心里要始终记着根本目标，据此可知，海龟要做的下一件事情就是找到一块积木。

我们可以把这个函数叫做 search-for-chip。如果海龟找到了一块黄色的积木，就把它从那个点上拿走。

为此，我们把这个函数键入海龟函数窗口，与 wiggle 函数隔一行。

```
to search-for-chip
if pc=yellow
[stamp black jump 20 stop]
```

```
wiggle
search-for-chip
end
```

这个函数的含义是每个海龟都要检查它所在的点是不是黄色的，如果是，就把这个点变成黑色的（意味着海龟捡起了这块积木）。然后海龟跳到远处停下来。

我们可以在海龟命令中心键入“search-for-chip”来测试这个函数。执行结果就是白蚁到处移动，把很多黄色的积木点变成了黑色。当然，红色的白蚁将覆盖黑色的点使得我们无法再看到它们。

现在我们有了 search-for-chip 函数，这个函数可以将黄色积木变成黑色以表明这些积木已经被捡走，不再在地上。

我们也可以把 search-for-chip 函数改成在判断是否积木之前执行 wiggle 函数，且如果没有找到积木就一直这样运行下去。

在海龟函数窗口中找到 search-for-chip 函数并把它改成这样：

```
to search-for-chip
wig
if pc=yellow
[stamp black
stop]
search-for-chip
end
```

现在单击 StarLogo 窗口。一个弹出的窗口显示了以下文字：“我不知道如何在 search-for-chip 函数中 wig”。程序运行的过程中有时会出现错误，这时，弹出窗口将帮助我们确定什么地方出现了什么错误。

单击弹出窗口的 OK 按钮，在 search-for-chip 函数中把 wig 改成 wiggle。这样就纠正了程序中的错误。

（3）找一个新的堆

既然白蚁已经捡到了积木，它就需要找到一个新的堆来放下积木。这个函数看起来和 search-for-chip 有点像。

为此，在海龟函数窗口中键入这个函数，与 search-for-chip 函数相隔一行。

```
to find-new-pile
if pc=yellow
[stop]
wiggle
find-new-pile
end
```

对于 find-new-pile，我们所需要做的就是让白蚁 wiggle，一旦看到一个黄色的积木，就停下来。否则，继续寻找（即再次执行 find-new-pile）。

我们可以在海龟命令窗口中键入 find-new-pile 来测试最新的函数。白蚁将会到处移动，寻找地上现存的积木，然后停下来。

(4) 找一个地方放下积木

我们刚刚只是写了一个让白蚁找到可以放下积木的新堆的函数。但是白蚁找到后就只是停了下来。

现在我们需要写一个让白蚁放下积木的函数。

我们知道如果一个点的颜色是黑的，也就是如果 pc=black，那就意味着它是空的。

我们可以用把黑点变成黄色的方式来表示放下积木。

为此，在海龟函数窗口中键入以下程序。与 find-new-pile 函数隔一行。

```
to find-empty-patch
wiggle
if pc=black
[stamp yellow
stop]
find-empty-patch
end
```

在这个程序中，我们让白蚁 wiggle，如果它找到了一个空的（黑色的）点，就把这个点变成黄色（就像放下一个黄色的积木），然后停下来。如果没找到，继续寻找空的点。

12. 继续寻找

白蚁找到空的点并放下积木后，我们就希望它们能够继续寻找更多的积木以便尽快形成堆。

我们可以写一个简单的 get-away 函数来完成这个任务：

```
to get-away
seth random 360
jump 20
if pc=black [stop]
get-away
end
```

“seth random 360”把白蚁的头设置成随机指向 0～360°。“Jump 20”与“fd 20”相似，不过远得多，更像远程传输。如果白蚁停在一个黑点上，那就停止。否则，继续执行 get-away。

在 find-empty-patch 函数中白蚁放下积木后加上 get-away。

```
to find-empty-patch
wiggle
if pc=black
[stamp yellow
get-away
stop]
find-empty-patch
end
```

我们可以在海龟命令中心键入“find-empty-patch”来测试最后一条规则。白蚁将到处移动寻找一个点放下黄色的积木，然后跳开。

13. 把这些函数组合在一起

总之，为了形成积木堆所有白蚁都必须遵循四个规则（wiggle 函数只是一个子函数，因为它是包含在 search-for-chip 函数中的；get-away 也是一个子函数，因为它是包含在 find-empty-patch 函数中的）：

（1）移动；

（2）如果白蚁看到一块积木，就捡起来；

（3）寻找另一块处于堆中的积木；

（4）寻找这个堆附近的空的点并放下积木。

为了让所有这些函数同时运行，我们可以再写一个函数来调用这三个函数。为此，在海龟函数窗口中键入这个函数，与 find-empty-patch 函数隔一行。

```
to go
search-for-chip
find-new-pile
find-empty-patch
end
```

在海龟命令中心键入“go”，观察程序的运行。

到此为止，所有的函数都已经完成并通过了测试。

14. 创建另一个按钮

不幸的是，go 函数让所有（100 个）的白蚁把一块积木搬到另一个堆，但是只做一次。我们需要一个按钮来反复执行 go 函数。

为了创建 go 按钮，再次按下 StarLogo 窗口中的按钮图标，然后单击下方的空白处来创建一个新的按钮。在弹出的窗口中键入“go”作为“Logo instruction”，选中 forever 单选框让函数不断地运行。单击函数所在的 turtle，最后点 OK。

记住保存程序。

现在，先按下 setup，再按下 go 按钮，观察白蚁到处移动，收集积木堆在一起。想要终止模拟的时候就再按一次 go 按钮。

15. 祝贺

我们已经完成了第一个 StarLogo 程序。我们还可以随意改动这个程序，比如白蚁搬积木的时候改变它的颜色来标明哪些白蚁正在搬运。

16. 最终代码

观察者函数窗口中：

```
to setup
 ca
 crt 30
 ask-turtles [setc red fd 10]
 ask-turtles [patch-setup]
end
```

海龟函数窗口中：

```
to patch-setup
repeat 100 [seth random 360 jump random 200 stamp yellow]
end

to wiggle
 fd 1
 rt random 50
 lt random 50
end

to search-for-chip
  if pc=yellow
  [stamp black jump 20 stop]
  wiggle
  search-for-chip
end

to find-new-pile
 if pc=yellow
 [stop]
 wiggle
 find-new-pile
end

to find-empty-patch
 wiggle
 if pc=black
 [
 stamp yellow
 get-away
 stop
```

```
]
 find-empty-patch
end

to get-away
seth random 360
jump 20
if pc=black [stop]
get-away
end
to go
 search-for-chip
 find-new-pile
 find-empty-patch
end
```

二、语言参考手册

1. 计数类命令

（1）hatch ：这是一个 turtles 命令

格式：hatch [list of commands]

Turtles 将自身严格复制，包括它们各自的 turtles-own 变量和状态变量。这些复制的 turtles 将执行 [ ] 内的一系列命令。

例如：hatch [setc blue fd 1]将产生一个 turtle 的副本，这个副本 turtle 的颜色为蓝色，并向前走一步。

（2）sum-of-frogs ：这是一个 turtles 和 observer 命令

格式：sum-of-frogs [list of commands]

对所有特定类别的 turtles 计算 [list of commands] 中指明计算的总数。

注意：对单个海龟调用这个命令是没有意义的。

例如：sum-of-frogs [weight]将返回所有海龟的重量。

（3）sum-of-frogs-with [condition]：这是一个 turtles 和 observer 命令

格式：sum-of-frogs-with [condition] [list of commands]

对于所有满足条件的 turtles 种群，计算 [list of commands] 指明的总数。如果没有满足条件的种群，则返回 0。

注意：也可以对 patches 执行这个命令，例如在一个 ask-patches 语句中调用该命令。

对单个海龟调用这个命令是没有意义的。

例如：sum-of-frogs-with [color=green] [age]将返回所有绿色海龟的总年龄。

（4）sum-of-turtles [list of commands]

返回所有海龟的 [list of commands] 计算值的总和。

注意：如果对单个海龟调用这个命令是没有意义的。

例如：sum-of-turtles [weight * weight] 表示对每一个海龟计算其重量的平方，然后对所有值求和。

（5）sum-of-turtles-with [condition] [list of commands]

对于所有满足条件的 turtles，计算 [list of commands] 指明的总数。如果没有满足条件的海龟，则返回 0。也可以对 patches 执行这个命令，例如在一个 ask-patches 语句中调用该命令。

注意：对单个海龟调用这个命令是没有意义的。

例如：sum-of-turtles-with [color=red] [age]将返回所有红色海龟的总年龄。

（6）sum-of-patches [list of commands]

sum-of-patches [food] 对所有的 patches 内的 food 变量求和。

（7）sum-of-patches-with [condition] [list of commands]

对于满足条件的 patches，计算 [list of commands] 指明的值，并返回这些值的总和。如果没有 patches 满足条件，则返回 0。

也可以由 patches 执行，例如在一个 ask-patches 语句中使用。

注意：如果没有满足条件的 patches，则返回 0。

例如：sum-of-patches-with [pc=green or pc=blue] [density] 将返回所有蓝色或绿色海龟的密度之和。

(8) average-of-frogs [list of commands]：

这是一个 turtles 和 observer 命令。

对所有特定类别的 turtles 计算 [list of commands] 中指明计算的平均值。

注意：如果 [list of commands] 中不包含数字，则发生错误。对单个海龟调用这个命令是没有意义的。

例如：average-of-frogs [speed] 将返回某种群的所有海龟的平均速度。

(9) average-of-frogs-with [1st list of commands] [2nd list of commands]

这是一个 turtles 和 observer 命令。

对于所有满足 [1st list of commands] 条件的海龟，计算 [2nd list of commands] 中指明计算的平均值。[2nd list of commands] 必须返回一个布尔值。

注意：如果 [2nd list of commands] 不包含数字，则产生一个错误。如果在求值时，[2nd list of commands] 中有一部分内容不是数字，则忽略这部分值。

例如：average-of-frogs-with [color=red] [speed] 将返回所有红色海龟的平均速度。

(10) average-of-patches [list of commands]

对于所有的 patches 计算并返回 [ ] 指定的平均值。

注意：如果 [ ] 指定计算的内容不包括数字，则会产生错误。如果 [ ] 内指定计算的内容有一部分不是数字，则这些部分将被忽略。

例如：average-of-patches [color]将返回所有 patches 的颜色的平均值。

(11) average-of-patches-with [1st list of commands] [2nd list of commands]

对于所有满足 [1st list of commands] 指明条件的 patches，计算 [2nd list of commands] 指明的平均值，[1st list of commands] 必须返回一个布尔值（true / false)。

注意：如果 [2nd list of commands] 不包含数字，则产生一个错误。如果在求值时，[2nd list of commands] 中有一部分内容不是数字，则忽略这部分值。

例如：average-of-patches-with [color＝red] [food]将返回所有红色 patches 的 food 变量的平均值。

(12) average-of-turtles [list of commands]

average-of-turtles [speed]将返回所有海龟的平均速度。

(13) average-of-turtles-with [1st list of commands] [2nd list of commands]

average-of-turtles-with [color＝red] [energy]将返回所有红色海龟的平均能量值。

(14) count-turtles

返回海龟的总数。

(15) count-turtles-at xcor ycor

计算 x 方向上 xcor 个单元格内和 y 方向上 ycor 个单元格内的海龟数。

例如：count-turtles-at 1 1　返回调用者右边一个 patch 和上面一个 patch 内的海龟数。

(16) count-turtles-here

返回调用者当前所在 patch 内的海龟数。

例如：if count-turtles-here＞2 [setc blue]表示如果当前 patch 内的海龟

数＞2，则将其颜色设为蓝色。

（17）count-turtles-towards angle distance

返回距离调用者某一角度的 patches 内的海龟数。

例如：count-turtles-towards 0 1　返回调用者正前方的一个 patch 内的海龟数。

（18）count-turtles-with [list of commands]

返回满足 [list of commands] 条件的海龟数。

注意：[list of commands] 必须返回一个布尔值。

例如：count-turtles-with [(distance 0 0) ＜5]　返回以原点为中心，直径＜5 的圆内的海龟数。

（19）count-patches-with [list of commands]

返回满足条件的 patches 的数目。

例如：count-patches-with [(distance 0 0) ＜5]　返回以原点为中心，直径＜5 的圆内的 patches 的数目。

（20）nsum variable1 variable2

对每一个 patch，得到邻近的 patches 的变量 1 并求和，赋给变量 2。这些变量必须是 patches 变量。

注意：这是一个观察者命令，只能由观察者调用 nsum，尽管这是对 patches 进行操作。

例如：nsum food surrounding-food　求所有临近 patches 的 food 变量的总和，并将其赋给一个 patch 变量 surrounding-food。

（21）nsum4 variable1 variable2

对每一个 patch，得到邻近的非斜向的（正南、正北、左、右）patches 的变量 1 并求和，赋给变量 2。这些变量必须是 patches 变量。

注意：这是一个观察者命令，只能由观察者调用 nsum，尽管这是对 patches 进行操作。

例如：nsum4 grass totalgrass 对正向的 patches 内的 grass 的值求和，并赋值给 totalgrass。

（22）max-of-turtles [list of commands]

对于所有的海龟返回 [list of commands] 所得结果中的最大值。

注意：也可以对 patches 执行这个命令，例如在一个 ask-patches 语句中调用该命令。

如果 [list of commands] 中不包括数字，那么将返回一个最小的可能的数值。如果 [ ] 内指定计算的内容有一部分不是数字，则这些部分将被忽略。

对单个海龟调用这个命令是没有意义的。

例如：max-of-turtles-with [speed] 返回速度最快的海龟的速度值。

（23）max-of-turtles-with [condition] [list of commands]

对于所有满足条件的海龟，返回 [list of commands] 所得结果中的最大值。

如果没有满足条件的海龟，则返回一个可能的最小值——不能是负无穷。

注意：也可以对 patches 执行这个命令，例如在一个 ask-patches 语句中调用该命令。

如果 [list of commands] 中不包括数字，那么将返回一个最小的可能的数值。如果 [ ] 内指定计算的内容有一部分不是数字，则这些部分将被忽略。

对单个海龟调用这个命令是没有意义的。

例如：max-of-turtles-with [color=red] [speed] 返回速度最快的红色海龟的速度。

（24）min-of-turtles [list of commands]

对于所有的海龟返回 [list of commands] 所得结果中的最小值。

注意：也可以对 patches 执行这个命令，例如在一个 ask-patches 语句中调用该命令。

如果［list of commands］中不包括数字，那么将返回一个最大的可能的数值。如果［ ］内指定计算的内容有一部分不是数字，则这些部分将被忽略。

对单个海龟调用这个命令是没有意义的。

例如：min-of-turtles［speed］ 返回速度最小的海龟的速度。

（25）min-of-turtles-with［condition］［list of commands］

对于所有满足条件的海龟，返回［list of commands］所得结果中的最小值。

如果没有满足条件的海龟，则返回一个可能的最大值——不能是正无穷。

注意：也可以对 patches 执行这个命令，例如在一个 ask-patches 语句中调用该命令。

如果［list of commands］中不包括数字，那么将返回一个最小的可能的数值。如果［ ］内指定计算的内容有一部分不是数字，则这些部分将被忽略。

对单个海龟调用这个命令是没有意义的。

例如：max-of-turtles-with［color＝red］［speed］ 返回速度最快的红色海龟的速度。

（26）max-of-patches［list of commands］

对于每一个 patch 计算［list of commands］的值，返回具有最大值 patch 的坐标，如果不止一个 patches 的计算值均为最大值，则返回相应 patches 坐标的列表。

注意：如果［list of commands］中不包括数字，那么将返回一个最大可能的数值。如果［ ］内指定计算的内容有一部分不是数字，则这些部分将被忽略。

例如：max-of-patches［food］ 返回 food 变量值最大的那个 patch。

（27）max-of-patches-with［condition］［list of commands］

对于所有满足条件的 patches，计算［list of commands］的值，并返回具有最大值的 patches 的坐标。

如果没有满足条件的 patches，则返回一个可能的最小值——不能是负无穷。

注意：也可以对 patches 执行这个命令，例如在一个 ask-patches 语句中调用该命令。

如果［list of commands］中不包括数字，那么将返回一个最小的可能的数值。如果［ ］内指定计算的内容有一部分不是数字，则这些部分将被忽略。

对单个海龟调用这个命令是没有意义的。

例如：max-of-patches-with［color＝0］［food］　返回 food 变量值最大且为黑色的 patches 的坐标。

（28）min-of-patches［list of commands］（略）

（29）min-of-patches-with［condition］［list of commands］（略）

2. 显示函数

该函数主要是与显示相关的。由于颜色和显示密切相关，所以把颜色也都包括在这里面了。

说明：（T）代表 turtle command；（O）代表 observer command；（B）代表可以同时为 turtle command 和 observer command。

（1）color（T）

语句功能：返回 turtle 的颜色。

语句示例：if color＝black［fd 3］表示所有的 turtles 判断它们的颜色是否为黑色，如果是的话，向前走 3 步。

（2）color-at（B）

语句格式：color-at **xcor ycor**

语句功能：返回与调用者在 x 方向上相距 xcor，在 y 方向上相距 ycor 的 turtle 的颜色。

语句示例：color-at 1 1　返回在调用者 turtle 或调用者 patch 右边一个单元格上面一个单元格处的 turtle 的颜色。

（3）color-of（B）

语句格式：color-of **number**

语句功能：返回第 number 号 turtle 的颜色。

语句示例：color-of 2　返回 ID 号为 number 的 turtle 的颜色。

（4）color-towards（B）

语句格式：color-towards **angle distance**

语句功能：返回与调用者成 angle 这个角度，并且距离为 distance 的 turtle 的颜色（注意：方向是以调用者正面的方向来算）。

语句示例：color-towards 0 1　返回在调用者正上方的 turtle 的颜色。

（5）count-color（B）

语句格式：count-color **color**

语句功能：返回颜色为 color 的 turtle 的个数。

语句示例：count-color black　返回颜色为黑色的 turtle 的总数。

（6）count-color-range（B）

语句格式：count-color-range **mincolor maxcolor**

语句功能：返回颜色的数值包含在 mincolor 和 maxcolor 之间的 turtle 的个数。

语句示例：count-color-range 0 0　返回颜色为黑色的 turtle 的总数。

（7）count-pc（B）

语句格式：count-pc **color**

语句功能：返回颜色为 color 的 patch 的个数（注意：这个命令也可以被 patch 调用，例如在 ask-patches 的 statement）。

语句示例：count-pc blue　返回颜色为蓝色的 patch 的总数。

(8) count-pc-range (B)

语句格式：count-pc-range **mincolor maxcolor**

语句功能：返回颜色数值包含在 mincolor 和 maxcolor 之间的 patch 的个数。

语句示例：count-pc-range 0 0　返回颜色为黑色的 patch 的总数。

(9) pc，patchcolor (B)

语句功能：返回 turtle 所在的 patch 的颜色（注意：这个命令也可以被 patch 调用，例如在 ask-patches 的 statement)。

语句示例：if pc=red [fd 1]　如果 turtle 所在的 patch 的颜色为红色，则 turtle 向前走一步。

(10) pc-ahead：(B)

语句功能：在 turtle 所面向方向的前面一个 patch 的颜色，如果该语句被观察者窗口所调用，则默认为是从原点开始。

语句示例：if pc-ahead=blue [fd 1]　如果 turtle 正前方的 patch 的颜色为蓝色，则 turtle 向前走一步。

(11) pc-at (B)

语句格式：pc-at **xcor ycor**

语句功能：返回与调用者在 x 方向上相距 xcor，在 y 方向上相距 ycor 的 patch 的颜色（注意：这个命令也可以被 patch 调用，例如在 ask-patches 的 statement)。

语句示例：pc-at 1 1　返回在调用者右面一个单元格上面一个单元格处的 patch 的颜色。

(12) pc-towards (B)

语句格式：pc-towards **angle distance**

语句功能：返回与调用者成 angle 这个角度，并且距离为 distance 的 patch 的颜色（注意：这个命令也可以被 patch 调用，例如在

ask-patches 的 statement）。

语句示例：pc-towards 0 1　返回在调用者正前方一个单元格处的 patch 的颜色。

(13) pstamp（O）

语句格式：pstamp **color**

语句功能：允许把在被调用的 patch 上的 turtle 的颜色设置为 color。

语句示例：pstamp blue　把被调用的 patch 上的 turtle 的颜色设置为蓝色。

(14) pstamp-at（O）

语句格式：pstamp-at **xcor ycor color**

语句功能：把与被调用的 patch 在 x 方向上相距 xcor，在 y 方向上相距 ycor 的 turtle 的颜色设置为 color。

语句示例：pstamp-at 1 1 blue　把在被调用者右边一个单元格上面一个单元格处的 patch 上的 turtle 的颜色设置为蓝色。

(15) pstamp-towards（O）

语句格式：pstamp-towards **angle distance color**

语句功能：设置与当前 patch 成 angle 这个角度，并且距离为 distance 的 turtle 的颜色为 color。

语句示例：pstamp-towards 0 1 blue　把在被调用者正前方的 patch 上的 turtle 的颜色设置为蓝色。

(16) scale-color（T）

语句格式：scale-color **color variable limit1 limit2**

语句功能：turtle 们根据自己 variable 的值的大小来设置自己的颜色，颜色为范围在 limit1 和 limit2 之间的 color，颜色的不同区别了 turtle 的等级。

语句示例：scale-color blue energy 0 20　turtle 变成 0 到 20 个不同的蓝

色中的一种，能量低的 turtle 是深蓝色的，能量高的 turtle 是浅蓝色的。

scale-color blue energy 20 0　能量高的 turtle 是浅蓝色的，能量低的 turtle 是深蓝色的。

(17) scale-pc (O)

语句格式：scale-pc **color variable limit1 limit2**

语句功能：patches 根据自己 variable 的值的大小来设置自己的颜色，颜色为范围在 limit1 和 limit2 之间的 color，颜色的不同区别了 patches 的等级。

语句示例：scale-pc green density 0 20　patch 变成 0 到 20 个不同的绿色中的一种，density 值低的 patch 是深绿色的，density 值高的 patch 是浅绿色的。

scale-color blue energy 20 0　patch 变成 0 到 20 个不同的绿色中的一种，density 值高的 patch 是深绿色的，density 值低的 patch 是浅绿色的。

(18) setc，setcolor (T)

语句格式：setc，setcolor **color name**（或：**color number**）

语句功能：改变 turtle 的颜色。

语句示例：setc brown　把 turtle 的颜色设置为棕色。

setc 45　把 turtle 的颜色设置为棕色。

(19) setc-at (B)

语句格式：setc-at **xcor ycor number**

语句功能：改变指定坐标位置的 turtle 的颜色。

语句示例：setc-at 1 1 0　把坐标为（1，1）的 turtle 的颜色设置为黑色。

(20) setc-of (B)

语句格式：setc-of **number1 number2**

语句功能：把第 number1 号的 turtle 的颜色设置成 number2。
语句示例：setc-of 2 0　把 ID 号为 2 的 turtle 的颜色设置为黑色。

（21）set-count-plot-pens（O）
语句格式：set-count-plot-pens **number**
语句功能：把 plot pens 的数目设置为 number。
语句示例：set-count-plot-pens 2　把 plot pens 的数目设置为 2。

（22）serc-towards（B）
语句格式：setc-towards **angle distance number**
语句功能：把与调用者成 angle 这个角度，距离为 distance 的 turtle 的颜色设置成 number 这个颜色。
语句示例：setc-towards 0 1 0　把调用者正前方的 turtle 的颜色设置为黑色。

（23）setpc（O）
语句格式：setpc，setpatchcolor **color**
语句功能：当前的 patches 把颜色设置为 color。
语句示例：ask-patches [setpc blue]　让 patch 把颜色设置为蓝色。

（24）stamp（T）
语句格式：stamp **color**
语句功能：把 turtle 所在的 patch 的颜色设置为 color。
语句示例：stamp blue　把 turtle 所在的 patch 的颜色设置为蓝色。
stamp red　把 turtle 所在的 patch 的颜色设置为红色。
stamp 0　把 turtle 所在的 patch 的颜色设置为黑色。

（25）stamp-at（T）
语句格式：stamp-at **xcor ycor color**
语句功能：把坐标为（xcor，ycor）的 patch 的颜色设置为 color。

语句示例：stamp-at 1 2 0　把坐标为（1，1）的 patch 的颜色设置为黑色。

（26）stamp-towards（T）

语句格式：stamp-towards **angle distance color**

语句功能：将与调用者成 angle 这个角度，并且距离为 distance 的 patch 的颜色设置为 color 。

语句示例：stamp-towards 0 1 0　把调用者正前方的 patch 的颜色设置为黑色。

（27）ht，hideturtle（T）

语句功能：turtle 将自己设置为不可见。

语句示例：if pc=black ［ht］　如果 turtle 所在的 patch 是黑色的，则将自己设置为不可见。

（28）lime（B）

语句功能：返回在颜色表中代表其颜色的数值。

（29）maqenta（B）

语句功能：返回在颜色表中代表玫瑰红色的数值，即 125。

（30）black（B）

语句功能：返回在颜色表中代表黑色的数值，即 0。

（31）blue（B）

语句功能：返回在颜色表中代表蓝色的数值，即 105。

（32）brown：（B）

语句功能：返回在颜色表中代表棕色的数值，即 35。

（33）cyan（B）

语句功能：返回在颜色表中代表浅蓝色的数值，即 85。

（34）gray，grey（B）

语句功能：返回在颜色表中代表灰色的数值，即 5。

（35）green（B）

语句功能：返回在颜色表中代表绿色的数值，即 55。

（36）orange（B）

语句功能：返回在颜色表中代表橙色的数值，即 25。

（37）pink（B）

语句功能：返回在颜色表中代表粉红色的数值，即 135。

（38）red（B）

语句功能：返回在颜色表中代表红色的数值，即 15。

（39）sky（B）

语句功能：返回在颜色表中代表天蓝色的数值，即 95。

（40）turquoise（B）

语句功能：返回在颜色表中代表草绿色的数值，即 75。

（41）violet，purple（B）

语句功能：返回在颜色表中代表紫色的数值，即 115。

（42）white（B）

语句功能：返回在颜色表中代表白色的数值，即 9。

(43) yellow (B)

语句功能：返回在颜色表中代表黄色的数值，即45。

(44) ca，clearall (O)

语句功能：杀掉所有的turtle，将所有的patch的颜色设置为黑色，并将所有变量清零。

(45) cc，clear-command-center (B)

语句功能：清除command center。如果是turtle调用cc，则清除turtle command center；如果是observer调用cc，则清除observer command center。

(46) cg，cleargraphics (O)

语句功能：将所有的patches的颜色设置为黑色。

(47) clearinfo，clear-info (O)

语句功能：清除information window。

(48) clearplot，clear-plot (B)

语句功能：将所有由plot pens绘制的图片清除，将所有的pens重置为(0，0)并恢复为原来的颜色。

(49) clearplots (B)

语句功能：把所有graphs的标题重置为"Plot Window"，将坐标轴的刻度重置为从0到1 000，同时将所有由plot pens绘制的图片清除，将所有的pens重置为(0，0)并恢复为原来的颜色。

(50) co，clear-output (O)

语句功能：将输出窗口的所有的文本清除。

（51）cp，clearpatches（O）

语句功能：将所有的 patches 的颜色设置为黑色，并将所有的 patch 变量清零。

（52）ct，clear-turtles（O）

语句功能：杀死所有的 turtles。

（53）output（B）

语句格式：output **something**

语句功能：跳出当前的子程序并返回 something。

语句示例：output "hello"　跳出当前的子程序并返回"hello"。

（54）print（B）

语句格式：print **text or variables**

语句功能：按回车键后，在输出窗口打印文本或变量的值。

语句示例：print "Hi"　输出"Hi"。

print color-of 0　输出 ID 为 0 的 turtle 的颜色。

（55）print-status（B）

语句格式：print-status **text or variables**

语句功能：将文本或变量在状态栏中输出。

语句示例：print-status "Hi"　在状态栏中输出"Hi"。

print-status color-of 0　在状态栏中输出 ID 号为 0 的 turtle 的颜色。

（56）pd，pendown（T）

语句功能：当 turtles 移动的时候在它们的身后留下轨迹，即 pen 的状态是 down，轨迹的颜色和 turtles 的颜色相同，只有 fd 和 bk 语句可以使用。

语句示例：if pc＝blue ［pd］　如果调用者所在的 patch 的颜色为蓝色，

则设置 pen 的状态为 down。

(57) pendown? (T)

语句功能：如果 pen 的状态是 down，则返回 true，否则返回 false。

语句示例：if pendown? [setc blue]　如果 turtle 的 pen 的状态为 down，则将 turtle 的颜色设置为蓝色。

(58) pendown? -at (B)

语句格式：pendown? -at **xcor ycor**

语句功能：返回与调用者在 x 方向上相距 xcor，在 y 方向上相距 ycor 的 turtle 的 pen 的状态是否是 down。

语句示例：pendown? -at 1 1　返回在调用者向右一个单元格，再向上一个单元格处的 turtle 的 pen 的状态是否为 down。

(59) pendown? -of (B)

语句格式：pendown? -of **number**

语句功能：返回第 number 号的 turtle 的 pen 的状态是否为 down。

语句示例：pendown? -of 2　返回第 2 号的 turtle 的 pen 的状态是否为 down。

(60) pendown? -towards (B)

语句格式：pendown? -towards **angle distance**

语句功能：返回与调用者成 angle 这个角度，并且距离为 distance 的 turtle 的 pen 的状态是否是 down。

语句示例：pendown? -towards 0 1　返回在调用者正前方的 turtle 的 pen 的状态是否为 down。

(61) setpendown? -at (B)

语句格式：setpendown? -at **xcor ycor boolean**

语句功能：将与调用者在 x 方向上相距 xcor，在 y 方向上相距 ycor 的

turtle 的 pen 的状态设置为 boolean。

语句示例：setpendown? -at 1 1 true　将在调用者右方一个单元格再向上一个单元格处的 turtle 的 pendown 的状态设置为 true。

（62）setpendown? -of（B）

语句格式：setpendown? -of **number boolean**

语句功能：使第 number 号的 turtle 的 pen 的状态设置为 boolean。

语句示例：setpendown? -of 2 true　把第 2 号的 turtle 的 pendown 的状态设置为 true。

（63）setpendown? -towards（B）

语句格式：setpendown? -towards **angle distance boolean**

语句功能：将与调用者成 angle 这个角度，并且距离为 distance 的 turtle 的 pen 的状态设置为 boolean。

语句示例：setpendown? -towards 0 1 true　把在调用者正前方的 turtle 的 pendown 的状态设置为 true。

（64）pu，penup（T）

语句功能：使 turtles 移动时不再留下轨迹。

语句示例：if pc-ahead＝red［pu］　把正前方的 patch 的颜色为红色的 turtle 的 pen 抬起。

（65）screen-half-height（B）

语句功能：返回 screen 高度的一半。

（66）screen-half-width（B）

语句功能：返回 screen 宽度的一半。

（67）screen-height（B）

语句功能：返回 screen 的高度。

注意事项：screen 的高度值要大于 3。

（68）screen-width（B）

语句功能：返回 screen 的宽度。

注意事项：screen 的宽度值要大于 3。

（69）show（B）

语句格式：show **String**

语句功能：在 command 窗口显示 String 的内容。

注意事项：注意字符串要加引号，这条语句主要用于调试程序。

（70）type（B）

语句格式：type **String**

语句功能：在 output 窗口显示文本或者变量 String。

注意事项：注意字符串要加引号，这条语句主要用于调试程序。

（71）display（O）

语句格式：display

语句功能：显示画布变化。

（72）no-display（O）

语句格式：no-display

语句功能：不显示画布变化。

（73）shown?（T）

语句功能：如果 turtle 可见，返回 true。

语句示例：If shown?［fd 10］ 所有可见的 turtle 前进 10 步。

（74）shown? -at（B）

语句格式：shown? -at **xcor ycor**

语句功能：判断在 x 轴相距 xcor，y 轴相距 ycor 的 turtle 是否可见。

语句示例：shown? -at 1 1　　在 x 轴相距为 1，y 轴相距为 1 的 turtle 是否可见。

（75）shown? -of（B）

语句格式：shown? -of **number**

语句功能：编号为 number 的 turtle 是否可见。

语句示例：shown? -of 2　　编号为 2 的 turtle 是否可见。

注意事项：别的格式的语句均是对当前 turtle 执行操作，但是 * *-of 是对所有 turtle 有效。

（76）shown? -towards（B）

语句格式：shown? -towards **angle distance**

语句功能：判断在 angle 角度上，距离 distance 的 turtle 是否可见。

语句示例：shown? -towards 0 1　　判断角度为 0，距离为 1 的 turtle 是否可见。

（77）st，showturtle（T）

语句功能：让 turtle 使自己可见。

语句示例：if pc-ahead＝blue［st］　　Turtle 前面的 patch 是蓝色的话，让自己可见。

注意事项：st 是 showturtle 的缩写。

（78）setslidervar（B）

语句功能：设置变量名为 slidervar 的滑块的 number。

语句示例：set numberturtles 100　　设置名字为 numberturtles 的数据为 100。

注意事项：slidervar 是可以变化的，根据 slider 的变量名字改变。

3. 类群函数 breeds

注意事项：使用前一定要在 procedure 中声明 breed 的种类。

语句示例：breeds [frogs rabbits]　声明两类 breed，一类是 frogs，一类是 rabbits。

下面使用到 frogs 的地方都可以变为声明过的 breed 的属性。

（1）ask-frogs（O）

语句格式：ask-frogs [list of commands]

语句功能：breed 属性为 frogs 的 turtle 执行 [] 中的命令。

语句示例：ask-frogs [fd 1]

令 breed 属性为 frogs 的 turtle 前进 1。

（2）breed（T）

语句格式：breed

语句功能：返回 turtle 的 breed 值。

语句示例：if [breed=frogs] [fd 5]

Breed 为 frogs 的 turtle 前进 5。

（3）breed-at（B）

语句格式：breed-at xcor ycor

语句功能：返回在 x 轴相距 xcor，y 轴相距 ycor 的 turtle 的 breed 值。

语句示例：breed-at 5 7

返回在 x 轴相距为 5，y 轴相距为 7 的 turtle 的 breed 值。

（4）breed-of（B）

语句格式：breed-of number

语句功能：返回编号为 number 的 turtle 的 breed 值。

语句示例：breed-of 2

返回编号为 2 的 turtle 的 breed 值。

（5）breed-towards（B）

语句格式：breed-towards angle distance

语句功能：判断在 angle 角度上，距离 distance 的 turtle 的 breed 值。

语句示例：breed-towards 0 1

判断角度为 0，距离为 1 的 turtle 的 breed 值。

(6) count-frogs (B)

语句格式：count-frogs

语句功能：breed 属性为 frogs 的 turtle 的数量，可用于做判断。

(7) count-frogs-at (B)

语句格式：count-frogs-at xcor ycor

语句功能：返回 turtle 在 x 轴相距 xcor，y 轴相距 ycor，breed 为 frogs 的 turtle 的数量。

(8) count-frogs-here (T)

语句格式：count-frogs-here

语句功能：返回当前 patch 上面 breed 为 frogs 的 turtle 的数量。

语句示例：if count-frogs-here>2 [setc blue]

如果当前 patch 上 breed 为 frogs 的 turtle 大于 2，设置 patch 为蓝色。

(9) count-frogs-towards (B)

语句格式：count-frogs-towards angle distance

语句功能：返回在 angle 角度上，距离 distance 的 patch 上的 breed 为 frogs 的 turtle 的数量。

语句示例：count-frogs-towards 0 1

返回角度为 0，距离为 1 的 patch 上的 breed 为 frogs 的 turtle 的数量。

(10) count-frogs-with (B)

语句格式：count-frogs-with [list of commands]

语句功能：满足 [] 内要求的，并且 breed 为 frogs 的 turtle 的数量。

语句示例：count-frogs-with [color=blue]

返回颜色为蓝色，breed 属性为 frogs 的 turtle 的数量。

(11) list-of-frogs (B)

语句格式：list-of-frogs

语句功能：返回 breed 为 frogs 的 turtle 的编号的数组。

(12) list-of-frogs-at (B)

语句格式：list-of-frogs-at xcor ycor

语句功能：返回在 x 轴相距 xcor，y 轴相距 ycor，breed 为 frogs 的 turtle 的编号的数组。

语句示例：list-of-frogs-at 1 1

返回在 x 轴相距 1，y 轴相距 1，breed 为 frogs 的 turtle 的编号的数组。

(13) list-of-frogs-here (T)

语句格式：list-of-frogs-here

语句功能：返回当前 patch 上的 breed 为 frogs 的 turtle 的编号数组。

(14) list-of-frogs-towards (B)

语句格式：list-of-frogs-towards angle distance

语句功能：返回在 angle 角度上，距离 distance 的 patch 上的 breed 为 frogs 的 turtle 的编号的数组。

语句示例：count-frogs-towards 0 1

返回角度为 0，距离为 1 的 patch 上 breed 为 frogs 的 turtle 的编号数组。

(15) list-of-frogs-with (B)

语句格式：list-of-frogs-with [condition]

语句功能：返回满足 [] 条件的 breed 为 frogs 的 turtle 的编号数组。

语句示例：list-of-frogs-with [color＝blue]

返回 breed 为 frogs，颜色为蓝色的 turtle 的编号数组。

（16）max-of-frogs（B）

语句格式：max-of-frogs [list of commands]

语句功能：返回 breed 为 frogs 的 turtle 的最大 [list of commands]。

语句示例：max-of-*frogs* [speed]

返回 breed 为 frogs 的 turtle 的最大速度（speed）。

注意事项：如果 [list of commands] 没有数字，则返回可能的最小值。

（17）max-of-frogs-with（B）

语句格式：max-of-frogs-with [condition] [list of commands]

语句功能：返回 breed 为 frogs，满足 condition 条件的 turtle 的最大 [list of commands]。

语句示例：max-of-frogs-with [color＝red] [speed]

返回 breed 为 frogs 且颜色为红色的 turtle 的最大速度。

注意事项：如果 [list of commands] 没有数字，则返回可能的最小值。

（18）min-of-frogs-with（B）

语句格式：min-of-frogs-with [condition] [list of commands]

语句功能：返回 breed 为 frogs，满足 condition 条件的 turtle 的最小 [list of commands]。

语句示例：min-of-frogs-with [color＝red] [speed]

返回 breed 为 frogs 且颜色为红色的 turtle 的最小速度。

注意事项：如果 [list of commands] 没有数字，则返回可能的最大值。

（19）one-of-frogs（B）

语句格式：one-of-frogs

语句功能：返回一个随机选择的 breed 为 frogs 的 turtle。

（20） one-of-frogs-at（B）

语句格式：one-of-frogs-at xcor ycor

语句功能：返回一个随机选择的与调用者在 x 轴相距 xcor，y 轴相距 ycor，breed 为 frogs 的 turtle。

（21） one-of-frogs-here（T）

语句格式：one-of-frogs-here

语句功能：返回一个随机选择的在当前 patch 上的 breed 为 frogs 的 turtle。

（22） one-of-frogs-towards（B）

语句格式：one-of-frogs-towards angle distance

语句功能：返回一个随机选择的在 angle 角度上，距离 distance 的 patch 上的 breed 为 frogs 的 turtle。

（23） setbreed（T）

语句格式：setbreed breedname

语句功能：设置 turtle 的 breed 属性为 breedname。

语句示例：setbreed frogs

设置 turtle 的 breed 属性为 frogs。

（24） setbreed-at（B）

语句格式：setbreed-at xcor ycor breedname

语句功能：设置与调用者在 x 轴相距 xcor，y 轴相距 ycor 的 turtle 的 breed 为 breedname。

语句示例：setbreed-at 1 1 frogs

设置与调用者在 x 轴相距为 1，y 轴相距为 1 的 turtle 的 breed 属性为 frogs。

（25） setbreed-of（B）

语句格式：setbreed-of number breedname

语句功能：设置编号为 number 的 turtle 的 breed 为 breedname。

语句示例：setbreed-of 3 frogs

设置编号为 3 的 turtle 的 breed 为 frogs。

（26）setbreed-towards（B）

语句格式：setbreed-towards angle distance breedname

语句功能：设置在 angle 角度上，距离 distance 的 turtle 的 breed 为 breedname。

语句示例：setbreed-towards 0 1 frogs

设置距离调用者角度为 0，距离为 1 的 turtle 的 breed 为 frogs。

4. 符号

（1）number1 ＋，－，＊，/ number2

基本的数学函数。记住要在数字和符号之间留一个空格。

（2）number1 ^ number2

幂函数。结果等于 number1 的 number2 次方。

（3）number1＝,！＝，＜，＞，＜＝，＞＝ number2

比较操作符。在数字和符号之间要打一个空格。如果表达式为真，返回 true；反之，则返回 false。

（4）abs number

number 的绝对值。

5. 三角函数

（1）acos number

反三角函数。返回指定数的 arccos 值。所有的都是用度来表示。

举例：acos 1　返回 0。

（2）atan numerator denominator

反三角函数。返回指定数分子/分母的 arctan。角度用度表示。

举例：atan 5 6　返回 39.905 57，5/6 的 arctan 值。
注意：可以指定返回角度的象限。

(3) cos number
三角函数。返回指定角度的 cos 值。角度用度表示。
举例：cos 60　返回 0.5。

(4) sin number
三角函数。返回指定角度的 sin 值。角度用度表示。
举例：sin 60　返回 0.5。

(5) tan number
三角函数。返回指定角度的 tan 值。角度用度表示。
举例：tan 0　返回 0。

(6) asin number
三角函数。返回指定数字的 arcsin 值。角度用度来表示。
举例：asin 1　1 的 arcsin 值返回 90。

6. 位运算

(1) condition1 and condition2
如果条件 1 和条件 2 都是真的话，返回真。
举例：(5=5) and (3=3) 返回 true。
　　　(5=5) and (3=5) 返回 false。

(2) condition1 or condition2
条件 1 或条件 2 只要有一个为真就返回真。
举例：if (color=black) or (color=red) [fd 2] 让所有的黑色的或红色的海龟向前移动 2 步。

(3) not condition1
对条件 1 求反，如果条件 1 为假，则返回真。

举例：if not（color＝black）［fd 2］让所有的不是黑色的海龟向前移动2步。

（4）integer1 bitand integer2

对整数1和整数2进行位与运算。

举例：2 bitand 3　返回2。因为0010和0011按位与之后所得的结果为0010。

（5）bitnot integer1

将整数1按位求反。

举例：bitnot 4　返回11。对0100按位求反之后的结果是1011。

（6）number1 bitor number2

对输入的两个整数进行位或运算

举例：1 bitor 2　返回3。因为将0001与0010按位或之后的结果是0011。

（7）integer1 bitxor integer2

对输入的两个整数进行按位异或运算。

举例：2 bitxor 3　返回1。0010与0011异或之后的结果是0001。

（8）bl（butlast）［list of data］

将［list of data］中的最后一项去除。

举例：bl［4 5 6 7］　返回［4 5 6］。

（9）number1 div number2

返回number1/number2的整数部分。

举例：5 div 2 返回 2。
6 div 2 返回 3。

（10）number1 mod number2

求模函数。返回的结果是 number1/number2 后的余数。

举例：6 mod 2　返回 0。

10 mod 3　返回 1。

14 mod 5　返回 4。

7. 常量

（1）e

返回 e 的值，它的值近似是 2.718 281 828。

（2）pi

返回 pi 的值，它的值近似是 3.141 59。

8. 函数运算

（1）exp number

返回 e 的 number 次方的值。

（2）ln number

返回 number 的自然对数，如果 number 是负数，则报错。

（3）int number

返回小于等于 number 的最大整数。

（4）round number

对 number 进行四舍五入，返回最靠近 number 的整数。

举例：round 4.6　返回 5。

（5）log number base

数学函数。返回以 base 值为底的 number 的对数，log 值。

注：如果 number 为负数，则报错。

举例：log 100 10　返回 2。

(6) max，maximum number1 number2
返回两个数中较大的一个。
举例：max 4 6　返回 6。

(7) min，minimum number1 number2
返回两个数中较小的一个。
举例：min 3 5　返回 3。

(8) number? thing
如果 thing 是一个数字，则返回真。
举例：number? 5.3　返回 true。
　　number? [3]　返回 false。

(9) sqrt number
对 number 开平方。

(10) sdev-of-frogs [list of commands]
当评估所有的特定种群的海龟时，返回 [list of commands] 的标准差。
注：如果 [list of commands] 不包含数字，则报错。如果 [list of commands] 中的一些被评估时，没有数字，则那些值被忽略。
举例：sdev-of-frogs [speed]　返回所有特定种群海龟的速度的标准差。

(11) sdev-of-list list
返回给定列表的标准差。
举例：sdev-of-list [2 2 2]　返回 0。

(12) sdev-of-patches [list of commands]
当评估所有的 patches 时，返回给定 [list of commands] 的标准差。
举例：sdev-of-patches [food]　返回所有 patches 之中食物的标准差。

(13) sdev-of-turtles [list of commands]

当评估所有的海龟时，返回 [list of commands] 的标准差。

举例：sdev-of-turtles [speed] 返回所有海龟速度的标准差。

9. 随机种子

(1) random-gaussian number

返回一个随机数，均值为0，标准差为number。

举例：random-gaussian 5　返回一个随机数，均值为0，标准差为5。

(2) get-random-seed

返回当前的随机数种子

注：StarLogo使用由Java提供的随机数产生，StarLogo仅允许我们将这个种子置为32位。

(3) set-random-seed integer

将随机数种子置为整数。允许整数在－(2^31) 到 (2^31－1) 范围内。

举例：使用set-random-seed将会出现可重复的结果。如果希望"randomness"随时发生，那么运行程序时，只需要将随机数种子在每次都设为同样的number即可。

(4) get-scheduler-random-seed

返回调度者随机种子的当前值。

举例：使用get-scheduler-random-seed将会出现可重复的结果。如果希望重复指定试验的结果，那么要得到调度程序随机数种子，仅将随机数种子在下次运行程序的时候设为相同的number即可。

(5) set-scheduler-random-seed integer

将随机数调度序列种子设为整数。这与随机命令使用的种子不一样。

10. 文件导入导出菜单

(1) import-picture

打开一个对话框，选择一幅图并输入到画布。

注意：我们应该重新调整 patches 画布的大小（即调整每个 patch 块的大小——因为每个 patch 就相当于图像的一个像素，必须将它调小），让图像更清晰。如果输入的图画远大于 200×200 像素，则需要很大的内存空间和屏幕空间。

（2）import-picture-name string

输入由 string 指定路径的图画。

例如：import-picture-name c：\ pussycat. jpg。

（3）info-name

返回 information 窗口的当前文件名，如果没有指定文件名，则返回 false。

（4）output-name

返回 output 窗口的当前文件名，如果没有指定文件名，则返回 false。

（5）project-name

返回当前 project 的文件名，如果没有指定文件名，则返回 false。

（6）save-info

保存。

（7）save-info-as

另存为，会弹出一个对话框，输入新的名字。

（8）save-next-version

使用与当前 project 相同的名字保存这个 project，但是文件名后面的数字逐次增大。

例如：当前 project 名为 Turtles1. slogo，则使用一次 save-next-version 命令，会将当前 project 存为 Turtles2. slogo。

（9）save-output

将 output window 的内容存到一个文件中。

（10）save-output-as

将 output window 的内容另存为。

（11）save-project

Saves the current project to a file。

将当前的 project 保存到一个文件。

（12）save-project-as

将当前的 project 另存到一个文件。

（13）set-project-name name

将当前 project 命名为 name。

例如：set-project-name rabbits 将当前的 project 命名为 rabbits。

（14）set-output-name name

将 output window 命名为 name。

（15）set-info-name name

将 information window 命名为 name。

11. 模板

StarLogo 模板向导可用于创建不同种类的海龟并从一个预先定义好的行为集中选择不同的行为赋予这些海龟。行为集中有走路、跟踪其他海龟、再生产、垂死以及感染其他海龟的功能块。海龟也可以吃掉点或者其他海龟。对于每一个函数，我们可以选择把它设置为依赖于一个确定的值，也可以选择新建一个 StarLogo 滑轮（slider）来控制这个值。另外，我们可以用观察者来创建新物体或让已有物质生长。

在控制中心的 Windows 菜单中选择模板就进入了模板向导。将文件对话框导向 c：\ Program Files \ StarLogo \ Internal StarLogo Files 并选择 ecology. slogt 文件。

现在，我们可以创建两个种类——健康人和病人。在写着添加种类的地方键入健康人并单击添加种类按钮。对于病人也采用同样的方式进行添加。

在添加种类下的选项框中选择健康人。我们将会看到对于健康人的走路函数的参数。

我们可以通过来回拖动滑轮或者自己新建一个滑轮来设置这些参数。注意，如果要新建一个滑轮，一定要注意，滑轮的名字中不能有空格（但可以像“number-of-healthy”这样用）。

我们也可以自己新建函数来给我们的种类定义行为。点击 new 按钮，在列表中选择一个。在编辑函数的过程中我们可以经常点击 describe 按钮来了解这个函数是干什么的。注意，走路函数产生的 StarLogo 代码在右下角显示。

新建一些函数和种类，做一个初步的传染病模型（这个模型开始不需要包罗万象，我们可以随时补充）。

点击 done 按钮，这个文件就会被载入 StarLogo。我们就有了一个 StarLogo 传染病模型。我们可以在 StarLogo 中编辑函数，也可以在模板向导中新建模型（注意：如果先在函数窗口中做了改动，又在模板窗口中做了改动，那么先前的改动不会被保存下来。通常我们只能从模板向导回到 StarLogo 模型，而不能反过来）。

我们可以用模板向导建立很多不同的模型。除了基本生态学函数外，还有“传染”和“变异”函数来做传染病模型。事实上，我们应该从更广泛的角度来考虑这些模型，如个体究竟是在什么样的系统中消耗资源（能源、金钱、食物、水）？个体在什么样的系统中传递物质（疾病、信息）？等等问题。

图书在版编目（CIP）数据

复杂系统建模与仿真/方美琪，张树人编著. —2 版. —北京：中国人民大学出版社，2011.5

普通高等教育“十一五”国家级规划教材. 教育部面向 21 世纪信息管理与信息系统系列教材

ISBN 978-7-300-13696-7

Ⅰ.①复… Ⅱ.①方…②张… Ⅲ.①系统建模-高等学校-教材 Ⅳ.①N945.12

中国版本图书馆 CIP 数据核字（2011）第 080282 号

普通高等教育“十一五”国家级规划教材
教育部面向 21 世纪信息管理与信息系统系列教材
复杂系统建模与仿真（第二版）
方美琪　张树人　编著
Fuza Xitong Jianmo yu Fangzhen

出版发行	中国人民大学出版社		
社　　址	北京中关村大街 31 号	**邮政编码**	100080
电　　话	010－62511242（总编室）		010－62511398（质管部）
	010－82501766（邮购部）		010－62514148（门市部）
	010－62515195（发行公司）		010－62515275（盗版举报）
网　　址	http://www.crup.com.cn		
	http://www.ttrnet.com(人大教研网)		
经　　销	新华书店		
印　　刷	北京昌联印刷有限公司	**版　　次**	2005 年 9 月第 1 版
规　　格	170 mm×228 mm　16 开本		2011 年 5 月第 2 版
印　　张	35.75 插页 1	**印　　次**	2011 年 5 月第 1 次印刷
字　　数	547 000	**定　　价**	52.00 元